제2판 · 특수교사 임용시험 대비

임지원 특수교육

기출맥서

임지원 편저

1

- 2009~2026 기출문제 영역별 수록
- 문제와 해설이 한눈에 들어오는 구성
- 다양한 학습요소를 활용한 풍부한 해설
- 테마별 기출분포도 수록

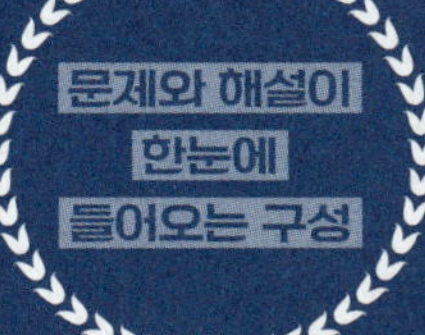

기출맥서 소개

기출맥서 **포커스**

☑ 정확하고 깊은 분석

1차 고득점을 위한 핵심 자료인 기출문제를 학습하는 데에 가장 중요한 것은 **정확한 분석**이다. 문제의 상황과 의도를 파악하지 않고, 단순히 문제마다 적용된 이론을 알아보기만 하는 것은 단편적이고 얕은 학습에 불과하다. 문제마다 제시된 상황과 요구하는 것, 답안작성의 조건 등을 정확하게 분석하고, 이에 따라 답안의 키워드를 파악할 수 있어야 한다. 이것이 기출분석 및 학습의 핵심이다. 이에 따라 기출맥서는 기출문제를 정확하고 깊게 분석하는 데 초점을 두고 정리하였다.

☑ 정확, 명료, 간결한 예시답안

– 정확한 답안

답안작성의 가장 중요한 첫걸음은 문제상황 및 의도를 정확하게 파악하는 것이다. 그렇지 않으면 말이 되지 않는 오류를 범할 수 있다. 이러한 오류는 다음 학습에도 연쇄적으로 영향을 줄 수 있으며, 이미 형성된 오류와 오개념을 뒤늦게 고쳐나가느라 시간을 허비하는 경우를 종종 본다. 이는 임용시험을 위한 특수교육학 공부에 매우 불필요한 과정이다. 기출문제를 처음 볼 때부터 정확한 예시답안을 기준으로 학습하는 것이 중요하다.

– 명료하고 간결한 답안

가장 좋은 답안은 구체적이고, 명료하며, 간결한 답안이다. 의미가 모호하거나, 추상적이거나, 장황하게 늘여놓은 답안은 감점의 대상이 되기 쉽다. 서술형 문항의 답안을 작성할 때에는 항상 구체적으로, 명료하게, 간결하게 작성해야 한다. 다만, 기출맥서에서 다루는 수백 문항 중 극소수의 몇 문항은 해석의 여지가 있다고 본다. 이 극소수의 문항을 제외한 모든 서술형 문항의 예시답안은 명료하고 간결한 예시답안이 되도록 정리하였다.

☑ 기출 학습의 편의성: 기출맥서만의 특징!

기출맥서는 왼편에 해설을 싣고, 오른편에 문제를 실어 문제를 풀거나 필기를 할 때 불편함이 없도록 하였으며, 이 구성을 2판에서도 유지하였다. 문제와 해설을 한 번에 볼 수 있으면서도, 불편함 없이 기록할 수 있는 기출맥서만의 효과적인 구성이 수험생들의 효율적인 학습에 잘 활용되길 바란다.

☑ 전체적인 구성

기출맥서는 파트별로 문제와 해설을 동시에 볼 수 있도록 구성되어 있다. 왼쪽 페이지에는 해설 자료를, 오른쪽 페이지에는 문제를 배치하여, 문제를 풀고 필기를 하는 데 불편함이 없도록 하였다.

☑ 기출문제 범위

2009~2026학년도의 유아, 초등, 중등 기출문제 중 특수교육학에 해당하는 문제를 빠짐없이 정리하였다(교육과정, 법, 2차 전공 논술문항 제외).

☑ 해설 구성요소

정답 및 예시답안, 알찬 지문풀이, 문제 속 자료분석, 관련이론, 고득점 답안 비법, 핵심테마 체크 등으로 구성되어 있으며, 문항에 따라 해설의 구성은 상이하다.

☑ 총 4권으로 구성

1권	Chapter 01 통합교육 · 개별화교육 Chapter 03 행동지원 Chapter 05 전환교육	Chapter 02 특수교육평가 Chapter 04 특수교육공학
2권	Chapter 06 지적장애 Chapter 08 자폐성장애	Chapter 07 정서행동장애 Chapter 09 학습장애
3권	Chapter 10 시각장애 Chapter 12 의사소통장애	Chapter 11 청각장애
4권	Chapter 13 지체 및 중복장애	Chapter 14 건강장애

여러분의 1차 시험 고득점에 가장 효과적인 교재가 되도록 하는 데에 집중하며 기출맥서 2판 작업을 하였습니다. 임용시험의 준비에는 당연히 절대적인 시간이 필요합니다. 그러나 양적으로만 승부하는 공부는 고득점을 보장하지 못합니다. 보다 질적으로 좋은 내용과 방법으로, 정확하고 똑똑한 공부를 하는 것이 고득점 합격의 지름길입니다.

명료하고 정확하게, 각자에게 필요한 공부를 하는 데에 기출맥서가 양질의 길잡이가 되길 바랍니다.

2026년

임지원

기출**맥**서 활용법

01

정답 및 예시답안

1) 교육방법
2) ① 기준
   ② 조건(상황)
3) ⓒ / 표준화검사를 주로 실시하면 개별화교육을 위한 이라고 할 수 없다.

정답 및 예시답안

객관식 문항은 정답을, 기입형 문항은 정답인 용어를 표기하였다. 서술형 문항에 대한 답안은 예시답안으로서 문장의 핵심 의미와 키워드를 중심으로 확인하길 권장한다. 문장의 서술은 의미가 달라지지 않는 선에서 다양하게 서술될 수 있다는 점을 유념해야 한다.

알찬 지문풀이

- ㄴ. 상황평가는 학습 및 직업 상황과 유사한 과제와 자료 한다. ➡ 실제 상황에서의 과제
- ㄷ. 직무분석은 장애학생의 능력과 수준에 맞추어 직무과 합하여 직무배차 후 실시한다. ➡ 직무배치 전 실시
- ㅂ. 장애학생의 능력과 흥미에 부합하는 직업을 찾아주는 평가보다는 교육 및 고용 영역에 국한하는 집중성과 특 장애학생의 능력, 요구, 강점에 부합하는 직업을 찾을 수

알찬 지문풀이

문제에 제시된 지문의 의미를 분석하거나, 오답으로 제시된 부분은 맞는 내용으로 풀이한 것이다. 주로 객관식 문항의 지문이나 보기를 분석한 내용이다. 지문풀이를 보기 전 스스로 분석을 한 후, 확인하는 용도로 사용하기에 효과적인 메뉴이다.

문제 속 자료분석

- 1~5단계 모두 "식사용 매트 위에 해당 식사 도구를 올려 동에 앞서 제시되는 자극상황에서 점진적인 변화가 있는
- 〈상 차리기 기술 지도〉
  1단계 : 식사 도구 사진이 <u>실물 크기로 인쇄되어 있는</u>
  2단계 : 식사 도구 모양이 <u>실물 크기로 그려진 식사용</u>
  3단계 : 식사 도구를 놓을 자리에 <u>식사 도구 명칭이 쓰여</u>는다.
  4단계 : 식사 도구를 놓을 자리에 동그라미 모양이 그려진

문제 속 자료분석

문제 상황으로 제시된 자료나 내용을 분석하고 정리한 것이다. 쉽게 알아볼 수 있는 문제 상황은 제외하고, 분석이나 정리가 필요한 일부 문항에 대하여 분석한 것이다. 문항에 따라 제시된 상황 자체가 좋은 학습 자료일 때가 있다. 그러한 문항을 학습할 때 활용할 수 있는 내용이다.

관련이론

⌕ AAC 체계의 구성요소

AAC 상징	• 그림상징, 청각적 상징, 제스처사용, 질감 • 도구가 사용되지 않는 형태(수화, 제스처, (실물, 사진, 선화, 철자 등)일 수도 있음
AAC 도구	• 메시지를 주고받기 위해 사용하는 전자적 • '장치'라는 용어도 혼용됨
AAC 기법	• 메시지의 전달방법 • 상징의 선택방법, 훑기(scanning) 등

관련이론

문제를 정확하게 파악하기 위해 관련짓고 적용해야 할 이론을 바로 확인할 수 있도록 정리하였다. 기출분석과 동시에 해당 이론에 대해 이해 여부를 점검하고, 암기를 위해 반복적으로 확인하는 것은 중요한 학습과정이다.

학생들은 수업 내용에 따라 집단이나 모둠을 만들어
• 각 스테이션에 할당된 시간을 타이머를 통해 점검

고득점 답안 비법 ✘ 〈작성방법〉에 제시된 모든 조건을

✘ 시험 전형이 달라져, 현 시험은 논술형 문항이 출제되지 않

고득점 답안 비법

서술형 문항의 경우, 적용력을 요구하고, 요구하는 조건에 맞게 답안을 작성하는 것이 중요하다. 이와 관련하여 유의할 사항이 있는 문항의 경우, 그 유의점을 고득점 답안 비법에 짚어 두었다.

◆ **핵심테마 체크**

• 또래교수
• 기능적 읽기
• 협동학습
• 협력교수

MY MEMO

정답 및 예시

1) ① 튜터
　 ② 튜터(
　　 더 질
2) 기능적 학
3) ① 학생
　 간 협

핵심테마 체크

문항마다 꼭 알아야 할 핵심테마를 정리해 둔 것이다. 제시된 핵심테마를 보면서 관련이론을 인출하는 용도로 사용할 수도 있고, 전체적으로 핵심테마를 훑어보면 출제 빈도도 자연스럽게 파악할 수 있다.

46

2026. 중
★답안작성

(가)는 ○○ 중학교의 특수 교사와 수학 교사의 대화이고, (나)는 학생 A의 수업 참여를 돕기 위해 특수 교사가 수학 교사에게 안내한 자료의 일부이다. 〈작성방법〉에 따라 서술하시오. [4점]

(가) 특수 교사와 수학 교사의 대화

수학 교사: 학생 A는 개념 어휘를 잘 기억하지 못해요.
　　　　　 그래서 수학 문제를 해결할 때 어려움을 겪고
　　　　　 있어요.

답안작성 연습용 문항 표시

일부 문항은 출제연도 아래에 '★답안작성'이라고 표기되어 있다. 해당 문항은 답안작성 훈련이 필요하거나, 연습해 보면 도움이 될 문항이다. 모든 서술형 문항에 대해 답안작성 연습을 하기에는 시간이 부족하다. 답안작성 훈련에 도움이 될 문항을 선정해야 할 때 '★답안작성' 표기를 우선 고려하면 도움이 될 것이다.

최근 3개년 기출 출제경향 분석

01 | 전공별 기출 배점분석에 기반한 출제경향

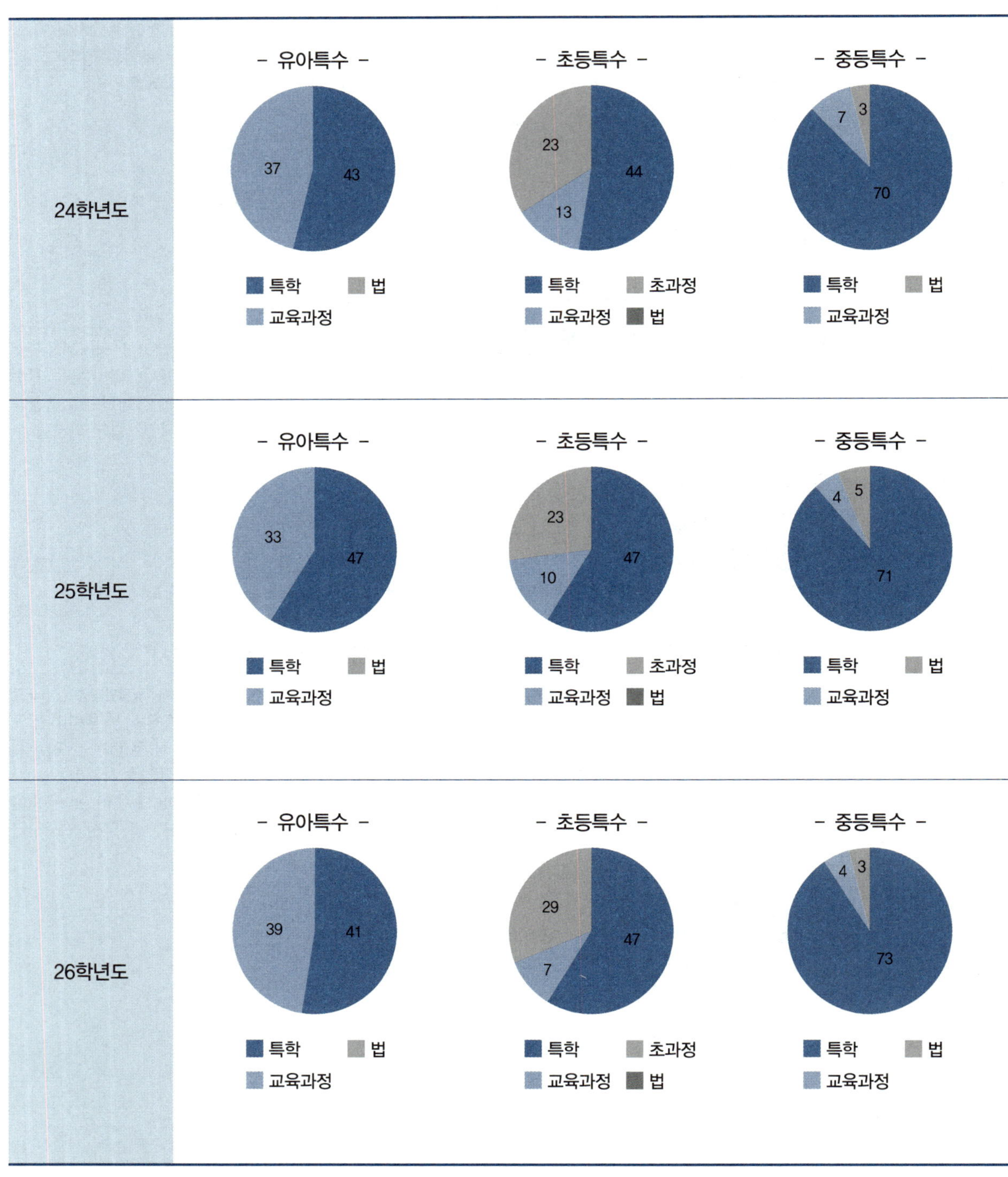

24학년도	유아특수	• 특학 43점 중 0점	➡ 0%
	초등특수	• 특학 44점 중 1점	➡ 2.4%
	중등특수	• 특학 70점 중 8점	➡ 11.43%
25학년도	유아특수	• 특학 43점 중 0점	➡ 0%
	초등특수	• 특학 44점 중 1점	➡ 2.4%
	중등특수	• 특학 70점 중 8점	➡ 11.43%
26학년도	유아특수	• 특학 43점 중 0점	➡ 0%
	초등특수	• 특학 44점 중 1점	➡ 2.4%
	중등특수	• 특학 70점 중 8점	➡ 11.43%

고득점을 위한 똑똑한 기출분석 가이드

01 | 기출분석의 기본 시퀀스

☑ 기출분석은 특수교육학 기본이론의 이해를 바탕으로 시작해야 한다.

기본이론의 베이스 없이 기출문제를 먼저 보게 되면, 기출문제를 제대로 이해하고 파악하기 어렵고, 추후 기본이론을 체계적으로 반복학습하기 어려울 수 있다.

STEP 01 문제 파악하기

▶ 문제에 제시된 상황, 질문, 조건 등을 빠짐없이 꼼꼼하게 읽기
▶ 제시된 자료 중 더 분석할 사항은 반복적으로 의미를 찾아보고 내용 정리하기
▶ 해석하기 어려운 부분은 별도로 표기하여, 추가학습을 하거나 다음 반복학습 때 해결하기

≫

STEP 02 질문 및 답안작성 조건 확인하기

▶ 질문을 읽고 질문의 의미와 의도 등 핵심을 파악할 것
▶ 서술형의 경우, 답안작성의 조건 정확히 짚어두기

≫

STEP 03 답안작성하기

▶ 객관식: 정답인 논리적인 이유 확인하기. 오답의 경우 오답인 이유, 고쳐야 할 부분 등을 구체적으로 확인하기
▶ 기입형: 정답에 해당하는 정확한 용어 작성하기
▶ 서술형: 문제 상황, 답안작성 조건 등을 정확하게 이해하고, 구체적이고 간결한 답안작성하기

≫

STEP 04 나의 학습 상태 점검 및 정리하기

▶ 기출문제를 학습하는 과정에서 나의 현재 상태를 파악하고, 보완 및 개선할 점을 정리하기
  : 관련이론의 이해 여부 확인, 서브노트나 단권화 등 나의 자료에서 보완할 부분, 문제를 파악하는 능력, 반복적인 실수, 답안작성 시 부족한 점, 문제를 해결하는 데 걸리는 시간 등

☑ 기출문제는 1차 시험 직전까지 반복해야 할 가장 중요한 자료이다. 다만, 단편적이고 얕은 방식으로 동일하게 반복만 하는 것은 효과적이지 않다. 특히 답만 기억하는 방식의 반복학습은 의미가 없다.

☑ 기출문제를 반복할 때에는 반복 싸이클마다 기출학습의 초점 및 목표를 다양하게 두고, **다양한 반복학습**을 하는 것이 중요하다. (＊다음 각 싸이클의 목표는 순서로 보지 말고, 다양한 초점으로 볼 것)

Cycle 1 문제 풀기	기출학습의 기본 시퀀스에 따라 문제를 읽고, 풀고, 답안작성하기 ＊다시 풀어볼 문제 별도로 표기해두기
Cycle 2 출제이론 정리하기	각 문항의 영역별, 테마별 출제이론 및 키워드를 확인하고, 자료로 정리하기
Cycle 3 기출문구 학습하기	기출문제에 자료나 지문으로 제시된 주요 문구(답안 내용 X)로 출제된 이론의 키워드 및 핵심 학습하기
Cycle 4 답안작성 연습하기	이해력 및 적용력을 요구하는 서술형 문항을 선별하여 구체적이고, 간결하게 답안을 작성하는 연습하기
Cycle 5 어려운 문제 다시 풀기	한 번에 해결하기 어려웠던 문제 다시 풀어보기
Cycle 6 기출변형 활용하기	기출문제마다 추가적으로 다뤄질 수 있는 부분, 바꿔서 물어볼 수 있을 부분 등을 짚어보기. 또는 기출변형 문제 풀어보기
Cycle 7 연도별 기출 풀기	특수교육학 영역별로 우선 학습을 한 후, 다양한 반복의 한 방법으로 연도별로 기출을 풀어보는 것이 효과적임. 연도별로 기출문제를 풀어보면, 약간의 출제경향을 파악할 수 있음. 시간을 정해두고, 답안작성까지 하며 풀어보면 실전 연습도 함께 할 수 있음

03 | 기출문제 유형별 고득점 학습전략

☑ **객관식**

<table>
<tr><td align="center">예시문항</td><td align="center">맞춤형 학습전략</td></tr>
</table>

예시문항

다음은 특수교사가 학습장애학생 A의 쓰기 능력을 평가하기 위해 수집한 자료이다. 〈자료 1〉은 주어진 문장을 3분 내에 가능한 빠르고 반듯하게 여러 번 써보도록 하여 얻은 것이다. 〈자료 2〉는 '가을'이라는 주제에 대해 15분 동안 글을 쓰도록 하여 얻은 것이다. 학생 A의 쓰기 능력을 향상시키기 위해 고려해야 하는 것만을 〈보기〉에서 있는 대로 고른 것은? 〈2012. 중〉

〈자료 1〉	〈자료 2〉
친구야정말미안해	찬바람여분다날씨좋다

―――――― 〈보기〉 ――――――

ㄱ. 학생의 쓰기 유창성을 향상시키기 위해 문장을 천천히 정확하게 베껴 쓰도록 지도한다.

ㄴ. 학생이 글씨를 쓸 때, 글씨 쓰는 자세, 연필 잡는 법, 책상 위의 종이 위치를 점검한다.

ㄷ. 학생이 스스로 혹은 또래와 함께 체크리스트를 활용하여 문법적 오류를 점검하도록 한다.

ㄹ. 문장 지도를 할 때, 두 문장을 연결 어미로 결합하여 하나의 문장으로 만들 수 있도록 지도한다.

ㅁ. 작문 지도를 할 때, 도식조직자를 활용하여 주제에 대해 아이디어를 생성하고 조직하도록 지도한다.

맞춤형 학습전략

⊞ 객관식은 2009~2013학년도의 출제유형으로서, 현 시험 제도에서는 출제되지 않는 유형임. 그러나 문제 상황, 출제 영역, 내용의 깊이, 관련이론, 난이도 등을 파악하며 반드시 심층적으로 분석해야 함

⊞ **객관식 기출문제를 활용하여 공부하는 방법!**

- 문제 상황과 적용할 이론 파악하기
- 〈보기〉 중 적절한 항목을 찾고, 적절한 이유 정리하기
- 〈보기〉 중 적절하지 않은 항목을 찾고, 고치거나 이유 서술해 보기
- 문제 상황이나 〈보기〉를 통해 주어진 주요 문구와 키워드를 체크하고 나의 자료에 추가·정리하기
- 문제 상황을 활용하여, 서답형에 맞게 기출변형 문제 만들어 보기

☑ **기입형**

예시문항

다음은 기도순음청력검사를 통해 산출된 청각장애학생 A의 오른쪽 귀 평균청력손실치에 대한 설명이다. 괄호 안의 ㉠과 ㉡에 해당하는 말을 각각 쓰시오. [2점] 〈2014. 중〉

학생 A의 오른쪽 귀 평균청력손실치 75dB은 대부분의 (㉠)이/가 분포되어 있는 주파수인 1,000Hz, 500Hz, (㉡)Hz의 각각의 청력손실치로 계산하여 구한 값이다. 즉, 1,000Hz의 청력손실치 75dB의 2배 값에 500Hz의 청력손실치 70dB과 (㉡)Hz의 청력손실치 80dB을 더한 값을 4로 나눈 값이다.

맞춤형 학습전략

⊞ 기입형은 예시와 같이 빈칸을 두거나, 또는 밑줄 친 부분에 해당하는 용어를 요구하는 등 간단한 용어나 표현을 정확하게 표기해야 하는 유형

⊞ **기입형 문항을 공부하는 방법!**

- 기입형 학습의 핵심은 기본개념과 용어에 대한 정확한 이해와 암기
- 빈칸이 없는 부분, 밑줄이 없는 부분을 체크하여 문제를 변형해 보고, 예상문제 만들어 보기
- 용어나 해당 내용을 정확하게 기입하는 것이 중요하여, 실수를 많이 범하는 유형이기도 함

☑ 서술형

<table>
<tr><th>예시문항</th><th>맞춤형 학습전략</th></tr>
</table>

⊞ 예시 (1)

(가)는 지체장애 특수학교 2학년 학생들의 특성이고, (나)는 2009 개정 슬기로운 생활과 교육과정에 따른 '마을과 사람들' 단원 지도 계획과 학생 지원 계획의 일부이다. 물음에 답하시오. [5점] 〈2015. 초〉

> (가) 학생 특성
>
> …(생략)…
>
> (나) 단원 지도 계획과 학생 지원 계획
>
> …(생략)…

1) (가)에 제시된 미나의 특성을 고려할 때, (나)의 ㉠에 문제가 발생하지 않도록 하기 위해 교사가 유의해야 할 사항을 1가지 쓰시오. [1점]

   • ___________________________________

2) (가)에 제시된 현우의 특성을 고려할 때, (나)의 마을 조사 활동 시 ㉡의 장점을 1가지 쓰시오. [1점]

   • ___________________________________

3) 교사가 은지에게 (나)의 ㉢을 착용시킨 이유를 은지의 특성에 비추어 1가지 쓰시오. [1점]

   • ___________________________________

⊞ 예시 (2)

(가)는 자폐성장애 학생 J를 위한 기본 교육과정 고등학교 과학과 '주방의 전기 기구' 수업 지도 계획의 일부이고, (나)는 '주방의 조리 도구' 수업 지도 계획의 일부이다. 〈작성 방법〉에 따라 서술하시오. [5점] 〈2019. 중〉

> (가) '주방의 전기 기구' 수업 지도 계획
>
> …(생략)…
>
> (나) '주방의 조리 도구' 수업 지도 계획
>
> …(생략)…

〈작성 방법〉

∘ 밑줄 친 ㉠에서 사용한 사건(빈도)기록법의 유형을 쓰고, '촉진의 형태가 바뀌는 용암 체계'에 비해 밑줄 친 ㉡이 갖는 특성 1가지를 서술할 것

∘ 밑줄 친 ㉢과 ㉣을 할 때 '동기' 반응을 향상시키기 위한 방법을 순서대로 서술할 것(단, 〈유의 사항〉에서 제시된 방법을 제외할 것)

∘ 밑줄 친 ㉤을 할 때 교사가 가르칠 내용을 '자기주도(self-initiation)' 반응 측면에서 서술할 것

맞춤형 학습전략

⊞ 중등의 경우, 〈작성 방법〉을 제시하여, 문제가 요구하는 조건을 구체적으로 요구하는 경우가 많음. 이 경우 반드시 〈작성 방법〉에서 요구하는 사항이 반영된 답안을 작성해야 함.

⊞ 유·초등의 경우, 소문항 중 일부가 서술형으로 출제되며, "~에 근거하여", "~를 고려하여" 또는 "~와/과 관련지어" 등과 같은 조건을 포함하여 문제를 제시하는 경우가 많음. 이 경우 반드시 해당 조건을 답안에 반영하여 서술해야 함.

⊞ 서술형은 특히 이해 기반의 학습과 암기가 중요한 유형. 답안을 서술할 때에는 암기한 내용을 그대로 옮겨 적는 것이 아니라, 문제 상황을 이해하고, 이론을 적용하고, 제시된 조건을 반영하여 적절한 문장으로 표현해야 함

⊞ 서술형 문항을 활용하여 공부하는 방법!

• 문제 상황과 적용할 이론, 답안작성의 조건 등을 꼼꼼하게 파악하기

• 적용된 이론의 기본 개념과 관련 용어 정리하기

• 문제 상황과 조건에 맞는 답안작성하기. 이때, 반드시 완성된 문장으로 작성하는 연습을 꾸준히 할 것

• 문제에 제시된 주요 문구나 키워드를 나만의 자료로 정리하기

• 서술형이 어렵게 느껴질 경우, 관련이론의 이해, 이론의 암기, 문제에 대한 적용력, 문제 파악 능력 등 여러 가지 가능한 문제점을 구체적으로 정리하고, 자신에게 해당하는 문제점을 명확하게 파악하여 이를 보완하는 방향으로 학습전략을 세울 것

• 맞는 항목과 틀린 항목 등이 제시되는 경우, 맞으면 맞는 이유, 틀리면 틀린 이유를 짚어보고 직접 서술해 볼 것

☑ 논술형

<table>
<tr><th>예시문항</th><th>맞춤형 학습전략</th></tr>
</table>

예시문항

(가)는 ○○중학교에 재학 중인 장애학생에 관한 특성과 배치형태이고, (나)는 교수적 수정을 적용하고자 하는 국어과 교수·학습 지도안의 일부이다. (다)는 이에 대한 국어교사와 특수교사의 대화 내용이다. 통합교육 상황에서 '교수적 수정'의 필요성, 적용 사례 및 시사점을 〈작성 방법〉에 따라 논술하시오. [10점] 〈2019. 중〉

> (가) 학생의 특성 및 배치형태
> …(생략)…
> (나) 국어과 교수·학습 지도안
> …(생략)…
> (다) 대화 내용
> …(생략)…

─── 〈작성 방법〉 ───

○ 서론, 본론, 결론의 형식으로 작성할 것

○ 서론에는 통합교육 장면에서 '교수적 수정'의 필요성을 서술할 것

○ 본론에서 아래 내용을 포함하여 작성할 것
 – 밑줄 친 ㉠의 적용 사례를 (나)의 수업 상황과 연관지어 각 1가지씩 작성할 것(단, 학생 A, B, C의 특성을 고려하여 작성하되 한 사례에 1명의 학생을 반영하여 제시할 것)
 – 밑줄 친 ㉡의 예를 3가지 제시하되, 학생 A에게는 '반응 형태의 수정', 학생 B에게는 '제시 형태의 수정' 그리고 학생 C에게는 '시간 조정(단, 시간 연장 방법은 제외)'에 대해 제시할 것

○ 결론에는 통합교육에서 '교수적 수정'이 지닌 한계를 쓰고 '보편적 학습설계'가 주는 시사점을 서술할 것

맞춤형 학습전략

⊞ 2020학년도부터 시험전형이 부분적으로 수정되어, 현 시험제도에는 전공논술문항이 출제되지 않고, 서술형 문항의 비중이 더 커졌음. 따라서 논술형 문항을 학습할 때에는 긴 글로 논술하지 말고, 하위의 내용요소들을 하나하나의 서술형 문항이라 생각하고 서술형에 대비하여 활용하는 것이 효과적임

⊞ 기출문항 중 전공논술에 해당하는 문항들, 그리고 2009 ~2013학년도 사이의 논술문항 등은 문제 상황을 파악하고 조건에 맞게 답안을 구상하는 연습을 하는 데 도움이 됨

⊞ **논술형 문항을 활용하여 공부하는 방법!**

· 문제 상황, 주어진 학생 특성 및 활동, 작성 조건 등을 빠짐없이 파악하고 정리해 보기

· 구체적이고 체계적인 답안의 개요 세워 보기

· 문제에 맞는 답안에 꼭 필요한 키워드 나열해 보기(*이론서의 문장을 옮겨 적는 것이 아님)

· 논술형 문항의 하위 요소들을 서술형 문항들이라 생각하고, 간단한 문장으로 답안작성해 보기

차례

테마별 기출분포도

테마		연도별 기출분포	셀프체크
개별화교육	개별화교육의 법적 근거	⑨중 ⑭유 ⑱유 ㉕유 ㉖유	☐☐☐☐☐
	개별화교육계획의 교육목표	⑭유 ⑱유	☐☐☐☐☐
	개별화교육계획을 위한 정보 수집	⑭유 ⑮유 ⑰유	☐☐☐☐☐
통합교육의 개념	통합교육의 법적 근거	⑨초	☐☐☐☐☐
	통합교육의 개념	⑲중	☐☐☐☐☐
교수적 수정	개념 및 유형, 유형별 방안	⑨유 ⑩초 ⑪유 ⑪초 ⑪중 ⑫초 ⑫중 ⑬유 ⑬중 ❸중 ⑭유 ⑭중 ⑯중 ⑰초 ⑲중 ⑳중 ㉑유 ㉒초 ㉓유 ㉓중 ㉔초 ㉖유 ㉖중	☐☐☐☐☐
	절차	⑨초	☐☐☐☐☐
협력	팀 모델	⑨중 ⑩유 ⑫유 ⑫초 ⑫중 ⑮유 ⑯유 ⑳유 ㉕중 ㉖초	☐☐☐☐☐
	협력교수	⑨중 ⑩중 ⑪유 ⑪초 ⑪중 ⑭유 ⑯중 ⑱유 ⑱초 ⑳초 ⑳중 ㉒초 ㉔유 ㉕유 ㉕초 ㉕중	☐☐☐☐☐
사회적 통합	장애이해활동	⑳유	☐☐☐☐☐
	협동학습	⑪중 ⑫중 ⑬초 ⑬중 ⑮초 ⑯중 ⑰초 ⑱중 ⑳초 ⑳중 ㉓초 ㉔중 ㉕초 ㉖중	☐☐☐☐☐
	또래교수	⑫초 ⑬중 ⑮초 ⑰중 ⑲초 ㉕초 ㉖유	☐☐☐☐☐

통합교육 · 개별화교육

01

정답 및 예시답안

1) 교육방법
2) ① 기준
   ② 조건(상황)
3) ⓒ / 표준화검사를 주로 실시하면 개별화교육을 위한 구체적인 정보를 얻기 어려우므로, 타당도를 확보한 진단이라고 할 수 없다.

알찬 지문풀이

문제 3)의 <보기> 중
• ⓐ 송희의 활동결과물을 수집하여 분석하였다.
• ⓑ 일과 중 송희의 의사소통 특성을 관찰하여 일화기록을 하였다.
• ⓓ 집에서 송희가 하는 의사소통 행동에 대한 기록물을 부모에게 의뢰하여 주기적으로 수집하였다.
➡ 개별화교육계획안을 작성하기 위한 다양한 정보 수집 방법

관련이론

◎ 개별화교육계획의 내용(구성요소)

• 개별화교육계획에는 특수교육대상자의 인적사항과 특별한 교육지원이 필요한 영역의 현재 학습수행수준, 교육목표, 교육내용, 교육방법, 평가 계획 및 제공할 특수교육 관련 서비스의 내용과 방법 등이 포함되어야 한다.

◎ 개별화교육계획 목표의 진술 방법

• 교육목표는 하나의 의미만을 전달할 수 있도록 명료하게 객관적인 용어로 측정 가능하게 기술
• 교육목표는 수업을 받은 결과의 측면에서 '학생중심'으로 기술
• '무엇을 가르칠 것인가?'가 아닌 '무엇을 학습할 것인가?'의 시각
• 세 가지 조건
  − 행동이 수행될 조건
  − 수업의 결과로 학생들이 성취해야 할 행동
  − 학습활동의 성취 여부를 결정할 기준 또는 수준

◎ 개별화교육계획 작성을 위한 정보 수집

방법	• 상담, 관찰, 추가평가(형식적·비형식적 평가 등) ➡ 다양한 평가방법
유의점	• 특수교육대상자에 대한 정보를 수집할 때에는 개별화교육계획 수립에 참고가 될 수 있는 정보를 수집하되, 객관적이고 과학적인 방법에 의해 작성된 정보를 우선적으로 수집하고, 기타 교육에 참고가 될 수 있는 중요한 정보도 함께 수집한다. • 특수교육대상자에 대한 정보를 수집하기 위해 평가를 할 때에는 개별화교육계획 수립에 참고가 되지 않는 불필요한 평가를 하지 않도록 유의하며, 보호자에게 목적을 설명하고 동의를 구한다.

2014. 유
★ 답안작성

다음은 송희의 개별화교육계획안이다. 물음에 답하시오.
[5점]

인적 사항			
이름	정송희(여)	보호자 이름	정○○
생년월일	2009. 10. 15.	전화번호	031-315-****
주소	경기도 ○○시 ○○로 123	기타 연락번호	010-****-****
시작일	2013. 3. 18.	종료일	2013. 7. 26.
장애유형	자폐성장애		
진단 · 평가	(생략)		

… (중략) …

발달영역	언어 및 의사소통	작성자	홍○○	작성일	2013. 3.

현재 학습 수행 수준

- 간단한 지시를 따르고, 요구했을 때 사물 또는 사람을 가리킨다.
- 자기가 하고 싶은 것이 있거나 원하는 물건이 있을 때 상대방의 손을 잡아끄는 것으로 요구를 표현한다.
- 어려운 상황이나 과제에 직면하면 무조건 울음을 터뜨린다.
- 거부의 표현으로 소리를 지르거나 돌아서거나 밀쳐낸다.

교육목표		교육내용	평가계획
장기목표	단기목표	• 필요할 때 말로 요구하기	(생략)
자신의 요구를 2단어로 말할 수 있다.	㉠		
	(생략)		
특수교육 관련서비스		(생략)	

1) 현행 「장애인 등에 대한 특수교육법 시행규칙」 제4조 제3항에 제시된 개별화교육계획에 포함되어야 할 것 중 송희의 개별화교육계획안에 나타나 있지 **않은** 것 1가지를 쓰시오. [1점]

2) 다음은 강 교생과 홍 교사가 나눈 대화의 일부이다. 대화 중 ①과 ②에 들어갈 말을 쓰시오. [2점]

> 강 교생: 선생님, 제가 ㉠의 단기목표를 '송희는 "주세요"라고 말할 수 있다.'로 작성했는데 어떨까요?
>
> 홍 교사: 선생님이 작성하신 것은 단기목표 작성의 세 가지 요소 중 '성취해야 할 행동'은 들어가 있지만 (①)와(과) (②)이(가) 포함되지 않았어요.
>
> 강 교생: 네, 수정하겠습니다.

① :

② :

3) 다음은 송희의 개별화교육계획안을 작성하기 위해 송희에 대한 정보를 수집하는 과정이다. 적절하지 **않은** 것 1가지를 찾아 기호를 쓰고, 그 이유를 쓰시오. [2점]

> ⓐ 송희의 활동결과물을 수집하여 분석하였다.
> ⓑ 일과 중 송희의 의사소통 특성을 관찰하여 일화기록을 하였다.
> ⓒ 타당도가 확보된 진단을 하기 위해 지능검사 등의 표준화검사를 주로 실시하였다.
> ⓓ 집에서 송희가 하는 의사소통 행동에 대한 기록물을 부모에게 의뢰하여 주기적으로 수집하였다.

02

정답 및 예시답안

1) 평가 계획
2) ① 행동 / 음식을 입에 넣을 수 있다.
   ② 상황(조건) / 교사가 숟가락을 잡은 진수의 손을 잡고 입 주위까지 가져가 주면
   ③ 기준 / 3일 연속 10회 중 8회
3) 최대–최소 촉진

알찬 지문풀이

• ㉡ 처음에는 <u>신체적 촉진</u>으로 시작하고 "숟가락을 잡고 먹어 보세요."라는 <u>언어적 촉진</u>에 스스로 음식을 먹을 수 있도록 <u>점차적으로 개입을 줄인다.</u> ➡ 촉진의 개입을 점차 줄이고 있음

관련이론

🔍 개별화교육계획의 내용(구성요소)

• 개별화교육계획에는 특수교육대상자의 인적사항과 특별한 교육지원이 필요한 영역의 현재 학습수행수준, 교육목표, 교육내용, 교육방법, 평가 계획 및 제공할 특수교육 관련 서비스의 내용과 방법 등이 포함되어야 한다.

🔍 개별화교육계획 목표의 진술 방법

• 교육목표는 하나의 의미만을 전달할 수 있도록 명료하게 객관적인 용어로 측정 가능하게 기술
• 교육목표는 수업을 받은 결과의 측면에서 '학생중심'으로 기술
• '무엇을 가르칠 것인가?'가 아닌 '무엇을 학습할 것인가?'의 시각
• 세 가지 조건
  – 행동이 수행될 조건
  – 수업의 결과로 학생들이 성취해야 할 행동
  – 학습활동의 성취 여부를 결정할 기준 또는 수준

🔍 촉구와 용암

촉구의 정의		• 바람직한 반응을 보일 수 있도록 도와주는 부가적인 자극 • 정확한 반응을 할 가능성을 증가시키는 데 사용되는 것	
촉구의 유형	반응촉구	• 언어적 촉구 • 자세(몸짓) 촉구 • 신체적 촉구	• 시각적 촉구 • 모델링(시범 촉구) • 혼합된 촉구
	자극촉구	• 자극 내 촉구	• 자극 외 촉구
촉구의 용암	반응촉구용암	• 도움 감소법 • 촉구 지연법(시간지연)	• 도움 증가법 • 점진적 안내
	자극촉구용암	• 자극촉구의 점진적 변화는 변별자극을 점차 분명하게 또는 점차 불분명하게 변화시키거나, 변별자극에 추가적 단서를 주는 것	

고득점 답안 비법 ✗ 2) : 문제 상황에 제시된 것을 찾아 그대로 작성하면 됨

02   2018. 유

다음은 유치원 3세반 진수의 개별화교육계획안이다. 물음에 답하시오. [5점]

인적사항			
이름	박진수(남)	생년월일	2013. 10. ○○.
시작일	2017. 3. ○○.	종료일	2017. 7. ○○.

… (생략) …

발달 영역	자조 기술

현재 학습수행수준

〈강점〉

• 음식을 골고루 먹을 수 있다.

• 식사 시간에 식탁 의자에 앉아 있을 수 있다.

〈약점〉

• 의존성이 강하여 숟가락을 혼자서 잡지 않고 성인의 도움을 받아 음식을 먹으려고 한다.

교육목표	
장기목표	숟가락을 사용하여 스스로 식사를 할 수 있다.
단기목표	1. ㉠ 교사가 숟가락을 잡은 진수의 손을 잡고 입 주위까지 가져가 주면 3일 연속으로 10회 중 8회는 음식을 입에 넣을 수 있다. 2. … (생략) …
교육내용	… (생략) …
교육방법	㉡ 처음에는 신체적 촉진으로 시작하고 "숟가락을 잡고 먹어 보세요."라는 언어적 촉진에 스스로 음식을 먹을 수 있도록 점차적으로 개입을 줄인다.

특수교육 관련서비스

… (하략) …

1) 장애인 등에 대한 특수교육법 시행규칙(교육부령 제101호, 2016. 6. 23. 일부개정) 제4조 제3항에 제시된 개별화교육계획에 포함되어야 할 것 중 진수의 개별화교육계획안에 나타나 있지 <u>않은</u> 것 1가지를 쓰시오. [1점]

2) 메이거(R. Mager)가 제시하는 목표 진술의 3가지 요소와 ㉠에서 각 요소에 해당하는 진술 내용을 찾아 쓰시오. [3점]

     ① :

     ② :

     ③ :

3) ㉡에서 적용한 반응 촉진법의 유형은 무엇인지 쓰시오. [1점]

03

정답 및 예시답안

1) ① 더 심층적인 진단평가에 대한 의뢰 여부 결정
   ② 적격성(적부성)
2) ① 각급학교의 장은 특수교육대상자의 교육적 요구에 적합한 교육을 제공하기 위하여 보호자, 특수교육교원, 일반교육교원, 진로 및 직업교육 담당 교원, 특수교육 관련 서비스 담당 인력 등으로 개별화교육지원팀을 구성한다.
   ② 유치원 교육과정
3) 특수교육 관련 서비스의 내용과 방법

관련이론

◎ 「장애인 등에 대한 특수교육법」 제22조(개별화교육)

법	개별화교육지원팀 구성	① 각급학교의 장은 특수교육대상자의 교육적 요구에 적합한 교육을 제공하기 위하여 보호자, 특수교육교원, 일반교육교원, 진로 및 직업교육 담당 교원, 특수교육 관련 담당 인력 등으로 개별화교육지원팀을 구성한다.
	IEP 작성	② 개별화교육지원팀은 매 학기마다 특수교육대상자에 대한 개별화교육계획을 작성하여야 한다.
	전학 및 송부	③ 특수교육대상자가 다른 학교로 전학할 경우 또는 상급학교로 진학할 경우에는 전출학교는 전입학교에 개별화교육계획을 14일 이내에 송부하여야 한다.
	특수교육교원	④ 특수교육교원은 제1항부터 제3항까지의 규정에 따른 업무를 수행하기 위하여 각 업무를 지원하고 조정한다.
	기타 관련사항	⑤ 제1항에 따른 개별화교육지원팀의 구성, 제2항에 따른 개별화교육계획의 수립·실시 등에 관하여 필요한 사항은 교육부령으로 정한다.
영	개별화교육지원팀의 역할	① 교육장 또는 교육감은 법 제17조 제1항에 따라 특수교육대상자를 학교에 배치할 때에는 해당 학교의 장과 특수교육대상자에게 각각 문서로 알려야 한다. ② 교육장 또는 교육감은 특수교육대상자를 일반학교의 일반학급에 배치한 경우에는 특수교육지원센터에서 근무하는 특수교육교원에게 그 학교를 방문하여 학습을 지원하도록 하여야 한다. ③ 각급학교의 장은 특수교육대상자에 대한 교육지원의 내용을 추가·변경 또는 종료하거나 특수교육대상자를 재배치할 필요가 있으면 법 제22조 제1항에 따른 개별화교육지원팀의 검토를 거쳐 교육장 및 교육감에게 그 특수교육대상자의 진단·평가 및 재배치를 요구할 수 있다.
규칙	팀 구성 시기	① 각급학교의 장은 법 제22조 제1항에 따라 매 학년의 시작일부터 2주 이내에 각각의 특수교육대상자에 대한 개별화교육지원팀을 구성하여야 한다.
	IEP 작성시기	② 개별화교육지원팀은 매 학기의 시작일부터 30일 이내에 개별화교육계획을 작성하여야 한다.
	IEP 구성요소	③ 개별화교육계획에는 특수교육대상자의 인적사항과 특별한 교육지원이 필요한 영역의 현재 학습 수행수준, 교육목표, 교육내용, 교육방법, 평가 계획 및 제공할 특수교육 관련 서비스의 내용과 방법 등이 포함되어야 한다.
	평가	④ 각급학교의 장은 매 학기마다 개별화교육계획에 따른 각각의 특수교육대상자의 학업성취도 평가를 실시하고, 그 결과를 특수교육대상자 또는 그 보호자에게 통보하여야 한다.

03   **2025. 유**

(가)와 (나)는 특수교육지원센터 유아 특수교사 김 교사와 특수학급 미설치 병설유치원 유아교사 박 교사의 전화 통화 내용과 참고 자료이다. 물음에 답하시오. [5점]

(가)

김 교사 : 선생님, 안녕하세요. 경수의 특수교육대상자 선정·배치 신청서가 접수되어 전화 드렸어요.

박 교사 : 네, 선생님. 경수 어머님께서 영유아건강검진 결과 '추적검사 요망'이 나왔다고 말씀하셨어요. 특수교육지원센터에서 무료로 선별검사를 한 후에 진단검사를 받을 수 있다고 안내해 드렸더니 신청서를 보내셨어요. 유치원에서도 경수가 놀이에 관심이 없고, 지원이 필요한 행동이 심해졌어요. [A]

김 교사 : 그렇군요. 그러면 다음 주에 진단·평가를 실시할게요.

박 교사 : 네, 선생님. 혹시 경수가 특수교육대상자로 선정되면 복지카드도 받게 되는 건가요?

김 교사 : 그렇지 않아요. 특수교육대상자로 선정이 되었다고 해서 모두 장애인 등록을 하는 것은 아니에요.
장애인으로 등록했다고 특수교육대상자로 선정되는 것도 아니고요. 특수교육대상자를 선정할 때 다양한 정보를 수집해서 특수교육대상자인지를 결정하는 절차를 거쳐야 해요. [B]

박 교사 : 아, 그렇군요. 저는 특수교육대상자와 장애인이 같다고 생각했어요.

(나)

박 교사 : 어머님께서 경수의 특이 체질과 관련된 주의 사항, 식단 조절 등에 대해서 개별화교육지원팀 협의회 때 구체적으로 이야기를 나누고 싶다고 하셨어요.

김 교사 : 개별화교육지원팀을 구성할 때는 주요한 관련 전문가 등이 참석할 수 있어요.

박 교사 : 아, 그래요?

김 교사 : 또, 학교장은 개별화교육지원팀을 구성할 때 장소제공, 회의 시간 확보, 구성원 간의 협력 등을 지원해야 해요.

박 교사 : 그렇군요.

… (중략) …

박 교사 : 선생님, 작성해서 보내 드린 경수의 개별화교육계획은 확인하셨나요?

김 교사 : 네, 몇 가지 수정해야 할 부분이 있더라고요. 개별화교육계획을 작성하실 때 유아의 개별적 요구에 따라 인지, 의사소통, (㉠), (㉡), 적응행동 등 특수교육 지원이 필요한 발달영역을 중심으로 개별화교육계획을 수립하고, 교육과정과 연계하여 운영해야 해요.

박 교사 : 아, 그렇군요.

김 교사 : 그리고 ㉢ 통학비 지원과 치료지원의 내용이 누락되어 있던데 제가 전자 우편으로 보내 드리는 첨부 자료를 확인하시면 작성하는 데 도움이 될 거예요.

> **첨부 자료 : 개별화교육계획 수립을 위한 참고 자료**
>
> ⓐ 2022 개정 특수교육 교육과정 총론
>   [교육부 고시 제2022-34호] (2022. 12. 22.)
> ⓑ 장애인 등에 대한 특수교육법[시행 2023. 4. 19.]
>   [법률 제18992호, 2022. 10. 18., 일부개정]
> ⓒ 장애인 등에 대한 특수교육법 시행규칙[시행 2022. 7. 21.]
>   [교육부령 제269호, 2022. 6. 29., 일부개정]

1) (가)의 ① [A]에서와 같은 선별검사를 실시하는 목적을 쓰고, ② [B]는 특수교육대상자 선정 단계 중 어느 단계에 해당하는지 쓰시오. [2점]

  ① :

  ② :

2) (나)의 ① 밑줄 친 ⓑ에 근거하여 경수를 위한 개별화교육지원팀 구성 시 고려할 점을 쓰고, ② 밑줄 친 ⓐ의 유치원 교육과정 '편성·운영'에 근거하여, 괄호 안의 ㉠, ㉡에 들어갈 발달영역을 쓰시오. [2점]

  ① :

  ② :

3) (나)의 밑줄 친 ⓑ와 ⓒ에 근거하여, 밑줄 친 ㉢은 개별화교육계획에 포함되어야 할 요소 중 무엇에 해당하는지 쓰시오. [1점]

04

정답 및 예시답안

○ ⓒ / 각급학교의 장은 매 학기마다 개별화교육계획에 따른 각각의 특수교육대상자의 학업성취도 평가를 실시한다.
　ⓐ / 특수교육대상자가 6인을 초과하는 경우 2개 이상의 학급을 설치한다.
○ ⓗ에 포함되는 통학지원은 통학차량지원, 통학 지원인력의 배치이다(이 중 택 1).
○ ⓢ의 절차로, 전출학교는 전입학교에 개별화교육계획을 14일 이내에 송부하여야 한다.

관련이론

◎ 「장애인 등에 대한 특수교육법」 제27조(특수학교의 학급 및 각급학교의 특수학급 설치 기준)

학급 설치기준	① 특수학교와 각급학교의 장은 다음 각 호의 기준에 따라 학급 및 특수학급을 설치하여야 한다. 　1. 유치원 과정의 경우: 특수교육대상자가 1인 이상 4인 이하인 경우 1학급을 설치하고, 4인을 초과하는 경우 2개 이상의 학급을 설치한다. 　2. 초등학교·중학교 과정의 경우: 특수교육대상자가 1인 이상 6인 이하인 경우 1학급을 설치하고, 6인을 초과하는 경우 2개 이상의 학급을 설치한다. 　3. 고등학교 과정의 경우: 특수교육대상자가 1인 이상 7인 이하인 경우 1학급을 설치하고, 7인을 초과하는 경우 2개 이상의 학급을 설치한다.
설치기준 조정 등	② 교육감은 제1항에도 불구하고 두 가지 이상의 장애를 지니면서 장애의 정도가 심한 특수교육대상자가 배치된 학급의 경우에는 2분의 1의 범위에서 학급 설치 기준을 하향 조정할 수 있으며, 순회교육의 경우 장애의 정도와 유형에 따라 학급 설치 기준을 하향 조정할 수 있다. ③ 특수학교와 특수학급에 두는 특수교육교원의 배치기준은 대통령령으로 정한다.

◎ 「장애인 등에 대한 특수교육법」 제28조(특수교육 관련 서비스)

가족지원	① 교육감은 특수교육대상자와 그 가족에 대하여 가족상담, 부모교육 등 가족지원을 제공하여야 한다.
치료지원	② 교육감은 특수교육대상자에게 필요한 경우 물리치료, 작업치료 등 치료지원을 제공하여야 한다. 이 경우 특수교육대상자의 장애유형과 장애정도를 고려한 맞춤형 치료지원이 제공될 수 있도록 하여야 한다.
지원인력	③ 교육감은 각급학교의 장이 특수교육대상자를 위하여 필요한 경우 지원인력을 제공할 수 있도록 지원하여야 한다.
설비제공	④ 각급학교의 장은 특수교육대상자의 교육을 위하여 필요한 장애인용 각종 교구, 각종 학습보조기, 보조공학기기 등의 설비를 제공하여야 한다.
통학지원	⑤ 각급학교의 장은 특수교육대상자의 취학 편의를 위하여 통학차량 지원, 통학비 지원, 통학 지원인력의 배치 등 통학 지원 대책을 마련하여야 한다.
기숙사 설치운영	⑥ 각급학교의 장은 특수교육대상자의 생활지도 및 보호를 위하여 기숙사를 설치·운영할 수 있다. 기숙사를 설치·운영하는 특수학교에는 특수교육대상자의 생활지도 및 보호를 위하여 교육부령으로 정하는 자격이 있는 생활지도원을 두는 외에 간호사 또는 간호조무사를 두어야 한다. ⑦ 제6항의 생활지도원과 간호사 또는 간호조무사의 배치기준은 국립학교의 경우 교육부령으로, 공립 및 사립 학교의 경우에는 시·도 교육규칙으로 각각 정한다.
정보제공 등	⑧ 각급학교의 장은 각급학교에서 제공하는 각종 정보(교육기관에서 운영하는 인터넷 홈페이지를 포함한다)를 특수교육대상자에게 제공하는 경우 특수교육대상자의 장애유형에 적합한 방식으로 제공하여야 한다. ⑨ 교육감(국립학교의 경우에는 해당 학교의 장을 말한다)은 「의료법」 제3조에 따른 의료기관과 협의하여 해당 의료기관에 소속된 같은 법 제2조에 따른 의료인으로 하여금 학교 내에서 특수교육대상자에게 의료적 지원을 제공하도록 할 수 있다. 이 경우 의료인이 제공하는 의료적 지원의 구체적 범위는 대통령령으로 정한다. ⑩ 제1항부터 제9항까지의 규정에 따른 특수교육 관련 서비스의 제공을 위하여 필요한 사항은 대통령령으로 정한다.

핵심테마 체크

• 특수교육법
• 개별화교육
• 특수교육 관련 서비스

MY MEMO

04　　　　　　　　2025. 중

「신규 특수 교사를 위한 질문과 답변」 누리집 게시판의 내용이다. 〈작성방법〉에 따라 서술하시오. [단, 장애인 등에 대한 특수교육법(법률 제18992호, 2022. 10. 18., 일부개정), 장애인 등에 대한 특수교육법 시행령(대통령령 제33406호, 2023. 4. 18., 일부개정), 장애인 등에 대한 특수교육법 시행규칙(교육부령 제269호, 2022. 6. 29., 일부개정)에 근거할 것] [4점]

▷ 게 시 판

질 문

㉠ 이번 학년의 시작일부터 2주 이내에 개별화교육지원팀을 구성했어요. 또한, ㉡ 이번 학기의 시작일부터 30일 이내에 개별화교육계획을 작성했어요. 1학기에 제가 해야 할 일이 더 남았나요?

답 변

각급 학교의 장은 매 학기마다 ㉢ 개별화교육계획에 따른 각각의 특수교육 대상자의 진단·평가를 실시하고, 그 결과를 특수교육 대상자 또는 보호자에게 통보해야 해요.

▷ 게 시 판

질 문

특수학급이 새로 생기는 중학교로 발령을 받았고, 특수교육 대상 학생은 5명이에요. 학교에 교실 공간을 확보할 수 없어서 특수학급 설치가 미뤄지고 있어요.

답 변

㉣ 특수학급을 66제곱미터 이상의 교실에 설치하여야 해요. 또한, ㉤ 특수교육 대상자가 4인을 초과할 경우에 2개 이상의 학급을 설치해야 해요.

▷ 게 시 판

질 문

특수교육 대상 학생의 학부모에게 전학 상담 전화가 왔어요. 이사 올 집이 학교에서 멀어서 통학을 위한 도움이 필요해요. 어떤 지원을 해줄 수 있을까요?

답 변

학교장이 ㉥ 학생의 취학편의를 위한 통학 지원 대책을 마련하고, 통학비 지원을 할 수 있어요. 전출학교에서 ㉦ 개별화 교육계획 송부 절차를 준수하는지 확인해 볼 필요가 있어요.

작성방법

- 밑줄 친 ㉠~㉤에서 틀린 것을 2가지 찾아 바르게 고쳐 서술할 것
- 밑줄 친 ㉥에 포함되는 통학지원의 종류를 1가지 쓸 것 (단, 본문에 제시한 내용은 제외할 것)
- 밑줄 친 ㉦의 절차를 학생의 전출학교 입장에서 서술할 것

❷ 핵심테마 체크
• 개별화교육

MY MEMO

05

정답 및 예시답안

②

알찬 지문풀이

• ㄹ. 개별화교육계획 작성 책임은 장애학생에 관한 정보를 가장 많이 가지고 있는 ~~특수교~~사가 맡는다.
  ➡ 개별화교육에 대한 책임은 각급학교의 장에게 있음

• ㅁ. 장애학생이 다른 학교로 전학할 경우 전입학교에 개별화교육계획을 ~~30일 이내~~에 송부하여야 한다.
  ➡ 14일 이내

관련이론

◎ 개별화교육의 법적 근거

개별화교육의 정의	• '개별화교육'이란 각급학교의 장이 특수교육대상자 개인의 능력을 개발하기 위하여 장애유형 및 장애특성에 적합한 교육목표·교육방법·교육내용·특수교육 관련 서비스 등이 포함된 계획을 수립하여 실시하는 교육을 말한다.
개별화교육지원팀 구성	• 각급학교의 장은 특수교육대상자의 교육적 요구에 적합한 교육을 제공하기 위하여 보호자, 특수교육교원, 일반교육교원, 진로 및 직업교육 담당 교원, 특수교육 관련 서비스 담당 인력 등으로 개별화교육지원팀을 구성한다. • 각급학교의 장은 법 제22조 제1항에 따라 매 학년의 시작일부터 2주 이내에 각각의 특수교육대상자에 대한 개별화교육지원팀을 구성하여야 한다.
개별화교육계획 작성	• 개별화교육지원팀은 매 학기마다 특수교육대상자에 대한 개별화교육계획을 작성하여야 한다. • 개별화교육지원팀은 매 학기의 시작일부터 30일 이내에 개별화교육계획을 작성하여야 한다.
개별화교육계획 내용	• 개별화교육계획에는 특수교육대상자의 인적사항과 특별한 교육지원이 필요한 영역의 현재 학습 수행수준, 교육목표, 교육내용, 교육방법, 평가 계획 및 제공할 특수교육 관련 서비스의 내용과 방법 등이 포함되어야 한다.
전학 시 송부	• 특수교육대상자가 다른 학교로 전학할 경우 또는 상급학교로 진학할 경우에는 전출학교는 전입학교에 개별화교육계획을 14일 이내에 송부하여야 한다.
특수교육교원의 업무지원	• 특수교육교원은 제1항부터 제3항까지의 규정에 따른 업무를 수행하기 위하여 각 업무를 지원하고 조정한다.
평가 및 결과통보	• 각급학교의 장은 매 학기마다 개별화교육계획에 따른 각각의 특수교육대상자의 학업성취도 평가를 실시하고, 그 결과를 특수교육대상자 또는 그 보호자에게 통보하여야 한다.

06

❷ 핵심테마 체크
• 장애영역별 학습지원 전략

MY MEMO

정답 및 예시답안

③

알찬 지문풀이

• ① 정서·행동장애 아동의 경우 문제행동에 대해서는 ~~일차적으로 벌을 준다.~~ ➡ 일차적으로 문제행동의 기능을 파악하여 근본적인 원인을 해결해야 함

• ② 정신지체 아동의 경우 ~~항상 또래교수를 통해 보충설명과 피드백을 받도록 한다.~~ ➡ 우선 독립적으로 수행할 수 있는 기회를 주고 필요에 따라 또래교수를 활용

• ④ 유창성장애 아동이 말을 더듬을 때마다 교사가 아동이 하려고 하는 ~~말을 대신해 준다.~~ ➡ 말을 대신해 주는 것은 유창성장애 학생에게 교육적인 방안이 아님

• ⑤ 청각장애 아동을 위해 수화통역자를 활용할 경우 ~~질문을 통역자에게 하고 아동에게 직접 하지 않는다.~~ ➡ 수화통역자를 활용할 때에도 질문은 항상 학생에게 직접 해야 함

05   2009. 중

통합학급에 입급된 장애학생의 개별화교육계획에 관한 사항으로 적절한 것을 〈보기〉에서 고른 것은? [1.5점]

┌ 보기 ┐
ㄱ. 장·단기목표는 구체적이고 측정 가능한 행동목표로 기술한다.
ㄴ. 개별학생의 진단 및 평가 결과에 근거하여 개별화교육계획 내용을 작성한다.
ㄷ. 장애학생의 현재수행수준을 파악하기 위하여 표준화검사 및 비형식적 평가를 실시한다.
ㄹ. 개별화교육계획 작성 책임은 장애학생에 관한 정보를 가장 많이 가지고 있는 특수교사가 맡는다.
ㅁ. 장애학생이 다른 학교로 전학할 경우 전입학교에 개별화교육계획을 30일 이내에 송부하여야 한다.
ㅂ. 개별화교육지원팀에는 일반교사, 부모, 진로 및 직업교육 담당교원, 특수교육 관련서비스 제공자 등을 포함한다.

① ㄱ, ㄴ, ㄹ, ㅁ   ② ㄱ, ㄴ, ㄷ, ㅂ
③ ㄱ, ㄷ, ㄹ, ㅂ   ④ ㄴ, ㄷ, ㅁ, ㅂ
⑤ ㄴ, ㄹ, ㅁ, ㅂ

06   2009. 유

통합교육 상황에서 아동의 장애유형(중복장애 제외)을 고려한 학습지원 전략으로 적절한 것은?

① 정서·행동장애 아동의 경우 문제행동에 대해서는 일차적으로 벌을 준다.
② 정신지체 아동의 경우 항상 또래교수를 통해 보충설명과 피드백을 받도록 한다.
③ 시각장애 아동의 안전을 위해 교실 내 물리적 환경을 일관성 있게 구성·배치한다.
④ 유창성장애 아동이 말을 더듬을 때마다 교사가 아동이 하려고 하는 말을 대신해 준다.
⑤ 청각장애 아동을 위해 수화통역자를 활용할 경우 질문을 통역자에게 하고 아동에게 직접 하지 않는다.

07

• 교수적 수정의 유형별 의미

MY MEMO

정답 및 예시답안

③

알찬 지문풀이

• ㄹ. 교수평가 수정 : 블록을 쌓을 수 있는지와 1~3까지 수를 셀 수 있는지를 준거로 하여 평가한다.
➡ 개별화교육계획의 목표가 1~5까지 수를 세는 것이므로 목표에 적절하지 않은 평가내용

관련이론

◎ 교수적 수정

정의	교수적 수정은 일반학급의 일상적인 수업을 특수교육적 욕구가 있는 학생의 수업 참여의 양과 질을 최적합한 수준으로 성취시키기 위해서 교수환경, 교수적 집단화, 교수방법(교수활동, 교수전략 및 교수자료), 교수내용 혹은 평가방법에서 수정을 하는 것을 의미한다.
5가지 유형	1. 교수환경의 수정 2. 교수적 집단화의 수정 교수적 수정 3. 교수방법의 수정 4. 교수내용의 수정 5. 평가방법의 수정

08

• 교수적 수정의 적용 절차

MY MEMO

정답 및 예시답안

③

관련이론

◎ 교수적 수정의 7단계

1단계 : 장애학생의 IEP 장단기 교수목표의 검토

2단계 : 일반학급 수업 참여를 위한 특정 일반교과(들)의 선택

3단계 : 일반학급 환경에 대한 정보 수집

4단계 : 일반교과 수업에서 장애학생의 학업 수행과 행동의 평가

5단계 : 선택된 일반교과의 한 학기 단원들의 학습목표들을 검토 후 장애학생의 한 학기 개별화된 단원별 학습목표들의 윤곽 결정

6단계 : 장애학생의 수업 참여를 위한 교수적 수정 유형의 결정 및 고안

• 교수내용의 수정(수정된 학습목표의 설정)
• 교수환경의 수정
• 교수적 집단화의 수정
• 교수방법(교수활동, 교수전략, 교수자료)의 수정
• 평가방법의 수정

7단계 : 개별화된 교수적 수정의 적용 및 교수적 수정이 적용된 수업 참여의 양과 질의 평가

07 · 2009. 유

김 교사는 통합학급에 있는 만 5세 발달지체 유아 민주를 대상으로 다음 사항을 고려하여 탐구생활의 교수적합화(교수수정)를 하고자 한다. 교수적합화의 예시로 적절한 것을 〈보기〉에서 모두 고른 것은?

통합학급 탐구생활 학습목표	• 세 가지 유형의 색나무조각 40~50개를 크기·색·모양에 따라 분류하고 각 집합에 속한 수를 세어 그 수량을 말할 수 있다.
개별화교육계획의 장기목표	• 1~5까지 수를 셀 수 있다.
민주의 탐구생활 관련 특성	• 새로운 것에 대한 호기심이 많음. 지시가 주어지면 물건을 '위·아래·안·밖'에 놓을 수 있음. 두 단어 문장의 언어 표현을 함. 블록 쌓기에 관심이 많음. 간단한 색(빨강·파랑·노랑)을 구분할 수 있음

─ 보기 ───────────────
ㄱ. 학습목표 수정 : 3가지 색의 블록 3개씩을 색깔별로 쌓으면서 촉진(촉구) 없이도 수를 셀 수 있다.
ㄴ. 교수활동 수정 : 교사가 시범을 보인 후에 교사의 촉진에 따라 활동을 반복하도록 하고 교사의 촉진 없이 활동을 하게 한다.
ㄷ. 교수자료 수정 : 색 블록을 활용한다.
ㄹ. 교수평가 수정 : 블록을 쌓을 수 있는지와 1~3까지 수를 셀 수 있는지를 준거로 하여 평가한다.

① ㄱ, ㄴ
② ㄷ, ㄹ
③ ㄱ, ㄴ, ㄷ
④ ㄴ, ㄷ, ㄹ
⑤ ㄱ, ㄴ, ㄷ, ㄹ

08 · 2009. 초

윤 교사는 초등학교 1학년 일반학급에 통합된 정신지체 학생 주호에게 수학과 측정 영역에서 '시각 읽기' 지도를 위해 교수적합화(교수수정)를 적용하려고 한다. 다음 (가)와 (다)에 들어갈 요소를 〈보기〉에서 고른 것은?

(가) ________________________
(나) 일반학급 환경에 대한 정보 수집
(다) ________________________
(라) 주호에게 적합한 학습목표 설정
(마) 주호의 수업참여를 위한 교수적합화 유형의 결정 및 실제 고안
(바) 교수적합화의 적용과 교수적합화가 적용된 수업참여의 양과 질의 평가

─ 보기 ───────────────
ㄱ. 주호에 대한 가족지원 필요성 검토
ㄴ. 주호의 개별화교육계획 교수목표의 검토
ㄷ. 일반학급에서 주호의 학업수행 관련 특성 분석
ㄹ. 일반학급 학생들에 대한 수학성취도 검사 실시

① ㄱ, ㄴ
② ㄱ, ㄹ
③ ㄴ, ㄷ
④ ㄴ, ㄹ
⑤ ㄷ, ㄹ

09

정답 및 예시답안

⑤

알찬 지문풀이

• ① ➡ '도덕적 주체로서의 나' 영역

• ② 교육과정중복 ➡ 같은 활동하에 다른 영역의 목표를 추구하는 것

• ③ 토론수업 모형 ➡ 도덕적 문제 사태 제시 → 도입 단계 → 심화 단계 → 실천동기부여 및 확대 적용하기

• ④ 역할놀이수업 모형 ➡ 역할놀이 상황의 설정과 준비 → 역할놀이 참가자 선정 및 청중의 준비 자세 확인 → 역할놀이 시연 → 역할놀이에 대한 토론 및 평가

관련이론

◎ **중다수준 교수와 교육과정 중복**

중다수준 교수	• 장애학생과 일반또래들이 과학실험과 같이 함께 하는 활동에 참여할 때 이루어짐 • 학생들은 같은 교과 영역 내의 여러 수준의 교육목표를 가짐 　예 학년 수준 이하, 학년 수준, 학년 수준 이상 • 고전적인 교육목표의 위계개념이 기초 • 한 학생은 기초적인 지식이나 이해 수준에서 학습할 때, 다른 학생은 보다 심화된 적용이나 종합 수준에서 배울 수 있음 • 여러 과목에서 이루어질 수 있음 • 학습성과의 수준만 조정할 수도 있고 학습내용의 수준 자체가 달라질 수도 있음
교육과정 중복	• 기본적으로 중다수준 교수와 같은 방법에서 출발 • 장애학생과 일반학생이 각자의 개별화된 교수목표를 가지고 교육활동에 참여하는 것 • 개별화된 학습목표가 둘 이상의 교육 영역에서 나온다는 점이 같은 교과 영역 내에서의 수준 차이만을 가지는 중다수준 교수와 다른 점 • 대부분의 중도장애 학생들의 경우, 교육과정 중복이 더 사용되고 있음 • 교육과정 중복을 고려하기 전에 일반또래들과 같은 목표나 중다수준 교수목표를 고려할 수 있는지를 먼저 생각해보는 것이 중요

10

정답 및 예시답안

④

알찬 지문풀이

• ㄷ. 도입 단계: 교수-보조
전개 단계: 두 교사가 두 조씩 맡아 조별 활동을 지도하는 것은 같은 내용을 각 집단에 지도하는 평행교수의 형태가 아님
➡ 두 교사는 각자 두 조를 맡아 조별로 다르게 계획된 내용을 지도하도록 하였으므로 두 교사의 단순 역할분담으로 해석할 수 있음. 팀 티칭, 대안교수, 스테이션, 교수-보조형태에 모두 해당되지 않음

• ㄹ. 다양한 학습 표현 방법을 동등하게 인정해 주는 실제적 다수준 포함 교수법(authentic multilevel instruction)을 사용하였다. ➡ 실제적 다수준 포함 교수법은 모든 학생들이 수준에 상관없이 각자에게 유의미한 학습을 할 수 있도록 수업을 운영하는 것이며, 다양한 학습 표현 방법을 인정해 주어 각자에게 의미 있는 학습이 되도록 하였음

관련이론

◎ **실제적 다수준 포함 교수법**

• 모든 학생들이 수준에 상관없이 동일한 공간, 수업 시간에 각자에게 유의미한 학습을 할 수 있도록 수업을 운영하려는 접근
• 교수방법이라기보다 교육과정 및 수업 운영방침에 해당
• 통합과 화합 강조
• 서로 다른 학습 스타일 인정

09 2010. 초

다음은 정서·행동장애 학생 은수에게 2007년 개정 초등학교 교육과정 도덕과 4학년의 '자신의 일을 스스로 하는 삶'을 지도하기 위하여 통합학급 교사가 작성한 교수·학습 계획을 특수학급 교사가 수정해 준 내용이다. 이에 대한 설명으로 가장 적절한 것은?

〈통합학급 교사가 작성한 교수·학습 계획〉

- 단원: 자신의 일을 스스로 하는 삶
- 차시 목표: 스스로 계획한 일을 실천할 수 있다.

차시	교수·학습 활동	자료	유의점
3/3	• 자주적인 생활 계획 세우고 실천하기 − 스스로 계획을 세우고 실천하는 방법에 대해 토의하게 한다.	• 예화 자료 • 교과서	토의에 전체 학생이 참여하도록 한다.

〈특수학급 교사가 수정해 준 교수·학습 계획〉

- 단원: ㉠ 자신의 일을 스스로 하는 삶
- 차시 목표: ㉡ 생활계획표를 작성하여 실천할 수 있다.

차시	교수·학습 활동	자료	유의점
3/3	• 자주적인 생활 계획 세우고 실천하기 − ㉢ 모둠별로 조사한 자료를 활용하여 생활계획표를 작성하고 실천점검표를 만들게 한다.	• ㉣ 교실 정면의 행동약속판 • 그림 자료	㉤ 일반학생 5명과 은수가 모둠이 되어 학습목표에 도달할 수 있도록 서로 도와주게 한다.

① ㉠은 도덕과의 '우리·타인·사회와의 관계' 영역에 속한다.

② ㉡은 교육과정중복(curriculum overlapping) 원리를 적용하여 수정한 것이다.

③ ㉢은 토론수업 모형으로 수정한 것이다.

④ ㉣은 역할놀이수업 모형으로 수정한 것이다.

⑤ ㉤은 교수 집단을 수정한 것이다.

---

10 2011. 유

다음은 만 5세 통합학급 풀잎반 미술수업에서 유아특수교사인 민 교사와 유아교사인 김 교사가 '공룡 표현하기' 활동을 전개한 내용이다. 이 수업에 대한 설명으로 옳은 것을 〈보기〉에서 모두 고른 것은?

단계	교수·학습 활동	진행 교사 김	진행 교사 민
도입	• 공룡 사진을 보여 주며 설명한다.	○	
	• 교실 벽에 4장의 전지를 붙여 놓고 OHP로 공룡 사진을 투사 확대한다.	○	
	• 일반 유아 1명과 장애 유아 1명이 확대된 공룡을 선 따라 그리게 한다.	○	
	• 공룡의 일부분이 그려진 4장의 전지를 조별로 나누어 준다.		○

단계	빨강 조	노랑 조	파랑 조	보라 조
전개	• 여러 가지 종이를 구겨 붙인다.	• 색연필, 크레파스 물감으로 칠한다.	• 자유롭게 그린다.	• 여러 가지 모양을 오려 붙인다. • 가위질이 서툰 일반 유아 선미에게 보조 손잡이가 달린 가위로 교사와 함께 오리도록 한다.
	• 신문지 구기기를 좋아하는 발달지체 유아 민수에게 신문지를 구기도록 한다.	• 지체장애 유아 민이에게 스펀지가 달린 막대로 물감을 칠하도록 한다.	• 자폐성장애 유아 효주에게 자신이 좋아하는 세밀화를 그리도록 한다.	두 교사가 두 조씩 맡아 조별 활동 지도

단계	교수·학습 활동	진행 교사 김	진행 교사 민
정리·평가	• 조별 활동에 대해 자신의 생각이나 느낌을 말하도록 한다.		○
	• 완성된 공룡 작품을 보고 생각나는 것을 이야기하도록 한다.		○

[보기]

ㄱ. 전개 단계에서 교육과정 수정 전략을 사용하였다.

ㄴ. 빨강 조 민수에게 부분 참여 전략을 사용하였다.

ㄷ. 도입 단계에서는 대안적 교수 방법을, 전개 단계에서는 평행 교수 방법을 사용하였다.

ㄹ. 다양한 학습 표현 방법을 동등하게 인정해 주는 실제적 다수준 포함 교수법(authentic multilevel instruction)을 사용하였다.

① ㄱ, ㄴ ② ㄱ, ㄷ
③ ㄷ, ㄹ ④ ㄱ, ㄴ, ㄹ
⑤ ㄴ, ㄷ, ㄹ

✔ 핵심테마 체크

• 교수적 수정의 유형_평가
  방법의 수정
• 가드너의 다중지능이론
• 협력교수

— MY MEMO

11

정답 및 예시답안

○ ㉠은 평가방법의 수정을 사용한 것이다.
○ ㉡에 해당하는 내용은 공간지능이다.
○ ㉢은 대안교수이고, 대안교수는 추가적이거나 부가적인 도움을 받는 학생들을 대상으로 소집단을 구성하여 지도하는 반면, 교수-지원 모형은 집단 구성 없이 도움이 필요한 경우 (적재적소에) 보조나 지원을 제공한다는 점에서 차이가 있다.

알찬 지문풀이

• ⓑ 제가 반 전체를 맡고, 선생님께서는 학생 D와 E를 포함하여 4~5명의 학생을 지도해 주시면 좋겠어요.
  ➡ 소집단 구성을 의미

• ㉠ 수업의 정리 단계에서 학생 D에게는 시간을 더 주고, 글보다 도식과 같은 그림으로 표현하게 하여 그 결과를 확인 ➡ 수업의 정리 단계에서 평가조정을 하였다는 의미

관련이론

🔍 대안적 교수

장점	• 심화학습의 기회를 제공 • 결석한 학생의 보충 기회를 제공 • 개인과 전체 학급의 속도를 맞출 수 있음 • 못하는 부분을 개발해 주는 시간을 만들 수 있음
단점	• 도움이 필요한 잘 못하는 학생들만 계속 선택하기 쉬움 • 분리된 학습환경을 조성 • 조율하기 어려움 • 학생들을 고립시킬 수 있음
효과	• 추가적인 지원이 필요한 학생에게 지원 가능함(심화수업, 보충수업) • 전체 수업을 담당하는 교사가 집중할 수 있도록 도움을 제공함

🔍 교수-지원

장점	• 주교사가 수업을 하는 동안 지원교사는 지원이 필요한 아동에게 개별적인 도움을 줄 수 있음 • 지원교사는 수업 중 아동의 이해 정도를 점검하고 이해하기 어려운 개념에 대해 구체적인 예를 설명해 주기도 하며, 아동이 수업에 참여하도록 유도하거나 적극적으로 참여할 것을 격려함 • 교사들이 수업을 준비하고 계획하는 데 그다지 많은 협력을 요구하지 않기 때문에 협력교수를 처음으로 실시하는 교사들에게 적합한 모델임
단점	• 언제나 주교사가 일반교사가 되고 보조 역할을 맡은 교사가 특수교사가 되어서는 안 됨 • 주교사와 보조교사는 완전한 동질의 파트너가 되어야 함 • 이동하며 돕는 교사가 보조자로 보일 수 있다는 점과 학생의 주의를 산만하게 할 수 있다는 단점이 있음 • 교사가 이동하며 도와주기 때문에 학생들을 의존적인 학습자로 만드는 경향이 있음 • 특수교사가 특수교육 대상 아동만을 지원할 경우, 특수교사는 장애아동을 지원하기 위해 통합학급에 들어온 손님으로 여겨지기 쉬움
효과	• 모든 주제활동에 적용 가능 • 일대일 직접 지도가 가능함 • 전체 교수를 담당하는 교사는 다른 협력교사가 학생들을 개별적으로 지원하거나 행동 문제를 관리하므로 전체 수업에 더욱 집중할 수 있음 • 다른 모형에 비해 상대적으로 적은 협력계획 시간이 요구됨

고득점 답안 비법 ✗ 〈작성방법〉의 조건을 정확히 이해하고, 조건에 맞는 답안을 작성하는 것이 중요. 두 협력교수의 차이점을 '집단 구성 측면'에서 명확하게 서술해야 함

11 | 2020. 중
★ 답안작성

(가)는 ○○중학교에서 통합교육을 받고 있는 학생 D와 E에 대해 담임교사와 특수교사가 나눈 대화의 일부이고, (나)는 특수교사가 작성한 수업 지원 계획의 일부이다. 〈작성방법〉에 따라 서술하시오. [4점]

(가) 대화

> 특수교사: 학생 D와 E의 특성에 대해 이야기해 보고, 수업에서 지원할 수 있는 방법을 의논해 볼까요?
>
> 담임교사: 네, 먼저 학생 D는 ⓐ 수업의 주제를 도형이나 개념도와 같은 그림으로 표현하는 것을 좋아한다고 합니다. 자신이 지각한 것을 머릿속에서 시각화하고, 이것을 창의적으로 표현하는 능력이 뛰어난 학생입니다. 그리고 학생 E는 체육 활동에 적극적으로 참여하고, 수행 수준도 우수하다고 해요. 하지만 제 수업인 국어 시간에는 흥미가 없어서인지 활동에 잘 참여하지 않아서 걱정입니다.
>
> 특수교사: 두 학생의 장점이나 흥미를 교수·학습 활동에 반영하고, 선생님과 제가 수업을 함께 해보면 어떨까요?
>
> 담임교사: 네, 좋은 생각입니다. 제 수업 시간에는 ⓑ 제가 반 전체를 맡고, 선생님께서는 학생 D와 E를 포함하여 4~5명의 학생을 지도해 주시면 좋겠어요.
>
> … (중략) …
>
> 특수교사: 네, 그리고 ㉠ 수업의 정리 단계에서 학생 D에게는 시간을 더 주고, 글보다 도식과 같은 그림으로 표현하게 하여 그 결과를 확인하는 것이 좋겠습니다.

(나) 수업 지원 계획

수업 지원 교과		국어	
수업 주제		상대의 감정을 파악하며 대화하기	
학생	다중지능 유형	학생 특성을 반영한 활동계획	협력교수 모형
D	(㉡)	상대의 감정을 시각화하여 창의적으로 표현하기	(㉢)
E	신체운동 지능	상대의 감정을 신체로 표현하기	

〈작성방법〉

- (가)의 밑줄 친 ㉠에서 사용한 교수적 수정(교수 적합화)의 유형을 1가지 쓸 것
- (가)의 밑줄 친 ⓐ를 참고하여 (나)의 괄호 안의 ㉡에 해당하는 내용을 가드너(H. Gardner)의 다중지능이론에 근거하여 쓸 것
- (가)의 밑줄 친 ⓑ를 참고하여 (나)의 괄호 안의 ㉢에 해당하는 용어를 쓰고, ㉢과 '교수−지원(one-teach, one-assist) 모형'의 차이점을 학습 집단 구성 측면에서 1가지 서술할 것

12

정답 및 예시답안

1) ① 초등 교육과정
   ② 교수환경의 수정
2) 초등 교육과정
3) 초등 교육과정

관련이론

◎ 교수적 수정의 유형별 핵심

교수환경	교수환경의 수정은 일반학급의 물리적 및 사회적 환경을 장애학생의 일반학급에서의 학습목표 달성을 촉진하기 위해서 수정하는 것을 의미				
교수적 집단화	교수적 집단화 형태의 수정이란 교육내용을 가장 적합하게 교수하기 위해서 교사가 사용하는 학생들의 교수적 집단화에서의 수정 및 보완을 의미				
교수방법	교수활동 수정	• 구체적 활동으로 수정, 작은 단계로 나누는 것, 과제의 양 조절, 쉽게 또는 구체적으로 수정, 활동 중심적으로 수정			
	교수전략 수정	• 교수할 내용을 교수활동의 맥락에서 수정하여 지도하는 것			
	교수자료 수정	• 학생에게 정보의 다른 입력 양식을 허용하거나 학생의 다른 반응 양식을 허용하여 다양하고 풍부한 학습자료를 제시하는 것			
교수내용	일반교육과정의 내용을 장애학생의 독특한 교육적 욕구와 기술의 수행수준에 적합하게 다양한 수준으로 수정하는 것				

평가방법 — 평가조정 전략

• 의미 : 평가 본래의 목적을 훼손하지 않는 범위 내에서 장애학생이 평가에 참여할 수 있도록 문항 제시형태, 반응형태, 시험시간, 검사환경 등을 수정 또는 조정하는 것
• 유형

구분	영역	내용
평가환경	평가공간	독립된 방 제공
	평가시간	시간 연장, 회기 연장, 휴식시간 변경
평가도구	평가자료	시험지의 확대, 점역, 녹음
	보조인력	수화통역사, 대필자, 점역사, 속기사 제공
평가방법	제시방법	지시 해석해 주기, 소리 내어 읽어 주기, 핵심어 제공하기
	응답방법	손으로 답 지적하기, 보기 이용하기, 구술하기, 수화로 답하기, 시험지에 답 쓰기

평가방법 — 대안적 평가방법

• 전통적인 점수화, 합격/불합격체계, IEP 점수화, 습득 또는 준거수준 점수화, 다면적 점수화, 공동 점수화, 항목점수 체계, 학생 자가 평가, 계약 점수화, 포트폴리오 평가

12 2024. 초

(가)는 2015 개정 도덕과 교육과정 6학년 '공정한 생활' 단원 수업 준비를 위해 통합학급 교사와 특수교사가 협의한 내용의 일부이고, (나)는 통합학급 교사가 (가)를 참고하여 작성한 교수·학습 과정안의 일부이다. 물음에 답하시오. [5점]

(가)

○ 통합학급에서 관찰된 지수의 특성
- 친구들이 학용품을 빌려 달라고 할 때마다 자신의 심부름을 해 달라고 함
- 자신에게 유리할 때만 학급 규칙을 지킴 [A]
- 교사가 도움을 요청하면 자신의 부탁을 먼저 들어 달라고 함

○ 지도의 중점
- 지수가 현재 도덕성 단계에서 다음 도덕성 단계로 발달할 수 있도록 공정함의 의미와 중요성에 대해 충분히 인식하게 함

○ 수업 지원 방법

수업 중 행동	지원 방법	
• 오전에 집중력이 높음	도덕 수업을 오전에 배치함	
• 수업 중 쉽게 산만해짐	교탁과 가까운 곳에 좌석을 배치하고, 주의집중 방해 요인을 제거함	[B]
• 여기저기를 돌아다니며 모둠 활동을 하거나 다른 모둠의 활동을 방해함	바닥에 색 테이프를 붙여 모둠 간의 영역을 분명하게 구분하고 해당 모둠 영역 안에서만 활동을 하게 함	

(나)

단원	㉠ 4. 공정한 생활	차시	1차시
학습목표	㉡ 공정함의 의미와 공정한 생활의 중요성을 설명할 수 있다.		
단계	교수·학습 활동		
도입	• 동기유발하기 　– ＜만약에 말이야＞ 놀이 하기		
전개	• 영상을 시청하며 공정함이라는 가치 개념 확인하기 • (　　　　㉢　　　　) • 공정함의 경계에 해당하는 사례 확인하기		

도입 부분 삽화:

1) ① 콜버그(L. Kohlberg) 도덕성 발달 이론의 6단계 중에서 (가)의 [A]에 해당하는 도덕성 발달 단계의 명칭을 쓰고(단, 숫자로 표기하지 않음), ② (가)의 [B]에 해당하는 교수적 수정의 유형을 쓰시오. [2점]

① :

② :

2) ① (나)의 ㉠이 해당하는 영역을 2015 개정 도덕과 교육과정 내용 체계에 근거하여 쓰고, ② (나)의 ㉡과 관련된 도덕과 학습 지도의 기본 원리를 쓰시오. [2점]

① :

② :

3) (나)의 ㉢에 들어갈 내용을 개념 분석 수업 모형의 단계에 근거하여 쓰시오. [1점]

13

정답 및 예시답안

	채점요소	배점
	서론, 본론, 결론의 형식으로 작성	1
서	• 교수적 수정의 필요성	1
본	• 교수적 수정의 적용 사례 　－ 교수집단화 → 학생 C 　－ 교육방법 → 학생 B 　－ 교육내용 → 학생 A • 평가 수정의 예 　－ 학생 A, 반응형태의 수정 → 확대 답안지를 제공한다. 　－ 학생 B, 제시형태의 수정 → 필답으로 대체한다. 　－ 학생 C, 시간조정 → 휴식시간을 조정한다.	6
결	• 교수적 수정의 한계점 • 보편적 학습설계의 시사점	2

관련이론

◎ 검사조정 방법(청각장애 예시)

조정의 형태	조정의 예시
제시형태	수화 지시, 청각보조기 사용, 수화통역자 제공
반응형태	수화 응답
검사시간	검사시간 연장, 검사 중 휴식, 몇 차례로 나누어 실시
검사환경	증폭 및 방음시설, 독립된 장소, 특수자리 배치, 듣기평가－필답고사로 대체

◎ 평가조정 예시(장애학생 평가조정 매뉴얼, 국립특수교육원)_시각장애 학생을 위한 평가조정 방법 예시

과목	평가 방법	평가조정 방법				
		평가운영		평가구성		점수부여
		환경조정	시간조정	제시형태	반응형태	
수학	지필 평가	비장애학생과 같음	시험시간 1.5배 연장	확대 그림 제공	확대 답안지에 답안 제출	비장애학생과 같음
미술	실기 평가	비장애학생과 같음	시험시간 1.5배 연장	점토와 은박지 제공	인물을 입체적으로 표현하게 함	평가 기준에서 채색은 제외함
체육	실기 평가	• 골대 뒤와 경기 장 중앙에 가이 드를 배치함 • 방울이 들어 있 는 특수공 사용 • 조용한 실내에서 경기를 시행함	비장애학생과 같음	• 가이드는 패스할 상대방의 위치를 소리로 알려줌 • 킥을 찰 때 골대 뒤의 가이드가 골대의 위치를 알려줌	비장애학생과 같음	• 자세와 태도 평 가는 비장애학 생과 같음 • 킥의 기회를 2회 더 제공함

고득점 답안 비법 　 답안작성 조건을 충실히 반영하여, 서술형 답안으로 요약정리 해볼 것

13   2019. 중
★ 답안작성

(가)는 ○○중학교에 재학 중인 장애학생에 관한 특성과 배치 형태이고, (나)는 교수적 수정을 적용하고자 하는 국어과 교수·학습 지도안의 일부이다. (다)는 이에 대한 국어교사와 특수교사의 대화 내용이다. 통합교육 상황에서 '교수적 수정'의 필요성, 적용사례 및 시사점을 〈작성방법〉에 따라 논술하시오. [10점]

(가) 학생의 특성 및 배치 형태

학생 (원적 학급)	특성	배치 형태
학생 A (2학년 1반)	• 시각장애(저시력) • 18 point 확대자료를 요구함 • 시각적 수행능력의 변화가 심하여 주의가 필요함	일반학급
학생 B (2학년 4반)	• 청각장애(인공와우 착용) • 대화는 큰 어려움이 없음 • 듣기나 동영상 자료를 접근할 때 어려움이 있음	일반학급
학생 C (2학년 6반)	• 경도 자폐성장애 • 어휘력이 높으며, 텍스트에 그림이 들어갈 때 이해를 더 잘함 • 많은 사람과 같이 있거나, 한꺼번에 너무 많은 자극이 있는 상황을 어려워함	특수학급

(나) 국어과 교수·학습 지도안

단원명	논리적인 말과 글		
제재	'이 문제는 이렇게'	차시	4/5
학습 목표	생활주변의 요구사항을 담은 건의문을 다양한 방식으로 작성한다.		

교수·학습 활동	자료 및 유의점
… (상략) … 〈활동 1〉 • 교사가 준비한 건의문 예시 자료를 함께 읽는다. 〈활동 2〉 • 각 모둠에서 만든 우리 동네의 문제점(잘못된 점자 표기, 주차난, 음식물 쓰레기)이 담긴 동영상 자료를 함께 살펴보고, 지역사회에 건의할 문제에 대해 모둠별로 토론한 후, 아이디어를 발표한다.	• 신문에 나타난 3가지 형식의 건의문 준비하기 • 학생들이 준비한 동영상 자료를 미리 점검하기

(다) 대화 내용

국어교사 :	다양한 학생들을 하나의 내용과 방법으로 지도하고 있어서 늘 신경 쓰였어요.
특수교사 :	이 고민은 '교수적 수정'을 통해 풀어보면 좋을 것 같아요. 많은 시간 통합학급에서 학습하는 학생 A, B, C를 위해 교수적 수정을 하여 통합교육을 지원해 볼 수 있어요.
	… (중략) …
국어교사 :	지금까지 교육 환경, ㉠ 교수 집단화, 교육 방법, 교육 내용 측면에서의 '교수적 수정' 그리고 평가 방법 차원의 수정 방법을 설명해 주셨는데요, ㉡ 평가 수정 방법에서 시간을 연장하는 것 외에 구체적인 수정 방법으로 무엇이 있을까요?
	… (중략) …
특수교사 :	잘 들어 주셔서 감사합니다. 하지만 통합교육 상황에서 '교수적 수정'으로 접근할 때도 한계가 있어 '보편적 학습설계'의 원리 적용이 필요하다는 견해가 있습니다.

┌ **작성방법** ┐
• 서론, 본론, 결론의 형식으로 작성할 것
• 서론에는 통합교육 장면에서 '교수적 수정'의 필요성을 서술할 것
• 본론에는 아래 내용을 포함하여 작성할 것
  − 밑줄 친 ㉠의 적용 사례를 (나)의 수업 상황과 연관 지어 각 1가지씩 작성할 것(단, 학생 A, B, C의 특성을 고려하여 작성하되 한 사례에 1명의 학생을 반영하여 제시할 것)
  − 밑줄 친 ㉡의 예를 3가지 제시하되, 학생 A에게는 '반응 형태의 수정', 학생 B에게는 '제시 형태의 수정' 그리고 학생 C에게는 '시간 조정(단, 시간 연장 방법은 제외)'에 대해 제시할 것
• 결론에는 통합교육에서 '교수적 수정'이 지닌 한계를 쓰고 '보편적 학습설계'가 주는 시사점을 서술할 것

14

정답 및 예시답안

③

알찬 지문풀이

• (나) 학업 수준이 비슷한 학생 4~6명의 구성원이 과제를 완성하는 데 필요한 일을 분배하고 자료를 구한 후, 과제가 완성되면 집단에게 보고하고 피드백을 받는 협동 학습 방법을 사용한다. ➡ **협동학습은 이질적 집단(수준이 다양한)으로 구성해야 하며, (나)의 설명은 집단탐구(GI)에 해당하는 설명**

• (다) 두 교사가 동등한 책임과 역할을 분담하여 같은 학습 집단을 맡아서 가르치는 것으로, 수업 내용을 공동으로 구안하고 지도하는 협력교수 방법을 사용한다. ➡ **이는 평행교수가 아니라 팀 티칭에 대한 설명. 평행교수는 같은 내용을 다른 집단에 각 교사가 지도하는 것**

관련이론

◎ **교수환경의 수정**

영역	교수환경의 수정
물리적 환경	• 교사와 상호작용이 용이하도록 앞줄 중앙에 배치 • 학습활동 시 또래지원이 용이한 아동과 짝이 되게 함 • 학습활동 시 불필요한 소음을 줄여 줌 • 모둠활동 시 또래와 상호작용을 원활히 할 수 있는 자리에 배치 • 장애학생의 접근성과 안전을 위해 교실을 1층에 배치
심리사회적 환경	• 월 1회 장애인식개선 활동(비디오, 영화, 체험활동) • 장애학생의 학습활동 참여를 위해 학급 내 역할 부여하기 • 장애학생에게 일부 수정된 규칙 적용하기 • 장애학생의 참여를 위해 모둠활동 시 협력적 과제 부여하기 • 교사가 모든 구성원에게 동등한 배려와 관심 갖기

15

정답 및 예시답안

②

알찬 지문풀이

• ② 수지가 '학생 2'의 역할을 할 경우, 대사의 어휘 수준을 수지에게 맞춘다면 교수환경을 수정하는 것이다. ➡ **어휘 수준을 수정하는 것은 교육내용의 수정에 해당**

14   2011. 중

통합교육을 위한 교수적 수정의 유형별 방법과 내용이 바르게 연결된 것을 고른 것은? [1.5점]

	유형	방법	내용
(가)	교수 환경 수정	사회적 환경 조성	장애학생 개개인의 소속감, 평등감, 존중감, 협동심, 상호의존감 등을 고려한다.
(나)	교수 집단 수정	성취－과제 분담(STAD)	학업 수준이 비슷한 학생 4~6명의 구성원이 과제를 완성하는 데 필요한 일을 분배하고 자료를 구한 후, 과제가 완성되면 집단에게 보고하고 피드백을 받는 협동 학습 방법을 사용한다.
(다)	교수 방법 수정	평행교수	두 교사가 동등한 책임과 역할을 분담하여 같은 학습 집단을 맡아서 가르치는 것으로, 수업 내용을 공동으로 구안하고 지도하는 협력교수 방법을 사용한다.
(라)	교수 내용 수정	중첩 교육과정 (curriculum overlapping)	장애학생을 일반학생과 같은 활동에 참여하게 하되, 각각 다른 교육과정 영역에서 다른 교수 목표를 선정하여 지도한다.
(마)	평가 방법 수정	다면적 점수화	학생의 능력, 노력, 성취 등의 영역을 평가한다.

① (가), (나), (라)   ② (가), (나), (마)
③ (가), (라), (마)   ④ (나), (다), (마)
⑤ (다), (라), (마)

15   2012. 초

장애학생들이 통합되어 있는 2학년 일반학급의 박 교사는 슬기로운 생활 '이웃 놀이' 수업을 하려고 한다. (가)는 장애학생들의 특성이고, (나)는 '이웃 놀이' 수업에 사용할 역할극 대본의 일부이다. 이에 대한 설명으로 적절하지 <u>않은</u> 것은?

(가)

> 수지 : 의사소통장애(언어 표현에 어려움이 있음)
> 민지 : 정신지체(수 개념은 없으나 같은 숫자를 찾을 수는 있음)

(나)

> 학생 1 : 아악, 아야!(계단 아래에서 넘어진 상태로 다리를 잡고 울고 있다.)
> 학생 2 : (학생 1에게 급히 다가가서) 다리를 많이 다쳤나 봐. 어떡하지?
> 학생 3 : 119 구급대에 연락해야 해.
> 학생 4 : (전화기의 119 숫자를 누른다.)

① 본 수업의 활동주제는 '소중한 우리 이웃'이다.
② 수지가 '학생 2'의 역할을 할 경우, 대사의 어휘 수준을 수지에게 맞춘다면 교수환경을 수정하는 것이다.
③ 수지가 '학생 3'의 역할을 할 경우, 보완·대체의사소통 기구로 대사를 표현하도록 한다면 학생의 과제수행방법을 수정하는 것이다.
④ 민지가 '학생 4'의 역할을 할 경우, 119 숫자를 정확하게 누를 수 있도록 숫자 1, 9에 표시가 되어 있는 전화기를 준다면 교수자료를 수정하는 것이다.
⑤ 민지가 '학생 4'의 역할을 할 경우, '학생 2'가 민지에게 119 숫자를 하나씩 알려주어 민지가 119에 전화를 걸도록 한다면 또래지원 전략을 적용하는 것이다.

16

정답 및 예시답안

1) 유치원 교육과정
2) ① 골대를 크게 제작하는 것
   ② 유치원 교육과정
3) 로봇이 진서의 특별한 관심 대상이기 때문이다.

알찬 지문풀이

• 지수는 다리에 힘이 조금 부족하지만 워커로 이동할 수 있으니 (ⓒ). ➡ 지체장애 유아 지수의 신체적 특성을 의미함. 이를 반영하여 ⓒ에 들어갈 내용을 쓰는 것

관련이론

◎ 파워카드

의미 및 특성	• 아동의 특별한 관심을 사회적 상호작용교수에 포함시키는 시각적 지원방법 • 특별한 관심을 긍정적으로 활용한 대표적인 강점중심의 중재방법이자 사회적 담화의 한 유형 • 사회적 상황과 일상적 일과의 의미를 알려 주고, 언어의 의미를 알려 주며, 일상적 일과, 기대되는 행동, 다른 사람의 마음이해방법, 잠재적 교육과정으로 알려진 일상생활 중 해서는 안 되는 일과 해야 할 일 등을 지도할 때 효과적으로 활용 가능

구성요소	스크립트 (간단한 시나리오)	• 학생이 영웅시하는 인물이나 특별한 관심사, 그리고 학생이 힘들어하는 행동이나 상황에 관련된 간략한 시나리오를 작성 • 시나리오는 대상 학생의 인지수준으로 작성. 이러한 간략한 시나리오와 더불어 특별한 관심사에 해당하는 그림을 포함 • 첫 번째 문단에서 영웅이나 롤 모델이 등장하여 문제 상황에 대한 해결이나 성공경험을 제시. 두 번째 문단에서는 3~5단계로 나눈 구체적인 행동을 제시하여 새로운 행동을 습득할 수 있도록 함
	파워카드	• 이 카드에는 특별한 관심 대상에 대한 작은 그림과 문제행동이나 상황에 대한 해결방안을 제시 • 파워카드는 학생이 습득한 행동을 일반화하기 위한 방안으로도 활용될 수 있음 • 파워카드는 지갑이나 주머니에 넣고 다니거나 책상 위에 두고 볼 수 있도록 함

고득점 답안 비법 ☆ 3) : 파워카드의 핵심 요소를 문제 상황에 적용하여, 해당하는 내용만 간결하게 작성할 것

16

(가)는 작은 운동회를 위한 특수학교 교사들의 사전 협의회의 일부이고, (나)는 자폐성장애 유아 진서를 위한 파워카드이다. 물음에 답하시오. [5점]

(가)

김 교사 : 10월에 실시할 작은 운동회를 위한 협의회를 시작하도록 하겠습니다.

… (중략) …

김 교사 : 이제 작은 운동회 내용을 정리해 보겠습니다.

이 교사 : ㉠ 축구 코스에서는 아이들이 발로 미니 골대 안에 공을 넣도록 해요. 지수는 다리에 힘이 조금 부족하지만 워커로 이동할 수 있으니 (㉡).

홍 교사 : ㉢ 뿅뿅 코스에서는 의자 위에 올려놓은 뼁과자를 엉덩이로 부숴 봐요.

박 교사 : 터널 코스에서는 유아들이 터널을 기어서 통과하도록 하겠습니다.

김 교사 : 그리고 ㉣ 출발점부터 도착점까지 유아들이 걷거나 달려도 되는데 너무 빨리 달리지 않도록 지도해 주세요.

교 사 들 : 네, 알겠습니다.

김 교사 : 그런데 홍 선생님 반의 진서가 갑자기 강당 밖으로 뛰어나간 적이 있었는데 선생님은 어떻게 지도하세요?

홍 교사 : 로봇 그림을 사용한 파워카드 전략으로 강당에 올 때마다 지도하고 있어요. 작은 운동회 때도 파워카드를 사용하도록 하겠습니다.

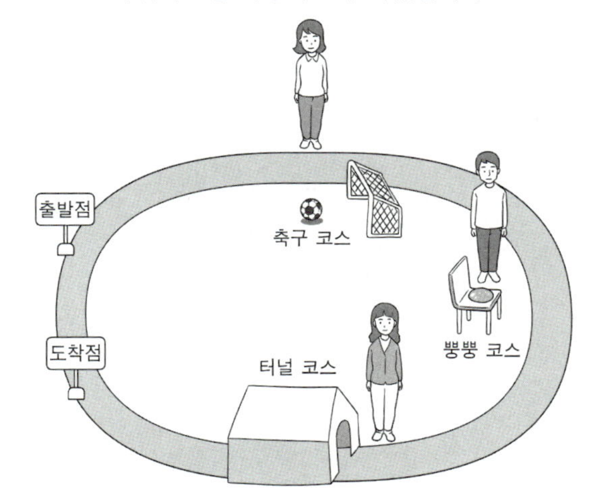

(나)

1) ① ㉠의 도구를 이용한(조작적) 운동 유형을 쓰고, ② ㉡의 제자리(비이동) 운동 유형을 쓰시오. [2점]

① :

② :

2) ① ㉡에 들어갈 교수적 수정의 예를 자료 측면에서 1가지 쓰고, ② ㉣의 걷기와 달리기를 구분하는 기준을 쓰시오. [2점]

① :

② :

3) (나)에서 홍 교사가 로봇 그림을 사용한 이유를 파워카드 전략에 근거하여 쓰시오. [1점]

17

정답 및 예시답안

○ ⓛ은 플립드 러닝이다.
○ ⓒ은 교수활동의 수정이고, 물리적 환경 수정의 예시는 대비가 뚜렷해지도록 티볼과 배트의 색깔을 변경한다, 타격 순서 등을 탬버린으로 알린다 등이다.
○ ⓔ은 개별화교육지원팀이다.

알찬 지문풀이

• 팀의 감독 역할을 할 수 있는 기회를 주시면 좋겠습니다. ➡ 학생에게 '역할 부여'를 하는 것으로서, 교수환경 중 사회적 환경 수정에 해당함

• 경기 시 넓은 공간을 확보하여 이동을 원활하게 해 주면 좋겠어요. ➡ 물리적 환경을 수정하는 것으로 교수환경의 수정에 해당함

• ⓒ '타격' 동작을 가르칠 때, 다른 학생들보다 과제를 더욱 세분화하거나 구체적으로 가르쳐 주세요. ➡ 학생이 해야 하는 동작, 과제를 세분화하고 구체적으로 지도한 것으로 '활동'을 수정한 것에 해당함

• 학년도 시작 후 2주 이내에 구성되고, 학생의 보호자, 특수 교사, 담임 교사, 진로담당 교사 등이 참여하여 실시 ➡ 개별화교육지원팀을 구성하고, 다양한 구성원이 참여하여 개별화교육을 실시한다는 의미

관련이론

◎ 교수활동을 수정하는 방법

• 구체적 활동으로 수정, 작은 단계로 나누는 것, 과제의 양 조절, 쉽게 또는 구체적으로 수정, 활동중심적으로 수정 등

고득점 답안 비법 ✗ '개별화교육지원팀'과 같은 법적 용어는 법적으로 사용되는 용어를 정확히 표기해야 함

17

(가)는 ○○중학교에 배치된 특수교육대상 학생에 대한 정보이고, (나)는 체육 교사가 작성한 수업 계획의 일부이다. (다)는 두 교사가 나눈 대화의 일부이다. 〈작성방법〉에 따라 서술하시오. [4점]

(가) 학생의 정보

학생 A	• 시각장애 학생 • 활발하고 도전정신이 강하고, 급우들과의 관계가 원만함
학생 B	• 지체장애 학생으로 휠체어를 사용함 • 자신감은 부족하지만 급우들과 어울리고 싶어함

(나) 체육 수업 계획

과목	체육	영역	경쟁	장소	운동장
주제	• 티볼을 활용한 팀 경기하기				
절차	사전 학습		본 수업		
내용	• 티볼 경기 영상 시청 • 팀 경기 전략 생각하기		• 팀별 역할 및 전략 토론 • 팀 경기 실시		
준비 사항	• 티볼 경기 영상(시각장애인을 위한 화면해설 포함) • 티볼 경기 규칙과 기술에 대한 학습지		• 변형 경기장 조성 및 팀 구성 • ㉠ 준비물: 티볼 공, 배트, 탬버린		

(다) 특수 교사와 체육 교사의 대화

> 특수 교사: 선생님은 전통적 수업이나 혼합수업과 달리 가정에서 사전 학습을 하고 학교에 와서 심도 있게 수업에 참여하는 학습자 중심의 교수 방법을 활용하려 하시네요.
> 체육 교사: 네. 사전 학습을 통해 개념을 충분히 습득함으로써 본 수업에서는 토론이나 활동 수행 시간 등을 충분히 확보할 수 있지요. 그렇지만 학생이 사전 학습을 수행하지 않으면 본 수업에 차질이 생길 수도 있어 준비가 많이 필요합니다. [㉡]
>
> … (중략) …
>
> 체육 교사: 학생 A와 B가 체육 수업에 원활히 참여하기 위해 어떻게 지원하면 좋을까요?
> 특수 교사: 팀의 감독 역할을 할 수 있는 기회를 주시면 좋겠습니다. 경기 시 넓은 공간을 확보하여 이동을 원활하게 해 주면 좋겠어요. 그리고 ㉢ '타격' 동작을 가르칠 때, 다른 학생들보다 과제를 더욱 세분화하거나 구체적으로 가르쳐 주세요. 더 자세한 사항은 학년도 시작 후 2주 이내에 구성되고, 학생의 보호자, 특수 교사, 담임 교사, 진로담당 교사 등이 참여하여 실시한 (㉣) 협의 결과를 확인하여 지원해 주시면 좋겠습니다.

┌ 작성방법 ┐
• (나)를 참고하여 (다)의 ㉡에 해당하는 교수 방법의 명칭을 쓸 것
• (다)의 밑줄 친 ㉢에 해당하는 교수적 수정의 유형을 쓰고, 학생 A의 수업 참여를 위한 물리적 환경 수정의 예시 1가지를 서술할 것[단, (나)의 밑줄 친 ㉠을 활용할 것]
• (다)의 괄호 안의 ㉣에 해당하는 명칭을 쓸 것

18

정답 및 예시답안

③

알찬 지문풀이

- ③ 교육과정 내용을 먼저 수정한 후, 교수 방법의 수정을 고려한다. ➡ 교수적 수정 시 내용보다는 방법의 수정을 먼저 고려해야 함. 방법의 수정에도 불구하고 학생의 참여가 어려울 경우 내용을 수정해야 함

19

정답 및 예시답안

②

알찬 지문풀이

- ㄱ. 학생 A에게 설정된 교육목표는 과학 교과 안에서의 교육목표 위계 개념에 기초하여 작성하였다. ➡ 과학 교과시간에 의사소통기술을 목표로 하므로 교과 내의 위계 개념에 기초(중다수준 교육과정)한 것이 아님. 사례는 다른 영역에 대한 목표를 설정한 중복(중첩) 교육과정에 해당함

- ㄴ. 상호의존성 ➡ B가 속한 모둠은 협동학습의 형태로 활동을 하도록 되어 있으며, 상호의존성은 협동학습의 원리 중 하나임

- ㄷ. 학생 C에게는 '중첩교육과정'을 적용한 것이다. ➡ 동일한 사회 교과 내에서 수준을 달리한 것이므로 중다수준 교육과정에 해당함

- ㄹ. 수업을 계획하는 과정에서 학생 D에게 적절한 성취 준거를 설정하여 규준참조평가를 실시한다. ➡ 개별 학생의 능력, 노력, 성취를 고려한 준거참조평가에 해당함

- ㅁ. 다양한 정보 제시 수단의 제공 ➡ 학생 E를 위해 교과서의 내용을 듣게 해 준 것은 학생에게 정보를 제시할 때의 수단을 다양하게 사용한 것에 해당함

관련이론

🔍 **협동학습의 원리**

원리	내용
긍정적 상호의존	• "네가 잘 돼야, 나도 잘 된다." • "나의 성공이 너의 성공인가?"
개인적 책임	• "내가 맡은 일은 내가 잘 할게." • "각자가 해야 할 공적인 임무가 있는가?"
동등한 참여	• "참여의 기회가 똑같다."
동시다발적 상호작용	• "같은 시간에 여기저기서" • 동등한 참여를 위해 순차적으로 모두 참여시킨다면 시간이 굉장히 많이 걸릴 것이다. 이것을 해결하는 것이 동시 다발적 상호작용이다.

🔍 **CAST의 보편적 학습설계 원리**

표상	인지학습을 지원하기 위해, 다양하고 융통성 있는 제시방법 제공
행동과 표현	전략적 학습을 지원하기 위해, 다양하고 융통성 있는 표현 및 연습방법 제공
참여	정서적 학습을 지원하기 위해, 다양하고 융통성 있는 참여를 위한 선택권 제공

핵심테마 체크
- 교수적 수정 적용의 고려사항
- 교수적 수정의 유형별 적용방법

MY MEMO

핵심테마 체크
- 협동학습의 원리
- 중다수준 교육과정과 중첩 교육과정
- 규준참조검사와 준거참조검사
- 보편적 학습설계의 3가지 원리

MY MEMO

18 2012. 중

다음은 일반 중학교의 일반학급에 배치된 학습장애학생 A의 특성이다. 학생 A의 효과적인 통합교육을 위해 교수적 수정(교수 적합화)을 할 때 고려할 사항으로 적절하지 <u>않은</u> 것은? [1.5점]

- 수업 중 자주 주의가 흐트러진다.
- 그림을 보고 그리는 데 어려움을 보인다.
- 또래 일반학생들에 비해 필기 속도가 느리다.

① 과제를 나누어 제시하는 과제 제시 수정 방법을 고려한다.
② 교사가 판서한 내용을 유인물로 제작하여 학생에게 제공한다.
③ 교육과정 내용을 먼저 수정한 후, 교수 방법의 수정을 고려한다.
④ 지필 고사 시 시험 시간을 연장하는 평가 조정 방법을 고려한다.
⑤ 학습 자료를 제시할 때 주요 내용에 밑줄을 그어주는 등 시각적 단서를 제공한다.

19 2013. 중

다음은 중학교에서 통합교육을 받고 있는 중도·중복장애 학생 A~E를 위해 교사들이 실행한 수업 사례이다. 각각의 사례에 대한 설명으로 옳은 것만을 〈보기〉에서 있는 대로 고른 것은? [2.5점]

- 박 교사: 과학시간에 심장의 구조와 생리를 지도하면서 학생 A에게는 의사소통 기술을 지도하였다.
- 이 교사: '지역의 문화재 알기' 주제로 모둠별 협동학습을 실시하였는데, 학생 B가 속한 모둠은 '문화재 지도 만들기'를 하였다.
- 김 교사: 사회과 수업목표를 지역사회 공공기관에서 일하는 사람들의 역할 익히기에 두고, 학생 C는 지역사회 공공기관 이름 익히기에 두었다.
- 정 교사: 체육시간에 농구공 넣기를 평가하기 위해 학생 D의 능력, 노력, 성취 측면을 고려하여 골대의 높이를 낮춰 수행 빈도를 측정하였다.
- 신 교사: 글을 읽지 못하는 학생 E를 위해 교과서를 텍스트 파일로 변환하고, 화면읽기 프로그램을 실행하여 교과서의 내용을 듣게 하였다.

보기
ㄱ. 학생 A에게 설정된 교육목표는 과학 교과 안에서의 교육목표 위계 개념에 기초하여 작성하였다.
ㄴ. 과제를 하는 동안 학생 B와 모둠 구성원 간에 상호의존성이 작용한다.
ㄷ. 학생 C에게는 '중첩교육과정'을 적용한 것이다.
ㄹ. 수업을 계획하는 과정에서 학생 D에게 적절한 성취 준거를 설정하여 규준참조평가를 실시한다.
ㅁ. 학생 E에게 적용한 보편적 학습설계 원리는 '다양한 정보 제시 수단의 제공'에 해당한다.

① ㄱ, ㄹ 　　　　② ㄴ, ㅁ
③ ㄷ, ㄹ 　　　　④ ㄱ, ㄴ, ㅁ
⑤ ㄴ, ㄷ, ㅁ

핵심테마 체크

• AAC의 구성요소
• 활동목표의 서술
• 보편적 학습설계의 3가지 원리

→ MY MEMO

20

정답 및 예시답안

1) 직접 선택, 간접 선택
2) 움직임 카드를 보고 카드의 의미에 맞는 움직임을 친구들과 함께 표현한다.
3) 다양한 표현수단의 제공, 다양한 참여수단의 제공

알찬 지문풀이

활동방법의 ⓒ 중
• 움직임 카드에 따라 약속된 <u>움직임을 표현한다.</u>
  - 약속한 움직임대로 낙엽이 <u>움직이는 모습을 표현해</u> 보자.
  - 유아는 카드를 보고, 몸짓 또는 손짓으로 낙엽의 움직임을 <u>나타내거나</u> 낙엽 그림 카드를 <u>가리키거나 든다.</u>
    ➡ 다양한 표현수단
• 카드의 수를 늘려가며 움직임을 연결하여 표현한다.
  - <u>도는 것을 좋아하는 현구와 친구들이 함께 낙엽의 움직임을 나타낸다</u>(예: 낙엽이 빙글빙글 돌다가 데굴데굴 굴러 갑니다). ➡ 다양한 참여수단

관련이론

◎ AAC 체계의 구성요소

AAC 상징	• 그림상징, 청각적 상징, 제스처사용, 질감 또는 촉감 활용상징 등이 해당 • 도구가 사용되지 않는 형태(수화, 제스처, 얼굴 표정 등)일 수도 있고 도구가 사용되는 형태(실물, 사진, 선화, 철자 등)일 수도 있음
AAC 도구	• 메시지를 주고받기 위해 사용하는 전자적 또는 비전자적 장치 • '장치'라는 용어도 혼용됨
AAC 기법	• 메시지의 전달방법 • 상징의 선택방법, 훑기(scanning) 등
AAC 전략	• 메시지를 가장 효과적이고 효율적으로 전달할 수 있는 방식 • 목적: 메시지의 타이밍 향상, 메시지의 문법적 구성 돕기, 의사소통 속도의 강화

◎ 보편적 학습설계의 3가지 원리

표상	인지학습을 지원하기 위해, 다양하고 융통성 있는 제시방법 제공
행동과 표현	전략적 학습을 지원하기 위해, 다양하고 융통성 있는 표현 및 연습방법 제공
참여	정서적 학습을 지원하기 위해, 다양하고 융통성 있는 참여를 위한 선택권 제공

고득점 답안 비법 2) : 시각적 단서에서 정보를 얻고, 선호하는 활동과 친구에 대해 관심을 보이는 현구의 특성, 그리고 '활동에 참여하여 또래와 상호작용하기'라는 단기목표를 반영하여 목표를 서술해야 함

20 · 2014. 유

(가)는 장애 유아의 특성 및 단기목표이고, (나)는 유아특수
교사와 유아교사가 응용특수공학센터(Center for Applied
Special Technology : CAST)에서 제안한 보편적 학습설계
원리를 적용하여 작성한 병설유치원 통합학급 5세반 활동
계획안의 일부이다. 물음에 답하시오. [5점]

(가) 장애 유아의 특성 및 단기목표

유아	장애 유형	특성	단기목표
혜지	중도· 중복 장애	• 뇌성마비로 인해 왼쪽하지마비가 심하다. • ㉠ AAC 체계를 사용하여 10개 이내의 어휘로 자신의 생각과 요구 등을 표현한다.	(생략)
현구	자폐성 장애	• 주로 시각적 단서로 정보를 얻는다. • 선호하는 활동 및 친구에 대해서만 관심을 보이고 빙빙 도는 행동을 자주 한다.	• 활동에 참여하여 또래와 상호작용하기

(나) 활동계획안

활동명	낙엽이 춤춰요	활동형태	대집단활동
활동목표	|colspan| • 낙엽의 다양한 움직임을 알고 신체로 표현한다. • ㉡ 신체표현 활동을 즐기고 적극적으로 참여한다.		
활동자료	움직이는 낙엽의 모습이 담긴 동영상, PPT 자료, 움직임 카드 4장, 낙엽 그림 카드 4장		

활동방법

• 낙엽의 움직임이 담긴 동영상을 감상한다.
 − 낙엽이 어떻게 움직이고 있나요?
 − 수업내용의 이해를 돕기 위해 낙엽 한 장의 움직임을
  강조한 동영상 자료를 제시한다.
• 활동을 소개하고 움직임 그림 카드를 살펴본다.
 − 어떤 그림이 있죠? 어떻게 움직이면 좋을까?
• 움직임 카드에 따라 약속된 움직임을 표현한다.
 − 약속한 움직임대로 낙엽이 움직이는 모습을 표현해
  보자.
 − 유아는 카드를 보고, 몸짓 또는 손짓으로 낙엽의 움
  직임을 나타내거나 낙엽 그림 카드를 가리키거나
  든다.

누웠습니다. 우수수 떨어집니다. 빙글빙글 돕니다. 데굴데굴 굴러갑니다. ㉢

• 카드의 수를 늘려가며 움직임을 연결하여 표현한다.
 − 모둠별로 움직여 보자(파랑 모둠: 현구, 노랑 모둠:
  혜지 포함).
 − 카드 2장을 보고 연결해서 낙엽처럼 움직여 보자.
 − 도는 것을 좋아하는 현구와 친구들이 함께 낙엽의
  움직임을 나타낸다(예: 낙엽이 빙글빙글 돌다가
  데굴데굴 굴러 갑니다).
• 활동에 대한 생각과 느낌을 말이나 AAC를 사용해서 표현
 한다.

1) (가)의 ㉠ AAC 체계의 구성요소 중 기법(선택기법)
   2가지를 쓰시오. [2점]

2) (가)에 제시된 현구의 특성 및 단기목표와 (나)의 활동
   방법 ㉢을 고려하여 활동목표 ㉡을 수정하여 쓰시오.
   [1점]

3) (나)의 활동계획안 ㉢에 적용된 보편적 학습설계 원리
   2가지를 쓰시오. [2점]

핵심테마 체크
• 평가조정 전략

MY MEMO

21

정답 및 예시답안

㉠ 평가자료, ㉡ 응답방법

문제 속 자료분석

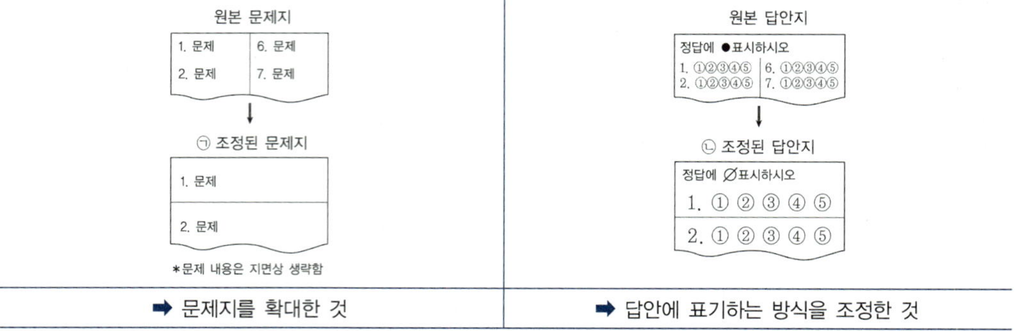

관련이론

평가조정 전략

의미	장애학생을 위한 평가조정은 평가의 본질을 바꾸지 않고 학생이 표준평가에 참여하도록 평가 자료나 절차를 변경하는 것		
	구분	**영역**	**내용**
유형	평가 환경	평가공간	독립된 방 제공
		평가시간	시간 연장, 회기 연장, 휴식시간 변경
	평가 도구	평가자료	시험지의 확대, 점역, 녹음
		보조인력	수화통역사, 대필자, 점역사, 속기사 제공
	평가 방법	제시방법	지시 해석해 주기, 소리 내어 읽어 주기, 핵심어 제공하기
		응답방법	손으로 답 지적하기, 보기 이용하기, 구술하기, 수화로 답하기, 시험지에 답 쓰기

22

핵심테마 체크
• 팀 모델

MY MEMO

정답 및 예시답안

⑤

알찬 지문풀이

• 특수교사, 언어재활사(치료사), 부모는 학생 A의 의사표현이 가장 활발히 나타나는 사회 시간에 함께 모여 학생 A의 활동을 관찰하면서 언어평가를 실시하였다. ➡ 원형 평가

• 평가 후에 특수교사, 언어재활사, 부모는 평가 결과를 바탕으로 장·단기 목표 및 지원 방법에 대해 함께 논의하였다. ➡ 초학문적 접근

• 언어중재는 한 학기 동안 특수교사가 혼자 맡아서 교실에서 실시하기로 하였다. ➡ 특수교사가 주 책임자의 역할을 맡음

• 정기적인 모임을 통해 언어재활사는 특수교사가 지도할 때에 필요한 구체적인 언어중재 전략에 관한 정보를 제공하기로 하였고, 부모는 가정에서의 언어능력 향상 정도를 특수교사에게 알려 주기로 하였다. ➡ 역할양도

관련이론

role release(역할양도, 역할방출, 역할이완)

• 역할양도란 한 분야에 전통적으로 관련된 정보와 기술들을 다른 분야들에 있는 팀의 구성원들에게 전이하는 한 과정. 초학문적 접근의 근간이 되는 개념이다. 협력적 팀워크를 위해 결정적으로 중요한 개념으로서, 팀 구성원들이 이제까지 자신들의 평범한 역할들에서 벗어나 다른 팀 구성원들을 자문하는 입장이 되거나 혹은 다른 팀 구성원들에게 배우는 입장이 되는 것을 의미한다.

21

다음의 (가)는 통합학급에 입급된 특수교육대상학생 A의 특성이고, (나)는 (가)를 바탕으로 학생 A가 정규 평가에 참여할 수 있도록 특수교사가 평가를 조정한 예이다. 평가 조정(test accommodation) 유형 중 (나)의 ㉠과 ㉡에 해당하는 평가 조정 유형을 각각 쓰시오. [2점]

(가) 학생 A의 특성

- 한꺼번에 많은 정보가 주어졌을 때, 정보에 주의를 기울이는 데 어려움이 있음
- 소근육에 문제가 있어 작은 공간에 답을 표시하는 데 어려움이 있음

(나) 학생 A를 위한 평가 조정의 예

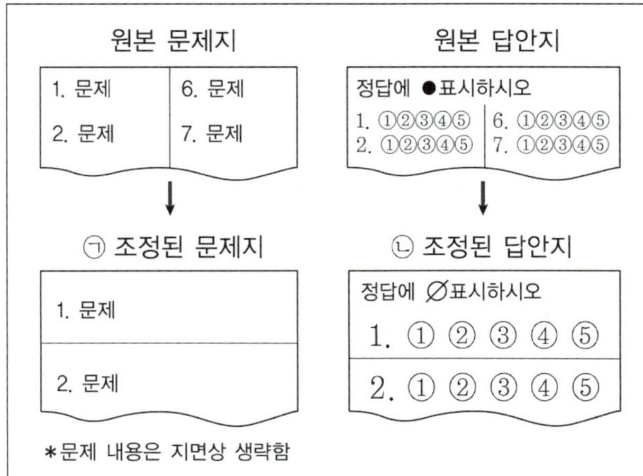

22

다음은 정신지체학생 A의 언어 지원을 위한 협력적 접근 사례이다. 사례에서 나타나는 협력적 접근 모델 및 방법만을 <보기>에서 있는 대로 고른 것은?

특수교사, 언어재활사(치료사), 부모는 학생 A의 의사표현이 가장 활발히 나타나는 사회 시간에 함께 모여 학생 A의 활동을 관찰하면서 언어평가를 실시하였다. 평가 후에 특수교사, 언어재활사, 부모는 평가 결과를 바탕으로 장·단기 목표 및 지원 방법에 대해 함께 논의하였다. 언어중재는 한 학기 동안 특수교사가 혼자 맡아서 교실에서 실시하기로 하였다. 정기적인 모임을 통해 언어재활사는 특수교사가 지도할 때에 필요한 구체적인 언어중재 전략에 관한 정보를 제공하기로 하였고, 부모는 가정에서의 언어능력 향상 정도를 특수교사에게 알려 주기로 하였다.

보기
- ㄱ. 팀 교수(team teaching)
- ㄴ. 역할 양도(role release)
- ㄷ. 원형 평가(arena assessment)
- ㄹ. 간학문 접근(inter-disciplinary approach)
- ㅁ. 초학문 접근(trans-disciplinary approach)

① ㄴ, ㅁ   ② ㄷ, ㄹ
③ ㄱ, ㄴ, ㅁ   ④ ㄱ, ㄷ, ㄹ
⑤ ㄴ, ㄷ, ㅁ

● **핵심테마 체크**
• 협력교수

－ MY MEMO

23

정답 및 예시답안

④

알찬 지문풀이

• ㄱ. 심화학습 기회를 제공한다. ➡ 대안교수

• ㅁ. 모델링과 역할놀이 기술을 필요로 한다. ➡ 팀 티칭

• ㅂ. 결석한 학생에게 보충학습 기회를 제공한다. ➡ 대안교수

관련이론

◎ 스테이션 교수

장점	• 능동적인 학습 형태를 제시 • 소그룹 수업을 통해 주의집중 증가 • 협동과 독립성 증진 • 학생들의 반응 증가 • 전략적으로 집단 구성 • 장애학생이 소집단에서 학습할 때 효율적 • 두 교사가 모든 아동들을 가르치는 기회가 주어지기 때문에 동일한 지위를 가질 수 있음 • 교사들의 교수 스타일이 다르더라도 효과적인 교수가 이루어질 수 있음 • 교사 대 아동의 비율이 낮아 아동들이 활동에 보다 적극적으로 참여하고 교사로부터 관심과 피드백을 받을 기회가 증가함
단점	• 많은 계획과 준비가 필요함 • 교실이 시끄러워짐 • 집단으로 일하는 기술과 독립적인 학습기술이 필요함 • 감독하기 어려움
효과	• 여러 형태의 실제 활동이 있는 수업에 적합 • 학생들 간의 모둠활동을 통한 사회적 상호작용 기회의 증가 • 소집단 학습 가능 • 독립적 학습의 기회 제공(모둠에서 독립학습 장소를 제공하는 경우) • 교사와 학생의 비율이 낮음

24

● **핵심테마 체크**
• 협력교수

－ MY MEMO

정답 및 예시답안

③

알찬 지문풀이

• ㄱ. (가)는 교사들이 역할을 분담하므로 교수내용 및 자료를 공유하기가 어렵다. ➡ 자료 및 정보를 공유하기 좋음

• ㄹ. (나)에서 교사는 학생들의 학습 수준을 고려하여 모둠을 동질적으로 구성한다. ➡ 이질적으로 모둠 구성

• ㅂ. (다)는 학생들의 학습 수행에 대한 자료를 수집하거나 적절한 도움을 주는 데 어려움이 있다.

문제 속 자료분석

• (가) ➡ 팀 티칭
• (나) ➡ 평행교수
• (다) ➡ 교수－보조

23

다음의 대화 내용을 읽고 두 교사가 선택한 협력교수 유형의 특징을 〈보기〉에서 모두 고른 것은? [2.5점]

> 일반교사 : 이번 국사시간은 '우리나라 유적지' 단원을 배울 차례인데, 수업을 어떻게 할까요?
>
> 특수교사 : 지난 시간에는 소집단으로 모둠별 수업을 했으니까 이번 시간에는 프로젝트 중심 수업이 좋을 것 같은데요.
>
> 일반교사 : 좋아요. 그럼 주제별로 하고 학습영역은 몇 개로 나눌까요?
>
> 특수교사 : 학습영역은 3개로 나누는 게 좋을 것 같아요. 첫째 영역은 선생님이 맡고 두 번째는 제가 맡을게요. 세 번째 영역은 학생들끼리 신문 기사를 읽고 독립 운동가 후손들의 삶에 대해 토론하도록 해요.
>
> 일반교사 : 그래요. 선생님은 우리나라 시대별 유적지에 대한 내용을 맡고, 제가 시대별 사상들에 대한 내용을 가르칠게요.
>
> 특수교사 : 각 영역별로 학생들이 15분씩 돌아가면서 학습을 하면 되겠네요.

보기

ㄱ. 심화학습 기회를 제공한다.
ㄴ. 전략적으로 집단을 구성한다.
ㄷ. 학생들의 반응을 증가시킨다.
ㄹ. 능동적인 학습 형태를 제시한다.
ㅁ. 모델링과 역할놀이 기술을 필요로 한다.
ㅂ. 결석한 학생에게 보충학습 기회를 제공한다.
ㅅ. 집단으로 활동하는 기술과 독립적인 학습 기술이 필요하다.

① ㄱ, ㄴ, ㅁ 　② ㄱ, ㄹ, ㅁ
③ ㄴ, ㄷ, ㄹ, ㅁ 　④ ㄴ, ㄷ, ㄹ, ㅅ
⑤ ㄷ, ㄹ, ㅁ, ㅂ, ㅅ

24

다음은 중학교 통합학급에서 특수교사와 일반교사가 협력하여 체육수업을 실시하기 위해 작성한 협의안의 일부이다. (가)~(다)에 대한 설명으로 옳은 것을 〈보기〉에서 고른 것은? [2.5점]

학습 단계	학습 과정	교수·학습활동	활동 시 유의점	협력 교수 모형
전개	자연을 신체로 표현 하기	• 교사의 시범에 따라 신체를 이용하여 자연물(나무, 꽃 등) 표현하기 　− 교사 A는 시범을 보이고, 교사 B는 교사 A의 교수 활동을 명료화한다. • 교사의 시범에 따라 신체를 이용하여 자연현상(소나기, 천둥 등) 표현하기 　− 교사 B는 시범을 보이고, 교사 A는 교사 B의 교수 활동을 명료화한다.		(가)
	신체 표현 작품 만들기	• 모둠별로 창작한 동작을 연결하여 작품 만들기 　− 교사는 각자 맡은 모둠에서 교수하고 학생 활동을 지원한다.	학생은 두 모둠으로 구성	(나)
	신체 표현 작품 발표 하기	• 모둠별로 작품 발표와 감상 소감 발표하기 　− 교사 A는 전체 활동을 진행한다. 　− 교사 B는 학생들을 개별적으로 지원한다.	한 모둠이 발표하는 동안 다른 모둠은 감상	(다)

보기

ㄱ. (가)는 교사들이 역할을 분담하므로 교수내용 및 자료를 공유하기가 어렵다.
ㄴ. (가)에서 교사 간 상호작용은 학생들에게 학습활동이나 사회적 상황에서 수행할 행동의 중요한 본보기가 된다.
ㄷ. (나)는 전체 학급 활동에 비해 학생들의 반응을 이끌어내는 데 효과적이다.
ㄹ. (나)에서 교사는 학생들의 학습 수준을 고려하여 모둠을 동질적으로 구성한다.
ㅁ. (다)에서는 교과 및 수업내용에 관한 전문성을 고려하여 교사의 역할을 정할 수 있다.
ㅂ. (다)는 학생들의 학습 수행에 대한 자료를 수집하거나 적절한 도움을 주는 데 어려움이 있다.

① ㄱ, ㄷ, ㅁ 　② ㄱ, ㄹ, ㅂ 　③ ㄴ, ㄷ, ㅁ
④ ㄴ, ㄷ, ㅂ 　⑤ ㄴ, ㄹ, ㅁ

25

정답 및 예시답안

③

알찬 지문풀이

- ① ㉠은 스테이션 교수를 위한 좌석 배치이다. ➡ 스테이션은 모둠별로 이동하며 활동하는 것이므로 적절하지 않음

- ② ㉡에서 은지에게 적용한 전략은 자기교수이다. ➡ 행동계약

- ④ ㉣은 기능적 기술 습득을 위한 교수목표 적합화이다. ➡ 〈보기〉는 일반수업의 목표와 차별화되지 않음. 기능적 기술 습득이므로 실제 지역사회(은지가 살아가는) 환경을 고려한 목표가 설정되어야 함

- ⑤ ㉤은 프로젝트 수업을 위한 협력교수이다. ➡ 또래교수의 유형

관련이론

자기교수

- 행동을 시작 또는 안내하거나 억제하기 위해 언어적 단서를 사용하는 과정이다.
- 어려운 과제를 수행하는 것을 안내하기 위해, 싫어하는 과제를 시작할 수 있도록 자신을 동기부여시키기 위해, 또는 분노 및 좌절을 조절하기 위해 자기교수를 사용한다.
- 대부분의 경우 조용히 내어를 사용하여 자기교수를 하는데, 이를 내재적 자기교수라 한다.
- 때로는 특히 어려운 과제를 할 때 크게 말을 하면서 자기교수를 하는데, 이는 외현적 자기교수이다.

준거참조－교육과정중심평가(CR-CBA)의 절차

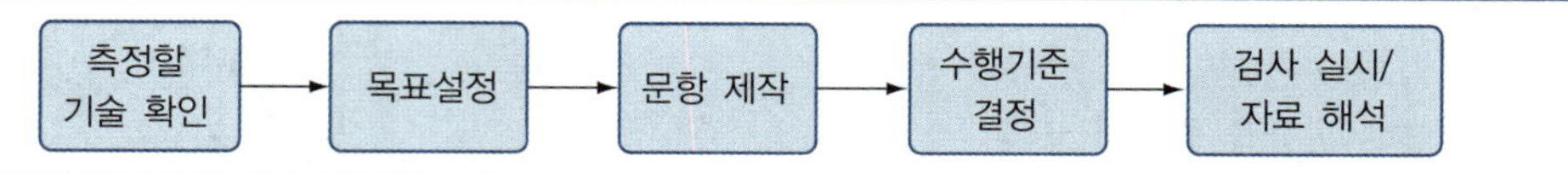

26

정답 및 예시답안

③

알찬 지문풀이

- ㄱ. ㉠: 실험목표는 기체가 ~~부퍼~~가 있음을 알아보는 것이다. ➡ 무게

- ㅁ. ㉤: 강 교사는 정수에게 실험절차를 기억하게 하기 위하여 ~~언어적 정교화 전략~~을 사용하려고 한다. ➡ 문자 전략 중 두문자어 전략에 해당

25   2011. 초

다음은 학습장애 학생 은지를 통합학급 사회시간에 참여시키기 위하여 특수학급 교사와 통합학급 교사가 협력하여 작성한 통합교육 계획표와 교수ㆍ학습과정안의 일부이다. ㉠~㉤에 대한 바른 설명은?

〈통합교육 계획표〉

좌석 배치	• ㉠ 은지의 좌석을 앞에 배치하여 특수교사가 효율적으로 지도할 수 있도록 한다.	
	또래	은지
학습 참여	• 은지에게 지시사항을 알려 준다. • 은지의 과제수행을 도와준다.	• ㉡ 참여 전략 – 교사와 행동계약서를 작성한다. – 교사가 제시한 과제를 완성한다. – 계약에 따라 과제를 완성하면 강화를 받는다.
평가 계획	• ㉢ 교육과정 분석 → 측정할 기술 확인 → 목표 설정 → 문항 제작 → 은지의 수행 기준 결정 → 검사 실시 및 자료 해석	

〈교수ㆍ학습과정안〉

단원	여러 지역의 생활				
제재	도시와 촌락의 생활모습				
일반 수업		은지를 위한 교수 적합화(교수적 수정)			
목표	학습 활동	목표	학습 활동	교수ㆍ학습 자료	
도시와 촌락 생활모습의 특징을 비교하여 설명할 수 있다.	• 도시와 촌락 생활모습의 특징을 조사하여 발표하기	㉣도시와 촌락의 생활 모습을 구별할 수 있다.	• 도시와 촌락 생활모습 사진구별하기 • ㉤짝의 도움을 받아 과제 수행하기	도시와 촌락의 사진이나 그림	

① ㉠은 스테이션 교수를 위한 좌석 배치이다.
② ㉡에서 은지에게 적용한 전략은 자기교수이다.
③ ㉢의 평가 유형은 준거참조–교육과정중심사정(CR–CBA)이다.
④ ㉣은 기능적 기술 습득을 위한 교수목표 적합화이다.
⑤ ㉤은 프로젝트 수업을 위한 협력교수이다.

26   2011. 초

다음은 통합학급을 담당하는 최 교사와 특수학급을 담당하는 강 교사가 손 기능이 자유롭지 못한 지체장애 학생 정수에게 2007년 개정 초등학교 교육과정 과학과 3학년 교과서 '액체와 기체의 부피' 단원을 지도하기 위한 실험계획서의 일부이다. 이에 대한 설명으로 적절한 것을 〈보기〉에서 고른 것은?

실험 목표: ㉠: ＿＿＿＿＿＿＿＿＿＿＿＿

실험 활동	교수 적합화 (교수적 수정)
• 전자저울 사용법 알려주기 • 실험 절차 – 수평계를 이용하여 전자저울의 수평을 맞춘다. – 전자저울의 전원을 켠다. – 영점 단추를 눌러 영점을 맞춘다. – 공기를 뺀 물렁한 공을 전자저울에 올려놓고 무게를 잰다. 예: 205.4g ※ ㉡ 공의 형태를 둥글게 유지한다. – 팽팽한 공을 전자저울에 올려놓고 무게를 잰다. 예: 205.9g ※ 다른 물질이 공에 붙지 않도록 한다. – 공기를 넣기 전과 넣은 후의 공의 무게를 비교한다. • 실험 결과 확인하기 • 심화 학습: 새로운 문제 발견 – ㉢ 일상생활에서 작용하고 있는 현상 알려주기 • 정리 및 평가	• ㉣ 최 교사가 학급 학생들에게 실험 절차를 지도하는 동안, 강 교사는 정수에게 실험 절차를 개별적으로 설명해 준다. • 정수의 손 기능을 고려하여 실험 절차 중 전자저울을 누르는 활동을 하게 한다. • ㉤ 강 교사는 정수에게 '수전영공팽공'이라고 실험 절차를 기억하도록 한다.

보기

ㄱ. ㉠: 실험목표는 기체가 부피가 있음을 알아보는 것이다.
ㄴ. ㉡: 물렁한 공 속의 공기가 차지하는 공간과 팽팽한 공 속의 공기가 차지하는 공간을 같게 하려고 한 것이다.
ㄷ. ㉢: 두 교사는 일상생활에서 경험할 수 있는 현상의 예로 '기압'을 설명하려고 한다.
ㄹ. ㉣: 두 교사는 협력교수 중 교수–보조(one teaching-one assisting)형태를 사용하여 실험을 실시하려고 한다.
ㅁ. ㉤: 강 교사는 정수에게 실험절차를 기억하게 하기 위하여 언어적 정교화 전략을 사용하려고 한다.

① ㄱ, ㄴ, ㄷ   ② ㄱ, ㄷ, ㄹ   ③ ㄴ, ㄷ, ㄹ
④ ㄴ, ㄷ, ㅁ   ⑤ ㄷ, ㄹ, ㅁ

핵심테마 체크
• 협력교수

— MY MEMO

27

정답 및 예시답안

③

알찬 지문풀이

• (가) 유 교사 : 이번 장애이해교육의 주제는 '장애인에 대한 에티켓'이에요. 먼저 제가 청각장애인에 대해 설명하면 선생님께서 시범을 보이시고, 선생님께서 지체장애인에 대해 설명하시면 제가 시범을 보일게요. 시각장애인과 정신지체인의 경우도 마찬가지 방법으로 번갈아 가면서 하고요. ➡ 두 교사가 전체를 대상으로 역할을 공유하여 지도하므로 팀교수

• (나) 최 교사 : 그러지요. 그런 다음 두 집단으로 모둠을 나누어 선생님과 제가 각각 한 모둠씩 맡아서 같은 내용으로 학생들이 역할 놀이를 통해 장애인에 대한 에티켓을 연습해 볼 수 있도록 지도하지요. ➡ 두 교사가 각 모둠에게 같은 내용을 지도하므로 평행교수

• (다) 유 교사 : 좋은 생각이네요. 모둠별 학습이 끝나면 선생님께서 마무리 평가를 진행해 주세요. 저는 그동안 정신지체 학생인 경수도 평가에 참여할 수 있도록 경수 옆에서 개별적으로 도울게요. ➡ 한 교사는 평가를 진행하고, 한 교사는 개별 학생을 지원하므로 교수-지원

핵심테마 체크
• 팀 모델
• 초학문적 팀

— MY MEMO

28

정답 및 예시답안

②

알찬 지문풀이

• 특수교사는 교과 담당 교사들로 구성된 협력적 팀원들에게 A의 교수계획을 설명하고, 수업활동 시 지도할 수 있도록 구체적인 교수전략을 안내하였다. 특히 특수교사는 A를 지도할 수 있도록 자신이 알고 있는 전문적 지식, 정보 및 전략을 각 팀원들에게 자문하였다. ➡ 역할양도(역할방출)의 개념에 해당

• ① 비계설정(scaffolding) ➡ 근접발달영역에서 적절한 지원을 제공하는 것

• ③ 책무성(accountability) ➡ 협력적 활동에서의 책임을 의미

• ④ 역량강화(empowerment) ➡ 개인 또는 가족·지역사회와 같은 집단이 정치·사회·경제적 환경의 차원에서 강점을 향상시키고, 스스로 의사결정하고 선택하는 환경으로 재구성할 수 있도록 돕는 과정. 특히 전통적으로 차별, 소외, 거부, 배제, 억압을 받아 왔던 장애인·노인 등의 소외계층에 대한 사회복지와 장애인복지 서비스의 모형으로 제시되고 있음

27   2012. 유·초

다음은 특수학급 유 교사와 일반학급 최 교사가 협력하여 장애이해교육을 실시하기 위해 나눈 대화이다. 두 교사가 계획하는 협력교수(co-teaching)의 형태를 바르게 짝지은 것은?

(가) 유 교사: 이번 장애이해교육의 주제는 '장애인에 대한 에티켓'이에요. 먼저 제가 청각장애인에 대해 설명하면 선생님께서 시범을 보이시고, 선생님께서 지체장애인에 대해 설명하시면 제가 시범을 보일게요. 시각장애인과 정신지체인의 경우도 마찬가지 방법으로 번갈아 가면서 하고요.

(나) 최 교사: 그러지요. 그런 다음 두 집단으로 모둠을 나누어 선생님과 제가 각각 한 모둠씩 맡아서 같은 내용으로 학생들이 역할 놀이를 통해 장애인에 대한 에티켓을 연습해 볼 수 있도록 지도하지요.

(다) 유 교사: 좋은 생각이네요. 모둠별 학습이 끝나면 선생님께서 마무리 평가를 진행해 주세요. 저는 그동안 정신지체 학생인 경수도 평가에 참여할 수 있도록 경수 옆에서 개별적으로 도울게요.

	(가)	(나)	(다)
①	팀교수	평행교수	대안교수
②	팀교수	스테이션 교수	대안교수
③	팀교수	평행교수	교수-지원
④	평행교수	스테이션 교수	대안교수
⑤	평행교수	팀교수	교수-지원

28   2009. 중

다음은 통합교육 상황에서 교사 간 협력적 접근 방법을 적용한 예이다. 초학문적 접근의 근간이 되는 개념으로서 밑줄 친 부분이 의미하는 것을 가장 적절하게 표현한 것은?

경도 정신지체 중학생 A는 친구들과 대화하거나 학습할 때 급우의 신체를 부적절하게 접촉한다. 특수교사는 통합학급에서 A의 부적절한 사회적 관계 유형을 분석하고, 바람직한 대인관계 형성을 위한 교수계획을 수립하였다. 특수교사는 교과 담당 교사들로 구성된 협력적 팀원들에게 A의 교수계획을 설명하고, 수업활동 시 지도할 수 있도록 구체적인 교수전략을 안내하였다. 특히 특수교사는 A를 지도할 수 있도록 자신이 알고 있는 전문적 지식, 정보 및 전략을 각 팀원들에게 자문하였다.

---

① 비계설정(scaffolding)

② 역할양도(role release)

③ 책무성(accountability)

④ 역량강화(empowerment)

⑤ 사회적 지원망(social support networks)

(**29**)

정답 및 예시답안

②

관련이론

🔍 조정, 자문, 팀 접근

활동	내용
조정	• 협력의 가장 단순한 형태이다. • 계획된 시간에 체계적인 방법으로 서비스가 제공되는지를 점검하기 위해 구성원들이 지속적으로 대화하고 협력한다.
자문	• 각 구성원들은 정보와 전문지식을 주고받는다.
팀 접근	• 각 구성원이 자신의 장점을 바탕으로 동등한 입장에서 상호적으로 정보를 교환하여 협력하는 것이다.

29 2010. 유

다음은 B초등학교 병설유치원 특수학급의 강 교사와 일반 학급의 민 교사가 언어 생활 영역 중 '정확하게 발음해 보기'의 지도를 위해 나눈 대화이다. 대화 내용에 해당하는 협력 방법으로 가장 적절한 것은?

> 강 교사 : 은주는 인공와우를 했지만 어릴 때부터 언어 훈련을 잘 받았다고 들었는데, 잘 지내고 있나요?
>
> 민 교사 : 네. 청각장애가 있다고 생각되지 않을 정도로 은주는 학습을 잘 하고 있어요. 그런데 초성 /ㄷ/ 발음을 약간 /ㅈ/처럼 발음하는 문제가 있는 것 같아요. 조금만 신경 써서 연습하면 금방 좋아질 것 같은데요.
>
> 강 교사 : 선생님, 잘 관찰하셨어요.
>
> 민 교사 : 제가 '말하기' 영역 수업 중에 이 문제에 대한 언어 지도를 구체적으로 하고 싶은데 어떻게 하면 될까요?
>
> 강 교사 : 네, /ㄷ/발음은 앞 윗니 안쪽에 혀 끝 부분이 닿았다가 떨어지면서 나는 소리거든요. 그러니까 쌀과자 조각을 앞 윗니 안쪽에 붙이고 혀 끝 부분이 그 조각에 닿도록 놀이하면서 발음하게 해 보세요. 거울을 보면서 연습시키면 더 좋고요.
>
> 민 교사 : 네, 그렇게 해 볼게요.

① 조정(coordination)
② 자문(consultation)
③ 순회(itinerant) 교육
④ 스테이션(station) 교수
⑤ 팀 티칭(team teaching)

핵심테마 체크
• 활동중심 삽입교수
• 협력교수
• 포트폴리오

MY MEMO

30

정답 및 예시답안

1) 활동중심 삽입교수
2) 대안교수 / 분리된 학습환경을 조성할 수 있다.
3) 포트폴리오

알찬 지문풀이

• 통합학급의 활동에 나리의 개별화교육목표에 따른 활동을 사이사이에 삽입한 계획 ➡ 삽입교수

• 대집단을 대상으로 유아교사가 수업을 하고 소집단을 대상으로 유아특수교사가 수업을 진행함 ➡ 대안교수

• 유아특수교사는 하루 일과 내 계획된 활동이 끝나면 활동에서 산출된 모든 작업샘플들(사진, 일화기록 등)을 분석한 후 나리의 발달영역과 IEP 목적 및 목표에 따라 분류하여 각각의 서류파일 안에 넣어 저장하였다. 수집한 자료는 정기적인 회의에서 유아의 진도를 점검하는 자료로 사용하였다. ➡ 포트폴리오

관련이론

활동중심 삽입교수

의미	• 목표기술을 자연스러운 일과활동 내에서 수행할 수 있도록 활동 속에 삽입하는 것을 말하며, 학생의 수행 정도에 따라 연습시수를 정하여 일과 내에 분산하여 시도할 수 있도록 계획됨
장점	• 학생이 소속된 학급 운영과 활동 진행에 큰 변화를 요구하지 않음 • 학생을 별도로 분리해서 교육할 필요 없이 일반적인 학급 운영의 틀 내에서 교수할 수 있음 • 학급 내 자연적인 환경에서 교수가 일어나기 때문에 새로 습득한 기술의 즉각적이고 기능적인 사용능력을 증진시킬 수 있음 • 학생의 하루 일과 및 활동 전반에 걸쳐 삽입학습기회가 체계적으로 제공됨으로써 새롭게 학습한 기술의 사용능력이 다양한 상황으로 일반화될 수 있음
실행단계	1단계 : 교수목표 점검 및 수정 — • 개별화교육계획의 교수목표 검토 • 일과 및 활동의 활동목표 검토
	2단계 : 학습기회 구성 — • 일과 및 활동 분석을 통한 학습기회 판별 • 삽입교수를 위한 일과 및 활동 선정
	3단계 : 삽입교수 계획 — • 삽입교수를 위한 교수전략 및 실행계획
	4단계 : 삽입교수 실행 — • 활동의 진행 중 삽입교수 실행 • 삽입교수의 중재 충실도 점검
	5단계 : 삽입교수 평가 — • 학생의 진도에 대한 정기적인 점검 • 자료기반의 프로그램 평가

포트폴리오

• 포트폴리오 평가방법은 아동과 교사가 선택한 아동의 작업이나 작품의 수집에 의존하는 방법
• 특수아동평가 단계에서 프로그램 계획, 형성평가, 총괄평가에서 유익한 정보를 제공
• 포트폴리오는 한 번의 검사 상황보다는 오히려 학생의 행동을 계속해서 수정하는 표본을 포함
• 포트폴리오 사정은 다양한 절차와 다양한 자극과 반응조건하에서 생성된 자료를 적용
• 포트폴리오 사정은 자연적 또는 실제적인 맥락에서 정기적으로 수행되는 과제를 표집하는 경향이 있음

30 2014. 유

다음은 5세 유치원 통합학급에서 유아특수교사와 유아교사가 쿡과 프렌드(L. Cook & M. Friend)의 협력교수 유형을 적용하여 작성한 활동계획안의 일부이다. 물음에 답하시오. [4점]

○대집단 – 일반 유아 21명
●소집단 – 발달지체 유아(나리)/일반 유아(서영, 우재, 민기)

소주제	우리 동네 사람들이 하는 일	활동명	일하는 모습을 따라해 봐요.
활동목표	• 다양한 직업에 대해 관심을 갖는다. • 직업의 특징을 몸으로 표현한다.		
활동자료	다양한 직업(버스기사, 교통경찰, 미용사, 요리사, 화가, 발레리나, 의사, 사진기자, 택배기사, 축구선수)을 가진 사람들의 모습이 담긴 사진 10장		
㉠ 나리의 IEP 목표 (의사소통)	• 교사의 질문에 사물을 손가락으로 가리킬 수 있다. • 자신의 느낌과 생각을 손짓이나 몸짓으로 표현할 수 있다.		

교수 · 학습 활동내용	
○대집단–유아교사	●소집단–유아특수교사
○다양한 직업의 모습이 담긴 사진을 보면서 이야기 나누기 – 다양한 직업의 특징을 말하기 ○직업을 신체로 표현하는 방법에 대해서 이야기 나누기 – 이 사람은 무엇을 하고 있니? – 이 사람은 일을 할 때 어떻게 움직이고 있니? ○직업을 다양하게 몸으로 표현하고 알아맞히기 – 사진 속 직업을 몸으로 표현해 보자. ○직업을 가진 사람들의 움직임을 창의적인 방법으로 표현해 보기 – 또 다른 방법으로 표현해 볼 수 있을까?	●유아가 자주 접하는 직업의 모습(동작)이 담긴 5장의 사진을 보면서 이야기 나누기 – ㉡ 사진(의사, 버스기사, 요리사)을 보여주면서 "맛있는 음식을 만드는 사람은 누구니?" – ㉢ 사진(축구선수, 미용사)을 보여주면서 "축구공은 어디 있니?" – "요리사는 음식을 만들 때 어떻게 움직이고 있니?" ●유아가 자주 접하는 직업의 모습(동작)이 담긴 사진을 보면서 손짓이나 몸짓으로 표현하기 – (교통경찰 사진을 보며) "손을 어떻게 움직이고 있니?"

활동평가		평가방법
○	• 다양한 직업에 대해 관심을 갖고 있는가? • 직업의 특징을 다양하게 몸으로 표현할 수 있는가?	• 관찰 • (㉣)
● (나리)	직업의 특징을 손짓이나 몸짓으로 표현할 수 있는가?	

1) 유아특수교사는 ㉠을 포함하여 ㉡과 ㉢의 교수활동을 계획하였다. 이에 해당하는 교수법을 쓰시오. [1점]

2) 위 활동계획안에서 적용하고 있는 협력교수 유형을 쓰고, 이 협력교수를 실행할 때 나타나는 문제점 1가지를 쓰시오. [2점]

3) 유아특수교사는 수행평가 방법의 하나인 ㉣을 다음과 같이 실시하였다. ㉣에 들어갈 말을 쓰시오. [1점]

> 유아특수교사는 하루 일과 내 계획된 활동이 끝나면 활동에서 산출된 모든 작업샘플들(사진, 일화기록 등)을 분석한 후 나리의 발달영역과 IEP 목적 및 목표에 따라 분류하여 각각의 서류파일 안에 넣어 저장하였다. 수집한 자료는 정기적인 회의에서 유아의 진도를 점검하는 자료로 사용하였다.

● **핵심테마 체크**

• 협력교수

MY MEMO

31

정답 및 예시답안

1) 유치원 교육과정
2) 유치원 교육과정
3) ① 평행교수
   ② 교사의 수업 역량에 따라 각 집단이 동일한 수준의 내용을 성취하기 어려울 수 있다.

알찬 지문풀이

• 유아들의 참여도를 높이기 위해 <u>반 전체를 10명씩 두 모둠으로 나누어</u> '송편 만들기' 수업을 동시에 진행하였다.
➡ **전체를 두 모둠으로 나누고 두 교사가 동일한 내용을 지도함**

• ⓒ 동료 교사들의 수업 참관록을 읽어 보니 내가 맡은 모둠보다 박 교사가 맡은 모둠에서 재료 탐색에 대한 과정이 더 적극적으로 이루어진 것으로 평가되었다. ➡ **동일한 내용을 맡은 두 교사가 수업진행에 있어 차이를 보였다는 것을 의미함**

• 나은이가 다른 수업 때보다 수업 참여도가 높았고, 친구들과 상호작용도 활발하게 해서 기뻤다. ➡ **평행교수의 장점**

관련이론

🔍 **평행교수**

장점	• 효과적인 복습 형태를 제공 • 학생들의 반응을 독려 • 집단학습과 복습을 위한 교사−학생 간 비율이 감소 • 학급학생을 1/2씩 나누어 학습하므로 모든 학생들이 토론에 참여하거나 교사의 질문에 답하는 기회를 적어도 두 배로 가질 수 있음 • 아동의 학업성취 여부를 점검하기가 수월함
단점	• 동일한 수준의 내용을 성취하기 어려울 수 있음 • 조율하기 어려움 • 상대방 교사의 속도에 대해 점검해야 함 • 교실이 시끄러워짐 • 모둠 간 경쟁을 야기 • 교사들은 각각의 소집단에 소속된 아동들에게 동일한 교육내용을 전달해야 하는 책임이 있으므로, 함께 수업을 준비하고 수업에 대한 계획할 수 있는 시간을 마련하는 것이 요구됨
효과	• 복습, 시험준비 활동이나 미술 활동과 같이 교사 대 학생의 비율이 낮은 활동 진행이 요구되는 경우에 사용

고득점 답안 비법 ✗ 3)의 ② : ⓒ에 나타난 상황과 평행교수의 이론적 단점을 연결 지어 작성해야 함

31 2018. 유

다음은 유아특수교사인 김 교사가 작성한 반성적 저널의 일부이다. 물음에 답하시오. [6점]

일자 : 2017년 9월 ○○일 (화)

　오늘 유치원에서 공개 수업이 있었다. 나는 발달지체 유아인 나은이가 속해 있는 5세반 박 교사와 협력 교수로 '송편 만들기' 수업을 실시하였다. 유아들의 참여도를 높이기 위해 반 전체를 10명씩 두 모둠으로 나누어 '송편 만들기' 수업을 동시에 진행하였다.

　유아들이 재료의 변화를 직접 탐색하고 조작해 볼 수 있도록 유아별로 송편 재료를 나누어 주었고, 여러 가지 재료와 활동 순서에 대해서는 사진 자료를 제시하였다. 나은이는 ㉠ 쌀가루의 냄새를 맡고, 손가락으로 반죽을 눌러 보았다. 찜통 속의 송편을 꺼낼 때 나은이는 ㉡ "뜨거울 거 같아요.", "커졌을 거 같아요." 하며 관심을 보였다.

　㉢ 동료 교사들의 수업 참관록을 읽어 보니 내가 맡은 모둠보다 박 교사가 맡은 모둠에서 재료 탐색에 대한 과정이 더 적극적으로 이루어진 것으로 평가되었다. 그러나 나은이가 다른 수업 때보다 수업 참여도가 높았고, 친구들과 상호작용도 활발하게 해서 기뻤다.

---

1) 위 저널에서 ① 브루너(J. Bruner)가 제시한 표상 양식 중 사용되지 <u>않은</u> 것을 쓰고, ② 그 표상 양식의 개념을 쓰시오. [2점]

　① :

　② :

2) 밑줄 친 ㉠과 ㉡에 해당하는 유아의 과학적 탐구 과정(기술)을 쓰시오. [2점]

　㉠ :

　㉡ :

3) ① 박 교사와 김 교사가 적용한 협력 교수의 유형을 쓰고, ② 그 협력 교수 유형의 단점을 밑줄 친 ㉢에 나타난 내용에 근거하여 쓰시오. [2점]

　① :

　② :

32

정답 및 예시답안

○ [C]의 협력교수 유형은 교수−지원이다.
○ [D]의 협력교수 유형은 평행교수이며, 한 공간에서 교실이 시끄러워질 수 있다는 단점이 있다.
○ [E]에 활용한 방법은 루브릭이다.

관련이론

◎ **교수−지원**

장점	• 주교사가 수업을 하는 동안 지원교사는 지원이 필요한 아동에게 개별적인 도움을 줄 수 있음 • 지원교사는 수업 중 아동의 이해 정도를 점검하고 이해하기 어려운 개념에 대해 구체적인 예를 설명해 주기도 하며, 아동이 수업에 참여하도록 유도하거나 적극적으로 참여할 것을 격려함 • 교사들이 수업을 준비하고 계획하는 데 그다지 많은 협력을 요구하지 않기 때문에 협력교수를 처음으로 실시하는 교사들에게 적합한 모델임
단점	• 언제나 주교사가 일반교사가 되고 보조 역할을 맡은 교사가 특수교사가 되어서는 안 됨 • 주교사와 보조교사는 완전한 동질의 파트너가 되어야 함 • 이동하며 돕는 교사가 보조자로 보일 수 있다는 점과 학생의 주의를 산만하게 할 수 있다는 단점이 있음 • 교사가 이동하며 도와주기 때문에 학생들을 의존적인 학습자로 만드는 경향이 있음 • 특수교사가 특수교육 대상 아동만을 지원할 경우, 특수교사는 장애아동을 지원하기 위해 통합학급에 들어온 손님으로 여겨지기 쉬움

◎ **평행교수**

장점	• 효과적인 복습 형태를 제공 • 학생들의 반응을 독려 • 집단학습과 복습을 위한 교사−학생 간 비율 감소 • 학급학생을 1/2씩 나누어 학습하므로 모든 학생들이 토론에 참여하거나 교사의 질문에 답하는 기회를 적어도 두 배로 가질 수 있음 • 아동의 학업성취 여부를 점검하기가 수월함
단점	• 동일한 수준의 내용을 성취하기 어려울 수 있음 • 조율하기 어려움 • 상대방 교사의 속도에 대해 점검해야 함 • 교실이 시끄러워짐 • 모둠 간 경쟁을 야기 • 교사들은 각각의 소집단에 소속된 아동들에게 동일한 교육 내용을 전달해야 하는 책임이 있으므로, 함께 수업을 준비하고 수업에 대한 계획할 수 있는 시간을 마련하는 것이 요구됨

◎ **루브릭**

• 루브릭은 채점준거(scoring criterion), 채점지침(scoring guidelines)으로도 불림
• 수행준거를 측정 가능하게 하여 척도화한 것으로, 성취수준에 대한 정확한 묘사를 토대로 작업의 질을 평가하는 채점도구
• 루브릭은 숙달된 학습과정과 기술이 무엇이고 그렇지 못한 것은 무엇인지를 판별하게 해줌으로써 효과적인 교수 결정과도 관계가 됨
• 루브릭은 과제수행에 대한 기대 사항을 일목요연하게 보여 주는 평가준거
• 루브릭을 이용한 평가는 학생이 완성한 결과물의 질적인 수행수준을 판단하기 위해 채점 기준표를 마련하여 평가하는 방식

32   2025. 중

(가)는 ○○ 중학교 특수교육 대상 학생 A와 B의 통합 학급 기술·가정과 교수·학습 계획의 일부이고, (나)는 특수 교사와 교과 교사가 나눈 대화이고, (다)는 특수 교사가 작성한 메모이다. <작성방법>에 따라 서술하시오.
[4점]

(가) 교수·학습 계획의 일부

학습단계	교수·학습 활동
전개	[실습 1] 식재료 손질 • 떡볶이 떡 물에 불리기, 야채 썰기 [실습 2] 가열 조리 실습 • 조리 순서에 맞게 떡볶이 만들기
정리	• 실습한 내용 평가하기

(나) 특수 교사와 교과 교사의 대화

교과 교사: 썰기 활동은 처음인데, 선생님과 함께 지도하니 마음이 놓여요.

특수 교사: 조리 도구를 사용하니 안전에 유의해야 겠어요. 제가 돌아다니며 학생 A와 학생 B뿐만 아니라 도움이 필요한 학생을 개별적으로 지도할게요. 선생님은 시범을 보이며 전체 학생을 지도해 주세요. [C]

… (중략) …

특수 교사: 조리대의 가스레인지를 중심으로 두 모둠으로 나눠 떡볶이 만들기 실습을 해요. 선생님이 학생 A가 속한 모둠을, 제가 학생 B가 속한 모둠을 지도하면 좋겠어요.

교과 교사: 알겠어요. 두 모둠의 수준이 비슷하게 구성할게요. 교사 대 학생의 비율이 줄어서 효과적으로 수업하기 좋겠어요. [D]

특수 교사: 시식도 해야 하니 서로 시간을 잘 점검해요.

교과 교사: 정리 활동으로 조리 과정을 질문한 평가지에 답을 쓰도록 하면 어떨까요?

… (하략) …

(다) 특수 교사의 메모

☆ 정리 활동에 대한 개별화 계획 ☆

▶ 학생 A
• 일반 학생과 동일한 평가에 참여

▶ 학생 B
• 대안적 평가 방법을 사용
• 조리 실습 과정에 초점을 두어 평가
• 조리 단계별로 작성된 채점 기준표에 '체크' 표시 [E]
• 활동 목적을 명료화하여 학생에게 동기 부여

작성방법

• (나)의 [C]의 협력 교수 유형을 쓸 것
• (나)의 [D]의 협력 교수 유형을 쓰고, 단점을 1가지 서술할 것(단, 일반 교실의 물리적 환경 측면에서 서술할 것)
• (다)의 [E]에 활용한 평가 방법을 쓸 것

핵심테마 체크

• 평행교수

MY MEMO

33

정답 및 예시답안

1) 유치원 교육과정
2) 유치원 교육과정
3) ① 여러 수준의 유아들이 섞인 이질적인 집단을 구성한다.
   ② 두 집단의 유아들이 동일한 수준의 내용을 성취하기 어려울 수 있다.

알찬 지문풀이

- 김 교사 : 아, 그렇군요. 저희 파란 팀 친구들은 아직 모르겠다고 했어요.
- 놀이를 마무리하면서 우리 팀 유아들에게 비닐을 깐 경사면과 비닐을 깔지 않은 경사면 중 어느 쪽에서 굴린 공이 먼저 내려왔냐고 물었어요. 그랬더니, 유아들이 모르겠다고 하더라고요.
- 박 교사 : 선생님과 함께 미끄럼틀 공놀이를 준비하면서 사전에 구체적인 계획도 세우고 놀이 진행에 대한 충분한 협의를 했었는데 ….
➡ 각 팀원의 학습에서 차이가 발생하였고, 사전 계획을 세우고 협의를 했음에도 각 팀의 성취가 달라진 것을 보여 주는 지문

고득점 답안 비법 3) : '집단 구성' 측면의 내용을 정확하게 구체적으로 서술해야 하며, 평행교수의 단점은 (나)와 연결되는 내용이어야 함

33

(가)는 통합학급 과학 놀이의 한 장면이고, (나)는 통합학급 김 교사와 유아특수교사 박 교사의 바깥놀이 활동 후 대화이다. 물음에 답하시오. [5점]

(가)

(유아들이 미끄럼틀에서 공 굴리기 놀이를 하고 있다.)

은　우: 선생님, 동하가 공을 가지고 미끄럼틀에 올라갔어요.

박 교사: 동하도 미끄럼틀에 공 굴리고 싶은가 보다.

동　하: ㉠ (럭비공을 신기하게 보며) 이거 뭐지? 공이 길쭉하네. 이상하게 생겼네.

동　우: 동하야, 굴려 봐. 우와 재미있겠다. 나도 해 볼래.

성　재: 정말 재밌겠는걸. 나도 굴릴 거야.

… (중략) …

민　수: 그런데, 미끄럼틀에 큰 비닐을 깔면 공이 더 먼저 내려올 것 같아. 비닐은 미끌미끌하니까.

성　재: 아니야, 더 늦게 내려올 것 같은데.

미　주: 선생님, 미끄럼틀에 비닐을 깔면 공이 더 먼저 내려와요, 늦게 내려와요?

김 교사: 선생님도 잘 모르겠는걸. 그럼 우리 내일 다 같이 미끄럼틀 공놀이해 볼까요?

유아들: 네.

박 교사: 김 선생님, 바깥놀이터에 같은 미끄럼틀 2개가 있으니까 잘됐네요. 미끄럼틀의 경사면 높이와 길이가 같으니까 같은 공으로 굴리도록 하면 비교할 수 있겠어요.

김 교사: 그러면 우리가 미끄럼틀 한쪽 경사면에 비닐을 깔고 다른 쪽에는 비닐을 깔지 않도록 해요. 이렇게 조건을 다르게 하여 비교할 수 있도록 해요.

박 교사: 선생님, 좋은 생각이네요. (유아들에게) 얘들아, 그럼 내일 바깥놀이터에서 미끄럼틀 공놀이를 해 볼까요?

유아들: (박수 치며) 네, 좋아요.

김 교사: 선생님, 그런데 내일 유아들이 미끄럼틀 공놀이를 할 때 많이 기다리지 않고 잘 관찰할 수 있게 하는 방법이 있을까요?

박 교사: 음 …. 그럼 내일 바깥놀이 미끄럼틀 공놀이 때 ㉡ 평행교수(parallel teaching)를 활용하면 좋을 것 같아요.

[A] (민수 발언부터 박 교사의 "…공놀이를 해 볼까요?" 발언까지를 묶음)

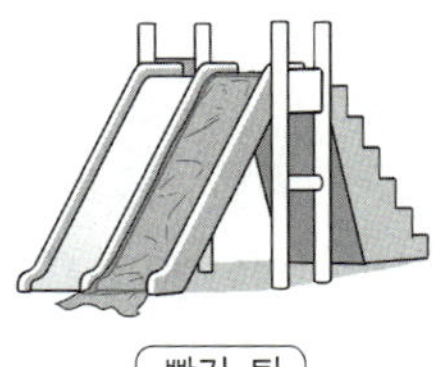

(나)

박 교사: 선생님, 오늘 바깥놀이터 미끄럼틀 공놀이는 어떠셨어요? 저희 빨간 팀은 비닐을 깐 경사면에서 공이 더 늦게 내려오는 걸 확인했어요.

김 교사: 아, 그렇군요. 저희 파란 팀 친구들은 아직 모르겠다고 했어요.

박 교사: 그래요? 파란 팀 친구들이 정말 재미있게 놀이를 하던데요?

김 교사: 처음에는 우리 팀 유아들이 3~4회 정도 비닐의 유무에 따라 비교하면서 놀았어요. 그런데 유아들이 여러 색의 공을 한꺼번에 굴리는 새로운 놀이를 하더라고요. 놀이를 마무리하면서 우리 팀 유아들에게 비닐을 깐 경사면과 비닐을 깔지 않은 경사면 중 어느 쪽에서 굴린 공이 먼저 내려왔냐고 물었어요. 그랬더니, 유아들이 모르겠다고 하더라고요.

박 교사: 선생님과 함께 미끄럼틀 공놀이를 준비하면서 사전에 구체적인 계획도 세우고 놀이 진행에 대한 충분한 협의를 했었는데 ….

… (하략) …

1) (가)의 ㉠에서 알 수 있는 과학적 태도의 구성 요소는 무엇인지 쓰시오. [1점]

2) (가)의 [A]를 반영하여 과학 실험을 설계할 때 ① 조작변인과 ② 종속변인에 해당하는 내용을 각각 쓰시오. [2점]

①:

②:

3) ① (가)의 ㉡을 적용할 때 집단 구성 시 고려 사항을 쓰고, ② (나)에 근거하여 ㉡의 단점을 1가지 쓰시오. [2점]

①:

②:

34

정답 및 예시답안

1) ① 스테이션 교수
   ② 교사 대 아동 비율이 낮아 아동들이 활동에 보다 적극적으로 참여하고 교사의 피드백을 받을 기회가 증가한다.
2) 유치원 교육과정
3) 모델링

알찬 지문풀이

• 유아들은 <u>세 가지 활동에 모둠</u>으로 나누어 참여했다. <u>나는</u> 음악에 맞추어 리듬 막대로 연주하기를 지도하고, <u>박 선생님</u>은 음악을 들으며 코끼리처럼 움직이기를 지도해 주었다. 다른 모둠은 <u>원감 선생님</u>께서 유아들끼리 자유롭게 코끼리 그림을 그릴 수 있도록 해 주었다. 그리고 <u>한 활동이 끝나면 유아들끼리 모둠별로 다음 활동으로 이동</u>해 세 가지 활동에 모두 참여할 수 있도록 해 주었다. ➡ 두 교사와 원감 선생님은 각 모둠에서 각각 다른 내용을 지도함

관련이론

◎ 스테이션 교수

장점	• 능동적인 학습 형태를 제시 • 소그룹 수업을 통해 주의집중 증가 • 협동과 독립성 증진 • 학생들의 반응 증가 • 전략적으로 집단 구성 • 장애학생이 소집단에서 학습할 때 효율적 • 두 교사가 모든 아동들을 가르치는 기회가 주어지기 때문에 동일한 지위를 가질 수 있음 • 교사들의 교수 스타일이 다르더라도 효과적인 교수가 이루어질 수 있음 • 교사 대 아동의 비율이 낮아 아동들이 활동에 보다 적극적으로 참여하고 교사로부터 관심과 피드백을 받을 기회가 증가
단점	• 많은 계획과 준비가 필요 • 교실이 시끄러워짐 • 집단으로 일하는 기술과 독립적인 학습기술이 필요 • 감독하기 어려움
효과	• 여러 형태의 실제 활동이 있는 수업에 적합 • 학생들 간의 모둠활동을 통한 사회적 상호작용 기회의 증가 • 소집단 학습 가능 • 독립적 학습의 기회 제공(모둠에서 독립학습 장소를 제공하는 경우) • 교사와 학생의 비율이 낮음

고득점 답안 비법 ✗ 1)의 ② : 스테이션 교수의 여러 가지 장점 중 (가)의 상황과 관련되는 사항을 포함해야 함. 김 교사의 반성적 저널에 제시된 내용과 관련되는 장점을 쓸 것

34

(가)는 통합학급 김 교사의 반성적 저널의 일부이고, (나)는 특수학급 박 교사의 수업 장면의 일부이다. 물음에 답하시오. [5점]

(가)

일자 : 2018년 ○○월 ○○일

　박 선생님과 함께 '코끼리의 발걸음' 음악을 듣고 다양한 방법으로 표현하기를 했다. 우리 반은 발달지체 유아 태우를 포함해 25명으로 구성되어 있어 음악과 관련된 활동을 할 때마다 늘 부담이 되었다. 이런 고민을 박 선생님께 말씀 드렸더니 (　㉠　)을/를 제안해 주었다.

　유아들은 세 가지 활동에 모둠으로 나누어 참여했다. 나는 음악에 맞추어 리듬 막대로 연주하기를 지도하고, 박 선생님은 음악을 들으며 코끼리처럼 움직이기를 지도해 주었다. 다른 모둠은 원감 선생님께서 유아들끼리 자유롭게 코끼리 그림을 그릴 수 있도록 해 주었다. 그리고 한 활동이 끝나면 유아들끼리 모둠별로 다음 활동으로 이동해 세 가지 활동에 모두 참여할 수 있도록 해 주었다. [A]

(나)

박 교사 : 선생님과 '코끼리의 발걸음' 음악을 들으면서 움직여 볼 거예요.
유 아 들 : 네.
박 교사 : 선생님을 잘 보세요. 한 발로 땅을 딛었다가 가볍고 빠르게 뛰어오르고, 다시 다른 발로 땅을 딛었다가 뛰어오르는 거예요. 한 번 해 볼까요?
시　율 : 선생님, 저 보세요. 코끼리가 뛰는 거 같지요?
박 교사 : 아기 코끼리 한 마리가 신나게 뛰고 있네요.
태　우 : (친구들을 따라 ㉡ 몸을 움직여 본다.)
박 교사 : 태우야, 선생님이 하는 것을 보고 따라 해 볼까요? 이렇게 하는 거예요. 한번 해 볼까요? [B]
태　우 : (교사의 행동을 보고 따라한다.)

… (하략) …

1) (가)의 [A]에 근거해 ① ㉠에 해당하는 협력 교수의 유형을 쓰고, ② ㉠과 같은 유형으로 수업을 할 때의 장점을 1가지 쓰시오. [2점]

① :

② :

2) 다음은 태우가 표현한 동작 ㉡에 대한 설명이다. ① 이 동작의 명칭을 쓰고, ② 이 동작은 기본 동작의 유형 중 무엇에 해당하는지 쓰시오. [2점]

한쪽 발은 들어 올린 채 다른 한 발을 이용해 바닥에서 뛰어올랐다가 착지하고, 같은 발로 뛰어올랐다 착지하기를 반복함

① :

② :

3) (나)의 [B]에서 박 교사가 사용한 교수 전략을 쓰시오. [1점]

35

정답 및 예시답안

○ 학습자 입장에서의 협력교수의 장점 ➡ 해당 유형의 장점 중 학습자 입장에서(즉, 학습자가 협력교수 활동에 참여하는 과정에서 학습이나 참여에 있어서 장점이 될 수 있는 사항)의 장점을 서술해야 함
　㉠ 평행교수의 장점
　㉡ 스테이션 교수의 장점
○ 두 협력교수 유형의 차이점을 대상, 교수·학습 활동, 자료 및 유의점 등을 참고하여 교수 집단의 구성과 교수·학습 활동의 내용 측면에서 각각 1가지씩 설명 ➡ 장애학생이 포함되어 있고, 수정된 학습목표를 포함한 교수·학습활동에서 자기점검표 및 안내 노트 등의 자료를 사용한다는 점을 답안작성에 반영하여 설명해야 함
　① 교수 집단의 구성에서의 차이점 : 평행교수는 전체 집단을 이질적인 두 집단으로 구분하는 반면, 스테이션은 전략적으로 집단을 구성하는 것이 가능하다. ➡ 이 내용을 바탕으로 문제 상황을 반영하여 설명할 것
　② 교수·학습 활동의 내용 측면에서의 차이점 : 평행교수는 각 집단에 동일한 내용을, 스테이션은 각 스테이션마다 다른 내용을 지도한다. ➡ 이 내용을 바탕으로 문제 상황을 반영하여 설명할 것
○ ㉢ 협동학습에서 사회적 환경을 조성하기 위하여 특수교사가 지원해야 할 내용 2가지 ➡ 통합교육 상황에서 사회적 환경을 조성할 수 있는 여러 방안 중 2가지를 협동학습 상황과 관련지어 설명해야 함

관련이론

◎ 평행교수

- 두 교사가 함께 수업을 계획하고 학급을 여러 수준의 학생들이 섞인 두 집단으로 나눈 후 같은 내용을 동시에 각 집단에 교수한다.
- 내용의 동질성을 위해 구체적인 사전 협의가 필수적이다.
- 반복학습이나 프로젝트 학습에 사용하는 것이 좋다.

◎ 스테이션 교수

- 교사는 수업 내용에 대한 세 개 이상의 교사주도 또는 독립적 학습을 할 수 있는 학습 스테이션을 준비하고, 학생들은 수업 내용에 따라 집단이나 모둠을 만들어 자연스럽게 이동하면서 모든 영역의 내용을 학습한다.
- 각 스테이션에 할당된 시간을 타이머를 통해 점검할 수 있도록 배려하는 것도 중요하다.

고득점 답안 비법　✗ 〈작성방법〉에 제시된 모든 조건을 빠짐없이 반영하여 서술해야 함

✗ 시험 전형이 달라져, 현 시험은 논술형 문항이 출제되지 않으므로 각 요소를 각각의 서술형 문항으로 구분하여 서술해 볼 것

35

2016. 중
★ 답안작성

다음은 중학교 1학년 통합학급에서 일반교사와 특수교사가 협력교수를 실시하기 위해 작성한 사회과 교수·학습 지도안의 일부이다. 협력교수의 장점과 차이점, 특수교사의 지원 내용을 〈작성방법〉에 따라 논하시오. [10점]

〈사회과 교수·학습 지도안〉

단원명	일상생활과 법	대상	중 1−3, 30명 (장애학생 2명 포함)	교사	일반교사 김○○ 특수교사 박○○
주제 (소단원)	개인의 권리 보호와 법			차시	6 / 9
학습 목표	• 권리와 의무의 관계를 설명할 수 있다. • 자신의 권리를 정당한 절차와 방법을 통해 주장할 수 있다.				
수정된 학습 목표	• 일상생활에서 자신의 권리와 의무를 말할 수 있다. • 권리 구제에 도움을 주는 기관을 말할 수 있다.				

학습 단계	교수·학습 활동	교수·학습 방법	자료 및 유의점
도입	• 전시 학습 확인 • 학습목표 제시		
전개	활동 1: 개인의 권리와 의무 • 일상생활에서 자신의 권리를 행사한 경험을 발표하기 • 권리와 의무의 관계 알기	㉠ 평행교수	• 자기점검표
	활동 2: 권리 침해를 구제받는 방법 • 개인의 권리 보호가 어떻게 이루어지는지 알기 • 침해된 권리를 찾는 방법 알기 • 정부 기관과 시민 단체를 통한 권리 구제의 방법을 담은 안내 노트 작성하기	㉡ 스테이션 교수	• 안내 노트 • 스테이션을 3개로 구성함
	활동 3: 권리 구제에 도움을 주는 기관 조사 • 권리 구제에 도움을 주는 기관과 해당 기관의 역할을 모둠별로 조사하기 • 모둠별로 조사한 내용을 전체 학생을 대상으로 발표하기	㉢ 협동학습	• 권리 구제 관련 기관의 목록

〈작성방법〉

• ㉠과 ㉡의 장점을 학습자 입장에서 각각 2가지 제시할 것
• 사회과 교수·학습 지도안에 제시된 '대상', '교수·학습 활동', '자료 및 유의점' 등을 참고하여 ㉠과 ㉡의 차이점을 교수 집단의 구성과 교수·학습 활동의 내용 측면에서 각각 1가지 설명할 것
• ㉢에서 장애학생이 집단의 구성원으로서 긍정적인 역할을 할 수 있도록 사회적 환경을 조성하기 위해 특수교사가 지원해야 할 내용 2가지를 설명할 것
• 서론, 본론, 결론의 형식을 갖출 것

36

정답 및 예시답안

1) 유치원 교육과정
2) 유치원 교육과정
3) 스테이션 교수 / 3가지 활동에 참여하는 시간을 균등하게 배분해야 한다.

알찬 지문풀이

- 김 교사: 유아들이 각 활동에 좀 더 잘 참여할 수 있도록 <u>두 반의 유아들을 세 모둠으로 나누어 활동하는 것은 어떨까요?</u>
- 최 교사: 그러면 <u>세 모둠의 유아들이 한 모둠씩 3가지 활동을 돌아가면서 할 수 있겠어요.</u>
➡ 스테이션의 모둠 구성 및 활동을 의미함

관련이론

◎ 스테이션 교수

- 교사는 수업 내용에 대한 세 개 이상의 교사주도 또는 독립적 학습을 할 수 있는 학습 스테이션을 준비하고, 학생들은 수업 내용에 따라 집단이나 모둠을 만들어 자연스럽게 이동하면서 모든 영역의 내용을 학습한다.
- 각 스테이션에 할당된 시간을 타이머를 통해 점검할 수 있도록 배려하는 것도 중요하다.

고득점 답안 비법 3) : 각 스테이션에 할당된 시간을 타이머로 점검할 수 있다는 각론의 내용을 그대로 쓰는 문제가 아님. 이 내용을 근거로 문제 상황에 맞게 답안을 서술해야 함

36

(가)는 통합학급의 바깥 놀이 장면이고, (나)는 유아특수교사 박 교사와 유아교사 김 교사, 최 교사의 대화이다. 물음에 답하시오. [5점]

(가)

(민지와 또래들이 바깥 놀이터에서 나뭇잎을 모으고 있다.)

현　주 : 은행잎이랑 단풍잎 정말 많이 모았다!

도　현 : 이것 봐! 민지가 은행잎이랑 단풍잎을 줄 세우고 있어.

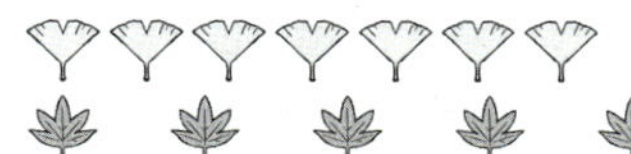

현　주 : 우리가 단풍잎을 더 많이 가져왔네! 은행잎을 좀 더 많이 모아 와야겠어.

김 교사 : 왜 단풍잎이 더 많다고 생각했니?

현　주 : 단풍잎 줄이 더 길어요.

민　지 : 아니야. 단풍잎도 은행잎도 모두 7개야. 길이가 달라도 똑같아.

현　주 : 왜 똑같아?

김 교사 : 단풍잎과 은행잎을 짝 지어 줄 세워 볼까? 어떠니?

현　주 : (은행잎과 단풍잎을 짝 지어 세어 본다.) 은행잎과 단풍잎 개수가 똑같아요.

도　현 : (단풍잎 배열을 바꾸며) 이렇게도 줄 세울 수 있지!

현　주 : 어? 단풍잎이 줄어든 건가?

… (중략) …

김 교사 : 나뭇잎을 정말 많이 모았구나.

도　현 : 은행잎이랑 단풍잎으로 묶어 볼래요.

수　지 : 은행잎을 노란색끼리, 초록색끼리도 묶었어.

민　지 : 그럼 단풍잎도 같은 색끼리 묶어 볼래.

김 교사 : 단풍잎도 여러 색깔이 있구나. 색깔이 몇 가지니?

현　주 : 단풍잎도 색깔이 두 가지예요.

수　지 : 은행잎처럼 초록색끼리도 묶어야지.

도　현 : (단풍잎을 분류하며) 단풍잎을 빨간색끼리, 초록색끼리 묶었어. 묶음이 몇 개지?

현　주 : 은행잎처럼 단풍잎도 두 묶음이야.

김 교사 : 나뭇잎이 모두 몇 개의 묶음이 되었니?

현　주 : 하나, 둘, 셋, 넷! 네 개예요.

[A]

[B]

(나)

박 교사 : 유아들의 관심사를 반영하여 다람쥐반과 토끼반이 함께 나뭇잎으로 다양하게 확장된 놀이를 하기로 했잖아요.

최 교사 : 네. 두 반이 함께 나뭇잎과 관련하여 물감 찍기, 그래프 활동을 하고 동화책 듣기도 하기로 했죠.

김 교사 : 유아들이 각 활동에 좀 더 잘 참여할 수 있도록 두 반의 유아들을 세 모둠으로 나누어 활동하는 것은 어떨까요?

최 교사 : 그러면 세 모둠의 유아들이 한 모둠씩 3가지 활동을 돌아가면서 할 수 있겠어요.

박 교사 : 협력교수 중 (㉠)을/를 말씀하시는 거군요.

최 교사 : 네. 김 선생님이 물감 찍기, 박 선생님이 그래프 활동, 제가 동화책 듣기를 진행하면 되겠어요.

김 교사 : 좋은 생각이네요.

… (하략) …

1) 피아제(J. Piaget)의 수 개념 발달 단계에 근거하여 (가)의 [A]에서 현주와 민지가 보이는 수 개념 발달의 ① 공통점과 ② 차이점을 쓰시오. [2점]

① :

② :

2) (가)의 [B]에 나타나는 ① 수학적 과정기술을 1가지 쓰고, ② 유아들이 활용한 분류 기준을 모두 쓰시오. [2점]

① :

② :

3) (나)의 ㉠에 해당하는 명칭을 쓰고, ㉠을 실시할 때 고려할 점 1가지를 시간 측면에서 쓰시오. [1점]

37

정답 및 예시답안

1) ① 4학년 넷째 달의 수행수준
   ② 내용타당도
2) ① 대비조절
   ② 확대 답안지, 반사가 적은 종이의 답안지, 옅은 담황색 종이의 답안지, 고대비로 수정한 답안지 등
3) ① 교수-지원
   ② 교수-지원은 필요에 따라 개별 학생들을 지원하지만, 대안교수는 심화 및 보충 지도가 필요한 소집단 학생을 대상으로 교수를 지원하는 데에서 교사 역할의 차이가 있다.

관련이론

◎ 등가점수

등가점수란 기능 수준을 나타내는 연령 또는 학년을 의미한다.

연령 등가점수	연령으로 나타낸 기능 수준 **예** 3-3
학년 등가점수	학년으로 나타낸 기능 수준 **예** 3.3

◎ 타당도

내용타당도	• 내용타당도란 검사문항들이 측정하고자 하는 전체 내용을 얼마나 잘 대표하고 있는가를 전문가가 주관적으로 판단하는 주관적 타당도이다.	
안면타당도	• 안면타당도란 검사가 실제 무엇을 측정하려는 것인지를 피험자의 입장에서 검토하는 타당도이다. • 어떤 특성을 측정할 때 자주 접해 본 문항들이 있으면 안면타당도가 있다고 말한다. 안면 타당도는 너무 주관적이어서 과학적으로는 많이 사용되지 않고 있으며 가장 약한 형태의 타당도라 할 수 있다.	
준거관련 타당도	• 준거타당도란 연구자가 측정한 검사점수와 그 개념에 대한 준거와의 상관관계 추정을 통해 검사도구의 타당도를 검사하는 방법이다. • 준거란 다른 검사점수 혹은 미래의 행위를 말하는 것으로, 준거타당도는 수렴 및 판별 근거, 검사-준거 관련성, 타당도 일반화로 분류한다.	
	예언타당도	예언타당도란 검사점수가 미래의 행동을 얼마나 정확하게 예언하는지를 의미하는 것으로 예측 타당도라고도 한다.
	공인타당도	공인타당도란 검사점수와 준거와의 관계를 현재 시점에서 검증하는 타당도이다.
구인타당도	• 구인이란 가설적 개념으로 지능, 동기, 태도 등과 같은 심리적 특성이나 행동 양상을 설명하기 위한 구성 개념이라고 할 수 있다. • 구인타당도는 측정하고자 하는 특성의 구성 요인을 얼마나 충실하게 이론적으로 설명하여 경험적으로 측정하느냐와 관련이 있다.	

◎ 교수-지원 협력교수

특징	• 모든 주제활동에 적용 가능 • 일대일 직접 지도 가능 • 전체 교수를 담당하는 교사는 다른 협력교사가 학생들을 개별적으로 지원하거나 행동문제를 관리하므로 전체 수업에 더욱 집중할 수 있음 • 다른 모형에 비해 상대적으로 적은 협력계획 시간이 요구됨
고려사항	• 교수역할(전체 수업 교사, 개별 지원교사)이 고정되어 있는 경우 교사의 역할에 대한 불만족이 있을 수 있음

고득점 답안 비법 ✗ 3)의 ② : '교사의 역할' 측면에서 차이점을 명확하게 설명해야 함. 각 협력교수의 핵심을 '교사의 역할' 측면에서 서술한다는 점을 생각하며 간결하고 명확하게 서술해 볼 것

37 2022. 초
★ 답안작성

(가)는 세희의 특성이고, (나)는 통합학급 교사와 시각장애거점 특수교육지원센터 특수교사의 협의 내용이다. 물음에 답하시오. [6점]

(가) 세희의 특성

- 초등학교 6학년 저시력 학생임
- 피질시각장애(Cortical Visual Impairment : CVI)로 인해 낮은 시기능과 협응능력의 부조화를 보임
- 눈부심이 있음
- 글씨나 그림 등은 검은색 배경에 노란색으로 제시했을 때에 더 잘 봄 [A]
- 원근 조절이 가능한 데스크용 확대독서기를 사용하지만 읽는 속도가 느림
- 기초학습능력검사(읽기) 결과, ㉠ <u>학년등가점수는 4.4임</u>

(나) 특수교사의 순회교육 시, 협력교수를 위한 통합학급 교사와 특수교사의 협의 내용

협의 내용 요약		점검사항
통합학급 교사	특수교사	공통사항 : ㉦ 세희지원 : ㉾
• 전체 수업 진행 　-구체적인 교과 내용을 지도함 • 팀별 학습 활동 　-팀의 학생들은 상호작용을 하며 과제를 해결함	• 학급을 순회하며 전체 학생 관찰 및 지원 　-학생들에게 학습 전략을 개별 지도함 　-원거리 판서를 볼 때 세희에게 확대독서기의 초점 조절법을 개별 지도함	㉦ 팀별 활동 자료
• 팀 활동 후 평가 실시 　-평가지는 ㉡ <u>평가 문항들이 단원의 목표와 내용을 충실하게 대표하는지를 같은 학년 교사들이 전문성을 바탕으로 이원분류표를 활용해서 비교·분석하여 확인함</u>	• 학급을 순회하며 학생 요구 지원 　-세희가 평가지를 잘 볼수있게㉢ <u>확대 독서기 기능 설정을 확인함</u> 　-시험시간을 1.5배 연장함	㉦ 이원분류표 ㉾ ㉣ <u>수정된 답안지와 필기구 제공</u>
• 팀 점수 산출 • 팀 점수 게시 및 우승팀 보상	• 팀 점수 산출 시 오류 확인 　-학급을 순회하며 필요한 도움을 제공함	

1) ① (가)의 ㉠을 해석하여 쓰고, ② (나)의 ㉡에 해당하는 타당도의 유형을 쓰시오. [2점]

① :

② :

2) ① (가)의 [A]를 고려하여 특수교사가 확인해야 할 (나)의 ㉢을 쓰고, ② (가)를 고려하여 (나)의 ㉣의 예를 1가지 쓰시오. [2점]

① :

② :

3) ① (나)에 적용된 협력교수 유형의 명칭을 쓰고, ② 이 협력교수와 대안교수의 차이점을 교사의 역할 측면에서 쓰시오. [2점]

① :

② :

핵심테마 체크
• 협력교수

MY MEMO

38

정답 및 예시답안

1) 유치원 교육과정
2) ① 교수자료의 수정
   ② 향기가 나지 않는 비누를 제공한다, 비누를 쉽게 잡을 수 있는 클립 등의 도구를 제공한다 등
3) ㉡ 교수-보조
   ㉢ 대안교수

알찬 지문풀이

• 그런데 윤아는 마스크 쓰기를 싫어해서 벗고 있을 때가 많고, 비누를 사용하지 않으려고 해요.
• ㉠ 비누의 거품은 좋아하지만 꽃 향기를 싫어하고, 소근육 발달이 늦어서 손으로 비누 잡는 것을 어려워해요.
  ➡ 교수자료인 '비누'를 수정·조정하는 것이 필요함

• ㉡ 민 선생님께서 전체 유아를 대상으로 비누로 손 깨끗하게 씻기를 지도하시면, 저는 윤아뿐만 아니라 특별히
  도움이 필요한 다른 유아들도 활동에 효과적으로 참여할 수 있도록 도울게요. ➡ 집단 구성 없이, 도움이 필요한
  유아들을 지도한다는 것이 핵심

• ㉢ 윤아와 몇몇 유아들이 마스크 쓰기와 손 씻기를 계속 많이 어려워하는 경우, 이들을 별도로 소집단을 구
  성해서 특별한 방법으로 집중 지도를 해 보도록 할게요. ➡ 별도의 소집단을 구성하여 지도한다는 것이 핵심

핵심테마 체크
• 또래지원 학습전략(PALS)

MY MEMO

39

정답 및 예시답안

①

알찬 지문풀이

• ②~⑤ ➡ PALS의 특성

관련이론

◎ 또래지원 학습전략(PALS)

특징		• 특별한 지원이 필요한 학생에게 효과적인 전략 • 학습장애 학생이나 낮은 학업성취 학생에게 효과적임 • 학생들도 또래교수에 대해 긍정적으로 인식하고 있으며, 장애학생에 대한 사회적인 태도도 향상됨 • 단점은 교사의 지원이 없으면 효과가 떨어지며, 장애가 심할 경우 또래중재 전에 특수교사의 강도 있는 개별화교육이 필요하다는 점을 들 수 있음
3가지 활동	파트너 읽기	또래교수 짝에서 높은 수준의 독자가 파트너 읽기 활동에서 먼저 읽는다. 5분 동안 선택된 자료를 소리 내어 읽는다. 낮은 수행을 보이는 독자는 5분 동안 같은 자료를 읽는다. 낮은 수행의 독자는 읽었던 것의 주요 사건을 순서대로 나열한다.
	단락 줄이기	단락 줄이기에서 높은 수준의 독자는 새로운 이야기 자료를 계속해서 읽는다. 각각의 단락을 다른 단락으로 요약한 후에 멈춘다. 낮은 수준의 독자는 다음 5분 동안 계속 해서 이야기를 읽고 각각의 단락을 요약한 후에 멈춘다.
	예측 릴레이	예측 릴레이에서 높은 수준의 독자는 예측을 하고, 자료의 한 페이지나 반 페이지를 소리 내어 읽는다. 그리고 예측의 정확도를 체크한 뒤 멈춘다. 그리고 다음 반 페이 지에 무슨 일이 일어날 것인지 예측을 하고 계속해서 읽는다. 이것을 5분 동안 실시 한다. 낮은 수행의 학생은 이 순서를 반복한다.

38   2021. 유

다음은 5세 발달지체 윤아의 통합학급 민 교사와 유아특수
교사 송 교사가 나눈 대화이다. 물음에 답하시오. [5점]

> 민 교사: 선생님, 내일 우리 반 유아들과 함께 독감과
>   코로나-19 예방을 위해 '마스크 쓰기'와
>   '비누로 손 깨끗하게 씻기'를 알아보려고 해
>   요. 그런데 윤아는 마스크 쓰기를 싫어해서 [A]
>   벗고 있을 때가 많고, 비누를 사용하지 않으
>   려고 해요. 윤아도 질병을 예방하는 방법을
>   알고 꼭 실천하게 해 주고 싶어요.
>
> 송 교사: 윤아는 얼굴에 물건 닿는 것을 싫어해서 마스크를
>   쓰지 않으려고 해요. 그리고 ㉠ <u>비누의 거품은</u>
>   <u>좋아하지만 꽃 향기를 싫어하고, 소근육 발달이</u>
>   <u>늦어서 손으로 비누 잡는 것을 어려워해요. 그</u>
>   <u>래서 꽃 향기가 나는 비누 사용을 힘들어하는</u>
>   <u>것 같아요.</u>
>
> 민 교사: 선생님, 그러면 협력교수를 통해 함께 지도하면
>   어떨까요?
>
> 송 교사: 내일 ㉡ <u>민 선생님께서 전체 유아를 대상으로</u>
>   <u>비누로 손 깨끗하게 씻기를 지도하시면, 저는</u>
>   <u>윤아뿐만 아니라 특별히 도움이 필요한 다른 유</u>
>   <u>아들도 활동에 효과적으로 참여할 수 있도록 도</u>
>   <u>울게요. 만약, ㉢ 윤아와 몇몇 유아들이 마스크</u>
>   <u>쓰기와 손 씻기를 계속 많이 어려워하는 경우,</u>
>   <u>이들을 별도로 소집단을 구성해서 특별한 방법</u>
>   <u>으로 집중 지도를 해 보도록 할게요.</u>

1) [A]와 관련된 2019 개정 유치원 교육과정 '신체운
    동·건강' 영역의 내용 범주를 쓰시오. [1점]

2) 송 교사가 ㉡의 상황에서 윤아의 ㉠ 문제를 해결하기
    위해 적용할 수 있는 ① 교수적 수정 유형 1가지와
    ② 이에 해당하는 예를 1가지 쓰시오. [2점]

    ① :

    ② :

3) 민 교사와 송 교사가 적용하려는 ㉡과 ㉢의 협력교수
    유형을 쓰시오. [2점]

    ㉡ :

    ㉢ :

39   2012. 초

특수학급의 박 교사는 읽기에 어려움을 보이는 지수와 읽
기를 잘하는 환희를 짝지어 아래와 같은 전략으로 읽기
지도를 하였다. 박 교사가 적용한 전략에 대한 설명으로
적절하지 <u>않은</u> 것은?

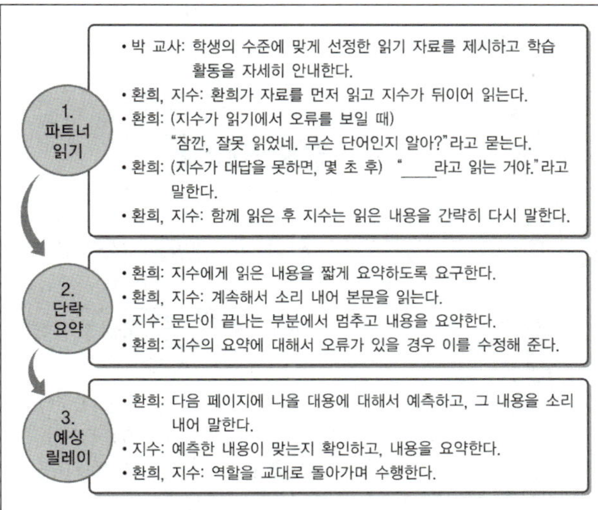

① 개념과 원리를 발견하는 데 초점을 둔다.
② 정해진 단계와 절차에 따라서 이루어진다.
③ 학습자의 수행 결과에 대해 동료의 교정적 피드백이
    제공된다.
④ 학습자가 문제를 해결하도록 참여자 간 비계활동이 이
    루어진다.
⑤ 학습 내용과 수준을 다양화할 수 있는 차별화교수
    (differential instruction) 접근이라 할 수 있다.

● 핵심테마 체크

• 또래교수
• 기능적 읽기
• 협동학습
• 협력교수

→ MY MEMO

40

정답 및 예시답안

1) ① 튜터-튜티 짝 정하기
   ② 튜터(또래교수자) 역할을 통해 의사소통 기술, 자기존중감 등이 향상되고, 가르치는 내용에 대한 이해를 더 잘하게 되는 효과가 있다.
2) 기능적 학업
3) ① 학생 팀 학습(STL)은 집단 간 경재체제를 적용하고, 협동적 프로젝트(CP)는 집단 간 경쟁이 아니라 집단 간 협동을 하도록 한다.
   ② ⓐ / 두 명의 교사가 수업의 계획이나 결과뿐만 아니라 수업의 진행 과정에도 초점을 둠

관련이론

◎ 학생 팀 학습(STL)과 협동적 프로젝트(CP)

• 협동학습 기법들은 집단 간 경쟁을 채택하는가 혹은 집단 간 협동을 채택하는가에 따라 학생 팀 학습(STL : Stusent Tean Learning)과 협동적 프로젝트(CP : Cooperative Project) 유형으로 나눌 수 있다.

학생 팀 학습(STL)	협동적 프로젝트(CP)
− 능력별 팀 학습(STAD)	− 과제분담학습 Ⅰ(JigsawⅠ)
− 토너먼트 식 학습(TGT)	− 자율적 협동학습Co-op Co-op)
− 팀 보조 개별학습(TAI)	− 집단조사(GI)
− 과제분담학습Ⅱ(JigsawⅡ)	− 함께하는 학습(LT)

◎ 팀 티칭

장점	• 체계적 관찰과 자료 수집 가능 • 역할과 교수내용의 공유 • 개별 도움을 주기 용이 • 학업과 사회성에 있어서 적절한 도움을 구하는 행동의 모델 제시 가능 • 질문하기를 가르칠 수 있음 • 개념, 어휘, 규칙 등을 보다 명확하게 할 수 있음
단점	• 학습을 풍부하게 하는 것이 아니라 교사의 업무를 분담하는 것에 머무를 수 있음 • 많은 계획을 필요로 함 • 모델링과 역할놀이 기술이 필요
효과	• 다양한 활동을 지도하는 데 유용 • 토론이 필요한 수업, 복습과정에서 활용하기에 적절함 • 교사의 수업 운영을 통해 협동하는 방법을 배울 수 있는 실질적 기회 제공 • 교사 간의 가장 높은 수준의 협력관계 요구

◎ 학습준비기술과 기능적 학업기술

학습준비 기술	• 실제 학업 교과를 배우기 위해 갖추어져야 할 기술 • 저학년의 지적장애 학생들에게 중요시 되는 기술 예 자리에서 일어나지 않고 앉아서 교사에게 주의집중하기, 지시 따르기, 언어 발달, 근육 협응 발달, 집단에서 또래와 상호작용하기 등
기능적 학업기술	• 생활에서 독립적으로 기능하기 위해 배우는 학업기술 • 주제별 학습과 기능적 연습 활동 등으로 학습

40   2025. 초

다음은 특수교사가 통합교육 지원을 위한 협의회에서 통합학급 교사들과 나눈 대화의 일부이다. 물음에 답하시오. [5점]

김 교 사 : 선생님, 제가 3학년 학습장애 학생 정호를 위해 학급에서 또래교수 전략을 적용해 보려고 합니다. 그런데 또래교수에도 절차가 있지요?

특수교사 : 그렇습니다. 또래교수를 시작하기 전에 준비해야 할 것들이 있습니다. 지도 목표와 대상 교과를 선정하고, 교수·학습 과정안을 작성하셔야 합니다. 그리고 무엇보다도 (㉠) 단계가 중요합니다.
　　　　　　 이 단계에서는 대상 학생의 교우 관계 혹은 학생의 강점과 약점을 잘 파악하는 것이 필요합니다. [A]

김 교 사 : 정호는 당연히 학습자로 선정되는 거 아닌가요?

특수교사 : 아닙니다. ㉡ <u>또래교수에서 역할 바꾸기도 가능합니다.</u> 정호의 강점을 잘 파악하셔서 정호가 도움이 필요한 영역에서는 또래학습자가 되고, 정호가 잘하는 영역에서는 또래교수자가 될 수도 있습니다.

김 교 사 : 아, 그렇게 계획을 짜 보도록 해야겠습니다.

박 교 사 : 저는 6학년 지적장애 학생 민희의 담임교사입니다. 저번에 선생님께서 (㉢) 기술이 중요하다고 하셨는데, 어떻게 지도해야 할지를 잘 모르겠어요.

특수교사 : 그렇군요. 비장애 학생들은 다른 교과 내용을 잘 습득하기 위해 읽기를 학습하지만, 지적장애 학생들은 실생활에서 독립적인 기능을 배우기 위해 읽기를 배웁니다. 예를 들면, 민희는 안전과 관련된 표지판이나 학급의 시간표와 열차 시간표를 읽기 위해 학습합니다. [B]

박 교 사 : 잘 이해가 되었습니다.

홍 교 사 : 선생님, 저는 체육 수업에서 협동학습을 적용해 보려고 합니다. ㉣ <u>학생 팀 학습(Student Team Learning : STL)과 협동적 프로젝트(Cooperative Project : CP)</u>를 고려하고 있는데 어떤 것을 선택하면 좋을까요?

특수교사 : 잘 아시겠지만 두 가지 유형은 모두 장단점이 있습니다. 수업 내용이나 학생의 특성 등을 고려해서 선택해야 합니다.

홍 교 사 : 알겠습니다. 그리고 기회가 되면 선생님과 제가 ㉤ <u>팀 티칭</u>을 함께 준비하여 해 보면 어떨까요?

특수교사 : 예, 좋습니다.

… (하략) …

---

1) ① [A]를 고려하여 ㉠에 들어갈 말을 쓰고, ② 밑줄 친 ㉡의 긍정적 효과를 정호의 입장에서 1가지 쓰시오. [2점]

① :

② :

2) [B]를 고려하여 ㉢에 들어갈 말을 쓰시오. [1점]

3) ① 밑줄 친 ㉣을 집단 간 경쟁의 측면에서 비교하여 쓰고, ② 밑줄 친 ㉤에 대한 설명인 〈보기〉에서 <u>잘못된</u> 것을 1가지 찾아 기호를 쓰고, 바르게 고쳐 쓰시오. [2점]

> **보기**
> ⓐ 두 명의 교사가 수업의 계획이나 결과보다는 수업의 진행 과정에 중점을 둠
> ⓑ 두 명의 교사가 긴밀하고 원활한 교류가 있는 경우에 활용하는 것이 더 효과적임
> ⓒ 두 명의 교사가 수업의 모든 과정에서 책무를 공유함
> ⓓ 교수 상황에서 역할놀이를 통해 모델을 보여 주는 방식으로 사용될 수 있음

① :

② :

41

정답 및 예시답안

1) 민우는 모둠활동에 끝까지 참여하는 데 어려움이 있으므로, 개별 책무성을 반영(집단 점수에 기여)할 수 있는 STAD에 참여시킨다.
2) ⓐ 또래지원 학습전략(PALS)
   ⓑ 읽기 활동에 대한 시범을 보인다.
3) 읽은 내용의 주요 사건이나 주제를 순서대로 나열한다[글의 구조(전, 중, 후)에 따라 글의 내용 이해하기 등].

관련이론

◎ 모둠성취분담모형(STAD)

1단계: 수업안내	• 학급 전체를 대상으로 일반적인 교수활동 실시 • 주요 개념, 학습목표, 자료와 과제 등 안내
2단계: 소집단학습	• 집단 구성: 성취도가 가장 높은 학생 1명과 평균 수준의 학생 2~4명, 학습이 어려운 성취가 가장 낮은 학생 1명으로, 이질적인 집단으로 구성 • 팀 구성 후 팀 학습의 의미 설명, 집단 규칙 제시 등
3단계: 형성평가	• 퀴즈 문제를 통해 개별적인 형성평가 실시 • 집단 구성원끼리 서로 돕지 못함
4단계: 개인별·팀별 점수 계산	• 개인 점수: 초기의 기본 점수보다 향상된 점수 • 팀 점수: 팀원의 개별 향상 점수 총합의 평균 점수
5단계: 팀 점수 게시와 보상	• 즉시 팀 점수와 개인 점수 게시 및 보상

42

정답 및 예시답안

④

알찬 지문풀이

• (가) 장애학생을 포함한 모든 학생들을 기후에 대한 사전지식과 학업 수준을 고려하여 5명씩 4개 조를 동질집단으로 구성하였다. ➡ 이질집단

• (마) 원래의 조별로 학습 성과를 평가하기 위하여, 같은 조의 구성원들이 서로 협력해서 공동답안을 만들게 한 후 조별 점수를 산출하였다. ➡ 직소Ⅱ는 개별 평가를 실시하고, 개별 점수를 조별 점수에 반영하여 팀 점수를 산출함

관련이론

◎ 직소Ⅱ

1단계: 수업안내	• 교사는 네 명의 학생으로 구성된 학습 팀을 만들어 학습 지도를 하고 각자는 하나의 주제를 받아서 같은 주제를 가진 학생들, 즉 전문가들이 모여서 거기에 대해 토론하고 공부해서 그 결과를 학습 팀으로 다시 돌아와 다른 구성원에게 가르치게 된다는 것을 안내함
2단계: 원집단 구성 및 개인별 전문과제 부여	• 교사가 학생의 능력이나 성, 민족, 그리고 다른 주요 요인을 조정하여 이질집단을 구성함 • 집단 구성원들은 전문가 집단에서 학습할 각자의 과제를 부여받음 • 이러한 각자의 과제는 전체 학습 과제를 팀원 수만큼 나눈 것 중의 하나임
3단계: 전문가 집단에서 협동학습	• 학생들은 전문가 집단에서 같은 주제를 가지고 협동학습을 하게 됨 • 이때 각 팀원은 최상의 답을 도출하고 원집단에 돌아가서 다른 팀원을 가르칠 전략도 계획임
4단계: 원집단에서 팀원과의 협동학습	• 전문가 집단에서 학습한 내용을 가지고 원집단에 돌아와 다른 구성원들을 가르침
5단계: 개인별·팀별 점수 계산	• 개인 점수는 초기에 정해진 각 학생의 기본 점수보다 향상된 점수를 말함 • 팀 점수는 팀원의 개별 향상 점수 총합의 평균 점수를 말함
6단계: 팀 점수 게시와 보상	• 수업이 끝나면 즉시 팀 점수와 개인 점수를 게시하고 우수한 개인이나 소집단에게 보상함

41

다음은 특수학급 박 교사와 통합학급 임 교사의 대화 내용이다. 물음에 답하시오. [4점]

> 박 교사 : 선생님도 잘 아시다시피 민우는 글을 유창하게 읽지 못하고 읽기 이해 능력도 매우 떨어져요. 그래서 국어 시험을 보면 낮은 점수를 받지요.
>
> 임 교사 : 제가 국어시간에 읽기 활동을 할 때 협동학습의 한 유형인 ㉠ 모둠성취분담모형(Student Teams-Achievement Division, STAD)을 적용하려고 해요. 그런데 민우는 모둠활동에서 초반에는 관심을 보이지만, 이내 싫증을 내곤 해요. 그래서 끝까지 참여하는 데 어려움이 있어서 조금 걱정이 돼요.
>
> 박 교사 : 그렇다면 민우에게는 모둠성취분담모형(STAD)과 함께 또래교수의 한 유형인 (㉡)을/를 적용해 보면 어떨까요? (㉡)은/는 ㉢ 파트너 읽기, 단락(문단) 줄이기, 예측 릴레이 단계로 진행되는데, 민우의 읽기 능력 향상에 도움이 될 거예요.

1) 임 교사가 ㉠을 적용하고자 하는 이유를 민우의 특성과 연결하여 1가지 쓰시오. [1점]

2) ㉡의 ⓐ 명칭을 쓰고, ㉡의 주요 활동 단계마다 또래 교수자가 ⓑ 공통으로 수행하는 활동을 1가지 쓰시오. [2점]

ⓐ :

ⓑ :

3) 민우가 ㉢ 단계에서 읽기 이해 능력 향상을 위해 수행해야 하는 세부 활동을 1가지 쓰시오. [1점]

42

다음은 정신지체학생이 통합되어 있는 중학교 1학년 학급에서 사회과 '다양한 기후 지역과 주민 생활' 단원을 지도하기 위해 직소(Jigsaw) II 모형을 적용한 수업의 예이다. 바르게 적용한 내용만을 있는 대로 고른 것은?

> (가) 장애학생을 포함한 모든 학생들을 기후에 대한 사전 지식과 학업 수준을 고려하여 5명씩 4개 조를 동질집단으로 구성하였다.
>
> (나) 각 조의 구성원들은 다섯 가지 기후(열대, 온대, 냉대, 한대, 건조) 중 서로 다른 한 가지 기후를 선택하였다.
>
> (다) 다섯 가지 기후 중에 동일한 기후를 선택한 학생들끼리 전문가 그룹이라는 이름으로 헤쳐 모여 그 기후에 대해 학습하였다.
>
> (라) 각각의 학생 전문가는 자신의 소속 조로 돌아가 같은 조의 구성원들에게 자신이 학습한 기후에 대해 가르쳤다.
>
> (마) 원래의 조별로 학습 성과를 평가하기 위하여, 같은 조의 구성원들이 서로 협력해서 공동답안을 만들게 한 후 조별 점수를 산출하였다.

① (가), (마)
② (나), (다)
③ (가), (라), (마)
④ (나), (다), (라)
⑤ (나), (다), (라), (마)

43

정답 및 예시답안

1) ① 수단적 일상생활 활동
② 생활연령에 맞는 기능적 기술을 학습하여 또래 학생들이 포함된 통합된 환경에 참여할 수 있도록 하기 위해서이다.
2) ① 자연적 지원
② 영수준의 추측
3) ① ㉣은 집단 보상이 없어 상호의존성이 떨어지나 ㉤은 개별 학생의 수행이 집단 보상에 반영되어 민호가 팀 구성원과 보다 상호의존적으로 참여할 수 있기 때문이다. ➡ 민호가 집단 보상에 기여하게 되어 집단활동에 참여하게 된다 등 집단 보상, 보상의존성과 관련지어 작성
② 리더십

관련이론

🔍 일상생활 활동(ADL)

일상생활 활동의 범위	• ADL은 기본적 ADL(BADL)과 수단적 ADL(IADL)의 두 가지 영역으로 분류함 **기본적 일상생활 활동(BADL)** / **수단적 일상생활 활동(IADL)** ㅡ 목욕하기, 샤워하기 / ㅡ 다른 사람 돌보기 ㅡ 대소변관리 / ㅡ 애완동물 돌보기 ㅡ 옷 입고 벗기 / ㅡ 아이 돌보기 ㅡ 먹기 / ㅡ 의사소통관리 ㅡ 식사하기 / ㅡ 지역사회 이동 ㅡ 기능적 이동 / ㅡ 재정관리 ㅡ 개인용품관리 / ㅡ 건강관리와 유지 ㅡ 개인위생과 몸단장 / ㅡ 가정관리 ㅡ 성생활 / ㅡ 식사 준비와 설거지 ㅡ 화장실 위생 / ㅡ 종교 행사 / ㅡ 안전과 응급상황관리 / ㅡ 쇼핑하기
일상생활 활동의 평가	• ADL 평가는 주로 면담과 자가평가 및 수행능력평가로 구성되지만 면담만으로는 실제 기능적 독립 수준을 알아보는 데 어려움이 있으므로 주의 • ADL 평가는 실제로 그 활동을 수행하는 시간과 장소(환경)에서 실시하는 것이 이상적 • ADL 평가는 간단하고 안전한 것을 먼저 하고 나중에 좀 더 어렵고 복잡한 것으로 진행함으로써 피로감과 어려움을 덜어 주어야 함 • 다른 사람의 도움 여부에 따른 분류: 독립적 수행, 의존적 수행 • 평가도구: 바델 지수, 기능적 독립성 척도, 카츠 ADL 지수, 아동용 기능적 독립성 평가 등

🔍 기능적 교육과정의 기본 전제

연령에 적절한 교육과정	• 지적장애 학생의 교육과정은 생활연령에 적합한 내용으로 구성되고 적용되어야 함
궁극적 기능성의 기준	• 중도 장애학생을 위한 교육목표로서, 그들이 성인이 되어 '최소제한환경'에서 일반인들과 함께 자신의 잠재력을 최대한 발휘하여 기능할 수 있도록 하는 것
최소위험 가정기준	• 결정적인 자료가 있지 않는 한 교사는 학생에게 최소한의 위험스러운 결과를 가져오는 가정에 기반하여 교육적 결정을 내려야 한다는 개념 • 결정적인 증거가 없는 한 아무리 지적장애의 정도가 심해도 최선의 시도를 통해 교육 가능성(educability)의 신념을 실현해야 함
영수준의 추측	• 학급에서 배운 기술들을 실제 사회 생활에서 일반화하지 못할 수도 있다는 전제에 기반을 두고, 배운 기술들을 여러 환경에서 일반화할 수 있는지를 시험해 봐야 한다는 개념
자기결정 증진	• 자기결정은 개인이 어떤 방식으로 행동하게 하는 원인이 바로 자기 자신(자아)이라는 것을 의미하는데, 지적장애 학생에게 자기결정된 모델을 이행하는 것은 어려운 일일 수 있음

🔍 자기옹호

• 자기옹호: 자신에 대한 전반적인 지식과 기본적인 권리를 인식하고 이를 기반으로 다양한 대상과 상황 속에서 자신의 욕구, 필요, 신념, 권리 등을 적합한 의사소통방법으로 표현하는 것
• 자기옹호의 4가지 구성요소: 자기지식, 권리지식, 의사소통, 리더십

43

(가)는 지적장애 학생 민호 부모의 요구이고, (나)는 특수교사가 작성한 요구 분석 및 지원 계획이다. 물음에 답하시오. [6점]

(가) 부모의 요구

- 본인의 방을 스스로 청소하고 간단한 식사 준비하기 ⎤
- 스마트폰을 활용하여 혼자 지하철 타기 ⎦ [A]
- 친구들과 함께하는 활동에서 소외되지 않고 즐겁게 참여하기
- 자기가 원하는 것을 말로 표현하기
- 독립적으로 학교생활 하기

(나) 요구 분석 및 지원 계획

1. ㉠ 기능적 생활 중심 교육과정을 계획할 때, 민호의 발달연령보다 생활연령을 고려할 것

2. ㉡ 일상생활 속에서 민호에게 도움을 줄 수 있는 사물이나 사람(예: 같은 반 친구 등)을 파악하여 수업과 생활환경에서 활용할 것

3. 민호가 수업에서 배운 기능적 기술들을 여러 환경에서 일반화할 수 있도록 지도할 것

   - ㉢ 수업에서 배운 기능적 기술을 실생활에 모두 적용할 수 없다는 점을 전제하여, 민호가 배운 내용을 다양한 환경에서 일반화할 수 있는지 확인하고 평가해 볼 필요가 있음

4. 현재는 ㉣ 과제분담학습 I(Jigsaw I)을 적용하고 있으나, 민호와 같은 팀이 되는 것을 학급 친구들이 좋아하지 않음

   - 협동학습의 유형 중 ㉤ 능력별 팀 학습(Student Teams-Achievement Divisions : STAD)을 적용해 볼 필요가 있음

5. 협동학습 수업의 '모둠별 학습' 단계에서 모둠 구성원들이 협동해서 과제를 해결해야 하는데 민호가 잘 참여하지 않는 경우가 많음

   - ㉥ 민호가 집단의 구성원으로 협동학습 과정에서 자신의 역할을 제대로 알고 집단의 문제해결 과정에 적극적으로 참여해야 함을 알려 줄 필요가 있음

1) ① (가)의 [A]에 해당하는 일상생활 활동의 유형을 쓰고, ② (나)의 ㉠의 이유를 1가지 쓰시오. [2점]

① :

② :

2) ① (나)의 ㉡에 해당하는 지원의 유형을 쓰고, ② 교육과정을 구성하고 운영하기 위한 기본 전제 중에서 (나)의 ㉢에 해당하는 개념을 쓰시오. [2점]

① :

② :

3) ① (나)의 ㉣과 비교하여 민호에게 ㉤이 효과적인 이유를 보상의 측면에서 1가지 쓰고, ② (나)의 ㉥에 해당하는 자기옹호 기술을 쓰시오. [2점]

① :

② :

● 핵심테마 체크
• 협동학습_TAI
• 협동학습의 요소

MY MEMO

44

정답 및 예시답안

1) 집단 보조 개별학습 모형(팀 보조 개별학습, TAI)
2) • 수학은 개별 학생의 적합한 수준에서 학습하는 것이 필요하기 때문에 이 모형이 적합하다.
   • 개별과제의 80%까지 도달하도록 또래와 함께 형성평가를 반복하도록 하므로 수학의 기능을 향상시키는 데 도움이 된다.
3) • 요소(원리) : 개별 책무성
   • 문제점 : 무임승차를 막을 수 있다.

관련이론

◎ 팀 보조 개별학습(TAI)

1단계 : 집단 구성과 배치검사	• 수업을 시작하기 전에 사전 검사를 통하여 각 학생의 수준에 적합한 수준을 평가하여 집단을 구성
2단계 : 학습 안내지와 문항지 배부	• 학습 안내지에는 학생들이 집단에서 학습할 절차와 학습내용이 적혀 있음 • 4개의 문항이 기술된 기능 훈련 문항지 4장과 10개의 문항으로 구성된 2장의 형성평가지도 배부됨
3단계 : 집단학습	• 집단 구성원들은 자신의 집단 내에서 서로의 학업 정도를 점검하기 위해 2명 또는 3명씩 짝을 정해 먼저 기능 훈련지로 문제를 해결함 • 4문항으로 된 각 장을 해결하고 나면 정답지를 가지고 가서 또래의 점검을 받음. 모두 맞았으면 형성평가 단계로 넘어가고, 틀렸으면 또 다른 묶음의 4문제를 품 • 이런 식으로 기능 훈련 문제지 한 묶음(4문제)을 모두 맞힐 때까지 계속함 • 만약 이 과정에서 어려움이 있으면 동료에게 도움을 청하고, 그래도 안 되면 교사에게 도움을 청함 • 형성평가에서 80% 이상 도달하면 집단에서 주는 합격증을 받고 단원평가를 치름
4단계 : 집단교수	• 교사는 아동이 학습하는 5~15분간 각 집단에서 동일 수준의 학생을 직접 교수함
5단계 : 집단점수와 집단보상	• 교사는 매주 말에 집단점수를 계산함 • 집단점수는 각 집단 구성원이 해결한 평균 단원 수와 단원평가의 점수를 기록해서 계산함 • 결과에 따라 집단에게 보상함

고득점 답안 비법 ✕ 문제에 주어진 내용은 팀 보조 개별학습(TAI)의 주요 절차를 구체적으로 제시하고 있으므로 이 내용을 TAI를 적용하는 절차의 예시로 알아둘 것

✕ 2) : TAI의 특징과 수학교과의 특징을 연결 지어 판단할 것

45

● 핵심테마 체크
• 협동학습
• 자폐학생을 위한 시각적 지원
• 미리 보여주기

MY MEMO

정답 및 예시답안

○ ㉠에 들어갈 학습지의 특성은 개별적 수준에 맞는 학습지이다.
○ ㉡에 들어갈 개별 평가 방법은 기능 훈련 문항지를 모두 맞힌 후, 형성평가지에서 80% 이상 도달하면, 단원평가를 치르고 이를 통해 개별 점수를 산출한다이다.
○ ㉢ / 학생 C는 또래도우미의 도움이 의존하는 특성을 보이며, 촉진은 점차 용암시켜야 하므로 부적절하다.
   ㉣ / 학생 C는 활동이나 장소를 옮겨 가는 데 어려움을 보이므로, 자리를 수시로 바꾸는 것은 부적절하다.

알찬 지문풀이

• ㉤ 전체 일과와 세부 활동에 대하여 시각적 단서를 제공함 ➡ 자폐성장애이므로 시각적 강점을 활용하기 위한 것

• ㉥ 수업 시작 전이나 수업이 끝난 후 수업내용을 칠판에 적어 놓거나 관련 자료를 제공함 ➡ 자폐성장애이며, 수업에 별다른 관심을 보이지 않는 특성이 있으므로 수업내용을 미리 보여주는 것은 적절함

44

다음은 김 교사가 초등학교 4학년 수학 시간에 실시한 협동학습과 관련된 내용이다. 이 수업에 통합되어 있는 경아는 특수교육대상학생으로 수학에 어려움을 보이고 있다. 물음에 답하시오. [5점]

〈집단 구성 및 학습 자료〉
• 학급 학생을 대상으로 개별 진단 및 배치 검사를 실시함
• 4~5명씩 이질적인 학습 집단(A, B, C, D)으로 구성함
• 각 학생의 학습 속도 및 수준에 적합한 학습 자료를 제공함

〈학습 집단〉
• 학생은 각자 자기 집단에서 개별 학습 과제를 수행함
• 문제 풀이에 어려움이 있으면 자기 집단의 친구에게 도움을 청함
• 학습 과정이 끝난 후, 학생은 자신의 학습 정도를 평가하기 위해 준비된 문제지를 풂
• 집단 구성원들은 답지를 교환하고 답을 점검한 후, 서로 도와 틀린 답을 고침

〈교수 집단〉
• 교사가 각 집단에서 같은 수준의 학생을 불러내어 5~15분간 직접 가르침

〈평가〉
• ㉠ <u>각 학생의 수행 결과는 학생이 속해 있는 집단과 학생 개인의 평가에 반영함</u>

---

1) 위에서 실시한 협동학습 유형이 무엇인지 쓰시오.
　　　　　　　　　　　　　　　　　　　　　[1점]

2) 위의 협동학습 유형이 수학에 어려움을 보이는 경아와 같은 학생들에게 적절한 이유 2가지를 쓰시오. [2점]

3) 위의 ㉠에 나타난 협동학습 요소(원리)를 쓰시오. 그리고 이 요소(원리) 때문에 방지될 수 있는 '협동학습 상황에서의 문제점'은 무엇인지 쓰시오. [2점]

• 요소(원리) :

• 문제점 :

45

다음은 A중학교에서 학기 초 교직원 연수를 위해 준비한 통합교육 안내자료 중 일부이다. 〈작성방법〉에 따라 서술하시오. [4점]

〈2017학년도 A중학교 1학년 통합교육 계획안〉

1. 특수교육 대상학생 현황

반	이름	장애 유형	행동 특성
2	B	지적 장애	• 교사의 지시를 잘 따르고 적극적임 • 주변 사람들과 친하게 잘 지냄
4	C	자폐성 장애	• 수업에 별다른 관심이 없어 보임 • 하나의 활동이나 장소에서 다른 활동이나 장소로 옮겨 가는 데 문제를 보임 • 모둠 활동 시 또래도우미의 도움에 의존함

2. 교수 적합화 계획

학생 B	과목 : 수학	방법 : 교수 집단 적합화

팀 보조 개별학습(TAI)

1 모둠 구성 : 개별학생의 수준을 파악한 후, 4~6명의 이질적인 학생들로 모둠을 구성함
2 학습지 준비 : (㉠)
3 학습 활동 : 모둠 내에서 학습지 풀이를 하는 동안 필요 시 교사와 또래가 도움을 제공함
4 개별 평가 : (㉡)
5 모둠 평가 및 보상 : 모둠 점수를 산출하고 기준에 따라 모둠에게 보상을 제공함

학생 C	과목 : 과학	방법 : 교수 자료 및 방법 적합화

㉢ 모둠 활동 시간에 또래도우미는 학생 C에 대한 언어 촉진을 점진적으로 증가시킴
㉣ 전체 일과와 세부 활동에 대하여 시각적 단서를 제공함
㉤ 수업 시작 전이나 수업이 끝난 후 수업내용을 칠판에 적어 놓거나 관련 자료를 제공함
㉥ 모둠 활동 시 학생의 자리는 수시로 바꾸어 가며 진행함

… (하략) …

작성방법
• ㉠에 들어갈 학습지의 특성을 1가지 제시할 것
• ㉡에 들어갈 개별 평가 방법을 1가지 서술할 것
• 학생 C의 특성에 근거하여 ㉢~㉥ 중 적절하지 않은 것 2가지의 기호를 적고, 그 이유를 각각 1가지 서술할 것

✔ 핵심테마 체크

• 기억전략_핵심어 전략
• 협동학습_TAI
• 평가조정 전략

MY MEMO

46

정답 및 예시답안

○ ㉠은 핵심어 전략(키워드 전략, 핵심어법 등)이다.
○ ㉡은 개별 학생의 수준에 맞는 학습의 진도관리를 할 수 있다는 장점이 있고, ㉢은 한 모둠에 다양한 수준의 학생들이 포함되어 이질적 집단 구성이 되는 특징이 있다.
○ 다른 유형은 ㉺이고, ㉻은 응답방법(반응하는 형태 등)이다.

관련이론

◎ 기억전략

두문자어 전략	• 기억해야 할 정보의 첫 글자를 따서 또 다른 단어를 만드는 형태 • 구체적인 순서대로 정보를 기억해야 하는 경우와 순서가 필요 없는 경우 모두 활용
어구 만들기	• 단어의 첫 글자가 다른 단어를 대신하도록 하는 문장을 만드는 방법 • 어크로스틱은 두문자어와 유사하지만, 목록에 있는 단어들의 첫 글자로 구나 문장을 나타내는 새로운 단어를 만들어낸다는 점에서 다름 • 시각적인 그림을 동반한 두문자어와 어크로스틱은 두문자어를 단독으로 가르치는 것보다 더 성공적일 수 있음
핵심어 전략	• 친숙한 정보를 가지고 새롭고 친숙하지 않은 단어와 연결시킬 때 유용 • 관련이 없어 보이는 2개 이상의 정보를 연합하여 정보의 회상을 도와주는 전략 • 이미 학습한 용어·개념에 대해 음성학적으로 유사한 정보를 연결시키는 것 • 절차: ① 재부호화하기, ② 연관시키기, ③ 인출하기
페그워드 전략 (말뚝어 방법)	• 기억되는 정보를 순서적으로 번호를 매길 때 숫자에 대한 운율적 단어들을 사용하는 방법 • 핵심은 외워야 할 단어의 운을 사용하여 순서 혹은 번호가 매겨진 정보를 암기하는 것
시연	• 가장 간단한 형식의 전략으로, 주어진 정보를 단순히 반복하여 되뇌는 인지적 조작
심상화	• 사물에 대한 기억을 마음속에 영상화하여 기억하는 방법
언어적 정교화	• 주어진 자료의 내용을 보다 의미 있는 단위로 만들어서 기억하거나 회상하는 데 사용되는 기억전략
범주화	• 주어진 정보를 공통된 속성에 따라 분류하여 기억하는 방법

◎ 평가조정 전략

의미	평가 본래의 목적을 훼손하지 않은 범위 내에서 장애학생이 알기 쉽고 평가에 참여할 수 있도록 문항 제시형태, 반응형태, 시험시간, 검사환경의 수정 또는 조정

구분	영역		내용
유형	평가환경	평가공간	독립된 방 제공
		평가시간	시간연장, 회기연장, 휴식시간 변경
	평가도구	평가자료	시험지의 확대, 점역, 녹음
		보조인력	수화통역사, 대필자, 점역사, 속기사 제공
	평가방법	제시방법	지시 해석해주기, 소리내어 읽어 주기, 핵심어 강조하기
		응답방법	손으로 답 지적하기, 보기 이용하기, 구술하기, 수화로 답하기, 시험지에 답 쓰기

고득점 답안 비법 ✗ ㉡ 답안은 개별학생의 수준, ㉢ 답안은 이질적이라는 의미가 키워드

46 2026. 중
★ 답안작성

(가)는 ○○ 중학교의 특수 교사와 수학 교사의 대화이고, (나)는 학생 A의 수업 참여를 돕기 위해 특수 교사가 수학 교사에게 안내한 자료의 일부이다. 〈작성방법〉에 따라 서술하시오. [4점]

(가) 특수 교사와 수학 교사의 대화

> 수학 교사: 학생 A는 개념 어휘를 잘 기억하지 못해요. 그래서 수학 문제를 해결할 때 어려움을 겪고 있어요.
>
> 특수 교사: 익숙하지 않은 단어를 기억하기 위한 전략이 있어요. ㉠ 학습할 단어를 친숙한 단어와 시각적 이미지로 연결하여 기억하거나, 청각적으로 비슷한 단어와 연결하여 기억하는 전략이에요. 비슷한 기억 전략으로 페그워드 전략도 있어요.
>
> 수학 교사: 네. 학생 A의 수업 참여 촉진을 위해 친구들과 함께 학습할 수 있는 방법이 있는지도 궁금해요.
>
> 특수 교사: 학생 A가 또래와 상호작용하며 수업에 참여하는 것을 선호하니 협동학습이 좋겠어요. 수학 과목 수업에 활용할 수 있는 팀 보조 개별학습 모형(TAI : Team-Assisted Individualization)을 안내해 드릴게요.
>
> … (중략) …
>
> 특수 교사: 학생 A는 공식 등을 베껴 쓰기 어려워하고, 문장을 읽기 어려워하는 학습 특성도 있어요. 적절한 평가 조정 방법도 함께 안내해 드릴게요.

(나) 수학 교사에게 안내한 자료

[자료 1] 협동학습 유형 안내

㉡ 팀 보조 개별학습 모형(TAI)	
단계	교수·학습 내용 안내
1단계	• 수업 시작 전 사전검사로 ㉢ 각 학생의 수준을 점검하여 모둠을 구성해 주세요.
5단계	• 단원평가 점수로 모둠 점수를 계산하고, 주 단위로 집단 보상해 주세요.

[자료 2] 평가 조정(test accommodation) 안내

> ㉣ 긴 문장의 평가 문항은 한 문항씩 차례로 제시해 주세요.
>
> ㉤ 문장의 길이가 짧고, 유형이 동일한 평가 문항은 함께 모아서 제시해 주세요.
>
> ㉥ 답안지가 아닌 문제지에 직접 답을 표시하도록 허용해 주세요.
>
> ㉦ 평가 문항의 핵심 단어에 밑줄을 표시하여 강조해 주세요.

작성방법
- (가)의 밑줄 친 ㉠에 해당하는 명칭을 쓸 것
- (나)의 밑줄 친 ㉡의 장점을 개별 학생의 학습 진도 관리 측면에서 1가지 서술하고, 밑줄 친 ㉢과 같이 구성된 모둠의 특징을 1가지 서술할 것
- (나)의 [자료 2]에 제시된 ㉣~㉦ 중 평가 조정 유형이 다른 1가지를 찾아 기호를 쓰고, 해당 유형의 명칭을 쓸 것

47

정답 및 예시답안

1) 진로와 직업
2) 종합적 전환교육 모형
3) 자율적 협동학습 모형(Co-op Co-op)
4) ㉣ 다양한 참여수단의 제공
   ㉤ 다양한 정보제시 수단의 제공

알찬 지문풀이

• 〈활동 1〉 전체학급 토의 및 소주제별 모둠 구성
• 〈활동 2〉 모둠 내 더 작은 소주제 생성과 자료 수집 분담 및 공유
• 〈활동 3〉 모둠별 보고서 작성과 전체학급 대상 발표 및 정보 공유
➡ 자율적 협동학습 모형(Co-op Co-op)의 근거

관련이론

◎ 종합적 전환교육 모형

가정	• 진로개발과 전환서비스는 모든 사람들에게 필요 • 한 사람의 진로는 한 가족 구성원, 시민 및 근로자로서의 일생을 통한 한 개인의 진보 혹은 전환 • 모든 사람을 위한 생애−진로개발 및 전환계획과 훈련은 유아기에 시작되어 성인기까지 지속되어야 함		
의미	• 진로발달과 전환교육 모델이 인생에 있어서 한 번의 전환만 있는 것이 아니라 여러 번의 전환이 있다는 것을 특징으로 다룸		

지식과 기술 영역들		발달/생애단계	전환 진출 시점(수료점)
지식과 기술 영역들	• 의사소통과 학업수행 • 자기결정 • 대인관계 • 건강과 체력 • 독립적·상호의존적 일상생활 • 여가와 레크리에이션 • 고용 • 고등학교 이후 교육과 훈련	영·유아기 및 가정훈련	학령 전 프로그램과 통합된 지역사회 참여로 진출
		학령 전 교육기관 및 가정훈련	초등학교 프로그램과 통합된 지역사회 참여로 진출
		초등학교	중학교 프로그램이나 연령에 적합한 자기결정과 통합된 지역사회 참여로 진출
		중학교	고등학교 프로그램, 초보 고용, 연령에 적합한 자기결정과 통합된 지역사회로 진출
		고등학교	중등 이후 교육이나 초보 고용, 성인·평생교육, 전업주부, 자기결정을 통한 삶의 질과 통합된 지역사회 참여로 진출
		중등 이후 교육	특수 분야, 기술직, 전문직, 혹은 관리직 고용, 대학원이나 전문학교 프로그램, 성인·평생교육, 전업주부, 자기결정을 통한 삶의 질과 통합된 지역사회 참여로 진출

◎ 자율적 협동학습(Co-op Co-op)

• 학생들로 하여금 그들 자신이 학습 과제를 선택하도록 하고 자신과 동료들의 평가에 참여하도록 허용하는 유형
• 먼저 교사−학생 간의 토의를 통해서 학습 과제를 정하고, 교사가 이질적인 학생팀을 구성
• 팀이 구성되면 각 팀은 주제를 선정하고 하위부분으로 나누어 구성원들이 그들의 흥미에 따라 분담을 한 후, 정보를 수집
• 그 다음 각자가 학습했던 소주제들을 팀 구성원들에게 제시한 후 종합하여 팀의 보고서를 만들고 이것을 다시 전체 학급에 제시
• 마지막으로 평가 단계는 3가지 수준에서 이루어짐. 즉, 팀 동료에 의한 팀 기여도 평가, 고사에 의한 소주제의 학습 기여도 평가, 그리고 전체 학급 동료들에 의한 팀 보고서 평가가 이루어짐

47

(가)는 초등학교 6학년 정신지체학생 연우가 소속된 통합학급 최 교사와 특수학급 김 교사가 나눈 대화이고, (나)는 최 교사가 작성한 '2009 개정 교육과정' 실과 교수·학습 과정안의 일부이다. 물음에 답하시오. [5점]

(가) 대화 내용

최 교사: 다음 주 실과 수업 시간에는 '다양한 직업의 세계'에 대해 공부할 거예요. 연우의 수업 참여를 위해 제가 특별히 더 계획해야 할 것이 있을까요?
김 교사: 선생님께서 늘 하시는 대로 보편적학습설계(UDL) 원리의 지침을 잘 적용하여 수업을 계획하시면 될 것 같아요. 다만 연우와 같은 정신지체학생에게 실과 교과는 조기 전환교육의 필요성에 부응하기 위한 과목이고, 특수교육 기본 교육과정에서는 중학교의 (㉠) 교과와도 연계되어 있는 과목이라는 점을 염두에 두시면 좋겠네요.
최 교사: 그렇군요. 저는 전환교육이 학교 졸업 후 성인기 생활에 잘 적응할 수 있도록 고등학교에서 실시하는 교육인 줄 알았어요.
김 교사: 꼭 그렇지만은 않아요. 예를 들어, ㉡ 클라크(G. M. Clark)는 개인은 발달 단계에 따라 전환을 여러 번 경험한다는 점을 강조해요. 또 성공적인 전환을 위해 의사소통 및 학업성취, 자기결정, 대인관계, 고용 등을 포함한 9개의 지식과 기술 영역을 각 발달 단계에 맞게 성취해야 할 전환교육의 영역으로 보지요.
최 교사: 그렇다면 제가 이번 수업에 적용하려고 하는 협동학습도 연우의 성공적인 전환을 위한 지식과 기술 습득에 도움이 될 것 같네요.

(나) 교수·학습 과정안

학습 목표	• 여러 가지 직업을 조사하여 특성에 따라 분류할 수 있다. • 여러 가지 직업이 있음을 설명할 수 있다.	
단계	㉢ 교수·학습 활동	보편적학습설계(UDL) 지침 적용
도입	(생략)	
전개	〈활동 1〉 전체학급 토의 및 소주제별 모둠 구성 • 전체학급 토의를 통해서 다양한 직업분류기준 목록 생성 • 직업분류기준별 모둠을 생성하고 각자 자신의 모둠을 선택하여 참여	• 직업의 종류와 특성을 토의할 때 필수적으로 알아야 할 어휘를 쉽게 설명한 자료를 제공함 • ㉣ 흥미와 선호도에 따라 소주제를 스스로 선택하게 함
	〈활동 2〉 모둠 내 더 작은 소주제 생성과 자료 수집 분담 및 공유 • 분류기준에 따라 조사하고 싶은 직업들을 모둠 토의를 통해 선정 • 1인당 1개의 직업을 맡아서 관련된 자료 수집 • 각자 수집한 자료를 모둠에서 발표하고 공유	• 「인터넷 검색절차지침서」를 컴퓨터 옆에 비치하여 자료 수집에 활용하게 함 • ㉤ 발표를 위해 글로 된 자료뿐만 아니라 사진과 그림, 동영상 자료 등 다양한 매체를 이용하게 함
	〈활동 3〉 모둠별 보고서 작성과 전체학급 대상 발표 및 정보 공유 • 모둠별 직업분류기준에 따른 직업 유형 및 특성에 대한 보고서 작성 • 전체학급을 대상으로 모둠별 발표와 공유	• 모둠별 발표 시 모둠에서 한 명도 빠짐없이 각자가 할 수 있는 역할을 갖고 협력하여 참여하게 함

1) (가)의 ㉠에 들어갈 교과명을 쓰시오. [1점]

2) (가)의 ㉡에서 설명하는 모델 명칭을 쓰시오. [1점]

3) (나)의 ㉢에서 적용한 협동학습의 명칭을 쓰시오.
[1점]

4) (나)에서 최 교사가 사용한 ㉣과 ㉤은 응용특수공학센터(CAST)의 보편적학습설계(UDL)의 원리 중 어떤 원리를 적용한 것인지 각각 쓰시오. [2점]

㉣ :

㉤ :

48

정답 및 예시답안

○ ㉠은 중복 교육과정이고, 대안 교육과정은 학급에 적용하는 교육과정과 다른 교육과정을 적용하는 반면, 중복 교육과정은 학급에 적용하는 교육과정의 활동을 통해 학습이 일어나도록 한다는 점에서 차이가 있다.
○ ㉡은 자율적 협동학습(Co-op Co-op)이다.
○ ㉢에 해당하는 원리는 다양한 행동과 표현수단 제공하기이다.

알찬 지문풀이

• 학생 A의 경우에는 같은 활동에 참여하더라도 동일한 교과 목표를 가질 필요는 없습니다. 사회과의 목표는 아니더라도 수업 시간에 같은 활동을 하면서 친구들과 말을 주고받는 의사소통 능력 향상에 목표를 둘 수 있습니다. ➡ 같은 활동을 하지만 사회과와 의사소통 영역이라는 각기 다른 교과에서의 목표를 설정함

• 네, 호기심과 흥미를 가지고 적극적으로 참여할 수 있는 협동 학습이 있어요. '(㉡)'은/는 교사와 학생이 토의하여 학습할 주제를 선정합니다. 그리고 자신이 원하는 주제를 선택하고, 원하는 모둠에 들어가서 소주제를 분담한 후 조사한 결과를 발표합니다. 그런 다음 전체 학급에서 발표할 보고서를 준비하여 전체 학생들 앞에서 발표합니다. ➡ 위 지문에서의 '소주제'는 모둠 내에서 하위 주제를 다시 나눈 '미니 주제'의 의미로 봐야 함

• ㉢ 학생 B가 사진이나 그림, 영상 등을 가지고 전체 학생 앞에서 발표를 하거나 결과물을 제시할 수 있도록 지원하면 좋을 것 같습니다. ➡ 학생이 발표를 할 때 표현하는 다양한 방법

관련이론

◎ 중다수준 교육과정과 중복 교육과정

중다수준 교육과정	• 장애학생과 일반또래들이 과학실험과 같이 함께 하는 활동에 참여할 때 이루어짐 • 학생들은 같은 교과 영역 내의 여러 수준의 교육목표를 가짐 • 고전적인 교육목표의 위계개념이 기초 • 한 학생은 기초적인 지식이나 이해 수준에서 학습할 때, 다른 학생은 보다 심화된 적용이나 종합 수준에서 배울 수 있음
중복 교육과정	• 장애학생과 일반학생이 각자의 개별화된 교수목표를 가지고 교육활동에 참여하는 것 • 개별화된 학습목표가 둘 이상의 교육 영역에서 나온다는 점이 같은 교과 영역 내에서의 수준 차이만을 가지는 중다수준 교수와의 차이 • 교육과정 중복을 고려하기 전에 일반또래들과 같은 목표나 중다수준 교수목표를 고려할 수 있는지를 먼저 생각해 보는 것이 중요

공통점과 차이점	구분	중다수준 교육과정/교수	교육과정 중복
	차이점	• 학습목표와 학습결과들은 동일한 교과목(예) 사회, 과학, 수학) 안에 있고, 학생들은 학습량과 난이도를 감당해야 함	• 같은 교실 안의 일반학생들이 교과(예) 과학, 수학, 역사 등)에 목표를 둔다면, 장애학생들의 학습목표는 다른 영역, 예를 들어 의사소통, 사회화 또는 자기관리능력 등이 될 수 있음
	공통점	• 동일한 연령의 다양한 학습 수준을 가진 학생들이 수업을 함 • 정규학습활동 안에서 학습이 일어남 • 각각의 학습자들이 적절한 수준의 난이도로 개별화된 교수학습목표를 가짐	

고득점 답안 비법 ✗ 중복 교육과정과 대안 교육과정의 기본 개념을 정확히 반영하여 차이점을 서술할 것

48

2024. 중
★ 답안작성

다음은 지적장애 학생 A와 B를 지도하는 특수 교사와 통합 학급 교사의 대화이다. 〈작성방법〉에 따라 서술하시오.
[4점]

통합학급 교사 : 사회 수업 시간에 우리나라의 세계 자연 유산과 매력적인 자연 경관에 대해 조사하는 것을 목표로 자료 수집 활동을 하는데, 학생 A는 의사소통이 쉽지 않아 수업 참여를 잘 하지 못합니다. 학급의 전체 학생이 동일한 목표로 같은 활동에 참여하면 좋겠는데, 학생 A는 어려움이 많네요.
특 수 교 사 : 그러시군요. 학생 A의 경우에는 같은 활동에 참여하더라도 동일한 교과 목표를 가질 필요는 없습니다. 사회과의 목표는 아니더라도 수업 시[㉠]간에 같은 활동을 하면서 친구들과 말을 주고받는 의사소통 능력 향상에 목표를 둘 수 있습니다.
통합학급 교사 : 네, 그럴 수 있겠군요. 그런데 우리 반에 학생 A뿐만 아니라 학생 B도 있어요. 학생 B는 소극적이고 사람들 앞에서 말하는 것을 힘들어해요. 선생님께서 얼마 전 협동 학습 연수를 받으셔서 여쭙고 싶습니다. 세계 자연 유산을 조사하는 시간에 학생 B가 참여할 수 있는 협동 학습 방법이 있을까요?
특 수 교 사 : 네, 호기심과 흥미를 가지고 적극적으로 참여할 수 있는 협동 학습이 있어요. '(㉡)'은/는 교사와 학생이 토의하여 학습할 주제를 선정합니다. 그리고 자신이 원하는 주제를 선택하고, 원하는 모둠에 들어가서 소주제를 분담한 후 조사한 결과를 발표합니다. 그런 다음 전체 학급에서 발표할 보고서를 준비하여 전체 학생들 앞에서 발표합니다.
통합학급 교사 : 그러면 평가는 어떻게 하나요?
특 수 교 사 : 평가는 교사가 학생들의 소주제에 대한 학습 기여도를 평가하고, 학생들은 모둠 내 기여도 평가와 전체 동료에 의한 모둠 보고서 평가를 할 수 있습니다.
통합학급 교사 : 학생 B가 적극적으로 참여하여 발표할 수 있도록 하는 방법이 있을까요?
특 수 교 사 : ㉢ <u>학생 B가 사진이나 그림, 영상 등을 가지고 전체 학생 앞에서 발표를 하거나 결과물을 제시할 수 있도록</u> 지원하면 좋을 것 같습니다.

작성방법

- ㉠과 같은 교육과정 운영 방식을 쓰고, '대안 교육과정'과의 차이점을 1가지 서술할 것
- 괄호 안의 ㉡에 해당하는 협동 학습의 유형을 쓸 것
- 밑줄 친 ㉢에 해당하는 보편적 학습 설계의 원리를 1가지 쓸 것[단, 응용특수공학센터(CAST, 2011)의 보편적 학습 설계 가이드라인에 근거할 것]

49

정답 및 예시답안

1) 활동중심 삽입교수
2) 유치원 교육과정
3) ① 사회성이 우수하고, 장애 유아와 부정적인 상호작용 경험이 없다는 점을 고려하였다.
   ② 교사는 또래교수 과정을 관찰하고, 피드백을 제공한다.

관련이론

◎ 활동중심 삽입교수

의미	• 목표기술을 자연스러운 일과활동 내에서 수행할 수 있도록 활동 속에 삽입하는 것을 말하며, 학생의 수행 정도에 따라 연습시수를 정하여 일과 내에 분산하여 시도할 수 있도록 계획됨	
장점	• 학생이 소속된 학급 운영과 활동 진행에 큰 변화를 요구하지 않음 • 학생을 별도로 분리해서 교육할 필요 없이 일반적인 학급 운영의 틀 내에서 교수할 수 있음 • 학급 내 자연적인 환경에서 교수가 일어나기 때문에 새로 습득한 기술의 즉각적이고 기능적인 사용능력을 증진시킬 수 있음 • 학생의 하루 일과 및 활동 전반에 걸쳐 삽입학습기회가 체계적으로 제공됨으로써 새롭게 학습한 기술의 사용능력이 다양한 상황으로 일반화될 수 있음	
실행단계	1단계: 교수목표 점검 및 수정	• 개별화교육계획의 교수목표 검토 • 일과 및 활동의 활동목표 검토
	2단계: 학습기회 구성	• 일과 및 활동 분석을 통한 학습기회 판별 • 삽입교수를 위한 일과 및 활동 선정
	3단계: 삽입교수 계획	• 삽입교수를 위한 교수전략 및 실행계획
	4단계: 삽입교수 실행	• 활동의 진행 중 삽입교수 실행 • 삽입교수의 중재 충실도 점검
	5단계: 삽입교수 평가	• 학생의 진도에 대한 정기적인 점검 • 자료기반의 프로그램 평가

고득점 답안 비법 ✗ 3)의 ① : '또래주도 중재'에 근거하여 상황을 파악하고, 또래주도 전략에서 또래를 선정할 때 고려할 점 중 (나)의 [D]와 관련되는 사항을 답안으로 쓰는 것

✗ 〈유아특수교육개론, 이소현, 학지사〉 : 일반적으로 또래주도 중재를 위해서는 전형적인 발달을 보이는 같은 학급의 유아 중에서 사회성이 우수하고 장애 유아와 부정적인 상호작용의 경험이 없으면서 출석률이 높고 교사의 교수에 잘 집중할 수 있고 지시를 잘 따르는 유아를 또래로 선정하게 되며, 선정된 또래는 교수의 중요한 부분을 역할하게 된다.

49

(가)는 5세 발달지체 유아 재희의 활동−기술 도표의 일부이고, (나)는 통합학급의 놀이 장면이며, (다)는 또래교수 전략을 적용한 과정의 일부이다. 물음에 답하시오. [5점]

(가)

재희의 활동−기술 도표

- 개별화교육계획의 목표행동을 일과/놀이 중에 연습할 기회를 다양하게 제공한다.
- 영역 : 의사소통

일과/놀이 \ 목표	두 단어로 말하기	친구를 바라보며 말하기
등원 및 인사	✓	✓
자유 놀이	✓	✓
점심 식사	✓	
바깥 놀이	✓	✓
인사 및 하원	✓	✓

(나)

```
미  나 : (나무 블록으로 쌓기놀이를 하고 있다.)
상  우 : 재희야, 무슨 놀이 해?
재  희 : (상우를 바라보며) 기차놀이!
박 교사 : (재희를 보며) 기차놀이 해.        [A]
재  희 : 기차놀이 해.
상  우 : 재희야, 오늘도 나랑 같이 놀까?
재  희 : (반기는 듯 미소 짓는다.)
```

… (중략) …

(유아들의 기차놀이에 대한 관심과 흥미가 커짐에 따라 교사는 새 노래로 '간다 간다'를 알려 주고, 노랫말에 따른 그림 만들기 활동을 한다.)

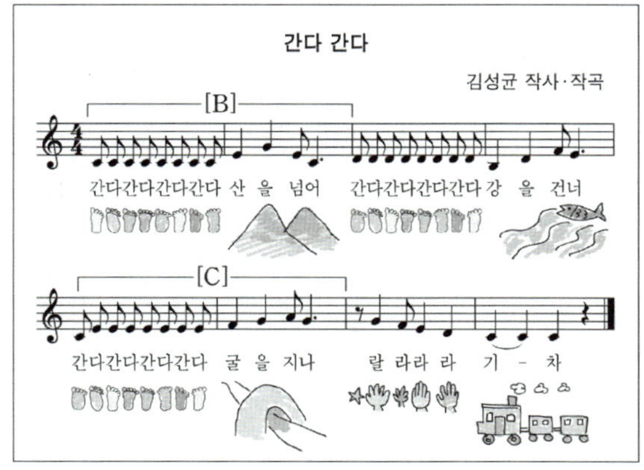

김 교사 : 우리 아이들이 '간다 간다 기차놀이'라고 이름까지 붙여 가며 놀이를 계속 발전시켜 가네요. 놀이를 할 때 재희는 주로 상우만 바라보며 참여하더라고요.

박 교사 : 재희가 기차놀이에 조금이나마 참여할 수 있는 것은 상우의 역할이 커요.

김 교사 : 네. 상우는 아이들과 기차놀이를 할 때 바닥에 종이테이프로 기찻길을 만드는 아이디어를 내기도 하고, 친구들과 역할을 나누기도 했지요. 놀이 규칙을 정할 때에도 친구들이 의견을 낼 수 있게 잘 배려했어요. 이런 모습 때문인지 우리 반 아이들이 모두 상우를 좋아해요.   [D]

박 교사 : 그런데 얼마 전에 상우가 재희랑 놀 때 어떻게 해야 하는지 궁금해했어요. 재희가 다른 친구들하고도 즐겁게 놀이할 수 있는 방법을 알려 주고 싶대요.

(다)

또래교수 적용과정	교사의 행동
목표 설정	(생략)
또래교수자 선정	• 상우를 선정함
또래교수자 훈련	• 상우에게 또래교수자 역할을 명시적으로 지도함
실행	• 상우가 또래교수를 실행하는 동안 (㉠)
평가	• 재희의 놀이 기술 향상도를 분석함

1) (가)와 (나)의 [A]를 참고하여 박 교사가 적용한 교수 전략을 쓰시오. [1점]

2) (나)의 악보를 참고하여 ① [B]의 '가락의 흐름'에 나타난 음악 요소를 1가지 쓰고, ② [C]에 나타난 '음역'의 특징을 쓰시오. [2점]

① :

② :

3) ① (나)의 [D]를 참고하여 교사들이 상우를 또래교수자로 선정할 때 고려한 기준을 1가지 쓰고, ② (다)의 ㉠에 해당하는 교사의 행동을 쓰시오. [2점]

① :

② :

테마별 기출분포도

	테마	연도별 기출분포	셀프체크
평가의 개념 및 단계	평가의 6단계	⑨유 ⑨초 ⑰유 ㉕유	☐☐☐☐☐
	선별 단계의 오류	⑬유 ⑮유 ㉓유	☐☐☐☐☐
	대안적 사정	⑲중 ㉕중 ㉖유	☐☐☐☐☐
측정의 기본개념	표준화	⑬중 ⑮초	☐☐☐☐☐
	점수의 유형	⑩초 ⑩중 ⑪유 ⑪초 ⑫초 ⑫중 ⑭중 ❸유 ⑱유 ⑰초 ⑲초 ⑳초 ⑳중 ㉒초 ㉓초 ㉓중 ㉖중	☐☐☐☐☐
	타당도	⑩중 ⑫유 ⑱중 ㉒초	☐☐☐☐☐
	신뢰도	⑭중 ⑫유 ⑳중	☐☐☐☐☐
사정방법	규준/준거참조검사	⑬중 ❸유 ⑱초 ⑲초 ⑳중	☐☐☐☐☐
	관찰	⑬중 ㉒초	☐☐☐☐☐
	면접	⑬중 ⑯초 ㉔유	☐☐☐☐☐
	CR-CBA	⑪초	☐☐☐☐☐
	CBM	⑪중 ⑬초 ⑮중 ⑰초 ㉑중 ㉔초 ㉕중	☐☐☐☐☐
	수행평가 및 포트폴리오	⑨유 ⑨초 ⑪중 ⑭유 ㉓초 ㉖초	☐☐☐☐☐
	루브릭	⑰초 ㉕중	☐☐☐☐☐
검사도구	주요 검사도구의 내용	⑨유 ⑨중 ⑩초 ⑪유 ⑪초 ⑫중 ⑬중 ❸중 ⑱유 ⑱초 ㉒중 ㉓중 ㉔중	☐☐☐☐☐

특수교육평가

01

정답 및 예시답안

④

알찬 지문풀이

- ① 교육프로그램 계획은 학생의 장애 여부와 특성 및 정도에 관한 정보를 파악하는 것이다. ➡ 진단

- ② 선별(screening)은 개별화교육계획 작성에 필요한 학생의 현행 수준을 파악하는 것이다. ➡ 프로그램 계획 및 배치 단계에서 학생의 현행 수준을 파악하기 위하여 교육적으로 실시하는 진단(여기에서의 진단은 장애명을 진단하기 위한 2단계의 진단을 의미하는 것이 아님)

- ③ 진도 점검 및 프로그램 평가는 학기 초에 학생의 잠재능력에 관한 정보를 파악하는 것이다. ➡ 진도 점검은 형성평가, 프로그램 평가는 총괄평가

- ⑤ 진단은 프로그램 실시 중 프로그램의 효과를 파악하기 위하여 필요할 때마다 학생의 진전에 관한 정보를 수집하는 것이다. ➡ 형성평가

관련이론

🔍 특수아동평가의 6단계

단계	의사결정
선별	• 아동을 더 심층적인 평가에 의뢰할 것인가를 결정한다. • 선별이란 더 심층적인 평가가 필요한 아동을 식별해 내는 과정이다. 선별에서 사용되는 사정도구들은 제한된 수의 문항으로 아동의 수행이나 행동을 사정하도록 고안되므로, 선별을 위한 사정도구를 실시하는 데는 보통 15~20분 정도가 소요된다. 주로 표준화된 규준참조검사가 실시된다.
진단	• 아동이 장애를 가지고 있는가. 그렇다면, 장애의 원인은 무엇인가를 결정한다. • 진단이란 어떤 상태의 특성과 원인을 파악하는 과정이라고 할 수 있는데, 아동이 장애를 가지고 있는지, 그 장애의 원인은 무엇인지에 대해 결정하는 과정이다. 선별에 비해 많은 수의 문항을 활용하고, 다양한 사정방법을 통한 포괄적인 사정이 이루어지며, 사정을 실시하는 사람의 자격도 더 제한된다. 진단은 특정 장애의 유무와 함께 장애의 원인을 파악하는 데에도 중요하며, 이는 적절한 중재나 교육 프로그램의 계획을 위한 유익한 정보를 제공한다.
적격성 (적부성)	• 아동이 특수교육대상자로 적격한가를 결정한다. • 특수교육대상자로서 적격한가를 결정하는 과정이다. 즉, 이전 단계인 진단과정에서 아동이 장애를 가진 것으로 판명되었다 하더라도 특수교육대상자로 반드시 선정되는 것은 아님을 의미한다. 특수교육대상자로 선정되기 위해서는 「장애인 등에 대한 특수교육법」에 제시된 선정기준에 적합해야 한다.
프로그램 계획 및 배치	• 아동에게 어떤 교육 및 관련 서비스를 어디에서 제공할 것인가를 결정한다. • 아동이 특수교육대상자로 선정이 되고 나면 아동에게 제공될 교육이나 관련 서비스에 대한 프로그램을 계획한다. 이 단계에서 개별 아동의 특성과 요구에 맞는 개별화교육 프로그램을 작성한다.
형성평가	• 아동이 적절한 진전을 보이는가를 결정한다. • IEP 작성과 배치가 이루어진 다음 교수-학습이 시작되고 나면, 아동의 진전에 대한 지속적인 평가를 실시하여 적절한 진전을 보이고 있는가에 대해 결정을 해야 한다. 형성평가란 교수-학습이 진행되는 과정에서 아동의 진전을 점검하고 필요한 경우 교육과정이나 교수방법을 개선시키기 위해 실시하는 평가라 할 수 있다.
총괄평가	• 아동이 예상된 진전을 보였는가를 결정한다. • 지속적인 형성평가와 함께 교수-학습활동이 이루어지고 나면 이에 대한 종합적 평가인 총괄평가를 실시한다. 일정 단위의 프로그램이 실시된 후에 프로그램의 목표 달성 기준에 비추어 프로그램의 결과에 대한 가치를 평가한다.

02

정답 및 예시답안

1) 위음 / 특수교육이 필요함에도 불구하고 의뢰되지 않아 교육 서비스를 받지 못할 수 있다.

2) 특수학교의 유치원 과정, 영아학급

3) 특수학교 유치원교사 자격증을 소지한 사람으로서 유치원 과정 담당 경력이 3년 이상인 사람(법 개정 후: 유치원교사 자격증을 소지한 사람)

01 2009. 초

특수교육에서의 진단·평가 단계에 관한 진술로 바른 것은?

① 교육프로그램 계획은 학생의 장애 여부와 특성 및 정도에 관한 정보를 파악하는 것이다.

② 선별(screening)은 개별화교육계획 작성에 필요한 학생의 현행 수준을 파악하는 것이다.

③ 진도 점검 및 프로그램 평가는 학기 초에 학생의 잠재 능력에 관한 정보를 파악하는 것이다.

④ 적격성 판정은 학생의 장애 유형과 정도가 특수교육대상자 선정기준에 부합한지를 결정하는 것이다.

⑤ 진단은 프로그램 실시 중 프로그램의 효과를 파악하기 위하여 필요할 때마다 학생의 진전에 관한 정보를 수집하는 것이다.

02 2013. 유

다음은 장애 영아의 교육 지원에 관한 내용이다. 물음에 답하시오. [5점]

> (가) 「국민건강보험법」의 '영유아건강검진'의 선별검사 결과, 지우의 발달에는 특별한 문제가 없는 것으로 나타났다. 그런데 지우 어머니는 여전히 지우가 2세의 또래 영아에 비해 발달이 지체되었다고 생각하여 장애진단 검사를 받았다. 그 결과 지우는 장애가 있는 것으로 밝혀졌다.
>
> (나) 어머니는 지우에게 장애 영아 조기교육을 받게 하고 싶어 교육장에게 조기교육을 요구하였다. 요구를 받은 교육장은 특수교육지원센터의 진단·평가 결과를 기초로 지우를 특수교육대상자로 선정·배치하였다.

1) (가)에 나타난 선별검사의 오류 종류를 쓰고, 그로 인해 야기될 수 있는 문제점을 쓰시오. [2점]

2) (나)에서 교육장이 지우를 배치할 수 있는 적절한 교육기관을 「장애인 등에 대한 특수교육법」에 근거하여 2가지 쓰시오. [2점]

3) 「장애인 등에 대한 특수교육법 시행령」에 의거하여 지우를 담당할 수 있는 교원의 자격 조건을 쓰시오. [1점]

03

정답 및 예시답안

1) ① 위음
   ② 선우가 필요로 하는 교육적 지원이나 서비스를 조기에 제공받지 못하게 된 것이다.
2) ㉡ 장애인 등록 여부와 관련 없이 특수교육지원센터에 진단·평가를 의뢰할 수 있다.
   ㉢ 교육장이 특수교육대상자로 선정
3) 가족지원

관련이론

◎ **평가의 단계**

1단계: 선별	더 심층적인 평가에 의뢰할 것인가를 결정 ◎ 선별의 4가지 가능한 결과

구분		더 심층적인 평가로의 의뢰 여부	
		의뢰됨	의뢰되지 않음
특수교육 필요 여부	필요함	A	C (위음: false negative)
	필요하지 않음	B (위양: false positive)	D

2단계: 진단	장애를 가지고 있는가, 그렇다면 장애의 원인은 무엇인가를 결정
3단계: 적격성(적부성)	특수교육대상자로 적격한가를 결정
4단계: 프로그램 계획 및 배치	어떤 교육 및 관련 서비스를 어디에서 제공할 것인가를 결정
5단계: 형성평가	적절한 진전을 보이는가를 결정
6단계: 총괄평가	예상된 진전을 보였는가를 결정

고득점 답안 비법 ☆ 1) : 위음의 내용을 제시된 선우의 상황과 연결 지어 서술해 볼 것

03

2023. 유
★ 답안작성

(가)는 선우 어머니와 유아교사 강 교사가 나눈 대화의 일부이고, (나)는 강 교사와 특수교육지원센터 유아특수교사 송 교사가 나눈 대화의 일부이다. 물음에 답하시오. [5점]

(가)

강 교사 : 안녕하세요, 선우 어머님.
어 머 니 : 네, 선생님, 안녕하세요. 아무래도 우리 선우의 발달이 걱정돼요.
강 교사 : 그러시군요. 선우는 ㉠ <u>석 달 전 선별검사에서 특별한 문제가 없었지요. 그래서 진단·평가에 의뢰하지 않았지요.</u>
어 머 니 : 그동안 선우를 지켜봤는데, 선우가 또래 친구들에 비해 발달이 느린 것 같아요. 말도 느리고요. 그래서 전문적인 검사를 받아 보고, 선우에게 필요한 교육과 도움을 받을 수 있으면 좋겠어요.
강 교사 : 그러시면 특수교육지원센터에 의뢰해서 진단·평가를 받아 보는 방법이 있어요.
어 머 니 : 저는 선우가 ㉡ <u>장애인으로 등록되어야 특수교육지원 센터에 진단·평가를 의뢰할 수 있다고</u> 알고 있어요. 그러면 특수교육지원센터에서 선우를 진단·평가하고, 선우에게 특수교육이 필요하다고 판단되면 ㉢ <u>특수교육진단·평가위원회에서 특수교육대상자로 선정하는 것으로</u> 알고 있거든요.
강 교사 : 아, 그런데 선우 어머님께서 잘못 알고 계시는 부분이 있어요. … (중략) … 선우가 특수교육대상자로 선정되면, 선우에게 필요한 특수교육과 특수교육 관련서비스를 받을 수 있답니다.
어 머 니 : 그렇군요. 그럼 진단·평가를 신청하고 싶어요.
강 교사 : 네. 신청 서류를 준비해 드릴게요.

(나)

송 교사 : 선생님, 선우가 발달지체를 가진 특수교육대상자로 선정되었어요.
강 교사 : 네, 그래서 선우 어머님이 선우의 전반적인 양육과 교육에 대해 많이 궁금해하셨어요.
송 교사 : ㉣ <u>다음 달에 특수교육지원센터에서 발달지체 유아 학부모 대상 연수가 있는데,</u> 선우 어머님께 안내해야겠어요.

1) (가)와 (나)의 대화 내용에 근거하여 ① (가)의 ㉠에 해당하는 선별검사의 오류 유형을 쓰고, ② 그로 인해 선우가 겪게 된 어려움을 교육적 측면에서 쓰시오. [2점]

① :

② :

2) (가)의 ㉡과 ㉢의 내용 중 <u>잘못된</u> 부분을 각각 바르게 고쳐 쓰시오. [2점]

㉡ :

㉢ :

3) (나)의 ㉣은 「장애인 등에 대한 특수교육법」(법률 제18298호, 2021. 7. 20. 타법개정) 제2조 제2항 특수교육 관련서비스 중 어떤 지원에 해당하는지 쓰시오. [1점]

04

정답 및 예시답안

1) 간학문적 접근
2) 원형 진단
3) ㈂ / 150일 기준
4) 중재 충실도(교수활동의 충실도, 중재 적용의 충실도)
5) 특수교육이 필요함에도 심층적인 평가로 의뢰되지 않는 위음 오류(과소 의뢰)

알찬 지문풀이

• ㉠ 저는 통합학급 교사로부터 각 유아에 대한 발달과 학습에 대한 정보를 받고, 유아가 다니는 치료실의 치료사나 심리학자, 의사 등으로부터 진단 결과나 중재 목표를 받아서 부모의 요구와 우선순위를 파악하여 작성했어요. ➡ 팀을 구성하는 전문가들이 정보를 주고받는 수준으로 협력을 하고 있음. 교사가 다양한 전문가로부터 정보를 받아 독자적으로(전문가들과의 협력 없이) 요구와 우선순위를 파악했다고 볼 수 있음

• ㉡ 각 영아의 교육적 요구에 따라 여러 관련서비스 영역의 전문가들과 심리학자, 사회복지사, 부모, 그리고 제가 한 팀이 되어 교육진단을 계획했어요. 교육진단 시에는 팀 구성원들이 동시에 관찰하며 평가했는데, 그때 제가 촉진자의 역할을 했어요. 그리고 나서 팀이 합의한 평가 결과에 따라 다 같이 개별화교육계획을 수립했어요. ➡ 원형 진단을 의미하는 과정

• ㉥ 은지 어머니께서 배운 방법대로 정확하게 하고 있는지, 그리고 이것을 일관성 있게 하는지 점검하고 모니터링해야 해요. ➡ 교수활동의 점검에 대한 설명. 이 내용에 앞서 상호작용을 시도했으나 효과가 별로 없다는 내용을 제시하였는데, 이와 같이 계획할 때 예상한 만큼의 진도를 보이지 않거나 성취하지 못하는 이유가 잘못된 교수활동에 있는 것은 아닌지 살피는 것. 또한 ㉥ 이후의 내용에 이를 위한 절차와 점검표를 계획해 놓았다는 내용이 있으며, 이는 교수활동의 점검을 위한 4가지 지침 중 1가지 내용에 속함

관련이론

◎ 팀 협력 모델

구분	내용
다학문적 진단	• 다양한 영역의 전문가들이 개별적으로 진단을 실행한다. • 전문가들 간에는 최소한의 상호작용만 이루어진다. • 진단 후 개별적 기록과 추천 소견들은 가족과 서비스 관련자들에게 제공된다. • 가족은 관찰자와 정보 수혜자로서의 역할을 하게 된다.
간학문적 진단	• 여러 학문의 전문가들이 개별적으로 진단한 후 나중에 협력한다. • 중요한 정보를 가진 각 전문가들 사이의 상호작용이 증대된다. • 서비스를 위한 협력적인 계획은 팀 구성원들 사이에서 만들어질 수 있다. • 협력은 협력적 팀 모임을 할 때 외에도 진단과정 중에, 또 진단과 진단 사이에 일어날 수 있다. • 가족은 관찰자, 정보 수혜자일 뿐 아니라 팀의 일원으로 참여한다.
초학문적 진단	• 다양한 영역의 전문가들이 한 회기 동안에 개인을 평가하고 서비스 계획을 수립하기 위해 협력한다. • 전문가와 가족 모두가 진단을 한다. • 아동과 상호작용을 하며, 그들 간에도 상호작용을 하게 된다. • 서비스는 협력적 진단에 참여하였던 개인의 우선적 요구 영역을 대표할 수 있는 한두 명의 전문가에 의해 제공된다. • 역할양도와 학문 간 훈련을 포함하고 있다. • 장점(상호작용과 협력)과 단점(서비스 전달에서의 전문성 부족)이 있을 수 있다. • 가족 참여는 진단과정의 여러 수준에서 일어난다.
원형 진단	• 초학문적 진단과 관련된다. • 다른 영역의 전문가들이 진단을 위해 관찰하고 기록하는 동안 아동과 가족의 요구 중 가장 중요한 영역의 전문가가 진단과정을 이끈다. • 장점은 모든 전문가가 아동과 각자 상호작용하지 않으면서도 동시에 한 아동을 관찰할 수 있다는 것이다. • 진단 팀의 구성원들은 같은 장소, 같은 조건에서 같은 활동을 관찰하는 동안에 진단을 실행한다. • 모든 수준에서 가족 구성원은 쉽게 진단과정의 일부가 된다.

04

2015. 유
★ 답안작성

김 교사는 특수교육지원센터의 순회교사이고, 박 교사는 통합 유치원의 유아특수교사이다. 다음의 (가)는 김 교사와 박 교사의 대화 내용이고, (나)는 김 교사와 은지 어머니의 대화 내용이다. 물음에 답하시오. [5점]

(가) 김 교사와 박 교사의 대화 내용

김 교사: 박 선생님, 개별화교육계획 다 작성하셨어요? 어떻게 하셨어요? 박 교사: ㉠ 저는 통합학급 교사로부터 각 유아에 대한 발달과 학습에 대한 정보를 받고, 유아가 다니는 치료실의 치료사나 심리학자, 의사 등으로부터 진단 결과나 중재 목표를 받아서 부모의 요구와 우선순위를 파악하여 작성했어요. 김 교사: 아, 그러셨군요. 저는 영아를 담당하고 있는데, ㉡ 각 영아의 교육적 요구에 따라 여러 관련서비스 영역의 전문가들과 심리학자, 사회복지사, 부모, 그리고 제가 한 팀이 되어 교육진단을 계획했어요. 교육진단 시에는 팀 구성원들이 동시에 관찰하며 평가했는데, 그때 제가 촉진자의 역할을 했어요. 그리고 나서 팀이 합의한 평가 결과에 따라 다 같이 개별화교육계획을 수립했어요. 박 교사: 네, 그런데 그렇게 하면 시간도 많이 걸리고 힘드시겠어요. 그럼 그 다음에 중재는 어떻게 하세요? 김 교사: 각 영아에 따라 팀원 중 한 사람이 영아의 가정을 방문해서 개별화교육계획의 목표 성취를 도울 수 있도록 부모를 지원해요. 주로 부모가 자녀와 상호작용하는 방법을 알려드려요. 박 교사: 가정 방문도 하시는군요. 김 교사: ㉢ 우리 특수교육지원센터에서는 영유아를 위한 순회교육, 특수교육 관련서비스 지원 등을 하고 있어요. ㉣ 특수교육지원센터에서는 순회교육 이외에도 센터 내의 교실에서 장애 영아를 가르칠 수 있어요. 박 교사: 저도 영아를 담당해 보고 싶은데, 그러려면 ㉤ 제가 특수학교 유치원교사 자격증을 가지고 있으니까 3년의 유치원 과정 담당 경력을 쌓아야겠네요. 장애 영아의 수업일수는 어떻게 되나요? 김 교사: ㉥ 장애 영아의 수업일수는 매 학년도 180일을 기준으로 해서 필요에 따라 30일의 범위에서 줄일 수 있어요.

(나) 김 교사와 은지 어머니의 대화 내용

은지 어머니: 선생님, 지난번에 가르쳐 주신 대로 은지와 상호작용을 하려고 했는데 효과가 별로 없는 것 같아요. 왜 그럴까요? 김 교 사: 어머니들께서 자녀에 대한 중재를 실행하는 것이 쉬운 일은 아니에요. 그래서 ㉦ 은지 어머니께서 배운 방법대로 정확하게 하고 있는지, 그리고 이것을 일관성 있게 하는지 점검하고 모니터링해야 해요. 그래서 이미 개별화교육계획을 작성할 때 이를 위한 절차와 점검표를 계획해 놓았어요. 그럼 이것을 실시해 보도록 하지요. 은지 어머니: 선생님, 한 가지 더 의논드릴 일이 있어요. 우리 이웃집에 은지 또래의 아이가 있는데 발달이 더딘 것 같아 그 아이의 엄마가 걱정하고 있더라고요. 김 교 사: 그래요? 그럼 먼저 ㉧ 선별검사를 해 보는 것이 좋겠군요.

1) ㉠에 해당하는 팀 협력 모델명을 쓰시오. [1점]

2) ㉡의 팀에서 주로 사용하는 진단 방법을 쓰시오. [1점]

3) ㉢～㉥의 대화 중 현행 「장애인 등에 대한 특수교육법」에 의거하여 볼 때, 교사가 잘못 알고 있는 내용 1가지를 찾아 그 기호와 수정 내용을 쓰시오. [1점]

4) ㉦은 무엇을 측정하고자 한 것인지 쓰시오. [1점]

5) ㉧의 선별 과정에서 나타날 수 있는 음성 오류(부적 오류, false negative)를 장애 진단과 관련하여 1가지 쓰시오. [1점]

05

정답 및 예시답안

1) 심층적인 진단평가에 대한 의뢰 여부를 결정하기 위하여 발달평가를 실시한 것이다. ➡ **선별의 목적**
2) ㉡ 진단(장애의 진단)
   ㉢ 프로그램 계획(교육적 진단)
3) 표준화된 검사도구의 결과는 개별 아동의 교육 프로그램 계획을 위한 구체적인 정보를 제공하지 못한다.
4) ① 중재를 적용하는 과정에서 아동이 진전하고 있는가를 평가해야 하기 때문이다. ➡ **형성평가의 측면에서 서술**
   ② 중재의 효과를 평가하기 위해 실시한다. ➡ **총괄평가의 측면에서 서술**

핵심테마 체크
- 특수아동평가의 6단계

MY MEMO

06

정답 및 예시답안

1) ① ㉠ / 인위적으로 신발 벗기를 수십 회 반복하는 것은 자연적인 중재가 아니다. 신발을 신고 벗는 자연스러운
     상황에서 활동을 하도록 해야 한다.
   ② ㉣ / 손 씻기 활동을 손 씻기와 관련 없는 상황에서 시간을 정해놓고 하도록 하는 것은 자연적인 중재가
     아니다. 손을 씻어야 하는 자연적인 상황에서 중재를 해야 한다.
2) 최대−최소 촉진체계(도움 줄이기)
3) ① ㉢
   ② 만 3세 미만의 교육은 의무교육이 아니라 무상교육이다.
4) 추적검사

고득점 답안 비법   ✪ 1)과 4) : 유아특수교육과 관련성이 높은 내용임
✪ 3)의 특수교육법 문항 : 출제유형을 참고할 것

핵심테마 체크
- 용암법
- 추적검사

MY MEMO

05 2017. 유

다음은 진단과 중재 체계를 제시한 그림이다. 유진이는 이 체계에 따라 진단과 중재를 받게 되었다. 물음에 답하시오. [5점]

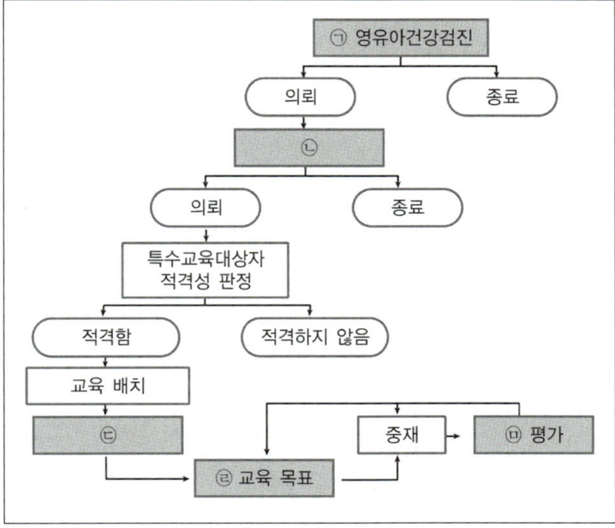

1) ㉠ 단계에서 유진이가 받은 발달평가의 목적을 쓰시오. [1점]

2) ㉡과 ㉢에 들어갈 내용을 각각 쓰시오. [1점]

   ㉡ :

   ㉢ :

3) 유진이는 위 체계를 거치면서 여러 가지 검사를 받았다. 그중에서 '한국웩슬러유아지능검사(K-WPPSI)' 결과와 '유아행동평가척도(CBCL 1.5-5)' 결과로 ㉣을 작성한다면, 이때 발생할 수 있는 문제점 1가지를 쓰시오. [1점]

4) ㉤을 실시하는 이유 2가지를 쓰시오. [2점]

   ① :

   ② :

06 2016. 유

(가)는 ○○특수교육지원센터에서 영아 대상 순회교사로 있는 김 교사의 업무 일지이고, (나)는 ○○특수교육지원센터에서 영유아의 장애 및 장애 가능성을 조기에 발견하기 위해 제작한 홍보 자료의 일부이다. 물음에 답하시오. [5점]

(가) 업무 일지

9월 15일

○ 민서(2세 2개월) ㉠10시~11시30분 신발 벗기를 가르치기 위해 신발을 신겨 주고 민서에게 신발 벗기를 수십 회 반복 연습시킴. 어머니에게 평소에 신고 벗기 편한 신발을 신겨 달라고 안내함

○ 지우(1세 9개월) ㉡12시~1시 지우의 식사지도를 위해 가족의 점심 식사 시간에 방문하여 지우를 관찰함. 지우 어머니에게 유동식을 피하고 고형식이나 반고형식을 준비할 것과 그릇이 미끄러지지 않도록 미끄럼 방지 매트를 사용하라고 조언함

○ 준수(2세 10개월) ㉢2시~3시 준수가 매주 화요일마다 참석하고 있는 놀이 모임에 가서 또래와의 놀이 행동을 관찰함. 준수가 또래와 상호작용 시 시작 행동과 반응 행동의 빈도 및 행동 특성에 대한 자료를 수집함. 내년 유치원 입학을 대비해 또래 상호작용을 촉진할 계획임

○ 현우(2세 10개월) ㉣3시30분~4시30분 현우 어머니가 거실에서 책을 읽는 동안 현우 집 화장실에서 손 씻기를 지도함. 상담 시 어머니에게 하루 일과 중 필요한 때 (식사 전후, 바깥놀이 후 등)에 현우에게 손을 씻을 기회를 자주 갖게 하도록 요청함

(나) 홍보 자료

… (중략) …

우리 센터에서는 장애위험(at-risk) 유아이거나 발달이 우려되는 경우 선별검사 결과가 정상적인 발달을 보이는 것으로 나타났더라도 ⓩ 나중에 발달 이상이 나타나면 즉각적인 조치를 취하기 위하여 지속적으로 발달선별검사를 하고 있습니다.

… (중략) …

☞ 보다 자세한 내용을 알고 싶으시면 다음의 정보를 참고하세요.
  • 특수교육지원센터 지원 서비스 검색
    http://support.knise.kr
  • ○○특수교육지원센터 전화번호: ×××-×××-××××
  • 영유아 건강검진이 가능한 병·의원 검색
    http://www.nhis.or.kr
☞ 자녀의 발달이 궁금하시면 뒷면에 있는 간략한 연령별 발달표를 참고하세요.

---

1) (가)의 ㉠~㉣ 중 자연적 환경에서의 중재 관점에서 **잘못된** 것 2가지를 찾아 그 기호와 이유를 각각 쓰시오. [2점]

  ① 기호와 이유 :

  ② 기호와 이유 :

2) (가)에서 김 교사는 현우 어머니에게 다음과 같은 방법을 순서대로 실시하도록 안내하였다. 이 방법은 반응촉진전략 중 무엇에 해당하는지 쓰시오. [1점]

  ① 처음에는 전체적인 신체적 촉진을 제공하고, 현우가 잘하면 강화해 주세요.
  ② 현우가 80% 수준에 도달하면, 부분적인 신체적 촉진을 제공하고, 잘하면 강화해 주세요.
  ③ 현우가 80% 수준에 도달하면, 언어적 촉진을 제공하고 하면 강화해 주세요.
  ④ 현우가 스스로 손 씻기를 할 수 있게 될 때까지 이렇게 촉진을 단계적으로 줄여 주세요.

3) (나)의 ⓜ~ⓞ 중에서 잘못된 진술을 찾아 ① 기호를 쓰고, ② 바르게 수정하여 쓰시오. [1점]

  ① :

  ② :

4) (나)의 ⓩ에 해당하는 용어를 쓰시오. [1점]

● 핵심테마 체크

• 교육과정중심측정(CBM)
• 동형검사
• 위음과 위양
• 의뢰 전 중재

MY MEMO

07

정답 및 예시답안

○ [A]는 교육과정중심측정(CBM)이다.
○ ㉠을 할 때 검사의 실시 횟수에 따라 동일한 문항형태, 문항 수로 구성되고 유사한 난이도를 가지는 동형검사를 제작하여야 한다.
○ ㉡은 위양이고, ㉢은 의뢰 여부와 상관없이 학생에게 필요한 교육적인 중재를 실시한다는 것이다.

관련이론

교육과정중심측정(CBM)

• 아동의 요구에 맞도록 교수 프로그램을 변경하거나 수정하기 위해 교사가 활용할 수 있는 자료를 제공하도록 설계되며, 교수 프로그램 수정 후 아동의 진전을 사정하는 데에 강조점을 둔다.
• 시간 경과에 따른 아동 수행의 반복 측정과 그러한 자료 그래프의 시각적 검토에 기초한 수업 결정으로 이루어진다.
• 단계
  ① 측정할 기술 확인
  ② 검사지 제작
  ③ 검사의 실시횟수 결정
  ④ 기초선 점수 결정
  ⑤ 목적 설정
  ⑥ 표적선 설정
  ⑦ 자료 수집
  ⑧ 자료 해석

동형검사

• 동형검사는 동일한 내용을 측정하여야 하고 동일한 문항형태와 문항 수로 구성되어 있어야 하며 동일한 문항 난이도와 문항 변별도를 가지도록 제작한 검사이다.

선별의 4가지 가능한 결과

구분		더 심층적인 평가로의 의뢰 여부	
		의뢰됨	의뢰되지 않음
특수교육 필요 여부	필요함	A	C (위음 : false negative)
	필요하지 않음	B (위양 : false positive)	D

의뢰 전 중재

• 유치원 혹은 초등학교의 일반학급에 배치된 장애가 의심되는 아동에 대하여 공식적인 진단과 평가를 의뢰한 경우, 그 결과에 따라 다양한 특수교육 지원이 결정될 때까지 해당 아동의 교육 결손을 방지하기 위하여 일반교사와 특수교사가 협력하여 일반학급 내에서 아동에게 필요한 교육 욕구를 충족시켜 주는 협력적 교육 절차이다.
• 따라서 의뢰 전 중재는 아동을 가급적 일반학급에서 지속적으로 적절한 교육을 함으로써 통합교육의 이념을 실천하고자 하는 것과 밀접한 관계가 있다. 의뢰 전 중재를 통하여 일반학급 교사는 장애학생에 대한 이해와 지도 능력을 향상시킬 수 있는 장점이 있다. 의뢰 전 중재가 성공하기 위해서는 일반교사와 특수교사 간의 밀접한 상호 협력이 지속적으로 이루어져야 한다.

07

(가)는 ○○ 중학교 개별화교육지원팀에서 작성한 협의록의 일부이고, (나)는 같은 학교 특수 교사와 일반 교사가 나눈 대화이다. 〈작성방법〉에 따라 서술하시오. [4점]

(가) 개별화교육지원팀 협의록

〈학생 B의 특성〉
- 학습 측면
  - 글 읽기는 가능하나 읽기 이해력이 부족함
  - 사칙 연산은 가능하나 수학 문장제 문제 성취도가 현저히 낮음

··· (중략) ···

〈형성 평가 시 고려 사항〉
- 반복적인 측정을 통해 수행 능력의 변화 정도를 객관적인 수치로 파악할 것
- 학생 B의 교육적 요구에 따라 한 가지 이상의 기술을 측정할 것
- ㉠ 반복 측정을 위한 검사의 실시 횟수에 따라 검사지를 제작할 것
- 학생 B의 진전도 측정 시 근거가 되는 시작 점수를 결정할 것   [A]
- 해당 학년이 끝날 때 기대되는 점수를 설정할 것
- 시작 점수와 기대 점수를 연결하는 표적선을 설정할 것
- 형성 평가 결과에 근거하여 학생 B의 진전도에 대해 해석할 것

(나) 특수 교사와 일반 교사의 대화

일반 교사: 선생님, 우리 반에 특수교육 대상자 진단·평가에 의뢰할 지 고민이 되는 학생 C가 있어요. 어떻게 해야 할까요?

특수 교사: 제 생각에는 학생 C를 진단·평가에 의뢰하기 전에 선생님께서 먼저 일반 학급에서 의뢰 전 중재를 실시하시는 게 좋을 것 같아요.

일반 교사: 네, 그렇군요. 그런데 의뢰 전 중재를 실시하는 목적은 무엇인가요?

특수 교사: 의뢰 전 중재를 하면 ㉡ 판별 오류를 줄일 수 있고, ㉢ 교육적 측면에서도 장점이 있어요.

작성방법
- (가)의 [A]에 해당하는 형성 평가 방법의 명칭을 쓸 것
- (가)의 밑줄 친 ㉠을 할 때, 유의점을 1가지 서술할 것
- (나)의 대화를 참고하여 밑줄 친 ㉡의 종류를 쓰고, 밑줄 친 ㉢을 1가지 서술할 것

08

정답 및 예시답안

1) ① 대상자 선정
   ② ⓒ은 조기판별 및 조기중재를 가능하게 하여 아동의 교육적 결손을 방지할 수 있다.
2) ① 관찰, 면담, 시행기반 평가(이 중 택 1)
   ② 자발적 회복 현상
3) 유치원 교육과정

관련이론

◎ **의뢰 전 중재**

- 유치원 혹은 초등학교의 일반학급에 배치된 장애가 의심되는 아동에 대하여 공식적인 진단과 평가를 의뢰한 경우, 그 결과에 따라 다양한 특수교육 지원이 결정될 때까지 해당 아동의 교육 결손을 방지하기 위하여 일반교사와 특수교사가 협력하여 일반학급 내에서 아동에게 필요한 교육 욕구를 충족시켜 주는 협력적 교육 절차이다.
- 따라서 의뢰 전 중재는 아동을 가급적 일반학급에서 지속적으로 적절한 교육을 함으로써 통합교육의 이념을 실천하고자 하는 것과 밀접한 관계가 있다. 의뢰 전 중재를 통하여 일반학급 교사는 장애학생에 대한 이해와 지도 능력을 향상시킬 수 있는 장점이 있다. 의뢰 전 중재가 성공하기 위해서는 일반교사와 특수교사 간의 밀접한 상호 협력이 지속적으로 이루어져야 한다.

◎ **강화제 선호도 평가방법**

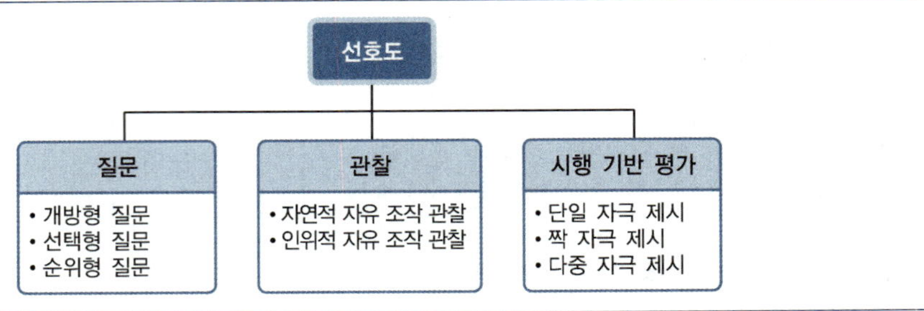

◎ **소거**

개념	• 예전부터 강화되어 온 행동이 발생해도 더 이상 강화하지 않음으로써 그 행동의 미래 발생 가능성을 감소시키는 것
고려사항	• 소거저항 • 소거폭발 • 자발적 회복 현상

08

**(가)는 유아특수교사 최 교사와 초임 유아교사 박 교사,
학부모의 대화의 일부이고, (나)는 박 교사의 반성적 저
널의 일부이다. (다)는 최 교사와 박 교사의 대화의 일부
이다. 물음에 답하시오. [5점]**

(가)

어 머 니: 선생님, 우리 준수가 병원에서 자폐성 장애로 진단을 받았어요. 의사 선생님께서 특수교육을 가능한 한 빨리 받으라고 하시더라고요. 준수는 바로 특수교육을 받을 수 있나요?
최 교사: 어머니, 장애 진단을 받았더라도 바로 특수교육을 받는 것은 아니고 (㉠) 절차를 거쳐야 특수교육을 받을 수 있어요.
박 교사: 특수교육을 받기 전까지 우리가 준수를 위해 무엇을 할 수 있을까요?
최 교사: 우선 준수에게 ㉡의뢰 전 중재를 시행해 보도록 하죠.

(나)

[3월 ○○일]
준수에게 중재를 시작하면서 ㉢선호도 평가 결과를 활용했던 것이 효과적이었던 것 같다. 많은 아이들이 있는 교실에서 놀이 활동을 할 때, 준수가 종종 교실 밖으로 나가서 애를 먹곤 했었는데, 소거법으로 중재 후에 교실 이탈 행동의 빈도가 현저 [A] 히 감소했다. 그런데 ㉣최근 며칠간 교실을 이탈하는 행동의 빈도가 다시 증가하기 시작했다.

(다)

최 교사: 선생님, 준수가 특수교육대상자가 되었다는 결과통지서를 받았대요.
박 교사: 그러면 이제 개별화교육계획을 작성하면 되겠네요. 개별화교육계획은 ㉤유치원 교육과정 영역별로 작성하면 되겠네요.

1) ① (가)의 괄호 안의 ㉠에 들어갈 내용을 쓰고, ② 준수에게 (가)의 밑줄 친 ㉡을 시행함으로써 얻을 수 있는 기대 효과 1가지를 쓰시오. [2점]

① :

② :

2) ① (나)의 밑줄 친 ㉢의 방법 중 1가지를 쓰고, ② (나)의 [A]를 고려하여 밑줄 친 ㉣에 나타난 현상의 명칭을 쓰시오. [2점]

① :

② :

3) 2022 개정 특수교육 교육과정 총론의 '유치원 교육과정의 운영'에 근거하여 (다)의 밑줄 친 ㉤을 바르게 수정하여 쓰시오. [1점]

09

정답 및 예시답안

④

알찬 지문풀이

• ⓒ 진점수는 획득점수를 측정의 표준오차로 나누어 산출합니다. ➡ 진점수는 특정 개인에게 같은 검사를 반복 실시했을 때 얻을 수 있는 점수들의 평균 혹은 기댓값으로 추정하는 점수. 이 진점수가 있을 것이라고 추정하는 구간이 신뢰구간

문제 속 자료분석

• 정규분포, 평균 50점, 표준편차 10점 ➡ 정규분포곡선에서 상대적 위치를 파악

관련이론

◎ 표준화검사

• 표준화검사는 누가 사용하더라도 검사의 실시, 채점, 결과 해석이 동일하도록 절차와 방법을 일정하게 만들어 놓은 검사
• 표준화검사의 제작과정에서 무엇보다 신뢰도와 타당도를 확보하는 것이 매우 중요

◎ 백분위

• 규준집단에서 특정 점수 이하의 점수를 얻은 사람들이 전체의 몇 %를 차지하는가를 나타내는 것
• 상대적 위치를 명확하게 지시해 준다는 이점으로 인해 널리 활용

◎ 신뢰구간

• 신뢰구간 = 획득점수 $\pm z(SEM)$

◎ 타당도

• 검사도구가 측정하고자 하는 능력이나 특성을 실제로 측정하고 있는 정도
• 검사목적에 따른 검사도구의 적합성의 정도

10

정답 및 예시답안

⑤

알찬 지문풀이

• ① 인수는 발달연령에 비해 생활연령은 더 낮고 사회연령은 더 높다. ➡ 발달지수는 '발달연령/생활연령 × 100'의 공식으로 구하게 되므로, 발달연령에 비해 생활연령이 더 높음. 그리고 각 지수는 해당검사에 대한 발달연령과 생활연령에 대한 점수이므로, 각 지수의 수치를 비교하여 설명할 수 없음

• ② 인수는 발달수준과 지능수준이 같고 발달수준에 비해 적응행동수준은 더 높다. ➡ 각 검사도구를 통해 산출된 발달지수와 지능지수, 적응행동지수를 비교할 수 없음

• ③ 인수보다 지능이 높은 유아의 비율과 발달이 빠른 유아의 비율은 약 84%로 같다. ➡ DQ와 IQ가 같다고 하여, 이에 대한 상대적 위치를 동일하다고 분석할 수 없음

• ④ 인수의 적응행동수준은 평균보다 조금 낮으며, 인수보다 주의집중 문제가 더 심각한 유아의 비율은 약 35%이다. ➡ 지수는 생활연령에 비추어 그 수준을 나타내는 것

• ⑤ 인수보다 위축 문제가 더 심각한 유아의 비율은 약 2%이며, 주의집중 문제가 더 심각한 유아의 비율은 약 35%이다. ➡ T점수 70은 2표준편차에 위치하며, 따라서 위축문제가 더 심각한 유아는 2%임. 또한 주의집중 문제 척도의 백분위가 65라는 것은 더 심각한 유아의 비율이 35%라는 의미

09 2010. 중

다음은 두 교사가 학생 A의 진단·평가 결과보고서에 관해 나눈 대화이다. M 검사는 표준화검사이며 점수가 정규분포를 이루고, 평균이 50점이며 표준편차가 10점이다. ㉠~㉣ 중 옳은 것을 모두 고른 것은? [2.5점]

> 김 교사 : 학생 A의 진단·평가 결과보고서인데, 한 번 보실래요?
>
> 이 교사 : M 검사에서 받은 점수가 39점이니, ㉠ <u>이 학생의 점수는 규준의 하위 16퍼센타일 이하에 위치한다고 볼 수 있군요.</u>
>
> 김 교사 : 그러면 이 학생이 받은 점수는 진점수인가요?
>
> 이 교사 : 이 학생의 점수는 획득점수로, 진점수라고는 말할 수 없지요. ㉡ <u>진점수는 획득점수를 측정의 표준오차로 나누어 산출합니다.</u>
>
> 김 교사 : 그런데 만약 이 학생이 M 검사에서 평균점을 받았다면 백분위점수(순위)는 얼마나 됩니까?
>
> 이 교사 : 만약 그렇다면, ㉢ <u>이 학생의 백분위점수는 50이 되지요.</u>
>
> 김 교사 : 그럼, 이 학생에게 실시한 M 검사는 타당한 도구인가요?
>
> 이 교사 : ㉣ <u>이 검사와 동일한 능력을 측정하고 타당성이 인정된 다른 검사와의 상관계수가 .90이므로 공인타당도가 매우 높다고 말할 수 있지요.</u>

① ㉠, ㉢   ② ㉢, ㉣
③ ㉠, ㉡, ㉣   ④ ㉠, ㉢, ㉣
⑤ ㉠, ㉡, ㉢, ㉣

10 2011. 유

다음은 특수교육지원센터에서 인수에게 실시한 표준화 검사 결과의 일부이다. 이 결과에 대한 설명으로 옳은 것은?

> • 발달검사 : DQ 85
> • 사회성숙도검사 : SQ 95
> • 한국 웩슬러 유아지능검사 : IQ 85
> • 아동·청소년행동평가척도(K-CBCL)
>   – 위축척도 : 70 T
>   – 주의집중문제척도 : 백분위 65

① 인수는 발달연령에 비해 생활연령은 더 낮고 사회연령은 더 높다.
② 인수는 발달수준과 지능수준이 같고 발달수준에 비해 적응행동수준은 더 높다.
③ 인수보다 지능이 높은 유아의 비율과 발달이 빠른 유아의 비율은 약 84%로 같다.
④ 인수의 적응행동수준은 평균보다 조금 낮으며, 인수보다 주의집중 문제가 더 심각한 유아의 비율은 약 35%이다.
⑤ 인수보다 위축 문제가 더 심각한 유아의 비율은 약 2%이며, 주의집중 문제가 더 심각한 유아의 비율은 약 35%이다.

11

정답 및 예시답안

1) ① 4학년 넷째 달의 수행수준
   ② 내용타당도
2) ① 대비조절
   ② 확대 답안지, 반사가 적은 종이의 답안지, 옅은 담황색 종이의 답안지, 고대비로 수정한 답안지 등
3) ① 교수−지원
   ② 교수−지원은 필요에 따라 개별 학생들을 지원하지만, 대안교수는 심화 및 보충 지도가 필요한 소집단 학생을 대상으로 교수를 지원하는 데에서 교사 역할의 차이가 있다.

관련이론

◎ 점수의 유형

원점수	• 피검자가 옳은 반응을 보인 문항의 수 • 피검자가 옳은 반응을 보였거나 옳은 반응을 보인 것으로 가정되는 문항에 부여된 배점을 합산한 점수			
변환점수	백분율 점수	• 총 문항 수에 대한 정답 문항 수의 비율 • 준거참조검사에서 아동의 수행수준을 묘사할 때 유용하게 사용		
	유도 점수	발달 점수	등가 점수	• 연령등가점수 • 학년등가점수
			지수 점수	• (연령 등가점수 / 생활연령) × 100
		상대적 위치 점수	백분위	• 규준집단에서 특정 점수 이하의 점수를 얻은 사람들이 전체의 몇 %를 차지하는가를 나타내는 것 • 상대적 위치를 명확하게 지시해 준다는 이점으로 인해 널리 활용
			표준 점수	• 한 분포의 평균치를 기준으로 원점수가 평균치로부터 떨어져 있는 정도를 표준편차 단위로 표시하여 비교 가능한 척도로 변환한 점수 • z점수, T점수, 능력점수 등
			구분 점수	• 상위부터 4%, 7%, 12%, 17%, 20%, 17%, 12%, 7%, 4%에 각각 1등급(9점), 2등급(8점), … 9등급(1점)을 부여 • 이것은 정규분포를 9개의 점수 구간(범주)으로 분할한 것으로, 특정 점수가 아닌 수행수준의 범위를 나타내며 이 9개 범주 간에 등간성은 없음

◎ 타당도

정의		• 검사도구가 측정하고자 하는 능력이나 특성을 실제로 측정하고 있는 정도 • 검사목적에 따른 검사도구의 적합성의 정도	
종류	내용	측정하고자 하는 영역을 검사문항이 얼마나 충실하게 대표하는가를 의미	
	안면	검사문항들이 피검자에게 친숙한 정도	
	준거 관련	검사도구의 측정 결과와 준거가 되는 변인의 측정 결과와의 관련 정도	
		예측 타당도	검사 결과가 미래의 행동을 정확하게 예측할 수 있는 정도
		공인 타당도	검사 결과가 거의 동일한 시기에 실시된 다른 검사 결과와 일치하는 정도
	구인	측정하고자 하는 이론적 구인을 검사도구가 실제로 측정하는 정도	

고득점 답안 비법 1)과 관련하여 '점수의 유형'을 보다 정확하게 이해하고 정리해 둘 것. 다양한 점수의 유형에 대한 문제는 대부분 정확한 이해 없이는 해결하기 어려움

11 2022. 초
★ 답안작성

(가)는 세희의 특성이고, (나)는 통합학급 교사와 시각장애거점 특수교육지원센터 특수교사의 협의 내용이다. 물음에 답하시오. [6점]

(가) 세희의 특성

• 초등학교 6학년 저시력 학생임
• 피질시각장애(Cortical Visual Impairment : CVI)로 인해 낮은 시기능과 협응능력의 부조화를 보임
• 눈부심이 있음
• 글씨나 그림 등은 검은색 배경에 노란색으로 제시 [A] 했을 때에 더 잘 봄
• 원근 조절이 가능한 데스크용 확대독서기를 사용하지만 읽는 속도가 느림
• 기초학습능력검사(읽기) 결과, ㉠ <u>학년등가점수는 4.4임</u>

(나) 특수교사의 순회교육 시, 협력교수를 위한 통합학급 교사와 특수교사의 협의 내용

협의 내용 요약		점검사항
통합학급 교사	특수교사	공통사항 : ㉎ 세희지원 : ㉭
• 전체 수업 진행 　－구체적인 교과 내용을 지도함 • 팀별 학습 활동 　－팀의 학생들은 상호작용을 하며 과제를 해결함	• 학급을 순회하며 전체 학생 관찰 및 지원 　－학생들에게 학습 전략을 개별 지도함 　－원거리 판서를 볼 때 세희에게 확대독서기의 초점 조절법을 개별 지도함	㉎ 팀별 활동 자료
• 팀 활동 후 평가 실시 　－평가지는 ㉡ <u>평가 문항들이 단원의 목표와 내용을 충실하게 대표하는지를 같은 학년 교사들이 전문성을 바탕으로 이원분류표를 활용해서 비교·분석하여 확인함</u>	• 학급을 순회하며 학생 요구 지원 　－세희가 평가지를 잘볼수있게㉢<u>확대 독서기 기능</u> 설정을 확인함 　－시험시간을 1.5배 연장함	㉎ 이원분류표 ㉭ ㉣ <u>수정된 답안지와</u> 필기구 제공
• 팀 점수 산출 • 팀 점수 게시 및 우승팀 보상	• 팀 점수 산출 시 오류 확인 　－학급을 순회하며 필요한 도움을 제공함	

1) ① (가)의 ㉠을 해석하여 쓰고, ② (나)의 ㉡에 해당하는 타당도의 유형을 쓰시오. [2점]

① :

② :

2) ① (가)의 [A]를 고려하여 특수교사가 확인해야 할 (나)의 ㉢을 쓰고, ② (가)를 고려하여 (나)의 ㉣의 예를 1가지 쓰시오. [2점]

① :

② :

3) ① (나)에 적용된 협력교수 유형의 명칭을 쓰고, ② 이 협력교수와 대안교수의 차이점을 교사의 역할 측면에서 쓰시오. [2점]

① :

② :

◉ **핵심테마 체크**
• 신뢰구간
• 규준참조검사
• 점수의 유형

MY MEMO

12

정답 및 예시답안

○ (가)의 결과에 따르면 작업기억에 대한 진점수가 68점과 85점 사이에 있을 확률이 95%이다.
○ ㉠은 규준이고, ㉡은 표준점수이다.

관련이론

◎ 측정의 표준오차(SEM)

개념	• 획득점수를 가지고 진점수를 추정할 때 생기는 오차의 정도 • 신뢰도가 높을수록 측정의 표준오차는 더 작아지고 반대로 신뢰도가 낮을수록 측정의 표준오차는 더 커짐
신뢰구간	• 신뢰구간 = 획득점수 ± $z(SEM)$

◎ 검사의 유형

규준참조 검사	• 검사를 받은 또래 아동들의 점수의 분포인 규준(norm)에 아동의 점수를 비교함으로써 또래집단 내 아동의 상대적 위치에 대한 정보를 제공하는 검사 • 규준(norm)이란 규준집단의 점수의 분포 • **규준의 3가지 요인: 대표성, 크기, 적절성**
준거참조 검사	• 사전에 설정된 숙달수준인 준거(criterion)에 아동의 점수를 비교함으로써 특정 지식이나 기술에 있어서의 아동 수준에 대한 정보를 제공하는 검사 • 어떤 기술을 가르쳐야 할지 결정하는 데 있어서 매우 유용 • 개발 단계 ① 사정할 일련의 특정 교육목표들을 명확하게 밝힘 ② 각 목표를 일련의 학습 단계나 학습기술로 나누는 과제분석을 실시 ③ 과제분석의 각 단계를 조작적으로 정의 ④ 사정되는 각 기술의 수행 기준을 명확히 함 ⑤ 사정되어야 할 항목을 교육과정에서 배우는 기술에 잘 부합되게 선정 ⑥ 학생의 수행을 효율적이고 정확하게 기술할 수 있는 채점 및 보고체계를 개발

13

◉ **핵심테마 체크**
• 점수의 유형

MY MEMO

정답 및 예시답안

④

알찬 지문풀이

• ㄱ. 소검사 원점수가 0점이라면, 그 소검사에서 측정하는 수행 능력이 ~~완전히 결핍~~되었다고 볼 수 있다.
  ➡ 점수의 수치가 개인의 능력정도를 절대적으로 나타내는 것이 아니므로, 0점이 완전히 결핍되었다는 의미가 아님

• ㅁ. 전체 지능지수점수는 ~~비율점수이므로 이를 통해 학생의 발달비율을 알 수 있다.~~ ➡ 전체 지능지수는 비율 IQ가 아니라 편차IQ이므로 발달비율을 나타내는 점수가 아님

관련이론

비율IQ	• 정신연령(MA)/생활연령(CA) • 아동의 정신적인 성숙속도를 그 나이에 기대되는 성장속도(평균성장)에 대한 비율로 나타낸 것
편차IQ	• 한 사람의 어떤 시점의 지능은 그와 같은 나이 집단 내에서의 그의 상대적 위치로 규정한 IQ

12

(가)는 특수교육지원센터에서 실시한 학생 H의 한국 웩슬러 아동용 지능검사 4판(K-WISC-Ⅳ) 결과의 일부이고, (나)는 김 교사와 이 교사가 나눈 대화의 일부이다. 〈작성방법〉에 따라서 서술하시오. [4점]

(가) 검사 결과

지표	환산점수 합계	지표 점수	백분위	95% 신뢰구간	질적분류 (수준)
언어이해	7	56	0.2	52~68	매우 낮음
지각추론	17	72	2.9	66~83	경계선
작업기억	11	73	3.8	68~85	경계선
처리속도	17	92	28.9	83~103	평균

(나) 대화

김 교사 : 이 검사는 학생의 지적 능력을 또래와 비교하여 학생의 상대적 위치를 알 수 있게 해 주는 (㉠) 참조 검사이지요. 특수교육에서는 주로 장애 진단을 목적으로 많이 사용합니다.

이 교사 : 네, 그렇군요. 이 검사에서 사용된 점수에 대해서도 설명해 주세요.

김 교사 : 이 점수는 대표성을 띠는 피검자 집단으로부터 구한 평균과 표준편차를 가지고 정규분포를 이루도록 변환한 점수입니다. 정규분포에서 특정 원점수가 평균으로부터 얼마나 떨어져 있는지를 표준편차 단위를 환산한 점수로 Z점수, T점수, 지표점수 등이 이에 해당합니다. (㉡)

작성방법

- (가)의 작업기억의 검사 결과를 신뢰구간에 근거하여 해석하여 서술할 것
- (나)의 괄호 안의 ㉠과 ㉡에 해당하는 용어를 순서대로 쓸 것

13

다음은 한국 웩슬러 아동지능검사(K-WISC-Ⅲ)의 검사결과를 통해 알 수 있는 점수 유형들이다. 〈보기〉에서 이에 대한 설명으로 적절한 것을 모두 고르면?

원점수, 백분위점수, 환산점수, 지표점수, 지능지수점수

보기

ㄱ. 소검사 원점수가 0점이라면, 그 소검사에서 측정하는 수행능력이 완전히 결핍되었다고 볼 수 있다.

ㄴ. 백분위점수를 통해 동일연령대에서 학생의 지적 능력의 상대적인 위치를 파악할 수 있다.

ㄷ. 소검사의 환산점수는 표준점수이므로 이를 통해 학생의 환산점수가 각 소검사에서 동일 연령대의 환산점수 평균과 얼마나 차이가 나는지 알 수 있다.

ㄹ. 지표점수 간 비교를 통해 개인 내 강점과 약점을 파악할 수 있다.

ㅁ. 전체 지능지수점수는 비율점수이므로 이를 통해 학생의 발달비율을 알 수 있다.

① ㄱ, ㄴ   ② ㄴ, ㄷ
③ ㄱ, ㄹ, ㅁ   ④ ㄴ, ㄷ, ㄹ
⑤ ㄱ, ㄷ, ㄹ, ㅁ

14

정답 및 예시답안

㉠ 신뢰구간
㉡ 진점수

15

정답 및 예시답안

④

알찬 지문풀이

• ④ 학생의 수행 과정과 결과에 초점을 두어 평가하였다. ➡ 모둠활동 평가와 종합평가를 통하여 수행의 과정과 결과 모두에 초점을 두어 평가

14

다음의 (가)는 중학교 2학년에 재학 중인 특수교육대상 학생 A의 기초학력검사-쓰기 검사 결과의 일부이고, (나)는 이 검사 결과에 대해 특수교육지원센터의 진단·평가 팀장과 신임 특수교사가 나눈 대화 내용의 일부이다. 괄호 안의 ㉠과 ㉡에 해당하는 평가 용어를 각각 쓰시오.

[2점]

(가) 학생 A의 기초학력검사-쓰기 검사 결과

원점수	백분위 점수	학력 지수	95% 신뢰 수준 (㉠)
47	6	72	68~76

(나) 대화 내용

특수교사 : 이 학생의 학력 지수는 72점으로 나왔어요. 그러면 68~76은 어떻게 해석해야 할까요?

팀　　장 : 이번 결과에서 이 학생이 획득한 점수는 72점 이지만, 이는 이 학생의 (㉡)이/가 68점과 76점 사이에 있을 확률이 95%라는 뜻입니다. (㉠)을/를 구하기 위해서는 학생 A의 획득 점수, 95% 신뢰 수준에 해당하는 z점수, 이 검사의 측정의 표준오차가 필요합니다.

15

다음은 2008년 개정 특수학교 기본교육과정 과학과 '건강한 생활' 수업에서 실시한 평가 결과이다. 이에 근거하여 바르게 설명한 것은?

평가 결과지

이름 : 김수민

모둠 : (구름) 조

주제 : 이를 건강하게 관리하기 위한 방법

1. 모둠활동 평가

평가요소	못함	보통	잘함
자기 의견을 분명히 말한다.	○		
조사활동에서 맡은 역할을 완수한다.		○	
모둠활동 시 친구들과 적절한 상호 작용을 한다.			○

2. 종합평가

- 수민이는 이가 썩으면 발생되는 결과에 대해 정확히 알고 있었음
- 이를 건강하게 할 수 있는 방법 2가지(식후 이 닦기, 사탕 먹지 않기)를 조사하였으나 발표 시 내용을 분명하게 전달 하지 못하였음
- 개인 실천계획표 검토결과, 식후 이 닦기 내용만 기록되어 있었음

---

① 결과중심의 평가를 실시하였다.
② 평가의 일차적 목적은 진단과 배치였다.
③ 평가과정에서 교사의 주관적인 판단이 배제되었다.
④ 학생의 수행 과정과 결과에 초점을 두어 평가하였다.
⑤ 평가의 일차적 목적이 학생의 상대적 위치를 파악하는 데 있었다.

16

정답 및 예시답안

1) K-ABC-Ⅱ
2) 개별 학생의 수준을 일반 또래의 평균과 비교하여 상대적 위치를 파악하기 위함이다(개인차에 대한 정보를 얻을 수 있다).
3) 순회교육
4) ① 교육장 또는 교육감은 관할 특수교육 운영위원회의 심의를 거쳐 면제 또는 유예를 결정한다.
   ② 특수교육대상자의 등하교 가능성, 순회교육 가능성, 보호자의 의견(이 중 택 1)

관련이론

🔍 K-ABC-Ⅱ

목적 및 대상	• 한국 카우프만 아동지능검사-2판(The Kaufman Assessment Battery for Children, Second Edition : K-ABC-Ⅱ)은 정보처리와 인지능력을 측정하는 개인 지능검사도구로서, 만 3~18세의 아동 및 청소년을 대상으로 한다. • 한국판 K-ABC-Ⅱ는 순차처리, 동시처리, 학습력, 계획력, 지식 등 광범위한 인지능력을 측정할 수 있으며, 이에 따라 교육적 측면에서 아동의 상태를 진단하고 중재 및 배치 계획을 세우는 데 활용할 수 있다. • 또한 비언어성 척도를 포함하고 있어 언어장애나 다양한 문화적 배경을 가진 다문화가정의 아동과 청소년을 평가하는 데 유용하다.
구성체계	• 한국판 K-ABC-Ⅱ는 크게 5개 하위척도(순차처리, 동시처리, 계획력, 학습력, 지식)로 구성되어 있으며, 각 척도에 제시된 능력을 측정하기 위해 다양한 하위검사를 실시한다. • K-ABC-Ⅱ의 경우, 지능이론에 따라 모델을 적용하여 검사를 실시한다. • 구체적으로는 Luria와 Cattell-Horn-Carroll(CHC) 중 어떤 모델을 사용하느냐에 따라 인지처리 척도(Mental Processing Index : MPI) 혹은 유동성 결정 척도(Fluid-Crystallized Index : FCI)로 산출된다. • 한국판 KABC-Ⅱ는 총 18개의 하위검사(① 이름기억, ② 관계유추, ③ 얼굴기억, ④ 이야기완성, ⑤ 수회생, ⑥ 그림통합, ⑦ 빠른길찾기, ⑧ 이름기억-지연, ⑨ 표현어휘, ⑩ 언어 지식, ⑪ 암호해독, ⑫ 삼각형, ⑬ 블록세기, ⑭ 단어배열, ⑮ 형태추리, ⑯ 손동작, ⑰ 암호해독-지연, ⑱ 수수께끼)로 구성되어 있다. 이 18개 하위검사는 핵심하위검사와 보충하위검사의 두 가지 유형으로 나뉘고, 이러한 검사의 유형은 피검자의 연령에 따라 달라진다.
실시 방법 및 채점	• 한국판 K-ABC-Ⅱ는 연령별로 제시된 검사를 실시한다. • 각 하위검사는 1번 문항부터 시작하며, 중지규칙은 하위검사별로 다르다. • 일반적으로 아동이 특정 개수의 문항에서 연속으로 0점을 받으면 소검사를 중지한다. • 검사별로 세 가지 유형의 시간제한(자극문항 노출시간, 시간제한, 시간보너스 점수)이 있는데, 자극문항 노출시간이 정해져 있는 검사로는 [3. 얼굴기억]과 [1. 이름기억]이 있으며, 제한시간이 있는 검사로는 [13. 블록세기]와 [7. 빠른길찾기]가 있다. 이 외에 [12. 삼각형], [15. 형태추리], [4. 이야기완성] 검사에서는 정답반응속도에 따라 보너스 점수가 주어진다. • 검사 소요 시간은 핵심하위검사를 실시할 경우, 연령별로 다르지만 Luria 모델은 약 25~60분, CHC 모델은 약 70분이 소요된다.
결과 및 해석	• 한국판 K-ABC-Ⅱ는 실시된 하위검사별로 원점수, 환산점수(평균 10, 표준편차 3), 백분위점수, 연령점수 등이 제시된다. • 하위검사별 점수에 기초하여 전체척도와 5개의 하위척도의 표준점수(평균 100, 표준편차 15), 백분위점수, 백분위점수에 따른 수준을 제공한다. • 또한 5개의 하위척도에 대해서 표준점수와 규준점수를 비교하여 개인 간 강점과 약점을 제시하고, 표준점수와 표준점수의 평균을 비교하여 개인 내 강점과 약점을 제시한다. • 검사 결과는 다음의 순서를 따라 해석해 볼 수 있다. 첫째, 전체척도지수(MPI, FCI, NVI)를 해석한다. 둘째, 하위척도별 지수, 백분위를 통해 현행 수준을 확인하고, 표준점수를 분석하여 개인 내, 개인 간 강점과 약점을 확인한다. 셋째, 하위검사별로 점수, 백분위, 연령점수를 확인한다. 하위척도 및 하위검사점수는 그래프로도 제시된다. 끝으로, 보충검사를 실시할 경우, 검사 결과를 분석한다.

16 · 2018. 초

다음은 특수교육지원센터 홈페이지 질의 · 응답 게시판의 일부이다. 물음에 답하시오. [5점]

Q 우리 아이는 오랜 외국 생활로 한국어 사용이나 한국 문화에 익숙하지 않습니다. 이런 경우 사용할 수 있는 지능검사가 있나요?

A 지능검사는 여러 유형이 있습니다. 특수교육지원센터에서는 학생의 문화 · 언어적 배경에 영향을 받지 않는 ㉠ <u>마임과 몸짓으로 실시하는 비언어성 지능검사</u>를 받을 수 있습니다.

Q 국립특수교육원 적응 행동 검사(KISE-SAB) 결과에서 '일반 학생 적응 행동 지수'와 '지적장애 학생 적응 행동 지수'를 동시에 명시하고 있는데 이해가 어렵습니다. 두 지수의 차이점이 무엇인가요?

A 일반적으로 ㉡ <u>지적장애 학생을 진단할 때, 먼저 '일반 학생 적응 행동 지수'를 활용하여 해석한 후</u> '지적장애 학생 적응 행동 지수'를 해석합니다.

Q 우리 아이는 소아암으로 입원하고 있고, 특수교육대상자로 선정되었습니다. 내년에 초등학교에 입학할 연령인데, 병원에는 병원 학교가 없습니다. 아이가 입원한 병원에서 학력 인정 교육을 받을 수 있는 방법이 있을까요?

A 네, 있습니다. 학생이 입원한 병원에 병원 학교가 없다면, 특수교육지원센터의 (㉢)을/를 통해 학력 인정 교육을 받을 수 있습니다.

Q 제 아이가 특수학교에 입학하여 한 학기를 다녔는데, 학교생활에 어려움이 많습니다. 지금이라도 취학 의무의 유예나 면제가 가능한지 궁금합니다.

A 네, 가능합니다. 「장애인 등에 대한 특수교육법 시행령」 제14조(취학의무의 유예 또는 면제)에 의하면 의무교육 대상자는 입학 전과 마찬가지로 입학 후에도 동일한 절차로 ㉣ <u>취학 의무의 유예나 면제</u>가 가능합니다.

---

1) 밑줄 친 ㉠의 예 1가지를 쓰시오. [1점]

2) 밑줄 친 ㉡을 하는 이유 1가지를 규준 참조 검사의 특성을 고려하여 쓰시오. [1점]

3) ㉢에 들어갈 특수교육 지원 유형 1가지를 쓰시오. [1점]

4) 「장애인 등에 대한 특수교육법 시행령」 제14조(대통령령 제28211호, 2017. 7. 26.)에서 제시하고 있는 ① 밑줄 친 ㉣의 결정 절차를 쓰고, ② 유예나 면제를 결정할 때의 고려 사항 1가지를 쓰시오. [2점]

① :

② :

17

정답 및 예시답안

○ ㉠은 순간표집법(시간표집법)이고, ㉠으로 수집한 자료는 그 결과를 행동발생률(%)로 요약하여 보고한다.
○ ㉢ / 피검자의 연령에 따라 하위검사의 수와 검사 소요 시간이 달라진다.
  ㉣ / 비언어성 척도가 별도로 구성되어 있고, 일부 검사에 포함할 수 있다.

관련이론

◎ 간격기록법

• 시간을 중심으로 행동이 발생했는지를 기록함
• 수량화할 수 있음
• 행동발생양의 대략치를 알 수 있음[행동발생률(%)]

전체간격	관찰한 시간 간격 동안 행동이 계속 지속된 경우만 그 시간 간격에 행동이 발생한 것으로 인정
부분간격	관찰한 시간 간격 동안에 행동이 최소한 1회 이상 발생하며 그 시간 간격에 행동이 발생한 것으로 기록하는 방법
순간표집	각각의 시간 간격이 끝나는 순간에 학생을 관찰하여 표적행동의 발생 여부를 기록하는 방법

◎ 카우프만 아동용 지능검사 2판(K-ABC-Ⅱ)

구성체계	• 한국판 KABC-Ⅱ는 크게 5개 하위척도(순차처리, 동시처리, 계획력, 학습력, 지식)로 구성되어 있으며, 각 척도에 제시된 능력을 측정하기 위해 다양한 하위검사를 실시한다. • KABC-Ⅱ의 경우, 지능이론에 따라 모델을 적용하여 검사를 실시한다. • 구체적으로는 Luria와 Cattell-Hom-Carroll(CHC) 중 어떤 모델을 사용하느냐에 따라 인지처리 척도(Mental Processing Index : MPI) 혹은 유동성 결정 척도(Fluid-Crystallized Index : FCI)로 산출된다. • 한국판 KABC-Ⅱ는 총 18개의 하위검사(① 이름기억, ② 관계유추, ③ 얼굴기억, ④ 이야기완성, ⑤ 수회생, ⑥ 그림통합, ⑦ 빠른길찾기, ⑧ 이름기억-지연, ⑨ 표현어휘, ⑩ 언어 지식, ⑪ 암호 해독, ⑫ 삼각형, ⑬ 블록세기, ⑭ 단어배열, ⑮ 형태추리, ⑯ 손동작, ⑰ 암호 해독-지연, ⑱ 수수께끼)로 구성되어 있다. 이 18개 하위 검사는 핵심하위검사와 보충하위검사의 두 가지 유형으로 나뉘고, 이러한 검사의 유형은 피검자의 연령에 따라 달라진다.
실시방법 및 채점	• 한국판 KABC-Ⅱ는 연령별로 제시된 검사를 실시한다. • 각 하위검사는 1번 문항부터 시작하며, 중지규칙은 하위검사별로 다르다. • 일반적으로 아동이 특정 개수의 문항에서 연속으로 0점을 받으면 소검사를 중지한다. • 검사별로 세 가지 유형의 시간제한(자극문항 노출시간, 시간제한, 시간보너스 점수)이 있는데, 자극문항 노출시간이 정해져 있는 검사로 [3. 얼굴기억]과 [1. 이름기억]이 있으며, 제한시간이 있는 검사로는 [13. 블록세기]와 [7. 빠른길찾기]가 있다. 이 외에 [12. 삼각형], [15. 형태추리], [4. 이야기완성] 검사에서는 정답반응속도에 따라 보너스 점수가 주어진다. • 검사 소요시간은 핵심하위검사를 실시할 경우, 연령별로 다르지만 Luria 모델은 약 25~60분, CHC 모델은 약 70분이 소요된다.
결과	• 한국판 KABC-Ⅱ는 실시된 하위검사별로 원점수, 환산점수(평균 10, 표준편차 3), 백분위점수, 연령점수 등이 제시된다. • 하위검사별 점수에 기초하여 전체척도와 5개의 하위척도의 표준점수(평균 100, 표준편차 15), 백분위점수, 백분위점수에 따른 수준을 제공한다. • 또한 5개의 하위척도에 대해서 표준점수와 규준점수를 비교하여 개인 간 강점과 약점을 제시하고, 표준점수와 표준점수의 평균을 비교하여 개인 내 강점과 약점을 제시한다.

17

2025. 중
★ 답안작성

다음은 ○○ 중학교 특수 교사와 일반 교사가 학생 A와 B에 대해 나눈 대화이다. 〈작성방법〉에 따라 서술하시오. [4점]

일반 교사: 선생님, 지난번에 알려 주신 방법대로 학생 A의 상동 행동을 기록해 봤는데 어려웠어요. 학생 A는 몸 흔들기, 머리 흔들기, 손바닥으로 얼굴이나 머리 두드리기를 해요. 학생 A의 상동 행동을 관찰하고 기록할 때 어떤 방법이 유용한지 다시 한번 설명해 주실 수 있으세요?

특수 교사: 그럼요, 선생님. 먼저 일정한 시간 간격을 정해 두고, 시간 간격의 끝을 알리는 진동을 사전에 설정해 두세요. ㉠ 시간 간격의 끝을 알리는 소리가 들릴 때, 학생 A를 관찰하고 상동 행동 중에 한 가지 이상을 보이는 경우 해당 시간 간격에 +표시를, 상동 행동을 하지 않을 경우는 −표시를 하세요.

일반 교사: 네, 선생님. 그렇게 해 보도록 할게요.

… (중략) …

일반 교사: 선생님, 우리 반에 이주배경 학생 B가 있는데요, 한국어를 잘 못해도 지능 검사가 가능한가요?

특수 교사: 네, 한국판 카우프만 아동 지능 검사(Kaufman Assessment Battery for Children−Ⅱ, KABC−Ⅱ)를 실시해 보면 어떨까 해요. 이 검사에서는 ㉡ 순차 처리, 동시 처리, 계획력, 학습력, 지식 등 광범위한 지적 능력을 측정하는데, ㉢ 피검자의 국적에 따라 실시하는 하위 검사의 수와 검사 소요 시간이 달라져요. 또한, 이 검사는 ㉣ 모든 하위 검사가 비언어성 척도로 구성되어 있기 때문에 한국어가 서툰 학생에게도 실시할 수 있어요. 표준화된 비언어적 지능 검사 도구로 ㉤ 한국판 라이터 비언어성 지능 검사 개정판(K-Leiter-R)이 있긴 하지만, 이 도구는 중학생에게는 적합하지 않아요.

일반 교사: 네, 그렇군요. 좋은 정보 감사해요.

작성방법

- 밑줄 친 ㉠에 해당하는 관찰 기록법의 명칭을 쓰고, 밑줄 친 ㉠에 근거하여 수집된 자료(관찰 결과)를 보고하는 방법을 쓸 것
- 밑줄 친 ㉡~㉤ 중 틀린 내용을 2가지 찾아 기호를 쓰고, 바르게 고쳐 서술할 것

18

정답 및 예시답안

1) ⓑ / 개별화된 집중교육은 3차 지원에 해당하며, 보편적 지원은 학교 전체 학생을 대상으로 일반적이고 보편적인 교육을 실시하는 단계이므로 적절하지 않다.
2) 사회적 타당도
3) ⓒ 준거참조검사
   ⓔ 규준참조검사
4) 백분위

관련이론

◎ **학교 차원의 긍정적 행동지원(SW-PBS)**

의미 및 필요성과 목적	• 학생들의 행동과 교수환경의 기능적 관계에 대한 교사들의 이해가 실제로 현장에서 전반적으로 적용되려면 학교에는 이를 지원하는 시스템이 있어야 함 • 목적은 학교의 시스템과 절차를 개선하는 것을 통해 교사들의 긍정적인 행동 변화를 촉진하고 학생의 행동을 변화시켜 학교환경을 변화시키는 것 • 학교의 모든 구성원, 즉 학생과 교직원의 행동에 바람직한 변화를 가져오려는 체계적이고, 긍정적이며, 예방적인 접근
연속적 행동지원 체계	• 아동과 청소년의 반사회적 행동 패턴을 예방하기 위한 개념으로, 행동지원을 세 단계 수준으로 하도록 구성한 것

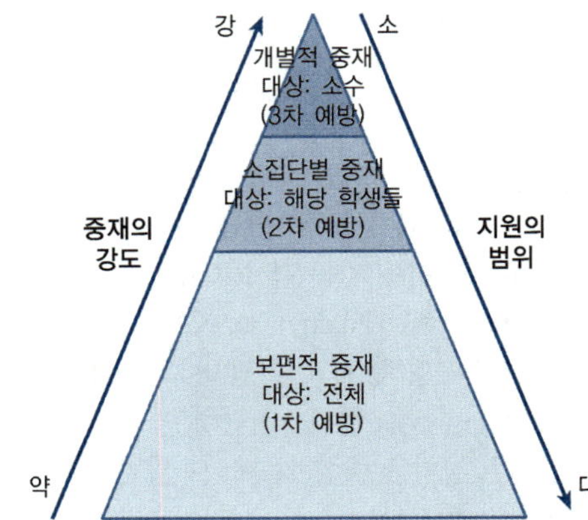

구분	목표	중재			
		대상범위	강도	성격	적용방법
1차 예방	새로운 문제행동의 발생을 예방하기	학교 전체 학생	하	보편적	범단체적
2차 예방	기존 문제행동의 수를 감소하기	고위험 학생과 위험 가능 학생	중	목표 내용 중심적	소집단적
3차 예방	기존 문제행동의 강도와 복잡성을 경감하기	고위험 학생	강	집중적	개별적

18 2019. 초

다음은 ○○초등학교 연수자료 「통합교육 실행 안내서」의 일부이다. 물음에 답하시오. [4점]

〈통합교육 실행 안내서〉

○○초등학교

1. 학교 차원의 긍정적 행동지원
 1.1 학교 차원의 긍정적 행동지원의 개념

… (중략) …

 1.2 학교 차원의 긍정적 행동지원의 연속체

1차 지원 단계 : ㉠ <u>보편적 지원</u>		
• 학교 차원의 기대 행동 결정하고 정의하기 − 기대 행동 매트릭스		

	기본예절 지키기	안전하게 행동하기	책임감 있게 행동하기
교 실	• 발표할 때 손 들기 • 바른 자세로 앉기	• 차례 지키기	• 수업 준비물 챙기기

• 학교 차원의 기대 행동과 강화체계 가르치기

… (중략) …

3.4 중재 방법 선정 시 유의 사항
 3.4.1 (㉡) 고려하기
 − 중재 목표가 사회적으로 얼마나 중요한가? ⎤
 − 중재 과정은 사회적으로 수용 가능하고 합리적인가? [A]
 − 중재 효과는 개인의 삶을 개선할 수 있는가? ⎦

… (중략) …

5.3.3 검사의 종류
 − (㉢)은/는 피험자가 사전에 설정된 성취 기준에 도달했는지에 대한 정보를 제공하는 검사
 − (㉣)은/는 피험자 간의 상대적인 위치를 평가하며, 상대평가 혹은 상대비교평가라고 부르기도 함. 상대적 서열에 대한 변환점수의 예로 표준점수, 스테나인 점수, (㉤) 등이 있음

… (하략) …

1) 다음은 ○○초등학교에서 실시한 학교 차원의 긍정적 행동 지원의 ㉠ 단계 활동이다. 적절하지 <u>않은</u> 것 1가지를 골라 기호와 이유를 쓰시오. [1점]

> ⓐ 학교 차원의 기대 행동은 '기본예절 지키기', '안전하게 행동하기', '책임감 있게 행동하기'의 3가지로 정하였다.
> ⓑ 문제행동이 심한 학생들에게 개별화된 집중 교육을 실시하였다.
> ⓒ 학교 차원의 기대 행동을 시각 자료로 제작하여 해당 장소에 게시하였다.
> ⓓ 학교 차원의 기대 행동을 가르친 후, 학생들이 지키고 있는지 지속적으로 관찰했고, 이러한 점검이 이루어지고 있음을 학생들에게 알려 주었다.

2) [A]를 고려하여 ㉡에 들어갈 말을 쓰시오. [1점]

3) ㉢과 ㉣에 들어갈 검사 종류의 명칭을 각각 쓰시오.
[1점]

 ㉢ :

 ㉣ :

4) 다음은 ㉤에 대한 설명이다. ㉤에 들어갈 말을 쓰시오.
[1점]

> • 전체 학생의 점수를 크기 순으로 늘어놓고 100등분 하였을 때의 순위
> • 특정 점수 이하의 점수를 받은 학생 사례 수를 전체 학생 사례 수에 대한 백분율로 나타낸 것
> • 상대적 위치 점수

• 규준참조검사
• 표준화검사
• 백분율과 백분위
• 검사도구의 결과 해석

✓ 핵심테마 체크

MY MEMO

19

정답 및 예시답안

1) ① 민지의 처리속도 점수보다 낮은 점수를 얻은 학생들은 전체의 3%이다.
  ② 민지의 처리속도의 진점수가 61~85점 사이에 있을 확률은 95%이다.
2) ① ⓒ / 백분율은 절대적인 해석을 하기 위한 점수로서 규준에 근거하여 상대적 위치를 판단하는 이 검사에서
  활용하는 점수유형이 아니기 때문이다.
  ② ⓜ / 지능검사는 시공간 능력 등의 개인의 인지능력을 측정하고자 하는 검사이지 학습성취도를 측정하는
  검사가 아니므로 매달 향상정도를 살펴본다는 것은 적절하지 않다.

알찬 지문풀이

• ㉠ ➡ 웩슬러 지능검사의 특성

• ㉡ ➡ 규준참조검사와 표준화검사도구를 의미

• ㉣ ➡ 백분위를 보고 판단

관련이론

ⓠ 한국 웩슬러 아동 지능검사 5판(K-WISC-Ⅴ)

목적 및 대상	• 전반적인 지적 능력을 확인하는 것은 물론, 영재 및 지적장애를 판별하기 위해서 사용할 수 있다. 낮은 학업성취를 보이는 학생들의 경우, 인지적 측면에서의 결함을 찾기 위해서 사용하기도 한다. • 검사 대상은 만 6세 0개월부터 16세 11개월까지의 아동이다.
실시 방법 및 채점	• 검사 설명서와 기록용지에 제시된 순서대로 검사를 실시한다. • 전체 IQ 소검사들을 제일 먼저 실시하고, 그다음에는 나머지 기본 소검사들을 실시한다. • 추가 소검사들은 필요 시 그 이후에 실시한다. 구체적으로는 ① 토막짜기, ② 공통성, ③ 행렬추리, ④ 숫자, ⑤ 기호쓰기, ⑥ 어휘 , ⑦ 무게비교, ⑧ 퍼즐, ⑨ 그림기억, ⑩ 동형찾기, ⑪ 상식, ⑫ 공통그림찾기, ⑬ 순차연결, ⑭ 선택, ⑮ 이해, ⑯ 산수 순으로 소검사를 실시한다. • 소검사 실시 순서의 변경은 임상적으로 필요한 경우에만 가능하다. 실시 순서를 변경할 경우, 변경 사항을 기록용지에 기록하고 결과를 해석할 때 고려해야 한다. • 검사는 소검사별로 시작점, 역순규칙, 중지규칙이 있다. 소검사별로 지침서에 기록되어 있는 연령별 시작점에서 실시하며, 지적장애나 낮은 인지능력을 보이는 아동은 생활연령과 관계없이 1번 문항부터 시작한다. 그러나 '기호쓰기, 동형찾기' 소검사는 지적 능력과는 관계없이 항상 아동의 생활연령에 따라 검사를 실시한다. 아동이 처음 제시되는 두 문항 중 어떤 문항에서는 만점을 받지 못하면 역순으로 검사를 실시한다. 중지규칙은 소검사별로 다르며, 일반적으로 아동이 특정 개수의 문항에서 연속으로 0점을 받으면 소검사를 중지한다. '토막짜기, 기호쓰기, 무게비교, 퍼즐, 동형찾기, 선택, 산수' 소검사는 제한시간이 있으며, 정확한 시간 측정을 위해 초시계를 사용해야 한다.
결과 및 해석	• 검사결과는 16개 소검사별 원점수, 환산점수, 백분위, 추정 연령 등이 제시된다. • 또한 전체 IQ 및 5개 기본지표(언어이해, 시공간, 유동추론, 작업기억, 처리속도)에 대한 환산점수 합, 지표점수, 백분위, 백분위에 따른 진단 분류(수준) 등이 제시된다. • 소검사별 환산점수는 평균이 10이고 표준편차가 3인 표준점수이며, 전체 IQ 및 10개 지표에 대한 합산점수는 평균이 100이고 표준편차가 15인 표준점수이다. • 소검사와 지표점수 결과에 대해서는 프로파일이 그림으로 제시된다. 이 외에도 지표점수에 대해서는 강점과 약점, 지표점수 간 차이 비교, 소검사에서의 강점과 약점, 소검사 간 차이 비교 결과가 제시된다. • K-WISC-Ⅳ와는 달리, 추가분석 결과가 제시되는데, 5개의 추가지표(양적 추론, 청각 작업기억, 비언어, 일반능력, 인지효율)에 대한 환산점수 합, 지표점수, 백분위, 백분위에 따른 진단 분류(수준)가 제공된다. 추가지표에 대해서도 지표점수 간 차이 비교 결과와 소검사 간 차이 비교 결과가 제시된다. 끝으로 처리점수에 대한 분석이 이루어지는데, 처리점수의 원점수와 환산점수, 처리점수 간 차이 비교, 처리점수의 누적비율, 이에 대한 차이 비교 결과가 제시된다.

고득점 답안 비법 ✬ 2) : 특히 '이유'를 제시하는 것에 맞추어 답안을 작성해야 함

19

2018. 유
★ 답안작성

(가)는 5세 유아 민지의 한국판 웩슬러 유아 지능검사(K-WPPSI-Ⅳ) 결과의 일부이고, (나)는 특수학급 김 교사와 통합학급 최 교사가 민지의 검사 결과에 대해 나눈 대화이다. 물음에 답하시오. [5점]

(가)

척도	환산 점수 합	지표 점수	백분위	95% 신뢰 구간	분류 범주
언어이해	10	71	3.0	61~81	경계선
시공간	6	58	0.3	45~71	매우 낮음
유동추론	8	66	2.0	58~74	매우 낮음
작업기억	8	64	1.0	54~74	매우 낮음
처리속도	10	73	3.0	61~85	경계선
전체척도	26	60	0.5	47~73	매우 낮음

(나)

최 교사 : 민지 어머니께서 지능검사 결과를 민지 편에 보내셨어요.
김 교사 : 이 검사는 ㉠ <u>민지의 지능을 또래와 비교하여 상대적인 위치를 보여 주는 검사예요.</u>
최 교사 : 그럼, 비교할 수 있는 점수표가 있나요?
김 교사 : 네, ㉡ <u>민지와 같은 또래들과 비교할 수 있도록 규준이 만들어져 있고, 실시 방법과 채점 방법 등이 정해져 있어요.</u>
최 교사 : 그럼, ㉢ <u>각 지표마다 백분율 점수를 산출하는 것이 중요하겠네요.</u>
김 교사 : ㉣ <u>민지의 검사 결과 프로파일을 보니 민지는 시공간 능력이 제일 낮아요.</u>
최 교사 : 그러면 민지의 시공간 능력 발달 정도를 알려면 ㉤ <u>매달 이 검사를 실시해서 시공간 능력이 향상되었는지 살펴보아야겠어요.</u>

1) (가)에서 민지의 '처리속도' 분석 결과를 ① 백분위와 ② 신뢰구간에 근거하여 해석하시오. [3점]

　① :

　② :

2) (나)의 밑줄 친 ㉠~㉤ 중에서 **틀린** 내용 2가지를 찾아 기호와 그 이유를 각각 쓰시오. [2점]

　① :

　② :

핵심테마 체크

• 준거참조검사와 규준참조
검사

MY MEMO

20

정답 및 예시답안

1) 일반 유아 집단
2) ① 정신지체
   ② 84
3) 준거참조검사

문제 속 자료분석

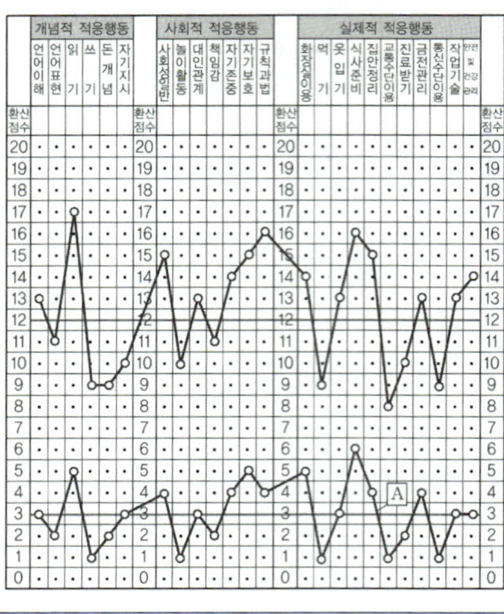

➡ A 그래프와 A 위의 그래프의 의미를 이해해야 함.
A 그래프는 일반 규준에서의 결과이고, A 위의 그
래프는 정신지체 규준에서의 결과

21

핵심테마 체크

• 표준화검사
• 준거참조검사
• 관찰
• 면접

MY MEMO

정답 및 예시답안

②

알찬 지문풀이

• ㄴ. '준거참조평가(criterion-referenced evaluation)'는 학생의 점수를 또래 집단과 비교함으로써 집단 내 학
생의 상대적 위치에 대한 정보를 제공한다. ➡ 준거참조평가는 숙달수준(준거)에 비교하여 얼마나 숙달하였는
지를 평가하는 것이며, 〈보기〉의 설명은 규준참조평가에 대한 설명

• ㄹ. '관찰'에서 사용하는 '시간표집법'은 일정 관찰기간 동안 지속적으로 관찰하여 관찰 대상 행동이 발생할
때마다 기록하는 방법이다. ➡ 시간표집법은 시간 간격의 끝나는 순간에 행동 발생 여부를 관찰하는 것

관련이론

🔍 구조화에 따른 면접 유형

비구조화 면접	• 특정한 지침 없이 면접자가 많은 재량을 가지고 융통성 있게 질문을 해 나가는 것이다. • 전반적인 문제를 확인해 보는 데 유용하며 특정 영역을 심층적으로 다루고자 할 때나 아동의 문제가 즉각적인 의사결정을 필요로 할 만큼 심각한 상태일 때 특히 선호된다.
반구조화 면접	• 미리 준비한 질문 목록을 사용하되 응답 내용에 따라 필요한 추가 질문을 하거나 질문 순서를 바꾸기도 하면서 질문을 해 나가는 것이다. • 심리적 관심사나 신체적 문제에 대한 자세한 정보를 얻고자 할 때 특히 유용하다.
구조화 면접	• 미리 준비된 질문 목록 순서에 따라 정확하게 질문을 해 나가는 것이다. • 면접자에게 재량이나 융통성이 거의 주어지지 않으며 정신의학적 진단을 내리거나 연구를 위한 자료를 얻고자 할 때 특히 유용하다.

20 2013추. 유

다음은 일반 유아와 정신지체 유아 집단을 규준집단으로 하여 동희의 적응행동 수준을 작성한 적응행동 검사(KISE-SAB) 프로파일이다. 물음에 답하시오. [4점]

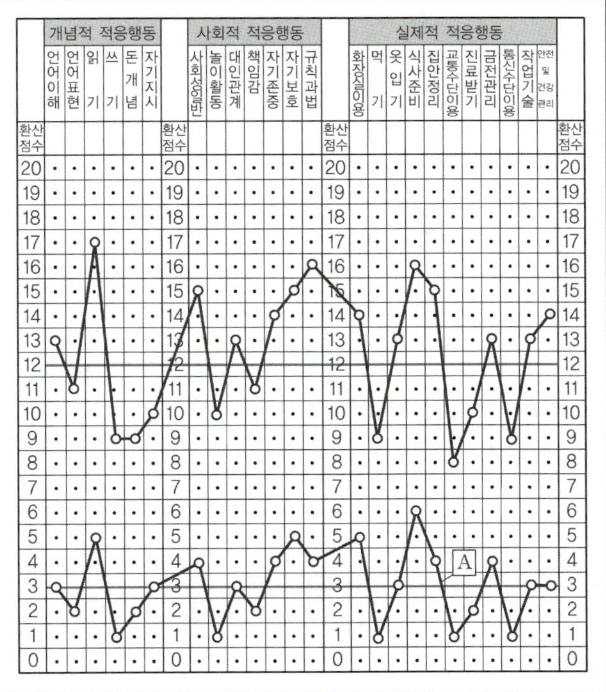

1) A는 동희의 소검사 환산점수선이다. 어떤 집단을 규준집단으로 한 프로파일인지 쓰시오. [1점]

2) 동희의 적응행동지수를 해석한 다음의 문장을 완성하시오. [2점]

> 동희의 전체 적응행동지수는 115이다. 이는 (①) 유아 규준집단의 약 (②)%가 동희보다 낮은 적응행동 점수를 받았음을 의미한다.

① :

② :

3) 이 적응행동 검사는 규준집단의 평균으로부터 적어도 2표준편차 이하의 수행을 나타낼 때 적응행동에 유의미한 제한성을 지닌 것으로 해석한다. 이와는 달리 개인의 수행을 규준집단의 수행수준과 비교하지 않고, 개인이 일정 숙달수준에 도달했는지의 여부를 알아볼 수 있는 검사 유형을 무엇이라고 하는지 쓰시오.

[1점]

21 2013. 중

장애학생의 진단·평가를 위해 활용하는 방법 및 특징에 대한 설명으로 옳은 것만을 〈보기〉에서 있는 대로 고른 것은?

> **보기**
> ㄱ. '표준화 검사'의 장점 중 하나는 측정 영역에 대한 학생의 수준을 객관적으로 볼 수 있다는 점이다.
> ㄴ. '준거참조평가(criterion-referenced evaluation)'는 학생의 점수를 또래 집단과 비교함으로써 집단 내 학생의 상대적 위치에 대한 정보를 제공한다.
> ㄷ. '관찰'은 일상적인 상황에서 나타나는 학생의 행동을 기록함으로써 특정현상에 대한 자료를 수집하는 방법이다.
> ㄹ. '관찰'에서 사용하는 '시간표집법'은 일정 관찰기간 동안 지속적으로 관찰하여 관찰 대상 행동이 발생할 때마다 기록하는 방법이다.
> ㅁ. '구조화 면접'은 질문의 내용과 순서를 미리 준비하여 정해진 방식대로 질문해 나가는 면접이다.

① ㄱ, ㄴ, ㄹ
② ㄱ, ㄷ, ㅁ
③ ㄴ, ㄷ, ㅁ
④ ㄴ, ㄹ, ㅁ
⑤ ㄱ, ㄷ, ㄹ, ㅁ

22

정답 및 예시답안

1) 화용론
2) ① 서술기록
   ② 질문 내용이 정해진 구조화된 면담과 달리 ㉢은 융통성 있게 질문을 하며 다양하고 심층적인 정보를 얻을 수 있는 장점이 있다.
3) 유치원 교육과정

관련이론

◎ 면담(면접)

• 면접자와 피면접자 간의 면대면 대화를 통해 일련의 질문에 대한 반응을 기록함으로써 자료를 수집하는 방법으로, 특수아 평가의 거의 모든 단계에서 의미 있는 정보를 제공
• 복잡한 문제에 대한 면접자와 피면접자의 직접적인 대화와 접촉을 통해 다양하고도 심층적인 정보를 수집
• 면접 과정에서 질의응답이나 보충설명을 통해서 피면접자에게 질문의 의미를 충분하게 이해시킬 수 있으므로 정확한 정보를 수집할 수 있음
• 면접 과정에 대한 시간과 노력이 많이 소요됨
• 면접자의 태도와 행동이 피면접자에게 영향을 미치기 때문에 반응이 왜곡될 가능성이 있음
• 일반적으로 면접 결과의 신뢰도와 객관도가 낮고, 통계적인 분석에도 제약을 받음

구조화 정도에 따라	구조화 면접/반구조화 면접/비구조화 면접
피면접자에 따라	교사면접/부모면접/학생면접

고득점 답안 비법　✖　2)의 ② : 답안작성 시, 구조화된 면담과 비교하는 것, 정보 수집 측면의 내용을 쓰는 것이 포인트

22

2024. 유
★ 답안작성

(가)와 (나)는 유아특수교사 김 교사가 쓴 반성적 저널의 일부이다. 물음에 답하시오. [5점]

(가)

[4월 ○○일]

한 달 동안 연우의 대화를 관찰한 결과, 어휘와 문법에서는 연령에 적합한 발달을 보였다. 그러나 연우는 ㉠ 상황과 목적에 맞게 말을 하는 데 어려움을 보였다. 또한 친구들과 대화할 때 대화 순서를 지키거나 적절한 몸짓과 얼굴 표정을 나타내는 것에도 어려움을 보였다.

연우의 의사소통 능력의 향상을 위하여 유치원과 가정에서 보다 체계적인 지원이 필요하다고 생각했다. 이를 위해 ㉡ 연우의 의사소통 장면을 주의 깊게 관찰하여 그 내용을 간결하고 객관적인 글로 기록하려 한다. 이 자료는 연우의 의사소통 발달 정도를 파악하고 중재를 계획하는 데 도움이 될 것이다. 그리고 연우가 가정에서 보이는 의사소통의 특징을 파악하기 위해 보호자와 ㉢ 비구조화된 면담을 실시하려고 한다.

(나)

[4월 □□일]

오늘 아이들과 함께 화단 가꾸기를 했다. 나는 식물을 심고 난 후 교실에서 팻말에 식물 이름을 적는 활동을 통해 아이들에게 ㉣ 자연스럽게 쓰기 활동의 기회를 주었다. 우리 교실은 ㉤ 책과 포스터 등 풍부한 언어적 환경을 갖추고 있어 쓰기 활동에도 좋은 자원이 될 것이다.

꽃 팻말 쓰기 활동 중 연우가 ㉥ 창안적 글자 쓰기(invented spelling)를 하는 모습을 보여 격려해 주었다. 앞으로 보다 발전적인 쓰기 활동을 할 수 있도록 ㉦ 교사 중심의 체계적인 지도가 필요할 것 같다.

['나팔꽃'을 쓴 연우의 팻말]

---

1) (가)의 ㉠을 참고하여 언어학의 5가지 하위 영역 중 연우가 어려움을 나타내는 영역을 쓰시오. [1점]

2) (가)에서 ① ㉡에 해당하는 관찰 기록법을 쓰고, ② ㉢의 장점을 정보 수집 측면에서 구조화된 면담과 비교하여 1가지 쓰시오. [2점]

① :

② :

3) ① (나)의 ㉣~㉦ 중 유아의 발현적 문해력(emergent literacy)에 기반한 지도 방법으로 적절하지 **않은** 것을 1가지 찾아 기호와 함께 그 이유를 쓰고, ② 연우의 팻말 쓰기에 나타난 창안적 글자 쓰기의 원인을 언어 지식의 측면에서 쓰시오. [2점]

① :

② :

❷ 핵심테마 체크
• 교육과정중심측정(CBM)

MY MEMO

23

정답 및 예시답안

②

알찬 지문풀이

• ㄱ. CBM 방식은 계산 유창성 ~~문제의 원인을 밝히는 데 유용하다.~~ ➡ 유창성의 정도를 확인할 수 있으나 원인을 밝히기 어려움

• ㄴ. CBM 방식은 ~~준거참조검사의 대안적인 방법으로 비형식적인 사정에 속한다.~~ ➡ 규준참조검사의 대안

• ㄷ. CBM 결과는 교수법을 변경하거나 수정하기 위한 자료로 활용될 수 있다. ➡ 학생의 수행수준을 목표수준을 기준으로 비교하여 교수법을 변경하거나 수정할 수 있음

• ㄹ. CBM 결과로 계산 유창성의 수준뿐만 아니라 ~~효율적인 계산 전략의 적용 여부를~~ 파악할 수 있다. ➡ 계산 과정에서 어떤 전략을 사용하였는지는 알 수 없음

• ㅁ. CBM 결과로 계산 유창성의 진전 여부를 확인할 수 있지만, 또래의 성취 수준과 ~~비교는 할 수 없다.~~ ➡ CBM은 규준참조에 대한 대안이며 그 결과를 규준 내에서 비교할 수 있음

• ㅂ. CBM 방식에서 계산 유창성 점수는 일정 시간 동안 계산 문제의 답을 쓰게 한 후 정확하게 쓴 숫자를 세어 산출할 수 있다. ➡ 유창성은 정확도와 숙달정도를 파악하는 개념이며, 시간 내에 얼마나 정반응을 하였는지를 포함하는 개념임

관련이론

◯ 교육과정중심측정(CBM)

의미 및 특징	• 아동의 요구에 맞도록 교수 프로그램을 변경하거나 수정하기 위해 교사가 활용할 수 있는 자료를 제공하도록 설계되며, 교수 프로그램 수정 후 아동의 진전을 사정하는 데에 강조점을 둠 • 교육과정중심측정을 활용하기 위해서는 먼저 장기 혹은 연간 교육목표를 설정한 후 측정할 기능이나 행위를 선정함. 그다음 표준화된 측정 방법을 사용하여 측정하고 그 결과에 따라 교수방법을 형성적으로 수정해 감 • 이를 통해 교사들은 학생들의 학습 속도나 정도를 파악하고, 언제 교수방법상의 변화가 필요한지 알 수 있을 뿐만 아니라, 학습목표의 적절성 등을 모두 한꺼번에 알 수 있음
장점	• 학생의 진보에 근거해서 교수 결정이 이루어지도록 강조한다는 것 • 교육과정중심측정이 어떤 교육과정의 패러다임이라도 수용할 수 있다는 것 • 학생들을 지속적으로 사정하는 방법을 교사들에게 훈련시킬 때 유용하다는 것
단점	• 교육과정을 수정할 수 있는 방법을 정확하게 규정할 수 있는 기법이 없음 • 학생들의 학습 방법보다는 특정 기술에 초점이 맞추어져 있다는 것
단계	① 측정할 기술 확인　　　② 검사지 제작 ③ 검사의 실시횟수 결정　④ 기초선 점수 결정 ⑤ 목표점수/진전선 설정　⑥ 자료 수집 ⑦ 자료 해석

24

❷ 핵심테마 체크
• 교육과정중심측정(CBM)
• 자기교정법

MY MEMO

정답 및 예시답안

(가) 교육과정중심측정(CBM)
(나) 자기교정

관련이론

◯ 자기교정법

• 학생 자신이 쓴 단어와 정답을 비교하여, 자신이 잘못 철자한 단어를 확인하여 수정한 후, 단어를 바르게 베껴 쓰는 방법이다. 가리고, 기억하여 쓰고, 비교하기는 자기교정법에 속하는 활동이다.

23   2011. 중

김 교사는 학습장애가 의심되는 학생 A를 대상으로 계산 유창성 훈련을 실시하고 그 결과를 교육과정중심측정(curriculum-based measurement, CBM) 방식으로 평가하고 있다. 학생 A에게 실시하는 CBM 방식에 대한 설명으로 적절한 것만을 〈보기〉에서 모두 고른 것은?

[2.5점]

> **보기**
>
> ㄱ. CBM 방식은 계산 유창성 문제의 원인을 밝히는 데 유용하다.
> ㄴ. CBM 방식은 준거참조검사의 대안적인 방법으로 비형식적인 사정에 속한다.
> ㄷ. CBM 결과는 교수법을 변경하거나 수정하기 위한 자료로 활용될 수 있다.
> ㄹ. CBM 결과로 계산 유창성의 수준뿐만 아니라 효율적인 계산 전략의 적용 여부를 파악할 수 있다.
> ㅁ. CBM 결과로 계산 유창성의 진전 여부를 확인할 수 있지만, 또래의 성취 수준과 비교는 할 수 없다.
> ㅂ. CBM 방식에서 계산 유창성 점수는 일정 시간 동안 계산 문제의 답을 쓰게 한 후 정확하게 쓴 숫자를 세어 산출할 수 있다.

① ㄱ, ㄴ   ② ㄷ, ㅂ
③ ㄱ, ㄴ, ㅁ   ④ ㄴ, ㄷ, ㅂ
⑤ ㄷ, ㄹ, ㅁ, ㅂ

24   2015. 중

다음은 새로 부임한 최 교사가 박 교사에게 학습장애 학생 A와 B에 대하여 자문을 구하는 대화 내용이다. (가)와 (나)에서 박 교사가 학생 A와 B를 위해 제시한 방법이 무엇인지 순서대로 쓰시오. [2점]

(가)

> 최 교사 : 선생님, A가 문장의 주어와 서술어를 찾는 것에 많은 오류를 보입니다. 이러한 오류를 줄여주기 위해 A의 수행을 어떻게 점검하면 좋을까요?
>
> 박 교사 : 교육과정 중심사정(CBA) 중 한 가지 방법을 소개해 드릴게요. 이 방법은 현재 A에게 필요한 구체적인 학습 목표에 근거하여 교수결정을 하게 되니 선생님께서도 쉽게 사용하실 것 같아요. 일단 선생님이 20개 문장을 학습지로 만들어서 A에게 제공하고, 주어와 서술어에 정확하게 밑줄 치게 해 보세요. 3분 후 학습지를 채점해서 정답과 오답의 수를 표로 작성하여 A에게 보여 주세요. 이러한 방식으로 매일 측정된 결과의 변화를 A에게 보여 주세요. 그러면 A도 그래프와 표로 자신의 진전을 확인할 수 있어서 학습 목표를 달성하는 데 도움이 될 것 같아요.

(나)

> 최 교사 : 선생님, B는 철자를 쓰는 데 어려움이 있어요. '깊이'를 '기피'라던가 '쌓다'를 '싸타'처럼 소리 나는 대로 쓰는 경향이 있어요. 이런 경우에는 어떻게 지도해야 하나요?
>
> 박 교사 : B의 학습 특성은 어떠한가요?
>
> 최 교사 : B는 스스로 참여하는 학습 과제에 흥미를 느낍니다.
>
> 박 교사 : 그렇다면 B의 학습 특성상 학생이 주도적으로 학습할 수 있는 방법이 좋을 것 같아요. 초인지 전략 중 자기 점검과 자기교수법을 변형시킨, 철자법을 스스로 확인하는 방법을 쓰면 좋겠어요. B가 '깊이'를 '기피'로 잘못 썼다면 정답을 보여 주고 자신이 쓴 답과 정답을 비교하고, 이를 확인하고, 수정한 후, 올바른 단어를 베껴 쓰게 하세요. 이러한 과정을 여러 번 반복하면 정확한 철자 쓰기에 도움을 줄 수 있을 것 같아요.

◆ 핵심테마 체크
• 포트폴리오

— MY MEMO

25

정답 및 예시답안

⑤

알찬 지문풀이

• ㄱ. 풍부한 자료 수집이 가능하므로 신뢰도와 타당도 확보가 용이하다. ➡ 포트폴리오는 신뢰도 확보가 어렵다는 단점이 있음

관련이론

◎ **포트폴리오의 장단점**

장점	• 시간의 경과에 따른 학습의 진전을 보여 준다. • 아동의 최상의 작업이나 작품에 초점을 두어 학습에 긍정적인 영향을 미친다. • 다른 아동들과 비교하기보다는 아동 자신의 과거 작업이나 작품과 비교함으로써 동기를 더 부여한다. • 스스로 최상의 작업이나 작품을 선정하게 함으로써 자기 성찰 기술을 높인다. • 반영학습(reflective learning)을 조장한다. • 개인적 차이에 따른 조절이 가능하다. • 학습의 진전에 대해 아동, 부모, 그리고 다른 사람들과 의사소통을 원활하게 할 수 있다. • 교사와 아동 간의 협력을 강화한다. • 아동의 다양한 측면을 평가할 수 있다.
단점	• 많은 시간이 소요된다. • 주관적인 판단과 채점이 사용되어 신뢰도의 확보가 어렵다. • 정기적으로 교사와 아동 간의 포트폴리오 협의를 실시하는 데 어려움이 따를 수 있다.

26

◆ 핵심테마 체크
• 포트폴리오
• 타당도와 신뢰도

— MY MEMO

정답 및 예시답안

③

알찬 지문풀이

• ㉣ 수행사정에는 필수적으로 포함되어 있는 자기평가가 포트폴리오 사정에는 제외 ➡ 포트폴리오는 자기평가를 포함한 다양한 방법을 활용

• ㉤ 타당도를 높이기 위해서는 두 명 이상이 채점한 결과를 비교하는 것이 필요 ➡ 두 명 이상의 채점결과를 비교하는 것은 신뢰도를 확인하는 방법

관련이론

◎ **신뢰도**

정의		동일한 검사도구를 반복 실시했을 때 개인의 점수가 일관성 있게 나타나는 정도, 즉 반복시행에 따른 검사도구의 일관성의 정도	
종류	검사-재검사	동일한 검사를 동일한 집단에게 일정 간격을 두고 두 번 실시하여 얻은 점수 간의 상관계수에 의해 추정되는 신뢰도	
	동형검사	두 개의 동형검사를 제작한 뒤 동일한 집단에게 일정한 간격을 두고 실시하여 얻은 점수 간의 상관계수에 의해 추정되는 신뢰도	
	내적 일관성	검사를 구성하고 있는 부분검사 또는 문항들 간의 일관성의 정도	
		반분 신뢰도	한 번 실시한 검사를 두 부분으로 나누어 두 부분검사점수의 상관계수를 산출하여 추정하는 신뢰도
		문항내적 일관성 신뢰도	개별 문항들을 하나의 검사로 간주하여 문항들 간의 일관성을 추정한 신뢰도
	채점자 간	두 검사자가 동일집단의 피검자에게 부여한 점수 간의 상관계수에 의해 추정되는 신뢰도	

25

포트폴리오 평가에 대한 바른 설명을 <보기>에서 모두 고른 것은?

〔보기〕

ㄱ. 풍부한 자료 수집이 가능하므로 신뢰도와 타당도 확보가 용이하다.

ㄴ. 활동 사진, 비디오 테이프, 활동 결과물과 같은 다양한 자료를 활용할 수 있다.

ㄷ. 활동 내용, 개별화교육계획의 목표, 활동 주제에 따라 다양하게 조직될 수 있다.

ㄹ. 발달지체 유아의 발달적 변화를 파악하기에 적합한 방법이다.

ㅁ. 유아의 수행에 기초한 평가의 한 형태이며, 유아의 강점과 약점을 파악하는 데 필요한 근거를 제공한다.

① ㄱ, ㄴ, ㄷ
② ㄴ, ㄷ, ㄹ
③ ㄷ, ㄹ, ㅁ
④ ㄱ, ㄴ, ㄷ, ㄹ
⑤ ㄴ, ㄷ, ㄹ, ㅁ

26

다음은 특수교사 연구회 모임에서 포트폴리오 사정에 대해 나눈 대화이다. ㉠~㉢에서 옳은 것만을 모두 고른 것은?

김 교사 : 저는 학생들이 작성한 쓰기 표본, 녹음 자료, 조사 보고서 등을 수집해서 실시하는 포트폴리오 사정을 하려고 해요.

박 교사 : 저도 ㉠ 우리 반 학생들은 장애 정도가 다양하고, 오랫동안 외국에서 생활하고 온 학생도 있어서 포트폴리오 사정이 효과적이라고 생각해서 사용하고 있어요.

이 교사 : 그런데 ㉡ 포트폴리오에는 학생의 과제수행 표본뿐만 아니라 교사가 요약한 자료도 포함된다고 하는데 시간이 많이 걸리지 않나요?

정 교사 : 그럴 수도 있어요. 그래서 저는 ㉢ 체크리스트와 평정척도를 포트폴리오 사정에 활용해서 시간을 효율적으로 쓰고 있어요.

양 교사 : 맞아요. ㉣ 수행사정에는 필수적으로 포함되어 있는 자기평가가 포트폴리오 사정에는 제외되어 있어서 시간이 절약되더라고요.

최 교사 : 그런데 이 평가 방법은 타당도에 문제가 있을 수 있잖아요. ㉤ 타당도를 높이기 위해서는 두 명 이상이 채점한 결과를 비교하는 것이 필요하다고 생각해요.

① ㉠, ㉡
② ㉠, ㉤
③ ㉠, ㉡, ㉢
④ ㉡, ㉢, ㉣
⑤ ㉢, ㉣, ㉤

27

정답 및 예시답안

1) 은주의 일반 시지각 지수는 평균으로부터 2 표준편차 이하에 해당하는 수준이다, 은주의 일반 시지각 지수는 -2 표준편차 이하에 해당하는 수준이다 등
2) 수행의 과정과 결과에 대해 모두 초점을 두고 평가하기 위해서이다.
3) ① (다) 총체적 채점방법, (라) 평정척도 방법
　② 드라이버로 나사를 오른쪽(시계 방향)으로 돌려 나사못을 조인다.

관련이론

◎ 수행사정

의미	• 수행사정은 학생이 어떠한 과제를 수행하도록 요구한다. 학생의 수행은 무언가를 만들고 구성하거나, 독창적인 예술에 참여하거나, 과제를 설명하거나 또는 다른 사람들이 관찰하도록 과제를 모델화하는 등 여러 가지 방식으로 제시될 수 있을 것이다. • 수행사정을 실시하려면 학생들은 어떠한 과제를 수행하는 데 필요한 능력을 숙달했다는 것을 몇 가지 방식으로 보여 주어야만 한다.
단계	① 수행성과 구체화하기 ② 사정의 초점 선택하기(과정, 결과 또는 과정과 결과) ③ 적정 수준의 현실성 선택하기 ④ 수행상황 선택하기 　㉠ 지필수행 　㉡ 확인검사 　㉢ 구조화수행검사 　㉣ 모의수행 　㉤ 작업표본 ⑤ 채점방법 선택하기

채점방법	제작의 용이성	채점의 효율성	신뢰도	방어성	피드백의 질
검목표 방법	낮음	보통	높음	높음	높음
평정척도 방법	보통	보통	보통	보통	보통
총체적 채점방법	높음	높음	낮음	낮음	낮음

고득점 답안 비법　✪ 1) : 평균과 표준편차의 개념으로 설명할 것

✪ 2) : 수행사정의 초점을 선택한다는 것은 과정, 결과, 과정과 결과 중 어디에 초점을 두는지에 대한 것

27

(가)는 은주의 시지각발달검사(K-DTVP-3) 결과의 일부이고, (나)는 특수 교사가 은주와 현우에게 적용한 수행사정(performance assessment) 절차이다. (다)는 은주의 수행 채점기준표이고, (라)는 현우의 수행 채점표이다. 물음에 답하시오. [5점]

(가) 은주의 시지각발달검사 결과 일부

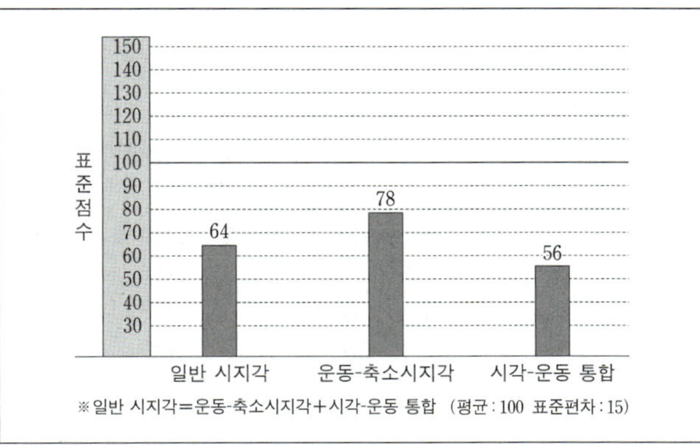

※ 일반 시지각＝운동-축소시지각＋시각-운동 통합 (평균 : 100 표준편차 : 15)

(나) 수행사정 절차

단계	수행사정 절차 내용
1단계	수행성과 구체화하기
2단계	㉠ 수행사정의 초점 선택하기
3단계	적정 수준의 현실성 선택하기
4단계	수행 상황 선택하기
5단계	채점 방법 선택하기

(다) 은주의 수행 채점기준표

※ 해당 점수에 ○표 하시오.

3 ___ • 교사가 보여 주는 모양과 같은 드라이버를 매우 잘 꺼냄
    • 교사가 나사못에 드라이버를 맞추어 주면 매우 잘 돌림
    • 건전지 교체를 매우 잘함
    • 공구함 정리와 끝마무리가 전반적으로 매우 깔끔함

2 ___ • 교사가 보여 주는 모양과 같은 드라이버를 대체로 잘 꺼냄
    • 교사가 나사못에 드라이버를 맞추어 주면 대체로 잘 돌림
    • 건전지를 대체로 잘 교체함
    • 공구함 정리와 끝마무리가 대체로 깔끔함

1 ___ • 교사가 보여 주는 모양과 같은 드라이버를 잘 꺼내지 못함
    • 교사가 나사못에 드라이버를 맞추어 주어도 잘 돌리지 못함
    • 건전지를 잘 교체하지 못함
    • 공구함 정리와 끝마무리가 거의 깔끔하지 못함

(라) 현우의 수행 채점표

※ 다음과 같이 1~3점으로 판단하여 해당 숫자에 ○표 하시오.

	문항	못함	보통	잘함
1	사운드 북의 나사못 형태(＋/－)에 맞는 드라이버를 공구함에서 찾아 꺼낸다.	1	2	③
2	사운드 북의 나사못에 드라이버를 수직으로 맞추고 드라이버를 왼쪽 (시계 반대 방향)으로 돌려 나사못을 푼다.	1	②	3
3	사운드 북의 뚜껑을 열어 건전지를 꺼낸다.	1	②	3
4	새 건전지의 ＋/－를 확인하고 건전지를 교체한다.	1	2	③
5	사운드 북의 뚜껑을 덮고 나사못을 구멍에 맞춘다.	1	②	3
6	㉡	1	②	3
7	사운드 북 뚜껑에 나사못이 정확히 끼워져 있다.	1	②	3
8	공구함 정리와 끝마무리가 깔끔하다.	1	②	3

요약 : [(2×6)＋(3×2)]×8＝2.25

1) (가)에서 시지각발달검사 표준점수의 평균과 표준편차에 의거하여 은주의 일반 시지각 지수가 어느 정도인지 쓰시오. [1점]

2) (다), (라)와 같이 채점 문항을 구성한 이유를 ㉠과 연관시켜 쓰시오. [1점]

3) ① (다)와 (라)의 수행 채점 방법의 명칭을 각각 쓰고, ② (라)의 ㉡에 알맞은 문항 예시를 작성하시오. [3점]

① :

② :

28

정답 및 예시답안

1) 관찰
2) 학생에게 탐구할 기회 제시
3) ① 루브릭은 학생에게 과제의 학습목표나 기대수준을 제시하여 수행에 대한 지침이 될 수 있다.
   ② 야외 탐구 활동 및 현장학습 시에는 사전 답사를 실시하거나 관련 자료를 조사하고 안전 지도를 한다.
4) 교수방법(자료)의 수정

관련이론

루브릭

- 루브릭은 채점준거(scoring criterion), 채점지침(scoring guidelines)으로도 불림
- 수행준거를 측정 가능하게 하여 척도화한 것으로, 성취수준에 대한 정확한 묘사를 토대로 작업의 질을 평가하는 채점도구
- 루브릭은 숙달된 학습과정과 기술이 무엇이고 그렇지 못한 것은 무엇인지를 판별하게 해줌으로써 효과적인 교수 결정과도 관계가 됨
- 루브릭은 과제수행에 대한 기대 사항을 일목요연하게 보여 주는 평가준거
- 루브릭을 이용한 평가는 학생이 완성한 결과물의 질적인 수행수준을 판단하기 위해 채점 기준표를 마련하여 평가하는 방식

| 정리 및
평가 | ○학습 결과 정리하게 하기
• 친구들과 학습 결과를 공유
하고 발표하기 | Ⓐ 채점기준표
(루브릭) |

---

28   2017. 초

(가)는 지적장애 학생 윤후의 특성이고, (나)는 경험학습 수업 모형을 적용하여 계획한 2011 개정 특수교육 교육과정 중 기본 교육과정 과학과 3~4학년 '식물이 사는 곳' 교수 · 학습 과정안이다. 물음에 답하시오. [5점]

(가)

• 윤후
  – 그림을 변별할 수 있음
  – 구어로 의사소통하는 데 어려움이 있음
  – 손으로 구체물을 조작하는 것을 좋아함

(나)

단원	7. 식물의 생활	소단원	2) 식물이 사는 곳
제재	땅과 물에 사는 식물	차시	6~8/14
장소	학교 주변에 있는 산, 들, 강가		
교수 · 학습 자료	사진기, 필기도구, 돋보기, 수첩, 식물도감, 채점 기준표(루브릭)		
학습 목표	○식물의 모습을 여러 가지 방법으로 살펴볼 수 있다. ○식물의 모습을 비교하여 공통점과 차이점을 찾을 수 있다. ○식물을 사는 곳에 따라 분류할 수 있다.		

단계	교수 · 학습 활동 (○: 교사 활동, •: 학생 활동)	자료(Ⓐ) 및 유의점(Ⓤ)
도입	○학습 목표와 학습 활동 안내 하기 ○ⓛ <u>채점기준표(루브릭) 안내</u> 하기	Ⓤ (ⓒ)
전개 자유 탐색	○자유롭게 탐색하게 하기 • 식물에 대해 자유롭게 이 야기 나누기 • 식물의 모습을 여러 가지 방법으로 살펴보기	Ⓐ 사진기, 필 기도구, 돋 보기, 수첩
탐색 결과 발표	○탐색 경험 발표하게 하기 • 숲 · 들 · 강가에 사는 식물 을 살펴본 내용 발표하기 • 친구들의 발표 내용 듣기	Ⓤ ② <u>식물 그 림 카드를 제공한다.</u>
⊙ <u>교사 인도에 따른 탐색</u>	○교사의 인도에 따라 탐색 하게 하기 • 여러 가지 식물의 모습을 자세히 살펴보고 공통점과 차이점 찾기 • 여러 가지 식물을 사는 곳 에 따라 분류하기	Ⓐ 식물도감, 돋보기

1) (가)의 윤후가 (나)의 '자유탐색' 단계에서 손으로 여러 가지 식물을 만져 보는 활동을 통해 습득할 수 있는 기초탐구기능이 무엇인지 쓰시오. [1점]

2) (나)의 ⊙ 단계에서 교사가 해야 할 역할 1가지를 쓰시오. [1점]

3) (나)의 ① ⓛ을 했을 때 학생 측면에서의 이점을 1가지 쓰고, ② 2011 개정 특수교육 교육과정 중 기본 교육과정 과학과 '실험 · 실습 계획과 운용'에 근거하여 ⓒ에 들어갈 유의점 1가지를 쓰시오. [2점]

   ① :

   ② :

4) 교사가 (가)를 고려하여 (나)의 ②에 적용한 교수적 수정의 유형을 쓰시오. [1점]

✓ 핵심테마 체크

• 역동적 평가

→ MY MEMO

29

정답 및 예시답안

㉠ 역동적 평가(dynamic assessment)
㉡ 과정

관련이론

◎ 역동적 평가

- 비고츠키의 근접발달영역 이론에 근거하여 개별 학생의 향상도를 평가하기 위한 방법
- 개별 학생의 향상도 측정과 개별 학생의 교수·학습활동을 개선하거나 촉진하기 위해 어떠한 교육적 처방이 필요한지를 파악하는 것을 목적으로 함
- 역동적 평가는 발달 중인 과정을 강조하여 학습결과보다는 학습과정에 초점을 맞춤
- 역동적 평가에서는 피드백이나 힌트를 제공하여 장애학생이 주어진 문제를 해결하는 데 어떤 피드백을 얼마나 활용하는지 확인하여 학생의 학습능력을 평가함
- 평가자가 장애학생을 도와줌으로써 평가자와 학습자 간의 역동적인 상호작용을 강조한다는 점을 제시
- 장점: 상호작용적인 교수를 통해 학생의 반응성을 최대한 이끌어 낸다는 점과 검사-교육-재검사의 과정을 거치며 중도·중복장애 학생의 교육 향상을 위해 지속적으로 노력한다는 점

다음은 학생 A를 위한 평가 계획에 대하여 김 교사와 박 교사가 나눈 대화의 일부이다. 괄호 안의 ㉠, ㉡에 해당하는 내용을 순서대로 쓰시오. [2점]

… (상략) …

김 교사 : K-WISC-IV와 같은 규준참조검사 이외의 다른 평가방법도 있나요?

박 교사 : 예. (　㉠　)이/가 있어요. (　㉠　)은/는 정적 평가(static assessment)와는 달리 학생에게 자극이나 촉진이 주어졌을 때 학생의 반응을 통해 향상 정도를 알아보는 대안 평가 방법입니다.

김 교사 : 이 평가 방법은 어떤 특징이 있나요?

박 교사 : (　㉠　)은/는 학생의 근접발달영역(zone of proximal development)을 알아보는 평가 방법으로 학생의 가능성과 강점을 확인해 볼 수 있어요. 또한 학습 과제를 하는 동안 학생에게 적절한 피드백을 주면서 문제를 어떻게 해결하는지 확인하기 때문에 학습의 결과보다는 (　㉡　)을/를 강조하는 특징이 있습니다.

김 교사 : 학생 A의 개별화교육에 활용할 수도 있겠군요.

핵심테마 체크

- 점수의 유형
- 적응행동검사
- 백분위
- 동형검사

MY MEMO

30

정답 및 예시답안

- ○ ㉠은 집단의 평균에 비추어 학력 수준을 해석하는 것이고, ㉡은 학생이 속한 집단의 학년에 비추어 학년 수준으로 학력을 해석하는 것이다.
- ○ ㉢은 실제적 기술이다.
- ○ ㉣ / 백분위는 학생보다 낮은 점수를 받은 학생이 몇 % 만큼 있는지를 나타내는 것이므로, 전체 학생의 2%가 넘는다는 것은 잘못 서술된 것이다.
  ◎ / 동형검사는 동일한 문항 난이도와 문항 수로 구성된 검사로서 동일한 내용을 측정할 수 있도록 제작한 것이지 사전·사후 변화 정도를 나타내기 위한 것이 아니다.

관련이론

◎ 국립특수교육원 적응행동검사(NISE-K·ABC)의 구성 체계

유아용				유아용		
검사 영역		문항 수	합계	검사 영역		문항 수	합계
개념적 기술	인지	18	33	개념적 기술	인지	25	49
	언어	8			언어	12	
	수	7			수	12	
사회적 기술	자기표현	9	49	사회적 기술	자기표현	10	46
	타인인식	14			타인인식	17	
	대인관계	26			대인관계	19	
실제적 기술	운동 및 식사	14	43	실제적 기술	기본생활	27	63
	의복	9			가정생활	10	
	위생	7			지역적응	14	
	일상	13			IT 활용	12	
전체 문항 수			125	전체 문항 수			158

◎ 백분위

- percentiles, 퍼센타일(‰)
- 특정 원점수 이하의 점수를 받은 아동의 백분율(%)
- 전체 아동의 점수를 크기순으로 늘어놓고 100등분하였을 때의 순위
- 상대적인 위치를 서로 비교해볼 수 있는 장점은 있으나, 점수 사이에 동간성이 없다는 제한점이 있음

고득점 답안 비법 ㉠ : 결과로 제시되는 학력지수와 학년규준의 의미를 반영하여 서술할 것

◎ : 동형검사의 의미에 근거하여 서술할 것

30

(가)는 ○○ 중학교 학생 A에게 실시한 진단 · 평가 결과의 일부이고, (나)는 일반 교사를 위한 진단 · 평가 관련 연수 자료 초안의 일부이다. 〈작성방법〉에 따라 서술하시오.
[4점]

(가) 진단 · 평가 검사 결과

진단 · 평가 도구명	검사 결과
적응행동검사 (NISE-K · ABS)	• 표준점수 70, 백분위 2.0
지능검사 (K-WISC-Ⅴ)	• 전체 지능지수(IQ) : 64
기초학습능력검사 (NISE-B · ACT)	• 수학 검사 ㉠ 학력지수 72, 백분위 3.0 ㉡ 학년규준 초 2-2학기

(나) 연수 자료 초안

○ 적응행동검사(NISE-K · ABS)
- 전체적 적응행동수준과 3가지 하위 영역의 결과를 제시함
- 하위 영역 중 (㉢)은/는 기본생활, 가정생활, 지역 적응, IT 활용 소검사로 구성됨
- 표준점수 범위가 85~115이면 '평균 수준'을 나타냄.
- ㉣ 학생 A의 경우, 표준점수가 70으로 평균에서 −2 표준편차에 해당하는 점수임
- ㉤ 백분위 2.0은 학생 A보다 점수가 낮은 학생이 전체 학생의 2%가 넘는다는 것을 의미함

… (중략) …

○ 지능검사(K-WISC-Ⅴ)
- ㉥ 전체 지능지수(IQ)와 기본지표점수, 추가지표점수를 산출할 수 있음
- 학생 A의 경우, 전체 지능지수가 64로 '매우 낮음' 수준으로 분류 및 해석됨

… (중략) …

○ 기초학습능력검사(NISE-B · ACT)
- ㉦ 읽기, 쓰기, 수학의 3가지 영역별로 학력지수, 백분위, 학년 규준이 제시됨
- ㉧ 동형검사로 되어 있어 사전 · 사후 변화 정도를 나타내는 자료로 활용하기 유용함

… (하략) …

작성방법

- (가)의 밑줄 친 ㉠과 ㉡의 결과를 해석할 때 나타나는 차이점을 1가지 서술할 것(단, 집단 비교 측면에서 서술할 것)
- (나)의 괄호 안의 ㉢에 해당하는 명칭을 쓸 것
- (나)의 밑줄 친 ㉣~㉧ 중 틀린 것을 2가지 찾아 기호를 쓰고, 그 이유를 각각 서술할 것

31

정답 및 예시답안

②

알찬 지문풀이

• ㄱ. 학생 A의 읽기 능력은 일반적인 초등학교 2학년의 ~~여섯 번째~~ 달에 해당하는 학생 수준이다. ➡ 학년점수 2.5는 2학년 다섯 번째 달에 해당하는 수준

• ㄴ. 읽기 검사 결과의 ~~T점수는 원점수~~이므로 Z점수로 환산하였을 때 집단 내에서의 학생 A의 읽기 수준을 알 수 있다. ➡ T점수는 Z점수에서의 복잡한 소수점을 없애기 위해 10을 곱해 주고, (−)값을 없애기 위해 50을 더해 줌으로써 Z점수가 갖는 단점을 수정한 변환점수임(T = 10Z + 50)

• ㄷ. 학생 A의 내재화 문제 정도는 상위 3% 안에 포함되며, 일반적으로 보았을 때 임상범위 내에 속한다. ➡ 위축, 우울/불안이 내재화 문제에 해당하며 임상범위에 속함

• ㄹ. 학생 A의 주의집중 문제는 ~~±1 표준편차 범위 안에 들어, 심각하지 않은 편이다.~~ ➡ 학생 A의 주의집중 문제는 1~2 표준편차 사이에 분포

• ㅁ. K-CBCL은 위에 제시한 문제행동척도 이외에도 사회능력척도가 포함되어 있다. ➡ K-CBCL은 사회능력척도와 문제행동증후군척도로 구성되어 있음

고득점 답안 비법 ✗ 영역별 검사도구는 각 검사의 검사 목적, 검사 구성, 검사 결과를 중심으로 간략히 요약하여 암기할 것

32

정답 및 예시답안

③

알찬 지문풀이

• ㉠ '그림어휘력검사'를 사용하여 ~~낱말표현력을 평가~~해 보겠습니다. ➡ 그림어휘력검사는 수용언어에 대한 검사

• ㉣ A의 언어이해력은 어떻습니까? 만약 이해력이 부족하다면 '구문의미이해력검사'를 실시하여 ~~원인 추론 어해력을 측정~~할 수도 있어요. ➡ 구문의미이해력검사는 언어학적 관점에서 문법적 요소와 의미적 요소에 초점을 둠

31 2012. 중

다음은 중학교 1학년 학생 A의 읽기 능력과 행동 특성을 진단한 결과의 일부이다. 옳은 것만을 <보기>에서 있는 대로 고른 것은?

- 읽기 검사 결과: 학년점수(2.5), T점수(35)
  [검사도구 : BASA-Reading]
- 행동 진단 결과 : [검사도구 : 아동·청소년 행동평가척도 (K-CBCL)]

(백분위)

	I	II	III	IV	V	VI	VII	VIII
	위축	신체 증상	우울/ 불안	사회적 미성숙	사고의 문제	주의집중 문제	비행	공격성

[K-CBCL 중의 문제행동척도 결과]

보기

ㄱ. 학생 A의 읽기 능력은 일반적인 초등학교 2학년의 여섯 번째 달에 해당하는 학생 수준이다.

ㄴ. 읽기 검사 결과의 T점수는 원점수이므로 Z점수로 환산하였을 때 집단 내에서의 학생 A의 읽기 수준을 알 수 있다.

ㄷ. 학생 A의 내재화 문제 정도는 상위 3% 안에 포함되며, 일반적으로 보았을 때 임상범위 내에 속한다.

ㄹ. 학생 A의 주의집중 문제는 ±1 표준편차 범위 안에 들어, 심각하지 않은 편이다.

ㅁ. K-CBCL은 위에 제시한 문제행동척도 이외에도 사회 능력척도가 포함되어 있다.

① ㄱ, ㄴ
② ㄷ, ㅁ
③ ㄱ, ㄷ, ㅁ
④ ㄴ, ㄷ, ㄹ
⑤ ㄷ, ㄹ, ㅁ

---

32 2009. 중

특수교사가 일반교사에게 설명하고 있는 언어평가 방법으로 적절한 것을 <보기>에서 모두 고른 것은? [2.5점]

보기

일반교사 : A가 무슨 말을 하는지 잘 모르겠어요. 이 학생을 평가해 주실 수 있나요?

특수교사 : 예, 할 수 있어요. 제가 ㉠ '그림어휘력검사'를 사용하여 낱말표현력을 평가해 보겠습니다. 그리고 ㉡ A의 발음이 명료하지 않지요? 혀, 입술, 턱의 움직임에도 문제가 있는지 관찰해 보겠습니다.

일반교사 : 예, 고맙습니다.

특수교사 : 그런데 혹시 ㉢ 선생님이 부모님에게 집에서 A의 자발화 표현력이 어떤지 여쭤 봐 주시겠어요?

일반교사 : 예, 마침 잘 되었네요! 내일 아침에 학부모 회의가 있어요. 그때 부모님에게 여쭤 볼게요.

특수교사 : ㉣ A의 언어이해력은 어떻습니까? 만약 이해력이 부족하다면, '구문의미이해력검사'를 실시하여 원인 추론 이해력을 측정할 수도 있어요. ㉤ 선생님은 교실에서 학생의 자발화 표현력을 관찰해 주실 수 있겠어요?

일반교사 : 예, 그렇게 하죠.

① ㉠, ㉣
② ㉢, ㉤
③ ㉡, ㉢, ㉤
④ ㉡, ㉣, ㉤
⑤ ㉠, ㉡, ㉢, ㉣, ㉤

33

핵심테마 체크
• 검사도구의 해석

MY MEMO

정답 및 예시답안

③

알찬 지문풀이

• ① 예지는 ~~기본생활 영역보다 사회자립 영역에서 더 높은 수준을 보인다.~~ ➡ 기본생활 영역이 사회자립 영역보다 더 높은 수준

• ② 임상집단 규준에서의 예지 점수는 ~~모든 장애학생을 대상으로 한~~ 상대적 적응행동 수준을 보여준다. ➡ 임상집단은 모든 학생을 대상으로 한 것이 아님

• ④ 일반집단 규준에 근거하여 예지의 종합 점수를 볼 때, 지역사회통합 훈련에서는 ~~기본생활 영역을~~ 우선 지도해야 한다. ➡ 사회자립 영역

• ⑤ 사회자립 영역의 경우 예지의 지수 점수는 임상집단 규준에서는 ~~적응행동지체 수준을 보이지만~~, 일반집단 규준에서는 ~~평균의 수행수준을 보인다.~~ ➡ 반대로 설명

34

핵심테마 체크
• 사회성숙도 검사
• 지역사회 적응검사

MY MEMO

정답 및 예시답안

○ ㉠은 자기관리이다.
○ ㉡에 해당하는 내용은 검사자가 질문하면 피검사자가 답변하는 방식으로 실시한다는 것이다.
○ ㉣ / 사회지수는 표준점수가 아니라 사회연령과 생활연령을 활용하여 나타낸 것이므로 표준편차로 나타낸 것은 적절치 않다.
  ㉥ / 원점수를 백분위점수가 아니라 평균이 100이고 표준편차가 15인 표준점수로 변환하여 산출한다.

관련이론

사회성숙도 검사	• 적응행동검사의 한 종류로 자조, 이동, 작업, 의사소통, 자기관리, 사회화 등과 같은 변인으로 구성되는 개인의 적응행동을 평가 혹은 측정하는 데 그 목적이 있다. • 6개의 행동 영역[자조(일반, 식사, 용의), 이동, 작업, 의사소통, 자기관리, 사회화]에 걸쳐 117문항으로 구성되어 있으며, 검사 결과는 사회연령(SA : Social Age)과 사회지수(SQ : Social Quotient)로 분석된다. • 피검사자를 잘 아는 부모나 형제, 친척, 후견인과의 면담을 통해서 실시되어야 하며, 정보 제공자의 응답이 신뢰성이 있지 못한 경우에는 대상아동을 직접 만나서 행동을 관찰하고 판단하는 것이 좋다.
지역사회 적응행동 검사 (CIS-A)	• 개인의 적응력 및 기능적 독립성 정도를 구체화하기 위한 목적으로 다양한 일상생활 영역에서 지적장애 아동의 적응행동수준을 평가하고 교육목표 및 프로그램 계획을 위한 정보를 제공하고, 지적장애인이나 발달장애인을 대상으로 지역사회에 통합되는 데 필수적인 적응기술을 포괄적으로 평가하는 검사이다. • 기본생활 영역, 사회자립 영역, 직업생활 영역의 세 영역으로 구성되어 있다. • 표준점수(평균 100, 표준편차 15)인 세 영역별 기본지수(기본생활 영역 지수, 사회자립 영역 지수, 직업생활 영역 지수)와 전반적 적응지수인 지역사회 적응지수를 제공하며, 일반집단규준과 임상집단규준에서 각각 지수를 산출하도록 한다.

고득점 답안 비법 ✘ 틀린 이유를 서술하라고 하였으나, ㉥의 경우 이유가 아니라 틀린 부분을 고치는 것이 적절한 문장임. 이 같은 경우, 고친 내용을 이유로 서술함

33   2010. 초

다음은 정신지체 학생 예지의 지역사회 적응검사(CIS-A) 결과를 기록한 검사지의 일부이다. 이 결과에 대한 해석으로 가장 적절한 것은?

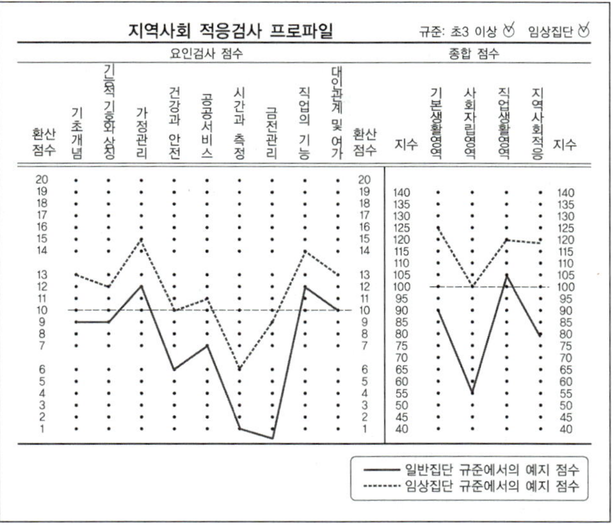

① 예지는 기본생활 영역보다 사회자립 영역에서 더 높은 수준을 보인다.

② 임상집단 규준에서의 예지 점수는 모든 장애학생을 대상으로 한 상대적 적응행동 수준을 보여준다.

③ 직업생활 영역의 경우 일반집단 규준에 기초한 예지의 지수 점수는 105로 평균으로부터 1 표준편차 범위 안에 있다.

④ 일반집단 규준에 근거하여 예지의 종합 점수를 볼 때, 지역사회통합 훈련에서는 기본생활 영역을 우선 지도해야 한다.

⑤ 사회자립 영역의 경우 예지의 지수 점수는 임상집단 규준에서는 적응행동지체 수준을 보이지만, 일반집단 규준에서는 평균의 수행수준을 보인다.

---

34   2024. 중
★ 답안작성

(가)는 지적장애 진단 시 사용할 수 있는 적응 행동 진단 도구를 소개한 내용이고, (나)는 적응 행동 검사 결과 해석 중 일부이다. 〈작성방법〉에 따라 서술하시오. [4점]

(가) 적응 행동 진단 도구 소개

사회성숙도 검사 (Social Maturity Scale : SMS)	
검사 대상	0세부터 만 30세
검사 영역 구성	자조, 이동, 작업, 의사소통, (㉠), 사회화
검사 실시 방법	피검자를 잘 아는 부모나 형제, 친척, 후견인과의 면담
검사 결과 제공 점수	원점수, 사회연령, 사회지수

지역사회 적응 검사 (Community Integration Skills Assessment-2 : CISA-2)	
검사 대상	만 5세 이상의 지적장애인과 자폐성장애인을 포함한 발달장애인
검사 영역 구성	기본생활, 사회자립, 직업생활
검사 실시 방법	(㉡)
검사 결과 제공 점수	원점수, 환산점수, 영역별 (적응)지수, 적응지수

(나) 적응 행동 검사 결과 해석

> ㉢ 사회성숙도 검사에서 정보 제공자의 응답을 믿기 어려운 경우에는 직접 만나서 행동을 관찰하고 판단하는 것이 좋음
>
> ㉣ 사회성숙도 검사 결과에서 '사회지수'가 70(점)이라면 평균에서 대략 −2 표준 편차에 해당하는 점수라고 볼 수 있음
>
> ㉤ 지역사회 적응 검사 결과를 통해 일반 규준과 임상 규준에서의 적응 수준과 강·약점을 파악할 수 있음
>
> ㉥ 지역사회 적응 검사에서는 원점수를 백분위 점수인 영역별 (적응)지수, 적응지수로 변환하여 산출함

┌ **작성방법** ┐
- (가)에서 괄호 안의 ㉠에 해당하는 영역을 쓸 것
- (가)에서 괄호 안의 ㉡에 해당하는 내용을 서술할 것
- (나)의 ㉢~㉥ 중 틀린 내용을 2가지 찾아 기호를 쓰고, 그 이유를 각각 서술할 것

핵심테마 체크

- 검사도구별 검사 목적 및 검사 구성

MY MEMO

35

정답 및 예시답안

①

알찬 지문풀이

- ㄱ. A의 학업특성상 시지각검사를 실시할 필요가 있다. ➡ 반전현상이 나타나므로

- ㄴ. 포테이지 발달검사는 A의 현재 발달 정도를 측정하기에 적합하다. ➡ 포테이지 발달검사는 영유아를 대상으로 하는 발달검사

- ㄷ. ➡ K-WISC-Ⅲ 검사를 통해 A의 동작성 지능과 언어성 지능을 측정

- ㄹ. ➡ 오세레츠키 운동능력검사는 A의 전반적인 운동능력을 측정하기에 적합

- ㅁ. 학습준비도검사는 A의 읽기, 쓰기 및 수학 학습 성취수준을 측정하기에 적합하다. ➡ 학습준비도 검사는 학습을 하기 위한 기본 능력에 대한 검사

- ㅂ. 아동·청소년 행동평가척도를 통해 A의 SA(사회연령)와 SQ(사회성 지수)를 측정한다. ➡ 사회능력과 문제행동에 대한 점수

- ㅅ. 앞에 제시한 <평가도구>의 유형은 교육과정중심평가이며, 이는 교육과정에 근거한 규준참조검사도구이다. ➡ 지도 요소에 대한 내용을 평가 기준으로 평가하는 준거참조검사

- ㅇ. 적응행동검사를 통해 A의 적응행동능력을 측정할 수 있으며, 이 검사는 6가지 행동 영역(자조, 이동, 작업, 의사소통, 자기관리, 사회화)을 측정한다. ➡ 사회성숙도 검사의 하위 영역

35   2009. 중

특수학교 중학부 1학년에 재학 중인 정신지체학생 A의 개별화교육계획과 평가도구를 보고 적절한 것을 〈보기〉에서 모두 고른 것은? [2.5점]

〈개별화교육계획〉

<table>
<tr><td colspan="4" align="center">인 적 사 항</td></tr>
<tr><td colspan="4">이름:A   학교: K학교 중학부 1학년 2반   작성일자: OO년 O월 O일   작성자: OOO</td></tr>
<tr><td>구 분</td><td>내 용</td><td>구 분</td><td>내 용</td></tr>
<tr><td>생년월일</td><td>1995년 1월 25일</td><td>주소</td><td>경기도 S시</td></tr>
<tr><td>(전)학교명</td><td>L초등학교</td><td>전화번호</td><td>031-500-XXXX</td></tr>
<tr><td>IEP 시작일</td><td>OO년 O월 O일</td><td>IEP 종료일</td><td>OO년 O월 O일</td></tr>
<tr><td rowspan="2">장애상황</td><td colspan="1">1. 장애유형: 정신지체
2. 장애원인: 조산 및 원인불명
3. 특이사항: 경기(소발작)
     -약물복용</td><td colspan="2">학교장:
교 감:
교 무:
학부모:</td></tr>
<tr><td>영역</td><td>도구명</td><td colspan="1">검사일</td><td>검사결과</td></tr>
<tr><td rowspan="5">진단평가</td><td>지능</td><td></td><td>OO년 O월 O일</td><td></td></tr>
<tr><td>학습</td><td></td><td>OO년 O월 O일</td><td></td></tr>
<tr><td>행동</td><td></td><td>OO년 O월 O일</td><td></td></tr>
<tr><td>발달</td><td></td><td>OO년 O월 O일</td><td></td></tr>
<tr><td>운동</td><td></td><td>OO년 O월 O일</td><td></td></tr>
<tr><td rowspan="2">학업특성</td><td>강 점</td><td colspan="2">보완할 점</td></tr>
<tr><td></td><td colspan="2">글을 읽는 데 유창성이 낮으며, 말할 때 문장으로 자신의 의사를 표현하는 데 어려움이 있다.
숫자 쓰기나 문자 변별 과정에서 반전(reversal) 현상이 나타난다.</td></tr>
<tr><td>학부모
요구</td><td colspan="3">사회성 기술 향상, 쓰기 자신감 향상, 일상생활 독립기술 향상, 미술 활동 기회화기</td></tr>
</table>

〈평가도구〉

영역	지도요소	평가항목 *성취준거 3/3은 완성	평가일 O월O일		
말하기	간단한 문장으로 질문하기	① 질문이 있으면 손을 들어 표시하기	√		
		② 질문 내용을 분명한 발음으로 표현하기	√		
		③ 알고 싶은 것과 모르는 것을 낱말을 사용하여 질문하기	√		
		④ 알고 싶은 것과 모르는 것을 문장을 사용하여 질문하기			
	상대에 맞게 말하기	① 나, 너, 우리 등의 대명사를 상황에 맞게 사용하기	√		
		② 상대에 따라 주어와 동사를 구분하여 말하기			
		③ 적절한 예사말과 높임말을 상대에 맞추어 사용하기			
	이어진 그림을 보고 그 내용 말하기	① 그림을 보고 물음에 맞게 그림 내용을 말하기	√		
		② 그림을 일의 순서대로 배열하기			
		③ 그림을 일의 순서대로 배열하고 내용을 차례대로 말하기			
		④ 그림을 보고 사건의 인과관계를 설명하기			
듣기	남의 말을 끝까지 듣기	① 말하는 사람을 바라보며 듣기	√		
		② 말하는 사람의 표정을 살피며 듣기	√		
		③ 말하는 사람을 바라보며 관심을 가지고 듣기			
		④ 말하는 사람을 바라보며 끝까지 듣기			
	남의 말을 주의해서 듣고 잘못 들은 말 되묻기	① 상대방이 하는 말을 주의를 집중하여 듣기			
		② 상대방이 하는 말을 차례를 생각하며 듣기			
		③ 상대방이 하는 말을 인과관계를 생각하며 듣기			

ㄱ. A의 학업특성상 시지각검사를 실시할 필요가 있다.

ㄴ. 포테이지 발달검사는 A의 현재 발달 정도를 측정하기에 적합하다.

ㄷ. K-WISC-Ⅲ검사를 통해 A의 동작성 지능과 언어성 지능을 측정한다.

ㄹ. 오세레츠키 운동능력검사는 A의 전반적인 운동 능력을 측정하기에 적합하다.

ㅁ. 학습준비도검사는 A의 읽기, 쓰기 및 수학 학습 성취 수준을 측정하기에 적합하다.

ㅂ. 아동·청소년행동평가척도를 통해 A의 SA(사회연령)와 SQ(사회성 지수)를 측정한다.

ㅅ. 앞에 제시한 〈평가도구〉의 유형은 교육과정중심평가이며, 이는 교육과정에 근거한 규준참조검사도구이다.

ㅇ. 적응행동검사를 통해 A의 적응행동능력을 측정할 수 있으며, 이 검사는 6가지 행동 영역(자조, 이동, 작업, 의사소통, 자기관리, 사회화)을 측정한다.

① ㄱ, ㄷ, ㄹ   ② ㄱ, ㄹ, ㅇ
③ ㄱ, ㄷ, ㄹ, ㅇ   ④ ㄴ, ㄹ, ㅂ, ㅅ
⑤ ㄷ, ㅁ, ㅂ, ㅅ

36

④

• ㄱ. 인지처리과정척도 [마법의 창] 검사와 [수회생] 검사에서의 수행능력은 동일한 수준이다. ➡ 원점수는 같지만 백분위가 다름

• ㄴ. 습득도척도 [인물과 장소] 검사결과의 표준점수 85점이 진점수가 될 확률은 95%이다. ➡ 72~98 사이에 진점수가 있을 확률이 95%

• ㅁ. 검사한 결과, 정보를 동시에 처리하는 능력이 순차적으로 처리하는 능력보다 더 우수함을 알 수 있다. ➡ 두 능력은 서로 동일함

36 · 2011. 유

다음은 경도 정신지체로 진단된 수미에게 실시한 한국판 K-ABC(Korean Kaufman Assessment Battery for Children) 지능 검사 결과의 일부이다. 올바른 해석을 〈보기〉에서 고른 것은?

인지처리 하위검사 평균＝10/표준편차＝3	원점수	척도점수			백분위
		순차처리	동시처리	비언어성	
1. 마법의 창	5		7		16
2. 얼굴기억	2		7		16
3. 손동작	7	11			63
4. 그림통합	9		14		91
5. 수회생	5	11			63
6. 삼각형	3		7		16
7. 단어배열	1	4			2
8. 시각유추					
9. 위치기억					
10. 사진순서					
척도점수 합계		26	35		

습득도 하위검사 평균＝100/ 표준편차＝15	원점수	표준점수 ± 측정오차 95% 신뢰수준	백분위
11. 표현어휘	4	67 ± 11	1
12. 인물과 장소	2	85 ± 13	16
13. 산수	1	71 ± 8	3
14. 수수께끼	1	90 ± 11	25
15. 문자해독		±	
16. 문장이해		±	
표준점수 합계		313	

종합척도 평균＝100/ 표준편차＝15	척도점수/ 표준점수 합계	표준점수 ± 측정오차 95% 신뢰수준	백분위
순차처리척도	26	91 ± 8	27
동시처리척도	35	88 ± 8	21
인지처리과정척도	61	87 ± 7	19
습득도척도	313	67 ± 8	1
비언어성척도		±	

종합척도간의 비교 ＞·＝·＜ ( ) 안은 유의수준	순차처리 ＝ 동시처리 (유의차: ⓐ없음, 5%, 1%)	동시처리 ＞ 습득도 (유의차: 없음, 5%, ①1%)
	순차처리 ＞ 습득도 (유의차: 없음, 5%, ①1%)	인지처리 ＞ 습득도 (유의차: 없음, 5%, ①1%)

보기

ㄱ. 인지처리과정척도 [마법의 창] 검사와 [수회생] 검사에서의 수행능력은 동일한 수준이다.

ㄴ. 습득도척도 [인물과 장소] 검사결과의 표준점수 85점이 진점수가 될 확률은 95%이다.

ㄷ. 습득도척도 [산수] 검사에서의 수행능력은 규준집단의 평균 수준에 못 미친다.

ㄹ. 검사한 결과, 습득한 지식과 기술에 비해 정보처리 및 문제 해결 능력이 더 우수함을 알 수 있다.

ㅁ. 검사한 결과, 정보를 동시에 처리하는 능력이 순차적으로 처리하는 능력보다 더 우수함을 알 수 있다.

① ㄱ, ㄴ   ② ㄱ, ㅁ
③ ㄴ, ㄷ   ④ ㄷ, ㄹ
⑤ ㄹ, ㅁ

핵심테마 체크
• 특수교육법_장애영역별 진단평가 영역
• 검사도구별 검사 목적 및 검사 결과

MY MEMO

37

정답 및 예시답안

②

알찬 지문풀이

• ① ➡ 검사결과로 동작성IQ, 언어성IQ, 전체 검사IQ 제공

• ③ ➡ 검사결과로 규준점수(학년/연령)와 백분위점수 제공

• ④ ➡ 정신지체의 진단평가 영역이 아님

• ⑤ ➡ 오세레츠키 검사는 정신연령이 아니라 운동연령을 알 수 있는 검사도구

관련이론

⊙ 지적장애 진단평가 영역(「장애인 등에 대한 특수교육법」)

① 지능검사 　　　　　　② 사회성숙도 검사
③ 적응행동검사 　　　　④ 기초학습검사
⑤ 운동능력검사

38

정답 및 예시답안

①

문제 속 자료분석

• (나) ➡ 읽기, 쓰기, 수학으로 구성
• (라) ➡ 지적장애 진단평가 영역이 아님

고득점 답안 비법　✗　영역별 검사도구는 각 검사의 검사 목적, 검사 구성, 검사결과를 중심으로 간략히 요약하여 암기할 것

핵심테마 체크
• 특수교육법_장애영역별 진단평가 영역
• 검사도구별 검사 목적 및 검사 결과

MY MEMO

37

정신지체로 의심되는 학생을 특수교육대상자로 선정할 것인지의 여부를 결정하기 위하여 특수교육지원센터에서는 진단·평가를 실시하려고 한다. 「장애인 등에 대한 특수교육법(시행규칙 포함)」에 제시된 선별검사 및 진단·평가 영역과, 각 영역에 적절한 검사 도구 및 검사 내용이 바르게 짝지어진 것은?

	선별 검사 및 진단·평가 영역	검사 도구	검사 내용
①	지능검사	한국 웩슬러 아동지능검사 (K-WISC-Ⅲ)	언어성 검사와 동작성 검사로 구성되어 있으며, 결과는 지수점수와 백분위점수로 제시된다.
②	적응행동 검사	KISE 적응행동검사 (KISE-SAB)	개념적 적응행동, 사회적 적응행동, 실제적 적응행동 검사로 구성되어 있으며, 결과는 지수점수로 제시된다.
③	기초학습 검사	기초학습 기능검사	정보처리기능, 언어기능, 수기능을 측정하도록 구성되어 있으며, 결과는 연령점수와 T점수로 제시된다.
④	행동발달 검사	아동·청소년 행동평가척도 (K-CBCL)	사회능력척도와 문제행동증후군척도로 구성되어 있으며, 결과는 백분위점수와 T점수로 제시된다.
⑤	운동능력 검사	오세르츠키 운동능력검사	소근육 운동기술과 대근육 운동기술을 측정하도록 구성되어 있으며, 결과는 운동연령과 정신연령으로 제시된다.

38

A는 만 13세의 중학교 1학년 학생으로 정신지체가 의심된다. (가)~(라) 중 「장애인 등에 대한 특수교육법」의 특수교육대상자 선별검사 및 진단·평가 영역에 근거하여 A에게 실시할 수 있는 적절한 검사도구명과 해당 특성이 바르게 제시된 것만을 있는 대로 고른 것은? [2.5점]

	검사도구	검사도구의 특성
(가)	한국웩슬러 지능검사 (K-WISC-Ⅳ)	• 언어이해지표, 지각추론지표, 작업기억지표, 처리속도지표로 구성된다. • 영역별 합산 점수와 전체적인 인지 능력을 나타내는 IQ를 알 수 있다.
(나)	국립특수교육원 기초학력검사 (KISE-BAAT)	• 읽기, 수, 정보처리 영역으로 구성된다. • 하위검사별 백분위점수, 학력지수, 학년규준점수를 알 수 있다.
(다)	국립특수교육원 적응행동검사 (KISE-SAB)	• 개념적 기술, 사회적 기술, 실제적 기술로 구성된다. • 하위검사별 적응행동지수와 전체 적응행동지수를 알 수 있다.
(라)	한국판 시지각발달검사 (K-DTVP-2)	• 일반시지각, 운동-감소시지각, 시각-속도통합으로 구성된다. • 하위검사별 연령지수, 백분위점수를 알 수 있다.

① (가), (다)
② (나), (라)
③ (다), (라)
④ (가), (나), (다)
⑤ (가), (나), (라)

39

정답 및 예시답안

○ ㉠은 학력지수이다.
○ ㉡은 시공간이고, ㉢은 사전지식이나 문화적 기대, 결정 지능으로는 풀 수 없는 새로운 문제를 해결하는 지적 능력을 측정하고자 하는 지표/추론하기와 추상적인 문제를 해결하는 지적 능력을 측정하고자 하는 지표이다.
○ ㉣은 무게비교이다.

관련이론

◎ 기초학력검사(KISE-BAAT)

목적 및 대상	• KISE-BAAT는 읽기, 쓰기, 수학의 세 영역에서의 학생의 기초학력을 측정하기 위한 검사로 만 5세부터 14세까지의 학생을 대상으로 한다.
실시 방법 및 채점	• KISE-BAAT는 한 번의 회기(session) 내에 검사 전체를 시행해야 한다. 1개의 소검사를 시행하는 데 60~90분이 소요되며 검사 순서는 구성영역 순으로 실시한다. • 단, 순서대로 실시하는 것이 어려울 경우 검사의 순서를 바꿔 실시할 수 있으나 피검사자의 부적절한 동기나 피로의 누적 등으로 인해 한 번의 회기 내에 검사 전체를 시행하기 어려운 경우에는 평가 영역별로 검사를 분리해서 시행해도 된다. 그렇지만 첫 번째 검사와 두 번째 검사의 간격이 일주일 이상이어서는 안 된다. • 5~6세의 어린 학생과 특수학생의 경우에는 언제나 모든 검사 영역에서 1번 문항부터 실시하며 4학년 이상의 학생은 KISE-BAAT(읽기)와 KISE-BAAT(쓰기)에서 선수기능검사는 생략한다 (시작문항 이전에 위치한 선수기능검사의 원점수는 합산에 포함). • KISE-BAAT는 연속해서 한 검사 영역에서 5문항에 대해 정답을 제시하지 못하면 해당 검사 영역을 중단하고 다음 검사 영역을 실시한다.
결과 및 해석	• KISE-BAAT는 소검사별로 백분위점수, 학력지수(평균 100, 표준편차 15일 표준점수), 학년수준을 제공한다. 학년에 상관없이 환산점수의 합에 해당되는 학력지수가 분류, 제공된다. • BAAT의 검사결과로 학습장애를 진단할 때에는 학력지수나 학년규준점수 둘 중에서 어느 한 점수가 −2표준편차 이하이거나 2년 이상 지체된 것으로 나타났을 때 학습장애로 진단한다.

◎ 한국 웩슬러 아동 지능검사 5판(K-WPPSI-Ⅴ)

구성체계	• K-WISC-V는 5개 기본지표(언어이해, 시공간, 유동추론, 작업기억, 처리속도)와 5개 추가지표 (양적추론, 청각작업기억, 비언어, 일반능력, 인지효율)로 구성되어 있다.
	• 전체 IQ를 측정하기 위해서는 전체척도에서 7개 소검사를 실시한다.
	• K-WISC-V는 총 16개의 소검사로 구성되어 있다.
	• K-WISC-IV와 동일한 13개 소검사(토막짜기, 공통성, 행렬추리, 숫자, 기호쓰기, 어휘, 동형찾기, 상식, 공통그림찾기, 순차연결, 선택, 이해, 산수)에 유동적 추론을 강화시켜 새로운 3개의 소검사(무게비교, 퍼즐, 그림기억)가 추가되었다.
	• 16개 소검사는 기본 소검사 10개와 추가 소검사 6개의 두 가지 범주로 나뉜다.
	• K-WISC-IV와 비교
	  − 전반적인 지적 능력의 구조가 변화하였다. 이와 관련하여, 전체 IQ를 구성하는 소검사가 7개로 수정되면서 전체 IQ를 산출하는 데 소요 시간이 단축되었다. 대신 유동적 추론의 측정을 강화하는 새로운 3개의 소검사(무게비교, 퍼즐, 그림기억)가 추가되었다.
	  − 구조적으로 변화한 전체 IQ와 5가지 기본지표점수(언어이해, 시공간, 유동추론, 작업기억, 처리속도)와 5가지 추가지표점수(양적추론, 청각작업기억, 비언어, 일반능력, 인지효율)를 제공한다.
	  − 인지능력에서 좀 더 독립적인 영역에 대한 아동의 수행을 나타내줄 수 있는 지표점수(예 시공간지표, 유동추론지표)와 처리점수(예 토막짜기 소검사의 부분처리점수)를 추가적으로 제공한다.
	  − K-WISC-IV에서 13개의 소검사(토막짜기, 공통성, 행렬추리, 숫자, 기호쓰기, 어휘, 동형찾기, 상식, 공통그림찾기, 순차연결, 선택, 이해, 산수)가 유지되었지만 소검사의 실시 및 채점 절차가 수정되었다.

결과 및 해석	• 검사결과는 16개 소검사별 원점수, 환산점수, 백분위, 추정 연령 등이 제시된다. • 전체 IQ 및 5개 기본지표(언어이해, 시공간, 유동추론, 작업기억, 처리속도)에 대한 환산점수 합, 지표점수, 백분위, 백분위에 따른 진단 분류(수준) 등이 제시된다. • 소검사별 환산점수는 평균이 10이고 표준편차가 3인 표준점수이며, 전체 IQ 및 10개 지표에 대한 합산점수는 평균이 100이고 표준편차가 15인 표준점수이다.

39 2023. 중

다음은 특수교육대상 학생 진단을 위해 두 교사가 나눈 대화의 일부이다. 〈작성방법〉에 따라 서술하시오. [4점]

교사 A : 학습장애 학생 진단을 위해서 학업 성취 수준과 지능에 대한 정보를 확인할 필요가 있습니다.

교사 B : 학업 성취 수준을 파악하기 위해서 주로 국립특수교육원의 기초학력검사(KISE-BATT)나 기초학습능력검사(NISE-B·ACT)를 사용하고 있습니다. 두 검사는 어떠한 특성이 있나요?

교사 A : 두 검사 모두 규준참조검사로 구성되어 있으며, 영역별 백분위 점수, (㉠), 학년 규준을 제공합니다. 특히 학업의 수행이나 발달 정도를 나타내는 (㉠)에 대한 진단적 분류를 제공하고 있어 검사 결과를 해석하는 데 도움을 줍니다.

… (중략) …

교사 B : 지적 능력을 측정하는 검사도구로 최근 개정된 한국웩슬러지능검사 5판(K-WISC-V)을 사용하려고 합니다. 기존의 한국웩슬러지능검사 4판(K-WISC-IV)과는 어떤 차이가 있나요?

교사 A : K-WISC-V는 전체척도, 기본지표척도, 추가지표척도로 구성되어 있습니다. 특히 K-WISC-IV의 지각추론 지표가 (㉡)지표와 ㉢ 유동추론지표로 나뉘어져 K-WISC-V의 기본지표척도를 구성하고 있습니다. K-WISC-V에 새롭게 추가된 소검사는 (㉣), 퍼즐, 그림기억 3가지가 있습니다.

… (하략) …

┌ **작성방법** ┐
- 괄호 안의 ㉠에 공통으로 해당하는 용어를 쓸 것
- 괄호 안의 ㉡에 해당하는 명칭을 쓰고, 밑줄 친 ㉢이 측정하고자 하는 지적 능력의 내용을 서술할 것
- 괄호 안의 ㉣에 해당하는 소검사의 명칭을 쓸 것

테마별 기출분포도

테마			연도별 기출분포	셀프체크
행동의 정의와 목표	행동의 차원 및 조작적 정의		⑱유 ㉑유 ㉒중 ㉓유	□□□□□
	행동목표의 구성요소		⑬유 ⑬초 ⑮초 ㉔중	□□□□□
	문제행동의 우선순위 선정기준		⑭유 ⑮유 ㉒중	□□□□□
직접 관찰과 측정	행동의 측정단위와 자료요약방법		⑬유 ⑬초 ㉖초	□□□□□
	직접관찰방법	서술기록	⑫유 ⑰유 ⑳유 ㉒초 ㉔유	□□□□□
		결과물중심기록	⑰초	□□□□□
		사건기록	⑨유 ⑨초 ⑱중 ⑬유 ⑬초 ⓭중 ⑮초 ⑮중 ⑲유 ⑲중 ⑳유 ⑳중 ㉑유 ㉑중 ㉒중 ㉔유 ㉔중	□□□□□
		간격기록	⑪중 ⑫유 ⑮중 ⑱유 ⑲초 ㉓중 ㉕초 ㉕중 ㉖유 ㉖초	□□□□□
	행동관찰의 측정의 일치도 (신뢰도)		⑫유 ⑱유 ㉑유 ㉓중 ㉕초	□□□□□
그래프와 시각적 분석	시각적 분석 요인 및 분석방법		⑨초 ⑪중 ⑯초 ⑲중	□□□□□
개별대상 연구	ABAB설계		⑫중 ⓭중 ⑰초 ㉑중 ㉒중 ㉓유 ㉕중	□□□□□
	중다기초선설계		⑨중 ⑩유 ⑫중 ⑮중 ⑳중 ㉑초 ㉒유 ㉔초 ㉕중	□□□□□
	기준변경설계		⑩중 ⑮유 ⑰중 ⑱초 ㉒중	□□□□□
	교대중재설계		⑩중 ⑪유 ⑯중 ⑰초	□□□□□
	복수중재설계		⑫중 ⑭중	□□□□□
긍정적 행동지원	정의, 개념 및 주요요소		⑩중 ⑫유 ⑬중 ⑰유 ⑲유 ㉔초	□□□□□
	PBS의 5단계		⑩유 ⑫중 ㉕유	□□□□□
	기능진단_ABC분석 및 방법, _문제행동의 기능		⑨유 ⓭유 ⑩중 ⑪중 ⑫유 ⑬유 ⑮초 ⑯유 ⑯초 ⑰초 ⑰중 ⑱중 ⑲유 ⑲초 ⑳초 ㉑유 ㉒초 ㉓유 ㉔초 ㉕유 ㉕초 ㉖유 ㉖중	□□□□□
	가설 수립		⑭유 ⑲초 ㉓유	□□□□□
	중재_선행/대체/후속 중심		⑨유 ⑫유 ⑭유 ⑮유 ⑮초 ⑰유 ⑲유 ⑲중 ⑳초 ㉒초 ㉒중 ㉓유 ㉕중 ㉖유	□□□□□
	SW-PBS		⑬초 ⑬중 ⑭중 ⑯초 ⑰초 ⑲초 ⑳유	□□□□□
행동의 예방 및 선행요인 조절	기대행동지도(규칙)		⑫중	□□□□□
	비수반적 강화		⑨중 ⑫중 ⑳초 ㉑유 ㉑중	□□□□□
	고확률 요구연속		⑫유 ⑳중	□□□□□
	기능적 의사소통 훈련		⑬유	□□□□□
바람직한 행동의 증가	강화 및 강화계획, 강화제		⑪유 ⑪초 ⑫중 ⑬중 ⑭초 ⑳유 ⑳초 ⑳중 ㉒유 ㉓유 ㉓중 ㉔유 ㉕초 ㉖유 ㉖중	□□□□□
	토큰제도		⑩유 ⑪중 ⑯중 ㉒유 ㉓유	□□□□□
	행동계약		⑪중 ⑬초 ⑳중 ㉑유 ㉓초	□□□□□
	집단강화		⑪유 ⑱초 ⑳유 ㉒유 ㉒중 ㉕중 ㉖유	□□□□□
새로운 행동의 습득	변별훈련		㉑중	□□□□□
	촉구와 용암		⑨유 ⑨초 ⑨중 ⑩초 ⑩중 ⑪초 ⑫중 ⑭유 ⑮초 ⑮중 ⑯초 ⑰초 ⑰중 ⑱유 ⑲유 ⑲초 ⑲중 ⑳유 ㉑유 ㉑초 ㉒유 ㉒초 ㉒중 ㉓유 ㉓초 ㉔유 ㉕유 ㉕초 ㉖중	□□□□□
	행동연쇄		⑩초 ⑪중 ⑫유 ⑫초 ⑫중 ⑬유 ⑮유 ⑱초 ⑱중 ⑲유 ⑳유 ⑳중 ㉑중 ㉒유 ㉒중 ㉔초 ㉕초 ㉖유	□□□□□
	행동형성		⑪중 ⑮중 ⑳중 ㉓유	□□□□□
	과제분석 기타_모방하기 등		⑫유 ⑫초 ⑫중 ⓭중	□□□□□
바람직하지 않은 행동의 감소	차별강화		⑪유 ⑫중 ⓭중 ⑮초 ⑰중 ⑱유 ⑳유 ㉑중 ㉓중 ㉕초 ㉖중	□□□□□
	소거		⑩유 ⑪초 ⑬유 ⑰유 ㉑중 ㉔초 ㉕초 ㉖유	□□□□□
	부적벌		⑩유 ⑪초 ⑭유 ⑯중 ㉑유	□□□□□
	정적벌		⑩유 ⑪중 ⑭유	□□□□□
일반화와 유지	자극/반응 일반화		⑨초 ⑯초 ⑬중 ⑱중 ⑳유 ㉒초 ㉔유	□□□□□
	일반화 유지를 위한 전략		⑪유 ⑬중 ⓭중 ⑰초 ⑱중 ㉔유 ㉔중	□□□□□
인지적 행동수정	자기관리		⑨초 ⑪유 ⑫유 ⑫초 ⑯중 ⑲유 ⑲중 ㉑유 ㉒유	□□□□ 셀프체크

행동지원

✔ **핵심테마 체크**

• 발문
• 사건기록법
• 행동의 차원
• 유아의 특성 및 교육적 요구

→　　MY MEMO

01

정답 및 예시답안

1) 2가지의 놀잇감 중 친구 옆에서 가지고 놀고 싶은 것은 무엇인가요?
2) 지속시간, 지연시간
3) ① 놀잇감과 친구들이 노는 것에 관심을 보이는 것
　　② 친구들과 함께 노는 것

관련이론

◎ 행동의 조작적 정의와 목표

조작적 정의	• 관찰할 행동은 관찰 가능하고 구체적이어야 한다. 　－ 행동의 관찰이 가능하다는 것 : 행동의 시작과 끝이 분명하다는 것 　－ 행동이 구체적이라는 것 : 행동의 측정이 가능하다는 것
행동의 6가지 차원	• 빈도　　　　　　　　　　• 지속시간 • 지연시간　　　　　　　　• 위치 • 형태　　　　　　　　　　• 강도
행동목표의 양식	① 학습자　　　　　　　　② 학생의 행동 ③ 행동이 일어나는 상황의 조건　　④ 목표가 되는 기준

고득점 답안 비법　✖　2) : 행동을 '측정'하는 다른 '차원'을 써야 함

01　　　　　　　　　　　　2021. 유

다음은 유치원 초임 유아특수교사 김 교사와 동료 유아특수교사 박 교사가 나눈 대화 내용의 일부이다. 물음에 답하시오. [5점]

> 박 교사 : 선생님, 우현이의 1학기 개별화교육지원팀 협의회 준비는 잘 되고 있나요?
>
> 김 교사 : 네, 등원에서 하원까지의 전체 일과에서 우현이의 적응 정도를 잘 살펴보고 있어요.
>
> 박 교사 : 요즘 우현이는 등원할 때 울지 않고 엄마와 잘 헤어지던데, 우현이의 IEP 목표는 무엇이 좋을까요?
>
> 김 교사 : 우현이는 교사가 제시하는 놀잇감에는 1~2분 정도 관심을 보이지만, 또래가 같이 놀자고 해도 반응을 잘 보이지 않아요. 그리고 스스로 놀잇감을 선택하지는 않지만, 친구들이 노는 것을 바라보고 있는 시간이 많아요. 그래서 ㉠'우현이는 제시된 2가지의 놀잇감 중 1가지를 스스로 선택하여 친구 옆에서 3분 이상 놀 수 있다.'를 우선적인 목표로 설정하려고 해요.
>
> 박 교사 : 우현이가 목표 행동을 습득했다는 것을 확인하려면 평가 기준을 구체적으로 세워야 하는데, 어떻게 할 계획인가요?
>
> 김 교사 : ㉡1시간 동안의 자유놀이 시간 중 선택하는 기회를 제공하였을 때 스스로 몇 번 선택했는지 빈도를 기록하여 비율을 측정하려고 해요. ㉢의 목표 행동 습득을 확인할 수 있는 또 다른 측정 차원으로 무엇이 있을까요?

1) 김 교사가 바깥 놀이터에서 ㉠의 목표 행동을 유발할 수 있는 발문의 예를 1가지 쓰시오. [1점]

2) ㉠의 목표를 평가할 때 ㉡을 고려하여 ㉢을 2가지 쓰시오. [2점]

3) 두 교사의 대화를 바탕으로 ① 우현이의 강점을 1가지 쓰고, ② 그 강점에 기반한 우현이의 교육적 요구는 무엇이 있는지 쓰시오. [2점]

　①：

　②：

02

정답 및 예시답안

1) ㉠ 자극제시
   ㉡ 자극 내 촉구(공간적 촉구)
2) 제한적인 관심
3) 일반화의 어려움
4) 준수는 지폐 변별하기 과제가 주어졌을 때 연속 3회기 동안 10번의 시행 중 9번을 1,000원 지폐와 5,000원 지폐를 구별하여 짚을 수 있다.
5) 통제제시 기록법(반응기회 기록법) 또는 기준치도달 기록법(준거제시 기록법)

관련이론

◎ 자극촉진의 유형

자극 내 촉구	• 변별자극 자체나 그 위치를 변화시키는 것을 자극 내 촉구라고 한다. • 아동의 바람직한 반응을 유발하기 위해 변별자극을 변화시켜 제공하는 촉구들이다.
가외자극 촉구	• 다른 자극을 추가하거나 변별자극에 대한 단서를 외적으로 주는 것을 가외자극촉구라고 한다.

◎ 행동목표 서술 양식

① 학습자
③ 행동이 일어나는 상황의 조건

② 학생의 행동
④ 목표가 되는 기준

◎ 반응기회 기록법(통제제시 기록법) 및 기준치도달 기록법

반응기회 기록법	• 행동의 기회가 주어졌을 때 표적행동의 발생 유무를 기록하는 것이다. • 교사나 치료자에 의해 학생이 반응할 기회가 통제된다는 특징을 제외하면 빈도 기록과 같은 방법이다.
통제제시 기록법	• 통제제시(controlled presentation)는 사건기록법을 변형시킨 것이다. • 이 방법에서는 교사가 학생이 행동을 수행할 기회의 수를 조절하거나 구조화한다. • 기회 혹은 시도의 수를 미리 결정하여 각 회기에서 제시하는 방식이 가장 많이 사용된다. • 시도(trial)는 확인할 수 있는 시작과 끝을 가지기 때문에 불연속적 발생으로 간주된다. • 시도는 선제자극, 반응, 후속결과자극(S-R-S)의 세 가지 행동 요소로 정의된다.
기준치도달 기록법	• 도달해야 하는 기준이 설정되어 있는 경우에 그 기준치에 도달했는지의 여부를 기록하는 것이다. • 이는 준거제시 시도 기록이라고도 불린다.

02   2015. 초

(가)는 특수학교 김 교사가 색 블록 조립하기를 좋아하는 자폐성장애학생 준수에게 '2011 개정 특수교육 교육과정' 중 기본 교육과정 수학과 3~4학년군 '지폐' 단원에서 '지폐 변별하기'를 지도한 단계이고, (나)는 이에 따른 준수의 수행 관찰 기록지이다. 물음에 답하시오. [6점]

(가) '지폐 변별하기' 지도 단계

단계	교수·학습 활동
주의집중	교사는 준수가 해야 할 과제 수만큼의 작은 색 블록이 든 투명 컵을 흔들며 준수의 이름을 부른다.
㉠	교사는 1,000원과 5,000원 지폐를 준수의 책상 위에 놓는다. 이때 ㉡ 교사는 1,000원 지폐를 준수 가까이에 놓는다. 교사는 준수에게 "천 원을 짚어 보세요."라고 말한다.
학생 반응	준수가 1,000원 지폐를 짚는다.
피드백	교사는 색 블록 한 개를 꺼내, 준수가 볼 수는 있으나 손이 닿지 않는 책상 위의 일정 위치에 놓는다. (오반응 시 교정적 피드백 제공)
시행 간 간격	교사는 책상 위 지폐를 제거하고 준수의 반응을 기록한다.

※ 투명 컵이 다 비워지면, 교사는 3분짜리 모래시계를 돌려 놓는다. 준수는 3분간 색 블록을 조립한다.

(나) 수행 관찰 기록지

날짜	11/10	11/11	11/12	11/13	11/14	11/17	11/18	11/19	11/20	11/21	
시행	⑩	⑩	⑩	⑩	⑩	⑩	⑩	⑩	⑩	⑩	100
	9̸	9̸	⑨	9̸	⑨	⑨	⑨	⑨	⑨	⑨	90
	⑧	8̸	8̸	⑧	8̸	⑧	⑧	⑧	⑧	⑧	80
	7̸	⑦	7̸	7̸	7̸	7̸	⑦	⑦	⑦	⑦	70
	6̸	6̸	⑥	6̸	⑥	⑥	⑥	6̸	⑥	6̸	60
	5̸	5̸	5̸	⑤	5̸	5̸	⑤	⑤	⑤	⑤	50
	4̸	4̸	4̸	4̸	④	④	4̸	④	④	④	40
	3̸	③	③	③	3̸	③	③	③	3̸	③	30
	②	2̸	②	2̸	②	②	②	②	②	②	20
	1̸	1̸	1̸	①	①	①	①	①	①	①	10
회기	1	2	3	4	5	6	7	8	9	10	%

/ 오반응
O 정반응
□ 회기 중 정반응 시행의 수

- 표적 기술: 지폐 변별하기
- 자료: 1,000원 지폐, 5,000원 지폐
- 구어 지시: "______원을 짚어 보세요."
- 기준: 연속 3회기 동안 10번의 시행 중 9번 정반응

1) (가)의 ㉠ 단계의 명칭과 ㉡에서 적용한 촉구(촉진)의 유형을 쓰시오. [2점]

   ㉠ :

   ㉡ :

2) (가)에서 김 교사가 준수에게 색 블록을 사용하여 강화를 한 것은 자폐성장애의 어떤 특성을 활용한 것인지 쓰시오. [1점]

3) (가)에서 김 교사가 적용한 지도법의 일반적인 제한점을 1가지 쓰시오. [1점]

4) (나)에 근거하여 준수의 학습 목표를 메이거(R. F. Mager)의 목표 진술 방식에 따라 쓰시오. [1점]

   • 준수는 ________________________________

   ________________________________.

5) (나)에서 김 교사가 준수의 수행을 관찰하여 기록한 방법의 명칭을 쓰시오. [1점]

03

핵심테마 체크
- 관찰기록방법
- 메이거의 행동목표 진술

MY MEMO

정답 및 예시답안

○ ㉠은 빈도 기록법이다. ➡ 빈도 기록법의 기본절차는 전체 관찰시간을 짧은 시간 간격으로 나누고(나누지 않는 경우도 있음), 관찰시간 간격 안에 발생할 때마다 빈도를 기록
○ 지속시간 기록법이 적절한데, 그 이유는 학생 A가 자리에 앉아 있는 행동의 지속시간을 증가시켜야 하기 때문이다.
○ 학생 A는 수업 시간에 15분 이상 자리에 앉아 있을 수 있다.

문제 속 자료분석

• ㉠ 관찰 기록지

날짜	관찰 시간	행동 발생				합계
		1	2	3	4	
5/16	10:00~10:40	/	//	//	//	7
5/17	10:00~10:40	//	/	/	//	6
5/18	10:00~10:40	/	//	/	/	5
5/19	10:00~10:40	/	/	/	/	4

➡ 전체 관찰 시간 중 행동발생이 한 번 나타날 때마다의 횟수를 세고, 전체 관찰 시간 내에서의 총 빈도를 나타냄

관련이론

사건기록법

• 발생한 행동 자체의 특성(빈도, 강도, 지속시간, 지연시간)을 관찰하고 측정하여 기록
• 수량화할 수 있음
• 행동발생의 정확한 양을 알 수 있음
• 사건기록방법으로 관찰할 행동은 반드시 시작과 끝이 분명한 행동이어야 함
• 장점: 사용하기 쉽고 관찰자가 아동의 행동을 직접 볼 수 있음
• 단점: 한 명의 관찰자가 한 장소에서 동시에 여러 명의 아동이나 여러 행동을 관찰할 때는 사용하기 쉽지 않음. 그리고 한 아동을 관찰하는 경우에도 매우 짧은 시간 간격으로 높은 빈도를 보이는 행동은 사용하기 어려움

빈도 기록	• 전체 관찰시간을 짧은 시간 간격으로 구분하여, 아동을 관찰하고 하나의 시간 간격 안에 발생한 행동의 빈도를 기록 • 장점: 수업을 직접적으로 방해하지 않으며, 비교적 사용하기가 쉽고, 시간 간격마다 행동발생빈도를 기록하였기 때문에 시간 흐름에 따른 행동발생 분포를 알 수 있음 • 단점: 행동의 빈도만 가지고는 행동 형태가 어떤지를 설명해 주지 못하고, 지나치게 짧은 시간 간격으로 자주 또는 오랜 시간에 걸쳐 일어나는 행동에는 적합하지 않음
지속시간 기록	• 행동이 지속되는 시간 길이에 관심이 있을 때에 사용 • 단점: 지나치게 짧은 시간 간격으로 발생하는 행동에는 적용하기 어렵고, 행동의 강도를 설명해 주지 못함
지연시간 기록	• 선행사건과 표적행동 발생 사이에 지연되는 시간을 계산하여 기록
반응기회 기록	• 행동의 기회가 주어졌을 때 표적행동의 발생 유무를 기록 • 교사나 치료자에 의해 학생이 반응할 기회가 통제된다는 특징을 제외하면 빈도 기록과 같은 방법
기준치도달 기록	• 도달해야 하는 기준이 설정되어 있는 경우에 그 기준치에 도달했는지의 여부를 기록

고득점 답안 비법 15분 이상, 20분 이상, 40분 동안 등의 '기준'을 포함하여 답안을 서술해야 함

03

(가)는 학생 A에 대한 교육 실습생의 관찰 기록이고, (나)는 학생 A에 대한 행동 중재 계획의 일부이다. 〈작성방법〉에 따라 서술하시오. [4점]

(가) 학생 A에 대한 교육 실습생의 관찰 기록

- 관찰 행동 : 자리 이탈 행동
  수업 시간에 선생님의 허락 없이 일어나서 엉덩이가 의자에서 떨어진 상태(예 : 다른 자리로 이동하기, 서서 돌아다니기)
- ㉠ 관찰 기록지

날짜	관찰 시간	행동 발생				합계
		1	2	3	4	
5/16	10:00~10:40	/	//	//	//	7
5/17	10:00~10:40	//	/	/	//	6
5/18	10:00~10:40	/	//	/	/	5
5/19	10:00~10:40	/	/	/	/	4

*note : ㉡ 관찰 기록 결과를 보니 행동 발생이 줄어드는 것처럼 보이나, 학생 A는 여전히 자리에 앉아 있지 않고 돌아다님. 수업 시간 중 자리 이탈 행동이 얼마나 개선되었는지 정확히 파악해야 함

(나) 학생 A에 대한 행동 중재 계획

- 행동 목표 : ㉢ 학생 A는 수업 시간에 자리에 앉아 있을 수 있다.
- 중재 계획:
  − 상반 행동 차별 강화
  − 토큰 강화

┌─ 작성방법 ─┐
- (가)의 밑줄 친 ㉠에 해당하는 관찰 기록법의 명칭을 쓸 것
- (가)의 ㉡을 참고하여 학생 A의 행동 특성에 적합한 관찰 기록법의 명칭을 쓰고, 그 이유를 1가지 서술할 것
- (나)의 밑줄 친 ㉢의 행동 목표 진술에서 빠진 요소를 1가지 포함하여 학생 A의 행동 목표를 바르게 고쳐 쓸 것 [단, 메이거(R. F. Mager)의 행동 목표 진술에 근거하여 쓸 것]

● 핵심테마 체크
• 검사도구의 결과 해석
• 타행동 차별강화
• 지속시간 기록법
• ABAB 설계의 해석

MY MEMO

04

정답 및 예시답안

1) ㉠ / 평균으로부터 2 표준편차 이하, 임상범위
   ㉣ / 평균으로부터 2 표준편차 이하
2) DRO 재설정 간격 계획
3) • 지속시간 백분율 : 35%(주관찰자 기준)
   • 평균지속시간 일치도 : 85%
4) 자유놀이 시간을 제공하는 DRO 재설정 간격 계획은 손톱 깨무는 행동을 감소시키는 데에 효과적(기능적)이다.

알찬 지문풀이

• 읽기 수업 시간 <u>40분 동안</u>, 철규가 <u>손톱을 깨물지 않고 10분간 수업에 참여할 때마다 자유 놀이 시간을 5분씩</u> 준다. 그러나 <u>10분 이내에 손톱 깨무는 행동이 나타나면 그 시간부터 다시 10분을 관찰한다.</u> 이때 손톱 깨무는 행동이 나타나지 않으면 강화한다. ➡ 시간을 재설정하므로 DRO 재설정 간격 계획

관련이론

◎ 검사도구별 결과처리

	◎ 적응행동지수의 진단적 분류		
	적응행동지수	분류	비율(%)
	130 이상	최우수	2.2
	120~129	우수	6.7
적응행동	110~119	평균상	16.1
검사	90~109	평균	50.0
(KISE–SAB)	80~89	평균하	16.1
	70~79	경계선	6.7
	69 이하	지체	2.2

아동기 자폐증 평정척도 (CARS)	• 평정점수의 합은 최저 15점(정상)부터 최고 60점까지의 범위에 속한다. • 자폐증과 기타 발달장애를 구분하는 경계 점수는 30.0점이며, 30.0점에서 36.5점은 경증 및 중간 정도의 자폐증, 37.0점에서 60.0점은 중증의 자폐증으로 분류된다.
한국 자폐증 진단 검사 (K-ADS)	• K-ADS는 검사를 하고 검사지에 기록한 다음 테스피아 홈페이지의 온라인 심리검사 채점 프로그램에 입력·출력한다. • 검사결과는 자폐지수와 백분위점수로 제시되며, 하위검사별로 표준점수와 백분위점수를 산출할 수 있다. • 결과 해석은 하위검사의 표준점수로 자폐지수, 자폐정도, 자폐확률을 구하며, 검사프로파일의 그래프를 작성하여 분석하도록 한다. • 검사결과, 자폐지수가 높을수록 자폐 가능성이 높다고 해석된다.
기초학습 기능 검사	• 기초학습기능 검사는 검사 실시 결과 얻은 원점수를 의미 있게 해석하기 위하여 학년 규준, 연령 규준과 학년 및 연령별 검사 백분위의 세 가지 유형의 유동점수(derived score)를 산출한다. 이러한 점수들은 각 소검사 및 전체검사로 제시된다.

◎ DRO 재설정 간격 계획

• 부적절한 행동이 발생할 때마다 시간 간격을 재설정하거나 재시작하는 것이다.

04　　　　　　　　　　　　　　　　2013추. 중

(가)는 자폐성장애 학생 철규의 진단·평가 결과이고, (나)는 김 교사가 수립한 문제행동 중재 및 결과 분석 내용의 일부이다. 물음에 답하시오. [6점]

(가) 진단·평가 결과

검사명	결과	해석
적응행동검사 (KISE-SAB)	전체 적응행동지수 62	㉠ 전체 적응행동지수 62는 1표준편차 범위로 정상 범위의 적응행동을 보인다.
아동기자폐증 평정척도 (CARS)	척도 평정점수 42점	㉡ 척도 평정점수 42점은 아동기자폐증 평정척도 점수 분류표에서 중증 자폐에 속한다.
한국자폐증 진단검사 (K-ADS)	자폐지수 132	㉢ 자폐지수 132는 2표준편차 이상으로 자폐 확률이 매우 높다.
기초학습 기능검사	쓰기 백분위점수 2	㉣ 쓰기 백분위점수 2는 3표준편차 이하로 또래들보다 쓰기 기술이 낮다.

(나) 문제행동 중재 및 결과 분석

- 표적 행동: 손톱 깨무는 행동
- 강화제: 자유 놀이 시간 제공
- 중재 설계: ABAB 설계
- ㉤ 중재 방법
  - 읽기 수업 시간 40분 동안, 철규가 손톱을 깨물지 않고 10분간 수업에 참여할 때마다 자유 놀이 시간을 5분씩 준다. 그러나 10분 이내에 손톱 깨무는 행동이 나타나면 그 시간부터 다시 10분을 관찰한다. 이때 손톱 깨무는 행동이 나타나지 않으면 강화한다.
- ㉥ 관찰 기록지

		김 교사(주 관찰자)				최 교사(보조 관찰자)		
관찰자								
관찰 시간 (분)	발생 횟수	시작 시간	종료 시간	지속 시간 (분)	지속시간 백분율 (%)	시작 시간	종료 시간	지속 시간 (분)	지속시간 백분율 (%)
	1	10:05	10:09	4		10:05	10:08	3	
40	2	10:12	10:17	5		10:13	10:18	5	
	3	10:24	10:29	5		10:25	10:29	4	

관찰 일시: 4월 7일(09:50~10:30)
관찰 행동: 손톱 깨무는 행동

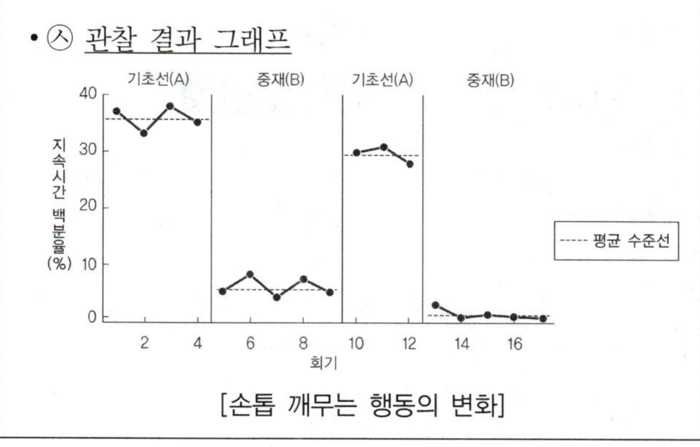

1) ㉠~㉣에서 틀린 것 2가지를 찾아 그 기호를 쓰고, 바르게 고쳐 쓰시오. [2점]

2) ㉤의 중재 방법에 해당하는 차별강화의 명칭을 1가지 쓰시오. [1점]

3) ㉥의 관찰 기록지를 보고 지속시간 백분율과 평균지속시간 일치도를 구하시오. [2점]

- 지속시간 백분율: ＿＿＿＿＿＿＿＿＿＿＿%

- 평균지속시간 일치도: ＿＿＿＿＿＿＿＿＿%

4) ㉦의 그래프를 보고 표적 행동의 변화 결과를 해석하시오. [1점]

05

정답 및 예시답안

1) 산점도(산포도)
2) 기능적 의사소통 훈련
3) 타행동 차별강화는 구체적인 적절한 행동이 강화받는 것이 아니므로, 구체적인 바람직한 행동의 증가를 위해 다른 전략이 필요할 수 있다.
4) 선행사건 중심 중재
5) ⑩ 지속시간 백분율
   ⑪ 60%

관련이론

🔍 DRO(타행동 차별강화)

• 정해진 시간 동안 표적행동이 발생하지 않았을 때 '표적행동의 중단' 자체를 차별적으로 강화함으로써 표적 행동의 발생비율을 점차적으로 감소시키는 방법
  − 전회기 DRO(고정/전체간격)
  − 동간격 DRO
  − 순간적 DRO
  − DRO 재설정 간격
  − DRO 증진간격/용암계획

🔍 DRO 활용 시 주의점

• 부적절한 행동이 발생하지 않은 것에 대한 후속결과로서 강화가 제공되므로 구체적인 적절한 행동이 강화를 받는 것이 아니다. 구체적인 바람직한 행동을 증가시키고자 한다면 차별강화 프로그램의 다른 유형을 고려 하는 것이 보다 효과적이다.
• 부적절한 행동이 나타나지 않는 것에 수반하여 강화를 제공하는 것은 다른 부적절한 행동뿐만 아니라 적절한 행동에 대해 의도하지 않은 강화가 이루어질 수 있다.
• 재설정 DRO 계획에서 학생은 부적절한 행동을 보이는 즉시 타이머가 재설정되고, 재설정된 후에도 강화는 새로운 시간 간격의 마지막에 받게 된다는 것을 학습한다. 학생들이 심지어 부적절한 행동을 보여도 각 시간 간격의 마지막에 강화를 받을 수 있다. DRO 고정계획으로 바꾸고 부적절한 행동을 할 때마다 시간 간격을 재설정하지 않는 것이 이러한 관심을 없애 줄 것이다. 그러면 학생은 부적절한 행동이 시간 간격의 초기에 나타나기 때문에 시간 간격의 마지막에는 강화를 받을 수 없다. 새로운 시간 간격은 이전에 계획된 시간 간격의 마지막에만 시작할 수 있다.

🔍 선행사건 중재 적용

• 문제행동이 발생하기 전에 예방을 위해 문제행동의 유발요인이 되는 환경을 재구성하는 것을 선행사건(문제행동 직전에 발생하는 사건) 중재라 한다.
• 문제행동의 발생 원인이 될 수 있는 선행사건들을 수정하거나 제거하여 더 이상 문제행동을 일으키는 요인 으로 작용하지 않도록 하는 것을 의미한다.

05   2015. 초

다음은 민수의 교실 이탈 행동에 대해 저학년 특수학급 김 교사와 고학년 특수학급 정 교사가 나눈 대화이다. 물음에 답하시오. [5점]

김 교사 : 민수의 ㉠ <u>교실 이탈 행동이 가장 많이 일어나는 시간대를 한눈에 파악할 수 있도록 관찰 기록지를</u> 작성해 봤어요. 그랬더니 하루 중 민수의 교실 이탈 행동은 과학 시간대에 가장 많이 발생하더 군요. 그래서 과학 시간에 일화기록 ABC관찰을 통해 교실 이탈 행동에 대한 보다 자세한 정보를 수집했어요. 기능평가 결과, 민수의 교실 이탈 행동은 어려운 과제가 주어지면 회피하기 위해 나타난 것이었어요. 그래서 민수에게 ㉡ <u>과제가 어려우면 "쉬고 싶어요."라는 말을 하도록 지도</u> 하고, ㉢ <u>교실 이탈 행동이 일정 시간(분) 동안 발생하지 않으면 강화제를 제공해 볼까 합니다.</u>

정 교사 : 네, 그 방법과 함께 과학 시간에는 ㉣ <u>민수의 수 준에 맞게 과제의 난이도와 분량을 조절해 주거나 민수가 선호하는 활동과 연계된 과제를 제시하면</u> 좋겠네요.

김 교사 : 그래서 민수의 중재계획에도 그런 내용을 포함 했어요.

1) ㉠을 하기 위해 사용한 관찰(기록) 방법을 쓰시오. [1점]

2) ㉡에 해당하는 지도법을 쓰시오. [1점]

3) ㉢과 같은 차별강화를 적용했을 때의 문제점을 1가지 쓰시오. [1점]

4) ㉣과 같이 문제행동 유발의 요인이 되는 환경을 재구 성하는 중재가 무엇인지 쓰시오. [1점]

5) 다음은 김 교사가 지속시간 기록법을 사용하여 민수의 행동을 관찰하여 작성한 기록지의 일부이다. ㉤의 명 칭과 ㉥에 기입할 값을 쓰시오. [1점]

날짜	시간	문제행동 지속시간		관찰 결과 요약	
11/6	1:00~1:40	#1	8분	총관찰시간	40분
		#2	4분	총지속시간	24분
		#3	7분	평균지속시간	6분
		#4	5분	㉤	㉥
11/7	1:10~1:40				

㉤ :

㉥ :

06

정답 및 예시답안

○ ㉠은 행동형성법이다.
○ ㉡은 고정 지속시간 강화계획이다.
○ (나)에서 사용한 관찰기록법은 지속시간 기록법이고, ⓐ는 행동이 지속되는 시간의 길이가 중요한 목표행동이기 때문에 이 기록법이 적절하다.

문제 속 자료분석

• '중재 단계 및 내용'에서 시작행동, 중간행동, 목표행동을 정의하고 이에 따라 강화 ➡ 행동형성

관련이론

행동형성

개념	표적행동에 점진적으로 가까운 행동을 체계적으로 차별강화하여 새로운 행동을 형성시키는 것	
두 가지 핵심요인	차별강화	물리적으로 서로 다른 두 가지 이상의 행동 가운데 한 행동은 강화하고 나머지 행동은 모두 소거시키는 방법
	점진접근	조금이라도 더 도달점 행동에 접근한 행동을 선택하여 강화하고 다른 모든 행동은 소거시키는 방법
절차	① 표적행동을 명확히 정의해야 한다. ② 표적행동이 시작행동을 정의해야 한다. ③ 표적행동에 근접한 중간행동들을 결정해야 한다. ④ 사용할 강화제를 결정한다. ⑤ 표적행동으로의 진행속도를 결정하여 차별강화한다. ⑥ 표적행동이 형성되었을 때 강화하는 것이다.	

지속시간 강화계획

고정 지속시간 강화계획	목표행동이 미리 정해 둔 지속시간에 도달하면 강화 제공
변동 지속시간 강화계획	목표행동의 평균 지속시간에 따라 강화 제공

07

정답 및 예시답안

○ 이유: 손바닥을 퍼덕이는 행동은 빈도를 세어 정확한 수를 반영하기 어려운 행동이기 때문이다.
○ 간격기록법

고득점 답안 비법 ✗ 빈도 기록법은 학생이 표적행동을 할 때마다 표시를 하는 방법이며, 행동이 얼마나 자주 발생했는지에 대한 기록방법이다. 그런데 손바닥을 퍼덕이는 행동은 그 빈도를 세어 정확한 수를 반영하기 힘든 행동에 속한다. 이와 같은 행동은 간격기록법을 활용하여 시간 간격에 따른 행동발생 여부를 기록하는 것이 적절하다.
다만, 손바닥을 퍼덕이는 행동의 시작과 끝이 명확하여 사건기록법 내에서 적용이 가능하다면, 손바닥을 퍼덕이는 행동의 지속시간을 기록하는 지속시간 기록법도 가능하다.

06

2020. 중
★ 답안작성

(가)는 자폐성장애 학생 C를 위한 행동지원 계획안의 일부이고, (나)는 목표 행동을 관찰 기록한 결과이다. 〈작성 방법〉에 따라 서술하시오. [4점]

(가) 행동지원 계획안

목표 행동	ⓐ 수업시간에 15분 동안 계속해서 의자에 앉아 있기	
중재 방법	(㉠)	

중재 단계 및 내용	고려 사항
• 목표 행동의 조작적 정의 • 목표 행동의 시작 행동 정의 • 목표 행동에 근접한 단기목표 (중간 행동) 결정 － 1분 30초 동안 계속해서 의자에 앉아 있기 － 2분 동안 계속해서 의자에 앉아 있기 － 2분 30초 동안 계속해서 의자에 앉아 있기 … (중략) … － 14분 동안 계속해서 의자에 앉아 있기 － 15분 동안 계속해서 의자에 앉아 있기 • 강화제 선택 － 효과적인 강화제 파악 및 선택	• 시작 행동: 관찰 기록 결과에 근거하여 설정함 • 단기 목표 변경 기준: 3번 연속 단기 목표 달성 • 강화 계획: 초기에는 ㉡ 의자에 1분 30초 동안 지속해서 앉아 있을 때마다 강화를 제공하고, 이후에는 강화 계획에 변화를 줌 • 강화제: 단기 목표에 도달하면 학생 C가 선호하는 활동을 할 수 있게 함 • 토큰 강화 등과의 연계 방안을 모색함

(나) 관찰 기록 결과

대상 학생 : 학생 C		관 찰 자 : 교육실습생						
관찰 행동 : 의자에 앉아 있기		관찰 장소 : 중학교 2-1 교실						
날짜	시간	행동 발생					관찰 결과 요약	
		#1	#2	#3	#4	#5	전체 관찰시간	30분
5/6 (월)	13:05 ~ 13:35	1분 40초	1분 30초	1분 50초	1분 30초	1분 40초	전체 지속시간	8분 10초
		#6	#7	#8	#9	#10	지속시간 백분율	27.2%
							평균 지속시간	1분 38초

작성방법
- (가)의 괄호 안의 ㉠에 해당하는 행동중재 방법을 쓸 것
- (가)의 밑줄 친 ㉡에 해당하는 강화 계획을 쓸 것
- (나)에서 사용한 관찰기록법의 유형을 쓰고, 이 방법이 적절한 이유를 (가)의 밑줄 친 ⓐ의 목표 행동 특성과 관련지어 1가지 서술할 것

07

2015. 중

자폐성장애 학생의 바람직하지 않은 행동인 '손바닥을 퍼덕이는 상동행동'의 손바닥을 퍼덕이는 횟수를 관찰·측정하여 행동을 수정하고자 한다. 이 행동을 빈도(사건)기록법으로 측정하는 것이 부적합한 이유를 쓰고, 이에 적합한 관찰기록 방법의 명칭을 쓰시오. [2점]

08

정답 및 예시답안

④

알찬 지문풀이

- ① 순간표집기록법으로는 여러 유아의 상호작용 행동을 관찰할 수 없다. ➡ 매 간격의 마지막 순간에만 관찰하면 되기 때문에 여러 유아를 관찰할 수 있음
- ② 순간표집기록법은 상호작용 행동의 선행사건 및 후속결과에 대한 정보를 제공한다. ➡ 간격기록법은 행동과 시간과의 관계를 알려줄 뿐 선행사건과 후속결과에 대한 구체적인 정보를 제공하지 못함
- ③ 상호작용 행동에 대한 조작적 정의 여부는 관찰자 간 신뢰도에 영향을 미치지 않는다. ➡ 조작적 정의가 제대로 되지 않으면 관찰자 간 신뢰도는 낮아짐
- ⑤ 상호작용 행동 발생률은 행동발생 간격 수를 행동이 발생하지 않은 간격 수로 나누고 100을 곱하여 구한다. ➡ 발생률은 전체 간격 수로 행동 발생 간격 수를 나누고 100을 곱함

관련이론

◎ 간격기록법

- 간격기록법을 사용할 때 교사는 표적행동을 관찰할 특정 시간을 정한다.
- 간격이 좁을수록 자료는 더 정확해진다.
- 교사는 시간 간격을 표시하는 일련의 박스를 그리고, 간격시간 동안 언제라도 행동이 발생했는지(+) 혹은 비발생했는지(−)를 각 박스 혹은 간격에 표시한다. 각 간격은 오직 하나의 표시를 갖게 된다.
- 간격 동안에 행동이 1회 발생했는지 5회 발생했는지에 관계없이 단 하나의 표시만 있게 된다.
- 시간을 중심으로 행동이 발생했는지를 기록한다.
- 수량화할 수 있고, 행동 발생 양의 대략치를 알 수 있다.
- 장점: 수업이나 치료 활동을 방해하지 않고 사용할 수 있다.

전체 간격	관찰한 시간 간격 동안 행동이 계속 지속된 경우만 그 시간 간격에 행동이 발생한 것으로 인정
부분 간격	관찰한 시간 간격 동안에 행동이 최소한 1회 이상 발생하며 그 시간 간격에 행동이 발생한 것으로 기록하는 방법
순간표집	각각의 시간 간격이 끝나는 순간에 학생을 관찰하여 표적행동의 발생 여부를 기록하는 방법

09

정답 및 예시답안

③

알찬 지문풀이

- ① 전체간격기록법은 행동의 발생 여부가 중요한 경우에 사용된다. ➡ 행동의 지속 여부
- ② 순간표집기록법에 의해 상동행동을 관찰하면 행동발생률은 50.0%이다. ➡ 5/12×100 = 41.7
- ③ 전체간격기록법에 의해 상동행동을 관찰하면 행동발생률은 33.3%이다. ➡ 4/12×100 = 33.3
- ④ 부분간격기록법에 의해 상동행동을 관찰하면 행동발생률은 66.7%이다. ➡ 6/12×100 = 50
- ⑤ 부분간격기록법은 어느 정도 지속되는 안정된 행동을 측정할 때 사용된다. ➡ 부분간격기록법은 간격 내에서 행동이 발생할 때까지 지속적으로 관찰해야 하며, 지속되는 안정된 행동은 순간표집기록법이 적절함

관련이론

◎ 시간중심 관찰 기록에서 행동 발생으로 인정되는 경우의 비교

관찰기록 종류	행동발생으로 인정되는 경우
전체 간격 관찰기록	하나의 시간 간격 동안 행동이 지속적으로 발생한 경우
부분 간격 관찰기록	하나의 시간 간격 동안 행동이 어느 순간에라도 발생한 경우
순간 관찰기록	하나의 시간 간격의 끝에 행동이 발생한 경우

08
2009. 유

김 교사는 동료 교사와 함께 유아가 또래와 상호작용하는 행동을 순간표집기록법으로 관찰하고자 한다. 순간표집기록법에 관한 진술로 맞는 것은?

① 순간표집기록법으로는 여러 유아의 상호작용 행동을 관찰할 수 없다.

② 순간표집기록법은 상호작용 행동의 선행사건 및 후속 결과에 대한 정보를 제공한다.

③ 상호작용 행동에 대한 조작적 정의 여부는 관찰자 간 신뢰도에 영향을 미치지 않는다.

④ 상호작용 행동이 매 간격의 마지막 순간에 나타났을 때 해당 간격에 행동이 발생한 것으로 기록한다.

⑤ 상호작용 행동 발생률은 행동발생 간격 수를 행동이 발생하지 않은 간격 수로 나누고 100을 곱하여 구한다.

09
2009. 초

다음은 초등학교 특수학급에 재학 중인 자폐성장애 학생 순희의 상동행동을 10초 간격으로 2분 동안 관찰한 결과를 도식화한 것이다. 상동행동은 관찰 시작 후 35초부터 85초까지 발생하였다. 이에 대한 설명으로 바른 것은?

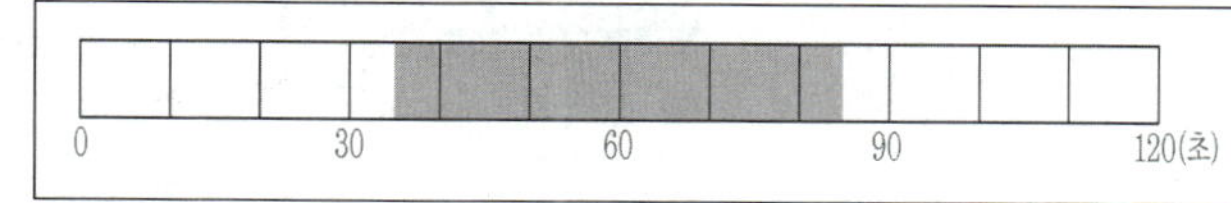

① 전체간격기록법은 행동의 발생 여부가 중요한 경우에 사용된다.

② 순간표집기록법에 의해 상동행동을 관찰하면 행동발생률은 50.0%이다.

③ 전체간격기록법에 의해 상동행동을 관찰하면 행동발생률은 33.3%이다.

④ 부분간격기록법에 의해 상동행동을 관찰하면 행동발생률은 66.7%이다.

⑤ 부분간격기록법은 어느 정도 지속되는 안정된 행동을 측정할 때 사용된다.

핵심테마 체크

- 간격기록법
- 지능검사
- 카우프만 아동용 지능검사 2판

MY MEMO

10

정답 및 예시답안

○ ㉠은 순간표집법(시간표집법)이고, ㉠으로 수집한 자료는 그 결과를 행동발생률(%)로 요약하여 보고한다.
○ ㉢ / 피검자의 연령에 따라 하위검사의 수와 검사 소요 시간이 달라진다.
  ㉣ / 비언어성 척도가 별도로 구성되어 있고, 일부 검사에 포함할 수 있다.

관련이론

🔍 간격기록법

- 시간을 중심으로 행동이 발생했는지를 기록함
- 수량화할 수 있음
- 행동발생 양의 대략치를 알 수 있음[행동발생률(%)]

전체 간격	관찰한 시간 간격 동안 행동이 계속 지속된 경우만 그 시간 간격에 행동이 발생한 것으로 인정
부분 간격	관찰한 시간 간격 동안에 행동이 최소한 1회 이상 발생하며 그 시간 간격에 행동이 발생한 것으로 기록하는 방법
순간표집	각각의 시간 간격이 끝나는 순간에 학생을 관찰하여 표적행동의 발생 여부를 기록하는 방법

🔍 카우프만 아동용 지능검사 2판(K-ABC-Ⅱ)

구성체계	• 한국판 KABC-Ⅱ는 크게 5개 하위척도(순차처리, 동시처리, 계획력, 학습력, 지식)로 구성되어 있으며, 각 척도에 제시된 능력을 측정하기 위해 다양한 하위검사를 실시한다. • KABC-Ⅱ의 경우, 지능이론에 따라 모델을 적용하여 검사를 실시한다. • 구체적으로는 Luria와 Cattell-Hom-Carroll(CHC) 중 어떤 모델을 사용하느냐에 따라 인지처리 척도(Mental Processing Index : MPI) 혹은 유동성 결정 척도(Fluid-Crystallized Index : FCI)로 산출된다. • 한국판 KABC-Ⅱ는 총 18개의 하위검사(① 이름기억, ② 관계유추, ③ 얼굴기억, ④ 이야기완성, ⑤ 수회생, ⑥ 그림통합, ⑦ 빠른길찾기, ⑧ 이름기억-지연, ⑨ 표현어휘, ⑩ 언어 지식, ⑪ 암호해독, ⑫ 삼각형, ⑬ 블록세기, ⑭ 단어배열, ⑮ 형태추리, ⑯ 손동작, ⑰ 암호 해독-지연, ⑱ 수수께끼)로 구성되어 있다. 이 18개 하위검사는 핵심하위 검사와 보충하위검사의 두 가지 유형으로 나뉘고, 이러한 검사의 유형은 피검자의 연령에 따라 달라진다.
실시방법 및 채점	• 한국판 KABC-Ⅱ는 연령별로 제시된 검사를 실시한다. • 각 하위검사는 1번 문항부터 시작하며, 중지규칙은 하위검사별로 다르다. • 일반적으로 아동이 특정 개수의 문항에서 연속으로 0점을 받으면 소검사를 중지한다. • 검사별로 세 가지 유형의 시간제한(자극문항 노출시간, 시간제한, 시간보너스 점수)이 있는데, 자극문항 노출시간이 정해져 있는 검사로 [3. 얼굴기억]과 [1. 이름기억]이 있으며, 제한시간이 있는 검사로는 [13. 블록세기]와 [7. 빠른길찾기]가 있다. 이 외에 [12. 삼각형], [15. 형태추리], [4. 이야기완성] 검사에서는 정답반응속도에 따라 보너스 점수가 주어진다. • 검사 소요시간은 핵심하위검사를 실시할 경우, 연령별로 다르지만 Luria 모델은 약 25~60분, CHC 모델은 약 70분이 소요된다.
결과	• 한국판 KABC-Ⅱ는 실시된 하위검사별로 원점수, 환산점수(평균 10, 표준편차 3), 백분위점수, 연령점수 등이 제시된다. • 하위검사별 점수에 기초하여 전체척도와 5개의 하위척도의 표준점수(평균 100, 표준편차 15), 백분위점수, 백분위점수에 따른 수준을 제공한다. • 또한 5개의 하위척도에 대해서 표준점수와 규준점수를 비교하여 개인 간 강점과 약점을 제시하고, 표준점수와 표준점수의 평균을 비교하여 개인 내 강점과 약점을 제시한다.

10 2025. 중 / ★ 답안작성

다음은 ○○ 중학교 특수 교사와 일반 교사가 학생 A와 B에 대해 나눈 대화이다. 〈작성방법〉에 따라 서술하시오.
[4점]

일반교사 : 선생님, 지난번에 알려 주신 방법대로 학생 A의 상동 행동을 기록해 봤는데 어려웠어요. 학생 A는 몸 흔들기, 머리 흔들기, 손바닥으로 얼굴이나 머리 두드리기를 해요. 학생 A의 상동 행동을 관찰하고 기록할 때 어떤 방법이 유용한지 다시 한번 설명해 주실 수 있으세요?

특수교사 : 그럼요, 선생님. 먼저 일정한 시간 간격을 정해 두고, 시간 간격의 끝을 알리는 진동을 사전에 설정해 두세요. ㉠ 시간 간격의 끝을 알리는 소리가 들릴 때, 학생 A를 관찰하고 상동 행동 중에 한 가지 이상을 보이는 경우 해당 시간 간격에 +표시를, 상동 행동을 하지 않을 경우는 −표시를 하세요.

일반교사 : 네, 선생님. 그렇게 해 보도록 할게요.

… (중략) …

일반교사 : 선생님, 우리 반에 이주배경 학생 B가 있는데요, 한국어를 잘 못해도 지능 검사가 가능한가요?

특수교사 : 네, 한국판 카우프만 아동 지능 검사(Kaufman Assessment Battery for Children-Ⅱ, KABC-Ⅱ)를 실시해 보면 어떨까 해요. 이 검사에서는 ㉡ 순차 처리, 동시 처리, 계획력, 학습력, 지식 등 광범위한 지적 능력을 측정하는데, ㉢ 피검자의 국적에 따라 실시하는 하위 검사의 수와 검사 소요 시간이 달라져요. 또한, 이 검사는 ㉣ 모든 하위 검사가 비언어성 척도로 구성되어 있기 때문에 한국어가 서툰 학생에게도 실시할 수 있어요. 표준화된 비언어적 지능 검사 도구로 ㉤ 한국판 라이터 비언어성 지능 검사 개정판(K-Leiter-R)이 있긴 하지만, 이 도구는 중학생에게는 적합하지 않아요.

일반교사 : 네, 그렇군요. 좋은 정보 감사해요.

작성방법

• 밑줄 친 ㉠에 해당하는 관찰 기록법의 명칭을 쓰고, 밑줄 친 ㉠에 근거하여 수집된 자료(관찰 결과)를 보고하는 방법을 쓸 것
• 밑줄 친 ㉡~㉤ 중 틀린 내용을 2가지 찾아 기호를 쓰고, 바르게 고쳐 서술할 것

✓ 핵심테마 체크

- DSM-5_틱 장애
- 간격기록법
- 관찰자 간 일치도

MY MEMO

11

정답 및 예시답안

○ 학생 A는 지속성(만성) 운동틱이다.
○ 전체 간격기록법은 행동이 지속된 경우에만 발생한 것으로 인정하여, 실제 행동발생보다 적게 나타난 것으로 기록될 수 있다(과소추정). 부분 간격기록법은 행동이 간격 내에서 어느 순간에라도 나타나면 발생한 것으로 기록하여, 실제 행동발생보다 더 많이 발생한 것으로 기록될 수 있다(과대추정).
○ (다)의 과정은 두 관찰자의 관찰 결과가 일치하는 정도를 확인하여 관찰자료의 타당도를 확보하기 위해 필요하다.

관련이론

◎ 틱 관련 DSM 진단기준

뚜렛장애	• 여러 가지 운동성 틱과 한 가지 또는 그 이상의 음성틱이 질병 경과 중 일부 기간 동안 나타난다. 2가지 틱이 반드시 동시에 나타날 필요는 없다. • 틱 증상은 자주 악화와 완화를 반복하지만 처음 틱이 나타난 시점으로부터 1년 이상 지속된다. • 18세 이전에 발병한다.
지속성(만성) 운동 또는 음성틱 장애	• 한 가지 또는 여러 가지 운동틱 또는 음성틱이 장애의 경과 중 일부 기간 동안 존재하지만, 운동틱과 음성틱이 모두 나타나지 않는다. • 틱 증상은 자주 악화와 완화를 반복하지만 처음 틱이 나타난 시점으로부터 1년 이상 지속된다. • 18세 이전에 발병한다.
잠정적 틱 장애	• 한 가지 또는 다수의 운동틱 또는 음성틱이 존재한다. • 틱은 처음 틱이 나타난 시점으로부터 1년 미만으로 나타난다. • 18세 이전에 발병한다.

◎ 관찰자 간 일치도

의미	• 관찰과 측정의 일치도란 같은 것을 측정할 때 일관되게 같은 결과를 산출할 수 있는 정도를 의미한다.
유의 및 고려사항	• 관찰하고자 하는 행동을 관찰 가능하고 측정 가능한 용어로 조작적 정의를 해야 한다. • 행동을 관찰하는 장소와 시간이 일관성 있고 규칙적이어야 한다. • 직접적이고 형성적인 관찰을 해야 한다. • 관찰, 측정, 기록의 절차를 명확하게 명시한다. • 실제 상황에서 관찰하기 전에 충분히 연습을 한다. • 관찰 즉시 자료를 기록한다. • 관찰자가 중재 목적을 모르는 것이 좋다. • 관찰 장소에서 관찰을 시작하기 전에 관찰자 훈련을 하는 기간에 높은 신뢰도 기준을 설정하여 관찰 훈련을 하는 것이 좋다. • 훈련이 끝나고 관찰을 시작한 후에도 관찰자 간의 일치도를 정기적으로 조사해야 한다. • **관찰자 표류**: 관찰자의 관찰 기준이 점진적으로 바뀌는 현상이다. • 관찰자가 2명 이상이라면 관찰 도중에는 두 관찰자가 서로 영향을 받지 않도록 관찰자 간의 접촉을 최소화하는 것이 좋다. • **반동(반응성)**: 학생은 다른 사람이 자신의 행동을 관찰한다는 것을 의식하여 행동을 더 잘하게 되거나 긴장하여 더 못하게 될 수가 있다. • **관찰자반응성**: 행동을 관찰하고 기록하고 있는 관찰자가 다른 사람으로부터 자신의 관찰 과정이 평가받고 있다고 인식하여 '다른 사람'의 의도를 파악하려 하고 '다른 사람'의 의도에 따라 측정을 변화시키는 경우이다.
측정방법	• 빈도 기록/지속시간 기록/지연시간 기록/반응기회 기록/기준치도달 기록의 일치도 • 간격기록의 일치도 : 전체 일치도/시간 간격 일치도/발생 일치도/비발생 일치도

고득점 답안 비법 ✗ 전체 간격기록법과 부분 간격기록법의 기본개념을 바탕으로 제시된 문제 상황을 이해하고, 각 기록법의 대조되는 특징을 명확하게 쓸 것. 과소추정이나 과대추정 등의 용어를 사용해도 되지만, 이 용어를 사용하지 않더라도 의미에 맞게 간결하게 서술하면 좋은 답안이 될 수 있음

✗ 관찰자 간 일치도의 정의를 쓰는 문제가 아니라, 관찰자 간 일치도를 알아보는 과정이 필요한 이유를 써야 함. 문제가 요구하는 것이 무엇인지를 명확히 파악할 것

11

(가)는 특수학급에 재학 중인 학생 A의 특성이다. (나)는 학생 A의 행동에 대한 관찰 기록 자료의 일부이고, (다)는 부분간격 기록법을 사용한 관찰자 A와 B의 자료를 비교한 결과이다. 〈작성방법〉에 따라 서술하시오. [4점]

(가) 학생 A의 특성

- 일상생활 중 자신의 의지와 상관없이 다음과 같은 행동을 보임
  - 갑자기 손목을 꺾으면서 앞·뒤로 빨리 반복적으로 파닥거림
  - 다른 소리(예: 헛기침하기, 쿵쿵거리기)는 내지 않음
  - 초등학교 입학 이후 지속적으로 이와 같은 행동 특성을 보였음
- 현재 특별한 약물을 복용하거나 다른 질병은 없음

(나) 학생 A의 행동 관찰 기록 자료

- 목표행동: 갑자기 손목을 꺾으면서 앞·뒤로 빨리 반복적으로 파닥거리는 행동
- 관찰 기록 방법: 전체간격기록법, 부분간격기록법
  (실제 행동 발생: ▨)

실제 행동 발생	▨	▨	▨		▨	▨	▨	▨		▨	▨	▨
간격	1	2	3	4	5	6	7	8	9	10	11	12

- 전체간격기록법 사용 시 행동발생비율: 25%
- 부분간격기록법 사용 시 행동발생비율: 100%

[㉠]

(다) 부분간격기록법을 사용한 관찰자 A와 B의 자료 비교

- 기록 자료

간격 관찰자	1	2	3	4	5	6	7	8	9	10	11	12
관찰자 A	+	+	+	−	+	+	+	+	−	+	+	+
관찰자 B	+	+	+	+	+	+	+	+	+	+	+	+

※ 행동 발생: +, 행동 비발생: −

- 관찰자 간 자료 비교를 위한 계산식과 결과

$$\frac{\text{관찰 일치 간격 수}}{\text{관찰 일치 간격 수}+\text{관찰 불일치 간격 수}}\times100=83.33\%$$

작성방법

- (가)의 학생 A의 행동 특성에 해당하는 장애명을 쓸 것 (단, DSM-5의 신경발달장애 하위 범주 기준에 근거할 것)
- (나)의 ㉠에서 사용한 2가지 기록법의 특성을 순서대로 서술할 것(단, 실제 행동 발생과 비교한 기록의 정확성 측면에서 쓸 것)
- (다)의 과정이 필요한 이유를 1가지 서술할 것

12

정답 및 예시답안

1) ① 전체간격 기록법
   ② 시간표집법은 시간간격의 마지막 순간에만 관찰하는 방법이기 때문에 상호작용 행동의 지속 여부를 관찰하기 어려워서이다.
2) 사회적 타당도
3) ① 개별화교육계획 목표에 따라 평가 계획을 작성한 후 민호를 지도한다.
   ② ㉤의 결과를 다음 교수적 결정에 반영하여 민호의 수행이 진전을 보이도록 하기 위함이다.

관련이론

🔍 시간표집법(순간표집법)

- 관찰시간을 짧은 시간 간격으로 나누고, 각각의 시간 간격이 끝나는 순간에 학생을 관찰하여 표적행동의 발생 여부를 기록하는 방법이다.
- 즉, 시간 간격의 끝에 관찰하여 행동이 발생한다면 그 시간 간격 동안에 행동이 발생한 것으로 계산한다.
- 이 방법이 시간 간격별 전체 기록법이나 시간 간격별 부분 기록법과 다른 점은 시간 간격 끝에 한 번 관찰하면 다음 시간 간격이 끝날 때까지는 관찰하지 않아도 된다는 점이다.
- 이러한 특성으로 인해 여러 명의 아동을 관찰할 때 유용하다.
- 빈번하면서도 다소 안정된 비율로 나타나는 행동에 적절하지만, 지속시간이 너무 짧은 행동에는 부적절하다.
- 시간 간격이 끝나는 순간의 행동만 관찰하기 때문에 '순간표집법' 또는 '시간표집법'이라고도 한다.
- 장점 : 다른 시간 간격기록에 비해 교사의 관찰시간을 절약해 준다.

🔍 사회적 타당도

- 사회적 타당도를 사회적 중요성의 입장에서 보아도 실험 결과가 일반화할 만한 가치가 있는가를 묻는 것이다.
- 사회적 타당도를 보는 3가지 수준(Wolf)
  ① **중재 목표의 중요성** : 중재 목표가 연구 대상에게 정말로 유익하고 중요한 것인지 그 중요성을 물어야 한다.
  ② **중재 절차의 적절성** : 사용된 중재가 사용하기 쉬운지, 강압적이지는 않은지, 내용이 긍정적인지 등의 적절성을 알아보아야 한다.
  ③ **중재 효과의 실용성** : 중재의 효과를 대상학생이 아닌 또래나 동료의 수준과 객관성으로 비교하여 효과의 실용성을 평가할 수 있어야 한다.

고득점 답안 비법 ✗ 1)의 ② : 시간표집법의 기록 방법과 ㉡의 의미를 연결지어 서술할 것

12

2026. 유
★ 답안작성

다음은 유아특수교사 김 교사와 예비 교사가 나눈 대화이다. 물음에 답하시오. [5점]

김 교 사: 선생님, 제가 드렸던 10분짜리 소그룹 활동 영상을 보며 지수를 관찰 기록을 해 보셨나요?

예비 교사: 네, 관찰할 행동을 또래 상호작용 행동으로 정해서 시간표집법으로 기록해 봤어요.

이름: ○지수　　　　날짜: ○월 ○일
시간: 10:00~10:10　　관찰자: 예비 교사

시간		행동 발생		
분	초	순간표집법	(㉠)	△△△
1	0~20	√		√
	21~40	√	√	√
	41~60	√	√	√
2	0~20			
	21~40	√	√	√
	41~60			√
3	0~20			
	21~40			
	41~60	√	√	√
… (중략) …				
10	0~20			√
	21~40			
	41~60	√	√	√
합계		11	9	17

… (중략) …

예비 교사: 그리고 같은 영상 자료를 지속시간 기록법으로도 기록해 봤어요.

김 교 사: 그러면 지수의 개별화교육계획의 장·단기목표를 작성한다면 어떻게 할지도 생각해 보셨어요?

예비 교사: 저는 ⓛ 지수가 친구들과 조금 더 오래 상호작용 하는 것이 좋겠다고 생각했어요. 그래서 장기목표는 '소그룹 활동 시간 중 10분간 친구와 상호작용할 수 있다.'로 정해 봤고요.

김 교 사: 수고하셨어요. 그런데 장기목표를 정할 때에는 지수의 목표가 지수에게 중요한지, 지수 부모님이나 개별화교육계획 팀이 동의할 만한지, 지수 또래들의 또래 상호작용 정도 등을 고려해서 (㉢)을/를 확보해야 합니다.

… (중략) …

김 교 사: 제가 민호(가명)의 개별화교육계획 목표도 드렸는데, 평가계획은 언제 작성해야 하는지 알고 있나요?

예비 교사: ㉣ 개별화교육계획 목표를 지도하면서 민호의 수행을 본 후 평가계획을 작성하는 것이 좋을 것 같아요.

김 교 사: 만약 민호가 목표행동 수행에 진전을 보이지 않는다면 어떻게 해야 할까요?

예비 교사: 진도 점검 자료를 분석해서 난이도를 조정하거나 행동을 작은 단계로 나누어 단계적으로 가르치는 등 적절한 교수적 결정을 하는 것이 필요합니다.

김 교 사: 네, 잘 알고 있군요. 민호의 진도를 점검하고 ㉤ 교사의 수행도를 점검해 봐야 해요.

1) ① 예비 교사가 사용한 시간표집법 중 괄호 안의 ㉠에 해당하는 관찰 기록법을 쓰고, ② 밑줄 친 ㉡을 고려할 때 시간표집법이 적절하지 않은 이유를 쓰시오. [2점]

　① :

　② :

2) 괄호 안의 ㉢에 들어갈 말을 쓰시오. [1점]

3) ① 밑줄 친 ㉣을 바르게 수정하여 쓰고, ② 밑줄 친 ㉤의 목적을 쓰시오. [2점]

　① :

　② :

03

◆ **핵심테마 체크**

• DSM-5_품행장애
• 반두라의 사회인지이론
• 호혜적 또래교수
• 간격기록법

→ MY MEMO

13

정답 및 예시답안

1) ① 품행장애
   ② 민규는 다양한 부적응행동(부적절한 행동)에 노출되어 이를 관찰하고 실행하게 된 것이다.
2) 초등 교육과정
3) ⓐ 전학급 또래교수(CWPT)
   ⓑ 전문가 또래교수
4) 50%

관련이론

◎ 사회인지이론(Bandura)

• 반두라는 모델링 이론을 발전시켜 사회인지이론을 도출하였다. 모델링은 학생이 타인을 관찰하면서 나타내는 감정, 행동, 사고의 변화를 말한다.
• **부적응행동과 관찰학습**: 다른 사람의 적대감, 공포, 슬픔, 추동성, 위축, 규칙 위반, 약물 복용, 자살과 같은 부적응행동을 관찰한 학생은 이러한 행동을 실행하는 방법을 배우기 쉽다. 부적응행동의 관찰학습은 다양한 부적응행동에 노출, 수많은 모델에 반복적으로 노출, 부적응행동에 혜택이 주어진 것을 관찰하는 상황 등에서 자주 발생한다.

◎ 또래교수

• 또래교수는 연령, 장소, 능력에 따라 분류할 수 있다.
  ① 연령에 따라 같은 연령 또래교수와 교수자와 학습자의 연령을 1~2년 정도 차이를 두는 다른 연령 또래교수로 분류할 수 있다.
  ② 장소에 따른 분류로, 학급 내에서 모든 학생이 또래 교수에 참여하는 학급전체 또래교수(CWPT)와 학급 일부나 학급 이외의 장소에서 일부의 학생들만 참여하는 분리된 또래교수(pull-out tutoring)로 나눌 수 있다.
  ③ 능력에 따라 능력이 낮은 학생이 또래 교수자 역할을 하는 역할반전 또래교수(reverse-role tutoring)와 높은 능력을 가진 학생이 낮은 능력을 가진 학생을 가르치는 전문가 또래교수(tutor as expert)로 나눌 수 있다.
• 학급전체 또래교수(CWPT)는 학급 구성원 전체가 또래교수에 참여하는 것으로 이 전략의 목적은 모든 학생들의 학업 행동에 관심을 가지고 수업시간 중에 조화를 증가시키며 속도와 피드백을 제공하고, 즉각적인 오류교정을 할 수 있으며 보다 높은 수준과 내용 이해에 도달하는 데 있다.
• 학급전체 또래교수팀(CSTT)은 학급전체 또래교수에 4~5명의 학습능력이 다른 학생이 한 팀이 되어 소그룹을 형성하고 팀별로 경쟁을 하는 학습방법이다. 학급전체 또래교수팀은 3~5명의 소그룹으로 형성되며, 2개의 큰 형태를 이루는 데 비해 학급전체 또래교수는 또래 짝과 함께 공부하는 점이 다르다. 이때 학생은 교사에 의해 체계적이며 의도적으로 배정되어 이를 임의로 배정하는 학급전체 또래교수와 다르다.

― 정동영 외, 『장애학생 통합교육론』, 교육과학사, 2012.

13

2019. 초

(가)는 정서 · 행동장애 학생 민규의 특성이고, (나)는 2015 개정 사회과 교육과정 5~6학년 정치 · 문화사 영역 교수 · 학습 과정안의 일부이다. 물음에 답하시오. [6점]

(가) 민규의 특성

- 자주 무단결석을 함
- 주차된 차에 흠집을 내고 달아남
- 자주 밤늦게까지 집에 들어오지 않고 동네를 배회함
- 남의 물건을 함부로 가져간 후, 거짓말을 함
- 반려동물을 발로 차고 집어던지는 등 잔인한 행동을 함
- 위와 같은 행동이 12개월 이상 지속되고 있음

(나) 교수 · 학습 과정안

단계	교수 · 학습 활동	유의 사항
도입	• 조선 시대 국난을 극복한 인물 알아보기 – 임진왜란, 병자호란 등 역사적 사건 살펴보기 – 임진왜란과 병자호란에서 활약한 인물 중 내가 알고 있는 인물 발표하기	
전개	〈학습 활동 1〉 • 이순신 장군의 업적 살펴보기 – 이순신 장군의 일화 살펴보기 – 이순신 장군과 관계있는 장소 살펴보기	
	〈학습 활동 2〉 • 모둠별 학습 계획 수립하기 – 모둠별 학습 주제 정하기 – 모둠별 학습 방법 정하기 – 모둠원 역할 정하기	• ㉠ <u>또래 교수를 활용함</u>
	〈학습 활동 3〉 • 모둠별 학습 활동하기 – 이순신 장군 되어 보기 1모둠: 난중일기 다시 쓰기 2모둠: 적장에게 편지 쓰기 3모둠: 거북선 다시 설계하기 [A]	• 표적행동을 관찰, 기록함
정리 및 평가	• 활동 소감 발표하기 • 차시 예고하기	

1) ① (가) 민규의 특성에 해당하는 장애 명칭을 DSM-5 진단 기준을 근거로 쓰고, ② 민규의 행동 원인을 반두라(A. Bandura)의 사회학습관점에 근거하여 쓰시오. [2점]

①:

②:

2) [A]는 추체험 학습이 적용된 사례이다. 이 학습 방법의 장점 1가지를 쓰시오. [1점]

3) 다음은 (나)의 ㉠에 대한 설명이다. ⓐ와 ⓑ에 들어갈 말을 각각 쓰시오. [2점]

유형	개념
(ⓐ)	• 학급 구성원을 2~3개의 모둠으로 나누어 또래 교수에 참여하도록 함 • 학생의 과제 참여 시간, 연습 및 피드백 기회가 증가됨 • 모든 학생의 학업적 행동에 관심을 갖게 되며 수업 시간 중에 상호작용이 증가됨
일대일 또래 교수	• 특별한 지원이 필요한 학생에게 효과적인 전략임 – 역할 반전 또래 교수: 일반적으로 학습자 역할을 하는 학생이 특정 영역에서는 교수자 역할을 함 – (ⓑ): 학습 수준이 높은 학생이 낮은 학생을 가르치는 교수자 역할을 함

ⓐ:

ⓑ:

4) 다음은 민규의 행동 관찰 기록지이다. 부분간격기록법에 따라 행동 발생률(%)을 구하시오. [1점]

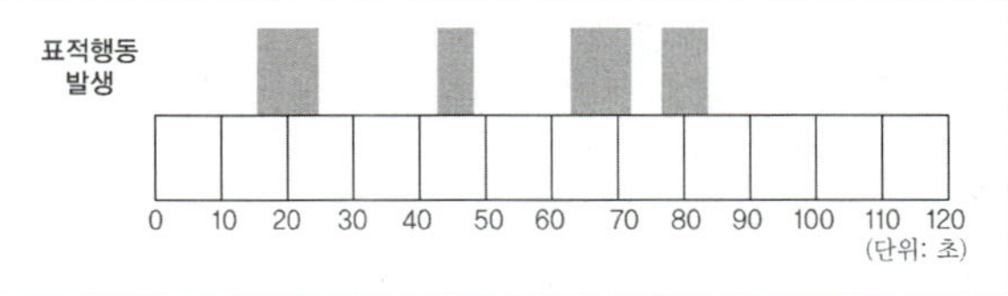

14

정답 및 예시답안

1) 심미적 감성 역량
2) ① [A]는 제시된 검목표 중 지수의 행동에 해당하는 것을 표시하여 정보를 제공하는 방식이나, [B]는 지수의 행동과 전후관계 등에 대한 정보를 객관적으로 묘사하여 서술하는 방식이다.
   ② 지수의 실제적 수준을 파악하여 친구에게 사과하는 수준에 도달하기 위해 필요한 근접발달영역을 파악하기 위함이다.
3) 초등 교육과정

문제 속 자료분석

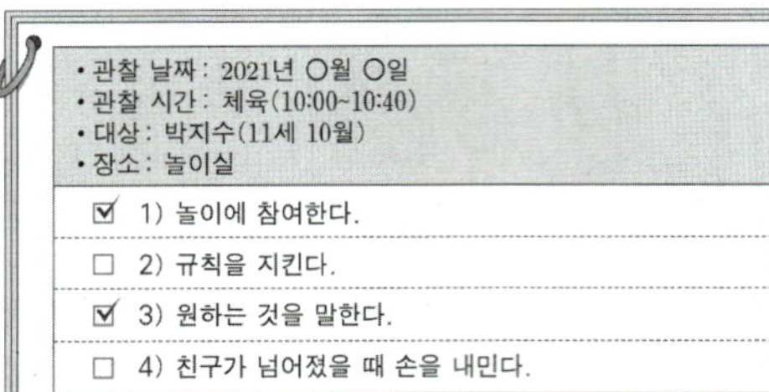

• 관찰 날짜: 2021년 ○월 ○일   • 관찰 시간: 체육(10:00~10:40)
• 대상: 박지수(11세 10월)   • 장소: 놀이실

⊙ **기록**
지수가 볼풀장에서 놀다가 옆에 있던 현우에게 "비켜!"라고 소리치며 밀었다. 현우가 넘어져서 소리를 지르며 울기 시작했다. 지수는 공을 던지면서 놀고 있었다.
내(교사)가 "지수야, 현우가 아파서 울고 있잖아. 사과해야지."하고 말하자 지수는 현우를 잠시 쳐다보다가 "싫어!"하고 다시 공을 던지기 시작했다.

⊙ **요약**	⊙ **수행 목표**
말을 할 수 있지만 상황에 맞는 말을 하지 않는 것이 지수의 실제적 수준이다.	친구의 마음을 이해하고 자기의 잘못을 친구에게 사과하는 수준에 도달할 수 있다.

➡ 제시되어 있는 검목표 중 해당하는 것에 표시하는 방식으로서, 제시되어 있는 검목표의 내용 안에서 정보를 제공할 수 있음

➡ 관찰 시간 동안 지수가 보인 행동과 행동과 관련되는 상황을 묘사하고 서술함. 이러한 방식은 행동의 전후 관계를 알아보기에 유용하며, 행동에 대한 구체적인 정보를 제공할 수 있음

14 |

(가)는 특수학교 독서 교육 교사 학습 공동체 협의회에 참여한 교사들의 대화 내용의 일부이고, (나)는 지수의 행동 관찰 기록이다. 물음에 답하시오. [5점]

(가) 대화 내용

> 김 교사: 우리 반 학생들의 생활지도를 위해서 저는 그림 책을 활용해 볼 계획이에요. 학생들 수준과 상황에 맞는 그림책을 선정하고 교육과정을 재구성하려고 해요.
>
> 박 교사: 독서 활동을 통해서 생활지도를 교과 지도와 연계하는 것은 좋은 시도예요. 그림책을 교과 지도에 활용하면 ㉠ <u>학생들이 글을 재미있게 읽으면서 문학이 주는 즐거움을 경험할 수 있어요.</u>
>
> 김 교사: 그런데 우리 반 지수가 요즘 놀이실에서 친구들을 자주 괴롭혀서 어떻게 생활지도를 해야 할지 고민이에요.
>
> 이 교사: 그러면 현재 지수의 행동이 어느 정도 수준인지를 알아보기 위해서 놀이 상황에서 관찰해 보세요.
>
> 김 교사: 아, 그럼 관찰 결과를 보고 지수를 어떻게 지도할지 구체적인 계획을 세우는 게 좋겠네요.
>
> (며칠 뒤)
>
> 박 교사: 선생님이 지수와 함께 그림책을 읽으면서 선생님의 사과하는 말을 따라해 보게 하는 식으로 ㉡ <u>비계를 제공(scaffolding)</u>하는 건 어때요?
>
> 김 교사: 좋은 방법인 것 같아요. 문장 완성 카드 같은 전략도 활용해 봐야겠어요.
>
> 이 교사: 그리고 ㉢ <u>학생들의 생활 속에서 일어나는 다양한 경험을 중심으로 주제를 선정하고 교과를 연결해서 수업을 해 보면 어떨까요?</u>
>
> … (하략) …

(나) 지수의 행동 관찰 기록

◦ 지수의 놀이 행동 검목표

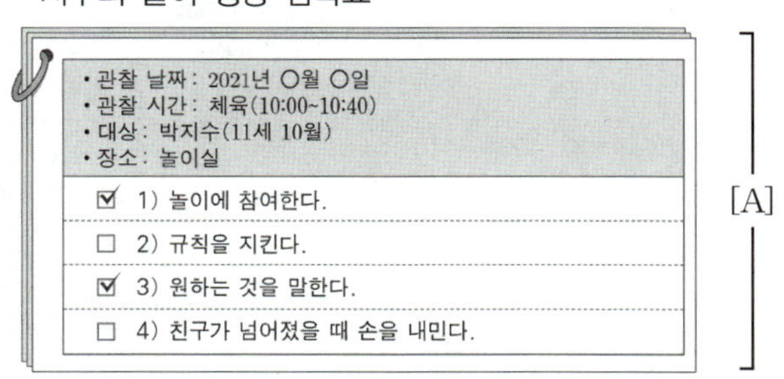

◦ 지수의 일화 기록

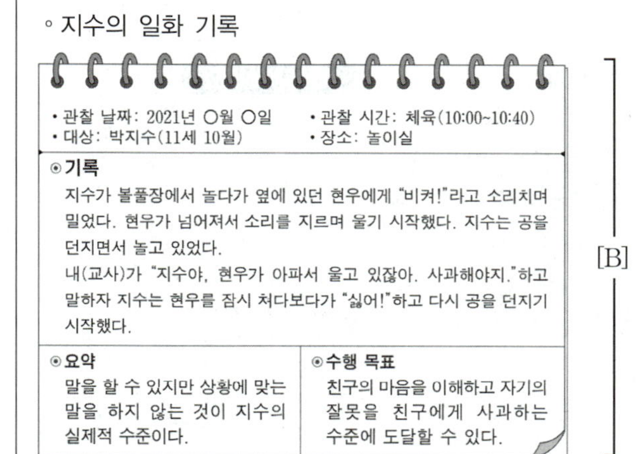

1) 2015 개정 특수교육 교육과정에서 제시하는 핵심역량 중 ㉠은 무엇인지 쓰시오. [1점]

2) ① (나)의 [A]와 [B]를 통해서 지수에 대해 수집한 행동 정보의 기록 방식이 어떻게 다른지 차이점을 쓰고, ② ㉡을 위해 지수에게 [B]를 실행함으로써 파악하고자 하는 것을 쓰시오. [2점]

　①:

　②:

3) ① ㉢은 교육과정을 재구성하는 방법 가운데 어떤 유형인지 쓰고, ② ㉢을 실행하는 과정에서 김 교사가 다음의 그림을 그린 이유를 쓰시오. [2점]

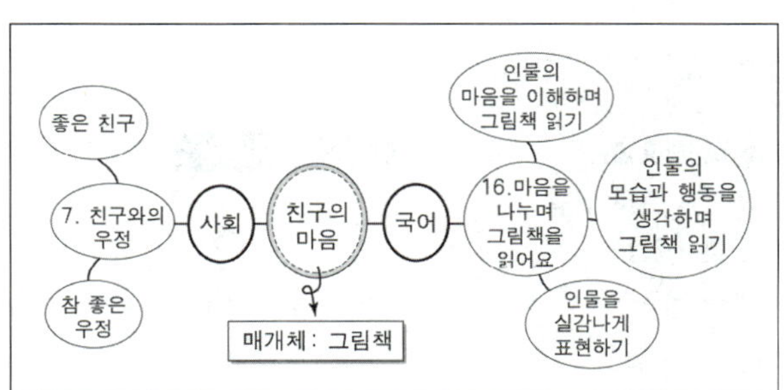

　①:

　②:

15

정답 및 예시답안

③

알찬 지문풀이

• $27/30 \times 100 = 90\%$

관련이론

◎ 관찰자 간 신뢰도 측정 방법

빈도 기록방법의 신뢰도	$\dfrac{(작은\ 수)}{(큰\ 수)} \times 100$	
지속시간 기록방법의 신뢰도	$\dfrac{(긴\ 시간)}{(짧은\ 시간)} \times 100$ $\dfrac{(짧은\ 시간)}{(긴\ 시간)} \times 100$	
지연시간 기록방법의 신뢰도	$\dfrac{(작은\ 수)}{(큰\ 수)} \times 100$	
반응기회 기록방법의 신뢰도	$\dfrac{(일치한\ 반응의\ 수)}{(전체\ 반응의\ 수)} \times 100$	
기준치도달 기록방법의 신뢰도	$\dfrac{(작은\ 수)}{(큰\ 수)} \times 100$	
시간 간격별 기록방법의 신뢰도	전체 일치도	두 관찰자 중에서 더 적은 수의 시간 간격에서 행동이 발생한 것으로 보고한 시간 간격의 수를 더 많은 시간 간격에서 행동이 발생한 것으로 보고한 시간 간격의 수로 나누어 100을 곱하여 백분율로 나타낸다.
	시간 간격 일치도	두 관찰자가 행동의 발생 유무에 대해 서로 일치하는 시간 간격의 수를 두 관찰자가 서로 일치한 시간 간격의 수와 일치하지 않는 시간 간격의 수를 합한 수로 나누어 100을 곱한다.
	발생 일치도	두 관찰자가 행동의 발생에 대해 서로 일치하는 시간 간격의 수를 행동 발생에 대한 일치하는 시간 간격의 수와 일치하지 않는 시간 간격의 수를 합한 수로 나누어 100을 곱하여 계산한다.
	비발생 일치도	두 관찰자가 행동의 비발생에 대해 일치한 시간 간격의 수를 행동의 비발생에 대해 일치한 시간 간격의 수와 일치하지 않는 시간 간격의 수를 합한 수로 나누어 100을 곱하여 계산한다.

16

정답 및 예시답안

①

알찬 지문풀이

• ① 두 교사의 관찰자 간 신뢰도는 75%이다. ➡ $12/16 \times 100 = 75\%$

• ② 위의 관찰 기록지에서는 현주의 ~~목표 행동 발생 원인을 파악할 수 있다.~~ ➡ 시간 간격에 따른 행동발생 여부를 알 수 있을 뿐 행동의 발생 원인은 알 수 없음

• ③ 각 관찰구간에서 목표 행동이 ~~5초 동안 지속되는 경우에만~~ +로 표시하였다. ➡ 15초 간격의 마지막 순간마다 관찰을 하여 행동이 발생하면 +로 표시하는 순간표집기록법을 사용하였음

• ④ 각 관찰구간에서 목표 행동이 ~~15초 동안 지속되는 경우에만~~ +로 표시하였다. ➡ 15초 간격의 마지막 순간마다 관찰을 하여 행동이 발생하면 +로 표시하는 순간표집기록법을 사용하였음

• ⑤ 두 교사의 관찰에서 현주의 목표 행동 발생 횟수가 같기 때문에 ~~구인 타당도가~~ 높다고 할 수 있다.
➡ 두 교사의 관찰 결과를 비교하는 것은 신뢰도이며, 구인 타당도는 지능, 창의성 등 심리적 요소에 대한 타당도를 의미

15
2011. 중

다음은 수업 중에 옆 친구를 방해하는 학생 A의 행동을 담임교사가 동시에 관찰하여 기록한 간격기록법 부호형 자료이다. 관찰자 간의 일치율을 바르게 구한 것은? (단, 소수점 이하 첫째자리 반올림)

〈행동 부호〉

H = 때리기   T = 말 걸기   P = 꼬집기

〈담임교사〉

분＼초	10″	20″	30″	40″	50″	60″
1′	T	T	H	TH		
2′		T	T		P	P
3′	H	TH		T	T	
4′	T		PH		T	T
5′	T	T		T		

〈동료교사〉

분＼초	10″	20″	30″	40″	50″	60″
1′	T	T	H	TH		
2′		T	T		P	
3′	H	H		T	T	
4′	T		PT		T	T
5′	T	T		T		

① 83%　　　　　② 87%
③ 90%　　　　　④ 94%
⑤ 96%

16
2012. 유

다음은 어느 통합학급에서 유치원 만 3~4세 교육과정 사회생활 영역 '친구와 사이좋게 지낸다.'를 지도하면서 유아특수 교사와 유아 교사가 발달지체 유아인 현주의 목표 행동을 관찰하여 나타낸 관찰 기록지이다. 이에 대한 설명으로 옳은 것은?

관찰 기록지

- 관찰 대상: 김현주(발달지체)
- 목표 행동: 협동 놀이에 참여하기
- 관찰 방법: 순간표집기록법
  - 두 교사가 4분 동안 15초 간격으로 현주의 목표 행동을 관찰하여 목표 행동의 발생은 +, 목표 행동의 비발생은 -로 나타냄

관찰자＼관찰구간	1	2	3	4	5	6	7	8	9	10	11	12	13	14	15	16
유아특수 교사	+	-	+	+	-	+	+	-	+	+	-	-	-	+	+	-
유아교사	+	-	-	+	+	+	-	-	+	+	-	+	-	+	+	-

① 두 교사의 관찰자 간 신뢰도는 75%이다.
② 위의 관찰 기록지에서는 현주의 목표 행동 발생 원인을 파악할 수 있다.
③ 각 관찰구간에서 목표 행동이 5초 동안 지속되는 경우에만 +로 표시하였다.
④ 각 관찰구간에서 목표 행동이 15초 동안 지속되는 경우에만 +로 표시하였다.
⑤ 두 교사의 관찰에서 현주의 목표 행동 발생 횟수가 같기 때문에 구인 타당도가 높다고 할 수 있다.

17

정답 및 예시답안

1) ㉠ 조작적 정의
   ㉡ 관찰자 간 일치도(관찰자 간 신뢰도)
2) 관찰시간을 짧은 시간 간격으로 나누어(등간으로 나누어) 태희의 공격적 행동이 간격 내에서(시간 간격 동안) 지속적으로 발생했는지를 관찰하여 기록한다.
3) ① 순간표집법(시간표집법)
   ② 시간 간격이 끝나는 순간(매 시간 간격의 끝에) 행동 발생 여부를 관찰하여 기록한다.

관련이론

🔍 **조작적 정의**

조작적 정의	• 관찰할 행동은 관찰 가능하고 구체적이어야 한다. － **행동의 관찰이 가능하다는 것**: 행동의 시작과 끝이 분명하다는 것 － **행동이 구체적이라는 것**: 행동의 측정이 가능하다는 것
조작적 정의의 필요성	• 똑같은 행동이라도 정의가 다르면 서로 다른 평가를 하게 된다. 따라서 서로 다른 관찰자가 하나의 행동을 보고 행동이 발생했는지에 대해 서로 동의할 수 있으려면 행동의 조작적 정의가 필요하다. • 이뿐만 아니라 같은 관찰자가 행동을 관찰할 때에도 관찰할 행동이 발생했을 때 다른 행동들과 변별할 수 있으려면 행동의 조작적 정의가 필요하다. • 객관적 관찰과 측정을 용이하게 하는 행동의 조작적 정의가 있으면, 행동에 대한 구체적 교수목표를 세울 수 있고, 목표의 달성 여부를 객관적으로 측정할 수 있으며, 중재 효과를 평가하여 행동과 중재 프로그램 사이의 기능적 관계를 입증할 수 있게 된다.

18

정답 및 예시답안

○ ㉠은 관찰자 표류이고, ㉡은 다른 사람이 자신의 행동을 관찰한다는 것을 의식하여 행동을 더 잘하거나 못하는 것을 의미한다.
○ 총 지연시간 관찰자 일치도는 96%, 평균 발생당 지연시간 관찰자 일치도는 90%이다.

관련이론

🔍 **관찰자 간 일치도**

의미	• 관찰과 측정의 일치도란 같은 것을 측정할 때 일관되게 같은 결과를 산출할 수 있는 정도를 의미한다.
유의 및 고려사항	• 관찰하고자 하는 행동을 관찰 가능하고 측정 가능한 용어로 조작적 정의를 해야 한다. • 행동을 관찰하는 장소와 시간이 일관성 있고 규칙적이어야 한다. • 직접적이고 형성적인 관찰을 해야 한다. • 관찰, 측정, 기록의 절차를 명확하게 명시한다. • 실제 상황에서 관찰하기 전에 충분히 연습을 한다. • 관찰 즉시 자료를 기록한다. • 관찰자가 중재 목적을 모르는 것이 좋다. • 관찰 장소에서 관찰을 시작하기 전에 관찰자 훈련을 하는 기간에 높은 신뢰도 기준을 설정하여 관찰 훈련을 하는 것이 좋다. • 훈련이 끝나고 관찰을 시작한 후에도 관찰자 간의 일치도를 정기적으로 조사해야 한다. • **관찰자 표류**: 관찰자의 관찰 기준이 점진적으로 바뀌는 현상이다. • 관찰자가 2명 이상이라면 관찰 도중에는 두 관찰자가 서로 영향을 받지 않도록 관찰자 간의 접촉을 최소화하는 것이 좋다. • **반동(반응성)**: 학생은 다른 사람이 자신의 행동을 관찰한다는 것을 의식하여 행동을 더 잘하게 되거나 긴장하여 더 못하게 될 수가 있다. • **관찰자반응성**: 행동을 관찰하고 기록하고 있는 관찰자가 다른 사람으로부터 자신의 관찰 과정이 평가받고 있다고 인식하여 '다른 사람'의 의도를 파악하려 하고 '다른 사람'의 의도에 따라 측정을 변화시키는 경우이다.

17 　　　　2018. 유

다음은 태희의 공격적 행동을 관찰하기 위하여 두 교사가 나눈 대화이다. 물음에 답하시오. [5점]

> 홍 교사: 선생님, 우리 반 태희가 공격적인 행동을 보여요. 아무래도 태희의 공격적 행동을 자세히 관찰해 보아야겠어요.
>
> 강 교사: 네, 그게 좋겠네요. 태희의 행동을 정확히 관찰하려면 ㉠ 먼저 태희의 공격적 행동을 관찰 가능한 구체적인 형태로 명확히 정하셔야 하겠군요.
>
> 홍 교사: 그렇죠. 저는 태희가 물건을 던지는 행동과 다른 친구의 물건을 빼앗는 행동을 공격적 행동으로 보려고 해요. 그런데 저 혼자 관찰하기보다는 강 선생님과 함께 관찰했으면 해요.
>
> 강 교사: 네, 그러죠. ㉡ 선생님과 제가 태희의 공격적 행동을 동일한 방법으로 관찰했을 때 결과가 서로 어느 정도 일치하는지를 보는 것도 중요하니까요.
>
> 홍 교사: 저는 태희의 공격적 행동특성을 조금 더 지켜 본 후에 ㉢ 전체간격기록법이나 부분간격기록법 중에서 적절한 방법을 선택하려고요.
>
> 강 교사: 네. 태희만 관찰할 때는 그럴 수도 있겠네요. 만약 선생님께서 수업을 진행하시면서 여러 유아들의 행동을 동시에 관찰하실 때는 말씀하신 시간 간격 기록법의 두 가지 방법보다 (　　　)이/가 효과적일겁니다.

1) 밑줄 친 ㉠과 ㉡에 해당하는 용어를 각각 쓰시오. [2점]

　㉠ :

　㉡ :

2) 밑줄 친 ㉢의 행동발생 기록 방법을 쓰시오. [1점]

3) ① (　　　)에 적합한 관찰 기록법의 명칭을 쓰고, ② 해당 기록법의 행동발생 기록 방법을 쓰시오. [2점]

　① :

　② :

18 　　　　2021. 중

(가)는 교사가 학생 I의 부모에게 요청한 내용을 메모한 것이며, (나)는 학생 I의 부모가 3일 동안 작성한 행동 관찰 결과이다. 〈작성방법〉에 따라 서술하시오. [4점]

(가) 메모

> 〈주요 내용〉
> ○ 표적 행동: 지시에 대한 반응 지연 시간 줄이기
> ○ 선행 사건: 컴퓨터 사용을 중지하라는 지시
> ○ 학생 행동 목표: 컴퓨터 끄기
> ○ 유의 사항
> 　• ㉠ 의도하지 않은 측정 방법의 오류 또는 기준이 변경되지 않도록 유의함
> 　• ㉡ 관찰자 반응성에 유의함

(나) 행동 관찰 결과

반응 관찰자	반응 지연 시간(분)		
	11월 1일	11월 2일	11월 3일
아버지	6	10	9
어머니	6	8	10

〈작성방법〉
- (가)의 밑줄 친 ㉠에 해당하는 용어를 쓰고, (가)의 밑줄 친 ㉡의 의미를 1가지 서술할 것
- (나)에서 알 수 있는 '총지연 시간 관찰자 일치도'와 '평균 발생당 지연 시간 관찰자 일치도'를 각각 계산하여 쓸 것

19

정답 및 예시답안

1) ① 유치원 교육과정
   ② 언어에 의존하지 않고 메시지(의견, 생각 등)를 교환할 수 있기 때문에 중요하다, 사회적 의사소통 과정에서
      메시지를 전달하는 수단이 되기 때문이다 등
2) 유치원 교육과정
3) ① 조작적 정의
   ② 서로 다른 관찰자가 하나의 행동을 보고 행동이 발생했는지에 대해 서로 동의하기 위해서 조작적 정의가
      필요하다.

관련이론

◎ 의사소통

• 두 사람 혹은 그 이상의 사람들 사이의 정보 교환으로서 사회적 행동의 한 형태
• 화자가 전달하고자 하는 '의도'와 화자가 전달하고자 하는 '파트너(수용자)' 그리고 전달하는 '메시지의 형태'가
  포함
• 의사소통에 어려움을 보이는 사람은 있지만, 의사소통이 불가능한 사람은 없음
• 몸짓, 표정과 같은 비형식적(비구어적) 방법을 포함
• 성공적인 의사소통이 이루어지기 위해서는 말, 언어와 같은 언어적 요소와 준언어적·비언어적·초언어적
  요소를 이해하고 사용하는 능력을 갖추어야 함

언어적 요소	말, 언어 등의 요소
준언어적(반언어적) 요소	억양, 강세, 속도, 일시적인 침묵 등과 같이 말에 첨가하여 메시지를 전달하는 것
비언어적 요소	몸짓, 자세, 표정 등과 같이 말이나 언어에 의존하지 않고 메시지를 전달하는 것
초언어적 요소	언어 자체를 사고의 대상으로 하여 언어의 구조나 특질을 인식하는 능력

19 2023. 유
★ 답안작성

(가)는 통합학급 놀이 지원 내용의 일부이고, (나)는 통합학급 김 교사와 순회교육을 담당한 유아특수교사 박 교사의 대화 내용이며, (다)는 인공와우를 한 청각장애 유아 현우에 대한 관찰 기록의 일부이다. 물음에 답하시오. [5점]

(가)

교사 : (놀이 영상을 보여 주며) 이 영상에서 현우가 뭐라고 하는지 말해 볼까요?
민수 : 조용히 하라고 한 것 같아요.
현우 : (고개를 가로젓는다.)
상미 : 내가 맞혀 볼게요. 현우가 그네를 한 번 더 타고 싶은 것 같은데요.
현우 : (고개를 끄덕이며) 응.
교사 : 상미는 ㉠ <u>현우의 손 모양이랑 표정을 같이 보았구나.</u> <u>우리는 몸짓이나 손짓으로도 말할 수 있어요.</u>

(나)

김 교사 : 선생님, 이전에는 유아들이 현우의 인공와우를 궁금해 하고, 현우가 뭐라고 하는지 잘 몰라서 저에게 물어보곤 했었거든요. 요즘은 서로 표정이나 손짓, 몸짓 등에도 관심을 가지면서 보다 수월하게 소통하고 있어요.
박 교사 : 네, 모든 유아가 현우와 의사소통하는 모습을 보이니 좋은 변화입니다. '단짝친구기술훈련(Buddy Skills Training)'을 받은 상미도 친구 역할을 참 잘하고 있네요.
김 교사 : 그렇죠. 모든 유아에게 현우 특성과 현우와 의사소통할 수 있는 다양한 방법이 있다는 것을 알려주고, 평소에 현우를 좋아하는 상미에게 단짝친구기술을 훈련시킨 것이 효과적이었어요. 선생님이 순회 교육을 나오셔서 함께 고민하고 제시했던 지원 방법이 아이들의 변화에 긍정적으로 작용했어요.
박 교사 : 네, 단짝친구기술과 같은 또래 지원 방법은 유아의 행동 변화 측면에서도 의미 있고, 유치원 일과 중에 자연스럽게 적용할 수 있기 때문에 방법적으로도 타당하지요. 그러면 '또래 상호작용 행동 관찰표'도 한번 살펴볼까요?
김 교사 : 네, 원감 선생님과 제가 현우의 또래 상호작용 행동을 관찰했어요. 그런데 우리 둘의 관찰 결과에 차이가 있어요.
박 교사 : 아, 행동 관찰 시에는 관찰해야 할 행동의 명칭뿐 아니라, 행동에 대한 구체적인 (㉡)을/를 해야 합니다.

(다)

또래 상호작용 행동 관찰표			
유아명	현우	생년월일	2017. ○. ○.
관찰자	김 교사, 원감	관찰 기간	2022. 4. 11.~4. 15.
관찰 시간	10:00~10:30	관찰 장소	통합학급
관찰 행동	또래 상호작용 행동	관찰 방법	빈도 기록

관찰 결과 요약		
관찰 행동	평균 행동 발생 빈도(회)	
	김 교사	원감
시작행동	4	7
반응행동	11	15
확장된 상호작용	3	8

1) ① (가)와 (나)에서 모든 유아를 대상으로 실시한 학급 차원의 상호작용 지원 방법을 쓰고, ② (가)의 ㉠이 사회적 의사소통에서 중요한 이유를 1가지 쓰시오. [2점]

① :

② :

2) (나)의 통합학급에서 적용한 '단짝친구기술훈련'이란 무엇인지 쓰시오. [1점]

3) (나)와 (다)에 근거하여 ① ㉡에 제시되어야 하는 내용이 무엇인지 쓰고, ② ㉡이 필요한 이유를 1가지 쓰시오. [2점]

① :

② :

핵심테마 체크

- 내용타당도
- 관찰자 간 일치도

MY MEMO

20

정답 및 예시답안

㉠ 내용타당도
㉡ 80%

관련이론

🔍 내용타당도

- 내용타당도란 검사문항들이 측정하고자 하는 전체 내용을 얼마나 잘 대표하고 있는가를 전문가가 주관적으로 판단하는 주관적 타당도이다.
- 이때 주관적 판단이라 함은 단순히 개인적인 생각을 말하는 것이 아닌 전문가의 체계적이고 논리적인 사고에 입각한 판단을 말하는 것임에 유의해야 한다.
- 내용타당도란 검사에 포함되는 내용의 대표성 혹은 표집의 적절성을 평가하는 것이다.

핵심테마 체크

- 기능적 관계
- 기초선의 원리

MY MEMO

21

정답 및 예시답안

⑤

문제 속 자료분석

- ㄱ ➡ 기초선에서 감소경향을 보이고 있었으므로, 중재 이후의 행동 감소가 중재의 결과라고 확신하기 어려움
- ㄴ ➡ 기초선이 일정한 경향을 보이지도 않고, 안정적이지 못한 상태이며, 중재 후의 결과도 불안정적이므로 행동과 중재 사이의 기능적 관계를 확신하기 어려움

관련이론

🔍 연구의 핵심개념

변수	독립변수	• 다른 변수에 영향을 주는 변수(중재, 처치, 행동의 원인 등)
	종속변수	• 다른 변수에 의해 영향을 받는 변수(독립변수에 따라 변화하는 변수)
	외생변수	• 연구자가 조작한 독립변수가 아닌데도 종속변수에 영향을 주는 변수들 • 실험연구에서는 외생변수가 발생하지 않도록 얼마나 잘 통제하느냐가 성패를 좌우
기능적 관계		• 독립변수의 변화에 따라 종속변수가 체계적으로 변화하는 관계 • 독립변수의 변화로 종속변수의 변화를 예측할 수 있는 관계
통제		• 통제란 독립변수에 대해서는 조절한다는 의미를 갖고, 외생변수에 대해서는 규제하거나 고정시킨다는 의미
신뢰도	종속변수 신뢰도	• 검사의 신뢰도/관찰자 내 신뢰도/관찰자 간 신뢰도
	독립변수 신뢰도	• 중재 충실도, 처치 성실도, 중재 수행 신뢰도라고도 함

20

다음은 특수교사와 교육실습생이 나눈 대화의 일부이다. ㉠과 ㉡에 들어갈 내용을 순서대로 쓰시오. [2점]

교육실습생 : 선생님, 검사 도구를 선택할 때에는 타당도를 고려하라고 하는데 타당도에 대해 설명해 주시겠어요?

특 수 교 사 : 타당도는 검사 도구의 적합성이라고 생각하면 돼요. 여러 가지 종류가 있는데, (㉠)은/는 검사 도구가 얼마나 검사의 목적을 달성할 수 있는 문항으로 구성되었는지를 나타내는 것입니다. 즉 측정하고자 하는 영역을 검사 문항이 얼마나 충실하게 대표하는가를 의미합니다. 그리고 예언타당도는 검사를 통해 얻어진 결과가 향후 학생의 행동이나 특성을 얼마나 정확하게 예측할 수 있는지를 나타내는 것이랍니다.

… (중략) …

특 수 교 사 : 관찰을 할 때에는 관찰자들의 평가 결과가 얼마나 유사한지 관찰자 간 일치도를 파악해야 합니다. 이 자료는 반응기회 기록 방법으로 두 사람이 함께 관찰한 결과에요. 그럼 관찰자 간 일치도를 계산해 볼래요?

<행동 관찰지>

관찰자 \ 기회	1	2	3	4	5	6	7	8	9	10
관찰자 1	×	×	○	○	×	○	×	×	○	○
관찰자 2	×	×	○	○	○	○	×	○	○	○

정반응 = ○, 오반응 = ×

교육실습생 : 예, 관찰자 간 일치도는 (㉡)%입니다.

21

<보기>의 그래프는 수업 중 발생한 학생의 행동에 대하여 중재한 결과를 나타낸 것이다. 종속변인의 변화가 독립변인으로 인해 발생했을 가능성이 높은 것을 고른 것은? [1.5점]

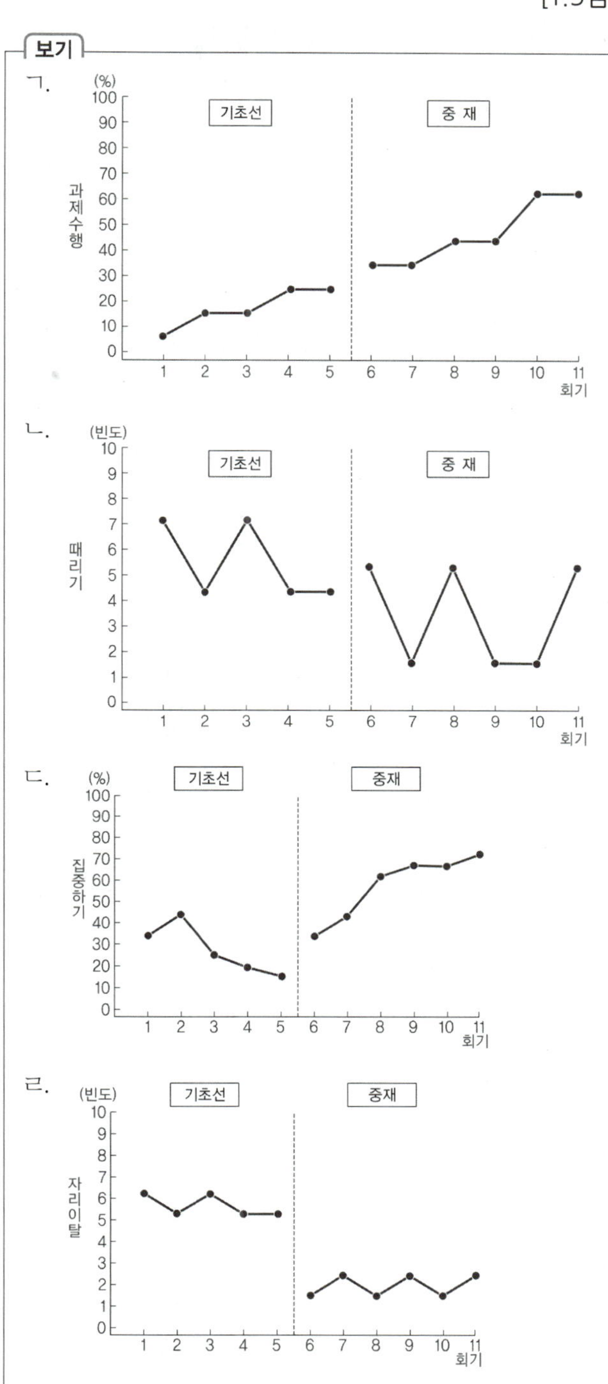

① ㄱ, ㄴ   ② ㄱ, ㄹ
③ ㄴ, ㄷ   ④ ㄴ, ㄹ
⑤ ㄷ, ㄹ

핵심테마 체크
- 강화된 환경중심 언어중재
- ABAB 설계
- 중다기초선설계

MY MEMO

22

정답 및 예시답안

○ [A]에서 사용한 전략은 요구-모델이고, ㉠은 흥미있는 상황, 선택해야 하는 상황이다(이 중 택 1).
○ ㉡은 언어중재의 효과를 3명을 학생으로 대상으로 확인해야 하는데, ABAB설계는 3명에게 한 번에 실시하지 못하고, 학생별로 각각 실시해야 하기 때문이다. 그리고, ㉢은 대상자 간 중다기초선설계이다.

관련이론

◎ 강화된 환경중심 언어중재(EMT)

- 환경중심 언어중재의 수정된 형태로서, 기존의 우발교수, 시간지연, 요구-모델 등의 전략에 물리적 환경 조절전략과 반응적 상호작용전략이 결합된 중재
- 일반화와 충분한 의사소통의 기회를 증진시키는 데에 보다 많은 초점

물리적 환경 조성 전략	• 물리적 환경 조절전략의 핵심은 아동의 언어를 촉진하기 위한 물리적인 전략으로서 아동이 선호하는 자료를 중심으로 물리적 환경을 설정 • 대상 아동의 인지와 언어 수준 등을 잘 고려하되, 도움을 요청할 수 있도록 일부러 혼자 할 수 없는 상황을 설정하는 것이 중요 • **전략**: 흥미 있는 자료, 닿지 않는 위치, 도움이 필요한 상황, 불충분한 자료 제공, 중요 요소 빼기, 선택기회 제공, 예상치 못한 상황
반응적 상호 작용 전략	• 아동의 행동에 성인 대상자가 어떻게 반응해야 하는지에 대한 것으로서, 아동의 언어적 또는 비언어적 행동에 반응하는 방법 • 아동의 눈높이에서 공동관심, 공동활동, 그리고 주고받기 등을 통해 아동이 더 많은 의사소통 기회를 가질 수 있도록 하는 데에 주목적이 있음 • 이때에는 지시나 질문은 가급적 피하고 성인이 아동의 행동을 모방하거나 상호작용을 하여 반응을 기다려 주는 것이 중요

◎ 중다기초선설계

개념	• 여러 개의 기초선을 측정하고 순차적으로 중재를 적용하며 그 이외의 조건을 동일하게 함으로써 표적행동의 변화가 오직 중재 때문임을 입증하는 설계 • 기초선이 여러 개이므로 한 개 이상의 종속변수를 동시에 분석할 수 있는 설계
내적 타당도	• 중재의 변화가 나타나고, 중재의 적용이 없으면 변화가 없는 것을 보여 주는 것으로 내적 타당도를 입증 • 적절한 시점에 중재를 순차적으로 도입하는 것이 매우 중요

22

다음은 ○○ 특수학교 중학교 1학년 자폐성장애 학생에 대해 특수 교사 A와 특수 교사 B가 나눈 대화이다. 〈작성 방법〉에 따라 서술하시오. [4점]

특수 교사 A: 선생님, 올해 우리 반에 자폐성장애 학생이 3명 있어요. 3명 모두 구어를 사용할 수 있는데도, 필요한 상황에서 말을 하지 않아요. 어떻게 지도하면 좋을까요?

특수 교사 B: 학생들이 좋아하는 물건들을 활용해 보세요. 예를 들어, 학생 K의 경우, 이 학생이 좋아하는 공을 보여주면서 "뭐라고 해야 하지?"라고 말해보세요. 그때 학생 K가 "공 주세요."라고 말을 하면 공을 주면 돼요. 그런데 학생 K가 아무 말도 하지 않으면 "공 주세요 해야지."라고 하면서 선생님께서 시범을 보여 주세요. [A]

특수 교사 A: 혹시 다른 언어 능력 향상 교수법도 있을까요?

특수 교사 B: 물리적인 환경을 조절하는 것도 도움이 돼요. 예를 들어, ㉠ 학생 K의 경우에는 이 학생이 좋아하는 단어 카드를 학생 K의 눈에 잘 보이는 곳에 두는 거예요. 학생 M의 경우에는 붉은색 공과 푸른색 공을 제시하고 나서 학생 M이 무엇을 원하는지, 어떻게 행동하는지 잠시 기다려 보실 수도 있어요.

… (중략) …

특수 교사 A: 지난 주에 선생님께서 말씀해 주신 언어 중재 방법을 학생 K를 포함해서 3명 모두에게 실시해 보았어요. 그렇다면 언어 능력에 대한 중재 효과는 어떻게 알아볼 수 있을까요? A−B−A−B 설계를 사용해서 중재 효과를 알아보면 되나요?

특수 교사 B: ㉡ A−B−A−B 설계보다는 다른 연구 설계 방법을 사용하는 게 적절할 듯해요. 예를 들어, (㉢)을/를 사용해 보시면 좋겠어요. 이것은 선생님 반에 있는 학생 3명을 대상으로 기초선 단계와 처치 단계를 두고, 이 중재 방법이 효과적이라는 것을 증명하기 위한 연구 설계 방법이에요. 먼저, 모든 학생들을 대상으로 기초선 측정을 시작해요. 첫 번째 학생의 기초선이 안정되면, 중재를 실시해요. 첫 번째 학생에 대한 중재 효과가 기준을 충족하면 두 번째 학생에 대한 중재를 실시하고, 이처럼 순차적인 방식으로 모든 학생에게 중재를 실시해서 효과를 검증하는 설계 방법이에요.

작성방법

- 강화된 환경 중심 언어 중재(Enhanced Milieu Teaching : EMT)에 근거하여 [A]에서 교사가 사용한 교수 기법의 명칭을 쓰고, 밑줄 친 ㉠에서 제시하고 있는 물리적 환경 조절 전략 중 1가지를 쓸 것
- 밑줄 친 ㉡의 이유를 서술하고, 괄호 안의 ㉢의 명칭을 쓸 것

23

정답 및 예시답안

③

알찬 지문풀이

• ㄱ. 대상자 간 ~~중다간헐기초선 설계~~가 사용되었다. ➡ 지속적으로 기초선 측정을 하였음

• ㄹ. 학생 2와 학생 3의 기초선 자료는 중재를 실시하기에 ~~적합하였다~~. ➡ 문제행동을 '감소'시키고자 하는 중재 상황에서, 학생 3의 경우 기초선에서 이미 감소경향을 보이고 있기 때문에 중재를 실시하기 부적합하였음. 이러한 상황에서 중재를 실시하면, 중재 구간에서의 감소경향이 중재의 효과 때문인지 아닌지를 확인할 수 없음

관련이론

🔍 **중다기초선설계**

개념	• 여러 개의 기초선을 측정하고 순차적으로 중재를 적용하며 그 이외의 조건을 동일하게 함으로써 표적행동의 변화가 오직 중재 때문임을 입증하는 설계 • 기초선이 여러 개이므로 한 개 이상의 종속변수를 동시에 분석할 수 있는 설계
내적 타당도	• 중재의 변화가 나타나고, 중재의 적용이 없으면 변화가 없는 것을 보여 주는 것으로 내적 타당도를 입증 • 적절한 시점에 중재를 순차적으로 도입하는 것이 매우 중요
장점	• 기능적 관계를 입증하기 위해서 기초선 조건으로 되돌아갈 필요 없음(이러한 점 때문에 중재제거설계보다 복수기초선설계가 현장의 실정에 더 적합한 설계)
단점	• 다수의 기초선을 동시에 측정해야 함 • 관찰자가 한 명인 경우에 동시에 여러 명 또는 여러 종류의 행동을 계속적으로 관찰하고 측정하는 것은 시간이 많이 소요될 뿐 아니라 까다롭고 비실용적 • 관찰자가 여러 명이라 할지라도 비용이 많이 든다는 문제가 발생 • 기초선 기간이 길어질 수 있음

24

정답 및 예시답안

①

알찬 지문풀이

• ② 기초선에서 선우가 활동에 참여하면 스티커가 제공되었다. ➡ 기초선은 중재 전의 수행을 의미하는 것

• ③ 중재는 ~~대집단, 소집단, 자유놀이 활동 순서로~~ 시작되었다. ➡ 반대 순서

• ④ 각 활동에서의 기초선 총 회기 수는 기초선 자료 수집 전에 결정되었다. ➡ 기초선 총 회기 수는 기초선 구간에서의 학생의 반응에 따라 결정됨

• ⑤ 자유놀이 활동에서 스티커가 제공되자마자 소집단 활동에서 선우의 활동 참여 시간이 증가되었다. ➡ 자유놀이 활동에서 스티커가 제공되기 시작한 시점의 소집단 활동은 기초선 구간에 해당하며, 선우는 활동 참여 시간에서 변화를 보이지 않았음

23

다음 그래프는 수업을 방해하는 문제행동을 감소시키기 위한 중재의 결과를 분석한 것이다. 이를 보고 옳은 설명을 〈보기〉에서 고른 것은?

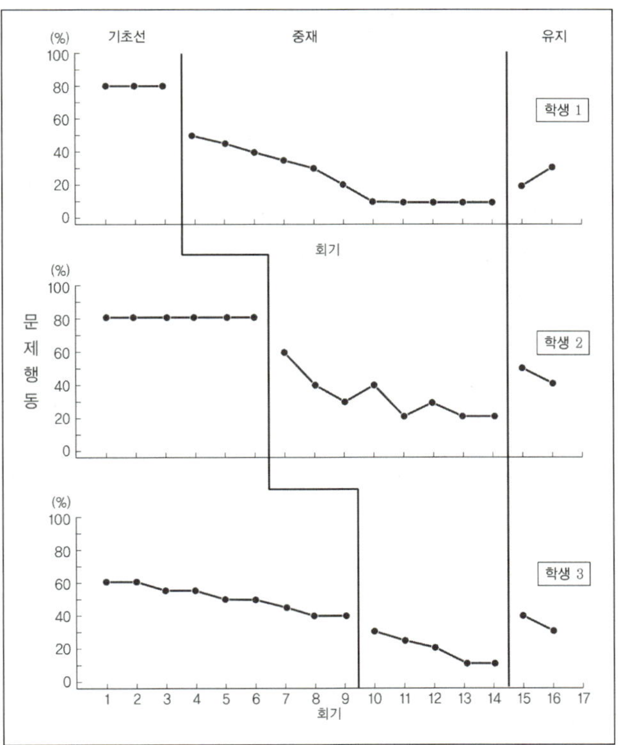

보기

ㄱ. 대상자 간 중다간헐기초선 설계가 사용되었다.
ㄴ. 이 설계는 다수의 기초선을 동시에 측정해야 한다.
ㄷ. 이 설계는 교사가 실제 교육 현장에서 사용하기 용이하다.
ㄹ. 학생 2와 학생 3의 기초선 자료는 중재를 실시하기에 적합하였다.

① ㄱ, ㄴ
② ㄱ, ㄷ
③ ㄴ, ㄷ
④ ㄴ, ㄹ
⑤ ㄷ, ㄹ

24

박 교사는 만 4세 발달지체 유아 선우의 활동 참여 시간을 증가시키기 위해 선우가 일정 시간 활동에 참여하면 스티커를 제공하는 중재를 하였다. 다음은 박 교사가 자유놀이, 소집단, 대집단 활동에서 중재를 실시한 과정을 나타내는 '상황 간 중다기초선 설계(multiple baseline design across settings)' 그래프이다. 이 그래프와 관련된 진술로 바른 것은?

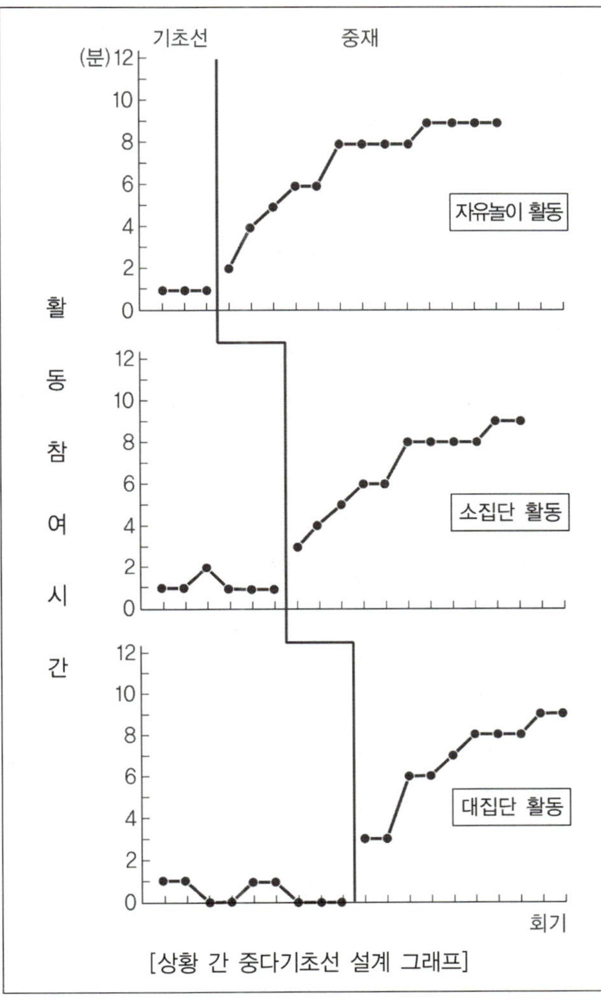

① 종속변인인 활동 참여 시간은 분으로 측정되었다.
② 기초선에서 선우가 활동에 참여하면 스티커가 제공되었다.
③ 중재는 대집단, 소집단, 자유놀이 활동 순서로 시작되었다.
④ 각 활동에서의 기초선 총 회기 수는 기초선 자료 수집 전에 결정되었다.
⑤ 자유놀이 활동에서 스티커가 제공되자마자 소집단 활동에서 선우의 활동 참여 시간이 증가되었다.

● 핵심테마 체크
- 중다기초선설계
- 행동계약

MY MEMO

25

정답 및 예시답안

○ (가)에 사용된 것은 대상자 간 중다기초선설계이다.
○ (나)에 제시되지 않은 것은 보상을 받을 수 있는 기준(과제 완성에 대한 기준, 지시 따르기 행동에 대한 구체적인 기준) 등이다.
○ ⓛ / 계약 초기에는 높은 기준이 아니라 낮은 기준을 설명해야 한다.
  ② / 계약서는 공개적으로 게시한다.

관련이론

◎ 중다기초선설계의 유형

행동 간	• 이월 효과를 주의 • 행동 간 복수기초선설계를 적용할 때는 어떤 행동의 감소가 다른 부적절한 행동의 증가를 가져올 수 있으므로 주의 • 표적행동이 사회적 행동인 경우에는 한 연구 대상에게서 기능적으로 독립적인 행동들을 찾기 어렵다는 점도 주의
상황 간	• 상황 간 복수기초선설계는 자연스러운 많은 상황에서 일반화된 중재 효과를 이끌어 낼 중재 프로그램을 찾아 입증하는 데 도움을 줄 수 있음
대상자 간	• 어떤 연구 대상에게 중재를 적용할 때 다른 연구 대상이 같은 장소에 있다면 중재의 부수적 효과, 모델링 효과, 대리적 강화 효과 등이 발생 가능 • 이런 문제를 피하기 위해서는 비슷한 행동을 나타내지만 다른 상황의 가운데 있는 연구 대상자를 찾을 필요가 있음

◎ 행동계약

구성요소	• 과제에 대한 설명 • 과제 완성에 따라 주어지는 보상에 대한 설명 • 과제수행 여부에 대한 기록 • 계약자와 피계약자의 서명
적절한 행동계약의 특성	• 계약은 정당해야 한다. • 계약 내용은 분명해야 한다. • 계약문은 긍정적이어야 한다. • 행동계약 내용은 순종을 강조하기보다는 학생의 성취에 대해 학생에게 주어지는 결과가 강조되어야 한다.
장점	• 학생의 참여가 가능하다. • 행동지원의 개별화를 쉽게 해 준다. • 계약의 내용이 영구적으로 남을 수 있다. • 교사와 학생 모두 자신의 역할에 대해 구체적으로 알고 시행할 수 있다. • 개별화교육계획서를 작성할 때 학생의 현재 수준과 목표를 진술하는 데 사용될 수 있다.
실행절차	① 학생의 이해 수준에 맞게 행동계약이 무엇인지 설명하고 행동계약을 하겠다는 학생의 동의를 얻는다. ② 계약서에 명시될 표적행동을 선정한다. ③ 행동목표를 달성하면 주어질 강화제의 내용을 결정하고, 강화제를 받을 수 있는 기준과 계약의 기한을 결정한다. 두 번째와 세 번째 절차에서 학생의 의견을 반영할 수 있다. ④ 계약 내용의 이행에 관련 있는 사람들이 모두 계약 내용을 이해하고 동의한 후 계약서에 서명하고 복사하여 각자 한 부씩 나눠 갖고 보관한다. 계약은 절대로 강요되지 않아야 한다. ⑤ 행동계약서에 있는 표적행동의 발생에 대한 정보를 수집하면서 계약서에 명시된 기한에 계약서 내용을 검토하고 그대로 이행한다. 계약 내용의 수행은 미루지 않고 계약서의 내용대로 즉각 이루어져야 한다.

25   2020. 중

(가)는 정서·행동장애 학생 I, J, K에 대한 김 교사의 행동 중재 지도 내용이다. (나)는 학생 I의 행동계약서 예시이고, (다)는 행동계약 규칙이다. 〈작성방법〉에 따라 서술하시오. [4점]

(가) 행동 중재 지도 내용

- 표적행동 선정
  - 학생 I: 지시 따르기 행동
  - 학생 J: 지시 따르기 행동
  - 학생 K: 지시 따르기 행동
- 표적행동 수행률

회기 학생	기초선			중재											
	1	2	3	4	5	6	7	8	9	10	11	12	13	14	15
학생 I	10	10	10	70	80	90	90	90	90	90	90	90	90	90	90
학생 J	10	10	10	10	10	70	80	90	90	90	90	90	90	90	90
학생 K	10	10	10	10	10	10	10	70	80	90	90	90	90	90	90

··· (하략) ···

(나) 학생 I의 행동계약서 예시

우리의 약속

학생 I는 수학 수업 시간에 지시 따르기 행동을 하면, 김 교사는 학생 I에게 점심시간에 5분 동안 컴퓨터 게임을 하게 해준다.

(기간: 2019.○○.○○.~2019.○○.○○.)

학생	학생 I	서명	날짜 2019.○○.○○.
교사	김 교사	서명	날짜 2019.○○.○○.

〈과제 수행 기록〉

회기	1	2	3	4	5	6	7	8	9	10	11	12	13	14	15
학생															
교사															

(다) 행동계약 규칙

- ㉠ 계약조건은 계약 당사자 모두에게 공정해야 한다.
- ㉡ 계약 초기에는 높은 기준을 설정하여 목표가 달성되도록 한다.
- ㉢ 표적행동이 수행된 후에 보상한다.
- ㉣ 계약서는 비공개적으로 보관한다.

작성방법

- (가)에서 사용된 단일대상설계를 1가지 쓸 것
- (나)에서 제시되지 않은 행동계약의 구성요소를 1가지 쓸 것
- (다)에서 잘못된 내용을 2가지 찾아 기호를 쓰고, 바르게 고쳐 쓸 것

26

정답 및 예시답안

1) ① 위기관리
   ② 기능분석
2) ① 행동 간 중다간헐조사설계(행동 간 간헐적 중다기초선설계)
   ② 소거
3) 행동 ⓒ의 기능이 행동 ⓐ와 ⓑ의 기능과 유사하지 않아 중재 효과가 나타나지 않은 것이다.

문제 속 자료분석

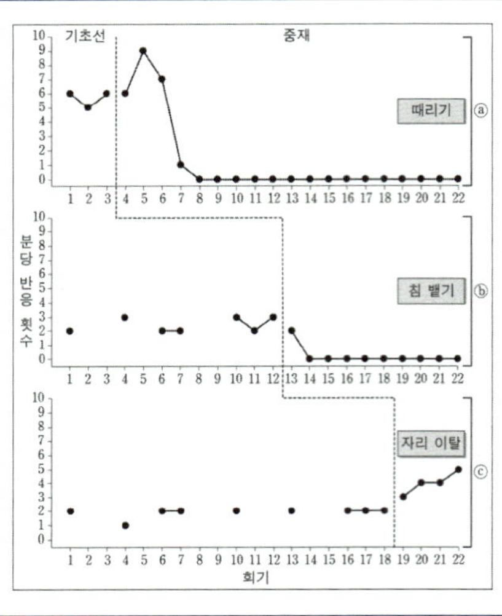

➡ 각 층의 기초선이 나타내는 의미를 분석할 것

➡ 각 층에서 중재를 투입한 시점에 대해 분석할 것

관련이론

◉ 중다기초선설계의 변형

중다간헐 조사설계	기초선에서 매 회기 자료를 수집하는 것이 아니라 간헐적으로 자료를 수집(조사)하여 자료 수집의 빈도를 줄이도록 한 것
지연된 중다기초선	모든 기초선에서 자료를 수집하는 것이 아니라 각각의 연구 대상, 상황, 표적행동에 대한 중재를 적용하기 직전에만 기초선 자료를 수집하는 설계

◉ 위기관리계획

• 주요 목적은 사람들과 중요한 재산을 보호하는 것이라는 점을 염두에 두어야 함
• 반응적 중재와는 달리 위기관리계획은 문제행동의 미래 발생률의 감소를 예상하지 않음
• 학생과 다른 사람의 보호 가능성에 더욱 관심을 기울임
• 고려할 요소: 상해손상 가능성 점검, 필요한 선정 절차, 방해의 정도, 어떤 절차를 사용할지, 언제 사용할지, 얼마나 많은 사람이 참여하는지, 위기가 언제 끝나는지 등
• 위기관리절차의 사용을 잘 기록해야 할 뿐만 아니라 위기가 발생하게 된 환경적 사건들도 잘 기록
• 주의해야 할 점은 이 절차는 아주 가끔 사용되어야 한다는 점

고득점 답안 비법 ✗ 3): ⓐ, ⓑ와 비교한 내용을 '행동의 기능' 측면에서 명확하게 간결하게 작성할 것

26

(가)는 학습 공동체에서 정서 행동장애 학생 영지에 대해 두 교사가 나눈 대화의 일부이고, (나)는 담임 교사가 실시한 중재의 결과 그래프이다. 물음에 답하시오. [5점]

(가)

〈중재 실시 전〉

담임 교사 : 우리 반의 영지는 과제를 제시하면 다른 사람을 때리거나 침을 뱉고, 교실 밖으로 이탈하는 행동을 하곤 해요.
　요즘 들어서 자리 이탈이 점점 더 심해지고 수업 방해와 다른 갈등 상황으로 이어져서 긍정적 행동 지원 계획을 세워야 할 것 같아요. 교실 밖으로 뛰쳐나가는 돌발적인 행동으로 인해 위험한 상황이 발생할 수도 있어서 급히 대응할 수 있도록 (㉠) 계획도 수립해야 되겠어요. [A]

수석 교사 : 영지가 나타내는 행동의 원인이 무엇인지 살펴보셨나요?

담임 교사 : 네, 행동과 관련된 다양한 정보를 수집하고, 수업 시간에 영지의 행동 관찰을 통해 행동과 전후 상황과의 상관관계를 파악했어요. 그리고 과제 난이도를 조작하거나 관심을 적게 두는 조건 등을 설정하여 (㉡)을/를 실시한 결과, 영지가 과제를 회피하고자 할 때 문제 행동을 나타낸다는 것을 알 수 있었어요. [B]

수석 교사 : 그렇군요. 그러면 어떤 중재를 사용하실 건가요?

담임 교사 : ㉢ 지금까지의 강화 요인을 즉시 제거하는 비처벌적 접근을 통해 영지의 문제 행동을 줄일 생각이에요.

수석 교사 : 어떤 연구 설계를 적용하실 건가요?

담임 교사 : AB 연구 설계로 중재할 계획이에요.

수석 교사 : AB 연구 설계는 중재 효과의 입증에 어려움이 있어요. 영지의 세 가지 문제 행동에 동일한 중재를 실시할 때, 기초선 기간이 길어지거나 문제 행동이 고착되지 않도록 (㉣) 설계로 계획하는 것이 좋지 않을까요? [C]

담임 교사 : 네, 반영하여 실시할게요.

〈중재 실시 후〉

담임 교사 : 선생님, 영지의 때리기와 침 뱉기 행동이 감소했어요. 그런데 자리 이탈 행동에 대해서는 중재 효과가 나타나지 않았어요.

(나)

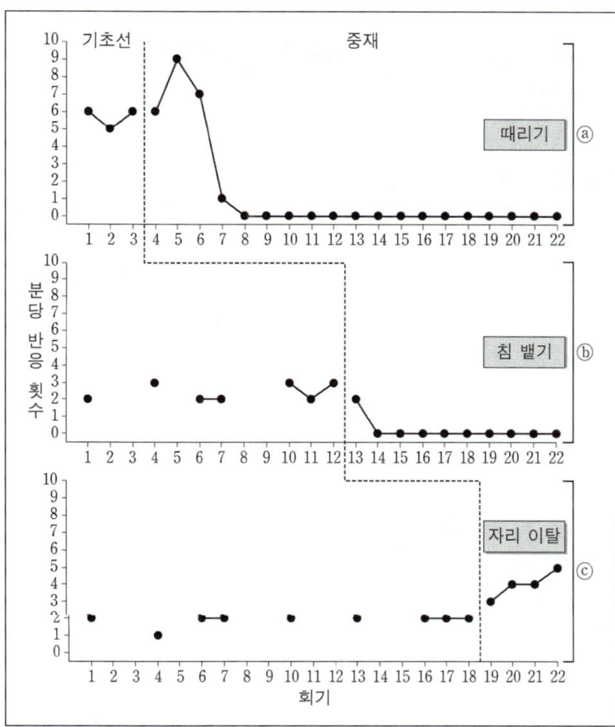

1) ① (가)의 [A]를 근거로 ㉠에 들어갈 긍정적 행동 지원의 요소를 쓰고, ② (가)의 [B]를 근거로 ㉡에 해당하는 용어를 쓰시오. [2점]

　① :

　② :

2) ① (가)의 [C]와 (나)를 근거로 ㉣에 해당하는 용어를 쓰고, ② (나)의 ⓐ를 근거로 (가)의 ㉢에 해당하는 용어를 쓰시오. [2점]

　① :

　② :

3) (나)의 ⓒ에서 중재 효과가 나타나지 않은 이유를 (나)의 ⓐ, ⓑ와 비교하여 행동의 기능 측면에서 1가지 쓰시오. [1점]

27

정답 및 예시답안

○ 명칭: 중다기초선설계
○ 오류 1가지: 중재를 순차적으로 도입하는 시점이 적절하지 않았다.
○ 오류의 이유: '장소 A'에 대한 중재 효과가 나타나지 않고, '장소 B'의 기초선에서 중재의 효과가 나타나 중재를 도입하기 부적절한 시기에 '장소 B'에 대한 중재를 도입했다. 그리고 '장소 C'에 중재를 도입하기 위해서는 '장소 B'의 중재 효과가 확인되어야 하는데 그렇지 않은 시점에 '장소 C'에 중재를 도입하였다.
○ 기초선을 간헐적으로 측정하므로, 기초선 측정이 길어지는 것에 따른 문제점을 보완할 수 있다.

관련이론

🔍 **중다기초선설계**

개념	• 여러 개의 기초선을 측정하고 순차적으로 중재를 적용하며 그 이외의 조건을 동일하게 함으로써 표적행동의 변화가 오직 중재 때문임을 입증하는 설계 • 기초선이 여러 개이므로 한 개 이상의 종속변수를 동시에 분석할 수 있는 설계
내적 타당도	• 중재의 변화가 나타나고, 중재의 적용이 없으면 변화가 없는 것을 보여 주는 것으로 내적 타당도를 입증 • 적절한 시점에 중재를 순차적으로 도입하는 것이 매우 중요
장점	• 기능적 관계를 입증하기 위해서 기초선 조건으로 되돌아갈 필요 없음(이러한 점 때문에 중재제거설계보다 복수기초선설계가 현장의 실정에 더 적합한 설계)
단점	• 다수의 기초선을 동시에 측정해야 함 • 관찰자가 한 명인 경우에 동시에 여러 명 또는 여러 종류의 행동을 계속적으로 관찰하고 측정하는 것은 시간이 많이 소요될 뿐 아니라 까다롭고 비실용적 • 관찰자가 여러 명이라 할지라도 비용이 많이 든다는 문제가 발생 • 기초선 기간이 길어질 수 있음

종류	행동 간	• 이월 효과를 주의 • 행동 간 복수기초선설계를 적용할 때는 어떤 행동의 감소가 다른 부적절한 행동의 증가를 가져올 수 있으므로 주의 • 표적행동이 사회적 행동인 경우에는 한 연구 대상에게서 기능적으로 독립적인 행동들을 찾기 어렵다는 점도 주의
	상황 간	• 상황 간 복수기초선설계는 자연스러운 많은 상황에서 일반화된 중재 효과를 이끌어 낼 중재 프로그램을 찾아 입증하는 데 도움을 줄 수 있음
	대상자 간	• 어떤 연구 대상에게 중재를 적용할 때 다른 연구 대상이 같은 장소에 있다면 중재의 부수적 효과, 모델링 효과, 대리적 강화 효과 등이 발생 가능 • 이런 문제를 피하기 위해서는 비슷한 행동을 나타내지만 다른 상황의 가운데 있는 연구 대상자를 찾을 필요가 있음

변형	중다간헐 조사설계	• 기초선에서 매 회기 자료를 수집하는 것이 아니라 간헐적으로 자료를 수집(조사)하여 자료 수집의 빈도를 줄이도록 한 것
	지연된 중다기초선	• 모든 기초선에서 자료를 수집하는 것이 아니라 각각의 연구 대상, 상황, 표적행동에 대한 중재를 적용하기 직전에만 기초선 자료를 수집하는 설계

고득점 답안 비법 ✗ 그래프에 제시된 상황을 구체적으로 반영하여 오류에 대한 이유를 설명해야 함. 중다기초선설계에서 중재를 투입하는 시점을 방법을 정확히 이해하고, 적용해야 함

다음은 김 교사가 학생 A의 바람직하지 않은 행동을 감소시킨 결과이다. 이 단일대상 연구 설계의 명칭을 쓰고, 김 교사가 적용한 단일대상 연구에서 나타난 오류를 1가지 찾고, 그 이유를 2가지 쓰시오. 그리고 중다간헐기초선 설계가 이 연구 설계의 단점을 보완할 수 있는 이유를 1가지 쓰시오. [5점]

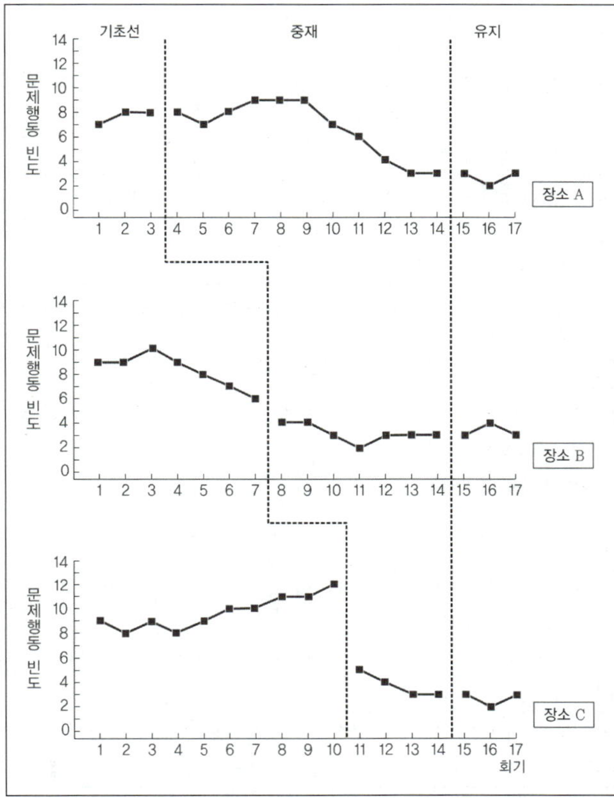

핵심테마 체크

• 중다기초선설계

MY MEMO

28

정답 및 예시답안

1) ① 중다기초선설계
   ② 오류 ⓐ : 민우의 기초선이 안정적이지 못하며, 기능적으로 독립적이지 못한 상태에서 중재를 투입하였다.
      오류 ⓑ : 민우에게 적용한 중재의 효과가 나타나지 않은 상황에서 성미에게 중재를 투입한 오류를 보였다.
2) 교사의 지원
3) 우정활동

관련이론

중다기초선설계

개념	• 여러 개의 기초선을 측정하고 순차적으로 중재를 적용하며 그 이외의 조건을 동일하게 함으로써 표적행동의 변화가 오직 중재 때문임을 입증하는 설계 • 기초선이 여러 개이므로 한 개 이상의 종속변수를 동시에 분석할 수 있는 설계
내적 타당도	• 중재의 변화가 나타나고, 중재의 적용이 없으면 변화가 없는 것을 보여 주는 것으로 내적 타당도를 입증 • 적절한 시점에 중재를 순차적으로 도입하는 것이 매우 중요
장점	• 기능적 관계를 입증하기 위해서 기초선 조건으로 되돌아갈 필요 없음(이러한 점 때문에 중재제거설계보다 복수기초선설계가 현장의 실정에 더 적합한 설계)
단점	• 다수의 기초선을 동시에 측정해야 함 • 관찰자가 한 명인 경우에 동시에 여러 명 또는 여러 종류의 행동을 계속적으로 관찰하고 측정하는 것은 시간이 많이 소요될 뿐 아니라 까다롭고 비실용적 • 관찰자가 여러 명이라 할지라도 비용이 많이 든다는 문제가 발생 • 기초선 기간이 길어질 수 있음

종류	행동 간	• 이월 효과를 주의 • 행동 간 복수기초선설계를 적용할 때는 어떤 행동의 감소가 다른 부적절한 행동의 증가를 가져올 수 있으므로 주의 • 표적행동이 사회적 행동인 경우에는 한 연구 대상에게서 기능적으로 독립적인 행동들을 찾기 어렵다는 점도 주의
	상황 간	• 상황 간 복수기초선설계는 자연스러운 많은 상황에서 일반화된 중재 효과를 이끌어 낼 중재 프로그램을 찾아 입증하는 데 도움을 줄 수 있음
	대상자 간	• 어떤 연구 대상에게 중재를 적용할 때 다른 연구 대상이 같은 장소에 있다면 중재의 부수적 효과, 모델링 효과, 대리적 강화 효과 등이 발생 가능 • 이런 문제를 피하기 위해서는 비슷한 행동을 나타내지만 다른 상황의 가운데 있는 연구 대상자를 찾을 필요가 있음
변형	중다간헐 조사설계	• 기초선에서 매 회기 자료를 수집하는 것이 아니라 간헐적으로 자료를 수집(조사)하여 자료 수집의 빈도를 줄이도록 한 것
	지연된 중다기초선	• 모든 기초선에서 자료를 수집하는 것이 아니라 각각의 연구 대상, 상황, 표적행동에 대한 중재를 적용하기 직전에만 기초선 자료를 수집하는 설계

고득점 답안 비법 · 1)의 ② : 제시된 그래프 상황을 구체적으로 반영하여 정확하고 간결하게 서술할 것

28

(가)는 박 교사가 3명의 유아를 대상으로 실시한 중재 결과를 보여주는 그래프이고, (나)는 중재 시 활용한 활동계획안의 일부이다. 물음에 답하시오. [5점]

(가) 중재 결과 그래프

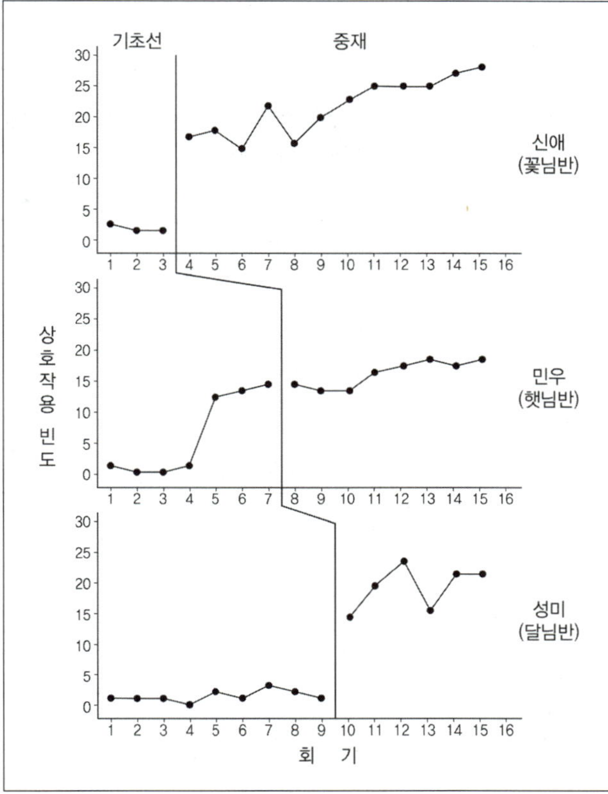

(나) 활동계획안

활동명	투호놀이	대상 연령	3세
활동목표	• 투호놀이를 경험해 본다. • 투호놀이 방법을 익히고 즐겁게 놀이한다.		
활동자료	화살, 항아리, 투호놀이 영상		

활동 방법	신애를 위한 지원
1. 투호놀이 영상을 보며 투호놀이에 대해 이야기 나눈다. 2. 투호놀이를 잘 할 수 있는 방법을 생각해 본다. 3. 놀이하는 순서를 정한다. 4. 출발선에 차례대로 줄을 서게 한 후 화살을 나누어 준다. 5. 화살을 항아리 안에 들어가도록 던진다. 6. 활동을 하고 난 후 생각과 느낌을 이야기 나눈다.	• 친구들에게 화살을 나누어 주게 하고, 친구들도 신애에게 화살을 건네게 한다. • 화살을 던지는 거리를 짧게 조절하고 잘 던질 수 있도록 ㉠ 어깨를 잡아 몸의 방향을 조정해 준다. • 친구들의 투호놀이를 보며 놀이 방법을 익히도록 신애의 참여 순서를 약간 뒤쪽으로 한다.

• 두 명이 한 팀이 되어 화살을 던지게 하고, ㉡ 활동 중에 서로 격려하며 신체 접촉을 자주 하게 한다.
• "투호놀이는 재미있었니?" 라고 수렴적 질문을 한다.

1) (가)에서 ① 사용한 연구 설계 방법의 명칭을 쓰고, ② 중재를 시작한 시점과 관련한 교사의 오류 2가지를 쓰시오. [3점]

   ① :

   ② 오류 ⓐ :

   　 오류 ⓑ :

2) (나)의 ㉠은 샌들 외(S. Sandall et al.)가 제시한 교육과정 수정 유형 중 무엇에 해당하는지 쓰시오. [1점]

3) (나)의 ㉡과 관련하여 다음의 (　　) 안에 들어갈 말을 쓰시오. [1점]

> 박 교사는 또래와의 사회적 상호작용을 증진시키기 위해 매일 유치원에서의 일과와 활동 중에 신체적, 언어적인 애정표현 활동을 삽입하여 실시하였다. 이 활동은 브라운, 오돔, 콘로이(W. Brown, S. Odom, & M. Conroy)의 사회적 상호작용 증진을 위한 중재 모델의 (　　　　)에 해당한다.

29

정답 및 예시답안

1) ① 행동 간 중다기초선설계
   ② 중재의 효과로 증가된 행동빈도가 유지되고 있는지 확인하기 위함이다.
   ③ 윤희의 장난감 요청하기에 적용한 중재의 효과가 도움 요청하기에도 영향을 준 이월 효과가 나타났기 때문이다.
2) ① 경호에게 "스위치를 눌러볼까?"라고 말한다.
   ② 또래와 함께하는 놀이

고득점 답안 비법 ✦ 1)의 ③ : 행동 간 중다기초선설계에 대한 정확한 이해를 바탕으로 이월 효과의 의미를 반영하여 서술할 것. 이월 효과라는 용어를 사용하지 않더라도, 이에 해당하는 의미를 정확히 설명하면 답안이 될 수 있음

29

2022. 유
★ 답안작성

(가)와 (나)는 유아특수교사가 윤희와 경호에게 실행한 중재 기록의 일부이다. 물음에 답하시오. [5점]

(가) 윤희

- 친구와의 상호작용 향상을 위해 3가지 목표행동을 선정하여 또래교수를 실시함
- ㉠ 중재 종료 한달 후 각각의 목표행동 빈도를 측정함
- ㉡ 도움 요청하기는 기초선 단계에서 목표행동이 증가함

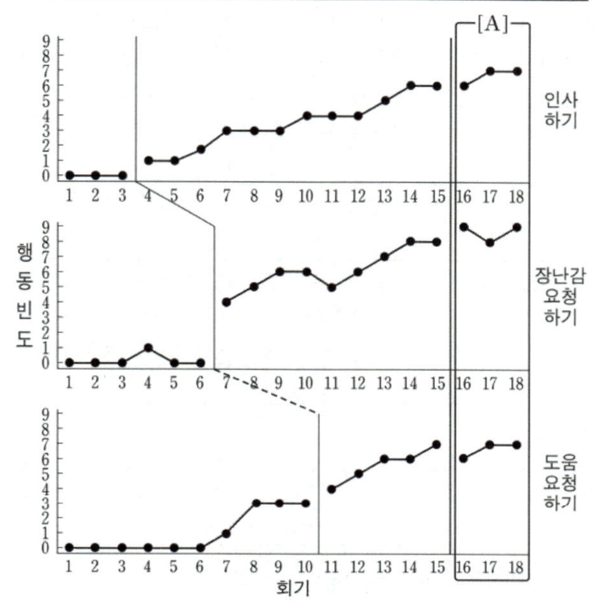

(나) 경호

- 경호가 자유놀이 시간에 음성출력기기를 사용하여 "같이 놀자"라고 말하도록 지도함
- 경호가 "같이 놀자"라고 말하면 또래들이 같이 놀이하도록 지도함
- 음성출력기기 사용 기술은 아래와 같이 지도함

활동 시간	자유놀이		날짜	2021년 ○월 ○일	
목표 행동	음성출력기기 스위치를 눌러 또래에게 놀이 요청하기				
지도 내용	신체적 도움	시각적 도움	언어적 도움	단서	
	경호의 손을 잡고 스위치를 함께 누름	(생략)	(㉢)	스위치를 가리킴	

- 중재 결과, 경호가 또래에게 놀이를 요청하는 행동이 증가함
- 바깥놀이 시간에도 경호가 음성출력기기를 자발적으로 사용하여 또래와 놀이하는 행동이 관찰됨

1) (가)에서 ① 중재를 위해 사용한 설계 방법을 쓰고, ② ㉠에 해당하는 [A]단계의 목적을 쓰시오. ③ 그래프에 근거하여 ㉡의 이유를 쓰시오. [3점]

① :

② :

③ :

2) (나)에서 ① ㉢에 해당하는 지도내용을 쓰고, ② 경호의 목표행동을 증가시킨 자연적 강화 요인이 무엇인지 쓰시오. [2점]

① :

② :

30

정답 및 예시답안

○ ㉠은 준거변경설계(기준변동설계)이다.
○ 반전설계는 중재를 철회해야 하므로 문제행동에 적용할 시 윤리적인 문제가 발생할 수 있는 반면, ㉠은 중재를 철회하지 않고도 기능적 관계를 입증할 수 있으므로 윤리적 문제없이 적용할 수 있다는 장점이 있다.
○ 지속시간 기록법이며, ㉡은 10%이다.

관련이론

🔍 ABAB 설계(중재제거설계)

개념	• 제1과 제2의 중재 기간에만 중재 효과가 나타나고, 제2기초선 기간에 행동이 제1기초선 자료의 수준으로 되돌아가는 경우에 독립변수(중재)와 종속변수(표적행동)의 기능적 관계가 성립
내적 타당도	• 중재제거설계에서는 상황이 바뀔 때 종속변수의 변화가 즉각적으로 크게 나타날수록, 그리고 두 번째 기초선 자료가 첫 번째 기초선 자료의 수준으로 완전히 되돌아갈수록 내적 타당도가 높다고 할 수 있음
핵심논리	• 기술 　　　　　　• 예측 • 시험
전제 사항	• **기능적으로 독립적**: 각각의 표적행동·대상·상황은 기능적으로 독립적이어야 한다는 것 • **기능적으로 유사**: 동일한 중재에 대해서는 비슷하게 반응해야 한다는 것. 이는 각각의 표적행동·대상·상황이 같은 기능을 갖고 있어서 한 가지 중재를 적용했을 때 같은 반응을 기대할 수 있음을 의미

🔍 준거변경설계(기준변경설계)

개념	• 기초선 상황(A)에 이어서 중재 상황(B)을 시작하는데, 중재 상황은 종속변수의 변화 기준(중간 준거)을 달리 설정한 여러 하위 중재 상황(B_1, B_2, B_3 등)으로 구성
AB 설계와 다른 점	• 중재 상황에서 종속변수의 변화 기준이 계획적으로 지정된다는 것
고려사항	• 하위 중재 상황의 수 　　　• 하위 중재 상황의 길이 • 종속변수 수행수준의 크기 　　　• 종속변수 수행수준 변화의 방향
내적 타당도	• 기준변경설계에서는 종속변수의 수행수준이 설정된 변화 기준에 따라 변화하는 것을 보여 주어야 그 변화가 중재 때문이라고 할 수 있고 내적 타당도를 보여 주는 것

🔍 지속시간 기록법

• 행동이 지속되는 시간 길이에 관심이 있을 때에 사용
• 단점: 지나치게 짧은 시간 간격으로 발생하는 행동에는 적용하기 어렵고, 행동의 강도를 설명해 주지 못함

고득점 답안 비법 🗡 반전설계는 중재를 철회하지만, 준거변경설계는 중재를 철회하지 않는다는 내용이 답안의 핵심. 반전설계의 윤리적 문제에 대해 어떤 경우에 발생하는 것인지 정확하게 서술해야 함. 반전설계가 항상 비윤리적인 것이 아니므로, 이와 관련하여 정확하게 설명해야 함

30 2022. 중
★ 답안작성

(가)는 지적장애 학생 E의 문제행동에 관해 초임 교사와 경력 교사가 나눈 대화의 일부이고, (나)는 학생 E의 표적행동을 관찰한 결과이다. 〈작성방법〉에 따라 서술하시오. [4점]

(가) 대화

초임 교사: 선생님, 학생 E가 수업 시간에 앉아 있지 못하고, 교실을 돌아다니거나 산만하게 행동하더라고요. 학생 E의 문제행동 변화를 위해 관찰 결과표를 작성하여 먼저 기초선을 측정해야 할 것 같은데요.

… (중략) …

경력 교사: 학생 E에게 그 중재 방법이 효과가 있을 것 같아요. 그렇다면 표적행동에 대한 중재 효과는 어떻게 평가해 볼 계획인가요?

초임 교사: 중재를 실시하면서 착석행동 시간이 얼마나 증가하는지 지속해서 측정해 볼까 해요. 그런데 목표 수준은 어떻게 잡으면 좋을까요? 지금은 착석행동 시간이 매우 짧아요.

경력 교사: 그렇게 표적행동이 지나치게 낮은 비율이나 짧은 지속시간을 보이는 경우에는 최종 목표를 정하고, 이에 도달하기 위한 중간 목표들을 세우고 단계적으로 성취하도록 하여 중재 효과를 극대화하는 방법을 사용할 수 있어요.

초임 교사: (㉠)을/를 말씀하시는 건가요?

경력 교사: 네, 맞아요. 성취수행 수준의 단계적 변화에 맞게 일관성 있게 표적행동이 변화한다면, 행동의 변화는 중재 때문이라고 볼 수 있겠지요.

초임 교사: 착석행동을 보이기는 하지만, 자세의 정확도가 떨어지고 지속시간이 짧은 학생 E에게는 유용하겠네요. 처음부터 90~100%를 목표 수준으로 잡지 않고 단계별로 목표달성 수준을 점차적으로 늘려 간다면, 학생 E도 성취감을 느낄 수 있을 것 같아요.

[A]

(나) 관찰 결과

관찰 대상자	학생 E	관찰자	초임 교사

관찰 환경	• 특수학교 중학교 2학년 3반 교실, 교탁을 정면으로 바라보는 자리 • 국어 시간
표적행동	• 착석행동: 자신의 등을 의자에 붙이고 다리를 아래로 내린 상태로, 교탁 방향으로 책상과 의자를 정렬하여 앉아 있는 행동

시간	행동 발생			
	횟수	시작 시간	종료 시간	지속시간
09:30 ~ 10:00 (30분)	1	9시 35분 25초	9시 36분 15초	50초
	2	9시 42분 05초	9시 42분 45초	40초
	3	9시 50분 20초	9시 51분 05초	45초
	4	9시 55분 40초	9시 56분 25초	45초
관찰 결과 요약	지속시간 백분율 (㉡)			

작성방법
• (가)의 괄호 안 ㉠에 해당하는 단일대상설계 방법의 명칭을 [A]에 근거하여 쓸 것
• 괄호 안 ㉠의 장점을 반전설계(reversal design)와 비교하여 윤리적 측면에서 이로운 이유를 1가지 설명할 것
• (나)에서 사용한 관찰 기록법 명칭을 쓰고, 괄호 안의 ㉡에 해당하는 지속시간 백분율을 쓸 것

31

정답 및 예시답안

(가) ABC 관찰 기록법, (나) 준거변경설계(기준변경설계)

관련이론

◎ 직접적인 기능평가방법(직접평가)

- 일정 기간 동안 자연스러운 상황에서 학생 행동을 직접 관찰하는 관찰 평가
- 산점도: 더 자세한 정보를 수집해야 할 시간대를 결정하는 데 도움
- 일화 관찰 기록: 학생의 행동을 직접 관찰한 내용을 이야기식으로 기록하는 것으로, 일정한 형식이 없는 비공식적 방법
- ABC 관찰: 자연스러운 상황에서 문제행동의 선행사건(A), 문제행동(B), 후속결과(C)를 시간의 흐름에 따라 직접 관찰하여 기록하는 방법
- ABC 행동관찰 검목표: 관찰자가 학생의 계속되는 행동에 크게 방해받지 않고 빨리 기재할 수 있다는 장점이 있지만 행동에 대한 자세한 정보를 제공하지 못한다는 단점도 있음
- 행동의 기능평가 관찰지: A-B-C 행동관찰 검목표를 더욱 발전시킨 것

32

정답 및 예시답안

②

알찬 지문풀이

- ① (가)의 설계는 시급한 행동수정을 필요로 하는 경우에 부적절하다. ➡ 준거변경설계는 점진적인 행동의 변화를 목표로 할 때 적절함
- ② (가)는 중간단계에서 준거에 너무 늦게 도달할지라도 <u>중간 준거를 조정하면 안 된다.</u> ➡ 학생의 반응에 따라 준거는 조절할 수 있음
- ③ (가)는 최소한 연속적으로 세 개의 구간에서 단계목표가 달성되면 기능적 인과관계가 입증된 것으로 본다. ➡ 일반적으로 연속적으로 세 개의 구간에서 준거에 도달하면 기능적 관계가 입증된 것으로 봄
- ④ (나)는 중재의 임의적 배열과 평형화를 통해 중재 간 상호 영향을 최소화한다. ➡ 교대되는 두 중재를 임의적으로 배열하고, 한 중재에 치우치지 않도록 평형화해야 함
- ⑤ (나)의 설계는 두 가지 이상의 실험처치 또는 중재 조건이 표적 행동에 미치는 효과를 비교할 때 활용한다. ➡ 교대중재의 기본개념

문제 속 자료분석

- (가) ➡ 준거변경설계
- (나) ➡ 교대중재설계

관련이론

◎ 교대중재설계

개념	• 한 대상자에게 여러 중재를 비교적 빠른 속도로 교대하면서 실시하여 그 중재들 간의 효과를 비교하는 연구 방법
기초 원리	• 변별학습원리에 기초함 → 서로 다른 중재에 대해서 다르게 반응할 것이라고 보는 것
분석 및 입증	• 중재가 다른 중재보다 꾸준히 다른 반응 수준을 나타낼 때, 중재 효과의 차이를 입증하게 됨 • 수직적 거리가 크면 두 중재의 효과 차이도 큰 것을 의미하며, 자료선이 중복되는 구간이 많으면 중재 효과가 차이를 보이지 못하는 것을 의미

31 · 2017. 중

(가)는 수업 시간에 확인하는 질문을 과도하게 하는 정서·행동장애 학생에 대한 행동관찰 기록의 일부이고, (나)는 이 행동을 중재한 결과를 나타낸 그래프이다. (가)의 직접 관찰법 명칭과 (나)의 연구설계법 명칭을 순서대로 쓰시오. [2점]

(가) 행동관찰 기록

관찰대상: 학생 B	날짜: 5월 20일
관찰자: 교사	장소: 미술실

시간	선행사건	행동	결과
09:05	교사가 학생들에게 수업 자료를 꺼내라고 말한다.	B가 "꺼낼까요?"라고 질문한다.	교사가 "그래요."라고 말한다.
09:12	교사가 준비된 재료들을 하나씩 말해 보라고 한다.	B가 "하나씩요?"라고 질문한다.	교사는 "네."라고 대답한다.
09:16	교사가 책상 위에 준비물을 올려 놓으라고 말한다.	B가 "책상 위로 올려요?"라고 질문한다.	교사는 "그래요."라고 답한다.

··· (하략) ···

(나) 중재 결과

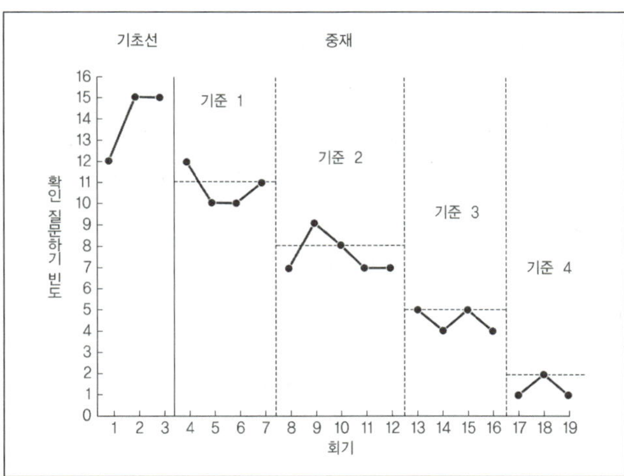

32 · 2010. 중

다음의 (가)와 (나)에 적용된 설계에 대한 설명으로 옳지 않은 것은?

(가)

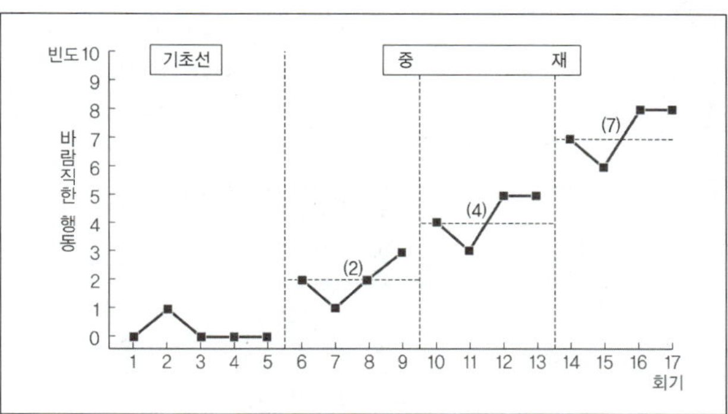

(나)

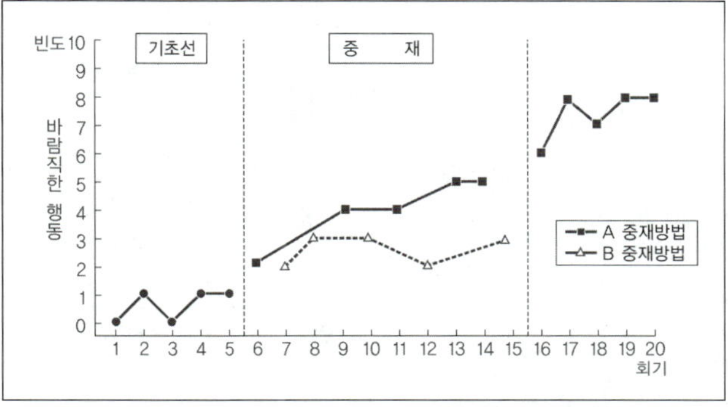

① (가)의 설계는 시급한 행동수정을 필요로 하는 경우에 부적절하다.
② (가)는 중간단계에서 준거에 너무 늦게 도달할지라도 중간 준거를 조정하면 안 된다.
③ (가)는 최소한 연속적으로 세 개의 구간에서 단계목표가 달성되면 기능적 인과관계가 입증된 것으로 본다.
④ (나)는 중재의 임의적 배열과 평형화를 통해 중재 간 상호 영향을 최소화한다.
⑤ (나)의 설계는 두 가지 이상의 실험처치 또는 중재 조건이 표적 행동에 미치는 효과를 비교할 때 활용한다.

33

정답 및 예시답안

1) ① 시각적 인식 수준
   ② 도형의 성질에 주목하지 않고 외형적인 모양으로 도형을 인식한다.
2) ① 준거변경설계
   ② 최종목표 80%에 이르기까지 목표(준거)를 변경할 때마다 도형속성 인식률이 준거에 도달하면 기능적 관계를 입증할 수 있다.
3) ㉢ / 도형의 속성을 인식하기 위해 도형의 구성요소를 지도한다.

관련이론

◎ 준거변경설계(기준변경설계)

개념	• 기초선 상황(A)에 이어서 중재 상황(B)을 시작하는데, 중재 상황은 종속변수의 변화 기준(중간 준거)을 달리 설정한 여러 하위 중재 상황(B_1, B_2, B_3 등)으로 구성
AB 설계와 다른점	• 중재 상황에서 종속변수의 변화 기준이 계획적으로 지정된다는 것
고려사항	• 하위 중재 상황의 수 • 하위 중재 상황의 길이 • 종속변수 수행수준의 크기 • 종속변수 수행수준 변화의 방향
내적 타당도	• 기준변경설계에서는 종속변수의 수행수준이 설정된 변화 기준에 따라 변화하는 것을 보여 주어야 그 변화가 중재 때문이라고 할 수 있고 내적 타당도를 보여 주는 것
장점	• 중재제거설계에서 요구하는 반치료적 행동 변화를 요구하지 않음 • 복수기초선설계에서 요구하는 기능적으로 독립적인 여러 표적행동을 필요로 하지 않고 하나의 표적행동을 요구 • 복수기초선설계처럼 중재를 보류하고 오랫동안 기초선 자료를 수집할 필요가 없음
변형	• 기준범위변경설계 • 분산된 기준변경설계

33

철수는 유아특수학교에 다니는 5세 지체장애 유아이다. (가)는 철수의 현재 수준이고, (나)는 김 교사의 중재 연구 설계안의 일부이며, (다)는 지도상의 유의점이다. 물음에 답하시오. [5점]

(가) 철수의 현재 수준

- 실제로는 네모가 아닌 경우에도 상자를 닮은 것은 모두 네모라고 말함
- 도형의 속성(뾰족한 점, 구부러진 선, 닫힌 상태 등)을 인지하지 못함
- 외견상 비슷한 도형끼리 짝을 지을 수 있음

(나) 중재 연구 설계안

목표	도형의 속성에 관하여 말 또는 행동으로 표현할 수 있다.
연구 절차	• 도형 속성 인식률 80%를 최종 목표 수준으로 설정한다. • 각 단계별로 성취 수준을 연속 2회기 유지할 경우에 다음 단계로 진행한다. • 다음의 순서대로 목표를 변경한다. 　－ 1단계 기준 : 도형 속성 인식률 10% 성취하기 　－ 2단계 기준 : 도형 속성 인식률 20% 성취하기 　　　　　… (후략) …
결과 기록	

기초선　중재 A

도형 속성 인식률 (%)

100 90 80 70 60 50 40 30 20 10 0

1단계 기준

0 1 2 3 4 5 6 7 8 9 10 11 12 13 14 15 16

회기

[중재 A에 의한 철수의 도형 속성 인식률 변화]

(다) 지도상의 유의점

- ㉠ 여러 가지 놀이 활동을 통하여 도형의 속성에 관심을 가지도록 한다.
- ㉡ 구체물을 관찰하고, 조작함으로써 도형의 속성을 이해하고 표현하도록 한다.
- ㉢ 도형의 속성을 인식하기 위해서 입체도형보다 평면도형을 먼저 소개한다.

1) (가)에 나타난 철수의 도형이해 발달 수준을 반 힐레(P. van Hilele)의 이론에 근거하여 쓰고, 이 수준에서의 도형이해 방법 1가지를 쓰시오. [2점]

① 발달 수준 :

② 도형이해 방법 :

2) (나)에서 김 교사가 계획한 연구 설계의 명칭을 쓰고, 중재 A의 효과를 판단할 수 있는 근거 1가지를 쓰시오. [2점]

① 명칭 :

② 근거 :

3) 철수의 현재 수준에 비추어, (다)의 지도상의 유의점 ㉠～㉢ 중에서 적절하지 않은 내용 1가지를 찾아 기호를 쓰고, 그 내용을 바르게 수정하여 쓰시오. [1점]

34

정답 및 예시답안

1) ① 만성성
   ② 학교 차원의 긍정적 행동지원의 연속적 행동지원 체계
2) ① 행동결과물중심 관찰 기록(= 영속적 행동결과 기록, 수행 결과물 기록)
   ② 다음 중 택 1
   • 즉시 기록하지 않으면 다른 사람들이 행동의 결과를 치워버릴 수 있다는 것이다.
   • 같은 행동의 결과를 서로 비교하기 어렵다(예 훔친 연필은 그 종류나 크기, 질 등이 다를 수 있는데 단순히 훔친 연필의 숫자만 기록하면 서로 비교하기 어렵다).
   • 학생 행동의 강도나 형태, 시간 등의 양상을 설명해 주지 못한다.
3) ① 교체하여 실시하는 중재끼리 비교하기 때문에 중재 효과를 입증하기 위해 중재를 제거할 필요가 없다.
   ② 자기점검 / 더 효과적인 중재에 대한 효과를 입증하기 위한 구간이기 때문이다.

알찬 지문풀이

• 학교의 모든 학생들에게 질 높은 학습환경을 제공하고, 문제행동 위험성이 있는 학생에게는 소집단 중재를 하고, 지속적으로 문제 행동을 보이는 학생에게는 개별화된 중재를 제공 ➡ 학교 차원의 긍정적 행동지원의 3단계 연속적 행동지원 체계를 의미

관련이론

◎ **학교 차원의 긍정적 행동지원**

의미 및 필요성과 목적	• 학생들의 행동과 교수환경의 기능적 관계에 대한 교사들의 이해가 실제로 현장에서 전반적으로 적용되려면 학교에는 이를 지원하는 시스템이 있어야 함 • 목적은 학교의 시스템과 절차를 개선하는 것을 통해 교사들의 긍정적인 행동 변화를 촉진하고 학생의 행동을 변화시켜 학교환경을 변화시키는 것 • 학교의 모든 구성원, 즉 학생과 교직원의 행동에 바람직한 변화를 가져오려는 체계적이고, 긍정적이며, 예방적인 접근
연속적 행동지원 체계	• 아동과 청소년의 반사회적 행동 패턴을 예방하기 위한 개념으로, 행동지원을 세 단계 수준으로 하도록 구성한 것

구분	목표	중재			
		대상범위	강도	성격	적용방법
1차 예방	새로운 문제행동의 발생을 예방하기	학교 전체 학생	하	보편적	범단체적
2차 예방	기존 문제행동의 수를 감소하기	고위험 학생과 위험 가능 학생	중	목표 내용 중심적	소집단적
3차 예방	기존 문제행동의 강도와 복잡성을 경감하기	고위험 학생	강	집중적	개별적

◎ **행동 결과물 중심 관찰기록**

• 반영구적으로 남는 행동의 결과물을 관찰하고 기록함
• 수량화할 수 있음
• 타인에 의해 행동 결과물이 치워질 수 있음

34 2017. 초 ★ 답안작성

(가)는 특수교사가 일반교사에게 정서·행동 문제를 가진 학생에 대해 자문한 내용이고, (나)는 특수교사가 정서·행동장애 학생 현수를 위해 실시한 행동중재 내용의 일부이다. 물음에 답하시오. [6점]

(가)

일반교사: 우리 반에 또래와 다르게 문제행동을 자주 보이는 학생이 있어요. 이 학생이 혹시 정서·행동장애가 있는 것은 아닌지 궁금합니다.
특수교사: 정서·행동장애 학생으로 진단하기 위해서는 문제행동의 발생 빈도나 강도가 높은 심각성, (㉠), 교육적 성취의 어려움을 종합적으로 고려해요.
일반교사: 그렇군요. 정서·행동장애로 진단 받지는 않았지만 지금 문제행동을 보이는 학생이나 앞으로 보일 가능성이 있는 학생도 도움을 받을 수 있으면 좋겠어요.
특수교사: 그래서 학교의 모든 학생들에게 질 높은 학습 환경을 제공하고, 문제행동 위험성이 있는 학생에게는 소집단 중재를 하고, 지속적으로 문제행동을 보이는 학생에게는 개별화된 중재를 제공하는 (㉡)을(를) 갖추는 것이 필요합니다.

… (하략) …

(나)

표적행동 연필 부러뜨리기

… (중략) …

기록지

수학 시간(40분)에 현수가 부러뜨린 연필의 개수
[자료 1]

회기	조건	부러뜨린 연필의 개수
1	기초선	11
2	기초선	12
3	기초선	11
4	기초선	12
5	기초선	12
6	기초선	12
7	자기점검	9
8	반응대가	12

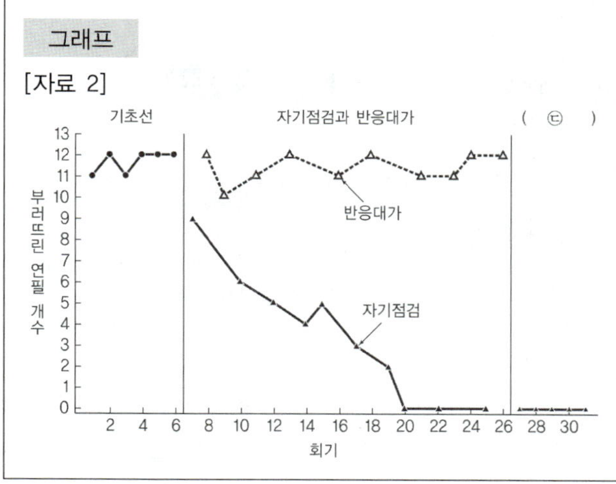

그래프

[자료 2]

1) (가)의 ① ㉠에 들어갈 말을 문제행동 양상(차원) 측면에서 쓰고, ② ㉡에 들어갈 말을 쓰시오. [2점]

   ① :

   ② :

2) (나)의 [자료 1]은 현수가 수학 시간에 부러뜨린 연필을 교사가 수업 후 개수를 세어 작성한 기록지의 일부이다. ① 교사가 사용한 기록법이 무엇인지 쓰고, ② 이 기록법의 단점 1가지를 쓰시오. [2점]

   ① :

   ② :

3) (나)의 ① [자료 2]를 보고 이 설계법의 장점을 반전설계법(ABAB)과 비교하여 쓰고, ② ㉢에 들어갈 말과 그 이유를 쓰시오. [2점]

   ① :

   ② :

35

정답 및 예시답안

②

알찬 지문풀이

- ㄱ. 기초선이 안정적이다. ➡ 책상 두드리기 행동이 일정한 경향(상승경향)을 보이고 있으므로 안정적이라고 할 수 있음

- ㄴ. AB 설계를 이용하였다. ➡ 교대중재설계

- ㄷ. 지원이의 행동은 강화되고 있다. ➡ 책상 두드리기 행동이 증가하고 있음

- ㄹ. 지원이는 과제가 하기 싫어서 책상을 두드리는 것이다. ➡ 책상 두드리기 행동과 과제는 상관이 없음

- ㅁ. 김 교사는 과제의 양을 줄이거나 난이도를 낮추어야 한다. ➡ 과제와 책상 두드리기 행동 사이의 기능적 관계를 입증하기 어려움

36

정답 및 예시답안

○ 단일대상설계의 명칭 : 교대중재설계
○ 내적 타당도를 높이기 위한 방법 : 중재의 임의적 배열과 평형화

관련이론

Q 내적 타당도와 외적 타당도

내적 타당도	• 독립변수를 적용한 후 나타난 행동의 변화(종속변수의 변화)가 독립변수 때문인지 아니면 다른 것 때문인지를 나타내는 것 • 내적 타당도가 높다는 것은 종속변수의 변화가 독립변수에 의한 것임을 뜻함 • 내적 타당도를 높이기 위해서는 연구와 관련된 변수들을 추가, 제거, 또는 변화시키지 않고 연구의 처음부터 끝까지 일관성 있게 유지하는 것이 필요함 • 연구자는 내적 타당도를 위협하는 요인들을 최대한 통제해야 하지만 실제로 교육 현장 연구에서 내적 타당도를 위협하는 모든 변수를 연구자가 통제하는 것은 불가능한 일임
외적 타당도	• 연구결과를 일반화할 수 있는 정도 • 연구에서 얻은 결과를 다른 상황에도 적용할 수 있다면 외적 타당도가 높은 것 • 개별대상연구에서는 연구 결과의 일반화를 입증하기 위해 연구에 사용된 실험처치를 피험자 외의 다른 사람들에게 적용해 보는 체계적 반복 연구 방법을 실시

Q 교대중재설계의 내적 타당도

- 균형 잡기란 중재의 순서를 비롯하여 중재와 같이 제시될 수 있는 자극 조건들을(시간대, 중재자, 장소 등) 비교하는 중재끼리 균형을 맞추어 제시하는 것을 의미
- 이월 영향과 같은 복수중재간섭을 통제하려면 중재를 시작하기 전에 중재를 제시할 균형 잡힌 계획표를 만들고, 중재의 제시 순서, 중재 실시 기간, 중재를 실시하는 교사/치료자와 같은 변수의 균형을 잡아야 함

35　　2011. 유

다음은 김 교사가 지원이의 책상 두드리기 행동이 과제
제시로 인한 것인지를 알아보기 위해 과제제시 상황과
과제철회 상황에서의 행동을 기록하여 그래프로 나타낸
것이다. 이 그래프를 통해 알 수 있는 것을 〈보기〉에서
고른 것은?

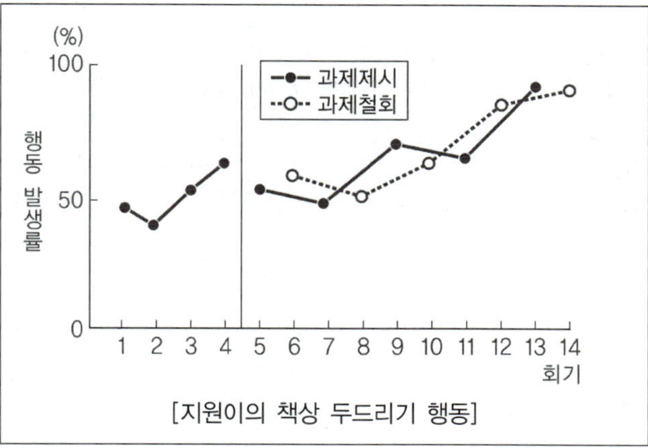

보기

ㄱ. 기초선이 안정적이다.
ㄴ. AB 설계를 이용하였다.
ㄷ. 지원이의 행동은 강화되고 있다.
ㄹ. 지원이는 과제가 하기 싫어서 책상을 두드리는 것이다.
ㅁ. 김 교사는 과제의 양을 줄이거나 난이도를 낮추어야
　한다.

① ㄱ, ㄴ　　　　　② ㄱ, ㄷ
③ ㄴ, ㄹ　　　　　④ ㄷ, ㅁ
⑤ ㄹ, ㅁ

36　　2016. 중

음은 김 교사가 정신지체 중학생 A의 연산 수행능력 향
상을 위해 '수행 자기점검 중재'와 '주의집중 자기점검 중
재'를 실시하고 그 결과를 나타낸 그래프이다. 이 단일대
상설계의 명칭을 쓰고, 이 설계의 내적 타당도를 높이기
위한 방법을 쓰시오. [2점]

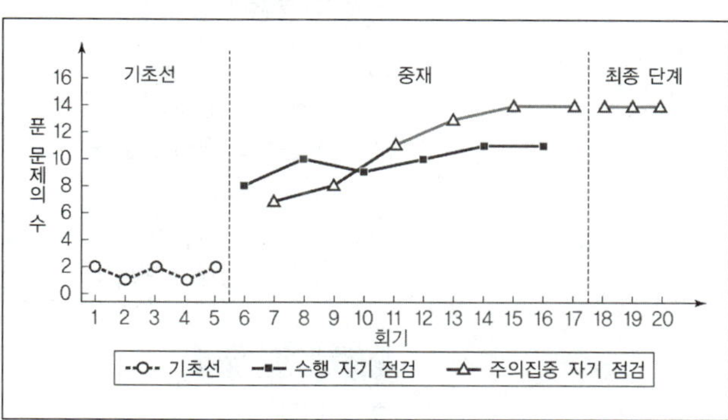

37

정답 및 예시답안

○ ㉠ / (가)에 적용된 복수중재설계는 인접한 구간끼리만 비교하여 해석할 수 있으므로, 'DRC + 과제 난이도 수정'과 기초선 구간을 비교할 수 없다. 따라서 기능적 관계가 있다고 할 수 없다.

○ ㉢ / A의 자리이탈 행동을 감소시키는 것이 목적이므로, 이 행동이 증가하는 추세일 때 중재를 적용하는 것은 바람직하다.

알찬 지문풀이

• ㉡ 박 교사: 이 연구에서는 첫 번째 중재를 통해 학생 A의 자리이탈 행동 변화가 적어서 두 번째 중재를 투입한 거군요. ➡ 복수중재설계를 적용하는 일반적인 상황. 한 중재에 대한 효과가 적을 때, 추가적으로 두 번째 중재를 투입한 상황

• ㉣ 민 교사: 'DRC + 과제 난이도 수정'이 'DRC'보다 효과가 있지만, '과제 난이도 수정'이 'DRC'보다 더 효과적이라고 말할 수는 없어요. ➡ 복수중재설계는 두 중재를 통합하여 복합중재로 적용하였을 경우, 이에 대한 효과를 각 중재의 단독효과라고 분리하여 해석할 수 없음

관련이론

복수중재설계

개념	• 한 중재 기간과 다른 중재 기간 사이에 기초선 기간 또는 또 다른 중재 기간을 집어넣어 중재 간의 효과를 비교하는 방법
주의점	• 실험 통제를 충분하게 반복 입증해야 함 • 기간이 길어지면서 관찰의 오류가 나타날 수도 있고, 중재를 적용하는 충실성에 문제가 생길 수도 있으며, 대상자를 잃게 되는 일이 발생할 수 있음 • 복수중재설계에서는 바로 인접한 중재 상황끼리만 비교가 가능 • 모든 중재를 결국 한 가지 표적행동에 적용하는 것이기 때문에 중재의 분리성 문제가 생김 • 복수중재설계에서는 중재 상황이 바뀔 때마다 가능하면 한 중재, 한 요소, 한 매개변수만 더하거나 빼는 것이 바람직
장점	• 가장 큰 장점은 융통성 • 반전될 수 있는 표적행동이라면 얼마든지 다양한 중재의 비교가 가능 • 기초선 없이도 실행할 수 있음

38

정답 및 예시답안

②

알찬 지문풀이

• ㉠ 반전 설계는 중재를 제공했다가 제거하는 과정을 거치기 때문에, 때로는 윤리적인 문제가 있다 ➡ 자해행동이나 다른 사람에게 피해를 주는 행동의 경우 중재를 철회하는 것은 비윤리적

• ㉡ AB설계를 통해 문제 행동에 대한 기능적 분석을 하고, 인과관계도 쉽게 분석할 수 있어 좋았어요. ➡ AB설계는 간편하지만 기능적 관계를 쉽게 확신하기 어려움

• ㉢ 점심시간에 짜증을 내는 것과 같이 위협적이지 않은 문제 행동의 기능적 관계를 알아보기 위해서는 ABAB설계보다는 BAB설계가 더 적절한 것 같았어요. ➡ 위협적이지 않은 문제행동은 기초선 측정을 두 번 실시하는 ABAB 설계를 사용하여도 무방함

• ㉣ 동시에 3명의 학생을 대상으로 다양한 상황에서 중재를 실시하여 그 중재 효과를 입증할 수 있는 '대상자 간 중다기초선 설계'를 실시하는 것도 좋아요. ➡ 대상자 간 중다기초선설계는 상황과 행동 등의 기타 변인들은 모두 동일하게 통제하고, 여러 대상자에게 한 가지 중재를 실시하는 것. 즉, 대상자 간 중다기초선설계는 한 상황과 한 행동에 대한 중재를 여러 대상자에게 실시하는 것이고, 상황 간 중다기초선설계는 한 대상자의 한 행동에 대한 중재를 여러 상황에서 실시하는 것

• ㉤ 우리 반 학생이 과제에 집중하도록 '생각 말하기(think aloud)' 중재 전략을 사용했다가 잘 안 되어서 '자기점검하기'로 중재 전략을 바꾸어 시도한 ABC설계도 유용했어요. ➡ 생각 말하기 중재는 B, 자기점검하기는 C에 해당하는 중다중재설계에 해당하는 적절한 설명

37

2014. 중
★ 답안작성

다음의 (가)는 자폐성장애학생 A의 자리이탈 행동을 감소시키기 위해 단일대상연구를 실시하여 그 결과를 그래프로 나타낸 것이고, (나)는 이 그래프를 보고 특수교사들이 나눈 대화 내용이다. (나)의 ㉠~㉣ 중 틀린 것 2개를 찾아 기호를 쓰고, 그 이유를 각각 쓰시오. [4점]

(가) 단일대상연구 결과 그래프

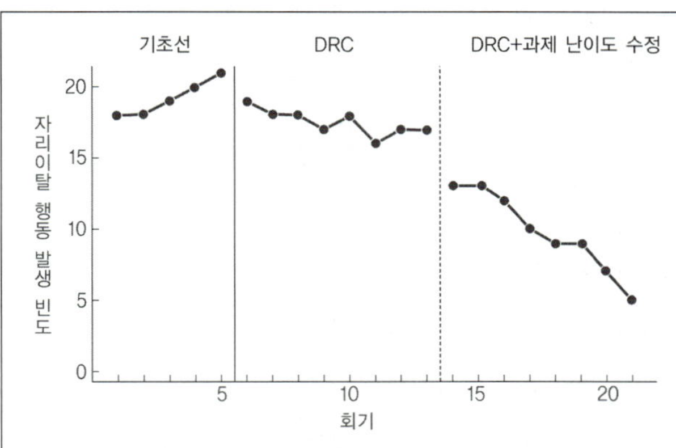

* DRC : 의사소통 차별강화(Differential Reinforcement of Communication)를 의미함

(나) 대화 내용

㉠ 김 교사 : 'DRC + 과제 난이도 수정'이 'DRC'보다 더 효과가 있으니까, 'DRC + 과제 난이도 수정'과 자리이탈 행동 간에 기능적 관계가 있다고 할 수 있어요.

㉡ 박 교사 : 이 연구에서는 첫 번째 중재를 통해 학생 A의 자리이탈 행동 변화가 적어서 두 번째 중재를 투입한 거군요.

㉢ 강 교사 : 이 그래프에서 기초선을 보면, 종속변인이 꾸준히 증가하고 있는 추세이기 때문에 첫 번째 중재를 시작하기에 적절하지 않았던 것 같아요.

㉣ 민 교사 : 'DRC + 과제 난이도 수정'이 'DRC'보다 효과가 있지만, '과제 난이도 수정'이 'DRC'보다 더 효과적이라고 말할 수는 없어요.

38

2012. 중

다음은 현장 연구를 하기 위해 모인 교사들이 단일대상연구 방법에 대해 나눈 대화이다. 대화의 내용 ㉠~㉤ 중에서 옳은 것만을 있는 대로 고른 것은?

김 교사 : 중재 효과를 알아보기에 좋은 단일대상연구 방법을 사용해 보셨나요? 반전 설계도 좋던데요.

민 교사 : 네, 하지만 ㉠ 반전 설계는 중재를 제공했다가 제거하는 과정을 거치기 때문에, 때로는 윤리적인 문제가 있다는 점도 고려해야겠지요.

최 교사 : 네, 그래서 저는 ㉡ AB설계를 통해 문제 행동에 대한 기능적 분석을 하고, 인과관계도 쉽게 분석할 수 있어 좋았어요.

박 교사 : ㉢ 점심시간에 짜증을 내는 것과 같이 위협적이지 않은 문제 행동의 기능적 관계를 알아보기 위해서는 ABAB설계보다는 BAB설계가 더 적절한 것 같았어요.

정 교사 : ㉣ 동시에 3명의 학생을 대상으로 다양한 상황에서 중재를 실시하여 그 중재 효과를 입증할 수 있는 '대상자 간 중다기초선 설계'를 실시하는 것도 좋아요.

윤 교사 : ㉤ 우리 반 학생이 과제에 집중하도록 '생각 말하기(think aloud)' 중재 전략을 사용했다가 잘 안 되어서 '자기점검하기'로 중재 전략을 바꾸어 시도한 ABC설계도 유용했어요.

① ㉠, ㉡

② ㉠, ㉤

③ ㉠, ㉢, ㉤

④ ㉡, ㉢, ㉣

⑤ ㉢, ㉣, ㉤

39

정답 및 예시답안

1) 질문을 하는 순서나 내용 등 질문의 구조화된 정도에서 차이가 있다.
2) 자연스러운 환경에서 의사소통 샘플을 수집하여야 한다.
3) ① 기초선의 수준과 중재 구간의 수준을 비교했을 때, 중재 이후 수준이 향상되었으므로 효과적이었다고 볼 수 있다(수준).
   ② 기초선에서는 눈맞춤 빈도가 변화하는 경향을 보이지 않았으나, 중재 이후 눈맞춤 빈도가 향상되는 경향을 보이므로 중재가 효과적이었다고 볼 수 있다(경향).
4) 자극 일반화

관련이론

◎ 자료의 시각적 분석 방법

자료의 수준	• 그래프의 세로좌표에 나타난 자료의 크기 • 평균선 값 = 모든 자료의 Y축 값의 합 / 전체 자료점의 수
자료의 경향	• 한 상황 내에 있는 자료의 방향과 변환 정도를 의미 • **경향선**: 자료의 방향과 변화의 정도를 가장 잘 나타내 줄 수 있는 직선의 기울기
자료의 변화율	• 자료 수준의 안정도를 의미 • 경향선을 중심으로 자료가 퍼져 있는 범위를 의미 • 주로 자료의 Y축 값의 하한선과 상한선 값으로 그 범위를 나타냄 • 자료 분석에서 변화율이 심한 경우에는 자료가 안정될 때까지 좀 더 많은 자료를 구해 보아야 함
상황 간 자료의 중첩정도	• 두 상황 간의 자료가 세로좌표값의 같은 범위 안에 들어와 있는 정도 • 두 상황 간 자료의 세로좌표값이 서로 중첩되지 않을수록 자료의 변화를 잘 나타내주는 것
효과의 즉각성 정도	• 중재 효과가 얼마나 빠르게 나타났는지를 평가하는 것 • 한 상황의 마지막 자료와 다음 상황의 첫 자료 사이의 차이 정도를 의미 • 중재 효과의 즉각성이 떨어질수록 중재와 행동 간의 기능적 관계도 약해짐

◎ 자극 일반화와 반응 일반화

자극 일반화	장소(상황), 사람(대상), 자료(사물)에 대한 일반화
반응 일반화	부수적 행동 변화, 동반적 행동 변화

고득점 답안 비법

✗ 1) : 반구조화 면담은 면담 질문, 내용 등은 구조화되어 있으나, 비구조화 면담은 면담의 구체적인 내용이 구조화되어 있지 않고, 피면접자의 반응에 따라 구성됨

✗ 2) : 의사소통 샘플을 수집하여 분석하는 이유는 평소의 의사소통능력을 평가하기 위해서이기 때문

✗ 3) : 시각적 분석 요소 중 중첩 정도나 효과의 즉각성 정도 등도 중재의 효과를 설명할 수 있음. 하지만, 중첩 정도는 단지 기초선에서의 자료점과 중재에서의 자료점이 얼마나 중첩되는지를 나타내는 것으로, 그것이 효과적인 방향인지 그렇지 않은지를 의미하지 않을 수 있고(상황에 따라), 효과의 즉각성은 중재의 효과가 얼마나 즉각적이었는지에 초점을 둔 것이지 전반적으로 중재의 효과가 있었는지를 설명하는 것은 아님. 따라서 수준과 경향으로 답안을 작성하는 것이 가장 적절함

39

2016. 초
★ 답안작성

다음은 ○○특수학교의 담임교사와 교육 실습생이 나눈 대화 내용이다. 물음에 답하시오. [5점]

실 습 생 : 선생님, 그동안 은수의 의사소통 지도를 어떻게 해 오셨는지 궁금해요.

담임교사 : 은수처럼 비상징적 언어 단계에 있는 아이들의 경우에는 먼저 부모와 ㉠ 면담을 하거나 ㉡ 의사소통 샘플을 수집하여 아이가 어떻게 의사소통을 하는지 분석하는 것이 중요하답니다.

실 습 생 : 그렇군요.

담임교사 : 저는 은수의 의사소통 샘플을 수집하던 중, 은수의 이름을 부르면 은수가 어쩌다 눈맞춤이 된다는 것을 알게 되었어요. 그래서 눈맞춤 빈도를 증가시키기 위한 중재를 실시했지요. 비록 기능적인 관계를 입증할 수는 없지만 ㉢ 이 그래프에 나타난 결과를 보면 중재가 효과적이었다는 것을 알 수 있어요.

※ 눈맞춤 기회를 매 회기 15번 제공하였음

실 습 생 : 정말 효과가 있었네요.

담임교사 : 네, 이제는 ㉣ 은수가 학급 친구들과도 눈맞춤을 한답니다.

1) ㉠과 관련하여, 비구조화된 면담과 반구조화된 면담의 차이점을 1가지 쓰시오. [1점]

2) ㉡의 방법을 사용할 때 주의해야 할 점을 1가지 쓰시오. [1점]

3) ㉢이라고 판단한 근거를 그래프의 시각적 분석 측면에서 2가지 쓰시오. [2점]

　　① :

　　② :

4) 중재를 통하여 ㉣과 같은 효과가 나타나는 것을 무엇이라고 하는지 쓰시오. [1점]

40

- 대체기술
- 그래프의 시각적 분석 요소

MY MEMO

정답 및 예시답안

○ ㉠의 특성은 문제행동과 동일한 기능으로 작용할 수 있다는 점이고, ㉡에 해당하는 기술은 대처 및 인내기술이다.
○ ㉢은 기초선 구간과 중재 구간의 각 평균을 구하여 수준의 변화를 분석한다.
○ ㉣은 기초선 구간의 마지막 자료점과 중재 구간의 첫 번째 자료점 사이의 차이 정도를 비교하여 분석한다.

관련이론

◎ 대체기술

교체기술	• 문제행동과 동일한 결과를 가져올 수 있는 바람직한 기술 • 문제행동과 교체할 수 있으면서 사회적으로 바람직한 기술 • 교체기술을 선택하는 기준 　－ 노력　　　　　　－ 결과의 질　　　　　　－ 결과의 즉각성 　－ 결과의 일관성　　－ 처벌 개연성
대처 및 인내기술	• 힘들고 재미없는 상황에서 문제행동을 하지 않고 인내하며 대처할 수 있는 기술 • 자신이 상황을 변화시킬 수 없을 때에도 문제행동이 아닌 사회적으로 받아들여지는 대처기술을 사용할 수 있어야 하는 것 • 강화 지연법: 학생이 요구하는 것에 대해 필요한 교체기술을 가르치면서 점진적으로 시간 간격을 늘려 가며 강화를 지연시키는 것 • 분노조절 훈련, 긴장완화 훈련, 사회적 문제해결 훈련, 자기관리 기법 등 활용
일반적인 적응기술	• 문제행동을 예방할 수 있으면서 의미 있는 생활을 향상시킬 수 있는 기술 • 또래와의 상호작용 어려움 때문에 문제행동을 하는 학생에게는 '사회적 기술'이 일반적 적응기술 • 사회적 기술의 지도 요소 　－ 설명　　　　　　－ 모델링　　　　　　－ 시연 　－ 피드백　　　　　－ 연습

◎ 그래프의 시각적 분석 요소

수준	• 그래프의 세로좌표에 나타난 자료의 크기
경향	• 한 상황 내에 있는 자료의 방향과 변환 정도
변화율	• 자료 수준의 안정도, 경향선을 중심으로 자료가 퍼져 있는 범위
중첩정도	• 두 상황 간의 자료가 세로좌푯값의 같은 범위 안에 들어와 있는 정도
효과의 즉각성	• 중재 효과가 얼마나 빠르게 나타났는지를 평가하는 것 • 한 상황의 마지막 자료와 다음 상황의 첫 자료 사이의 차이 정도

고득점 답안 비법　✗ ㉠의 정의를 쓰는 것이 아니라, ㉠의 특성을 기능 측면에서 쓰는 것이라는 점을 잘 이해하고 작성할 것

✗ 수준, 변화의 즉각성의 정의만 쓰는 것이 아니라, 정의를 기반으로 밑줄 친 내용의 의미를 서술하는 것

41

- 반분법에 의한 경향선

MY MEMO

정답 및 예시답안

⑤

관련이론

◎ 경향선(추세선) 그리기

제1단계	자료점들을 좌우로 양분하는 수직선을 그린다.
제2단계	사분교차점을 확인한다.
제3단계	사분교차진행선을 그린다.
제4단계	양분진행선을 그린다.

40

다음은 정서 · 행동장애 학생 S를 위해 작성한 긍정적 행동
지원 내용의 일부이다. 〈작성방법〉에 따라 서술하시오.
[4점]

- 문제행동
  - 학급에서 컴퓨터 게임을 하기 위해 욕을 하는 행동
- 기능적 행동평가 실시
  - 동기평가척도(MAS)와 ABC 관찰을 실시함
- 가설 설정
  - 학급에서 컴퓨터 게임을 하기 위해 또래나 교사에게
    욕을 한다.
- 지원 계획
  - 학생 S의 문제행동을 대신할 수 있는 ㉠ <u>교체기술</u>,
    (㉡), 일반적 적응기술을 지도함
  - 교체기술을 사용하더라도 컴퓨터 게임을 할 수 없는
    상황에서 사용할 수 있는 (㉡)을/를 지도함
    (예: 스트레스 상황 속에서 안정을 취하는 방법)

    … (중략) …

- 평가 계획: 단일대상연구설계(AB 설계) 사용
  - 행동 발생량을 시각화한 그래프를 이용하여 기초선과
    중재선(긍정적 행동지원 적용) 간 문제행동 발생 ㉢ <u>수</u>
    <u>준의 변화</u>, 경향의 변화, 변동성의 변화, ㉣ <u>변화의 즉</u>
    <u>각성 정도를 분석함</u>

┌ 작성방법 ┐
- 밑줄 친 ㉠의 특성을 행동 기능 측면에서 서술하고, 괄호
  안의 ㉡에 해당하는 기술의 명칭을 쓸 것
- 밑줄 친 ㉢을 분석하는 방법 1가지를 서술할 것
- 밑줄 친 ㉣의 방법을 기초선과 중재선의 자료점 비교 측면
  에서 서술할 것

41

박 교사는 초등학교 1학년 '즐거운 생활' 시간에 자폐성장애
학생 슬기에게 '가족과 친구' 영역 중 '얼굴표정 나타내기'를
지도하면서 슬기의 반응을 관찰하여 경향선을 그리려고
한다. 반분법에 의해 경향선을 그리는 순서로 바른 것은?

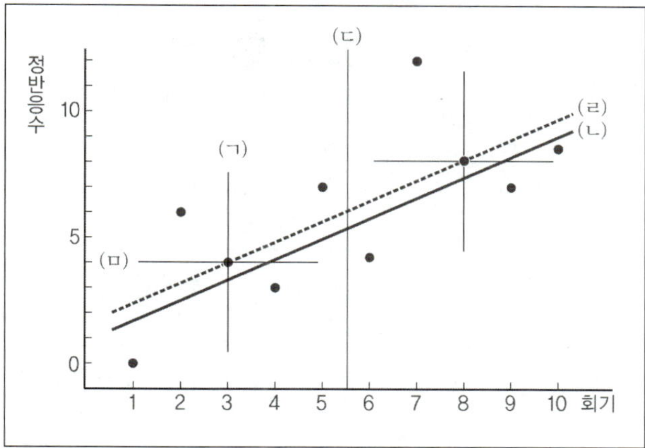

① ㄱ → ㄴ → ㄷ → ㄹ → ㅁ
② ㄱ → ㄷ → ㄹ → ㅁ → ㄴ
③ ㄴ → ㄹ → ㄱ → ㄷ → ㅁ
④ ㄷ → ㄱ → ㄹ → ㅁ → ㄴ
⑤ ㄷ → ㄱ → ㅁ → ㄹ → ㄴ

42

정답 및 예시답안

○ ㉠은 파괴(적) 행동이다.
○ ㉡은 행동을 관찰 가능하고 구체적으로 정의하는 것이고, ㉢의 예는 '책상의 모서리에 자신의 머리를 스스로 부딪치는 행동'이다.
○ ㉣은 선행사건이다.

관련이론

◎ 문제행동 중재의 우선순위

① 파괴적 행동
② 방해하는 행동
③ 경미한 행동

◎ 행동의 조작적 정의

의미	• 관찰할 행동은 관찰 가능하고 구체적이어야 한다. – 행동의 관찰이 가능하다는 것: 행동의 시작과 끝이 분명하다는 것 – 행동이 구체적이라는 것: 행동의 측정이 가능하다는 것
필요성	• 똑같은 행동이라도 정의가 다르면 서로 다른 평가를 하게 된다. 따라서 서로 다른 관찰자가 하나의 행동을 보고 행동이 발생했는지에 대해 서로 동의할 수 있으려면 행동의 조작적 정의가 필요하다. • 이뿐만 아니라 같은 관찰자가 행동을 관찰할 때에도 관찰할 행동이 발생했을 때 다른 행동들과 변별할 수 있으려면 행동의 조작적 정의가 필요하다. • 객관적 관찰과 측정을 용이하게 하는 행동의 조작적 정의가 있으면, 행동에 대한 구체적 교수목표를 세울 수 있고, 목표의 달성 여부를 객관적으로 측정할 수 있으며, 중재 효과를 평가하여 행동과 중재 프로그램 사이의 기능적 관계를 입증할 수 있게 된다.
조작적 정의 만들기	• 행동에 대한 명칭은 행동의 조작적 정의로 충분하지 않다. – 명칭은 설명된 형태의 행동에 대해 보편적으로 사용하는 이름과 같은 것이다. 예를 들면 '손톱 깨물기'라는 명칭만 사용하면 구체적으로 어떤 행위가 손톱 깨물기인지 명확하지가 않다. 그러나 '손가락이 입 안에 있고 이가 손톱이나 주변의 살갗을 물고 있는 것'이라고 정의하면 '손톱 깨물기'의 의미가 더욱 명확해진다. • 사람에 대한 어떤 특성을 진술하는 것도 행동을 조작적으로 정의하는 것이 아니다. – 특성은 행동에 대한 문제를 넓은 범주로 구분하는 것으로 일반화된 정보를 제공할 뿐이다. 예를 들어, '버릇없다'는 특성은 행동에 대한 주관적 느낌이기 때문에 어떤 행동인지 말해 주지 못한다. 그러나 '"입 닥쳐"라고 말하기'와 같은 표현은 '버릇없는' 행동의 구체적 내용을 알게 해 준다.

고득점 답안 비법 ✪ 정확한 예시를 쓸 수 있으려면, 적용할 개념을 정확하게 이해하고 있어야 함. 조작적 정의의 개념의 핵심을 이해하고 있는지 점검한 후, 예시를 작성해 볼 것

✪ 조작적 정의는 그 행동이 어떤 행동인지 구체적으로 알아 볼 수 있어야 함

42

2022. 중
★ 답안작성

(가)는 지적장애 학생 D에 관해 통합 교사와 특수 교사가 나눈 대화의 일부이고, (나)는 행동지원 계획의 일부이다. 〈작성방법〉에 따라 서술하시오. [4점]

(가) 대화

> 통합 교사 : 선생님, 요즘 학생 D가 책상에 머리를 부딪치는 행동을 자주 하고, 또 자기 자리에서 일어서서 교실을 돌아다녀요.
>
> 특수 교사 : 책상에 머리를 부딪치는 행동은 (㉠)에 해당하고요, 교실을 돌아다니는 행동은 방해 행동에 해당합니다.
>
> 통합 교사 : 그럴 땐 어떤 것을 먼저 중재해야 할까요?
>
> 특수 교사 : (㉠)을/를 우선적으로 중재해야 합니다.
>
> 통합 교사 : 그렇군요. 그러면 학생 D의 문제행동은 '책상에 머리를 부딪친다.'가 되는 건가요?
>
> 특수 교사 : 아닙니다. 문제행동은 ㉡ <u>조작적 정의</u>의 방법으로 진술해야 합니다. 예를 들어, 학생 D가 '책상에 머리를 부딪치는 행동'을 조작적으로 정의하면, (㉢)와/과 같이 표현할 수 있습니다.
>
> … (중략) …
>
> 통합 교사 : 선생님, 학생 D는 수학 학습지를 받으면 문제행동을 하는 것 같아요.
>
> 특수 교사 : 그것을 정확히 알기 위해서 기능 평가를 실시할 필요가 있어요.
>
> … (중략) …
>
> 특수 교사 : 기능 평가 결과, 수학 학습지가 어려워서 과제를 회피하기 위하여 그런 문제행동이 나타나는 것으로 보입니다. 우선, 문제행동을 촉발하는 요인을 변화시키거나 제거하는 (㉣) 중재를 계획할 필요가 있습니다.

(나) 행동지원 계획

〈행동지원 계획〉	
배경사건 중재	• 충분한 휴식 시간 부여
(㉣) 중재	• 과제 난이도 조정 • 과제 선택 기회 부여
대체행동 교수	• 기능적 의사소통 훈련 실시
후속결과 중재	• 타행동 차별강화 실시

- (가)의 괄호 안 ㉠에 공통으로 들어갈 문제행동 유형을 쓸 것
- (가)의 밑줄 친 ㉡의 개념을 서술하고, 괄호 안의 ㉢에 해당하는 예를 1가지 서술할 것
- (가), (나)의 괄호 안 ㉣에 공통으로 들어갈 용어를 쓸 것

핵심테마 체크
- 긍정적 행동지원(PBS)
- 문제행동의 기능
- 대안행동의 특성

MY MEMO

43

정답 및 예시답안

1) 유치원 교육과정
2) 긍정적 행동지원
3) 활동 회피, 과제 회피 등
4) "이야기 나누기 시간이 어려워요"라고 말하기, "도와주세요."라고 요구하기, 손을 들어 도움 요청하기 등

관련이론

긍정적 행동지원(PBS)의 주요 요소

생태학적 접근	문제행동은 장애 때문이 아니라 환경적 사건이나 조건 때문에 발생할 수 있으며, 개인에게 자신이 원하는 결과를 주는 역할을 하기도 한다는 전제하에, 문제행동을 이해하기 위해 환경을 살필 것을 요구한다.
진단을 기반으로 하는 접근	환경적 사건들과 그에 대한 반응을 분석하여 문제행동의 기능을 이해하고, 학생의 선호도와 강점을 강조한다.
맞춤형 접근	중재는 학생 개인의 필요와 학생이 처한 환경에 맞추어 실제적·현실적으로 구성한다.
예방 및 교육중심의 접근	학생이 어려워하는 환경에 변화를 주어 문제행동을 예방하고, 학생에게 문제 상황에 대처하거나 그 상황을 바꿀 수 있는 기술을 교육한다.
삶의 방식 및 통합중심의 접근	문제행동의 감소만을 목적으로 하는 것이 아니라, 삶의 방식이 변하는 좀 더 넓은 성과를 목적으로 한다.
종합적 접근	문제행동의 예방, 대체기술의 교수, 문제행동에 대한 반응, 개인 삶의 방식의 개선을 이루기 위해 다양한 중재를 적용한다.
팀 접근	중재의 목표와 가치에 동의하는 팀의 협력이 요구된다.
대상을 존중하는 접근	학생의 입장에서 문제행동을 이해하고 학생의 필요와 선호도에 관심을 갖는다.

문제행동의 기능

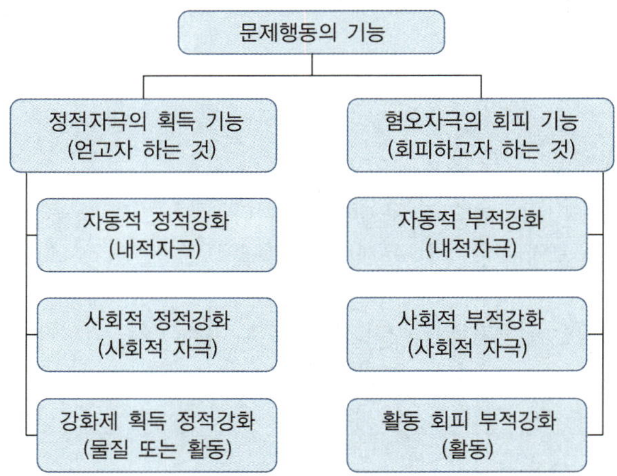

교체기술을 선택하는 기준

- 노력
- 결과의 즉각성
- 처벌 개연성
- 결과의 질
- 결과의 일관성

43 2019. 유

(가)는 밀가루 탐색활동과 그 과정에서 나타난 지후와 교사의 행동이고, **(나)**는 발달지체 유아 지후가 가진 행동 문제의 기능을 평가한 자료의 일부이다. 물음에 답하시오.

[5점]

(가)

활동과정	㉠ 지후 행동/교사 행동
• 밀가루를 관찰하고, 탐색한다. 　– 밀가루를 만지니 느낌이 어떠니?	• 밀가루를 탐색하며 논다.
• 도구를 사용해 밀가루를 탐색한다.	• 도구를 사용해 밀가루를 탐색한다.
• 밀가루 반죽을 만드는 방법을 이야기 나눈다. 　– 밀가루와 물을 섞으면 어떻게 될까?	• 밀가루 반죽을 만드는 방법을 이야기하려고 할 때, ㉡<u>소리를 지르며 짜증을 낸다.</u> / 소파에 앉아 있도록 한다.
• 밀가루와 물을 섞어 반죽을 만든다. 　– 밀가루에 물을 섞으니 어떻게 모양이 변하고 있니?	• 반죽 만들기가 시작되자 자리로 돌아와 즐겁게 참여한다.
• 밀가루 반죽을 관찰하고, 탐색한다.	• 밀가루 반죽을 탐색하며 논다.
• 밀가루와 밀가루 반죽의 다른 점을 이야기 나눈다. 　– 밀가루와 밀가루 반죽의 느낌이 어떻게 다르니?	• 밀가루와 밀가루 반죽의 다른 점을 이야기하려고 하자, 소리를 지르며 짜증을 낸다. / 소파에 앉아 있도록 한다.

… (하략) …

(나)

시간	선행 사건	행동	후속 결과
11:00	이야기 나누기가 시작된다.	소리를 지르며 짜증을 낸다.	소파에 앉아 있도록 한다.
11:05	반죽 만들기가 시작된다.	자리로 돌아와 즐겁게 참여한다.	—
11:20	이야기 나누기가 시작된다.	소리를 지르며 짜증을 낸다.	소파에 앉아 있도록 한다.

1) 다음은 (가)와 관련한 2015 개정 유치원 교육과정 '자연탐구' 영역의 탐구하는 태도 기르기 내용범주와 세부내용이다. ① ⓐ와 ⓑ에 해당하는 내용을 순서대로 쓰고, ② ⓑ에 해당하는 교사의 발문을 (가)에서 찾아 쓰시오. [2점]

내용범주	내용	세부내용		
		3세	4세	5세
탐구하는 태도 기르기	탐구기술 활용하기		(생략)	일상생활의 문제를 해결하는 과정에서 (ⓐ), 관찰, 비교, (ⓑ) 등의 탐구 기술을 활용해 본다.

① :

② :

2) ㉠의 내용에 대하여 지후의 행동을 기능 평가한 후, 유아의 삶의 질 향상을 목적으로 제공하는, 행동 문제에 대한 예방과 대처 그리고 대안 행동(alternative behavior) 교수를 포함하는 장기적이고 생태학적인 행동 중재 및 지원은 무엇인지 쓰시오. [1점]

3) (나)의 관찰 결과를 볼 때, 지후가 '소리를 지르며 짜증을 내는' 행동의 기능은 무엇인지 쓰시오. [1점]

4) (나)의 내용을 고려할 때, (가)의 ㉡을 대신해 교사가 지후에게 가르칠 수 있는 대안 행동(alternative behavior)을 1가지 쓰시오. [1점]

핵심테마 체크
• 일화 기록
• 긍정적 행동지원의 요소
• 소거

MY MEMO

44

정답 및 예시답안

1) ① ㉠ / 관찰자(교사)의 주관적 의견(해석)이 포함되어 있기 때문이다.
   ② ㉢ / 편식에 대한 사항은 관찰시점에 일어난 학생의 행동을 기술한 것이 아니다.
2) 예방중심의 중재(예방적 중재)
3) ① 소거폭발
   ② 학생이 보이는 현상과 상관없이 일관적으로 중재를 적용한다.

알찬 지문풀이

• 최 교사가 이러한 상황에 대비하여 계획해야 하는 <u>긍정적 행동지원의 요소</u>를 쓰시오. ➡ '긍정적 행동지원의 요소' 중 해당 내용에 적절한 용어를 써야 함

관련이론

◎ 일화 관찰기록

의미 및 특징	• 일화 관찰기록은 학생의 행동을 직접 관찰한 내용을 이야기식으로 기록하는 것으로, 일정한 형식이 없는 비공식적 방법이다. • 일화 관찰기록은 비공식적인 것이기 때문에 일정한 형식이 있는 것은 아니지만 편리한 양식을 만들 수도 있다. • 한 학생의 누적된 일화 관찰기록을 검토하면 문제행동의 패턴을 알아낼 수 있다.
절차	① 학생의 행동을 기록하기 전에 상황에 대한 정보를 기록해야 한다. 학생의 행동이 발생하는 곳은 어떤 장소이며 거기에서 무엇이 이루어지고 있는 상황인지, 다른 아이들은 몇 명이나 있는지 등을 기록한다. ② 관찰대상 학생이 누구에게 무슨 말과 행동을 하는지를 놓치지 않고 모두 기록한다. ③ 관찰대상 학생에게 누가 무슨 말과 행동을 했는지 놓치지 않고 모두 기록한다. ④ 관찰대상 학생의 행동에 대한 관찰자의 느낌이나 해석, 실제 일어난 사실을 구별하여 기록한다. ⑤ 관찰대상 학생의 시간 길이나 시기를 알 수 있게 시간대를 기록한다.

고득점 답안 비법 ✗ 3) : 그래프가 나타내는 핵심의미를 정확하게 파악한 후, 그에 따라 이론을 적용하여 답안을 서술할 것

44 　　　　　　　　　　　2017. 유
★ 답안작성

5세 발달지체 유아 선우의 긍정적 행동지원 계획 수립을 위해 (가)는 통합학급 최 교사가 수집한 일화기록 자료의 일부이고, (나)는 선우의 행동에 대한 영상 분석 자료의 일부이다. 물음에 답하시오. [5점]

(가)

장면	점심시간	원아명	정선우
관찰 일자	2016년 ○월 ○일	관찰자	최 교사

㉠ 점심식사 시간에 선우는 기분이 안 좋은지 식사를 하지 않고 앉아 있다. 옆에 앉은 혜미가 선우에게 "밥 먹어, 선우야."라고 하자 반찬 가운데 계란말이만 먹고, 혜미에게 무엇인가 말을 하려고 한다. ㉡ 혜미가 선우에게 "뭐라고? 밥을 먹어야지."라고 이야기한다. 그러자 앞에 앉아 있던 지수도 "맞아! 점심시간에는 밥 먹는 거야."라고 말한다. 김 선생님께서 ㉢ "선우야, 밥 먹고 있니?"라고 묻자 선우는 숟가락을 쥐고 일어난다. ㉣ 선우는 소리를 지르며 숟가락으로 식판을 두드린다. ㉤ 선우의 편식으로 점심식사 시간에 이런 일이 자주 발생하고 있다.

(나)

장면	자유놀이	원아명	정선우
관찰 일자	2016년 △월 △일	관찰자	최 교사

블록 놀이 영역에서 3명의 유아들(혜미, 지수, 영석)이 탑을 쌓고 있고, 선우가 블록 놀이 영역으로 간다. 선우는 가장 높은 교구장 위로 기어 올라가 점프하여 뛰어내린다. 선우는 블록 위로 떨어지면서 얼굴을 다쳐 피가 난다. 선우는 벌떡 일어나더니 지수를 밀쳐 넘어뜨리고, 영석의 팔을 문다. 그리고 소리를 지르며 교구장을 밀어서 넘어뜨리려고 한다.

… (하략) …

1) (가)의 ㉠~㉤ 중 일화기록 방법으로 잘못 기술된 것 2가지를 찾아 기호와 그 이유를 각각 쓰시오. [2점]

① :

② :

2) (나)에서 최 교사는 선우의 행동이 자신과 타인의 안전을 위협하는 위험한 상황을 초래한다고 판단하였다. 최 교사가 이러한 상황에 대비하여 계획해야 하는 긍정적 행동지원의 요소를 쓰시오. [1점]

3) 다음은 선우에게 긍정적 행동지원을 했을 때 수집된 자료이다. ① 그래프에서처럼 문제행동이 일시적으로 증가하는 현상을 지칭하는 용어와 ② 이러한 현상이 나타날 때 최 교사가 취해야 할 적절한 대응 방안 1가지를 쓰시오. [2점]

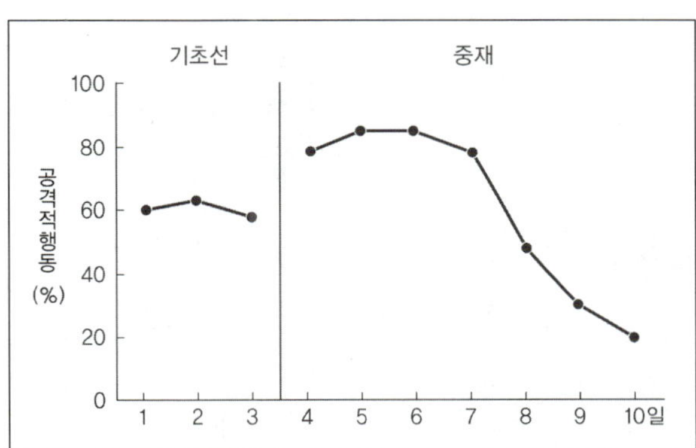

① :

② :

45

정답 및 예시답안

1) ㉢ / 또래들을 해치는 행동이기 때문이다(파괴행동－방해행동－경미한 행동의 순이므로).
2) 진우는 활동을 마치는 시간이 되면 활동의 중단을 피하기 위해 울거나 물건을 집어던진다.
3) 학생의 선호도/흥미 활용
4) 반응대가

관련이론

◎ 문제행동 중재의 우선순위

① 파괴적 행동
② 방해하는 행동
③ 경미한 행동

◎ 가설 수립(가설문)

가설의 중요성	• 기능진단 또는 정보 수집 과정의 최종 결과물이다. • 환경적 사건과 개인의 행동 간 관계를 서술함으로써 진단 정보와 행동지원계획 간의 연계성을 확보하는 중요한 역할을 한다. • 문제행동을 유발할 가능성이 가장 큰 선행사건과 배경사건을 묘사하고, 관찰된 후속결과와 논리적 추론에 근거하여 문제행동의 기능을 추정한다. • 문제행동과 관련된 사건을 명확하게 기술함으로써 행동 감소에 효과가 있을 만한 중재들을 시사해 준다.
가설문의 요소	• 반드시 포함되어야 할 정보 － 문제행동 전에 일어난 사건의 서술(배경사건 포함) － 문제행동의 기술 － 추정되는 문제행동의 기능

◎ 행동의 기능에 따른 선행사건 중심의 중재

기능	중재
관심	성인의 관심 시간 계획
	또래의 관심 시간 계획
	학생에 대한 근접성 증진
	좋아하는 활동 제공
회피	과제의 난이도 조절
	선택의 기회 제공
	학생의 선호도와 관심사를 활동에 추가
	활동을 통하여 의미 있고 기능적인 성과를 얻게 함
	과제의 길이 조절
	과제수행 양식의 수정
	행동 모멘텀과 과제 분산의 사용
	예측 가능성 향상
	교수 전달 방법의 변화
구체물	미리 알려 줌
	전이 활동 계획
	근접성 증진
감각자극	대안적 감각 강화 제공
	풍부한 환경 제공

◎ 반응대가

• 학생이 문제행동을 하였을 때 그 대가로 이미 지니고 있던 강화제를 잃게 함으로써 문제행동의 발생률을 감소시키는 절차
• 철회비율을 결정하는 것이 중요함
• 보너스 반응대가 적용 가능
• 강화제를 모두 잃게 되는 경우에 대비해야 함

45

2014. 유
★ 답안작성

통합유치원 5세반에 다니는 진우는 발달지체 유아이다.
(가)는 진우의 행동 특성이고, (나)는 유아특수교사인 박
교사가 진우의 문제행동에 대한 긍정적 행동 지원을 계
획하면서 작성한 ABC 관찰 기록지의 일부이다. 물음에
답하시오. [5점]

(가) 진우의 행동 특성

- 핸드벨 소리를 좋아함
- 교사에게 스티커 받는 것을 좋아함
- 학급 내에서 역할 맡기를 좋아함

(나) ABC 관찰 기록지

이름: 김진우 　　　　　　관찰자: 박 교사

날짜	A(선행사건)	B(행동)	C(후속결과)
9/9 10:20	자유선택활동을 마치고 교사는 정리하는 시간임을 알림	㉠ "싫어, 안 해." 하며 그 자리에 누워 뒹굴며 울음	교사가 다가가 진우를 일으켜 세우려고 손을 잡자 이를 뿌리침
9/10 11:00	오전 간식시간을 마무리하고 교사는 이야기 나누기 시간임을 알림	㉡ "싫어, 안 해." 하며 우유곽을 바닥에 집어던짐	교사가 진우에게 우유곽을 줍게 하고 분리수거함에 담게 함
9/11 12:20	바깥놀이를 마치고 교사는 손을 씻고 교실로 들어가는 시간임을 알림	"싫어, 안 가." 하며 교실로 들어가지 않겠다며 바닥에 주저앉음	교사는 진우를 일으켜 세워 세면대로 데리고 갔으나 ㉢ 손을 씻지 않아서 학급 규칙에 따라 진우가 모아놓은 스티커 중 2개를 떼어냄
9/12 10:20	자유선택활동을 마치고 교사는 정리하는 시간임을 알림	㉣ "싫어." 하며 가지고 있던 장난감을 또래들에게 던짐	교사는 진우의 행동을 제지하며 친구들에게 장난감을 던지면 친구들이 다칠 수 있다고 말함

1) 긍정적 행동 지원을 위해 (나)의 ㉠~㉢에 나타난 진우의 문제행동 중 우선순위를 정할 때 1순위에 해당하는 내용의 기호를 쓰고, 그 이유를 쓰시오. [2점]

2) 기능평가 결과 진우의 문제행동은 '회피하기'로 나타났다. 긍정적 행동 지원을 위해 진우의 문제행동에 대한 가설을 수립하여 쓰시오. [1점]

3) 다음은 박 교사가 (가)를 반영하여 (나)에 나타난 문제행동의 선행사건을 중재한 것이다. 사용된 중재명을 쓰시오. [1점]

> 활동을 마칠 때 교사가 핸드벨을 흔들어 마치는 시간을 알린다.

4) (나)의 ㉢에 박 교사가 적용한 행동수정 전략을 쓰시오. [1점]

46

정답 및 예시답안

1) ① 장면 2 – 장면 1 – 장면 3
   ② 다른 사람을 해치는 파괴적인 행동, 방해하는 행동, 경미한 행동의 순서로 우선순위를 정해야 하기 때문이다.
2) • 변화에 대한 저항(비가 와서 바깥놀이 시간에 밖으로 나가지 못하자 울어버림)
   • 감각자극 특성(물컹거리는 찰흙을 싫어하고 부드러운 천 조각을 좋아함)
3) 노력, 결과의 질 또는 강도, 즉각성, 일관성, 처벌 개연성(이 중 택 1)

관련이론

◎ **대체기술 선택 시 고려할 사항**

이 기준들은 반응 효율성으로 통칭할 수 있는 것으로 대체기술을 가르칠 때 고려해야 하는 부분이다.

노력	• 육체적 움직임이나 반응에 필요한 인지적 노력으로 설명될 수 있다. 모든 다른 요인들이 같다면 학생들은 가장 노력이 적게 드는, 즉 가장 효율적인 반응을 선택하게 될 것이다. • 교체행동의 선택 기준은 문제행동보다 힘이 적게 들어야 한다.
결과의 질 (결과의 강도)	• 결과로 제시되는 사건이나 물건에 대한 선호도 또는 강화 정도를 의미한다. 교수는 교체행동의 결과나 강화자가 문제행동을 통하여 얻을 수 있는 결과에 비하여 질적으로 동일하거나 더 낫다는 것을 명확히 해야 한다. 그렇지 않으면 학생들은 대체기술을 사용하지 않을 것이다.
결과의 즉각성	• 특정 반응이 다른 반응에 비하여 더 빨리 원하는 결과를 가져온다면 학생들이 이러한 반응을 더 자주 사용하게 되는 것은 당연하다. 따라서 교수하게 될 교체기술은 문제행동에 비하여 더 신속하게 원하는 결과를 가져올 수 있어야 한다.
결과의 일관성	• 후속결과를 얻는 데 필요한 학생의 반응 횟수를 의미한다. • 교수는 학생이 교체기술을 사용할 때마다, 즉 첫 번째 사용부터 매번 반응해 주어야 한다. 이것은 교수 초기 단계에서 매우 중요하다. • 특히 교체기술이 원하는 결과를 얻는 데 더욱 효과적인 방법이라는 것을 알게 하는 단계에서는 매우 중요하다.
처벌 개연성	• 반응에 뒤따라서 혐오적이거나 불쾌한 후속결과가 나타날 가능성을 의미한다. • 반응 후에 항상 불쾌한 사건이 뒤따른다는 사실을 학습하게 되면 반응의 빈도가 감소된다는 것은 잘 알려진 학습 원리이다. • 따라서 교체행동 후에 불쾌한 사건이 뒤따르지 않도록 확인하는 것이 교수의 기본적인 원칙이다. 다시 말해서, 교체행동이 판별된 문제행동 다음에 불쾌한 사건이 뒤따르거나 문제행동의 결과로 아무것도 변화되지 않는지 확인해야 한다.

46 2015. 유

(가)는 자폐성 장애 유아 경수에 대한 김 교사의 행동 관찰 내용이고, (나)는 경수에 대한 행동지원 절차 중 일부이다. 물음에 답하시오. [5점]

(가) 행동 관찰 내용

장면 1	비가 와서 바깥놀이 시간에 놀이터에 못나가게 되자, 경수는 "바깥놀이 시간, 바깥놀이 시간이에요."하며 계속 울었다.
장면 2	찰흙놀이 시간에 평소 물컹거리는 물건을 싫어하는 경수가 찰흙을 만지지 않으려 하자, 김 교사는 경수에게 찰흙 한 덩어리를 손에 쥐어 주고, 찰흙놀이를 하도록 하였다. 그러자 경수는 찰흙을 친구에게 던지고 소리를 질렀다.
장면 3	이야기나누기 시간에 경수는 부드러운 천으로 만들어진 자신의 옷만 계속 만지고 있었다.

(나) 행동지원 절차

1단계 : 문제 행동을 정의하고 ㉠ <u>우선순위화</u>한다.
2단계 : 기능 진단을 실행한다.
3단계 : 가설을 개발한다.
4단계 : 포괄적인 행동지원 계획을 개발한다.
5단계 : 행동지원 계획을 실행하고, 평가하고, 수정한다.

1) 경수의 행동지원팀이 ㉠을 할 때, (가)에 나타난 경수의 행동 중 우선적으로 지도해야 할 순서를 장면의 번호에 따라 차례로 쓰고, 그와 같이 선정한 이유 1가지를 쓰시오. [2점]

　① 장면 번호 :

　② 이유 :

2) 행동지원팀이 경수를 위한 포괄적인 행동지원 계획을 수립할 때, 고려해야 하는 경수의 행동 특성 2가지를 (가)에서 찾아 쓰시오. [2점]

3) (나)에서 경수에게 가르칠 대체 행동을 선정할 때, 대체 행동의 효율성 측면에서 김 교사가 고려할 사항 1가지를 쓰시오. [1점]

47

정답 및 예시답안

1) 간접평가
2) ① 때리는 행동
   ② 파괴적 행동, 방해하는 행동, 경미한 행동
3) ① 선택하기
   ② 외부지향성

관련이론

◎ 기능평가를 위한 간접평가와 직접평가의 장단점

종류	장점	단점
간접평가	• 개괄적 정보를 알려준다. • 자세한 진단이 필요할 것인지 신속히 알려준다. • 다양한 시간대와 환경에 대한 정보를 수집할 수 있다. • 학생 본인의 관점을 알려 준다.	• 정보 제공자가 학생을 아는 정도에 따라 정보의 수준이 달라질 수 있다. • 구체적 정보를 구하기 어려울 수 있다. • 상업적으로 제작되었기 때문에 모든 학생에게 적용 가능한 것은 아니다.
직접평가	• 행동 발생 당시의 정보를 직접 수집한다. • 자연스러운 환경에서 실시할 수 있다. • 환경, 선행사건, 행동, 후속결과에 대한 구체적 정보를 제공한다.	• 시간이 많이 걸린다. • 행동의 직접 관찰이 다른 일과에 방해가 된다. • 문제행동 발생을 놓칠 수 있다. • 자주 발생할수록 관찰과 기록은 어려워진다. • 발생빈도가 낮은 행동은 수집된 정보가 충분치 않을 수 있다.

◎ 기능평가의 방법

간접평가	• 학생을 가장 잘 아는 사람이나 당사자인 학생과 직접 면담하거나 그들에게 평가척도, 질문지 등을 작성하게 하는 평가
직접평가	• 일정기간 동안 자연스러운 상황에서 학생 행동을 직접 관찰하는 관찰평가 • 산점도: 더 자세한 정보를 수집해야 할 시간대를 결정하는 데 도움 • 일화 관찰기록: 학생의 행동을 직접 관찰한 내용을 이야기식으로 기록하는 것으로, 일정한 형식이 없는 비공식적 방법 • ABC 관찰: 자연스러운 상황에서 문제행동의 선행사건(A), 문제행동(B), 후속결과(C)를 시간의 흐름에 따라 직접 관찰하여 기록하는 방법 • ABC 행동관찰 검목표: 관찰자가 학생의 계속되는 행동에 크게 방해받지 않고 빨리 기재할 수 있다는 장점이 있지만 행동에 대한 자세한 정보를 제공하지 못한다는 단점도 있음 • 행동의 기능평가 관찰지: A-B-C 행동관찰 검목표를 더욱 발전시킨 것
기능분석	• 자연스러운 상황이나 인위적인 상황에서 문제행동에 영향을 미치는 변수에 대한 가설을 설정하고 그 변수를 체계적으로 조작하여 평가하는 것

47

다음은 유아 특수교사 김 교사의 반성적 저널이다. 물음에 답하시오. [5점]

올해 입학한 4세 지적장애 유아 동호가 보이는 몇 가지 행동 때문에 고민이 많다. 새로운 환경에 적응하기 위해 보이는 모습일 수도 있으므로 앞으로 잘 관찰해 봐야겠다.

… (중략) …

1. 2024년 4월 ○일
- 문제행동: 최근 친구뿐만 아니라 선생님을 때리는 행동이 나타남
- 평가 척도: 동기평가척도(Motivation Assessment Scale: MAS) 검사 결과 때리기 행동의 기능은 '관심 끌기'였음
- 면담 결과: 동호 출산 후 어머니는 산후 우울증이 있었다고 함. 어머니 대신 동호를 양육해 주시던 외할머니가 돌아가셔서 우울증이 더 심해져 동호를 거의 돌보지 못했다고 함   [A]

　어머니가 실시한 동기평가척도(MAS) 검사로 동호의 때리기 행동의 기능이 '관심 끌기'임을 알게 되었고, 어머니와의 면담을 통해 애착 형성의 문제를 확인하였다. 동호가 평소에 좋아하는 감촉이 부드러운 인형을 준비해서 가끔씩 끌어안을 수 있도록 지원해야겠다.

2. 2024년 4월 □일
- 문제행동: 점심시간에 친구의 반찬을 손으로 집어 먹음

　점심시간에 동호가 좋아하는 감자튀김이 나왔다. 동호는 얼른 자신의 감자튀김을 먹고, 친구의 감자튀김을 빼앗아 먹었다. 이 행동을 제지했더니 큰 소리로 울었다. 다음에 더 먹고 싶은 반찬이 나오면 "더 주세요."라고 말하도록 가르쳐야겠다.

3. 2024년 4월 △일
- 문제행동: 대집단 활동 시간에 의자에 기대어 앉아 몸을 앞뒤로 흔드는 행동을 보임

　이야기 나누기, 동화책 듣기 활동 시 의자에 기대어 앉아 앞뒤로 몸을 흔드는 행동을 자주 보였다. 동호가 활동에 흥미를 가질 수 있는 방법을 고민해 봐야겠다.

4. 2024년 4월 ☆일
　동호가 주원이와 함께 레고 놀이를 하고 있었다. 주원이가 동호에게 "공룡 가지고 놀까? 아니면 집 만들러 갈까?" 라고 물어보니, 동호는 "집."이라고 대답하였다.   [B]

　모양 자르기 활동과 퍼즐 맞추기 중 동호에게 어떤 놀이를 하고 싶은지 물어보았더니 "모양 자를 거야." 하며 바구니를 들고 갔다.

　평소 집중 시간이 짧은 동호가 평상시보다 오랜 시간 집중하여 활동에 참여하는 모습을 보였다. 활동 후 칭찬 스티커를 주니 너무 좋아했다. 동호의 자기결정 능력을 증진하여 동호의 활동 참여 시간을 점차적으로 늘려야겠다.

5. 2024년 4월 ◇일
　우유 도우미를 누가 할 것인지를 물었는데 동호 옆에 있던 친구가 주원이를 손으로 가리키자 동호도 "주원이요."라고 말했다. 학습된 무기력을 가지고 있는 동호는 자신이 도우미를 할 수 있음에도 불구하고 자신의 능력을 믿지 못해 교사나 친구에게 의존을 하는 모습을 보인다.   [C]

　동호가 자신이 해결할 수 있는 과제도 스스로 할 수 없다고 생각하여 주원이에게 의존하려는 특성을 어떻게 변화시켜야 할지 고민이 된다.

---

1) 김 교사가 [A]에서 사용한, 행동의 기능평가 방법은 무엇인지 쓰시오. [1점]

2) ① 김 교사의 반성적 저널에 나타난 동호의 문제행동 중 가장 먼저 중재해야 할 행동을 찾아 쓰고, ② 여러 가지 문제행동을 동시에 중재하기 어려울 때, 문제행동의 수준에 따른 3가지 유형 중 우선적으로 중재해야 할 유형부터 순서대로 쓰시오. [2점]

　①:

　②:

3) ① [B]는 자기결정 행동의 구성 요소 중 무엇에 해당하는지 쓰고, ② [C]에 나타난 동호의 심리적 특성을 쓰시오. [2점]

　①:

　②:

48

정답 및 예시답안

④

알찬 지문풀이

• ④ 활동 시작 전에 지영이가 좋아하는 친구를 옆 자리에 앉게 하였다. ➡ 활동 시작 전이므로 선행사건 중재

2009. 유

48

유치원에서 활동에 잘 참여하지 않는 발달지체 유아 지영이에 대한 기능 평가(functional assessment)에 근거하여 문 교사가 적용한 중재 방법과 그에 따른 지원 내용이 바르게 연결되지 <u>않은</u> 것은?

<u>중재 방법</u>   <u>지원 내용</u>

① 선행사건 조절: 지영이를 위하여 칸막이로 활동 공간을 구분하였다.

② 선행사건 조절: 30분 정도 진행하던 이야기나누기 시간을 15분으로 줄여 진행하였다.

③ 선행사건 조절: 등원 시 교실에 들어가기 싫어하는 지영이를 위하여 바깥놀이를 첫 번째 활동으로 제공하였다.

④ 후속결과 조절: 활동 시작 전에 지영이가 좋아하는 친구를 옆 자리에 앉게 하였다.

⑤ 후속결과 조절: 활동에 잘 참여한 경우 지영이가 원하는 자유놀이를 할 수 있도록 하였다.

◆ **핵심테마 체크**
• 가설 수립
• 단일대상연구의 유형
• ABAB 설계
• 행동의 기능
• 긍정적 행동지원의 행동
  지원계획
• 교체기술의 예

MY MEMO

49

정답 및 예시답안

1) 서우는 교사가 다른 유아와 상호작용을 하면 관심을 끌기 위해 소리 내어 운다.
2) ① 중재제거설계, 반전설계, ABAB 설계 등
   ② 관심 제공
3) ① 반응적 전략(문제행동에 대한 반응, 후속결과 중심 중재 등)
   ② "선생님!"이라고 교사를 부르기

관련이론

◎ 가설문

가설의 중요성	• 기능진단 또는 정보 수집 과정의 최종 결과물이다. • 환경적 사건과 개인의 행동 간 관계를 서술함으로써 진단 정보와 행동지원계획 간의 연계성을 확보하는 중요한 역할을 한다. • 문제행동을 유발할 가능성이 가장 큰 선행사건과 배경사건을 묘사하고, 관찰된 후속결과와 논리적 추론에 근거하여 문제행동의 기능을 추정한다. • 문제행동과 관련된 사건을 명확하게 기술함으로써 행동 감소에 효과가 있을 만한 중재들을 시사해 준다.
가설문의 요소	• 반드시 포함되어야 할 정보 － 문제행동 전에 일어난 사건의 서술(배경사건 포함) － 문제행동의 기술 － 추정되는 문제행동의 기능

◎ 긍정적 행동지원(PBS)_행동지원계획의 구성요소

선행사건 및 배경사건 중재	• 문제가 되는 선행사건 및 배경사건을 수정하거나 제거 • 긍정적인 선행사건 및 배경사건 도입
대체기술 교수	• 문제행동과 동일한 목적을 수행하는 대체기술 교수 • 대처기술 및 인내심 교수 • 전반적인 능력을 신장시키기 위한 일반적인 기술 교수
문제행동에 대한 반응	• 문제행동이 가져다 주는 성과를 감소시킴 • 교육적인 피드백을 제공하거나 논리적인 후속결과 제시 • 위기관리계획 개발
장기적인 지원	• 삶의 양식을 변화시킴 • 지원을 지속하기 위한 전략 수행

◎ 대체기술의 유형

교체기술	• 문제행동과 동일한 기능으로 작용할 수 있는 기술은 무엇인가?
대처 및 인내기술	• 어떤 기술을 가르치는 것이 어렵고 즐겁지 않은 상황에 적응하거나 대처할 수 있도록 학생을 도울 수 있을 것인가?
일반적인 적응기술	• 문제행동의 발생 가능성을 예방할 수 있는 관련 기술은 무엇인가? • 학생에게 의미 있는 생활을 향상시킬 수 있는 기술은 무엇인가?

고득점 답안 비법 ☆ 3)의 ② : 관심을 끌 수 있고 바람직한 행동이면 모두 답안 가능함

49

2023. 유
★ 답안작성

다음은 발달지체 유아 서우를 위한 행동지원계획서의 일부이다. 물음에 답하시오. [5점]

○ 기본정보

이름	서우	생년월일	2017. ○. ○.
기능평가	2022. 4. 4~4. 15.	행동지원계획	2022. 4. 18.
의사소통 특성	• 간단한 단어로 표현 가능함 • 일상적인 말을 이해하고 간단한 지시 따르기가 가능함		

… (하략) …

○ ABC 관찰 요약

A	B	C
교사가 다른 유아와 상호작용 하고 있음	소리 내어 울기	교사가 서우를 타이르고 안아 줌

○ 문제행동 동기평가척도(MAS) 결과

구분	감각	회피	관심 끌기	선호물건/활동
문항점수	1. 1 5. 1 9. 2 13. 1	2. 1 6. 2 10. 1 14. 4	3. 5 7. 4 11. 5 15. 5	4. 1 8. 3 12. 3 16. 2
전체점수	5	8	19	9
평균점수	1.25	2	4.75	2.25

* 평정척도: 전혀 그렇지 않다 0점 ~ 항상 그렇다 6점

○ 기능평가 결과를 토대로 설정한 가설

가설	㉠

○ 기능분석 결과: 변인 간 기능적 관계가 입증됨

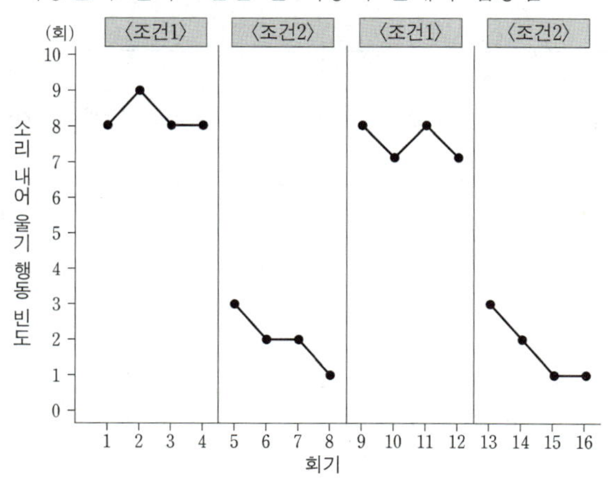

[서우의 소리 내어 울기 기능분석]

○ 행동지원계획

… (하략) …

---

1) 가설 설정의 구성 요소를 포함하여 ㉠에 들어갈 가설을 쓰시오. [1점]

2) '서우의 소리 내어 울기 기능분석' 그래프를 보고, ① 기능분석을 위해 사용한 연구 설계 방법을 쓰고, ② 〈조건2〉는 무엇인지 쓰시오. [2점]

① :

② :

3) 서우를 위한 행동지원계획 수립 시, ① 중재과정 중 서우의 소리 내어 울기 행동이 나타날 때 적용해야 하는 행동지원 방법의 명칭을 쓰고, ② 서우에게 지도할 교체기술(replacement skills)의 예를 1가지 쓰시오. [2점]

① :

② :

50

정답 및 예시답안

1) 과제회피
2) ① 피관찰자인 지수가 관찰되고 있다는 것을 알게 되어 행동의 변화가 나타나는 반응성의 영향을 받지 않기 위한 것이다.
   ② 자발적 회복
3) ① 과제분석
   ② ⓓ, ⓔ

관련이론

🔍 관찰자 간 일치도를 위해 고려할 사항

• 관찰하고자 하는 행동을 관찰 가능하고 측정 가능한 용어로 조작적 정의를 해야 한다.
• 행동을 관찰하는 장소와 시간이 일관성 있고 규칙적이어야 한다.
• 직접적이고 형성적인 관찰을 해야 한다.
• 관찰, 측정, 기록의 절차를 명확하게 명시한다.
• 실제 상황에서 관찰하기 전에 충분히 연습을 한다.
• 관찰 즉시 자료를 기록한다.
• 관찰자가 중재 목적을 모르는 것이 좋다.
• 관찰 장소에서 관찰을 시작하기 전에 관찰자 훈련을 하는 기간에 높은 신뢰도 기준을 설정하여 관찰 훈련을 하는 것이 좋다.
• 훈련이 끝나고 관찰을 시작한 후에도 관찰자 간의 일치도를 정기적으로 조사해야 한다.
• **관찰자 표류**: 관찰자의 관찰 기준이 점진적으로 바뀌는 현상이다.
• 관찰자가 2명 이상이라면 관찰 도중에는 두 관찰자가 서로 영향을 받지 않도록 관찰자 간의 접촉을 최소화하는 것이 좋다.
• **반동(반응성)**: 학생은 다른 사람이 자신의 행동을 관찰한다는 것을 의식하여 행동을 더 잘하게 되거나 긴장하여 더 못하게 될 수가 있다.
• **관찰자반응성**: 행동을 관찰하고 기록하고 있는 관찰자가 다른 사람으로부터 자신의 관찰 과정이 평가받고 있다고 인식하여 '다른 사람'의 의도를 파악하려 하고 '다른 사람'의 의도에 따라 측정을 변화시키는 경우이다.

🔍 소거

개념	• 예전부터 강화되어 온 행동이 발생해도 더 이상 강화하지 않음으로써 그 행동의 미래 발생 가능성을 감소시키는 것
고려 사항	• 소거저항　　　　　　　　　• 소거폭발 • 자발적 회복 현상

🔍 후진형 행동연쇄

• 마지막 단계부터 처음 단계까지 역순으로 가르치는 것이다.
• 마지막 단계의 행동 이전 행동 단계들은 교사가 모두 완성해 준 상태에서 마지막 단계의 행동을 학생이 하도록 하는 방법이다.

50   2025. 초

(가)는 지수를 위한 행동 지원 협의회에서 이루어진 대화의 일부이고, (나)는 담임 교사가 설정한 활동 계획의 일부이다. 물음에 답하시오. [5점]

(가)

부장 교사 : 지난번에 말씀하신 지수의 문제행동에 대한 기능분석(Functional Analysis : FA)은 어떻게 되었나요?

담임 교사 : 교차처치설계를 실시했고, 다음 그래프와 같은 결과가 나왔어요. 보시는 바와 같이 과제 수행 요구 조건에서 문제행동이 가장 많이 나타났어요.

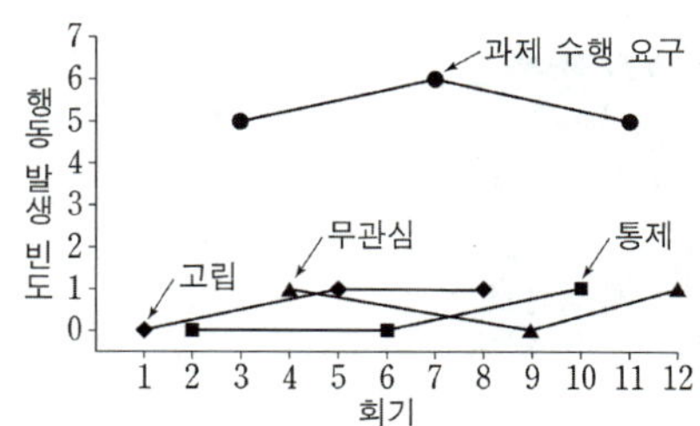

[문제행동의 기능분석 그래프]

부장 교사 : 과제 수행 요구 조건은 어떻게 설정했나요?

담임 교사 : 먼저 지수에게 과제를 수행할 것을 요구했어요. 이때 지수의 문제행동이 발생하면 지수에게 잠시 휴식 시간을 주었어요.

부장 교사 : 그렇다면 지수는 과제 수행을 요구받았을 때 가장 불편해하는군요. 지수의 문제행동은 (㉠)의 기능을 가지고 있다고 볼 수 있겠군요.

… (중략) …

부장 교사 : 중재할 때 영상 촬영은 어떻게 하실 계획인가요?

담임 교사 : 부모님의 동의를 얻은 후 카메라를 설치할 생각입니다. 지난번 연수 때 배운 대로 ㉡ <u>카메라를 지수가 볼 수 없도록 숨겨 두거나, 여의치 않을 경우 중재와는 상관없이 상시적으로 설치해 두려고 합니다.</u>

부장 교사 : 후속 결과 중재는 어떤 것을 계획하고 있나요?

담임 교사 : 소거법을 적용하려고 합니다.

부장 교사 : 소거법은 초기에 소거 폭발에 유의해야 합니다. 그리고 행동 감소 효과가 어느 정도 안정적이 될 즈음에 갑자기 문제행동이 증가하는 (㉢)의 현상에도 대비해야 합니다.

담임 교사 : 네, 잘 알겠습니다.

부장 교사 : 후속 결과 중재도 중요하지만, 지수의 경우 학습 과제에 부담감을 느끼지 않도록 하는 것이 중요해요. 지수가 ㉣ <u>수행해야 하는 활동</u>을 더 단순한 하위 세부 기술로 분할하여 후진 행동연쇄로 지도하는 것을 제안드립니다.

(나)

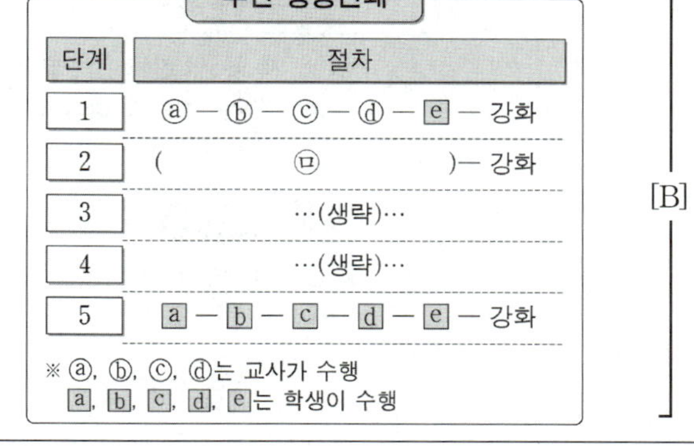

활동	빗자루와 쓰레받기 사용하기

a. 빗자루를 한 손으로 잡기
b. 빗자루로 쓰레기를 한곳에 쓸어 모으기   ⎤
c. 다른 한 손으로 쓰레받기를 잡고 바닥에 대기   [A]
d. 쓰레기를 쓰레받기에 쓸어 담기
e. 모은 쓰레기를 휴지통에 버리기   ⎦

후진 행동연쇄

단계	절차	
1	ⓐ - ⓑ - ⓒ - ⓓ - ⓔ - 강화	
2	(㉤) - 강화	
3	…(생략)…	[B]
4	…(생략)…	
5	ⓐ - ⓑ - ⓒ - ⓓ - ⓔ - 강화	

※ ⓐ, ⓑ, ⓒ, ⓓ는 교사가 수행
ⓐ, ⓑ, ⓒ, ⓓ, ⓔ는 학생이 수행

1) (가)의 ㉠에 들어갈 내용을 쓰시오. [1점]

2) (가)의 ① 밑줄 친 ㉡의 이유를 피관찰자의 행동 측면에서 1가지 쓰고, ② ㉢에 들어갈 말을 쓰시오. [2점]

  ① :

  ② :

3) ① (가)의 밑줄 친 ㉣이 설명하는 것이 무엇인지 쓰고, ② (나)의 [B]의 ㉤에 들어갈 학생 행동을 [A]의 a~e에서 찾아 기호를 순서대로 쓰시오. [2점]

  ① :

  ② :

핵심테마 체크
• 긍정적 행동지원의 단계
• 기능분석
• 가설 수립

MY MEMO

51

정답 및 예시답안

①

알찬 지문풀이

- ㄷ. 채원이에게 효과적인 대체행동 기술을 지도한다. ➡ 가설을 바탕으로 중재를 실시

- ㄹ. 문제행동의 유발 요인을 미리 제거하거나 수정한다. ➡ 가설을 바탕으로 선행사건을 중재하는 것

- ㅁ. 채원이의 선호 활동을 파악하고 채원이의 선택을 존중한다. ➡ 선호활동을 파악하는 것 자체는 기능평가를 통해 얻는 정보 중 하나이고, 선택을 존중하여 선택권을 제공하는 것은 선행사건 중심의 중재에 해당함

관련이론

◎ 긍정적 행동지원의 단계

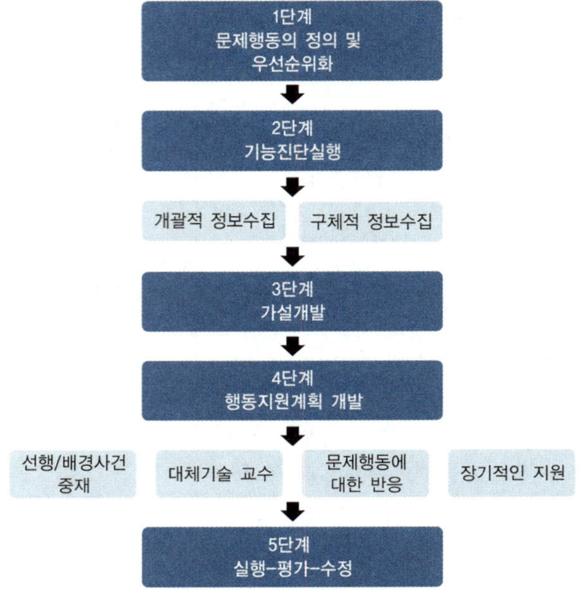

◎ 기능평가와 기능분석

기능평가	• 특정 행동을 신뢰할 수 있게 예언하고, 그 행동을 지속시키는 환경 내의 사건을 정의하기 위해 이루어지는 일련의 활동 과정 • 행동의 인과관계를 밝히는 과정 • 행동의 선행사건과 후속결과를 찾아내는 다양한 접근과정을 의미
기능분석	• 기능분석 과정은 행동의 변인들을 체계적으로 조작하면서 행동을 관찰하는 기능평가의 일부로서 기능평가의 최종단계 • 어떤 행동과 관련 있는 환경을 체계적이고 계획적인 방법으로 조작하여 그 행동을 통제하는 선행조건의 역할이나 그 행동을 유지하게 하는 결과를 검증하는 방법 • 문제행동과 연관되거나 관련이 없는 특정 행동 변인들을 체계적으로 조작하는 방법

51

병설유치원 통합학급에 다니는 채원이는 머리를 벽에 부딪치는 문제행동을 보인다. 홍 교사는 긍정적 행동지원을 통해 채원이의 문제행동에 대한 중재계획을 세우고자 한다. 〈보기〉에서 '가설 세우기' 단계 이전에 해야 할 일들을 모두 고른 것은?

> **보기**
> ㄱ. 문제행동의 기능분석을 한다.
> ㄴ. 문제행동을 조작적으로 정의한다.
> ㄷ. 채원이에게 효과적인 대체행동 기술을 지도한다.
> ㄹ. 문제행동의 유발 요인을 미리 제거하거나 수정한다.
> ㅁ. 채원이의 선호 활동을 파악하고 채원이의 선택을 존중한다.

① ㄱ, ㄴ
② ㄱ, ㄷ
③ ㄴ, ㅁ
④ ㄱ, ㄹ, ㅁ
⑤ ㄷ, ㄹ, ㅁ

52

정답 및 예시답안

①

알찬 지문풀이

• ㄴ ➡ 긍정적 행동지원은 문제행동의 감소나 제거에 초점을 두는 것이 아님

• ㄷ ➡ 기능분석에 대한 설명

• ㅁ ➡ 기능평가에 대한 설명

53

정답 및 예시답안

④

관련이론

🔍 **산점도(산포도, 행동분포관찰)**

• 문제행동이 가장 빈번하게 발생하는 시간을 찾기 쉽도록 작성되어 있다.
• 행동분포관찰은 '산점도'라고도 하는데, 문제행동이 자주 발생하는 시간과 자주 발생하지 않는 시간대를 시각적으로 쉽게 알아볼 수 있도록 구성되어 있다.
• 행동관찰을 통해 얻은 정보는 더 자세한 정보를 수집해야 할 시간대를 결정하는 데 도움을 준다.

52 　2010. 중

장애학생의 문제행동 지원에 관한 설명으로 옳은 것을 〈보기〉에서 모두 고른 것은?

┌─ 보기 ─
ㄱ. 면담은 비형식적 방법으로 면담 대상자는 학생을 잘 아는 사람과 학생 본인이다.

ㄴ. 긍정적 행동지원은 바람직한 행동을 증가시키고, 문제가 되는 행동을 감소 및 제거하는 데 초점을 맞춘다.

ㄷ. 기능평가(functional assessment)는 문제행동의 기능을 검증하기 위해 선행 사건과 후속 결과를 실험·조작하는 활동이다.

ㄹ. 긍정적 행동지원의 목표는 가정, 학교, 지역사회에서 문제행동을 보이는 개인은 물론 행동을 지원하는 사람들의 삶의 질을 높이는 데 있다.

ㅁ. 기능분석(functional analysis)은 특정 행동을 신뢰할 수 있게 예언하고, 그 행동을 지속시키는 환경 내의 사건을 정의하기 위해 이루어지는 일련의 활동 과정이다.

① ㄱ, ㄹ
② ㄱ, ㄴ, ㄹ
③ ㄱ, ㄷ, ㅁ
④ ㄱ, ㄷ, ㄹ, ㅁ
⑤ ㄴ, ㄷ, ㄹ, ㅁ

53 　2009. 유

다음은 또래에게 물건을 던지는 예림이의 문제행동 분포도이다. 이 자료에 근거하여 파악할 수 있는 것은?

이름: 김예림　　　문제행동: 물건 던지기

활동 \ 날짜	3/17(월)	3/18(화)	3/19(수)	3/20(목)	3/21(금)
8:30~9:00 도착 및 자유놀이					
9:00~9:15 이야기 나누기	6회 이상 발생	1~5회 발생			
9:15~10:00 집단 활동	6회 이상 발생	1~5회 발생	1~5회 발생	1~5회 발생	1~5회 발생
10:00~10:30 미술 활동	6회 이상 발생	6회 이상 발생	6회 이상 발생	6회 이상 발생	6회 이상 발생
10:30~11:00 간식	1~5회 발생				
11:00~11:30 자유 선택 활동	1~5회 발생		1~5회 발생		
11:30~12:00 정리 및 귀가 준비					

▨▨ =6회 이상 발생　　▨ =1~5회 발생　　□ =발생하지 않음

① 습득해야 할 새로운 행동
② 문제행동을 대신할 수 있는 대체행동
③ 문제행동 발생 시 사용 가능한 벌 절차
④ 보다 자세한 진단을 실시해야 할 시간대
⑤ 문제행동을 하지 않는 시간에 제공해야 할 강화물

• 산포도(산점도)
• 행동의 기능에 따른 중재

MY MEMO

54

정답 및 예시답안

1) 유치원 교육과정
2) 유치원 교육과정
3) ① 더 자세한 정보를 수집해야 하는 시간대를 파악하는 것
   ② 중재를 바로 시작하는 것은 표적행동의 기능을 파악하지 않고 중재를 하는 것이므로 잘못된 것이다.

관련이론

기능평가의 방법

간접평가	• 학생을 가장 잘 아는 사람이나 당사자인 학생과 직접 면담하거나 그들에게 평가척도, 질문지 등을 작성하게 하는 평가
직접평가	• 일정기간 동안 자연스러운 상황에서 학생 행동을 직접 관찰하는 관찰평가 • 산점도: 더 자세한 정보를 수집해야 할 시간대를 결정하는 데 도움 • 일화 관찰기록: 학생의 행동을 직접 관찰한 내용을 이야기식으로 기록하는 것으로, 일정한 형식이 없는 비공식적 방법 • ABC 관찰: 자연스러운 상황에서 문제행동의 선행사건(A), 문제행동(B), 후속결과(C)를 시간의 흐름에 따라 직접 관찰하여 기록하는 방법 • ABC 행동관찰 검목표: 관찰자가 학생의 계속되는 행동에 크게 방해받지 않고 빨리 기재할 수 있다는 장점이 있지만 행동에 대한 자세한 정보를 제공하지 못한다는 단점도 있음 • 행동의 기능평가 관찰지: A-B-C 행동관찰 검목표를 더욱 발전시킨 것
기능분석	• 자연스러운 상황이나 인위적인 상황에서 문제행동에 영향을 미치는 변수에 대한 가설을 설정하고 그 변수를 체계적으로 조작하여 평가하는 것

고득점 답안 비법 3)의 ②: 답안의 키워드 및 핵심은 '바로 중재'를 한다는 것이 왜 잘못된 것인지에 초점을 두고 이유를 서술하는 것. 즉, 행동에 대한 구체적인 정보 없이, 기능을 파악하지 않고, 행동의 원인을 파악하지 않고 중재를 하는 것이 잘못된 점이라는 의미를 중심으로 작성해야 함

54 2025. 유

(가)와 (나)는 4세 자폐성장애 유아 승호의 통합학급 놀이 장면이고, (다)는 유아 특수교사 박 교사와 유아교사 송 교사의 대화이다. 물음에 답하시오. [5점]

(가)

> (승호와 예리가 햄버거 가게 놀이를 한다.)
>
> 예리 : 사장님! 맛있는 햄버거 주세요.
> 승호 : (빵 모형 위에 고기 모형 3개를 쌓아서 준다.)
> 예리 : 토마토가 없어요. 토마토 넣어 주세요.
> 승호 : (고기 모형만 쌓은 햄버거를 주며) 이거! 최고!
> 예리 : 토마토가 없잖아! 승호는 점심시간에 나온 토마토도 안 먹더니 놀이할 때도 안 먹네.
> 승호 : (고기 모형만 쌓은 햄버거를 가리키며) 나 좋아! 고기 햄버거! 예리야, 고기 햄버거 먹어.
> 예리 : 안 먹어!
> 승호 : (손가락으로 고기 햄버거를 튕기자 고기 햄버거가 바닥에 떨어진다.)
> 예리 : 어, 햄버거가 떨어졌네. 이거 못 먹어. 에이, 재미없어. 난 블록 놀이나 하러 갈래. (블록이 있는 곳으로 이동한다.)
> 승호 : (예리를 따라간다.)

(나)

> (유아들이 블록을 꺼내 쌓기 놀이를 한다. 교사는 유아들의 놀이 장면을 사진 찍는다.)
>
> 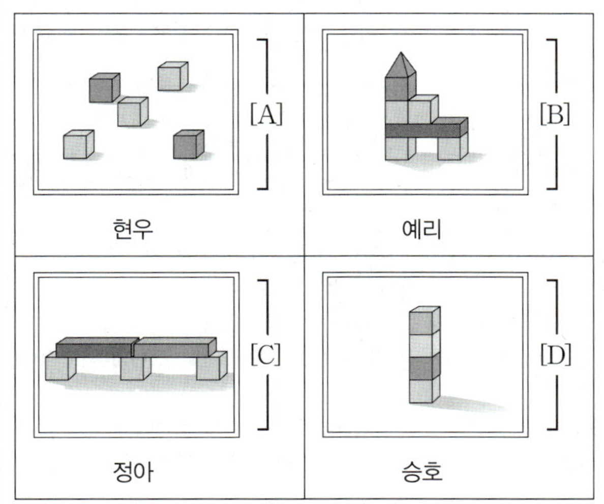
>
>
> [유아들의 쌓기 놀이 결과물]
>
> 현우 : (교구장에서 블록을 꺼내어 이리저리 옮긴다.)
> 예리 : ㉠ 내 거 어때? 이거 킥보드야.
> 정아 : 멋지네. 내가 만든 건 자동차가 지나갈 수 있어.
> 승호 : (햄버거를 쌓는 것처럼 블록을 위로만 쌓는다.)

(다)

> 송 교사 : 선생님, 승호가 손가락을 튕기는 바람에 햄버거 놀이의 흐름이 끊어져 버렸어요. 최근에 그 행동이 자주 보여요. 어떻게 하면 좋을까요?
> 박 교사 : 이 관찰 기록지를 사용해 보면 좋을 거 같아요.
> 송 교사 : 네, 그럼 저도 함께 해 볼게요.
> 박 교사 : 이 관찰 기록지는 비교적 사용하기 쉽고 시각적인 정보도 제공해 준다는 장점이 있어요.

관찰 기록지					
유아명	승호		관찰 시간	09:00~13:00	
표적행동	손가락을 튕기는 행동				
시간 \ 날짜	11/4 월	11/5 화	11/6 수	11/7 목	11/8 금
09:00~09:10 등원 및 정리					
09:10~09:30 대집단 활동					
09:30~11:40 자유놀이					
11:40~11:50 그림책 읽기					
11:50~12:40 점심시간					

※ □=0회, ◩=1~3회, ▩=4회 이상

> 송 교사 : 그렇군요. 선생님이 기록하신 걸 보니, 승호의 손 튕기기 행동이 그림책을 읽을 때 가장 많이 나타나네요. ㉡ 표적행동의 빈도를 빨리 낮추려면 중재를 바로 시작해야겠어요.

1) 피아제(J. Piaget)의 인지발달이론에 근거하여 (가)의 승호에게 해당하는 전조작기 단계의 특징 1가지를 쓰시오. [1점]

2) ① (나)의 [A]~[D]를 존슨 등(J. Johnson et al.)의 쌓기 놀이 단계에 따라 낮은 수준부터 높은 수준의 순서대로 기호를 쓰고, ② 밑줄 친 ㉠에 해당하는 쌓기 놀이 단계의 특징 1가지를 쓰시오. [2점]

   ① :

   ② :

3) (다)에서 ① 박 교사가 제시한 관찰 기록 방법의 사용 목적을 쓰고, ② 밑줄 친 ㉡이 잘못된 이유 1가지를 쓰시오. [2점]

   ① :

   ② :

핵심테마 체크

• 산점도
• 기능평가를 위한 간접평가
  와 직접평가
• 문제행동의 기능(유지변인)
• 기능분석의 적용

MY MEMO

55

정답 및 예시답안

1) • 관찰 방법 : 산점도(산포도)
   • 정보 : 표적행동이 발생한 시간대(표적행동의 시간에 따른 발생 분포)
2) 간접적 평가
3) 두통의 감소
4) 기능분석은 기능을 밝히기 위해 의도적으로 상황을 조작하는 절차이므로, 자해행동에 이를 적용하는 것은 윤리적이지 못하여 부적절하다.

알찬 지문풀이

• 광희의 행동은 관심이나 과제와도 무관해 보였고 무언가를 요구하는 것도 아니었어요. 결국 <u>주변의 선행자극이나 후속결과와의 연관성을 찾기가 어려웠죠.</u> 단지 처방받은 두통약을 먹은 후 서너 시간 동안은 머리 때리기가 줄어드는 것으로 관찰되었어요. ➡ 두통약을 먹은 후 서너 시간 동안 머리를 때리지 않은 것은 두통약의 효과로 머리가 아프지 않았기 때문. 즉 머리 때리기를 통해 두통을 감소시킨 것

관련이론

🔍 기능평가를 위한 간접평가와 직접평가의 장단점

평가 종류	장점	단점
간접 평가	• 개괄적 정보를 알려준다. • 자세한 진단이 필요할 것인지 신속히 알려준다. • 다양한 시간대와 환경에 대한 정보를 수집할 수 있다. • 학생 본인의 관점을 알려 준다.	• <u>정보 제공자가 학생을 아는 정도에 따라 정보의 수준이 달라질 수 있다.</u> • <u>구체적 정보를 구하기 어려울 수 있다.</u> • 상업적으로 제작되었기 때문에 모든 학생에게 적용 가능한 것은 아니다.
직접 관찰 평가	• 행동 발생 당시의 정보를 직접 수집한다. • 자연스러운 환경에서 실시할 수 있다. • 환경, 선행사건, 행동, 후속결과에 대한 구체적 정보를 제공한다.	• 시간이 많이 걸린다. • 행동의 직접 관찰이 다른 일과에 방해가 된다. • 문제행동 발생을 놓칠 수 있다. • 자주 발생할수록 관찰과 기록은 어려워진다. • 발생빈도가 낮은 행동은 수집된 정보가 충분치 않을 수 있다.

🔍 기능분석의 장단점

장점	• 아동과 행동 사이의 기능적 관계를 명확히 밝혀 주기 때문에, 기능분석을 통해 행동의 변화를 가져올 변수를 찾을 수도 있고 좀 더 효과적인 중재 방법을 개발할 수도 있다.
단점	• 기능분석은 빈번하게 나타나는 행동에만 주로 사용되고, 행동의 원인에 대한 타당한 결론을 찾기 위해 많은 자료와 시간을 요하는 문제행동에는 사용하기 어렵다. • 기능분석은 심한 자해행동이나 자살과 같이 위험한 행동에는 적용할 수 없다. • 기능분석은 체계적인 여러 단계의 실행과정을 거쳐야 하기 때문에 많은 시간과 경비와 인력이 요구된다. ➡ 많은 연구에서는 기능분석을 실시하여 중재 방법을 찾아 적용하고 있지만 실제 교육이나 치료현장에서는 기능분석까지는 하지 않고 기능평가를 위한 간접평가와 직접 관찰 평가 정도까지만 실시하는 경우가 많음

55   2013추. 유

다음은 유아특수학급 교사들의 대화 내용이다. 물음에 답하시오. [5점]

> 김 교사: 우리 반 정우는 최근 머리를 때리는 자해행동이 점점 심해지고 있어서 이것을 중재하는 것이 급한 것 같아요.
>
> 최 교사: 우리 반 광희와 아주 비슷한 행동이네요. 광희도 머리를 때리는 자해행동을 했었는데, ㉠ <u>아래와 같은 양식을 이용해서 유용한 정보를 얻을 수 있었어요.</u> ㉡ <u>다른 평가</u> 자료와 종합해 보았을 때, 광희의 행동은 관심이나 과제와도 무관해 보였고 무언가를 요구하는 것도 아니었어요. 결국 주변의 선행자극이나 후속결과와의 연관성을 찾기가 어려웠죠. 단지 처방받은 두통약을 먹은 후 서너 시간 동안은 머리 때리기가 줄어드는 것으로 관찰되었어요.
>
> 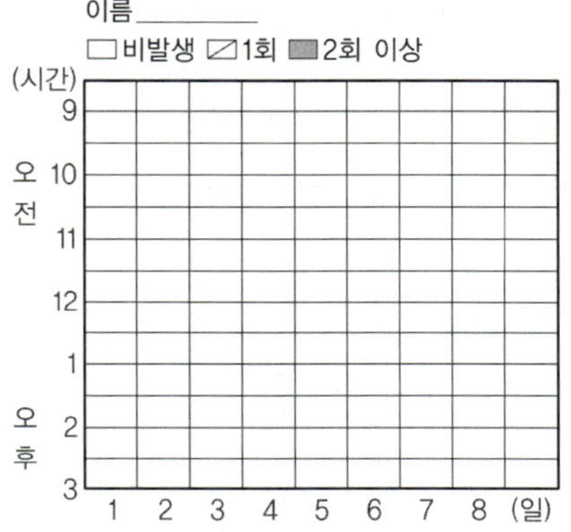
>
>
> 김 교사: 그런 경우 문제행동의 원인을 찾기가 매우 힘들죠.

1) ㉠을 이용한 관찰 방법을 쓰고, 이러한 방법으로 얻을 수 있는 정보는 무엇인지 쓰시오. [2점]

- 관찰 방법 :

- 정보 :

2) ㉡의 다른 평가 방법 중 다음의 설명에 해당하는 평가 방법을 쓰시오. [1점]

> - 면담이나 평정척도 등이 활용된다.
> - 평가자의 정보 수준에 의존할 수밖에 없는 단점이 있다.
> - 개인이나 행동에 관한 전체적인 정보를 제공한다는 장점이 있다.

3) 최 교사의 설명에 근거하여 유추해 볼 때 두통약을 먹기 전까지 나타났던 머리 때리기 행동의 유지 변인이 무엇인지 쓰시오. [1점]

4) 일반적으로 자해행동은 그 정도가 심각한 경우 기능분석 절차가 적용되기 어렵다. 그 이유를 간단히 쓰시오. [1점]

56

정답 및 예시답안

1) 은지에게 통합학급의 실과 수업과 다른 영역인 국어과에 대한 목표를 지도하려고 하기 때문에 중복 교육과정이다.
2) 초등 교육과정
3) 동시촉진(0초 시간지연)
4) 문제행동이 자주 발생하는 시간대를 알아보기 위해
5) ⓐ 교사가 다른 학생을 지도하는 상황에서
   ⓑ 관심을 얻기 위해

관련이론

◎ 중다수준 교육과정과 중복 교육과정

중다수준 교육과정	•장애학생과 일반또래들이 과학실험과 같이 함께 하는 활동에 참여할 때 이루어짐 •학생들은 같은 교과 영역 내의 여러 수준의 교육목표를 가짐 •고전적인 교육목표의 위계개념이 기초 •한 학생은 기초적인 지식이나 이해 수준에서 학습할 때, 다른 학생은 보다 심화된 적용이나 종합 수준에서 배울 수 있음
중복 교육과정	•장애학생과 일반학생이 각자의 개별화된 교수목표를 가지고 교육활동에 참여하는 것 •개별화된 학습목표가 둘 이상의 교육 영역에서 나온다는 점이 같은 교과 영역 내에서의 수준 차이만을 가지는 중다수준 교수와의 차이 •교육과정 중복을 고려하기 전에 일반또래들과 같은 목표나 중다수준 교수목표를 고려할 수 있는지를 먼저 생각해 보는 것이 중요

◎ 촉진(촉구)과 용암

촉구의 정의	•바람직한 반응을 보일 수 있도록 도와주는 부가적인 자극 •정확한 반응을 할 가능성을 증가시키는 데 사용되는 것		
촉구의 유형	반응촉구	•언어적 촉구 •자세(몸짓) 촉구 •신체적 촉구	•시각적 촉구 •모델링(시범 촉구) •혼합된 촉구
	자극촉구	•자극 내 촉구	•자극 외 촉구
촉구의 용암	반응촉구용암	•도움 감소법 •촉구 지연법(시간지연)	•도움 증가법 •점진적 안내
	자극촉구용암	•자극촉구의 점진적 변화는 변별자극을 점차 분명하게 또는 점차 불분명하게 변화시키거나, 변별자극에 추가적 단서를 주는 것	

56

2019. 초
★ 답안작성

(가)는 지적장애 학생 은지의 통합학급 담임인 윤 교사가 특수교사인 최 교사와 실과 수업에 대하여 나눈 대화이고, (나)는 최 교사가 은지의 행동을 관찰한 결과이다. 물음에 답하시오. [6점]

(가) 대화 내용

> 윤 교사: 다음 ㉠ 실과 수업 시간에는 '생활 속의 동물 돌보기' 수업을 하려고 합니다. 그때 은지에게는 국어과 목표인 '여러 가지 동물의 이름 말하기'를 지도하려고 해요. 은지가 애완동물이나 반려동물뿐만 아니라, ㉡ 소·돼지·닭과 같이 식품과 생활용품의 재료 등을 얻기 위해 기르는 동물의 이름에 대해서도 알았으면 좋겠습니다.
>
> 최 교사: 그렇지 않아도 특수학급에서 은지에게 '여러 가지 동물의 이름 말하기'를 지도하고 있어요. 지난 시간에는 ㉢ 햄스터가 그려진 카드를 은지에게 보여주면서 이름을 물어보며 '햄'이라고 언어적으로 즉시 촉진해 주었더니 '햄스터'라고 곧잘 말하더라고요.
>
> … (중략) …
>
> 윤 교사: 선생님, 은지가 수업 중에 보이는 문제행동을 어떻게 해야 할지 고민입니다.
>
> 최 교사: 마침 제가 통합학급 수업 시간에 나타나는 은지의 문제행동 기능을 알아보기 위해서 관찰 결과를 요약해 보았습니다.

(나) 행동 기록 및 관찰 결과

학생	○은지	관찰 장소	통합학급
관찰자	최 교사	관찰 기간	3월 첫째 주

㉣ 주간 행동 관찰 기록						

▢ 1회　　▧ 2회　　▨ 3회 이상

시간 \ 요일		월	화	수	목	금
8:30~9:00	수업준비					
9:00~9:40	1교시		▢		▢	
9:50~10:30	2교시					
10:40~11:20	3교시				▧	
11:30~12:10	4교시	▧	▨			
12:10~13:00	점심시간					
13:00~13:40	5교시				▨	

- 행동 관찰 결과: 실과 시간에 문제행동이 자주 발생함

㉤ 행동 관찰 결과 (실과 시간)	• 다른 학생들이 앉아 있는 동안에도 자주 교실 안을 돌아다님 • 교사가 주의를 주지 않으면 계속 돌아다니는 행동을 보임 • 교사가 은지의 이름을 부르면서 지적을 해야 자리에 앉음 • 교사가 다른 학생을 지도하는 동안에 돌아다니는 행동이 잦음

1) (가)의 ㉠을 중복 교육과정(curriculum overlapping)의 적용 사례로 볼 수 있는 근거를 1가지 쓰시오. [1점]

2) (가)의 ㉡에 해당하는 동물 분류의 명칭을 쓰시오. [1점]

3) (가)의 ㉢과 같이 변별자극과 반응촉진을 함께 제시하는 촉진 방법의 명칭을 쓰시오. [1점]

4) 은지의 행동을 관찰·분석하기 위하여 (나)의 ㉣과 같은 방법을 사용하는 목적을 1가지 쓰시오. [1점]

5) (나)의 ㉤의 내용에 근거하여 다음의 행동 가설을 수립하였다. ⓐ와 ⓑ에 들어갈 내용을 각각 쓰시오. [2점]

학생	은지는
배경/선행사건	(ⓐ)
추정되는 행동의 기능	(ⓑ)
문제행동	교실 안을 돌아다닌다.

ⓐ :

ⓑ :

57

정답 및 예시답안

①

알찬 지문풀이

- ㄴ. 기능 평가를 통해서 나타난 경수의 문제행동의 기능은 '소리 지르기'이다. ➡ 관심 얻기

- ㄹ. 긍정적 행동 지원의 주된 목적은 문제행동에 대한 예방보다는 차별에 있기 때문에 선행 사건 중재보다는 후속 결과 중재에 초점을 둔다. ➡ 주된 목적은 예방

관련이론

◎ 긍정적 행동지원의 주요 개념 및 특징

주요 개념	• 문제행동의 이유를 이해하고 문제행동이 왜 발생하는지에 대한 가설에 따라 개인의 독특한 사회적, 환경적, 문화적 배경에 적합한 종합적인 중재를 고안하는 문제해결 접근 방법 • 가장 중요한 목표는 단기간에 문제행동을 감소시키는 것이 아니라 개인의 전반적인 삶의 질에 영향을 미칠 수 있도록 장기간에 걸쳐 지속되는 변화를 만들어 내는 것
기본특징	• 행동과학 • 실용적 중재 • 사회적 가치 • 체계의 변화
주요 요소	• 생태학적 접근 • 진단을 기반으로 하는 접근 • 맞춤형 접근 • 종합적 접근 • 예방 및 교육중심의 접근 • 삶의 방식 및 통합중심의 접근 • 팀 접근 • 대상을 존중하는 접근
PBS에 영향을 미친 주요 요소	• 응용행동분석: 인간의 행동과 학습을 이해하기 위한 이론적 틀을 제공 • 개인 중심의 계획(PCP): 개인 중심의 지원, '삶의 질'에 중점, 가족과 친구들까지 포함한 팀 접근과 협력의 중요성을 강조 • 자기결정: 학생의 선호도와 선택이 교육계획에서 결정적인 요소, 장애를 지닌 학생은 교육과정에서 적극적인 참여자로 존중되어야 한다는 개인 중심의 가치를 강화 • 통합: 모든 장애학생들이 일반교육환경에 포함되어 있음
4단계 행동 발생	배경사건＋선행사건 → 행동 → 유지시키는 후속결과

◎ 긍정적 행동지원의 단계

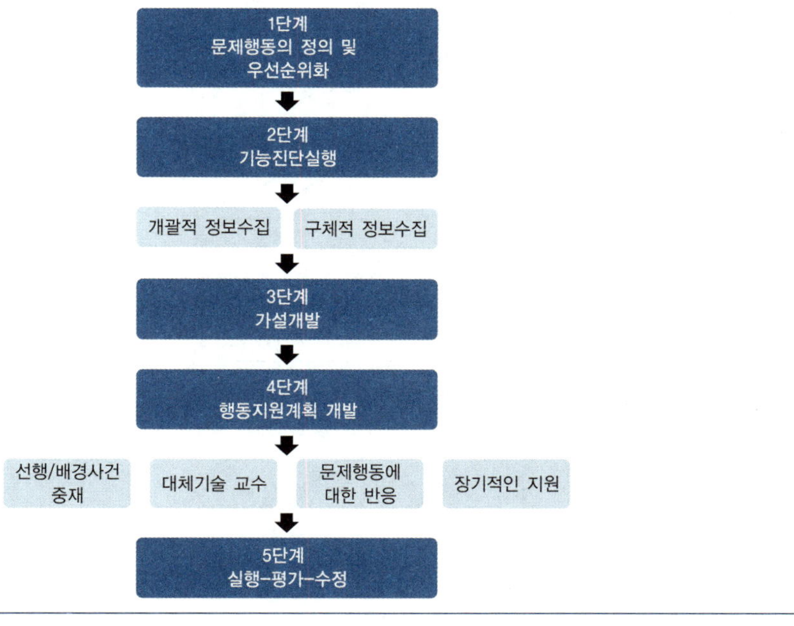

✔ **핵심테마 체크**
• 문제행동의 기능
• 선행사건 중심의 중재
• 후속결과 중심의 중재
• 긍정적 행동지원의 주요 목적

MY MEMO

57 2012. 유

다음은 김 교사가 공립 유치원 통합학급에 다니는 발달지체 유아들의 문제행동 원인을 알아내기 위해 기능 평가를 실시하여 얻은 결과표이고, 〈보기〉는 이 결과표를 바탕으로 실시할 수 있는 긍정적 행동 지원에 대한 설명이다. 〈보기〉에서 설명이 옳은 것을 모두 고른 것은?

유아	선행 사건	문제행동	후속 결과
진국	교실에서 특수교육 보조원과 함께 개별 활동을 함	특수교육 보조원을 발로 참	특수교육 보조원과의 활동을 중단함
경수	교사가 다른 일을 수행하느라 경수에게 관심을 보이지 않음	소리를 지름	교사가 경수에게 관심을 보임
수미	신체적 접촉을 싫어하는 수미에게 친구가 손을 잡거나 안으려고 함	친구를 과격하게 밀침	친구들이 수미에게 가까이 가지 않음

보기

ㄱ. 진국에게 사용할 수 있는 대체 기술 교수의 목표는 문제행동을 대체하면서도 사회적으로 적절한 기술을 가르치는 것이다.

ㄴ. 기능 평가를 통해서 나타난 경수의 문제행동의 기능은 '소리 지르기'이다.

ㄷ. 수미에게 신체적 접촉을 하지 않도록 반 친구들에게 주의시키는 것은 수미의 문제행동에 대한 선행 사건 중재에 해당한다.

ㄹ. 긍정적 행동 지원의 주된 목적은 문제행동에 대한 예방보다는 처벌에 있기 때문에 선행 사건 중재보다는 후속 결과 중재에 초점을 둔다.

① ㄱ, ㄷ ② ㄱ, ㄹ
③ ㄱ, ㄴ, ㄷ ④ ㄱ, ㄴ, ㄹ
⑤ ㄴ, ㄷ, ㄹ

58

정답 및 예시답안

1) ㉠ 증거기반 교수/연구기반 실제
   ㉡ 중재 충실도
2) ① 좋아하는 자료를 선택할 수 있게 함
   ② 쉬는 시간을 자주 제공함
3) 유치원 교육과정

58

다음은 4세 통합학급에서 홍 교사의 수업을 관찰한 후, 김 원장과 장학사가 나눈 대화 내용의 일부이다. 물음에 답하시오. [4점]

> 장 학 사 : 오늘 홍 선생님의 수업은 발달지체 유아 준서의 참여가 돋보이는 수업이었습니다.
>
> 김　원장 : 홍 선생님이 지금까지 많은 노력을 기울여 온 결과라고 볼 수 있습니다. 홍 선생님은 지난해부터 직무연수를 받은 대로 ㉠ <u>우수한 여러 연구에서 효과가 있는 것으로 입증된 교육 방법을 적용해 오고 있습니다.</u>
>
> 장 학 사 : 선생님들께서 많은 노력을 기울이고 계시는군요. 그런데 이런 방법을 적용할 때 선생님들이 ㉡ <u>각각의 교육 방법에서 제시하고 있는 절차, 시간, 적용 지침을 제대로 따르고 있는지 점검하는 것이</u> 중요합니다.
>
> 김　원장 : 네. 우리 선생님들은 그 지침을 잘 따르고 있을 뿐만 아니라 유아들이 유치원 생활에 잘 적응할 수 있도록 도와주고 있어요. 예를 들어, 홍 선생님의 경우 준서에게 도움을 요청하는 방법도 알려 주고, 좋아하는 활동 자료를 선택할 수 있게 하며, 차별 강화를 사용하 [A] 기도 합니다. 어제는 활동 중에 쉬는 시간을 자주 제공했더니 준서가 이전보다 적극적으로 활동에 참여했어요.
>
> 장 학 사 : 그렇군요. 오늘은 교사의 교육 역량이 중요하다는 것을 확인할 수 있었던 시간이었습니다. 자, 이제 교수활동에 대한 세부적인 의견을 말씀드릴게요. 이 교수활동은 ㉢ <u>여러 가지 물건을 탐색하고 분류해 보는 활동</u>이었지요?
>
> … (하략) …

1) ㉠과 ㉡이 지칭하는 용어를 각각 쓰시오. [2점]

㉠ :

㉡ :

2) [A]는 홍 교사가 실시한 긍정적 행동지원 방법이다. 이 중 선행사건 조절에 해당하는 내용 2가지를 찾아 쓰시오. [1점]

① :

② :

3) 2015 개정 유치원 교육과정 '자연탐구' 영역에 근거하여 ⓐ~ⓓ 중 ㉢의 4세 교수활동으로 적절하지 <u>않은</u> 내용을 찾아 기호와 그 이유를 쓰시오. [1점]

> ⓐ 단추를 같은 색끼리 모아 보자.
> ⓑ 같은 모양의 단추끼리 모아 보자.
> ⓒ 분류한 단추의 개수를 그래프로 나타내어 보자.
> ⓓ 이 단추보다 더 큰 단추는 어느 것인지 찾아보자.

핵심테마 체크
• 긍정적 행동지원의 단계

MY MEMO

59

정답 및 예시답안

④

알찬 지문풀이

• ㄱ. 단계 1: 목표행동을 '학생 A는 자신의 옆에 있는 친구를 ~~자주 공격한다~~'로 진술한다. ➡ '자주', '공격한다'는 많은 뜻을 포함하는 애매한 표현이며, 객관적 관찰을 하기 어려운 표현임. 행동목표는 구체적이고 명확하게 진술해야 함

• ㄷ. 단계 3: 이전 단계에서 수집한 ~~개괄적 정보를 요약하고~~, 행동의 ~~기능적 단계를 파악하기 위하여~~, '학생 A에게 ~~하기 싫어하는 과제를 주면, 공격행동이 증가할 것이다~~'로 가설을 설정한다. ➡ 단계 3은 개괄적 정보가 아니라 구체적 정보를 다루는 단계이며, 기능평가의 결과를 바탕으로 가설을 설정함. 가설에 포함되어야 하는 요소 중 행동의 기능이 빠져있음

핵심테마 체크
• 문제행동의 기능
• 대체행동 지도

MY MEMO

60

정답 및 예시답안

1) ㉠ 자신이 원하지 않는 대상이나 활동으로부터의 회피
   ㉡ 감각자극의 회피
2) • ㉢ 대체행동
   • 고려사항 ①: 발달 수준에 맞아야 한다.
   • 고려사항 ②: 현재뿐만 아니라 차후에도 적절하게 사용할 수 있어야 한다.

관련이론

◎ 대체행동 선택 시 유의사항

• 아동이 현재뿐만 아니라 차후에도 적절하게 사용할 수 있거나 보다 상위적인 바람직한 대체행동을 하는 데 도움이 되는 대체행동이어야 한다.
• 아동의 발달 수준에 맞는 대체행동이어야 한다.
• 대체행동의 강화는 물질적 강화보다는 자연적 강화여야 한다.
• 아동의 선호 매체를 이용할 수 있는 대체행동이어야 한다.

59

다음은 학생 A의 문제행동을 개선시키기 위한 긍정적 행동지원 절차이다. 이 절차에 따라 김 교사가 적용한 단계별 예로 옳은 것만을 〈보기〉에서 있는 대로 고른 것은?

[2.5점]

- 단계 1: 어떤 행동을 중재할 것인지 결정하기
- 단계 2: 목표행동 관련 정보 수집하기
- 단계 3: 가설 설정하기
- 단계 4: 긍정적 행동지원 계획 수립·실행하기
- 단계 5: 행동지원 계획 평가·수정하기

보기

ㄱ. 단계 1: 목표행동을 '학생 A는 자신의 옆에 있는 친구를 자주 공격한다'로 진술한다.

ㄴ. 단계 2: 학생 A의 목표행동 기능을 파악하기 위하여 A–B–C 분석을 실행하고, 행동에 영향을 미칠 수 있는 학습 및 행동 발달 수준을 파악하기 위한 다양한 정보를 수집한다.

ㄷ. 단계 3: 이전 단계에서 수집한 개괄적 정보를 요약하고, 행동의 기능적 단계를 파악하기 위하여, '학생 A에게 하기 싫어하는 과제를 주면, 공격행동이 증가할 것이다'로 가설을 설정한다.

ㄹ. 단계 4: 학생 A에게 배경·선행사건 조정, 대체행동 교수, 후속결과 활용 및 행동감소 전략 등과 같은 중재 전략을 구성하여 적용한다.

ㅁ. 단계 5: 중재 계획에 따라 학생 A를 지도한 후, 중재 전략의 성과를 점검하여 수정이 필요한지를 평가한다.

① ㄱ, ㄴ
② ㄴ, ㄹ
③ ㄱ, ㄷ, ㅁ
④ ㄴ, ㄹ, ㅁ
⑤ ㄷ, ㄹ, ㅁ

60

다음은 통합 유치원의 일반교사인 김 교사가 특수교사인 박 교사에게 발달지체 유아 민기에 대해 자문을 구한 내용의 일부이다. 물음에 답하시오. [5점]

김 교사: 박 선생님, 민기는 대집단 활동 시간에 큰 소리로 울어서 수업을 자주 방해해요. 어떻게 하면 좋을까요?

박 교사: 우선 민기가 왜 그런 행동을 하는지 아는 것이 중요해요. 아이들이 문제행동을 하는 이유를 몇 가지로 구분해 볼 수 있어요. 예를 들면, 자신이 원하는 물건을 얻거나 활동을 하려 할 때와 감각자극을 추구하고자 할 때입니다. 그 외에도 (㉠)와(과) (㉡)을(를) 위해서도 이러한 행동을 합니다.

… (중략) …

김 교사: 박 선생님, 민기의 우는 행동을 줄여 주려면 어떻게 해야 할까요?

박 교사: 민기에게 우는 행동 대신 손을 들게 하는 방법을 가르쳐 보세요. 이러한 방법을 (㉢) 지도라고 하지요.

… (후략) …

1) ㉠과 ㉡에 알맞은 내용을 쓰시오. [2점]

㉠ :

㉡ :

2) ㉢에 들어갈 알맞은 말을 쓰고, 방법 선정 시 고려해야 할 사항 2가지를 쓰시오. [3점]

- ㉢ :

- 고려사항 ① :

- 고려사항 ② :

61

정답 및 예시답안

1) ① 나비접기를 간략하게 3단계로 수정한다.
   ② ㉡ / 일화 기록은 객관적인 사실만 기록해야 하는데 관찰자의 주관적인 판단이 포함되어 있기 때문이다.
2) ABC 관찰기록
3) ① 구체물 얻기(장난감 얻기)
   ② 발달수준에 맞는 대체행동, 물질적 강화보다는 자연적 강화, 현재뿐만 아니라 차후에도 적절하게 사용가능한 대체행동 등(이 중 택 1)

관련이론

일화 관찰기록

• 일화 관찰기록은 학생의 행동을 직접 관찰한 내용을 이야기식으로 기록하는 것으로, 일정한 형식이 없는 비공식적 방법이다.
• 일화 관찰기록은 비공식적인 것이기 때문에 일정한 형식이 있는 것은 아니지만 편리한 양식을 만들 수도 있다.
• 한 학생의 누적된 일화 관찰기록을 검토하면 문제행동의 패턴을 알아낼 수 있다.
• 일화 기록을 하는 절차
   ① 학생의 행동을 기록하기 전에 상황에 대한 정보를 기록해야 한다. 학생의 행동이 발생하는 곳은 어떤 장소이며 그곳에서 무엇이 이루어지고 있는 상황인지, 다른 아이들은 몇 명이나 있는지 등을 기록한다.
   ② 관찰대상 학생이 누구에게 무슨 말과 행동을 하는지를 놓치지 않고 모두 기록한다.
   ③ 관찰대상 학생에게 누가 무슨 말과 행동을 했는지 놓치지 않고 모두 기록한다.
   ④ 관찰대상 학생의 행동에 대한 관찰자의 느낌이나 해석, 실제 일어난 사실을 구별하여 기록한다.
   ⑤ 관찰대상 학생의 시간 길이나 시기를 알 수 있게 시간대를 기록한다.

ABC 관찰기록

• 자연스러운 상황에서 문제행동의 선행사건(A), 문제행동(B), 후속결과(C)를 시간의 흐름에 따라 직접 관찰하여 기록하는 방법이다.
• A-B-C 관찰지의 양식은 네 칸으로 나뉜다. 첫째 칸에는 '시간'을, 둘째 칸에는 아동의 행동 직전에 일어난 '선행사건'을, 셋째 칸에는 관찰대상 아동의 관찰된(보거나 들은) '행동'을, 넷째 칸에는 행동 직후에 발생한 사건인 '후속결과'를 기록한다.

61 2026. 유

(가)는 발달지체 유아 은우의 일화기록 자료의 일부이고, (나)는 유아특수교사 윤 교사와 유아교사 김 교사의 대화이다. 물음에 답하시오. [5점]

(가)

관찰유아	○은우	연령	4세
관찰일	3월 ○일	관찰자	윤○○
관찰시간	10:00~10:10	관찰장면	종이 접기 놀이 상황

관찰 내용

미술 놀이 영역에서 유아들이 ㉠ 나비 접기 5단계를 따라 종이 접기를 하고 있다. 은우가 보라 옆에서 바라보며 앉아 있다. ㉡ 심심해 보이는 은우가 친구들과 함께 나비를 접고 싶은지 색종이를 꺼낸다. 보라는 자리에 앉아 색종이를 꺼내고, 나비 접기 단계를 보며 색종이를 반으로 접는다. ㉢ 은우가 1단계를 보고 따라 접는다. 은우가 "못해."라고 말한다. 색종이를 펼쳤다 다시 접더니 "못해."라고 말한다. 옆에 앉아 있던 ㉣ 보라가 나비 접기 단계를 손으로 가리키며 "이거 보고 따라 접어 봐."라고 말한다. 그러자 옆에 앉아 있던 민기가 "맞아, 따라 접으면 쉬워."라고 말한다. 은우가 민기를 쳐다보며 "못해."라고 말한다. ㉤ 은우는 색종이를 두고 역할 놀이 영역으로 간다.

··· (하략) ···

(나)

김 교사 : 선생님, 은우의 소리 지르기 행동에 대한 기능 평가 결과는 어떤가요?

윤 교사 : ㉥ 은우의 소리 지르기 행동의 기능을 파악하기 위해 선행사건과 문제행동, 후속결과를 관찰하고 기록해 보았어요. 은우는 친구들이 자신의 장난감을 가져갈 때마다 소리를 질렀고, 은우가 소리를 지를 때마다 친구들이 장난감을 다시 돌려주었더니 소리 지르는 행동을 멈췄어요. 관찰 기록을 바탕으로 기능 평가를 한 결과 은우의 소리 지르는 행동의 기능은 (㉦)이었어요/였어요.

김 교사 : 그러면 어떤 방법으로 은우를 지원하는 것이 적절할까요?

윤 교사 : 은우에게 소리 지르기 행동을 대신할 수 있는 ㉧ 대체행동을 가르치면 좋을 것 같아요.

1) ① (가)의 밑줄 친 ㉠에 적용할 활동 단순화의 구체적인 예 1가지를 쓰고, ② (가)의 밑줄 친 ㉡~㉤ 중 일화기록의 진술로 옳지 <u>않은</u> 것 1가지를 찾아 기호와 그 이유를 쓰시오. [2점]

① :

② :

2) (나)의 밑줄 친 ㉥에 해당하는 행동 관찰 기록 방법의 명칭을 쓰시오. [1점]

3) ① (나)의 괄호 안의 ㉦에 들어갈 내용과 ② (나)의 밑줄 친 ㉧을 선정할 때 고려할 점 1가지를 쓰시오. [2점]

① :

② :

핵심테마 체크

- 문제행동의 기능
- 대체행동 지도

MY MEMO

정답 및 예시답안

1) ㉠ 집단강화
   ㉡ 또래시작행동

2) 다음 중 택 2
   - 문제행동보다 적은 노력과 시간으로 원하는 결과를 얻을 수 있어야 한다.
   - 현재뿐만 아니라 차후에도 적절하게 사용할 수 있는 행동이어야 한다.
   - 발달 수준에 맞는 대체행동이어야 한다.
   - 대체행동의 강화는 물질적 강화보다는 자연적 강화여야 한다.

3) 유치원 교육과정

62

다음은 통합학급 김 교사와 유아특수교사 강 교사가 나눈 대화이다. 물음에 답하시오. [5점]

김 교사 : 다음 주에 학부모 공개 수업을 하는데 특수교육 대상인 수희와 시우가 수업에 잘 참여할지 걱정이 되네요.

강 교사 : 그래서 저희는 또래주도 전략을 사용해 보려고 해요. 모둠별로 '경단 만들기' 요리 수업을 할 거예요. ㉠ <u>수희와 시우가 참여하여 경단을 완성했을 때, 모둠 전체를 강화하려고 해요.</u> 또 수희의 상호작용 증진을 위해서 자유선택활동 시간에 ㉡ <u>훈련받은 민수가 수희에게 "블록쌓기 놀이하자."라고 하면서 먼저 블록을 한 개 놓으면, 수희가 그 위에 블록을 쌓아요. 그러면서 둘이 계속 블록쌓기 놀이를 하게 하려고요.</u>

김 교사 : 선생님, 시우는 자기도 참여하고 싶은 것이 있으면 큰소리를 질러요. 시우를 어떻게 도울 수 있을까요?

강 교사 : 선생님, 우선 시우에게 ㉢ <u>대체행동</u> 교수를 실시하면 어떨까요?

김 교사 : 네. 좋은 생각이네요. 그럼 혹시 시우가 집에서는 어떤지 좀 아세요?

강 교사 : 네. 시우 어머니와 면담 시간을 가졌어요. 시우 부모님은 시우가 갓난아기 때부터 맞벌이를 하였고 주 양육자도 자주 바뀌었대요. 그래서 ㉣ <u>시우가 평소에 엄마랑 떨어지지 않고 꼭 붙어 있으려고 했대요. 엄마가 자리를 비우면 심하게 불안해하면서 울지만, 막상 엄마가 다시 돌아오면 반가워하기보다는 화를 냈대요. 그리고 엄마가 달래려 하면 엄마를 밀어내서 잘 달래지지 않았다고 해요.</u>

··· (하략) ···

1) ㉠과 ㉡에 해당하는 또래주도 전략 유형이 무엇인지 각각 쓰시오. [2점]

　㉠ :

　㉡ :

2) ㉢을 선택할 때 고려해야 할 점을 2가지 쓰시오. [2점]

3) 에인스워스 외(M. Ainsworth et al.)의 애착유형 중에서 ㉣에 해당하는 유형을 쓰시오. [1점]

63

정답 및 예시답안

1) 초등 교육과정
2) 마음이해능력의 결함, 시각적 인식의 강점
3) ① 스티커 얻기(구체물 얻기)
   ② 초기에 변동간격강화를 사용하면 결과의 일관성이 부족하여, 대체행동의 반응 효율성이 떨어지기 때문이다,
      초기에 변동간격강화를 사용하면 대체행동의 결과의 일관성이 부족하여, 대체기술이 문제행동보다 스티
      커를 얻는 데 더 효율적이라는 것을 알기 어렵기 때문이다 등(이 중 택 1)

관련이론

🔍 대체기술(행동) 선택 시 고려할 사항

노력	• 육체적 움직임이나 반응에 필요한 인지적 노력으로 설명될 수 있다. 모든 다른 요인들이 같다면 학생들은 가장 노력이 적게 드는, 즉 가장 효율적인 반응을 선택하게 될 것이다. • 교체행동의 선택 기준은 문제행동보다 힘이 적게 들어야 한다.
결과의 질 (결과의 강도)	• 결과로 제시되는 사건이나 물건에 대한 선호도 또는 강화 정도를 의미한다. 교수는 교체행동의 결과나 강화자가 문제행동을 통하여 얻을 수 있는 결과에 비하여 질적으로 동일하거나 더 낫다는 것을 명확히 해야 한다. 그렇지 않으면 학생들은 대체기술을 사용하지 않을 것이다.
결과의 즉각성	• 특정 반응이 다른 반응에 비하여 더 빨리 원하는 결과를 가져온다면 학생들이 이러한 반응을 더 자주 사용하게 되는 것은 당연하다. 따라서 교수하게 될 교체기술은 문제행동에 비하여 더 신속하게 원하는 결과를 가져올 수 있어야 한다.
결과의 일관성	• 후속결과를 얻는 데 필요한 학생의 반응 횟수를 의미한다. • 교수는 학생이 교체기술을 사용할 때마다, 즉 첫 번째 사용부터 매번 반응해 주어야 한다. 이것은 교수 초기단계에서 매우 중요하다. • 특히 교체기술이 원하는 결과를 얻는 데 더욱 효과적인 방법이라는 것을 알게 하는 단계에서는 매우 중요하다.
처벌 개연성	• 반응에 뒤따라서 혐오적이거나 불쾌한 후속결과가 나타날 가능성을 의미한다. • 반응 후에 항상 불쾌한 사건이 뒤따른다는 사실을 학습하게 되면 반응의 빈도가 감소된다는 것은 잘 알려진 학습 원리이다. • 따라서 교체행동 후에 불쾌한 사건이 뒤따르지 않도록 확인하는 것이 교수의 기본적인 원칙이다. 다시 말해서, 교체행동이 판별된 문제행동 다음에 불쾌한 사건이 뒤따르거나 문제행동의 결과로 아무것도 변화되지 않는지 확인해야 한다.

🔍 간헐강화

• 모든 반응에 대해 매번 강화하는 것이 아니라 일부 반응만을 선택적으로 강화하는 방법
• 학습 후기에 행동의 발생비율과 소거저항을 높이기 위하여 사용되는 강화계획간헐강화는 계속강화보다 소거저항이 강하고, 포화를 예방할 수 있는 이점도 있지만, 새로운 행동을 형성할 때는 계속강화가 더 효과적
• 간헐강화의 부정적 효과: 비율긴장, 가리비현상 등

비율	고정비율계획	강화 후 반응의 일시 중단이라는 독특한 반응유형 산출, 고속 반응률을 산출, 비율의 크기는 반응속도에 영향을 미침
	변동비율계획	반응의 중단 없이 일관성 있는 안정된 반응률을 산출, 고속반응의 경향성이 나타남, 변동비율의 크기는 반응률에 영향을 미침
간격	고정간격계획	강화 후 반응의 중단이 비교적 길게 나타남, 대체로 느리고 완만한 반응률을 산출하며 시간 간격의 길이는 반응의 중단과 반응률에 영향을 미침, 강화 후 반응의 중단현상은 고정간격강화와 고정비율강화에서 모두 나타나지만 그 형태는 서로 다름
	변동간격계획	일정하고 안정된 반응률 산출, 비교적 느리고 완만한 반응률 산출, 평균간격의 길이는 반응률에 영향을 미침
	반응시한간격계획	첫 번째 반응이 일어나기까지의 경과시간을 제한할 수 있는 방법
지속 시간	고정 지속시간 계획	목표행동이 미리 정해 둔 지속시간에 도달하면 강화 제공
	변동 지속시간 계획	목표행동의 평균 지속시간에 따라 강화 제공

고득점 답안 비법 ✘ 2): [A]에 근거해야 하며, ⓑ은 친구들과의 상호작용을 돕고 지켜야 할 규칙을 알 수 있도록 사용한다고 제시되어 있음. 이에 근거하여 시각적 강점(A에 제시)을 답안으로 볼 수 있음. 특별한 관심에 대한 사항은 [A]에 제시되어 있지 않음. 상황 이야기, 파워카드 모두 자폐학생의 시각적 강점을 활용한 전략

✘ 3)의 ②: 대체행동의 반응 효율성 중 결과의 일관성으로 설명하는 것이 이 답안의 키워드임. '결과의 일관성'과 '변동간격강화계획'의 핵심 개념을 이해하고, 이를 반영하여 간결하게 작성할 것

63

다음은 4학년 자폐성 장애 학생 성규의 통합학급 수업 지원을 위한 통합학급 교사와 특수교사의 협의록 일부이다. 물음에 답하시오. [6점]

〈통합교육 지원 협의록〉

… (중략) …

❑ 교과 : 사회   단원명 : 지역의 위치와 특성

가. 통합학급 수업 운영 및 지원

○이번 주 수업 중 행동 관찰

학습 활동	• 지도의 기본 요소 알아보기
성규의 수업 중 수행 특성	− 지도 그리기에 관심이 없고 자신이 좋아하는 위치에만 스티커를 붙이려고 고집함 − 함께 사용하는 스티커를 친구가 가져가면 소리를 지름 − 친구들의 농담에 무표정하고 별다른 반응이 없음 [A] − 활동 안내를 그림 카드로 제시했을 때 활동의 참여도가 높아짐

○다음 주 수업지원 계획

학습 활동	• 우리 생활에서 지도를 어떻게 활용하는지 알아보기 • 우리 지역의 중심지 알아보기 − ㉠3학년 사회과에서 다루는 학교 주변의 '우리 고장'에서 범위를 넓혀, 4학년 때는 '시·도' 규모의 지역 중심지를 탐색하고 답사하기
성규를 위한 수정 계획	− 지도의 주요 위치에 스티커로 표시해주기 − 시각적 일과표와 방문하게 될 장소에 대한 안내도 제시하기 − 현장학습 시, 친구들과의 상호작용을 돕고 지켜야 할 규칙을 알 수 있도록 ㉡상황이야기 또는 좋아하는 캐릭터를 삽입한 파워카드 적용하기

나. 수업 참여를 위한 행동지원

○사회과 수업 중 소리 지르기 행동에 대한 행동지원 계획 수립

○성규의 소리 지르기 행동 기능분석

㉢ ABC 분석

선행사건	행동	후속결과
수업 중 제공된 스티커를 모두 사용해버림	소리 지르기	스티커 제공
스티커를 사용하지 않는 다음 활동을 위해 스티커를 회수함	소리 지르기	계속 수업 진행

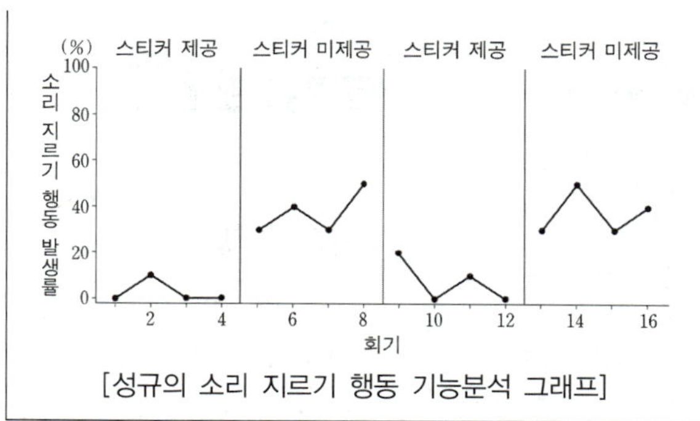

[성규의 소리 지르기 행동 기능분석 그래프]

○중재 내용

 − 선행사건 중재 : 스티커의 일일 사용량을 미리 정함
   스티커를 사용하는 활동을 사전에 안내함

 − ㉣ 대체행동 중재

 − 강화 계획 : ㉤ 대체행동의 교수 초기에는 변동간격 강화를 사용함

---

1) ① ㉠은 교육과정 내용 조직 원리 중 무엇을 적용한 것인지 쓰고, ② 다음의 지도에 나타난 지도의 기본 요소 2가지를 쓰시오. [2점]

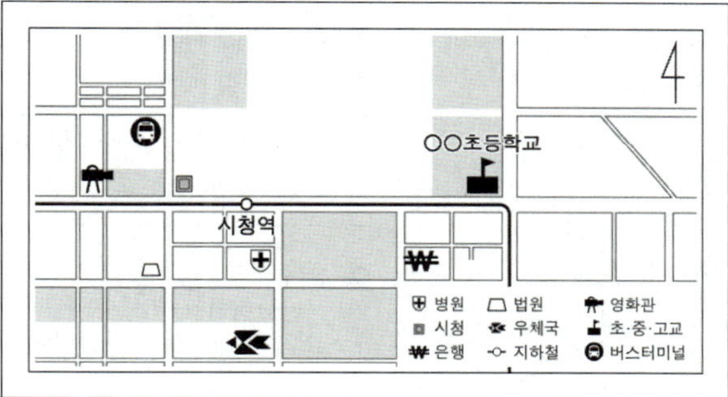

① :

② :

2) [A]에 근거하여 ㉡의 이유에 해당하는 자폐성 장애의 일반적인 특성 2가지를 쓰시오. [2점]

3) ① ㉢에 근거하여 성규에게 적용한 ㉣의 기능을 쓰고, ② 반응 효율성을 고려하여 ㉤이 적절하지 <u>않은</u> 이유를 쓰시오. [2점]

① :

② :

64

정답 및 예시답안

⑤

알찬 지문풀이

- ① 수업방해 행동이 발생한 직후, 교사가 그 행동에 대하여 긍정적이거나 부정적인 관심을 주지 않는다.
  ➡ 교사의 관심을 얻기 위해 방해 행동을 하였으므로, 소거 전략으로 관심을 주지 않는 것은 적절함

- ② 수업 시간에 바람직한 행동을 할 때는 교사가 관심을 주고 수업방해 행동을 할 때는 관심을 주지 않는다.
  ➡ 차별강화 전략으로 바람직한 행동을 강화할 수 있음

- ③ 수업방해 행동과는 상관없이 미리 설정된 시간 간격에 따라 교사가 관심을 주되 그 행동이 우연적으로 강화되지 않도록 주의한다. ➡ 비유관 강화를 적용하여 교사의 관심을 충분히 제공함으로써, 교사의 관심을 얻기 위한 행동의 동기를 제거하여 수업방해 행동이 감소되도록 할 수 있음

- ④ 완전히 제거된 줄 알았던 수업방해 행동이 얼마의 시간이 지난 뒤 다시 발생하더라도 교사는 그 행동에 대하여 관심을 주지 않는다. ➡ 소거 전략을 적용하였을 때 자발적 회복현상이 나타날 수 있는데, 이때 교사는 일관적으로 소거 전략을 적용해야 함

- ⑤ 수업방해 행동을 빠른 시간 내에 감소시키기 위하여 정해진 시간 동안 수업방해 행동이 미리 설정한 기준보다 적게 발생하면 교사가 학생이 좋아하는 활동을 함께 한다. ➡ 저빈도행동차별강화는 문제행동을 빠르게 감소시킬 수 있는 전략이 아님

관련이론

Q ABC 관찰

- 자연스러운 상황에서 문제행동의 선행사건, 문제행동, 후속결과를 시간의 흐름에 따라 직접 관찰하여 기록하는 방법이다.

Q 소거

- 소거란 예전부터 강화되어 온 행동이 발생해도 더 이상 강화하지 않음으로써 그 행동의 미래 발생 가능성을 감소시키는 것이다.
- 소거는 강화에 의해 유지되고 있는 행동이면 어떤 경우이든 적용이 가능하다.
- 소거를 사용하기 위해서는 무엇보다도 문제행동의 기능분석을 통해 그 문제행동이 유지되게 하는 후속결과 (강화요인)를 찾아내는 것이 중요하다.

Q 차별강화

- 차별강화란 바람직한 행동에는 강화를 제공하고, 바람직하지 못한 행동에는 강화를 제공하지 않음으로써 강화를 받지 못하는 행동을 감소시키는 방법이다.
- 차별강화에서 강화를 받는 것은 바람직한 행동이 아니라 바람직하지 않은 행동이 발생하지 않은 것이다. 그러므로 강화에 의해 증가하게 되는 것도 바람직하지 않은 행동이 아니라 바람직하지 않은 행동이 발생하지 않는 것이다.

Q 비유관 강화(비수반적 강화)

- 비유관 강화는 문제행동을 감소시키기 위하여 사용되는 선행중재의 한 방법으로, 학습자의 행동과는 무관하게 고정시간계획 또는 변동시간계획에 따라 강화자극을 제공하는 것을 말한다.
- 비유관 강화의 핵심은 이제까지 문제행동만으로 얻을 수 있었던 특정 강화자극을 앞으로는 문제행동과 상관 없이 무조건적으로 자주 얻을 수 있는 환경을 조성함으로써 문제행동의 동기나 요구 자체를 제거하려는 전략이다.

64 〈2010. 중 / ★ 답안작성〉

다음은 A−B−C 기술 분석 방법을 사용하여 정신지체학생의 행동과 그와 관련된 환경 사건에 대한 자료를 수집한 것이다. 이 자료에 근거한 수업방해 행동 중재방법으로 적절하지 <u>않은</u> 것은? [2.5점]

〈A−B−C 관찰기록지〉

• 학생: ○영희
• 상황: 국어 수업시간
• 관찰시간: 10:00∼10:10

선행 사건 (A)	행동 (B)	후속 결과 (C)
교사: "지난 시간에 무엇에 대해 배웠지요?"	"저요. 저요." (큰 소리를 지르며 손을 든다.)	교사: "영희가 한 번 말해 볼래?"
	(답을 하지 못하고 머뭇거린다.)	교사: (영희의 머리를 쓰다듬으며) "영희야, 다음에는 잘 해보자."
	"네, 선생님." (미소를 짓는다.)	
교사: "지난 시간에 무엇을 배웠는지 철수가 한 번 대답해 볼까?"	"저요. 저요." (큰 소리를 지르며 손을 든다.)	교사: (주의를 주듯이) "영희야! 지금은 철수 차례야."
	"선생님, 저요. 저요."	교사: (영희 자리로 다가가 주의를 주듯이) "지금은 철수 차례라고 했지?"
	"네, 선생님." (미소를 짓는다.)	
(철수가 지난 시간에 배운 것을 말하기 시작한다.)	"저요. 저요." (큰 소리를 지르며 손을 든다.)	교사: (야단치듯) "영희야! 조용히 하고 친구 말을 들어보자."
	(교사를 보며 미소를 짓는다.)	
교사: "그래요, 맞았어요. 자, 오늘은 …"	(교사의 말이 끝나기 전에) "저요. 저요. 저도 알아요."	교사: (영희 옆으로 다가가서) "영희야, 지금은 선생님 차례야."
	"네, 선생님." (미소를 짓는다.)	

① 수업방해 행동이 발생한 직후, 교사가 그 행동에 대하여 긍정적이거나 부정적인 관심을 주지 않는다.

② 수업 시간에 바람직한 행동을 할 때는 교사가 관심을 주고 수업방해 행동을 할 때는 관심을 주지 않는다.

③ 수업방해 행동과는 상관없이 미리 설정된 시간 간격에 따라 교사가 관심을 주되 그 행동이 우연적으로 강화되지 않도록 주의한다.

④ 완전히 제거된 줄 알았던 수업방해 행동이 얼마의 시간이 지난 뒤 다시 발생하더라도 교사는 그 행동에 대하여 관심을 주지 않는다.

⑤ 수업방해 행동을 빠른 시간 내에 감소시키기 위하여 정해진 시간 동안 수업방해 행동이 미리 설정한 기준보다 적게 발생하면 교사가 학생이 좋아하는 활동을 함께 한다.

65

정답 및 예시답안

⑤

알찬 지문풀이

· ① 교사는 집단 따돌림이 발생한 것을 알았더라도, 즉각적으로 개입하지 않는다. ➡ 긍정적 행동지원은 문제
행동을 방치하는 것이 아님

· ② 반사회적 문제행동에 대한 3차적 예방 조치로 학교는 발생한 반사회적 행동을 조기에 판별·중재하거나
개선하는 노력을 해야 한다. ➡ 1차적 예방

· ③ 문제행동의 공격성 수준을 낮출 수 있도록 학교 분위기를 긍정적으로 조성하기 위하여 교직원에게 학생들과
모든 행동을 수용하도록 교육한다. ➡ 모든 행동을 수용하는 것이 아님. 행동의 기능을 파악하는 것이 중요

· ④ 행동 문제가 발생되지 않도록 하는 1차적 예방 조치로서, 반사회적 행동의 개선 가능성이 높은 학생들을 대상
으로 집중적인 행동 지도를 시행한다. ➡ 1차적 예방 조치는 전체 학생을 대상으로 보편적인 중재를 실시하는 것

관련이론

◎ 학교 차원의 긍정적 행동지원(SW-PBS)의 연속적 행동지원 체계

1차	학교의 모든 환경에서 교직원과 학생을 위한 질 높은 학습환경을 제공하는 것으로 문제행동의 새로운 발생을 예방하고자 함
2차	1차 예방에 적절히 반응하지 않거나 고위험 문제행동으로 발전할 가능성이 있는 문제행동에 대해 소집단 중재를 자주 제공하여 그 출현율을 감소시키고자 함
3차	1차와 2차의 예방적 노력에도 불구하고 여전히 존재하는 문제행동에 대해 개별화된 중재를 제공하여 문제행동의 강도나 복잡성을 감소시키고자 함

66

정답 및 예시답안

1) · 행동 목표 1: 컴퓨터 시간 내내 3일 연속으로 <u>바르게 행동</u>할 것이다. → 바르게 행동한다는 표현은 구체적
이지 못하고 애매하여 행동목표로 서술하기에 적합하지 않다.
· 행동 목표 2: 쉬는 시간에 컴퓨터 앞에 앉아 있는 친구의 손등을 때리는 행동이 <u>감소할 것</u>이다. → 감소하는
행동에 대한 기준이 제시되지 않았기 때문에 바람직하지 않다.
2) 일반적으로 기대되는 행동을 정의하고 지도하여 문제행동을 사전에 예방할 수 있다.
3) 빈도 기록법 / 전체 회기에 걸쳐 매 회기마다 관찰한 시간이 다를 때 행동의 양을 일정한 척도로 바꾸어 줄
수 있는 장점이 있다.

관련이론

◎ 측정된 행동의 요약 방법

비율	· 정해진 시간 안에 발생한 행동의 수를 시간으로 나누어 단위 시간당 나타나는 행동의 빈도율을 의미 · 비율은 전체 회기에 걸쳐 매 회기마다 관찰한 시간이 다를 때 행동의 양을 일정한 척도로 바꾸어 줄 수 있는 장점이 있음 · 비율은 반응의 정확도뿐만 아니라 숙련도에 대한 정보도 제공해 줌 · 얼마나 자주 발생하는지 알고 싶을 때는 시간당 또는 분당 반응 수로 나타낼 수 있음 · 비율은 아동이 자유롭게 반응하는 행동을 측정하여 요약하는 데 사용하기 적절함
백분율	· 전체를 100으로 하여 관찰된 행동이 차지하는 비율을 나타내는 것 · 백분율로 구하는 경우는 매 회기마다 반응기회의 수나 관찰시간이 동일하지 않아도 같은 기준으로 볼 수 있도록 해 주기 때문에 누구나 이해하기 쉽다는 장점이 있음 · 그러나 행동의 발생 기회가 적거나 관찰시간이 짧은 경우에는 한 번의 행동발생이 백분율에 미치는 영향이 커서 행동의 변화를 민감하게 나타내 주지 못하므로 주의해야 함

65

반사회적 행동을 하는 학생들에 대한 학교 차원의 긍정적 행동지원에 관한 설명 중 옳은 것은?

① 교사는 집단 따돌림이 발생한 것을 알았더라도, 즉각적으로 개입하지 않는다.

② 반사회적 문제행동에 대한 3차적 예방 조치로 학교는 발생한 반사회적 행동을 조기에 판별·중재하거나 개선하는 노력을 해야 한다.

③ 문제행동의 공격성 수준을 낮출 수 있도록 학교 분위기를 긍정적으로 조성하기 위하여 교직원에게 학생들의 모든 행동을 수용하도록 교육한다.

④ 행동 문제가 발생되지 않도록 하는 1차적 예방 조치로서, 반사회적 행동의 개선 가능성이 높은 학생들을 대상으로 집중적인 행동 지도를 시행한다.

⑤ 학교가 미리 설정한 행동 규칙을 위반한 경우에는 지속적으로 일관성 있게 제재를 가하되, 적대적이고 신체적인 제재나 가해는 하지 않는 것이 효과적이다.

66

다음의 (가)는 영진이의 행동 목표와 긍정적 행동지원 중재 계획의 일부이고, (나)는 문제 행동 관찰 기록지의 일부이다. 물음에 답하시오. [5점]

(가) 행동 목표 및 중재 계획

이름	김영진	시행기간	2012. 08. 27.~2013. 02. 15.
행동 목표		중재 계획	

행동 목표	중재 계획
1. 컴퓨터 시간 내내 3일 연속으로 바르게 행동할 것이다. 2. 쉬는 시간에 컴퓨터 앞에 앉아 있는 친구의 손등을 때리는 행동이 감소할 것이다.	1. 바른 행동을 할 때마다 칭찬과 함께 스티커를 준다. 2. ㉠ 쉬는 시간 컴퓨터 사용 순서와 개인별 제한 시간에 대한 규칙을 학급 전체 유아에게 수업을 마칠 때마다 가르친다.

(나) 문제 행동 관찰 기록지

- 표적 행동: 친구의 손등을 때리는 행동
- 관찰 방법: (㉡)

날짜	시간	행동 발생 표시	총 발생 수	비율
9/27	09:40~09:50	////	4	0.4/분
	10:30~10:50	////	4	0.2/분
	11:30~11:40	//	2	0.2/분

1) 메이거(R. F. Mager)의 행동적 목표 진술 방식을 따른다면, (가)의 행동 목표 1과 2가 바람직하지 <u>않은</u> 이유를 각각 쓰시오. [2점]

- 행동 목표 1:

- 행동 목표 2:

2) (가)에서 교사가 영진이의 표적 행동 발생 전에 ㉠과 같은 보편적 중재를 적용하여 얻고자 하는 목적 1가지를 쓰시오. [1점]

3) (나)의 ㉡에 해당하는 관찰 방법을 쓰고, (나)에서 관찰 결과를 비율로 요약하면 좋은 점을 쓰시오. [2점]

67

정답 및 예시답안

○ (가)의 ㉠~㉣ 중 (나)에 **잘못** 반영된 것 2가지와 그 이유
  • 교사의 지도 경험을 바탕으로 심각한 문제행동이 여전히 지속되고 있다고 생각되는 개별 학생을 중재 대상으로
    선정한다.
    → 의사결정을 할 때 교사의 지도 경험만으로 결정하는 것이 아니라, 학생의 학업 성취, 사회적 능력, 안전 등에
      대한 자료가 지속적으로 수집되어야 한다.
  • 심각한 문제행동을 지닌 개별 학생에게 교사의 개인적 경험에 비추어 효과가 있었던 중재를 실시한다.
    → 학생 행동을 지원할 때 교사의 개인적 경험이 아니라 연구 결과로 입증된 실제를 사용하여야 한다. 매일 사용
      되는 교육과정, 학급 관리, 교수적 절차, 보상, 후속 결과 등 교사가 학생의 행동을 형성하고 행동에 영향을
      주기 위해 사용하는 다양한 노력을 의미한다.
○ '위기관리 계획'을 수립하는 일반적인 목적: 위기관리의 목적은 공격적이거나 난폭한 행동이 발생하는 환경에서 학
  생이나 다른 사람의 안전을 방지하는 데 있다.
○ (다)의 밑줄 친 ㉤의 **잘못된** 점을 지적하고 바르게 수정: 학생 A가 공격적인 행동을 보이므로 다른 학생들이 A와
  같은 교실 내에서 위기 상황에 대한 구체적인 계획 없이 자습을 하도록 하는 것은 부적절하다. 따라서 위기 상황이
  발생했을 때 다른 학생들이 어떤 환경에서 무엇을 할지 미리 계획하고 이에 따라 모든 학생들이 상황에 맞게 행동할
  수 있도록 해야 한다.

관련이론

◎ 학교 차원의 긍정적 행동지원의 요소

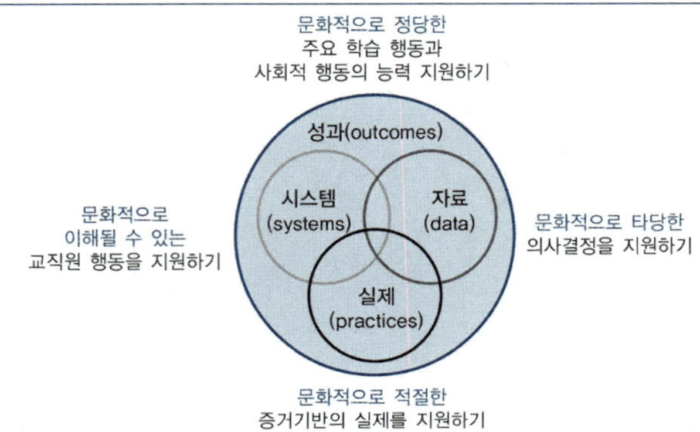

시스템	• 긍정적 행동지원의 실제를 정확하게 지속적으로 적용하기 위해 스텝들에게 필요한 교수적 또는 제도적 지원을 할 수 있는 조직기반을 의미
자료	• 증거기반의 실제들을 적용하면서 상태를 확인하고, 변화가 필요한지 진단하며, 중재의 효과를 결정하기 위해 수집되어야 할 정보를 의미
실제	• 성과를 성취하는 증거기반의 중재와 전략을 의미 • 주의해야 할 것은 그러한 증거기반의 실제를 충실하게 적용해야 한다는 것
성과	• 학생과 가정 그리고 교육자가 모두 인정하고 강조하는 학생의 사회적 능력 향상과 학업성취를 의미

◎ 위기관리계획

• 긍정적 행동지원(PBS)은 행동을 변화시키는 데 있어서 강압이나 벌에 의존하기보다는 기술 개발을 강조하는 문
  제행동에 대한 선행적·예방적 접근이다.
• 긍정적 행동지원은 포괄적이고 중다요소적인 지원계획을 개발함으로써 문제행동의 발생가능성을 감소시킨다.
  여기에 행동지원의 부가적인 구성요소로 위기관리가 있다.
• 위기관리의 목적은 공격적이거나 난폭한 행동이 발생하는 환경에서 학생이나 다른 사람의 안전을 방지하는 데
  있다. 위기관리는 문제행동이 발생했을 때 누군가가 다칠 가능성을 줄이기 위한 것이다.
• 긍정적 행동지원과 위기관리는 행동관리에 있어서 매우 중요한 측면이다. 두 가지 방법 모두 주로 기술 개발에
  중점을 두고 문제행동에 대해 반응하는 것이면서도 또한 안전망을 갖춤으로써 기술개발의 구성요소가 보다 정교
  해지는 과정에서 아무도 다치지 않아야 함을 전제로 한다.
• 위기관리계획은 개별 학생의 독특한 성격과 상황을 반영하여 개별화되어야 한다. 한 가지 기준으로 모두를 만족
  시킬 수 없다는 것이 위기관리계획의 접근 방식이다. 각각의 위기관리계획에는 학생이 가장 좋아하는 것을 반영
  하여 사전 계획에 따라 일관성 있게 실행되어야 한다. 실제로 계획 없이 반응하는 것은 문제행동을 더 심각하게
  만들기도 하며, 나중에 그러한 문제행동이 더 심각해지고 더 자주 일어날 가능성을 증가시키기도 한다.
• 요약하면, 위기관리는 모든 사람이 사전 계획에 따라 훈련, 자원, 운영 지원 등의 준비가 되었을 때 가장 잘 작동할
  수 있다.

67

다음의 (가)는 학교 차원의 긍정적 행동지원(Positive Behavior Support : PBS)의 4가지 구성요소를 나타내는 그림이고, (나)는 ○○학교가 실행하고 있는 PBS의 3차적 예방 내용이며, (다)는 ○○학교에 재학 중인 정서·행동 장애학생 A의 행동 특성 및 위기관리 계획의 일부이다. (가)의 ㉠~㉣ 중 (나)에 잘못 반영된 것 2가지를 찾아 쓰고, 그 이유를 (가)와 (나)에 근거하여 각각 쓰시오. 그리고 '위기관리 계획'을 수립하는 일반적인 목적을 설명한 후, (다)의 밑줄 친 ㉤의 잘못된 점을 지적하고 바르게 수정하시오. [10점]

(가) 학교 차원의 PBS 4가지 구성요소(Sugai & Homer, 2002)

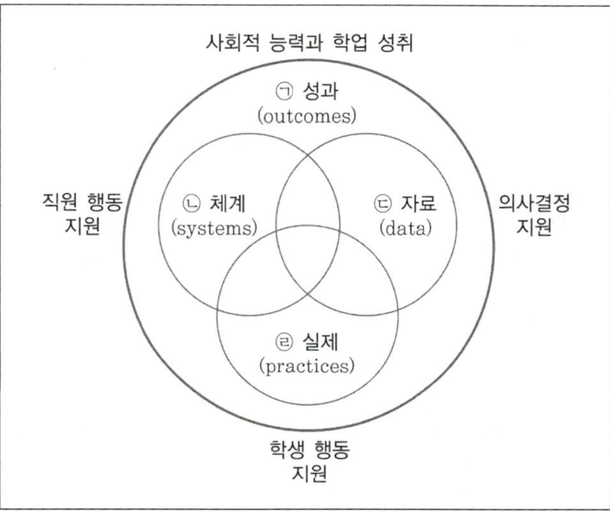

(나) ○○학교가 실행하고 있는 3차적 예방 내용

- 긍정적 행동지원팀의 지원을 통해 심각한 문제행동을 지닌 개별 학생의 사회적 능력과 학업 성취에 대한 성과를 강조한다.
- 교사의 지도 경험을 바탕으로 심각한 문제행동이 여전히 지속되고 있다고 생각되는 개별 학생을 중재 대상으로 선정한다.
- 심각한 문제행동을 지닌 개별 학생에게 교사의 개인적 경험에 비추어 효과가 있었던 중재를 실시한다.

(다) 학생 A의 행동 특성 및 위기관리 계획

〈행동 특성〉
- 화를 참지 못한다.
- 다른 사람을 위협하고 협박한다.
- 친구와 싸울 때 위험한 물건을 사용한다.
- 화가 나면 학교에 있는 기물을 파손한다.
- 신체적 공격을 통해 친구들에게 싸움을 건다.

〈위기관리 계획〉
- 위험한 물건을 미리 치운다.
- 위기상황 및 대처 결과를 기록에 남긴다.
- ㉤ 교사는 교실에서 학생 A의 문제행동에 대해 집중적으로 대처하고, 위기상황이 종료될 때까지 다른 학생들은 교실에서 자습하게 한다.

… (하략) …

68

정답 및 예시답안

1) ⓑ / 개별화된 집중교육은 3차 지원에 해당하며, 보편적 지원은 학교 전체 학생을 대상으로 일반적이고 보편적인 교육을 실시하는 단계이므로 적절하지 않다.
2) 사회적 타당도
3) ⓒ 준거참조검사
 ⓓ 규준참조검사
4) 백분위

관련이론

◎ 연속적 행동지원 체계

1차	학교의 모든 환경에서 교직원과 학생을 위한 질 높은 학습환경을 제공하는 것으로 문제행동의 새로운 발생을 예방하고자 함
2차	1차 예방에 적절히 반응하지 않거나 고위험 문제행동으로 발전할 가능성이 있는 문제행동에 대해 소집단 중재를 자주 제공하여 그 출현율을 감소시키고자 함
3차	1차와 2차의 예방적 노력에도 불구하고 여전히 존재하는 문제행동에 대해 개별화된 중재를 제공하여 문제행동의 강도나 복잡성을 감소시키고자 함

◎ 사회적 타당도

• 사회적 타당도는 사회적 중요성의 입장에서 봤을 때, 중재의 가치가 얼마나 있는지의 정도를 말함
 – 중재 목표의 중요성
 – 중재 절차의 적절성
 – 중재 효과의 실용성

◎ 검사의 유형

준거참조 검사	• 사전에 설정된 숙달수준인 준거(criterion)에 아동의 점수를 비교함으로써 특정 지식이나 기술에 있어서의 아동 수준에 대한 정보를 제공하는 검사 • 어떤 기술을 가르쳐야 할지 결정하는 데 있어서 매우 유용
규준참조 검사	• 검사를 받은 또래 아동들의 점수의 분포인 규준(norm)에 아동의 점수를 비교함으로써 또래집단 내 아동의 상대적 위치에 대한 정보를 제공하는 검사 • 규준(norm)이란 규준집단의 점수의 분포 • 규준의 3가지 요인: 대표성, 크기, 적절성

◎ 백분위

• 규준집단에서 특정 점수 이하의 점수를 얻은 사람들이 전체의 몇 %를 차지하는가를 나타내는 것
• 상대적 위치를 명확하게 지시해 준다는 이점으로 인해 널리 활용

68 2019. 초

다음은 ○○초등학교 연수자료 「통합교육 실행 안내서」의 일부이다. 물음에 답하시오. [4점]

〈통합교육 실행 안내서〉

○○초등학교

1. 학교 차원의 긍정적 행동지원
 1.1 학교 차원의 긍정적 행동지원의 개념

… (중략) …

 1.2 학교 차원의 긍정적 행동지원의 연속체

1차 지원 단계 : ㉠ 보편적 지원

• 학교 차원의 기대 행동 결정하고 정의하기
 － 기대 행동 매트릭스

	기본예절 지키기	안전하게 행동하기	책임감 있게 행동하기
교실	• 발표할 때 손 들기 • 바른 자세로 앉기	• 차례 지키기	• 수업 준비물 챙기기

• 학교 차원의 기대 행동과 강화체계 가르치기

… (중략) …

3.4 중재 방법 선정 시 유의 사항
 3.4.1 (㉡) 고려하기
 － 중재 목표가 사회적으로 얼마나 중요한가? ⎤
 － 중재 과정은 사회적으로 수용 가능하고 합리적인가? [A]
 － 중재 효과는 개인의 삶을 개선할 수 있는가? ⎦

… (중략) …

5.3.3 검사의 종류
 － (㉢)은/는 피험자가 사전에 설정된 성취 기준에 도달했는지에 대한 정보를 제공하는 검사
 － (㉣)은/는 피험자 간의 상대적인 위치를 평가하며, 상대평가 혹은 상대비교평가라고 부르기도 함. 상대적 서열에 대한 변환점수의 예로 표준점수, 스테나인 점수, (㉤) 등이 있음

… (하략) …

---

1) 다음은 ○○초등학교에서 실시한 학교 차원의 긍정적 행동 지원의 ㉠ 단계 활동이다. 적절하지 <u>않은</u> 것 1가지를 골라 기호와 이유를 쓰시오. [1점]

ⓐ 학교 차원의 기대 행동은 '기본예절 지키기', '안전하게 행동하기', '책임감 있게 행동하기'의 3가지로 정하였다.
ⓑ 문제행동이 심한 학생들에게 개별화된 집중 교육을 실시하였다.
ⓒ 학교 차원의 기대 행동을 시각 자료로 제작하여 해당 장소에 게시하였다.
ⓓ 학교 차원의 기대 행동을 가르친 후, 학생들이 지키고 있는지 지속적으로 관찰했고, 이러한 점검이 이루어지고 있음을 학생들에게 알려 주었다.

---

2) [A]를 고려하여 ㉡에 들어갈 말을 쓰시오. [1점]

3) ㉢과 ㉣에 들어갈 검사 종류의 명칭을 각각 쓰시오. [1점]

 ㉢ :

 ㉣ :

4) 다음은 ㉤에 대한 설명이다. ㉤에 들어갈 말을 쓰시오. [1점]

• 전체 학생의 점수를 크기 순으로 늘어놓고 100등분 하였을 때의 순위
• 특정 점수 이하의 점수를 받은 학생 사례 수를 전체 학생 사례 수에 대한 백분율로 나타낸 것
• 상대적 위치 점수

69

1) ① ○○유치원의 모든 유아들
   ② 차례 지키기가 안 되는 유아들에게 소집단으로 릴레이 게임을 연습시킨 것
2) ① ⓛ 간학문적 팀 접근
      ⓒ 초학문적 팀 접근
   ② 전문가들이 간학문적 팀 접근보다 더욱 통합적으로 협력하여 유아의 다양한 요구(복합적 요구)에 맞는 효과적인 중재를 실시할 수 있다.

관련이론

🔍 **협력적 팀 모델**

다학문적 팀	• 서로 독립적으로 일하는 여러 분야의 전문가들로 구성된다. • 각 구성원은 독립적으로 아동을 평가하고, 중재를 계획하며, 서비스를 제공하므로 각 분야별로 아동의 한 특성만을 고려하기 쉽다. • 팀 구성원들 간의 의사소통이 결여되는 것이 문제로 지적된다.
간학문적 팀	• 팀 구성원들이 공식적인 경로를 통해 의사소통을 한다는 것이 특징이다. • 각 구성원들은 자신의 분야에 관련된 진단과 평가만 하지만, 서로 만나서 정보를 교환하고 중재를 계획한다. • 각 구성원은 중재 계획 중 자신의 분야에 관련된 서비스만을 제공할 책임이 있다.
초학문적 팀	• 팀 접근법 중 가장 수준이 높고 성취하기 어렵다. • 구성원들이 함께 아동을 진단·평가하고, 분야를 초월하여 정보와 전문지식을 나누며 중재 목표와 전략에 관해 공동으로 의사결정을 한다.

핵심테마 체크
• 학교 차원의 긍정적 행동지원(SW–PBS)의 연속적 행동지원 체계
• 협력적 팀 모델

MY MEMO

69 2020. 유
★ 답안작성

(가)는 ○○유치원의 1차 교직원협의회 내용이고, (나)는 2차 교직원협의회 내용이다. 물음에 답하시오. [5점]

(가)

양 원장 : 요즘 우리 유치원의 유아들이 차례 지키기를 잘 하지 않는 것 같아요. 차례 지키기를 하도록 가르칠 수 있는 방법이 없을까요?

신 교사 : 네. 그렇지 않아도 유아들이 차례를 지키지 않는 행동을 자주 보이는 것 같아 ㉠ <u>3단계로 구성된 유치원 차원의 긍정적 행동지원</u>을 해보자고 건의하려고 했어요.

김 교사 : 유치원 차원의 긍정적 행동지원은 모든 유아들에게 규칙을 잘 지킬 수 있도록 보편적 중재를 제공하는 것이 우선이에요.

민 교사 : 구체적으로 어떻게 하면 될까요?

김 교사 : 우리 유치원에서 지켜야 할 약속을 정하는 거예요. 원장 선생님께서 말씀하신 '차례 지키기'가 해당되겠죠.

임 교사 : 지켜야 할 약속을 몇 가지 더 정해도 좋겠네요.

김 교사 : 네, 맞아요. 우리 유치원 모든 유아들에게 차례 지키기를 하자고 약속하고, 차례 지키는 행동을 구체적으로 가르쳐요. 예를 들어, 차례 지키기를 해야 하는 공간에 발자국 스티커 같은 단서를 제공해서 차례를 잘 지킬 수 있도록 해요.

신 교사 : 유아들이 차례를 잘 지켰을 때 강화를 해주어요. 이때 모든 교직원이 차례를 지킨 유아를 보면 칭찬을 해주는 거예요. 부모님도 함께 해야 해요.

김 교사 : 전체 유아들의 차례 지키기 행동의 변화를 유치원 차원의 긍정적 행동지원 실시 전후로 비교해서 그 다음 단계를 결정해요.

… (중략) …

신 교사 : 여전히 차례 지키기가 안 되는 유아들은 소집단으로 릴레이 게임을 연습시켜요. 예를 들면 '말 전하기', '줄서서 공 전달하기', '이어달리기' 등의 활동으로 차례 지키기를 연습하게 할 수 있어요.

… (하략) …

(나)

민 교사 : 유치원 차원의 긍정적 행동지원 2차 협의회를 시작하겠습니다.

… (중략) …

양 원장 : 유치원 차원의 긍정적 행동지원을 실시하려면 특수교육대상 유아를 고려한 계획이 필요하지 않나요? 유아별 개별화교육지원팀이 있잖아요. 그 팀 간의 협력도 필요할 것 같고……. 팀 협력도 여러 가지 방법이 있지 않나요?

신 교사 : 보라의 ㉡ <u>개별화교육지원팀의 구성원들은 진단과 중재를 각각 하지만 팀 협의회 때 만나서 필요한 정보들을 공유해요.</u> 보라가 다니는 복지관의 언어 재활사는 팀 협의회 때 보라의 진단 결과와 중재 방법을 알려줄 수 있어요. 유치원 차원의 긍정적 행동지원과 관련해서는 언어 재활사에게 차례 지키기 연습을 할 기회가 있으면 복지관에서도 할 수 있도록 협조를 부탁드리면 좋겠어요.

이 원감 : 건하의 ㉢ <u>개별화교육지원팀은 함께 교육진단을 하고, 그 진단을 바탕으로 유아특수교사와 통합학급 교사가 교육을 계획한 후 실행하고 평가하는 전 과정에서 함께 협력해요.</u> 두 선생님은 물리치료사에게 알맞은 자세잡기를 배워서 건하에게 적용할 수 있어요.

… (하략) …

1) ㉠을 실시할 때, ① 1단계의 중재 대상과 ② 2단계의 중재 방법을 (가)에서 찾아 쓰시오. [2점]

① :

② :

2) (나)의 ① ㉡과 ㉢에 해당하는 팀 접근의 유형을 각각 쓰고, ② ㉡과 비교하여 ㉢이 갖는 장점을 1가지 쓰시오. [3점]

① :

② :

70

정답 및 예시답안

1) ㉠ 차별강화
   ㉡ 행동형성
2) 활동 강화제
3) 정아가 도형이랑 함께 놀겠다고 말을 하고, 함께 놀이를 하면 강화를 제공한다.
4) 협동놀이

관련이론

🔍 강화제의 유형

근원에 따른 강화제의 분류	무조건 강화제	무조건적 정적강화제/무조건적 부적강화제
	조건 강화제	조건화된 정적강화제/조건화된 부적강화제
강화제의 물리적 특성에 따른 분류	음식물 강화제	씹거나, 빨아 먹거나, 마실 수 있는 것
	감각적 강화제	시각, 청각, 후각, 미각, 촉각에 대한 자극제
	물질 강화제	학생이 좋아하는 물건들
	활동 강화제	학생이 좋아하는 활동을 하도록 기회·임무·특권 제공
	사회적 강화제	여러 가지 방법으로 학생을 인정해 주는 것

🔍 강화제의 효과적인 사용

• 강화제를 효과적으로 사용하려면 목표하는 행동 직후에 즉시 제시하여야 한다. 학생의 바람직한 행동(표적행동) 발생 뒤에 즉각적으로 강화제가 제시되어야 강화제의 효력이 극대화될 수 있다(강화제의 즉시성).
• 학생은 바람직한 행동을 한 후 즉시 유쾌한 자극을 여러 번 반복해서 받게 됨으로써, 그 표적행동을 하면 강화제가 주어진다는 것을 확실하게 인식하여 표적행동이 자주 발생하게 된다. 다시 말해 강화제의 즉시 제공이 반복됨으로 인해 강화제와 행동 간의 유관성이 확립됨으로써 표적행동 발생빈도가 증가하게 된다는 것이다.
• 강화제의 즉시성과 유관성은 지적능력 및 의사소통의 어려움을 겪고 있는 중증중복장애학생의 경우 더욱 중요하다. 중증중복장애 학생이 어떤 표적행동을 행한 뒤에 즉각적으로 강화제가 제공되지 않고 시간이 지연된 후에 제공된다면, 학생은 무엇 때문에 긍정적이고 유쾌한 자극이 주어졌는지를 모를 수 있다.
• 강화제가 효과 있으려면 학생을 동기화시키는 힘이 있어야 한다. 그런데 강화제에 대해 포화된 상태가 되어 있으면 그 강화제는 학생을 동기화시킬 수 없다.

70

2014. 유
★ 답안작성

다음은 발달지체 유아 도형이의 또래 상호작용을 증진시키기 위해 담임교사가 순회교사에게 자문을 구하면서 나눈 대화 내용이다. 물음에 답하시오. [5점]

담임교사 : 선생님, 도형이가 또래들과 상호작용을 거의 하지 않고 있어요. 매일 혼자 놀고 있어서 안타까워요. 몇 가지 방법을 써 봤는데 별 효과가 없어요.

순회교사 : 네. 그럼 그동안 선생님은 도형이에게 어떻게 하셨는지 말씀해 주시겠어요?

담임교사 : 먼저 도형이가 또래들에게 관심을 갖도록 ㉠ 혼자 놀 때는 강화를 하지 않고, 도형이가 친구들에게 다가가거나 놀이에 관심을 보이면 "도형아, 친구들이 뭐하고 있는지 궁금하지? 같이 놀까?"라며 어깨를 두드려 주었어요. 도형이는 제가 어깨를 두드려 주는 걸 좋아하거든요.

순회교사 : 잘 하셨어요. 그럼 ㉡ 도형이가 친구들에게 관심을 보일 때 강화하시고, 그 다음엔 조금씩 더 진전된 행동을 보이면 강화해 주세요. 마지막 단계에서는 도형이가 또래와 상호작용할 때 강화해 주세요. 그리고 강화제도 다양하게 사용하면 더 효과적일 수 있답니다.

담임교사 : 도형이가 ㉢ 금붕어에게 먹이주기를 좋아하는데 강화제로 쓸 수 있을까요?

순회교사 : 네, 가능해요. 다른 방법도 적용하신 게 있으세요?

담임교사 : 도형이가 가끔 관심을 보이는 정아를 통해 도움을 주고 싶었어요. 그래서 얼마 전부터 ㉣ 정아에게 일치훈련을 적용하고 있어요. 그 밖에 제가 도형이의 또래 상호작용을 도와줄 수 있는 방법은 없을까요?

순회교사 : 그럼, ㉤ 아이들이 역할을 정해서 극놀이를 할 때 도형이를 정아와 함께 참여시켜 보세요.

---

1) ㉠과 ㉡에서 담임교사가 적용한 행동지원전략을 쓰시오. [2점]

  ㉠ :

  ㉡ :

2) ㉢에 해당하는 강화제 유형을 쓰시오. [1점]

3) ㉣에서 적용할 수 있는 일치훈련 방법을 쓰시오. [1점]

4) 파튼(M. Parten)의 사회적 수준에 따른 놀이 유형 분류에 근거하여 ㉤의 놀이 유형을 쓰시오. [1점]

71

정답 및 예시답안

②

알찬 지문풀이

- ㄱ. (가)는 ~~강화결핍~~으로 인해 생긴 문제이다. ➡ 강화포만

- ㄷ. (나)는 ~~이차적 강화~~를 사회적 강화로 수정한 것이다. ➡ 일차적 강화

- ㄹ. (나)는 ~~고정간격 강화 계획~~으로 수정한 것이다. ➡ 계속강화계획

- ㅁ. (다)는 ~~강화포만으로 인해 생긴 문제~~이다. ➡ 고정간격계획에 따른 강화 후 반응 중단 현상

문제 속 자료분석

- (가) 학생이 과제를 완성할 때마다 과자를 주었더니 과자를 너무 많이 먹게 되었다. ➡ 계속강화에 따라 강화포만의 상태가 된 것
- (나) 학생이 인사를 할 때마다 초콜릿을 주었더니, 초콜릿에 지나친 관심을 보였다. ➡ 계속강화를 적용하였으며, 음식 강화제를 사용하여 이 강화제에 지나치게 의존하게 된 상황을 의미
- (다) 학생에게 30분 동안 혼자서 책을 읽게 하고, 매 5분마다 점검하여 토큰을 주었더니, 점검할 때만 집중하여 책을 읽는 척하였다. ➡ 고정간격강화계획에 따라 부작용이 나타난 상황

71

다음은 교사가 강화를 적용한 후, 발생한 문제 상황과 수정한 강화 계획을 나열한 것이다. (가)~(다)에 대한 설명으로 옳은 것만을 〈보기〉에서 있는 대로 고른 것은?

	강화적용 후 발생한 문제 상황	수정한 강화 계획
(가)	학생이 과제를 완성할 때마다 과자를 주었더니 과자를 너무 많이 먹게 되었다.	교사는 학생이 과제를 10개씩 완성할 때마다 과자를 준다.
(나)	학생이 인사를 할 때마다 초콜릿을 주었더니, 초콜릿에 지나친 관심을 보였다.	교사는 학생이 인사할 때마다 칭찬을 한다.
(다)	학생에게 30분 동안 혼자서 책을 읽게 하고, 매 5분마다 점검하여 토큰을 주었더니, 점검할 때만 집중하여 책을 읽는 척하였다.	교사는 3분 후, 5분 후, 2분 후, 10분 후, 4분 후, 6분 후에 집중하여 책을 읽고 있는지 점검하고 토큰을 준다.

보기

ㄱ. (가)는 강화결핍으로 인해 생긴 문제이다.
ㄴ. (가)는 고정비율 강화 계획으로 수정한 것이다.
ㄷ. (나)는 이차적 강화를 사회적 강화로 수정한 것이다.
ㄹ. (나)는 고정간격 강화 계획으로 수정한 것이다.
ㅁ. (다)는 강화포만으로 인해 생긴 문제이다.
ㅂ. (다)는 변동간격 강화 계획으로 수정한 것이다.

① ㄱ, ㅁ   ② ㄴ, ㅂ
③ ㄴ, ㄷ, ㅂ   ④ ㄹ, ㅁ, ㅂ
⑤ ㄱ, ㄷ, ㄹ, ㅁ

● 핵심테마 체크

• 원형 진단
• 지체장애 책상 조절
• SETT 모델
• 강화계획

MY MEMO

72

정답 및 예시답안

1) 다른 영역 전문가의 기술과 지식을 즉각적으로 접하고 제공받을 수 있을 뿐만 아니라 동일한 행동을 함께 관찰함으로써 팀 구성원 간의 의견을 종합하고 일치시키기 쉽다.
2) ① 책상 높이를 높여준다. 그 이유는 앞으로 굴곡된 상지를 지지할 수 있도록 하기 위해서이다.
   ② 과제
3) ① 고정비율강화계획
   ② ㉤은 반응의 중단 없이 일관성 있는 안정된 반응을 보이는 장점이 있다.

관련이론

◎ 원형 진단의 장점

• 원형 진단은 유아와 가족이 진단에 소모되는 실질적인 시간을 절약할 수 있게 해 주며, 특히 가족의 경우 여러 전문가에게 같은 정보를 반복해서 제공하지 않아도 된다는 장점을 지닌다.
• 전문가는 다른 영역 전문가의 기술과 지식을 즉각적으로 접하고 제공받을 수 있을 뿐만 아니라 동일한 행동을 함께 관찰함으로써 팀 구성원 간의 의견을 종합하고 일치시키기 쉽다는 장점을 지닌다.

◎ SETT 사정모델

학생	• 학생이 해야 할 필요가 있는 것을 먼저 확인한 후, 학생의 능력, 선호도, 특별한 요구에 대한 정보를 수집한다.
환경	• 교수환경 조정, 필요한 교구, 시설, 지원교사, 접근성에 관한 문제점(예 물리적 환경, 교수적 환경, 공학적 환경에의 접근성)에 대해 파악한다. • 이때, 학생을 지원해 주는 사람들에게 도움이 될 만한 지원 자료들도 수집해야 한다. • 지원 자료에는 해당 학생의 태도나 기대치도 포함된다.
과제	• 학생이 수행해야 할 모든 과제가 조사되어야 한다. • 학생에게 필요한 활동을 과제에 포함시켜서 그 학생이 전반적인 환경에서 더 많은 활동에 참여할 수 있게 하고, IEP 목표를 달성할 수 있게 해야 한다.
도구	• 도구는 참여자들의 초기 결정 그리고 뒤따르는 사항들에 대한 지속적인 결정에 사용된다. • 첫 번째 도구는 가능성이 있는 보조공학 해결책(무 테크놀로지, 저급 테크놀로지부터 고급 테크놀로지까지)을 함께 심사숙고하는 것이다. • 다음 단계는 가장 적절한 혹은 가장 가능성이 있는 해결책을 찾고, 이어 참여자들은 선택된 공학에 필요한 교수전략을 결정하게 된다. • 마지막으로, 사용 기간 동안 효과성에 대해서 어떻게 점검할 것인지에 관한 방법을 결정한다.

◎ 변동비율강화계획의 효과

• 반응의 중단 없이 일관성 있는 안정된 반응률을 산출
• 고속반응의 경향성이 나타남
• 변동비율의 크기는 반응률에 영향을 미침
• 강화 후 휴지 현상 예방

고득점 답안 비법 ✗ 3)의 ② : 서술해야 할 내용은 ㉤의 장점이며, 이 장점의 내용이 ㉣의 제한점을 고려한 것이어야 함

72

2026. 유
★ 답안작성

(가)는 지체장애 유아 민수의 진단 장면이고, (나)는 보조
공학 사정 내용의 일부이다. (다)는 보조공학 도구 사용을
위한 중재 계획이다. 물음에 답하시오. [5점]

(가)

- 장소 : ○○유치원 ○○반
- 팀 구성원 : 보호자, 통합학급 교사, 유아특수교사, 물리
  치료사, 작업치료사
- 진단 방법
  - 유아특수교사가 촉진자로 참여하여 보호자와 민수가
    미술 활동을 하고 있는 모습을 통합학급 교사, 물리
    치료사, 작업 치료사가 같은 장소에서 같은 시간에
    함께 관찰하여 민수의 현재 발달 수준을 진단함

(나)

〈SETT 보조공학 사정 모델〉	
구성요소	사정 내용
유아	• 상지에 경미한 마비가 있어 작은 물건을 쥐거나 오래 잡고 있는 동작 수행이 어려움 • 색칠하기 활동에 흥미가 있지만 독립적으로 수행하기 어려움 • ㉠ <u>상지가 앞으로 굴곡됨</u>
환경	• 교사 : 민수를 위한 개별 지원 시간이 부족함 • 교실 : ㉡ <u>높낮이를 조절하는 책상이 배치되어 있음</u> • 태도나 기대 : 교사와 또래는 민수의 독립적인 활동 수행을 기대함 • 시설 : 특이 사항 없음
(㉢)	• 개별화교육계획 연계 목표 : 독립적인 활동 수행 능력 향상 • 미술활동과 연계된 수행 목표 : 독립적으로 색칠하기 활동을 수행하기
도구	• 노 테크(No Tech) : 활동 방법과 시간 수정 • 보조공학 도구 : 쓰기 도구를 쥘 수 있게 돕는 보조공학 도구 활용 • 요구 파악 및 활용도 높은 도구 선정 : 색연필이나 연필을 끼울 수 있는 공모양 손잡이 제공 및 사용 방법 지도 • 보조공학 도구 적용을 위한 중재 계획 수립 및 실행 점검

(다)

목표 행동	일과 활동 중 5번의 기회를 주었을 때 스스로 보조공학 도구를 3번 이상 사용하기
중재 방법	강화 계획

- 민수가 공 모양 손잡이를 스스로 사용할 때마다 민수가
  좋아하는 자동차 스티커를 제공한다.
- 민수가 공 모양 손잡이를 스스로 사용하는 행동을 습득한
  후에는 ㉣ <u>3번 사용할 때마다 자동차 스티커를 제공한다.</u>
- 이후에는 ㉤ <u>2회, 3회, 5회, 2회(평균 3회) 스스로 사용할
  때마다 자동차 스티커를 제공하는 방법으로 강화 계획에
  변화를 준다.</u>

1) (가)에 해당하는 진단 방법의 장점 1가지를 쓰시오.
   [1점]

2) ① (나)의 밑줄 친 ㉠을 고려하여 밑줄 친 ㉡의 수정
   방법을 그 이유와 함께 쓰고, ② (나)의 괄호 안의 ㉢에
   해당하는 구성 요소를 쓰시오. [2점]

   ① :

   ② :

3) ① (다)의 밑줄 친 ㉣에 해당하는 강화 계획의 명칭을
   쓰고, ② 이 강화 계획의 제한점을 고려하여 밑줄 친
   ㉤에 해당하는 강화 계획의 장점 1가지를 쓰시오.
   [2점]

   ① :

   ② :

73

정답 및 예시답안

1) 유치원 교육과정
2) 난 또 못 넘어뜨릴 거야.
3) ① ㉢ / 부적강화는 행동 결과로 싫어하는 자극을 피하게 되어 행동이 증가하는 것을 말해요.
  ② ㉣ / 강화제를 제공할 때 유아가 포만 상태이면 효과가 감소되어요, 강화제를 제공할 때 유아가 박탈 상태이면 효과를 높일 수 있어요.

관련이론

◎ **학습된 무기력**

• 새로운 혹은 어려운 과제에 직면할 때 쉽게 포기하거나 전혀 시도하려고 하지 않는 것을 의미한다.
• 상황에 대하여 스스로 통제할 수 없다고 지각하는 심리적 상태를 의미한다.

◎ **강화의 개념 및 원리**

• 강화인지를 결정하는 것은 자극을 조절하는 사람의 의도가 아니라 아동의 행동발생 가능성의 증가 여부이다. 즉, 정적자극을 주거나 혐오자극을 제거하는 의도와 상관없이, 그 결과로 미래에 행동이 증가했을 때는 강화가 일어났다고 할 수 있다.
• 강화는 결과적으로 미래행동 발생을 증가시키는 것이므로 아무 행동에나 적용하는 것이 아니라 반드시 바람직한 행동에 적용해야 한다.

◎ **강화계획**

계속 강화	• 표적반응이 발생할 때마다 놓치지 않고 매번 강화하는 방법 • 새로운 행동을 학습시킬 때, 소거과정에 있는 과소행동을 증가시키려 할 때 활용
간헐 강화	• 모든 반응이 발생할 때마다 강화하는 것이 아니라 일부 반응만을 선택적으로 강화하는 방법 • 학습 후기에 행동의 발생비율과 소거저항을 높이기 위하여 사용되는 강화계획

73　　2023. 유
★ 답안작성

(가)는 통합학급 놀이 상황이고, (나)는 유아특수교사 강 교사와 통합학급 최 교사가 나눈 대화의 일부이다. 물음에 답하시오. [5점]

(가)

최 교사 : 친구들, 우리 공놀이하기 전에 재미있는 몸놀이 하고 해요. 강 교사 : 노래에 맞춰서 몸을 움직여 보아요. ♫ 옆에 옆에 옆에 옆으로 위로 아래로 위로 아래로~ 유아들 : (교사의 노래에 맞춰 ㉠ <u>옆으로 위로 아래로</u> 몸을 움직인다.) 최 교사 : 이제 선생님이 산토끼라고 말하면 친구들은 산토끼라고 말하면서 앉거나 일어서 주세요. 산토끼! 유아들 : 산. 토. 끼!　　　　　　　　　　　　[A] 강 교사 : 서 있는 친구들끼리, 그리고 앉아 있는 친구들끼리 짝꿍이 되어요. 유아들 : (친구들과 짝을 짓고 서로 마주 본다.) … (중략) … 강 교사 : 지금부터 재미있는 공놀이 시작! 흥　수 : 볼링놀이 할 사람 모여라. 내가 블록 다섯 개 세울게. 세　윤 : 나는 아까 볼링놀이 많이 해서 재미없어. 윤　경 : 나는 잘 못하지만 한번 해 볼게. (공을 굴린다.) 세　윤 : 이번에는 지은이가 해 봐. 지　은 : 난 또 못 넘어뜨릴 거야.　　　　　　　　[B] 흥　수 : 나는 아까 많이 했어. 이거 엄청 쉬워. 윤　경 : 나는 아까 하나 넘어뜨렸어. 흥　수 : 그럼 예서가 해 볼래? 예　서 : 응. 그런데 블록이 다 안 넘어지면 공이 작아서 그런 거야. (공을 굴린다.) 윤　경 : 얘들아, 내가 큰 공 가지고 왔어. 유아들 : 와! 엄청 크다. 블록 다 넘어지겠다.

(나)

최 교사 : 선생님, 놀이 참여도가 낮은 유아를 위해 강화 방법을 적용해 봐요. 강 교사 : 그러면 좋겠어요. 최 교사 : 먼저, 강화에 대해 정리해 볼게요. ㉡ <u>정적강화는 행동 결과로 원하는 것을 주어 그 행동이 증가되거나 유지되게 하는 것을 말해요.</u> ㉢ <u>부적강화는 행동 결과로 싫어하는 자극을 피하게 되어 행동이 감소하는 것을 말해요.</u> 그리고 ㉣ <u>강화제를 제공할 때 유아가 포만 상태이면 효과를 높일 수 있어요.</u> 마지막으로 ㉤ <u>강화제를 효과적으로 사용하기 위해서는 주기적으로 강화제를 재평가하면 좋아요.</u> … (하략) …

1) 라반(R. Laban)이 제시한 동작의 기본 요소 중 ① (가)의 ㉠에 해당하는 요소를 쓰고, ② '관계'의 하위 요소인 '사람과의 관계'에 대한 내용을 (가)의 [A]에서 찾아 1가지 쓰시오. [2점]

①:

②:

2) (가)의 [B]에서 '학습된 무기력'에 해당하는 문장을 찾아 쓰시오. [1점]

3) (나)의 ㉡~㉤ 중 잘못된 내용을 2가지 찾아 그 기호를 쓰고, 각각을 바르게 고쳐 쓰시오. [2점]

①:

②:

● **핵심테마 체크**
• 강화
• 행동의 기능

MY MEMO

(**74**)

정답 및 예시답안

㉠ 부적강화
㉡ 기능

관련이론

🔍 **강화**

정적강화	증가시키고자 하는 바람직한 행동이 발생하면, 유쾌하고 긍정적인 자극을 제시함으로써, 표적행동의 미래 발생률이 증가되는 것
부적강화	행동 후에 즉시 자극을 제거(철회)하여 앞으로 그 행동의 발생 가능성을 증가시키는 것

74

다음은 ○○ 특수학교 행동지원부에서 제작하여 교내 사회관계망서비스(SNS)에 게시한 자료이다. 괄호 안의 ㉠과 ㉡에 해당하는 용어를 순서대로 쓰시오. [2점]

학생 K는 과제를 제시하면 도망갑니다. 다시 과제를 제시하면 과격한 행동을 보입니다. 한참 동안 K와 실랑이를 한 후, 교사는 더 이상 과제를 제시하지 않았습니다.

2

K의 입장에서 과제는 유쾌하지 않은 자극이었습니다. 그래서 K는 과격한 행동을 했고 과제에서 벗어났습니다. 한편, 교사의 입장에서는 과제를 철회하여 K의 과격한 행동과 실랑이 상황에서 벗어났습니다. 그러나 이런 일이 지속적으로 반복되면서 K의 과제 참여도는 낮아지고, 교사는 K가 과제를 하지 않아도 묵인하게 되었습니다.

3

이것은 K의 '과격한 행동'이 '과제 철회'라는 후속결과로 (㉠)된 것입니다.

4

교사의 '과제 철회 행동'이 'K의 과격한 행동의 종료'라는 후속결과로 (㉠)된 것입니다.

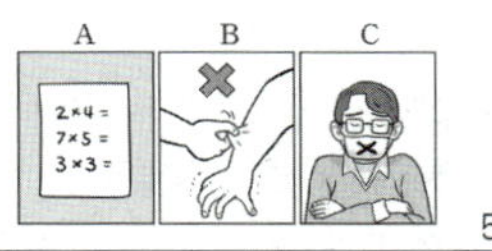

5

유사한 상황이 계속되면 K의 '과격한 행동'과 교사의 '과제 철회 행동'이 발생할 확률이 증가하여 K의 과제 참여도는 낮아지고; K에 대한 행동지도는 더욱 어려워집니다.

6

우리 ○○학교 선생님들은 학생들이 과제를 피하는 행동의 '원인'이 되는 (㉡)을/를 찾았고, 이로써 학생들은 과제 및 활동에 참여할 수 있게 되었습니다.

7

또한 동일한 (㉡)을/를 지닌 대체행동을 찾아, 바람직한 행동이 증가하는 환경을 만들어 주셨습니다.

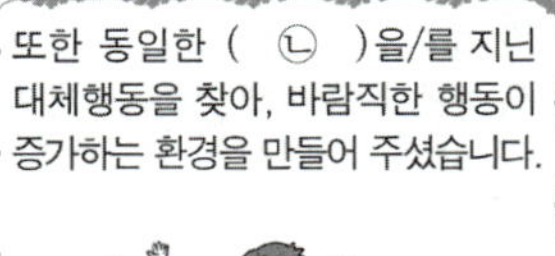

8

한 학기동안 수고 많으셨습니다. 여러분은 **정말 좋은 선생님**입니다.

9

75

정답 및 예시답안

1) ① 현수가 좋아하는 장난감을 활용하여 선호하지 않는 활동에 참여하도록 동기부여를 할 수 있기 때문에 제안한 것이다.
   ② 탈 수 있는 자동차 타고 놀기
2) 활동 강화제
3) ① 기준치도달 기록법
   ② 현수가 연속 3일(3회기) 80% 이상의 독립적 수행(I) 비율로 탈 수 있는 자동차를 스스로 선택하여 타면서 논다.

관련이론

◎ **강화제의 유형**

근원에 따른 강화제의 분류	무조건 강화제	무조건적 정적강화제/무조건적 부적강화제
	조건 강화제	조건화된 정적강화제/조건화된 부적강화제
강화제의 물리적 특성에 따른 분류	음식물 강화제	씹거나, 빨아 먹거나, 마실 수 있는 것
	감각적 강화제	시각, 청각, 후각, 미각, 촉각에 대한 자극제
	물질 강화제	학생이 좋아하는 물건들
	활동 강화제	학생이 좋아하는 활동을 하도록 기회·임무·특권 제공
	사회적 강화제	여러 가지 방법으로 학생을 인정해 주는 것

◎ **사건기록법**

• 발생한 행동 자체의 특성(빈도, 강도, 지속시간, 지연시간)을 관찰하고 측정하여 기록
• 수량화할 수 있음
• 행동발생의 정확한 양을 알 수 있음
• 사건기록방법으로 관찰할 행동은 반드시 시작과 끝이 분명한 행동이어야 함
• 장점 : 사용하기 쉽고 관찰자가 아동의 행동을 직접 볼 수 있음
• 단점 : 한 명의 관찰자가 한 장소에서 동시에 여러 명의 아동이나 여러 행동을 관찰할 때는 사용하기 쉽지 않음. 그리고 한 아동을 관찰하는 경우에도 매우 짧은 시간 간격으로 높은 빈도를 보이는 행동은 사용하기 어려움

빈도 기록	• 전체 관찰시간을 짧은 시간 간격으로 구분하여, 아동을 관찰하고 하나의 시간 간격 안에 발생한 행동의 빈도를 기록 • 장점 : 수업을 직접적으로 방해하지 않으며, 비교적 사용하기가 쉽고, 시간 간격마다 행동 발생빈도를 기록하였기 때문에 시간 흐름에 따른 행동발생 분포를 알 수 있음 • 단점 : 행동의 빈도만 가지고는 행동 형태가 어떤지를 설명해 주지 못하고, 지나치게 짧은 시간 간격으로 자주 또는 오랜 시간에 걸쳐 일어나는 행동에는 적합하지 않음
지속시간 기록	• 행동이 지속되는 시간 길이에 관심이 있을 때에 사용 • 단점 : 지나치게 짧은 시간 간격으로 발생하는 행동에는 적용하기 어렵고, 행동의 강도를 설명해 주지 못함
지연시간 기록	• 선행사건과 표적행동 발생 사이에 지연되는 시간을 계산하여 기록
반응기회 기록	• 행동의 기회가 주어졌을 때 표적행동의 발생 유무를 기록 • 교사나 치료자에 의해 학생이 반응할 기회가 통제된다는 특징을 제외하면 빈도 기록과 같은 방법
기준치 도달 기록	• 도달해야 하는 기준이 설정되어 있는 경우에 그 기준치에 도달했는지의 여부를 기록

75 | 2024. 유 ★답안작성

(가)는 유아특수교사 강 교사와 박 교사가 나눈 대화의 일부이고, (나)는 강 교사가 발달지체 유아 현수의 놀이 행동을 관찰기록한 자료이다. 물음에 답하시오. [5점]

(가)

강 교사: 선생님, 우리 반 현수가 매일 작은 포클레인 장난감만 가지고 놀아요.

박 교사: 그런 것 같더라고요.

강 교사: 그래서 다른 놀이나 놀잇감을 제안해 보았는데 전혀 관심을 갖지 않네요.

박 교사: 가끔이라도 가지고 노는 놀잇감이 있나요?

강 교사: 드물지만 탈 수 있는 자동차를 타기는 해요.

박 교사: 그럼 자동차를 좀 더 자주 타고 놀게 하면 좋겠네요.

강 교사: 어떤 방법으로 지도할 수 있을까요?

박 교사: 현수가 좋아하는 작은 포클레인과 탈 수 있는 자동차를 이용해 ㉠ <u>프리맥 원리(Premack principle)로 지도</u>하면 좋을 거 같아요.

강 교사: 이 두 가지 놀이의 순서를 안내해 주는 시각적 자료를 만들어서 사용하면 현수에게 도움이 되겠네요.

[놀이 순서 안내 자료]

(나)

아동	현수	관찰자	강○○
중재 시작	4월 7일	중재 종료	4월 25일
목표행동	탈 수 있는 자동차를 스스로 선택하여 타면서 논다.		
종료 준거	㉢		
촉구 코드	P(촉진), I(독립적 수행)		

[A]

기회＼날짜	4/7	4/8	4/9	4/10	4/21	4/22	4/23	4/24	4/25	%*
10	I	I	P	P	I	I	P	I	I	100
9	P	P	P	I	I	P	I	I	P	90
8	P	P	P	P	I	I	I	I	I	80
7	P	P	P	P	I	P	I	I	I	70
6	P	P	I	P	P	I	I	I	I	60
5	P	I	P	I	I	I	P	I	I	50
4	P	P	P	I	I	P	I	I	I	40
3	P	P	I	P	P	I	I	P	I	30
2	P	P	P	P	P	I	I	I	P	20
1	P	P	P	I	I	I	I	I	I	10

●— 독립적 수행 비율

* 날짜별 독립적 수행 비율

---

1) (가)에서 ① 박 교사가 ㉠을 제안한 이유를 쓰고, ② ㉡에 들어갈 시각적 자료의 내용을 쓰시오. [2점]

①:

②:

2) (가)에서 강 교사가 사용할 강화제 유형을 쓰시오. [1점]

3) (나)에서 ① 교사가 사용한 관찰 기록 방법이 무엇인지 쓰고, ② 목표행동과 [A]에 근거하여 ㉢에 들어갈 내용을 쓰시오. [2점]

①:

②:

76

정답 및 예시답안

1) ① 신경학적 역치가 높다.
   ② ㉠을 통해 감각을 추구하는 희주의 촉각적인 높은 역치를 충족시키기 위함이다(높은 역치를 충족시켜 다른 방해 감각을 추구하지 않도록 하게 한다 등).
2) 활동 ㉣을 하면 활동 ㉢을 할 수 있도록 한다, 활동 ㉣을 하면 활동 ㉢을 강화제로 제공한다 등
3) 기본 교육과정

관련이론

⚲ Dunn의 감각처리 모델

반응유형	• 과잉반응 : 민감함, 낮은 역치		• 과소반응 : 둔감함, 높은 역치	
Dunn 감각처리 모델	자기조절전략 (행동반응) / 신경학적 역치		수동적 ◀────▶ 적극적	
	높음 ↕ 낮음		낮은 등록	감각추구
			감각민감	감각회피

낮은 등록	• 높은 역치를 가지고 수동적인 자기조절 전략을 사용하는 낮은 등록 패턴의 학생은 자극에 대해 둔감반응을 보인다. 이러한 둔감반응은 환경자극의 지나치게 제한된 범위에만 반응하는 것과도 관련이 있다. • 이 학생들을 위해서는 환경 내 관련된 감각 단서에 주목하고 반응하도록 지도해야 한다. 이를 위해 일상적인 일과에서 과제와 맥락의 특성을 강조하여 제시할 수 있다. 즉, 감각 경험의 강도, 빈도 또는 지속시간을 높이는 활동을 제공하는 것이다.
감각추구	• 높은 역치를 가지고 적극적인 자기조절전략을 사용하는 감각추구 패턴의 학생은 역치를 충족시키고자 매일의 일상적 사건에 시각, 청각, 촉각, 고유수용계 등의 자극을 추구한다. • 이 학생들을 위해서는 학생의 감각적 요구에 맞는 강도 높은 감각활동을 선정하여 지도하면 감각추구행동으로 인한 방해를 최소화하고 수업 참여를 이끌 수 있다. 이때 해당 활동은 사회적으로 수용 가능한 행동이어야 한다. • 학생이 일과 중 어떤 감각을 좋아하는지를 파악하여 원하는 감각을 일과 내로 병합시키는 것이 가장 효과적이다.
감각민감	• 낮은 역치를 가지고 수동적인 자기조절전략을 사용하는 감각민감 패턴의 학생은 자극에 대해 과민하게 반응한다. • 이 유형은 낮은 역치로 인해 적은 자극에도 민감하여 또래보다 더 많은 것에 주의를 기울이며 계속해서 새로운 자극에 주의를 기울여 과잉행동 또는 산만한 경향을 보인다. • 이 학생을 위해서는 예측 가능하도록 물리적 환경을 구조화하고, 예기치 않은 자극의 유입을 최대한 차단하며 일반 활동에서 발생할 수 있는 감각적 혐오감을 줄여주는 것이 도움이 된다. 과제 또는 일과 내에 예측 가능한 감각 경험의 패턴을 제공할 수 있다.
감각회피	• 낮은 역치를 가지고 적극적인 자기조절전략을 사용하는 감각회피 패턴의 학생은 유입되는 자극의 감소를 위해 활동참여를 강력히 거부하는 경향을 보이며 이는 친숙하지 않은 활동에 대해서는 더욱 그러하다. • 과도한 자극의 유입으로 인한 불편한 느낌을 피하기 위해 자신의 활동을 줄이고, 위축되거나 통제할 수 없는 자극을 줄이기 위해 타인에게 해당 장소에서 나가게 해 달라는 강력한 요구의 표현으로 공격적인 행동을 보이기도 한다. • 이 학생들은 낮은 역치를 가지고 있어서 감각자극에 의해 쉽게 방해되기 때문에 감각 유입을 제한하기 위한 자기조절 전략으로 적극적인 회피전략을 사용한다. • 특히 이들은 적극적인 자기조절전략으로 일상에서 판에 박힌 일이나 의식을 만들어 이에 집착한다. 이러한 전략은 과도한 자극의 유입을 조절하기 위해 사용하는 전략이므로 이를 존중해 주고 학생의 역치수준, 즉 편안함을 의식하는 수준에서 아주 작은 변화를 주어 학생이 추가되는 변화에 주목하지만 과도하게 불안해하지 않고 일과에 참여할 수 있도록 체계적인 지원을 제공해야 한다.

76
2024. 초
★ 답안작성

(가)는 2015 개정 특수교육 기본 교육과정 미술과 5~6학년군 '눈이 즐거운 평면 표현' 수업 활동에 대한 아이디어 노트의 일부이고, (나)는 교사의 작품 설명의 내용이다. 물음에 답하시오. [5점]

(가)

○ 자폐성장애 학생 희주의 특성

- 촉감을 느끼기 위해서 책상 모서리를 계속 문지름
- 장난감 자동차 바퀴의 회전하는 모습을 보려고 바퀴를 지속적으로 돌림 [A]
- 끈적임을 느끼기 위해 풀의 표면을 손으로 계속 문지름

○ 수업 방향

- ㉠ 미술 수업 시간에 물감을 감각적으로 탐색하는 다양한 미술 활동을 지도하고자 함

○ 수업 활동 계획

- 활동 1: ㉡ 물감 표면의 촉각적인 느낌 탐색하기
  ↳ ㉢ 물감을 손으로 만지는 활동하기

    … (중략) …

- 활동 2: ㉣ 실그림 기법으로 작품 완성하기
- 활동 3: (㉤) 기법으로 작품 완성하기

(나)

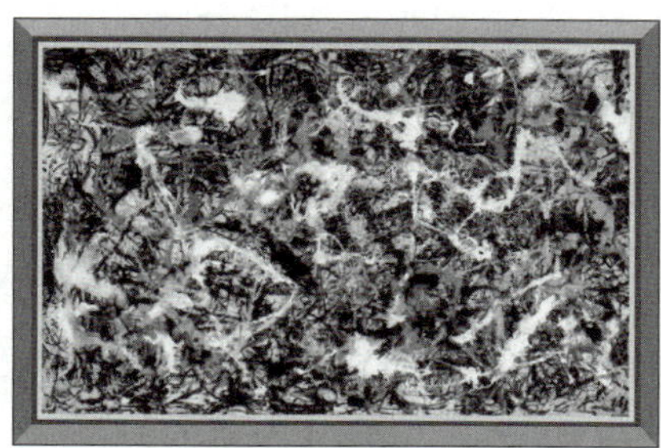

[작품] 잭슨 폴록(J. Pollock, 1948), 〈집중〉 일부

"여러분, 잭슨 폴록(J. Pollock)이란 화가를 아시나요? 이 화가는 완성된 상태의 작품보다는 작가의 행위를 중요하게 생각했고, [작품]은 캔버스에 직접 물감을 뿌리거나 흘리며 자유롭게 표현하는 (㉥) 기법을 사용했어요."

1) 던(W. Dunn)의 감각 처리 모델에 근거하여 (가)의 [A]에 대해 ① 감각 처리 패턴의 특성을 신경학적 역치 측면에서 1가지를 쓰고, ② 감각 처리 패턴의 지도 전략과 관련하여 ㉠의 목적 1가지를 쓰시오. [2점]

① :

② :

2) (가)의 ㉢을 후속 강화제로 사용한 프리맥의 원리(Premack principle)를 적용해서 ㉣을 지도할 때, ㉢과 ㉣로 활동을 구성하여 쓰시오. [1점]

3) ① (가)의 ㉡에서 지도할 수 있는 조형 요소의 용어를 쓰고, ② (가)의 ㉤과 (나)의 ㉥에 공통으로 들어갈 용어를 쓰시오. [2점]

① :

② :

77

정답 및 예시답안

1) 유치원 교육과정
2) 유치원 교육과정
3) 유아특수교육개론
4) ① 행동을 유지시키기 어렵다.
   ② 변동비율강화계획
5) 유치원 교육과정

관련이론

🔍 강화계획의 유형별 설명

강화계획		강화시기	장점	약점
연속		표적행동이 발생할 때마다	새로운 행동 습득에 유용함	포화 문제가 생길 수 있음
비율	고정 비율	표적행동이 정해진 수만큼 발생할 때	표적행동 비율을 높일 수 있음	부적절한 유창성 문제나 강화 후 휴지 기간 현상이 나타남
	변동 비율	표적행동이 정해진 평균수만큼 발생할 때	부정확한 반응이나 강화 후 휴지 기간을 방지할 수 있음	많은 아동에게 동시에 적용하기 어려움
간격	고정 간격	표적행동이 정해진 시간 간격이 경과한 후, 처음 표적행동이 발생할 때	여러 아동에게 1인 교사가 실행 가능함	• 표적행동 발생비율을 낮추게 됨 • 고정간격 스캘럽 현상이 나타남
	변동 간격	표적행동이 정해진 평균 시간 간격이 경과한 후, 처음 표적행동이 발생할 때	낮아지는 행동 발생률이나 고정간격 스캘럽 문제를 방지할 수 있음	간격의 길이가 다양하도록 관리하는 어려움이 있음
지속 시간	고정 지속 시간	표적행동이 일정시간 동안 지속하고 있을 때	비교적 실행이 쉬움	요구하는 지속시간이 길어지면 강화 후 휴지 기간도 길어질 수 있음
	변동 지속 시간	표적행동이 지정된 평균시간만큼 지속하고 있을 때	강화 후 휴지 기간 예방 가능함	지속시간을 다양하게 관리하는 어려움이 있음

77 2015. 유
★ 답안작성

(가)는 통합유치원 5세 반 일일 교육계획안의 일부이고, (나)는 발달지체 유아 민지를 위한 지원 방안이다. 물음에 답하시오. [7점]

(가) 일일 교육계획안

생활 주제	유치원과 친구	소주제	우리 반에 필요한 약속 알아보기
목표	◦ 유치원 일과를 알고, 즐겁게 생활한다. ◦ 놀이의 약속과 규칙을 알고 지킨다.		

시간/활동명	활동 내용	자료 및 유의점
9:00~9:10 ＜등원 및 인사 나누기＞	◦ 선생님, 친구들과 반갑게 인사 나누기 ◦ 가방, 옷을 정리하고 출석 이름표를 찾아 붙이기	◦ 유아에 대한 정보(약, 건강 상태 등) 받기
9:10~10:20 ＜자유선택 활동＞	◦ ㉠ 언어 영역 : ‘약속’과 관련된 책 읽기 ◦ 미술 영역 : 색종이로 하트 접기 ◦ 조작 영역 : 집 모양 퍼즐 맞추기	(생략)
10:20~10:40 ＜정리 및 평가＞	◦ 놀잇감을 제자리에 정리하기 ◦ 자유선택활동을 평가하기	(생략)
10:40~11:00 ＜간식＞	◦ 손을 씻고 간식 먹을 준비하기 ◦ 간식을 먹은 후 테이블과 간식 접시, 포크를 스스로 정리하기	◦ 우유, 쿠키
11:00~11:20 ＜이야기 나누기＞	◦ ㉡ ＜우리 반에 필요한 약속을 정해요＞ ◦ 우리 반에 필요한 약속에 대해 이야기 나누기	◦ 화이트보드, 마카펜
11:20~11:50 ＜바깥놀이＞	◦ 실외 자유선택활동하기	(생략)

… (후략) …

(나) 지원 방안

- 친구를 만났을 때, “안녕”이라고 인사하도록 언어적으로 촉진함
- ‘약속’과 관련된 여러 책 중에서 한 권을 선택하여 고르도록 도와줌
- ㉢ 8조각의 집 모양 퍼즐 대신 3조각의 집 모양 퍼즐을 맞추도록 함

1) 프로스트와 키신저(J. Frost & J. Kissinger)의 4가지 공간 구성 원리에 근거하여, ㉠이 배치되어야 할 환경 구성 공간의 특성을 쓰시오. [1점]

2) 다음은 ㉡과 관련된 ‘3~5세 누리과정’ 사회관계 영역의 내용 범주와 내용이다. ①에 들어갈 내용 범주를 쓰시오. [1점]

내용 범주	내용
①	(생략)
	(생략)
	사회적 가치를 알고 지키기

3) ㉢은 샌들과 슈왈츠(S. Sandall & I. Schwartz)의 교육과정 수정 유형 중 어디에 해당하는지 쓰시오. [1점]

4) 교사는 민지의 정리정돈 활동을 지원하기 위해 다음과 같은 강화계획을 사용하였다. ①의 강화계획이 가지고 있는 제한점 1가지를 쓰고, ②에 해당하는 강화계획을 쓰시오. [2점]

> 민지가 ① 정리정돈을 할 때마다 칭찬을 해 주었다. 교사는 민지의 정리정돈 행동이 습득되자 그 행동이 유지되도록 하기 위해서 4회, 2회, 4회, 6회, 3회, 5회(평균 4회)의 정리정돈을 할 때마다 칭찬을 하는 (②)을(를) 적용하였다.

① :

② :

5) 다음의 ①과 ②에 해당하는 피아제(J. Piaget)의 도덕성 발달 단계를 각각 쓰시오. [2점]

> 바깥놀이를 하면서 유아들은 이야기 나누기 시간에 정한 규칙대로 차례차례 미끄럼틀을 타고 있었다. 이 때, 한 친구가 ① “얘들아, 이제 우리 가위바위보를 해서 이긴 사람이 먼저 미끄럼을 타자.”라고 하였다. 그러자 아이들은 ② “안 돼! 선생님이 말한 대로 차례차례 타야 해!”라고 하였다.

① :

② :

● **핵심테마 체크**
• 프리맥의 원리
• 강화제의 유형
• 부분참여의 원리

MY MEMO

78

정답 및 예시답안

1) 초등 교육과정
2) ① 각자 원하는 놀이
   ② 활동 강화제
3) 주하는 ○○○에만 친구 이름을 넣어 부르게 한다.

관련이론

◎ 프리맥 원리(Premack principle)

- 어떤 행동은 참여빈도가 낮아서 발생가능성이 낮고, 어떤 행동은 참여빈도가 높아서 발생가능성이 높은 것을 이용한 것이다.
- 높은 빈도의 행동이 낮은 빈도의 행동을 뒤따를 때 낮은 빈도의 행동가능성은 증가하는 효과를 나타낸다.
- 학생이 자발적으로 빈번히 수행하는 어떤 활동이 자발적으로 거의 수행하지 않는 어떤 활동을 위한 강화인 자로 사용될 수 있는 것이다.
- 교사가 학생에게 수학 과제를 끝내면 비행기를 가지고 놀아도 된다고 말했을 때, 혹은 엄마가 아이에게 시금치를 다 먹으면 밖에 나가 놀아도 된다고 말했을 때 그들은 프리맥 원리를 사용하고 있는 것이다.

◎ 부분참여의 원리

의미	• 부분적 참여 원리는 본질적으로, 모든 중도 장애학생들은 최소한으로 제한된 다양한 학교 내외 환경과 활동들에서 부분적으로라도 자신들이 기능할 수 있도록 많은 기술을 습득할 수 있다는 사실에 대한 긍정적 단어 • 아동이 다른 사람의 눈에 더욱 가치 있게 보이도록 하는 가운데, 아동이 제외되거나 차별받는 것을 방지할 수 있음	
오류 유형	수동적 참여 (passive)	장애를 가진 학생들이 자연스러운 환경에 배치되었으나 적극적으로 활동들에 참여하도록 허락하는 대신에, 또래들이 활동에 참여하는 것을 관찰하는 기회만 제공하는 것
	근시안적 참여 (myopic)	교사가 교육과정의 관점들 중 한 가지 혹은 몇 가지만을 좁은 시야로 집중하고, 학생이 학습의 전반적인 기회들로부터 이득을 보지 못하도록 하는 것
	단편적 참여 (piesemeal)	학생이 몇몇 활동들에 부정기적으로 참여하는 것
	참여기회 상실 (missed)	학생이 독립적으로 활동을 하기 위해 너무 많은 시간과 노력을 기울이게 함으로써 학생으로 하여금 더 많은 수의 활동들에 참여할 기회를 상실하게 하는 것

고득점 답안 비법 ✗ 3) : 부분참여의 원리의 적용 예시에 소미가 리듬악기를 나누어 주는 것은 해당하지 않음. 부분참여의 원리의 개념과 오류 유형에 근거하여 구분할 것

78 2020. 유

(가)는 5세 발달지체 유아들의 행동특성이고, (나)는 음악
활동 자료이며, (다)는 활동계획안이다. 물음에 답하시오.
[5점]

(가)

민정	• 활동 시 교사의 말에 집중하는 시간이 짧음 • 대집단 활동 시 활동영역을 떠나 돌아다니는 경우가 많음
주하	• 음악활동은 좋아하나 활동 참여시간이 짧음 • 일상생활에서 자주 사용하는 3음절의 단어(사람, 사물 이름)로 말함
소미	• 수줍음이 많고 활동 참여에 소극적임 • 수업 중 앉아 있는 시간이 짧음

(나)

(다)

활동 목표	… (생략) …	
활동 방법		**자료(자) 및 유의점(유)**
활동 1	• '○○○ 옆에 누가 있나요?' 노래를 듣는다. – 노래 전체 듣기 – 노랫말 알아보기	〔자〕 '○○○ 옆에 누가 있나요?' 노래 음원, 그림악보 〔유〕 ㉠ 민정, 주하, 소미가 일정 시간 동안 활동에 참여하면 각자 원하는 놀이를 하게 해준다.
활동 2	• 다양한 방법으로 노래를 부른다. – 한 가지 소리(아아아~)로 불러 보기 – 친구 이름 넣어서 노래 해보기 – 유아들을 나누어 불러 보기 – 다함께 불러 보기 … (중략) …	〔유〕 민정이는 좋아하는 또래들과 어깨동무를 하고 노래 부르게 한다. 〔유〕 주하는 ○○○에만 친구 이름을 넣어 부르게 한다. 〔유〕 바닥에 원형 스티커를 붙여 놓고 자리를 이동하며 노래 부르게 한다.
활동 3	• 리듬악기를 연주해 본다. – 리듬패턴 그림을 보며 리듬 알아보기 – 리듬에 맞추어 손뼉 치기 – 리듬에 맞추어 리듬악기 연주하기 … (하략) …	〔유〕 리듬패턴은 그림악보로 제공한다. 〔유〕 유아가 익숙하게 다룰 수 있는 리듬악기를 제공한다. 〔유〕 소미가 친구들에게 리듬악기를 나누어 주도록 한다.

1) (나)의 노래 선정 이유를 ① 리듬과 ② 노랫말 측면에서
   각각 1가지씩 쓰시오. [2점]

   ① :

   ② :

2) ① 프리맥(D. Premack)의 원리를 적용한 (다)의 ㉠
   에서 고빈도 행동을 찾아 쓰고, ② 물리적 특성(강화
   형태)에 근거하여 ㉠에 제시된 강화제의 유형은 무엇
   인지 쓰시오. [2점]

   ① :

   ② :

3) (다)의 활동 2와 활동 3의 '자료 및 유의점' 중에서 부
   분참여의 원리를 적용한 내용을 찾아 쓰시오. [1점]

◆ **핵심테마 체크**

• 프리맥의 원리

MY MEMO

79

정답 및 예시답안

1) 반응중심학습모형
2) • 내용 영역 : 체험, 표현, 감상
   • 구성 방식 : 학습내용은 체험, 표현, 감상 각 영역의 특성을 살려 학습목표를 선정한다.
3) • 정적 강화 기법 : 프리맥의 원리
   • 지도 내용 : 친구들과 미술작품 배경 앞에서 즉석 사진을 찍으면, 트램펄린에서 뛸 수 있도록 한다.

관련이론

◎ 프리맥 원리(Premack principle)

• 어떤 행동은 참여빈도가 낮아서 발생가능성이 낮고, 어떤 행동은 참여빈도가 높아서 발생가능성이 높은 것을 이용한 것이다.
• 높은 빈도의 행동이 낮은 빈도의 행동을 뒤따를 때 낮은 빈도의 행동가능성은 증가하는 효과를 나타낸다.
• 학생이 자발적으로 빈번히 수행하는 어떤 활동이 자발적으로 거의 수행하지 않는 어떤 활동을 위한 강화인자로 사용될 수 있는 것이다.
• 교사가 학생에게 수학 과제를 끝내면 비행기를 가지고 놀아도 된다고 말했을 때, 혹은 엄마가 아이에게 시금치를 다 먹으면 밖에 나가 놀아도 된다고 말했을 때 그들은 프리맥 원리를 사용하고 있는 것이다.

79

(가)는 특수학교에 재학 중인 자폐성장애 학생 동호의 행동 특성이고, (나)는 초등학교 2학년 미술과 '즐거운 미술관 구경' 단원의 교수·학습 과정안이다. 물음에 답하시오.

[5점]

(가) 동호의 행동 특성

- 사진 찍히기를 싫어하여 사진 찍기 활동의 참여도가 낮음
- 놀이실에 있는 트램펄린에서 뛰는 활동을 매우 좋아함

(나) 교수·학습 과정안

단원명	즐거운 미술관 구경	제재	미술 작품 감상하기
학습 목표	작품 속 주인공의 모습을 흉내 내며 화가의 마음을 느껴 볼 수 있다.		

단계	학습 내용	교수·학습 활동
1	시각적 대상이나 현상 탐색을 통한 경험과 사전 지식 자극하기	• 작은 미술관으로 꾸며진 교실에 전시된 명화 속에 무엇이 있는지 탐색한다. • 개인의 경험과 사전 지식을 떠올려 미술 작품의 특징을 찾아본다.
2	질문, 토의, 반성의 상호작용하기	• 참고 미술 작품 속 주인공의 모습을 흉내 내어 본다. • 미술 작품 속 주인공이 되려면 준비하고 만들어야 하는 것이 무엇인지 질문에 답하고, 친구들과 토의한다.
3	관련 미술 작품을 탐색하고, 참고 미술 작품을 새로운 시각으로 표현 활동과 연계하기	• 관련 미술 작품을 탐색하고 참고 미술 작품을 새로운 시각으로 표현할 방법을 구상한다. • 여러 가지 재료와 표현 기법을 활용하여 작품 속 주인공의 의상, 소품, 액자 등을 만든다. • 참고 작품에 새로운 생각을 추가하거나 독특한 표현으로 유사한 작품을 그린 후, 작품 속 주인공의 모습을 흉내 내거나 작품의 일부가 되어본다.
4	완성 작품에 의미와 가치 부여하기	• 자신이 좋아하는 미술 작품 옆에 색종이로 접은 꽃이나 스티커를 붙인다. • ㉠ 작품 속 주인공처럼 꾸민 후 액자틀을 들고 친구들과 미술 작품의 배경 앞에서 즉석 사진을 찍는다.

1) 이 수업에 적용된 교수·학습 모형의 명칭을 쓰시오.

[1점]

2) (나)의 교수·학습 활동에 포함되어 있는 미술과 내용 영역을 모두 쓰고, 2011 개정 특수교육 기본 교육과정 미술과 '교수·학습 방법'의 '가. 교수·학습 계획'에 근거하여 이 수업에 내용 영역이 어떻게 구성되어 있는지 쓰시오. [2점]

- 내용 영역 :

- 구성 방식 :

3) (나)의 ㉠에서 동호의 사진 찍기 활동 참여를 위해 교사가 동호의 행동 특성을 활용하여 지도할 수 있는 정적 강화 기법을 쓰고, 이를 적용한 지도 내용을 쓰시오. [2점]

- 정적 강화 기법 :

- 지도 내용 :

80

정답 및 예시답안

1) 유치원 교육과정
2) ① 상호의존적(상호종속적) 집단강화
  ② 동그라미 모둠의 모든 유아들이 놀이 후 자리를 정리하면 터널놀이 시간을 제공한다.

관련이론

🔍 **집단강화의 유형별 적용방법**

독립적 집단강화	동일한 후속(강화)자극이 집단 구성원 모두에게 동등하게 제공되지만 특정한 개인이나 소수집단 또는 전체집단의 행동과는 상관없이 구성원 각자의 행동에 따라 개별적으로 강화 여부 결정
의존적 집단강화	집단 전체에게 제공되는 보상은 한 개인의 행동 또는 소수 구성원의 행동에 의하여 결정
상호의존적 집단강화	집단 내 모든 구성원의 행동에 의하여 결정되며, 집단강화를 얻기 위해서는 구성원 모두가 공동 목표에 기여하여야 함

80 2022. 유

(가)는 유아특수교사 김 교사가 발달지체 유아 민아의 놀이를 지원하는 모습이고, **(나)**는 김 교사와 통합학급 최 교사가 나눈 대화의 일부이다. 물음에 답하시오. [5점]

(가)

> 김 교사: 동그라미 모둠 친구들은 무슨 놀이를 하고 있어요?
> 상　　우: 구슬로 목걸이 만들고 있어요.
> 지　　수: 우리 나이만큼 구슬을 끼워서 만든 나이 구슬 목걸이예요.
> 김 교사: 민아야, 구슬 한번 세어 볼까요?
> 민　　아: 하나, 둘셋, 넷다섯, 여섯, 일곱.
>
> 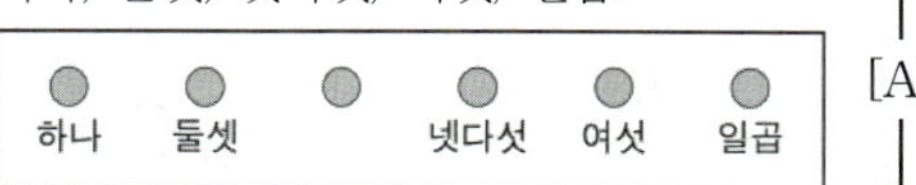
>
> [A]
>
> 김 교사: 민아야, 구슬이 몇 개예요?
> 민　　아: 일곱 개.
> 김 교사: 민아야, 선생님이랑 같이 세어 볼까요?
> 민　　아: (교사와 함께 왼쪽에서부터 구슬을 세며) 하나, 둘, 셋, 넷, 다섯, 여섯.
>
> 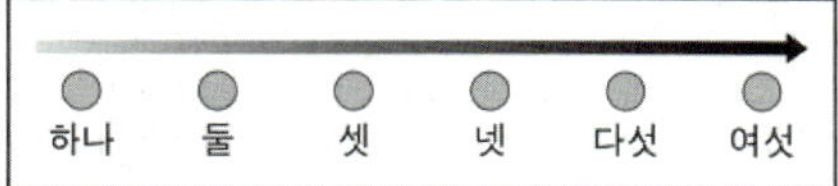
>
>
> 김 교사: 민아야, 구슬이 몇 개예요?
> 민　　아: 여섯 개.
> 은　　영: 민아 잘한다. 성공!
> 김 교사: 민아야, 이번에는 선생님과 같이 오른쪽에서부터 세어 볼까요?
> 민　　아: (교사와 함께 오른쪽에서부터 구슬을 세며) 하나, 둘, 셋, 넷, 다섯, 여섯.
>
> 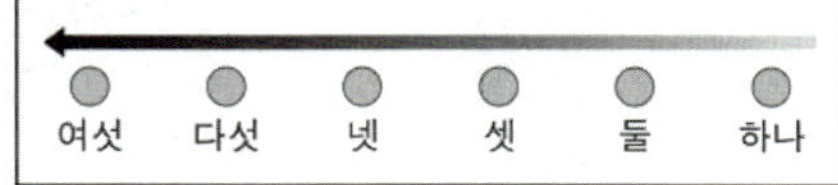
>
>
> 상　　우: ㉠ 구슬 개수가 이쪽에서부터 세어도 똑같고, 반대쪽부터 세어도 똑같다!
> 민　　아: 똑같다.
> 지　　수: 우와, 이제 민아도 나이 구슬 목걸이 잘 만들 수 있겠다.

(나)

> 김 교사: 선생님, 오늘 동그라미 모둠은 나이 구슬 목걸이를 만들었어요.
> 최 교사: 맞아요, 예쁘게 잘 만들었더라고요. 그런데 목걸이를 만들던 자리가 정리되지 않았어요. 어떻게 하면 동그라미 모둠 친구들이 놀던 자리를 정리할 수 있을까요?
> 김 교사: 음, 그러면 ㉡ 모둠의 모든 유아가 정해진 기준에 도달했을 때, 모둠 전체를 강화하는 방법을 적용해서 유아들과 약속해 보세요. 혹시 동그라미 모둠 친구들 모두가 좋아하는 것이 있을까요?
> 최 교사: 네, 요즘 터널놀이를 너무너무 좋아해요. 그러면 ㉢ 유아들과 어떤 약속을 하면 좋을까요?

1) ① (가)의 [A]와 같은 오류가 나타날 경우, 지도해야 하는 합리적 수 세기의 원리를 쓰고, ② 이 원리를 가르치기 위한 지도방법을 1가지 쓰시오. ③ ㉠에 나타난 합리적 수 세기의 원리를 쓰시오. [3점]

　① :

　② :

　③ :

2) (나)의 ① ㉡에 해당하는 강화 방법이 무엇인지 쓰고, ② ㉡을 적용하여 ㉢에서 최 교사가 동그라미 모둠 유아들과 약속할 내용을 쓰시오. [2점]

　① :

　② :

81

정답 및 예시답안

○ 학생 K의 문제행동의 기능은 과제회피이다.
○ 학생 K에게 지도하고자 하는 기술은 교체기술이다.
○ [A]는 상호의존적 집단강화이고, 강화 여부가 모둠 내 또래와의 상호작용에 부정적인 영향을 미치지 않도록 유의해야 한다.

관련이론

◎ 대체기술 교수

교체기술	• 문제행동과 동일한 결과를 가져올 수 있는 효과적인 방법을 제공 • 교체기술을 가르칠 때 고려할 사항 − 어떤 기술을 가르쳐야 하는가? − 어떻게 가르쳐야 하는가? − 성공적으로 대체한다고 확신할 수 있는가? 　➡ 반응효율성을 위한 고려사항 : 노력, 결과의 질(강도), 결과의 즉각성, 결과의 일관성, 처벌 개연성
대처 및 인내기술	• 변경이 어렵거나 변화될 수 없는 상황에서 사회적으로 수용 가능한 대처 방법을 교수 → 분노조절훈련, 긴장완화훈련, 사회적문제해결훈련, 자기관리 등
일반적인 적응기술	• 문제 상황을 예방하고 학생이 자신의 선호도와 흥미를 추구할 수 있도록 사회적, 의사소통적, 학업적 능력을 향상

◎ 집단강화

독립적 집단강화	동일한 후속(강화)자극이 집단 구성원 모두에게 동등하게 제공되지만 특정한 개인이나 소수집단 또는 전체집단의 행동과는 상관없이 구성원 각자의 행동에 따라 개별적으로 강화 여부 결정
의존적 집단강화	집단 전체에게 제공되는 보상은 한 개인의 행동 또는 소수 구성원의 행동에 의하여 결정
상호의존적 집단강화	집단 내 모든 구성원의 행동에 의하여 결정되며, 집단강화를 얻기 위해서는 구성원 모두가 공동 목표에 기여하여야 함

81   2025. 중
★ 답안작성

(가)는 ○○ 중학교 통합학급에 재학 중인 정서·행동장애 학생 K의 문제행동에 대한 ABC 관찰 요약이고, (나)는 행동 지원에 대한 특수 교사와 일반 교사의 대화이다. 〈작성방법〉에 따라 서술하시오. [4점]

(가) ABC 관찰 요약

선행 사건(A)	문제 행동(B)	후속 결과(C)
어려운 과제를 제시함	큰 소리로 비속어를 말함	조용한 공간으로 보내 진정하게 함

(나) 특수 교사와 일반 교사의 대화

일반 교사: 선생님, ABC 관찰 요약을 기반으로 앞으로 학생 K를 어떻게 지원하면 좋을까요?

특수 교사: 행동 지원을 하시면 돼요. 먼저, 학생 K의 수준에 맞게 난이도를 조절한 과제를 제공할 수 있어요.

일반 교사: 그럼에도 학생 K가 과제를 어렵게 느낄 땐 어떻게 행동하도록 지도해야 할까요?

특수 교사: 그럴 때는 ㉠ 학생 K에게 "과제가 어려워요." 라고 말하게 지도하고, 학생 K가 이렇게 표현하면 잠깐 쉬게 해 주는 것으로 강화하시면 돼요.

일반 교사: 선생님, 강화에 대해 궁금한 게 있어요. 학생 K가 모둠 활동에 잘 참여할 수 있도록 강화하는 방법도 있을까요?

특수 교사: 네. 집단강화를 활용할 수 있어요. 모둠에 있는 모든 구성원에게 각자의 역할을 분담하고, 자신의 역할을 완수하여 모둠이 [A] 목표 준거에 도달하면 모든 구성원을 강화하는 방법이에요.

일반 교사: 선생님, 이 강화 방법을 사용할 때 주의해야 할 사항이 있나요?

특수 교사: 무엇보다 모둠 학생이 강화를 받기 위해 학생 K의 역할을 다른 학생이 대신해 주지 않도록 해야 해요. 그리고 ㉡ 다른 주의할 점은 다음과 같아요.

… (하략) …

┌ **작성방법** ┐

- (가)의 ABC 관찰 요약에 근거하여 학생 K의 문제 행동의 기능을 쓸 것
- (나)의 밑줄 친 ㉠에서 학생 K에게 지도하고자 하는 기술을 쓸 것
- [A]의 집단강화 유형을 쓰고, 밑줄 친 ㉡에 해당하는 내용을 '학생 K와 모둠 학생 간의 상호작용' 측면에서 1가지 서술할 것

핵심테마 체크

• 집단강화

MY MEMO

정답 및 예시답안

1) 유치원 교육과정
2) 유치원 교육과정
3) 독립적 집단강화

관련이론

◎ 집단강화

독립적 집단강화	동일한 후속(강화)자극이 집단 구성원 모두에게 동등하게 제공되지만 특정한 개인이나 소수집단 또는 전체집단의 행동과는 상관없이 구성원 각자의 행동에 따라 개별적으로 강화 여부 결정
의존적 집단강화	집단 전체에게 제공되는 보상은 한 개인의 행동 또는 소수 구성원의 행동에 의하여 결정
상호의존적 집단강화	집단 내 모든 구성원의 행동에 의하여 결정되며, 집단강화를 얻기 위해서는 구성원 모두가 공동 목표에 기여하여야 함

82   2026. 유

(가)는 유아특수교사 임 교사가 발달지체 유아 민지와 예지의 놀이를 지원하는 장면이고, (나)는 임 교사와 유아교사 박 교사가 나눈 대화의 일부이다. 물음에 답하시오. [5점]

(가)

> 임 교사: 지유는 무슨 놀이를 하고 있어요?
>
> 지 유: 물고기 블록 놀이를 하고 있어요. 물고기 블록을 이렇게 한 줄로 놓으면 재미있어요.
>
>   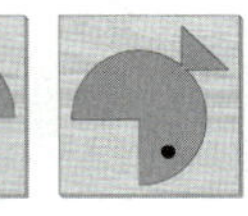 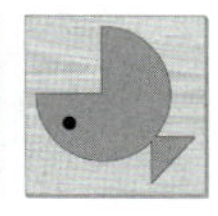 [A]
>
> 예 지: 물고기 블록 놀이 할래.
>
> 민 지: 나도.
>
> 임 교사: 초록 모둠 친구들, 물고기 블록으로 지유랑 똑같이 만들어 볼까요?
>
> 효 진: 네.
>
> (초록 모둠 유아들이 패턴 놀이를 한다.)
>
> 민 지: (혼잣말로) 물고기 놀이.
>
>   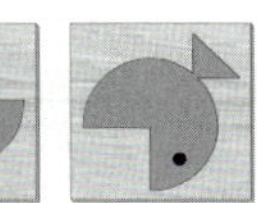 
>
> 예 지: 물고기 블록을 이렇게, 또 이렇게.
>
> 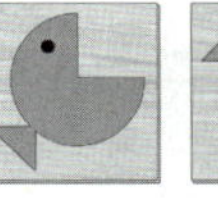  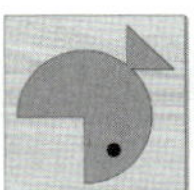 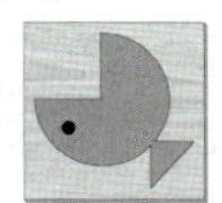 [B]
>
> 효 진: 나는 지유랑 반대로 해야지.
>
>  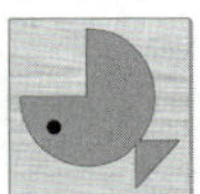 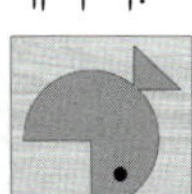 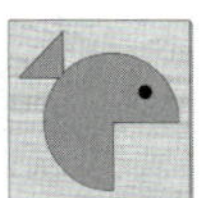
>
> 유 아 들: 나도 할래. 나도 줘.
>
> 임 교사: 그럼, 민지가 물고기 블록 여덟 개 가져올래요?
>
> 민 지: 네. (물고기 블록을 세면서) ㉠ 하나, 둘, 셋, 넷, 일곱, 여섯, 다섯, 여덟.

(나)

> 임 교사: ㉡ 오늘 예지한테 "물고기 블록 다섯 개에서 두 개를 빼면 몇 개일까요?"라고 물었더니 "세 개." 라고 대답했어요.
>
> 박 교사: 예지가 참 잘했네요. 예지가 사용한 빼기 상황에서의 수 세기 전략은 무엇인가요?
>
> 임 교사: 덜어내기 전략을 사용해서 (㉢).
>
> 박 교사: 요즘 민지가 색종이 자르기 놀이를 즐겨하는데 정리를 잘하지 못하는 것 같아요. 다른 유아들도 그렇고요. 정리를 잘하게 할 수 있는 좋은 방법이 있을까요?
>
> 임 교사: 색종이 자르기 놀이 후에 ㉣ 색종이 조각 다섯 개씩 정리한 유아에게 보석 스티커를 하나씩 주기로 우리 반 전체 유아들과 약속을 정하면 어떨까요?
>
> 박 교사: 유아들 모두 보석 스티커를 좋아하니까 그렇게 정하면 좋을 것 같아요.

1) ① (가)의 [A]에 해당하는 생성 방식에 따른 패턴 유형의 명칭을 쓰고, ② (가)의 [B]에서 패턴 이해 능력 발달 4수준 중 2수준을 표현한 유아의 이름과 그 이유를 쓰시오. [2점]

① :

② :

2) ① (가)의 밑줄 친 ㉠과 같은 오류가 나타날 경우, 지도해야 하는 겔만(R. Gelman)의 수 세기 원리의 명칭을 쓰고, ② (나)의 밑줄 친 ㉡을 참고하여 괄호 안의 ㉢에 들어갈 예지의 행동을 쓰시오. [2점]

① :

② :

3) (나)의 밑줄 친 ㉣에 해당하는 집단강화 유형의 명칭을 쓰시오. [1점]

83

정답 및 예시답안

②

알찬 지문풀이

• ㄱ. 연상자료를 활용하기 위한 행동 절차를 개발하였다. ➡ 우리 반 규칙과 푯말에 제시된 내용과 행동 절차의 내용은 연관성이 없음

• ㄷ. 모든 규칙이 교사가 학생들에게 기대하는 행동으로 명확하게 진술되어 있다. ➡ '떠들지 않는다', '준비를 철저히 한다'와 같은 진술은 기대하는 행동이 무엇인지 파악하기 어려움

관련이론

🔍 규칙 정하기

의미	• 학생들에게 학교에서 또는 자기 교실에서 어떻게 행동해야 하는지 알려 주는 규칙이 명시화되어 있다면 학생들의 적절한 행동도 증가할 것이고 무엇보다도 학생들의 많은 부적절한 행동을 예방할 수 있을 것이다. 교사들이 규칙을 개발하는 데 많은 시간이 걸린다 할지라도 이는 할 만한 가치가 있는 일이다. 왜냐하면 규칙 없이 생활할 때 나타나게 될 학생들의 수많은 부적절한 행동 때문에 빼앗기는 시간이 규칙을 개발하는 데 드는 시간보다 훨씬 많아질 것이기 때문이다.
규칙 정하기의 기본 원칙	• 규칙은 짧고 이해하기 쉬워야 한다. • 규칙의 수가 적절해야 한다. • 규칙은 긍정적 언어로 정의되어야 한다. • 규칙은 학생들의 나이와 발달 단계에 맞게 구체적이어야 한다. • 규칙은 합리적이어야 한다.

84

정답 및 예시답안

⑤

문제 속 자료분석

• 정신지체학생 A는 자주 수업을 방해하는 행동을 하였다. 김 교사는 기능평가를 실시하여 A가 교사로부터 관심을 받기 위해 평균 6분마다 수업방해 행동을 한다는 사실을 알았다. 수업방해 행동을 감소시키기 위해 김 교사는 A에게 매 5분마다 관심을 주었더니 수업방해 행동이 감소하였다. 이때부터 김 교사는 A에게 관심을 주는 시간 간격을 점차적으로 증가시켰다. 학기말에 A는 수업방해 행동을 하지 않았다. ➡ 문제행동의 기능을 파악하고, 학생이 문제행동을 통하여 얻고자 하는 것을 간격 계획에 따라 제공하여, 문제행동에 대한 동기가 없어져 문제행동이 제거되도록 하는 비유관 강화 전략

관련이론

🔍 비유관 강화(NCR)

• NCR은 학생의 행동 수행과 무관하게 부적절한 행동을 유지하고 있는 강화인자를 제공한다.
• 학생은 부적절한 행동을 수행했을 때가 아닌 미리 설정된 시간 간격에 따라 강화를 받는다.
• 이것은 행동에서 강화인자를 분리하는 역할을 하고 행동 감소를 초래한다.
• NCR이 적용될 때 부적절한 행동은 본질적으로는 소거되는 것이다.
• NCR에서 강화는 시간 스케줄이다. 정적강화(예, 교사 관심)나 부적강화(예, 과제 휴식)를 접할 수 있는 것은 고정시간 스케줄(예, 매 5분 FT) 혹은 변동시간 스케줄(예, 평균 5분 VT)에 의한다.
• 처음에 NCR은 일반적으로 연속적이고 밀도가 높은 스케줄로 관리된다. 일단 부적절한 행동이 수용 가능한 수준으로 감소되었으면 스케줄을 약화시킨다.

83

다음은 수업 중 수업과 관련 없는 질문을 자주하는 학생 A가 통합된 학급에 게시하고자 김 교사가 개발 중인 규칙과 절차의 초안이다. 이에 대한 설명으로 옳은 것만을 〈보기〉에서 있는 대로 고른 것은?

〈우리 반 규칙〉

〈푯말〉

- 아침 7시 30분까지 등교하여 30분간 독서시간을 갖는다.
- 독서시간에는 떠들지 않는다.
- 수업 시작 전에 준비를 철저히 한다.
- 수업 중에는 선생님 허락을 받고 질문한다(푯말 참조).

〈우리 반 '수업 시작 준비' 행동 절차〉

1) 수업 시작 벨이 울리기 전에 교실에 들어온다.
2) 선생님이 들어오시기 전에 학습 준비물을 확인한다.
3) 사물함에서 준비물을 꺼내 제자리에 앉는다.
4) 선생님이 들어오시면 모두가 함께 인사한다.

보기

ㄱ. 연상자료를 활용하기 위한 행동 절차를 개발하였다.
ㄴ. 연상자료는 학급 전체 학생들의 규칙 준수를 촉진하기 위한 것이다.
ㄷ. 모든 규칙이 교사가 학생들에게 기대하는 행동으로 명확하게 진술되어 있다.
ㄹ. 개발 중인 규칙 및 절차 단계 수가 학생들의 발달 단계, 연령, 교사의 요구 등에 부합하는지를 고려하여야 한다.

① ㄱ, ㄹ
② ㄴ, ㄹ
③ ㄷ, ㄹ
④ ㄱ, ㄴ, ㄷ
⑤ ㄴ, ㄷ, ㄹ

84

다음 내용에서 사용된 행동수정 기법으로 옳은 것은?

정신지체학생 A는 자주 수업을 방해하는 행동을 하였다. 김 교사는 기능평가를 실시하여 A가 교사로부터 관심을 받기 위해 평균 6분마다 수업방해 행동을 한다는 사실을 알았다. 수업방해 행동을 감소시키기 위해 김 교사는 A에게 매 5분마다 관심을 주었더니 수업방해 행동이 감소하였다. 이때부터 김 교사는 A에게 관심을 주는 시간 간격을 점차적으로 증가시켰다. 학기말에 A는 수업방해 행동을 하지 않았다.

---

① 소거(extinction)
② 다른행동 차별강화
③ 상반행동 차별강화
④ 대체행동 차별강화
⑤ 비유관 강화(noncontingent reinforcement)

85

핵심테마 체크

- 기능분석
- 교대중재설계
- 대체행동 선정 시 고려할 사항

MY MEMO

정답 및 예시답안

1) ① 기능분석
   ② 교대중재설계
2) 준수의 행동과 상관없이 시간계획에 따라 준수에게 사회적 관심을 제공한다.
3) 표적행동을 할 때보다 더 적은 노력으로 사회적 관심을 얻을 수 있는 교체기술인가?

문제 속 자료분석

절차에 대한 설명

- 각 회기를 15분으로 구성하고, 불필요한 자극이 제거된 교실에서 하루 4회기씩 평가를 실시함
- 4가지 실험 조건을 각 5회기씩 무작위 순서로 적용함 ➡ 교대중재설계에서의 평형화를 의미
- 각 실험 조건에서 발생하는 표적행동의 분당 발생빈도를 기록하고 그래프로 시각화하여 분석함

관련이론

기능분석

- 기능분석 과정은 행동의 변인들을 체계적으로 조작하면서 행동을 관찰하는 기능평가의 일부로서 기능평가의 최종단계
- 어떤 행동과 관련 있는 환경을 체계적이고 계획적인 방법으로 조작하여 그 행동을 통제하는 선행조건의 역할이나 그 행동을 유지하게 하는 결과를 검증하는 방법
- 문제행동과 연관되거나 관련이 없는 특정 행동 변인들을 체계적으로 조작하는 방법

교대중재설계

개념	• 한 대상자에게 여러 중재를 비교적 빠른 속도로 교대하면서 실시하여 그 중재들 간의 효과를 비교하는 연구 방법
기초 원리	• 변별학습원리에 기초함 → 서로 다른 중재에 대해서 다르게 반응할 것이라고 보는 것
분석 및 입증	• 중재가 다른 중재보다 꾸준히 다른 반응 수준을 나타낼 때, 중재 효과의 차이를 입증하게 됨 • 수직적 거리가 크면 두 중재의 효과 차이도 큰 것을 의미하며, 자료선이 중복되는 구간이 많으면 중재 효과가 차이를 보이지 못하는 것을 의미
4가지 상황	• 기초선 상황　　　　　　　　　　• 중재를 교대하는 상황 • 더 효과적인 중재의 적용 상황　　• 추후 상황
내적 타당도	• 균형 잡기란 중재의 순서를 비롯하여 중재와 같이 제시될 수 있는 자극 조건들을(시간대, 중재자, 장소 등) 비교하는 중재끼리 균형을 맞추어 제시하는 것을 의미 • 이월 영향과 같은 복수중재간섭을 통제하려면 중재를 시작하기 전에 중재를 제시할 균형 잡힌 계획표를 만들고, 중재의 제시 순서, 중재 실시 기간, 중재를 실시하는 교사/치료자와 같은 변수의 균형을 잡아야 함

대체행동 선정 시 고려할 사항

- 노력
- 결과의 즉각성
- 처벌 개연성
- 결과의 질
- 결과의 일관성

고득점 답안 비법　✗ 2) : 〈결과 그래프 및 내용〉에 따른 결과를 반영하여 서술할 것

✗ 3) : 〈반응 효율성 점검표〉에 제시된 다른 기준의 점검내용을 기준으로 문장을 작성하면 보다 쉽고 깔끔하게 답안을 작성할 수 있음

85

2020. 초
★ 답안작성

다음은 준수를 위해 작성한 문제행동중재 내용의 일부이다. 물음에 답하시오. [4점]

> • 표적행동: 수업 시간에 소리를 지르는 행동
> • 기능적 행동평가 및 가설 설정
> −ABC 관찰을 통해 가설을 설정함
> • 가설 검증
> − ㉠ 명확한 가설 검증과 구체적인 표적행동 기능 파악을 위해 표적행동에 대한 선행사건과 후속결과를 실험적이고 체계적으로 조작하는 기능적 행동평가 절차를 실시함
> − 이 절차에 대한 '결과 그래프 및 내용'은 다음과 같음
>
> 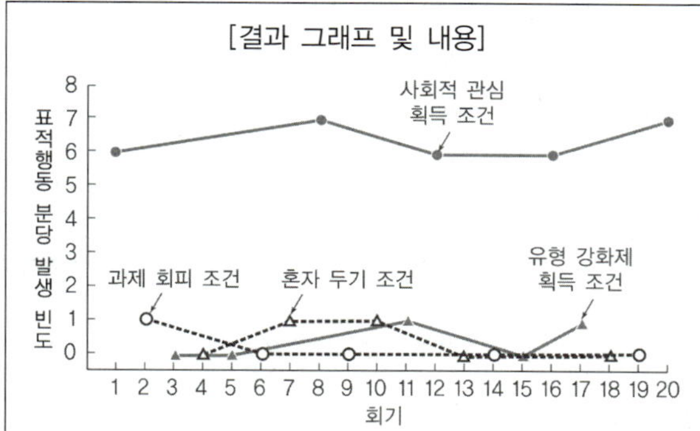
>
>
> • 각 회기를 15분으로 구성하고, 불필요한 자극이 제거된 교실에서 하루 4회기씩 평가를 실시함
> • 4가지 실험 조건을 각 5회기씩 무작위 순서로 적용함
> • 각 실험 조건에서 발생하는 표적행동의 분당 발생 빈도를 기록하고 그래프로 시각화하여 분석함
>
> ⋯ (중략) ⋯
>
> • 중재 계획
> − 표적행동 감소 전략: 표적행동 발생을 예방하기 위해 ㉡ 비유관 강화(Noncontingent Reinforcement : NCR)를 사용함
> − 대체행동 지도 전략: '반응 효율성 점검표'를 이용하여 표적행동을 대신할 수 있는 교체기술을 선택하여 지도함
>
> | 〈반응 효율성 점검표〉 | | |
> |---|---|---|
> | 교체기술 선택기준 | 반응 효율성 점검 내용 | 점검 결과 |
> | 노력 | (㉢) | 예/아니오 |
> | 결과의 일관성 | 표적행동을 할 때 보다 더 일관되게 사회적 관심을 얻을 수 있는 교체기술인가? | 예/아니오 |
> | 결과의 질 | 표적행동을 할 때 얻을 수 있는 사회적 관심보다 준수가 더 좋아하는 사회적 관심을 얻을 수 있는 교체기술인가? | 예/아니오 |
>
> ⋯ (하략) ⋯

1) ① ㉠에 해당하는 방법의 명칭을 쓰고, ② 〈결과 그래프 및 내용〉에 해당하는 단일대상연구 방법의 설계 명칭을 쓰시오. [2점]

① :

② :

2) 준수의 표적행동과 관련하여 ㉡의 방법을 쓰시오. [1점]

3) ㉢에 들어갈 반응 효율성 점검 내용을 쓰시오. [1점]

86

정답 및 예시답안

1) 자기옹호와 리더십 기술
2) ① 은미와 민수가 통합학급 유아들에게 어떻게 인지되고 있는지(사회적 수용 정도) 알아보기 위해 실시하는 검사이다.
   ② 가장 좋아하는 친구와 가장 싫어하는 친구는 누구인가요?
3) ① 민수의 행동과 관계없이 3분마다(또는 3분보다 작은 시간 간격) 교사가 관심을 제공한다.
   ② (시간 간격에 따라 교사의 관심을 제공할 때) 우연히 다른 문제행동이 강화될 수 있다.

관련이론

🔍 자기결정

• 자기결정은 자신의 노력과 동기화의 결과로서 목표를 성취하고 있다는 믿음을 의미
• 부당한 외부의 영향이나 방해를 받지 않고 자신의 삶의 질에 관한 선택과 결정을 내릴 수 있는 자신의 삶에서 주도적인 역할을 수행하는 것(위마이어)

자율성	• 선택하기기술	• 의사결정기술	• 문제해결기술
자기조정	• 목표설정 및 성취기술	• 자기관리기술	
심리적 역량강화	• 자기옹호와 리더십기술	• 자기효능	• 내적통제소
자아실현	• 자기인식	• 자기지식	

🔍 또래 지명법

• 또래 지명법, 교우도 검사, 사회적 지위 평가 등
• 또래에게 어떻게 인지되고 있는지를 알아보는 데 유용한 방법
• 특정 집단에서 가장 좋아하는 친구와 가장 싫어하는 친구 몇 명을 우선순위에 따라 지목하고, 그 결과를 통해 교우도를 작성하는 것

🔍 비유관 강화(비수반적 강화)

의미	• 문제행동을 감소시키기 위하여 사용되는 선행중재의 한 방법으로, 학습자의 행동과는 무관하게 고정시간계획 또는 변동시간계획에 따라 강화자극을 제공하는 것 • 이제까지 문제행동만으로 얻을 수 있었던 특정 강화자극을 앞으로는 문제행동과 상관없이 무조건적으로 자주 얻을 수 있는 환경을 조성함으로써 문제행동의 동기나 요구 자체를 제거하려는 것 • 원하는 강화자극들로 포화된 환경 자체가 동기해지조작(AO)으로서의 기능을 수행하도록 하려는 것
강화비율 줄이기	• 강화를 줄인다는 것은 계속강화계획에서 간헐강화계획으로 바꾼다는 것을 의미 • **강화비율을 줄일 수 있는 구체적인 방법**: 강화간격을 일정시간 증가시킴, 일정한 비율로 강화간격을 증가시킴, 회기마다 강화간격을 증가시키거나 감소시킴 등
장점	• 다른 어떤 긍정적 치료기법보다 활용하기 쉬움 • 긍정적 학습환경을 조성하는 데 큰 도움이 됨 • 문제행동을 소거하려 할 때 비수반적 강화전략을 병행함으로써 소거 초기에 발생하는 소거폭발 현상을 약화 • 어떤 바람직한 행동이 비수반적 강화와 우연히 일치할 수 있는 기회가 많음
단점	• 원하는 강화자극을 노력 없이 쉽게 얻을 수 있기 때문에 문제행동에 대한 동기뿐 아니라 바람직한 행동에 대한 동기까지 감소될 수 있음 • 문제행동이 강화될 우려가 있음 • 부적강화가 사용될 경우, 예를 들어 학습 상황으로부터의 도피를 허용할 경우 수업 진행에 지장을 초래할 수 있음

고득점 답안 비법 ✗ 3)의 ①: 문제의 요구대로 (나)를 활용하여 '구체적인 방법'을 작성해야 함. 비유관 강화의 의미를 이론적으로만 서술하는 것이 아님. 비유관 강화의 핵심 개념을 적용하여 문제가 요구하는 것에 맞게 서술해야 함

86

2021. 유
★ 답안작성

(가)는 통합학급 박 교사와 최 교사, 유아특수교사 김 교사가 지적 장애 유아 은미와 민수의 행동에 대해 협의한 내용의 일부이고, (나)는 민수의 관찰 기록지이다. 물음에 답하시오. [5점]

(가)

[3월 23일]

김 교사: 은미와 민수가 통합학급에서 또래들과 잘 어울리고 있는지 궁금해요.

박 교사: 은미는 혼자 있는 걸 좋아하고 자기표현이 거의 없어요. 그래서인지 친구들도 은미와 놀이를 안 하려고 해요. 오늘은 우리 반 현지가 자기 장난감을 은미가 가져갔다고 하는데 은미가 아무 말도 하지 않아서 오해를 받았어요. 나중에 찾아보니 현지 사물함에 있었어요.

김 교사: 은미가 많이 속상해 했겠네요. ㉠ 은미가 자신에게 억울한 상황을 자신의 입장에서 분명하게 이야기할 수 있도록 지도해야겠어요. 최 선생님, 민수는 어떤가요?

최 교사: 민수가 활동 중에 갑자기 자리를 이탈해서 아이들이 놀라는 경우가 많아요. 그래서 친구들이 민수 옆에 앉지 않으려고 해요. 민수의 이런 행동은 이야기 나누기 활동에서 많이 나타나는 것 같아요.

김 교사: 선생님들의 말씀을 듣고 보니, 은미와 민수가 속해 있는 통합학급 유아들을 대상으로 ㉡ 또래지명법부터 해 봐야겠다는 생각이 들어요.

박 교사: 네, 좋은 생각이네요.

최 교사: 그런데 김 선생님, 요즘 민수가 자리이탈 행동을 더 많이 하는 것 같아서 걱정이 되네요.

김 교사: 그러면 제가 민수의 행동을 관찰해 보고 다음 주에 다시 협의하는 건 어떨까요?

최 교사: 네, 그렇게 하는 것이 좋겠어요.

[4월 3일]

최 교사: 선생님, 지난주에 민수의 행동을 관찰하기 위해 이야기 나누기 활동을 촬영하셨잖아요. 결과가 궁금해요.

김 교사: 네, ㉢ 민수의 자리이탈 행동의 원인이 선생님의 관심을 얻기 위한 것으로 확인되었어요.

최 교사: 그렇군요. 그러면 민수의 자리이탈 행동을 줄이려면 어떻게 해야 할까요?

김 교사: ㉣ 자리이탈을 하지 않고도 원하는 강화를 받을 수 있게 하여 문제 행동의 동기를 제거할 수 있는 전략을 적용해 보는 것도 좋을 것 같아요.

(나)

- 아동: 김민수
- 관찰자: 김○○
- 관찰 장면: 이야기 나누기 활동
- 관찰 행동: 자리이탈 행동

날짜	시간	행동 발생	계	관찰 시간	분석
3/26	10:00~10:15	✓✓✓✓	5	15분	약 3분마다 1회씩 발생함
3/27	10:00~10:14	✓✓✓	4	14분	
3/30	10:00~10:16	✓✓✓✓✓	6	16분	
3/31	10:00~10:15	✓✓✓✓	5	15분	

1) ㉠에 근거하여 은미에게 지도해야 할 자기결정 행동의 구성 요소를 쓰시오. [1점]

2) (가)에 나타난 통합학급 유아들의 행동에 근거하여 ① ㉡의 목적 1가지와 ② ㉡에서 사용할 질문을 1가지 쓰시오. [2점]

　①:

　②:

3) ① ㉢과 (나)를 활용하여 ㉣의 구체적인 방법을 쓰고, ② ㉣을 사용할 때 나타날 수 있는 문제점을 1가지 쓰시오. [2점]

　①:

　②:

87

정답 및 예시답안

1) 기본 교육과정 과학과, 초등 교육과정
2) 초등 교육과정
3) ① 일정하고 안정적으로 손을 드는 행동이 나타나도록 하기 위해서이다.
   ② 영호의 행동과 상관없이 주기적으로 관심을 주기 때문에 우연히 ㉺이 나타날 수 있다.

관련이론

◎ 간격강화계획

고정간격계획	강화 후 반응의 중단이 비교적 길게 나타남, 대체로 느리고 완만한 반응률을 산출하며 시간간격의 길이는 반응의 중단과 반응률에 영향을 미침, 강화 후 반응의 중단현상은 고정간격강화와 고정비율강화에서 모두 나타나지만 그 형태는 서로 다름
변동간격계획	일정하고 안정된 반응률 산출, 비교적 느리고 완만한 반응률 산출, 평균간격의 길이는 반응률에 영향을 미침
반응시한간격계획	첫 번째 반응이 일어나기까지의 경과시간을 제한할 수 있는 방법

◎ 비수반적 강화(비유관 강화)

의미	• 문제행동을 감소시키기 위하여 사용되는 선행중재의 한 방법으로, 학습자의 행동과는 무관하게 고정시간계획 또는 변동시간계획에 따라 강화자극을 제공하는 것 • 이제까지 문제행동만으로 얻을 수 있었던 특정 강화자극을 앞으로는 문제행동과 상관없이 무조건적으로 자주 얻을 수 있는 환경을 조성함으로써 문제행동의 동기나 요구 자체를 제거하려는 것 • 원하는 강화자극들로 포화된 환경 자체가 동기해지조작(AO)으로서의 기능을 수행하도록 하려는 것
강화비율 줄이기	• 강화를 줄인다는 것은 계속강화계획에서 간헐강화계획으로 바꾼다는 것을 의미 • 강화비율을 줄일 수 있는 구체적인 방법: 강화간격을 일정시간 증가시킴, 일정한 비율로 강화간격을 증가시킴, 회기마다 강화간격을 증가시키거나 감소시킴 등
장점	• 다른 어떤 긍정적 치료기법보다 활용하기 쉬움 • 긍정적 학습환경을 조성하는 데 큰 도움이 됨 • 문제행동을 소거하려 할 때 비수반적 강화전략을 병행함으로써 소거 초기에 발생하는 소거폭발현상을 약화 • 어떤 바람직한 행동이 비수반적 강화와 우연히 일치할 수 있는 기회가 많음
단점	• 원하는 강화자극을 노력 없이 쉽게 얻을 수 있기 때문에 문제행동에 대한 동기뿐 아니라 바람직한 행동에 대한 동기까지 감소될 수 있음 • 문제행동이 강화될 우려가 있음 • 부적강화가 사용될 경우, 예를 들어 학습 상황으로부터의 도피를 허용할 경우 수업 진행에 지장을 초래할 수 있음

87　　　　　　　　　　　　　　　　2026. 초

(가)는 예비 교사가 작성한 과학과 교수·학습 과정안의 일부이고, (나)는 예비 교사와 지도 교사가 수업 후 나눈 협의 내용의 일부이다. 물음에 답하시오. [5점]

(가)

단원	㉠ 자석과 물체	
수업 목표	자석에 붙는 물체와 붙지 않는 물체를 찾을 수 있다.	
단계	교수·학습 활동	자료
도입	자석에 대한 경험 나누기	
전개	◎ 자석에 대해 자유롭게 탐색해 보기 • 자석의 모양, 색깔 등을 다양한 방법으로 관찰한다. ◎ 탐색한 결과 발표하기 • 관찰한 결과에 대해 이야기한다. ◎ 교사의 안내에 따라 자석 탐색하기 • 자석에 자료를 붙여 본다. • (　　　㉡　　　) ◎ 자석을 탐색한 결과 정리하기 • 자석에 붙는 물체들의 공통점을 찾는다.	막대자석, 철 클립, 철 집게, 플라스틱 자, 플라스틱 컵

(나)

지도 교사 : 선생님 과학 수업 어떠셨나요?

예비 교사 : 여러 물체를 자석에 붙여 보며 수업했습니다. 그런데 '학생들이 자석만 철로 만든 물체를 끌어당기고 철로 만든 물체는 자석을 끌어당기지 않는다.'라고 생각하더라고요. [A]
그래서 이러한 ㉢ 오개념을 바르게 고쳐 줄 수 있는 활동이 필요한 것 같아요.

　　　　　　　… (중략) …

예비 교사 : 민수가 과학 수업에 열심히 참여했어요. 손을 들고 발표도 하더라고요.

지도 교사 : 그랬군요. 민수에게 손을 들고 발표하는 것을 지도했어요. 이 행동을 유지하기 위해 민수가 손을 들고 허락을 받아 발표를 하면 민수가 좋아하는 캐릭터 카드를 주었어요. 그리고 다시 10분이 지나고 나서 민수가 손을 들고 발표를 하면 강화를 받을 수 있도록 했어요. 이렇게 10분 간격으로 민수가 손을 들고 발표하는 행동에 대해 강화를 하고 있어요.

그런데, 최근에 민수가 발표를 하고 캐릭터 카드를 받은 후에는 손을 드는 행동이 거의 나타나지 않다가 10분이 되어 가면 손을 드는 행동이 급증하더라고요. 그래서 ㉣ 변동 간격 강화 계획으로 수정하려고 해요.

예비 교사 : 선생님, 영호가 이번 과학 시간에도 관심을 받고 싶은지 책상을 많이 쳤어요.

지도 교사 : 그러면 영호에게 책상을 치는 행동과 관계없이 주기적으로 관심을 주세요. 바람직하지 않은 행동을 줄일 때 사용하는 방법인데요. [B]
그렇지만, ㉤ 뜻하지 않게 영호의 행동이 강화될 수도 있어요.

1) ① (가)의 밑줄 친 ㉠이 해당하는 영역을 2022 개정 특수교육 기본 교육과정 과학과 '내용 체계'에 근거하여 쓰고, ② 괄호 안의 ㉡에 들어갈 활동의 예를 1가지 쓰시오. [2점]

① :

② :

2) (나)의 [A]에 대한 밑줄 친 ㉢의 예를 1가지 쓰시오. [1점]

3) ① (나)의 ㉣의 이유를 쓰고, ② (나)의 [B]의 상황에서 밑줄 친 ㉤이 나타나는 이유를 쓰시오. [2점]

① :

② :

● 핵심테마 체크

• 행동의 기능
• 소거
• 비유관 강화(비수반적 강화)

MY MEMO

88

정답 및 예시답안

○ ㉠은 관심 끌기이다.
○ ㉡은 소거 전략이고, ㉢은 이전부터 주어지던 강화가 제거되자, 강화자극을 얻기 위해 일시적으로 문제행동을 더 심하게 보이는 것이다.
○ ㉣은 비유관 강화(비수반적 강화)이다.

관련이론

문제행동의 기능

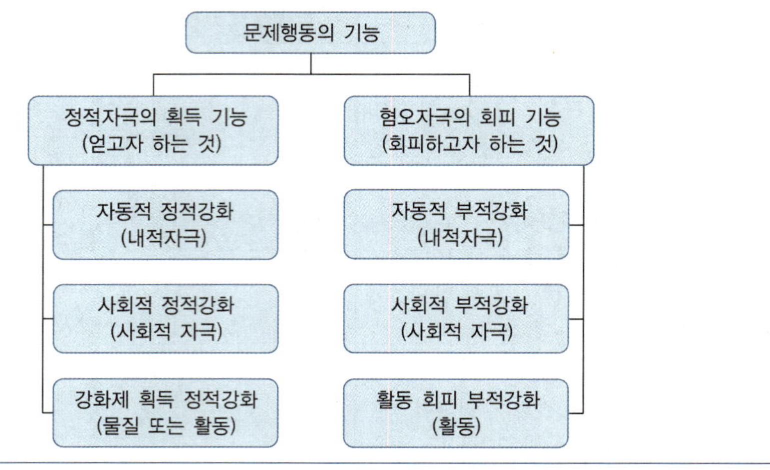

소거

개념	• 예전부터 강화되어 온 행동이 발생해도 더 이상 강화하지 않음으로써 그 행동의 미래 발생가능성을 감소시키는 것	
고려사항	• 소거저항 • 자발적 회복 현상	• 소거폭발

고득점 답안 비법 ㉣은 선행사건 중재가 아니라 선행중재의 한 방법인 비유관 강화임. 지문의 "문제행동을 유지시키는 요인을 미리 제공"한다는 부분이 핵심 단서임. 선행사건 중재는 문제행동의 예방을 위해 문제행동의 유발요인이 되는 환경을 재구성하는 다양한 방법이 모두 포함되는 것

88

(가)는 ABC 분석 방법으로 학생 F의 문제행동을 수집한 자료의 일부이고, (나)는 학생 F에 대하여 두 교사가 나눈 대화이다. 〈작성방법〉에 따라 서술하시오. [4점]

(가) 문제행동 수집 자료

피관찰자: 학생 F   관찰자: 김 교사   관찰일시: 2020. 11. 20.

시간	선행 사건(A)	학생 행동(B)	후속 결과(C)
13:00	"누가 발표해 볼까요?"	(큰 소리로) "저요, 저요."	"그래, F가 발표해 보자."
13:01		"어 … 어 …." (머뭇거린다.)	"다음에는 대답을 제대로 해 보자, F야."
13:02		(웃으며 자리에 앉는다.)	
13:20	"이번에는 조별로 발표를 해 봅시다."	(큰 소리로) "저요, 저요."	(F에게 다가가서) "지금은 다른 조에서 발표할 시간이에요."
13:21		(교사를 바라보며 미소 짓는다.)	
13:40	"오늘의 주제는 …"	(교사의 말이 끝나기도 전에) "저요, 저요." (자리에서 일어난다.)	"지금은 선생님이 말하는 시간이에요."
13:41		(교사를 바라보며 미소 짓는다.)	

(나) 대화

김 교사 : 선생님, 지난 수업에서 학생 F의 문제행동을 평가해보니 그 기능이 (㉠)(으)로 분석되었습니다.

박 교사 : 그렇다면 문제행동을 줄이기 위해 어떻게 하면 될까요?

김 교사 : 몇 가지 방법 중 하나는 ㉡ 학생 F가 그 행동을 하더라도 반응하지 않는 것입니다. 그렇지만 이 방법은 ㉢ 문제행동이 일시적으로 더 심해지는 현상이 나타날 수 있기 때문에 예방적 차원의 접근이 필요합니다.

박 교사 : 예방적 차원의 행동 중재 방법으로는 무엇이 있나요?

김 교사 : ㉣ 문제행동을 예방하기 위해 학생 F의 문제행동을 유지시키는 요인을 미리 제공하는 방법입니다.

작성방법

- (나)의 괄호 안의 ㉠에 해당하는 내용을 (가)를 참고하여 쓸 것
- (나)의 밑줄 친 ㉡에 해당하는 중재 방법을 쓰고, ㉢의 상황이 발생하는 이유를 1가지 서술할 것
- (나)의 밑줄 친 ㉣에 해당하는 중재 방법의 명칭을 쓸 것

89

정답 및 예시답안

1) ① 대상자 선정
   ② ㉡은 조기판별 및 조기중재를 가능하게 하여 아동의 교육적 결손을 방지할 수 있다.
2) ① 관찰, 면담, 시행기반 평가(이 중 택 1)
   ② 자발적 회복 현상
3) 유치원 교육과정

관련이론

◎ 의뢰 전 중재

• 유치원 혹은 초등학교의 일반학급에 배치된 장애가 의심되는 아동에 대하여 공식적인 진단과 평가를 의뢰한 경우, 그 결과에 따라 다양한 특수교육 지원이 결정될 때까지 해당 아동의 교육 결손을 방지하기 위하여 일반교사와 특수교사가 협력하여 일반학급 내에서 아동에게 필요한 교육 욕구를 충족시켜 주는 협력적 교육 절차이다.
• 따라서 의뢰 전 중재는 아동을 가급적 일반학급에서 지속적으로 적절한 교육을 함으로써 통합교육의 이념을 실천하고자 하는 것과 밀접한 관계가 있다. 의뢰 전 중재를 통하여 일반학급 교사는 장애학생에 대한 이해와 지도 능력을 향상시킬 수 있는 장점이 있다. 의뢰 전 중재가 성공하기 위해서는 일반교사와 특수교사 간의 밀접한 상호 협력이 지속적으로 이루어져야 한다.

◎ 강화제 선호도 평가방법

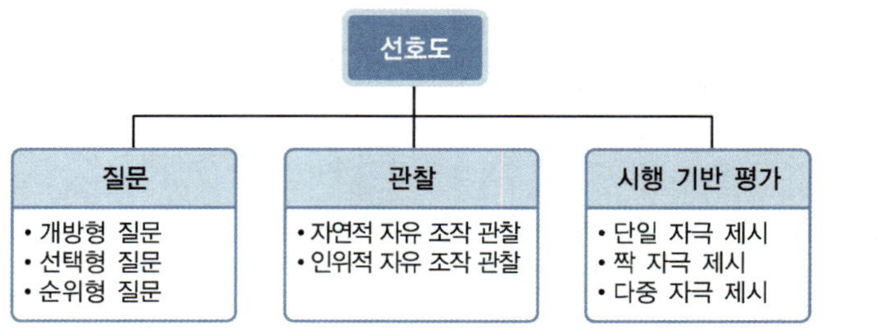

◎ 소거

개념	• 예전부터 강화되어 온 행동이 발생해도 더 이상 강화하지 않음으로써 그 행동의 미래 발생 가능성을 감소시키는 것
고려사항	• 소거저항　　　　　　　　　　• 소거폭발 • 자발적 회복 현상

89

2026. 유
★ 답안작성

(가)는 유아특수교사 최 교사와 초임 유아교사 박 교사, 학부모의 대화의 일부이고, (나)는 박 교사의 반성적 저널의 일부이다. (다)는 최 교사와 박 교사의 대화의 일부이다. 물음에 답하시오. [5점]

(가)

어머니: 선생님, 우리 준수가 병원에서 자폐성 장애로 진단을 받았어요. 의사 선생님께서 특수교육을 가능한 한 빨리 받으라고 하시더라고요. 준수는 바로 특수교육을 받을 수 있나요? 최 교사: 어머니, 장애 진단을 받았더라도 바로 특수교육을 받는 것은 아니고 (㉠) 절차를 거쳐야 특수교육을 받을 수 있어요. 박 교사: 특수교육을 받기 전까지 우리가 준수를 위해 무엇을 할 수 있을까요? 최 교사: 우선 준수에게 ㉡ 의뢰 전 중재를 시행해 보도록 하죠.

(나)

[3월 ○○일] 준수에게 중재를 시작하면서 ㉢ 선호도 평가 결과를 활용했던 것이 효과적이었던 것 같다. 많은 아이들이 있는 교실에서 놀이 활동을 할 때, 준수가 종종 교실 밖으로 나가서 애를 먹곤 했었는데, 소거법으로 중재 후에 교실 이탈 행동의 빈도가 [A] 현저히 감소했다. 그런데 ㉣ 최근 며칠간 교실을 이탈하는 행동의 빈도가 다시 증가하기 시작했다.

(다)

최 교사: 선생님, 준수가 특수교육대상자가 되었다는 결과 통지서를 받았대요. 박 교사: 그러면 이제 개별화교육계획을 작성하면 되겠네요. 개별화교육계획은 ㉤ 유치원 교육과정 영역별로 작성하면 되겠네요.

1) ① (가)의 괄호 안의 ㉠에 들어갈 내용을 쓰고, ② 준수에게 (가)의 밑줄 친 ㉡을 시행함으로써 얻을 수 있는 기대 효과 1가지를 쓰시오. [2점]

①:

②:

2) ① (나)의 밑줄 친 ㉢의 방법 중 1가지를 쓰고, ② (나)의 [A]를 고려하여 밑줄 친 ㉣에 나타난 현상의 명칭을 쓰시오. [2점]

①:

②:

3) 2022 개정 특수교육 교육과정 총론의 '유치원 교육과정의 운영'에 근거하여 (다)의 밑줄 친 ㉤을 바르게 수정하여 쓰시오. [1점]

90

정답 및 예시답안

⑤

관련이론

◎ 고확률 요구연속

개념	• 학습자에게 일련의 고확률 요구들을 먼저 제시한 후에 즉시 계획된 저확률 요구를 제시하는 연속적인 과정	
	고확률 요구	학습자의 능력으로 쉽게 수행할 수 있고, 또 실제로 학습자가 잘 반응하는 것으로 알려진 요구
	저확률 요구	무엇을 요구하면 잘 순응하지 않고 불응할 확률이 더 높은 요구
효과적인 적용을 위한 고려사항	• 고확률 요구연속에 사용될 과제는 이미 학습되어 아동의 행동저장고에 존재하는 것 • 고확률 요구로 사용될 과제는 반응시간이 짧고, 요구에 대한 순응이 보장되는 행동 중에서 선택 • 고확률 요구를 신속히 연속적으로 제시 • 최초의 저확률 요구는 마지막 고확률 요구에 대한 순응을 강화한 후 즉시 제공 • 학습자가 고확률 요구에 올바로 반응하면 즉시 칭찬 • 고확률 요구나 저확률 요구를 제시하기 전에 반드시 현재의 요구에 대한 반응을 칭찬 • 강력한 강화자극을 사용 • 저확률 요구로부터 도피하기 위한 공격행동이나 자해행동이 발생할 수 있음. 이러한 도피행동에 대한 동기가 매우 높을 경우 칭찬과 같은 사회적 강화만으로는 요구에 순응하는 행동을 강화하기 어려움	
유의사항	• 문제행동의 발생 직후에는 고확률 요구연속을 사용하지 않음. 문제행동으로 어려운 과제(저확률 요구)를 피하려는 잘못된 반응을 강화할 수 있기 때문 • 문제행동이 강화될 가능성을 최소화하기 위하여 훈련 시작 단계부터 끝까지 고확률 요구연속을 일관성 있게 실행 • 교사는 알게 모르게 저확률 요구로부터 고확률 요구로의 표류를 허용할 수 있다는 점을 유의	

◎ 반응대가(response cost)

• 행동발생에 따라 특정 강화인자의 양을 철회함으로써 부적절한 행동을 감소시킨다.

◎ 토큰 경제(token economy)

• 토큰 강화 체계는 두 가지 구성요소를 필요로 하는데, 토큰 자체와 교환 강화인자(backup reinforcers)가 그것이다. 토큰 자체는 본질적인 가치가 없는 것이어야 하며, 교환 항목은 학생에게 가치 있는 것이어야 한다.

◎ 부적강화(negative reinforcement)

• 부적강화는 미래의 발생가능성을 높이는 반응에 즉각적으로 뒤따르는 유관적 제거이다.

◎ 점진적 시간지연(progressive time delay)

• 점진적으로 간격을 늘리며 시간지연을 적용하는 것이다.

91

정답 및 예시답안

○ 고확률 요구연속의 장점은 학생 K의 특성을 반영한 과제목록과 같이 학생이 좋아하는 행동을 강화하며 싫어하는 행동을 하도록 한다는 점이다.
○ 고확률 요구연속에 사용될 과제는 이미 학습되어 학생 K의 행동저장고에 존재하는 것이어야 하고, 반응시간이 짧고, 요구에 대한 순응이 보장되는 행동이어야 한다(이 중 택 2).
○ 학생 K가 저확률 요구에 계속해서 순응을 하면, 저확률 요구에 앞서 제시하는 고확률 요구의 수를 감소시킨다.

고득점 답안 비법 ✗ 주어진 문제 상황에서 고확률 요구와 저확률 요구를 구분하여 분석해 보고, 문제 상황에 근거하여 분석한 다음 이를 답안에 연결 지을 것

90 2012. 유

만 5세 발달지체 유아 인애는 주변의 사물 이름을 묻는 직접적인 질문에 대부분 반응을 보이고, 지시에 따라 물건을 가져올 수 있으며, 과일 장난감을 좋아하지만, 장난감 정리에는 어려움이 있다. 다음은 송 교사가 인애에게 장난감 정리하기를 지도하는 과정이다. 송 교사가 사용한 교수 전략은?

[상황] 자유 선택 활동 시간이 끝나고 장난감을 정리하라는 교사의 지시에 따라 또래들이 장난감을 정리하고 있지만, 인애는 가지고 놀던 과일 장난감을 정리하지 않고 그대로 두고 있다.

교사 : 인애야, 사과 장난감을 가져 올래?
인애 : (사과 장난감을 주워서 교사에게 준다.)
교사 : 그래, 잘 했어. 바나나 장난감을 가져 올래?
인애 : (바나나 장난감을 주워서 교사에게 준다.)
교사 : 와! 바나나 장난감도 잘 가져 왔어. 오렌지 장난감도 가져 올래?
인애 : (오렌지 장난감을 찾아서 교사에게 준다.)
교사 : 오렌지 장난감도 가져 왔네. 아주 잘 했어. 자, 이제 바구니에 과일 장난감 넣는 것 도와줄래?
인애 : (바구니에 과일 장난감들을 넣는다.)
교사 : 장난감 정리 아주 잘 했어!

① 반응 대가(response cost)
② 토큰 경제(token economy)
③ 부적 강화(negative reinforcement)
④ 점진적 시간지연(progressive time delay)
⑤ 고확률 절차(high-probability procedures)

91 2020. 중

(가)는 자폐성장애 학생 K의 특성이고, (나)는 고확률(high-p) 요구연속 방법에 사용할 과제 목록이다. (다)는 이것을 적용한 사례이다. 〈작성방법〉에 따라 서술하시오.
[4점]

(가) 학생 K의 특성

• 일반적인 지시 따르기가 가능함
• 선생님과 친구들을 만나면 하이파이브나 악수하기를 좋아함
• 의자에 앉기 싫어해서 주로 교실 바닥에 앉아 생활하려고 함

(나) 과제 목록

과제 목록 ＼ 회기	1	2	9	10
고확률	손뼉치기	하이파이브	점프하기	손뼉치기
	하이파이브	점프하기	하이파이브	악수하기
	악수하기	손뼉치기	손뼉치기	하이파이브
	점프하기	악수하기	악수하기	점프하기
저확률	의자에 앉기	의자에 앉기	의자에 앉기	의자에 앉기

• 고확률: 고확률(high$-p$)요구, 순응하는 과제
• 저확률: 저확률(low$-p$)요구, 거부하는 과제

(다) 고확률요구연속 적용 사례(10회기)

이 교사 : K야, 손뼉 치자.
학생 K : (손뼉 친다.)
이 교사 : 잘했어. (손 내밀며) 악수할까?
학생 K : (악수한다.)
이 교사 : 참 잘했어! (손을 들어) 하이파이브!
학생 K : (하이파이브 한다.)
이 교사 : 좋아요. 이제 점프!
학생 K : (점프한다.)
이 교사 : 멋지다. 의자에 앉자.
학생 K : (의자에 앉는다.)
이 교사 : 우와! 멋지다. 최고!

┌ 작성방법 ┐
• 고확률요구연속 방법의 장점을 1가지 서술할 것
• 고확률요구연속 방법에 사용되는 과제의 조건을 2가지 쓸 것
• 고확률요구연속 방법 적용 시, 학생 K가 저확률요구에 계속해서 순응하는 행동을 보일 때, 교사가 변경해야 할 사항을 1가지 서술할 것

92

정답 및 예시답안

1) 유치원 교육과정
2) 유치원 교육과정
3) ① 고확률 요구절차(고확률 요구연속)
   ② 대호야, 채로 실로폰을 쳐보자!

관련이론

🔍 고확률 요구절차(고확률 요구연속)

개념	• 학습자에게 일련의 고확률 요구들을 먼저 제시한 후에 즉시 계획된 저확률 요구를 제시하는 연속적인 과정	
	고확률 요구	학습자의 능력으로 쉽게 수행할 수 있고, 또 실제로 학습자가 잘 반응하는 것으로 알려진 요구
	저확률 요구	무엇을 요구하면 잘 순응하지 않고 불응할 확률이 더 높은 요구
효과적인 적용을 위한 고려사항	• 고확률 요구연속에 사용될 과제는 이미 학습되어 아동의 행동저장고에 존재하는 것 • 고확률 요구로 사용될 과제는 반응시간이 짧고, 요구에 대한 순응이 보장되는 행동 중에서 선택 • 고확률 요구를 신속히 연속적으로 제시 • 최초의 저확률 요구는 마지막 고확률 요구에 대한 순응을 강화한 후 즉시 제공 • 학습자가 고확률 요구에 올바로 반응하면 즉시 칭찬 • 고확률 요구나 저확률 요구를 제시하기 전에 반드시 현재의 요구에 대한 반응을 칭찬 • 강력한 강화자극을 사용 • 저확률 요구로부터 도피하기 위한 공격행동이나 자해행동이 발생할 수 있음. 이러한 도피행동에 대한 동기가 매우 높을 경우 칭찬과 같은 사회적 강화만으로는 요구에 순응하는 행동을 강화하기 어려움	
유의사항	• 문제행동의 발생 직후에는 고확률 요구연속을 사용하지 않음. 문제행동으로 어려운 과제(저확률 요구)를 피하려는 잘못된 반응을 강화할 수 있기 때문 • 문제행동이 강화될 가능성을 최소화하기 위하여 훈련 시작 단계부터 끝까지 고확률 요구연속을 일관성 있게 실행 • 교사는 알게 모르게 저확률 요구로부터 고확률 요구로의 표류를 허용할 수 있다는 점을 유의	

92

2025. 유

(가)는 발달지체 유아 대호의 통합학급 놀이 장면이고, (나)는 유아 특수교사 김 교사와 유아교사 민 교사가 나눈 대화 및 김 교사의 수업 장면이다. 물음에 답하시오. [5점]

(가)

> (은서가 색깔 실로폰을 치고 있다.)
>
> 대　　호 : (실로폰 소리를 들으며) 소리 나.
> 은　　서 : 응. 예쁜 소리가 나.
> 대　　호 : (은서가 빨간색 음판을 치고 있는 모습을 　보며) 빨간색. 　[A]
> 은　　서 : (고개를 끄덕이며) 맞아! 빨간색 치고 있어.
> 대　　호 : ㉠ (은서의 실로폰 소리에 맞춰 음 패턴이 반복되는 노래를 부르며) 이야이야요오오오! 이야이야요오오오!
> 다　　솜 : 와! 은서가 치는 실로폰 소리가 빗소리 같아!
> 시　　우 : 정말 그러네. 세게 칠 때는 소나기 소리처럼 들려.
> 은　　서 : (실로폰을 치며) 이렇게 살살 치면 이슬비 소리 같지?
> 김 교사 : 얘들아! 그럼 선생님이 '소나기'라고 하면 실로폰을 세게 치고, '이슬비'라고 하면 실로폰을 살살 쳐 볼까요? 　[B]
> 은　　서 : 대호야, 너도 같이 하자.
> 대　　호 : 응. (손가락으로 실로폰 음판을 친다.)
> 김 교사 : 준비, 시작! 소나기! 이슬비! 소나기! 이슬비! (반복한다.)
>
> (유아들이 교사의 말에 따라 실로폰을 친다.)

(나)

> 민 교사 : 선생님, 오늘 놀이 시간에 대호가 손가락으로 실로폰 음판을 치고 있더라고요. 그래서 제가 여러 번 채를 손에 쥐어 줬는데도 손가락으로만 치는 바람에 친구들처럼 빗소리가 안 나서 재미있게 하지 못했어요. 어떻게 하면 대호가 친구들과 재미있게 할 수 있을까요?
> 김 교사 : 네, 선생님. 대호에게 적용할 수 있는 중재 전략이 하나 있어요.
> 민 교사 : 어떤 중재 전략인가요?
> 김 교사 : ㉡ 먼저 대호에게 대호가 평소에 쉽게 잘 따르는 몇 가지 행동들을 하게 해요. 그 행동들을 잘하면 대호가 하지 않으려 하던 행동을 즉시 하게 해서 자연스럽게 그 행동을 할 수 있게 하는 거예요.

> 민 교사 : 대호가 평소에 좋아하는 하이파이브 하기, 곰 인형이랑 코 비비기, 윙크하기를 활용하면 되겠어요.
>
> … (하략) …
>
> 〈중재 전략을 적용한 수업 장면〉
>
> 김 교사 : 대호야, 선생님하고 하이파이브를 해 보자.
> 대　　호 : (김 교사와 하이파이브를 한다.)
> 김 교사 : 엄지 척! 최고! 대호야, 곰 인형이랑 코 비비기를 해 보자.
> 대　　호 : (곰 인형이랑 코 비비기를 한다.)
> 김 교사 : 대호 멋져! 대호야, 윙크를 해 보자.
> 대　　호 : (윙크를 한다.)
> 김 교사 : 대호 최고! 멋져! (　㉢　)

1) 스키너(B. Skinner)의 행동주의 이론에 근거하여 (가)의 [A]에 제시된 대호의 말에 해당하는 언어 행동 유형을 쓰시오. [1점]

2) (가)의 ① 밑줄 친 ㉠에 해당하는 그린버그(M. Greenberg)의 노래 부르기 발달 단계의 명칭을 쓰고, ② [B]에 해당하는 음악적 요소를 쓰시오. [2점]

　① :

　② :

3) ① (나)의 밑줄 친 ㉡에 해당하는 중재 전략의 명칭을 쓰고, ② (나)를 고려하여 괄호 안의 ㉢에 들어갈 말의 예시를 1가지 쓰시오. [2점]

　① :

　② :

❖ 핵심테마 체크

- 행동계약
- 토큰제도
- 반응대가

MY MEMO

93

정답 및 예시답안

1) 유치원 교육과정
2) 유치원 교육과정
3) ① 행동계약
   ② 반응대가

관련이론

◎ 행동계약

구성요소	• 과제에 대한 설명 • 과제 완성에 따라 주어지는 보상에 대한 설명 • 과제수행 여부에 대한 기록 • 계약자와 피계약자의 서명	
장점	• 학생참여 가능 • 계약 내용 영구적으로 남김	• 개별화 용이 • IEP작성에 도움

◎ 토큰제도

구성요소	• 목표행동, 토큰, 교환 강화제
장점	• 강화의 수량화 가능 • 즉시 쉽게 제공, 언제든지 제공 • 최대치의 제한 없음 • 쉽게 표준화 가능 • 다른 학생을 방해하지 않고 제공 가능 • 만족 지연 연습 가능
현장에서 유용한 이유	• 일반화된 조건 강화제이므로 학생들의 동기부여를 위한 노력이 덜 필요 • 지연된 강화의 효과가 가능 • 동일한 토큰으로 학교 밖에서도 사용 가능
누적방지/동기부여	• 언제든지 원하는 강화제의 값어치만큼 토큰을 모았다면 즉시 교환하게 해 주고, 더 큰 값어치의 강화제를 원하는 경우 저축하게 하고 저축해 놓은 것을 인출할 때는 벌금을 내도록 할 수 있음 • 토큰의 색깔이나 특성을 자주 바꾸어주기 • 교환 강화제의 목록을 주기별로 바꾸어주기

◎ 반응대가

- 학생이 문제행동을 하였을 때 그 대가로 이미 지니고 있던 강화제를 잃게 함으로써 문제행동의 발생률을 감소시키는 절차
- 철회비율을 결정하는 것이 중요함
- 보너스 반응대가 적용 가능
- 강화제를 모두 잃게 되는 경우에 대비해야 함

93　　2021. 유

(가)는 5세 통합학급 박 교사와 유아특수교사 윤 교사의 대화 내용이고, (나)는 토큰 경제를 활용하여 발달지체 유아 건우의 행동을 중재하기 위한 자료이다. 물음에 답하시오. [5점]

(가)

박 교사: 오늘 술래잡기 놀이에 다른 유아들은 재미있게 참여했는데, 수지는 잘 참여하지 못하더라고요. 왜 그랬을까요? 윤 교사: ㉠ 수지가 또래에 비해 체력이 약해서 달리기를 조금만 하면 금방 힘들어 해요. … (중략) … 박 교사: 윤 선생님, 건우가 자동차나 좋아하는 물건을 차지하기 위해 또래를 밀쳐서 다툼이 잦아요. 윤 교사: 그래요?　　　　　　　　　[A] 박 교사: 친구를 아프게 하려고 일부러 그러는 것 같지는 않아요. 윤 교사: 그렇군요. 그런 공격성은 유아가 성장하면서 타협이라는 것을 알게 되면 감소한다고 해요. 그런데 연령이 많아짐에 따라 점차 ㉡ 적대적 공격성이 나타날 수 있어요.

(나)

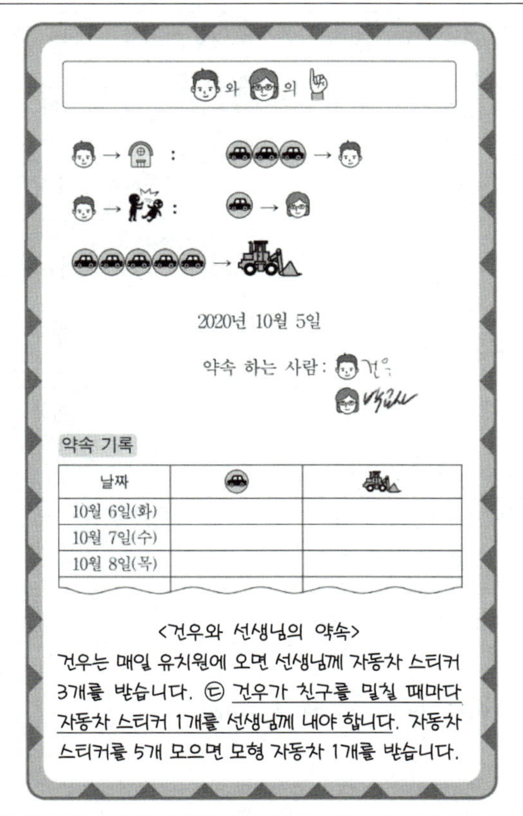

날짜		
10월 6일(화)		
10월 7일(수)		
10월 8일(목)		

1) 수지가 술래잡기 놀이에 잘 참여할 수 있는 방안을 ㉠을 고려하여 시간적 측면에서 1가지 쓰시오. [1점]

2) ① [A]에 나타난 건우의 공격성 유형을 쓰고, ② 건우가 보이는 공격성 유형과 ㉡의 차이점을 쓰시오. [2점]

①:

②:

3) ① (나)와 ② ㉢은 어떤 행동중재전략인지 각각 쓰시오. [2점]

①:

②:

94

정답 및 예시답안

1) ① 집중시행보다 학습기술의 유지에 더 효과적이다.
   ② 교환 강화제
2) ① 심심해요, 지루해요 등
   ② 지시문(청자코칭문, 독자코칭문 등)
3) 유치원 교육과정

관련이론

목표기술 연습방법(시도, 시행)의 유형

집중시도	• 단일 과제를 집중적으로 여러 차례에 걸쳐서 가르치는 것 • 새로운 기술을 습득하거나 유창성을 높이기 위해 1 : 1 집중시도가 효과적
간격시도	• 교사가 단일 과제를 가르친 후 학생을 쉬게 하고, 학생이 쉬는 동안 다른 학생에게 시켜 보거나 다른 과제를 하게 해서, 해당 학생이 다시 똑같은 것을 배우기 전에 조금 전에 배운 것을 생각해 보거나 친구가 하는 것을 볼 수 있는 기회를 주는 것
분산시도	• 하루 일과 중에 자연스러운 상황 속에 삽입해서 목표행동을 가르치는 것으로, 연습과 연습 사이에 다른 활동을 할 수도 있고, 다른 행동에 대해 배울 수도 있음

토큰제도

구성요소	• 목표행동, 토큰, 교환 강화제
장점	• 강화의 수량화 가능 • 즉시 쉽게 제공, 언제든지 제공 • 최대치의 제한 없음 • 쉽게 표준화 • 다른 학생을 방해하지 않고 전달 가능 • 만족 지연 연습 가능

상황 이야기의 문장 유형

설명문	• 이 문장은 관찰 가능한 상황적 사실을 설명하는 문장과 사실에 관련한 사회적인 가치나 통념에 관련한 내용을 제시
조망문	• 이 문장은 다른 사람의 마음 상태나 생각, 느낌, 믿음, 의견, 동기, 건강 및 다른 사람이 알고 있는 것에 대한 정보 등에 관련한 정보를 제시
긍정문	• 이 문장은 일반적인 사실이나 사회적 규범 및 규칙 등과 관련한 내용을 강조하기 위한 문장으로 '확정문' 또는 '강조문' 등으로 소개된 바 있음
청자 코칭문	• 이 문장은 이야기를 듣는 학생이 할 수 있는 행동이나 반응을 제안하며, 기존의 지시문에 해당
팀원 코칭문	• 이 문장은 양육자나 교사와 같은 팀 구성원이 학생을 위해 할 수 있는 행동을 제안하거나 떠올리도록 하며, 기존의 협조문에 해당
자기 코칭문	• 이 문장은 학생이 부모나 교사와 함께 이야기를 검토하면서 이야기 구성에 참여하는 것 • 이 문장은 학생의 주도권을 인정하고 스스로 이야기를 회상하며 다양한 시간과 장소에서 이야기의 내용을 일반화시킬 수 있도록 도우며, 기존의 통제문에 해당
미완성문	• 이 문장은 다음에 어떠한 일이 일어날지를 예측하게 하는 것으로 다른 사람의 반응과 이 반응에 대한 자신의 반응 및 느낌에 대해 추측하는 문장을 의미 • 이 문장은 이해를 확인하기 위해 빈칸을 채우게 하는 진술로, 사용자로 하여금 상황의 다음 단계와 다른 사람의 반응, 자기 자신의 반응을 추측해 보도록 격려

고득점 답안 비법 2)의 ① : 조망문의 의미, 내용에 해당하면 모두 답안이 될 수 있음

94

(가)는 유아특수교사가 자폐성장애 유아 지수를 위해 작성한 지원 계획이며, (나)와 (다)는 교사가 제작한 그림책이다. 물음에 답하시오. [5점]

(가)

- 지수의 특성
  - 그림책 읽기를 좋아함
  - 공룡을 좋아하여 혼자만 독차지하려고 함
  - 얼굴 표정(사진, 그림, 도식)을 보고 기본 정서를 말할 수 있음
- 지원 계획
  - 상황이야기 그림책과 마음읽기 그림책으로 제작하여 지도하기
  - 교사가 제작한 그림책을 ㉠ 매일 지수가 등원한 직후와 놀이 시간 직전에 함께 읽기
  - 참여도를 높이기 위해 지수가 그림책을 읽을 때마다 공룡 스티커를 주어 5개를 모으면 ㉡ 공룡 딱지로 바꾸어 주기

(나)

(다)

1) (가)의 ① ㉠에서 교사가 적용한 중재 방법의 장점을 집중 시행과 비교하여 1가지 쓰고, ② ㉡은 토큰강화 체계의 구성 요소 중 무엇에 해당하는지 쓰시오. [2점]

①:

②:

2) (나)의 상황이야기에서 ① ㉢을 지수가 친구의 마음을 이해하는 내용이 되도록 쓰고, ② ㉣의 문장 유형이 무엇인지 쓰시오. [2점]

①:

②:

3) 하울린, 바론－코헨과 하드윈(P. Howlin, S. Baron-Cohen, & J. Hadwin)의 마음읽기 중재 단계에 근거하여 (다)의 단계에서 교사가 지수에게 지도하고자 하는 정서 이해의 목표를 쓰시오. [1점]

95

정답 및 예시답안

1) 유치원 교육과정
2) 유치원 교육과정
3) ① 연우가 신체활동에 참여하면, 점토를 가지고 놀 수 있도록 한다.
   ② 목표행동

관련이론

◎ 프리맥 원리

• 어떤 행동은 참여빈도가 낮아서 발생가능성이 낮고, 어떤 행동은 참여빈도가 높아서 발생가능성이 높은 것을 이용한 것이다.
• 높은 빈도의 행동이 낮은 빈도의 행동을 뒤따를 때 낮은 빈도의 행동가능성은 증가하는 효과를 나타낸다.
• 학생이 자발적으로 빈번히 수행하는 어떤 활동이 자발적으로 거의 수행하지 않는 어떤 활동을 위한 강화인자로 사용될 수 있는 것이다.
• 교사가 학생에게 수학 과제를 끝내면 비행기를 가지고 놀아도 된다고 말했을 때, 혹은 엄마가 아이에게 시금치를 다 먹으면 밖에 나가 놀아도 된다고 말했을 때 그들은 프리맥 원리를 사용하고 있는 것이다.

◎ 토큰제도

구성요소	• 목표행동, 토큰, 교환 강화제
토큰의 개념	• 토큰이란 가치 있는 것과 교환할 수 있는 상징적인 것으로 토큰 자체는 학생에게 원리는 가치가 없는 것이어야 하고, 토큰으로 바꿀 수 있는 교환 강화제는 가치 있는 것이어야 한다. • 토큰으로 쓸 수 있는 물건은 무엇보다도 휴대가 가능해야 하고, 다시 사용할 수 있어야 하며, 다루기 쉬워야 한다. • 학생이 표적행동을 하지 않고도 토큰을 속여서 만들거나 다른 곳에서 쉽게 구할 수 있어서는 안 된다. • 토큰 자체를 값어치 있는 것으로 하는 것도 바람직하지 않다. 토큰은 교환에 가치가 있기 때문이다.
교환 강화제	• 교환 강화제는 학생의 표적행동을 동기화시킬 수 있을 만큼 충분히 다양하게 선정해야 한다. • 교환 강화제의 값을 매길 때는 학생이 교환 강화제를 획득하는 것이 너무 쉽지도 너무 어렵지도 않도록 주의해야 한다. • 교환 강화제의 값은 학생의 노력을 통해 얻은 토큰으로 그것을 획득하는 것에 도전해 볼 가치가 있는 만큼이어야 한다.

95

(가)는 유아특수교사 최 교사가 작성한 일지이고, (나)는 교사들이 통합교육협의회에서 나눈 대화의 일부이다. 물음에 답하시오. [5점]

(가)

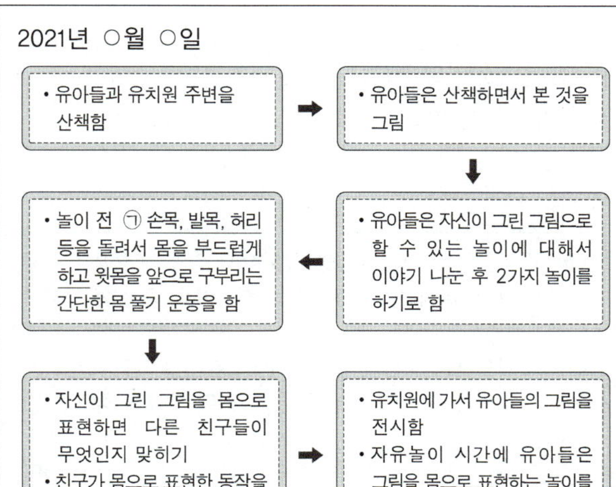

- 허수아비를 표현했던 유아들은 ⓛ <u>양 팔을 벌리고 한 다리로 서 있는 것</u>이 힘들지만 재미있다고 함
- 방아깨비를 그린 그림을 보며 놀이했던 유아들은 자신을 사마귀와 개구리라고 하면서 ⓒ <u>제자리멀리뛰기</u>를 함
- 내일은 모둠별로 허수아비를 만들고 @ <u>허수아비 반환점 돌아오기</u> 활동을 하기로 함
- 자유놀이 시간에 관찰한 영수의 행동을 기록함

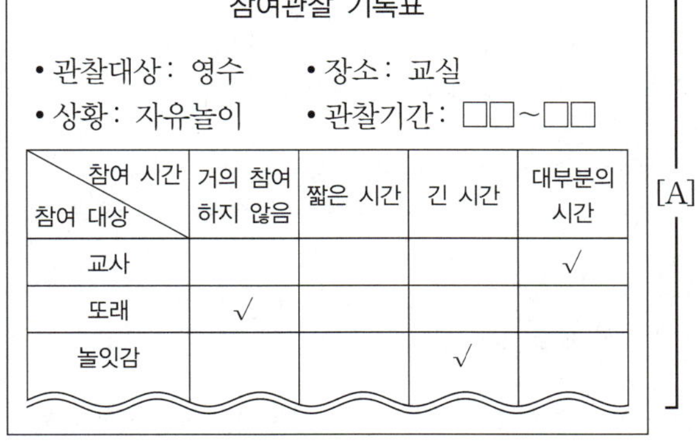

참여관찰 기록표

- 관찰대상: 영수
- 장소: 교실
- 상황: 자유놀이
- 관찰기간: □□~□□

참여 대상 \ 참여 시간	거의 참여 하지 않음	짧은 시간	긴 시간	대부분의 시간	
교사				✓	[A]
또래	✓				
놀잇감			✓		

(나)

김 교사:	선생님, 연우가 신체활동에 더 많이 참여하면 좋겠어요. 어떻게 하면 좋을까요?
최 교사:	⑩ <u>연우가 점토를 가지고 노는 것을 좋아하니까 프리맥 원리를 적용해 보는 것이 적절할 것 같은데요.</u>
김 교사:	네, 알겠습니다. 그리고 연우가 음식을 먹기 전에 손을 씻었으면 좋겠는데 어떻게 지도하면 좋을까요?
최 교사:	연우의 여러 특성을 고려해 볼 때 토큰강화 방법이 적절할 것 같은데요. 토큰강화를 하려면 먼저 연우가 수행해야 할 (⒝)을/를 알려주셔야 해요. 그리고 토큰을 모았을 때 무엇으로 교환하고 싶은지 연우와 함께 정하면 됩니다. 그 다음에 몇 개의 토큰을 모아야 교환할 수 있는지와 교환 시기를 알려 주세요.

1) (가)에서 ① ㉠에 해당하는 체력 요소를 쓰고, ② 2019 개정 유치원 교육과정의 신체운동·건강 영역에서 ㉠~@에 해당하는 내용 범주를 쓰시오. [2점]

  ① :

  ② :

2) [A]에 근거하여 영수의 자유놀이 참여를 증진시키기 위해 필요한 방안을 참여 대상과 참여 시간 측면에서 쓰시오. [1점]

3) (나)에서 ① ⑩을 고려하여 연우를 신체활동에 참여시키는 방법의 예를 쓰고, ② ⒝에 들어갈 토큰강화 체계의 구성요소를 쓰시오. [2점]

  ① :

  ② :

96

정답 및 예시답안

○ ㉠은 토큰제도, ㉡은 반응대가이다. 토큰제도는 바람직한 행동을 증가시키기 위해서, 반응대가는 바람직하지 않은 행동을 감소시키기 위해서 사용한 것이다.
○ ㉢과 관련해서 반응대가 전략의 적용으로 학생이 모든 강화제를 다 잃을 경우, 더 이상 잃을 것이 없어 포기할 가능성이 있다. 따라서 반응대가 적용 시 강화제를 철회하는 비율 등을 다시 조정하여 이와 같은 상황이 발생하지 않도록 해야 한다.
○ ㉣과 같이 매일 종례 후 모아둔 토큰으로 교환을 하도록 정해 두었는데, 그 시점에 토큰의 양이 부족하면 학생은 교환을 할 수 없게 된다. 따라서 교환의 시기를 정해 두지 않고 언제든지 원하는 시기에 교환할 수 있도록 해야 한다. 이는 학생이 토큰을 모으고자 하는 동기를 향상시킬 수 있다.

문제 속 자료분석

- 교사 A가 <u>이와 같은 중재</u>를 실시한 2가지 이유 ➡ 이와 같은 두 가지 중재를 실시한 이유란, 각 중재의 적용 목적에 해당하는 내용. 두 중재를 적용한 방식에 대한 문제가 아니라, 두 중재를 적용한 이유, 즉 적용 목적에 대한 문제
- 매일 종례 후 학생들은 획득한 점수를 자기가 원하는 활동으로 교환할 수 있고 ➡ 교환 강화제로 교환하는 시기가 정해져 있음. 즉, 토큰을 많이 모았을 때, 자신이 원하는 때에 교환할 수 있는 것이 아니라, 정해 놓은 시기에만 교환이 가능한 상황
- 점수의 교환은 5점부터 가능하다. ➡ 5점부터 교환이 가능한데, 반응대가를 함께 적용하고 있으므로, 5점 이상을 모았더라도, 교환할 수 있는 종례시간이 될 때까지 점수를 잃는다면, 종례 후에 5점이 되지 못할 수도 있는 상황
- 수요일 오전에 <u>0점</u> ➡ 반응대가를 적용하는 상황에서 0점이 되면 학생이 포기할 가능성이 있음
- 금요일 <u>종례 전</u>에는 1점 ➡ 종례 전에 1점이라는 의미는, 점수를 더 많이 모았더라도 바로 교환하지 못하고, 종례시간까지 시간을 보내는 과정에서 반응대가 적용에 의해 점수를 잃은 상황일 수 있다는 점을 의미

관련이론

🔍 반응대가의 적용

적용	• 반응대가를 사용할 때는 상실하게 될 강화제를 무엇으로 할 것인지 얼마만큼 잃게 할 것인지를 결정하는 것이 중요하다. • 상실하게 될 강화제는 문제가 되고 있는 행동과 무관하게 학생이 획득한 것이나 기본적으로 학생에게 주어진 것에서 선택할 수 있다. 즉, 학생이 상실하게 될 강화제는 문제행동과 관련이 없다는 점이 소거와 크게 다른 점이다. • 상실하게 될 강화제가 적절하지 않을 경우에는 보너스 반응대가를 사용할 수 있다. 예를 들면, 먼저 조건 없이 보너스를 주고 바람직하지 않은 행동을 하면 보너스로 받는 강화제를 벌금으로 내게 하는 것이다. • 반응대가나 보너스 반응대가를 사용할 때는 강화제를 모두 잃게 되는 경우에 대비해야 한다. 더 이상 잃을 것이 없는 경우는 잃지 않기 위해 애쓸 필요가 없어지기 때문에 적절한 행동을 하고자 하는 동기를 상실할 수 있다. • 상실하게 될 강화제의 양이 지나치게 많으면 학생이 좌절하게 되고 너무 적으면 무시하게 되어 반응대가의 효과가 어려우므로, 학생에게 의미 있는 적절한 수준을 찾는 것이 필요하다. 문제행동의 대체행동에 대해 주어지는 강화의 양과 비슷하거나 좀 더 많은 것이 좋다.
유의점	• 반응대가가 일어나는 환경이나 그것을 사용하는 교사가 조건화된 혐오자극이 될 수 있다는 점을 유의해야 한다. 만일 이런 상황이 발생한다면, 그 학생은 그 교사나 장소를 회피하기 위해 지각, 조퇴, 또는 결석을 할 수도 있다. 이러한 경우를 감소시키기 위해서 교사는 그 학생이 바람직한 행동을 한 경우에는 강화제를 제공하여 교사 자신이 조건화된 혐오자극이 되는 경우를 피해야 한다. • 반응대가는 학생이 가지고 있는 강화제를 제거하는 것이므로, 교사는 학생이 한 번 주어진 강화제를 내놓지 않으려고 하는 경우에도 강화제를 제거할 능력이 있어야 한다. 강화제 제거에 대한 저항이 있는 경우에는 반응대가에 순응하는 경우 강화제를 제거하는 양을 줄여 주는 등의 방법을 사용하여 해결할 수 있다. 아니면 교사가 쉽게 제거하는 방법을 선택할 수도 있다.

• 토큰제도
• 반응대가

MY MEMO

96

2016. 중
★ 답안작성

다음은 정서장애학교에 재직 중인 교사 A가 학생의 행동 관리를 위하여 1주차에 밑줄 친 ㉠을 실행하고, 2주차에 밑줄 친 ㉠과 ㉡을 함께 적용한 과정을 요약한 것이다. 교사 A가 이와 같은 중재를 실시한 이유를 2가지 쓰시오. 그리고 밑줄 친 ㉢과 ㉣에서 교사 A가 효과적인 행동 중재를 하기 위해 개선해야 할 점을 순서대로 각각 1가지 쓰시오. [4점]

교사 A는 행동 관리를 위해서 2가지 중재 방법을 함께 실행하기 위한 간단한 점수 체계를 만들었다. 첫 1주일간 학생들은 ㉠ 바람직한 수업 행동에 상응하는 점수를 얻었다. 학생 모두가 이 점수 체계에 익숙해진 2주차에, 학생들은 ㉡ 수업 방해 행동을 할 시 점수를 잃었다. 매일 종례 후 학생들은 획득한 점수를 자기가 원하는 활동으로 교환할 수 있고, 다음 날 자기가 더 좋아하는 활동과 교환하기 위해서 점수를 모아 둘 수도 있다. 점수의 교환은 5점부터 가능하다. 2주차에 지수의 점수는 ㉢ 수요일 오전에 0점이었고, ㉣ 금요일 종례 전에는 1점이었다.

97

정답 및 예시답안

③

알찬 지문풀이

	선행사건 중재	후속자극 중재	
		전략	적용
①	민지가 숙제를 하지 않을 때 무시한다. ➡ 후속자극 중재	행동 형성	숙제의 난이도를 민지에 맞게 순차적으로 조정한다.
②	민지와 숙제 일정을 미리 약속한다.	행동 계약	숙제를 하지 않으면 5분 동안 벽을 보고 서 있게 하겠 다고 말해준다. ➡ 행동계약은 쌍방의 약속
④	민지가 밤에 잠을 충분히 자도록 한다. ➡ 배경사건 중재	행동 연쇄	매일 5분씩 시간을 늘리면서 그 시간 동안 숙제를 하면 스티커를 준다. ➡ 행동형성
⑤	어머니와 함께 오늘 숙제가 적힌 알림장을 확인한다.	타임 아웃	민지가 숙제를 하지 않으면 텔레비전을 볼 수 없도록 한다. ➡ 프리맥의 원리[숙제(비선호)]를 적용 시, 숙제를 하면, 텔레비전을 볼 수 있도록 함

98

정답 및 예시답안

㉠ 전과제형 행동연쇄
㉡ 변별자극

관련이론

🔍 **변별훈련과 자극통제**

- **변별**: 어떤 자극과 다른 자극들의 차이를 말할 수 있는 능력이다.
- **변별자극**: 변별을 하도록 주어지는 자극이다. 즉, 특정 자극이 주어졌을 때만 특정한 반응이나 행동을 하도록 알려 주는 자극을 변별자극이라고 한다.
- **델타자극**: 변별자극은 어떤 행동에 대해 강화가 주어질 것을 알려 주는 역할을 하며, 델타자극은 그 행동에 대해 강화가 없을 것을 알려 주는 역할을 하는 것이다.
- **변별훈련**: 변별자극에 대해서는 바람직한 행동에 대해 강화를 주고, 델타자극에 대해서는 동일한 행동일 지라도 강화를 주지 않는 과정을 통하여 변별자극이 확립되며, 이런 변별자극의 확립과정을 변별훈련이라고 한다.
- **자극통제**: 변별자극이 확립되어 어떤 행동이 특정 자극에 대해서만 반응하여 나타나면 자극통제가 되었다고 한다. 자극통제란, 행동발생 전에 주어지는 선행자극의 조절에 의해 행동이 통제되는 과정이다. 자극통제는 변별자극이 주어지면 나타나는 바람직한 행동에 대한 차별강화를 통해 이루어진다.
- **변별훈련에서 주의해야 할 점**: 학생이 때로는 변별자극과 전혀 관계없는 자극에 반응하거나 변별자극의 일부분에 대해서 반응하는 자극 과잉선택 경향을 보일 수 있다는 것이다.

고득점 답안 비법 ✖ 조건자극이 아니라 변별자극인 이유 : 각 자극의 정의에 기반하여 구분할 것

✖ 변별자극 : 특정 자극이 주어졌을 때만(손뼉치기) 특정한 반응이나 행동(책상닦기)을 하도록 알려 주는 자극[예 전화벨이 울리면(변별자극) 전화 받는 행동을 하는 것]

✖ 조건자극 : 조건화된 자극 앞에 주어지는 선행 자극에 의해 통제 기능을 갖는 것. 즉, 다른 선행자극과 짝을 짓는 관계를 통해 통제 기능을 얻는 것

✖ 변별훈련에서 주의해야 할 점 중 하나가 변별자극과 조건화된 자극을 분별하는 것

핵심테마 체크
- 선행사건 중재
- 후속자극 중재

MY MEMO

핵심테마 체크
- 행동연쇄
- 변별훈련

MY MEMO

97
2011. 초

다음은 특수학급 3학년 정서 · 행동장애 학생 민지의 어머니가 민지의 문제행동에 대한 분석을 하기 위해 관찰한 내용이다. 특수학급 박 교사가 가정에서 적용하도록 민지 어머니에게 제안할 수 있는 중재로 바르게 짝지어진 것은?

〈ABC 행동 관찰 기록지〉

• 학생 : 김민지
• 민지가 선호하는 것 : 스티커, 귤, 장난감 로봇, 텔레비전 시청하기, 그림 그리기

날짜	A(선행사건)	B(행동)	C(후속결과)
9. 15.	어머니가 "숙제하자."라고 말함	자기 방으로 뛰어 들어가 버림	어머니가 민지에게 손을 들고 서 있게 함
9. 16.	어머니가 숙제를 가지고 민지에게 다가감	할머니 방으로 뛰어가 할머니와 얘기함	어머니가 민지에게 손을 들고 서 있게 함

	선행사건 중재	후속자극 중재	
		전략	적용
①	민지가 숙제를 하지 않을 때 무시한다.	행동형성	숙제의 난이도를 민지에 맞게 순차적으로 조정한다.
②	민지와 숙제 일정을 미리 약속한다.	행동계약	숙제를 하지 않으면 5분 동안 벽을 보고 서 있게 하겠다고 말해준다.
③	가정에서 숙제할 장소를 민지가 선택하도록 한다.	토큰경제	숙제를 하면 스티커 1개 주고, 스티커를 3개 모으면 장난감 로봇을 준다.
④	민지가 밤에 잠을 충분히 자도록 한다.	행동연쇄	매일 5분씩 시간을 늘리면서 그 시간 동안 숙제를 하면 스티커를 준다.
⑤	어머니와 함께 오늘 숙제가 적힌 알림장을 확인한다.	타임아웃	민지가 숙제를 하지 않으면 텔레비전을 볼 수 없도록 한다.

98
2021. 중

다음은 정서 · 행동장애 학생 A에게 '책상 닦기' 기술을 지도하기 위해 두 교사가 나눈 대화이다. 괄호 안의 ㉠, ㉡에 해당하는 내용을 순서대로 쓰시오. [2점]

김 교사 : 학생 A는 산업체 현장실습 기간 중에 '책상 닦기' 과제를 잘 수행하지 못했습니다.

박 교사 : 네, 그런데 학생 A는 '책상 닦기'를 할 때, 하위 과제 대부분을 습득하여 새로 가르칠 내용이 없는데도 전체적인 업무 완성도가 다소 부족합니다.

김 교사 : 그렇다면 과제 분석을 통해 하위 과제들을 일련의 순서대로 수행할 수 있게 (㉠)을/를 적용하는 것이 좋을 것 같습니다. 하위 과제의 수가 많지도 않고 비교적 단순한 과제여서 적용하기 적합한 방법입니다.

박 교사 : 그렇군요. 이뿐만 아니라 학생 A는 '책상 닦기'를 언제 시작해야 할지 잘 모르고 있습니다.

김 교사 : 그와 같은 경우에는 선생님이 손뼉을 쳐서 신호를 주는 방법이 있습니다. '책상 닦기' 행동에 앞서 '손뼉 치기'라는 일정한 행동을 지속적으로 반복해 '손뼉 치기'가 '책상 닦기' 행동 시작에 관한 단서임을 제공하는 것입니다.

박 교사 : '손뼉 치기'가 '책상 닦기'를 시작하게 하는 (㉡) 이군요.

99

정답 및 예시답안

④

알찬 지문풀이

• ㄱ. 교사가 종이 오리는 방법을 <u>보여준다</u>. ➡ 시범 촉진

• ㄴ. 교사가 유아의 <u>손을 잡고</u> 함께 색종이를 오린다. ➡ 신체적 촉진

• ㄷ. 가위를 잡고 천천히 색종이를 오려 보라고 <u>말한다</u>. ➡ 언어적 촉진

• ㄹ. 교사는 가위와 <u>색종이</u>를 미리 유아 <u>가까이</u> 가져다 놓는다. ➡ 공간적 촉진

관련이론

◎ 촉구와 용암

촉구의 정의		• 바람직한 반응을 보일 수 있도록 도와주는 부가적인 자극 • 변별자극이 바람직한 반응을 일으킬 가능성을 높여 주는 추가자극	
촉구의 유형			• 반응촉구는 반응하지 않는 아동에게 다른 사람이 정반응을 하도록 영향을 주는 것이기 때문에 어느 정도 강제성을 가지고 있다고 볼 수 있음. 그런데 아동은 촉구 없이도 반응할 수 있어야 하기 때문에 촉구는 가능하면 가장 덜 강제적이어야 하며, 꼭 필요할 때만 강제적인 것을 사용하여야 함 • 가장 좋은 촉구는 바람직한 행동을 이끌 수 있는 가장 약한 촉구
	반응 촉구	언어적 촉구	• 언어로 지시, 힌트, 질문 등을 하거나 개념의 정의나 규칙을 알려 주는 것
		신체적 촉구	• 신체적 접촉을 통해 학생의 바람직한 행동을 유발하도록 돕는 것
		시각적 촉구	• 사진, 그림 등을 사용하여 바람직한 행동을 유발하도록 돕는 것
		몸짓 촉구	• 아동을 신체적으로 접촉하지 않고 교사의 동작이나 자세 등의 몸짓으로 정반응을 이끄는 것
		모방하기 촉구	• 모델링을 통하여 정반응을 유도하는 것
		혼합된 촉구	• 언어, 신체, 몸짓, 시각적 자료 등 다양한 촉구를 혼합하여 사용하는 것
	자극 촉구	자극 내 촉구	• 변별자극을 변화시켜 제공하는 촉구들
		자극 외 촉구	• 다른 자극을 추가하거나 변별자극에 대한 단서를 주는 것 • 가외자극촉구
촉구의 용암	도움 감소법		• 최대－최소 촉구법 • 학습 초기단계에 많이 발생할 수 있는 오류를 제거할 수 있는 장점이 있기 때문에 오류로 인한 좌절을 방지할 수 있음. 그래서 이 방법은 주로 중도, 최중도 아동에게 많이 사용
	도움 증가법		• 최소－최대 촉구법 • 가능한 한 아동이 목표행동을 하는 데 필요한 촉구를 최소한의 강도로 제공하려는 것
	촉구 지연법		• 촉구 자체의 형태가 바뀌는 다른 용암 형식과는 달리 촉구하는 시간을 바꿔가는 것 • 교사는 촉구를 즉각 제시하기보다는 아동에게 반응할 시간을 주고 기다린 다음에 촉구

100

정답 및 예시답안

③

99 2009. 유

<보기>는 2007년 개정 유치원 교육과정에 근거하여 김 교사가 발달지체 유아에게 '가위로 색종이 오리기'를 지도할 때 사용한 촉진(촉구)의 예시이다. 김 교사가 사용한 촉진의 유형을 바르게 제시한 것은?

보기

ㄱ. 교사가 종이 오리는 방법을 보여준다.
ㄴ. 교사가 유아의 손을 잡고 함께 색종이를 오린다.
ㄷ. 가위를 잡고 천천히 색종이를 오려 보라고 말한다.
ㄹ. 교사는 가위와 색종이를 미리 유아 가까이 가져다 놓는다.

	ㄱ	ㄴ	ㄷ	ㄹ
①	신체적 촉진	공간(환경)적 촉진	언어적 촉진	시범(모델링) 촉진
②	신체적 촉진	시범 촉진	언어적 촉진	공간적 촉진
③	언어적 촉진	시범 촉진	신체적 촉진	공간적 촉진
④	시범 촉진	신체적 촉진	언어적 촉진	공간적 촉진
⑤	시범 촉진	동작적 촉진	언어적 촉진	신체적 촉진

100 2009. 초

다음은 박 교사가 중도·중복장애 학생 성수에게 2008년 개정 특수학교 기본교육과정 사회과 내용인 '물건 구입하기'를 지도하는 과정을 기술한 것이다. 박 교사가 사용하고 있는 반응 촉진(촉구) 체계는?

박 교사 : (문구점 안에서 성수에게) 공책을 집으세요.
성 수 : (아무런 반응 없이 그 자리에 가만히 서 있다.)
박 교사 : (공책 사진을 보여주며) 공책을 집으세요.
성 수 : (여전히 움직이지 않고 그대로 서 있다.)
박 교사 : (성수의 손을 잡고 공책을 함께 집으면서) 자, 이렇게 공책을 집으세요.

① 동시 촉진
② 최대-최소 촉진
③ 최소-최대 촉진
④ 고정 시간지연 촉진
⑤ 점진적 시간지연 촉진

101

정답 및 예시답안

1) 유치원 교육과정
2) 유치원 교육과정
3) ① 테이블 위에 접시 스티커를 붙인 것
   ② 점진적 안내

관련이론

점진적 안내

의미 및 방법	• 점진적 안내(graduated guidance)는 정반응을 위한 신체적 촉진이 필요한 학생에게 적절한 반응을 하도록 하기 위해서 꼭 필요하다고 판단되는 신체적 촉진을 주고, 시간이 지나면서 강도가 약한 촉진을 제공하는 방법이다. • 예를 들어, 글씨를 쓸 때 처음엔 손을 잡고 도와주다가 나중엔 팔꿈치만 지지하여 도와주는 것과 같은 식으로 약화시켜 간다. • 필요한 촉진의 수준을 정하기 위해선 촉진을 주었을 때 정반응과 촉진을 주지 않았을 때의 정반응 데이터를 모으는 것이 필요하다.

적용 예시	목표행동		점퍼를 입고 벗기 위해 지퍼를 올리고 내리기
	단계		지도내용
	1	목표행동 수립	지퍼를 올리고 내리기
	2	신체적 촉진	학생의 손 위에 손을 얹어 신체적 도움을 제공함
	3	신체적 촉진의 강도를 점차 줄임	부분적인 신체적 도움에서 점차 학생의 손을 살짝 접촉하는 것으로 촉진을 줄임
	4	그림자 기법	교사가 학생의 손을 접촉하지 않은 채 가까이 하는 것만으로 학생 스스로 수행하도록 함

101

(가)는 유아특수교사 강 교사가 발달지체 유아 예지의 통합 학급 놀이를 지원하는 모습이고, (나)는 강 교사와 통합 학급 박 교사가 나눈 대화의 일부이다. 물음에 답하시오.
[5점]

(가)

(예지와 또래들이 바깥놀이터에서 물모래 놀이를 하고 있다.)

유 아 들 : 생일 축하합니다~♪ 생일 축하합니다~♪

강 교사 : 무슨 놀이 하고 있어요?

현　　지 : 생일 파티 하고 있어요.

예　　지 : 나 아기 때 생일 파티 했어.

다　　은 : 내 생일은 3월 7일이에요.

현　　지 : 선생님, 바깥놀이 끝나면 밥 먹어요?

다　　은 : 오늘은 바깥놀이 끝나고 책 놀이 하고 나서
　　　　　밥 먹을 거야. ⸻ [A]

강 교사 : 맞아요. (물모래 반죽을 가리키며) 이건 뭐예요?

현　　지 : 예지가 좋아하는 초코 케이크예요. 예지 거
　　　　　랑 내 거랑 두 개 만들었어요.

강 교사 : (물모래 반죽 위에 꽂힌 나뭇가지를 가리
　　　　　키며) 그럼, 이건 뭐예요?

예　　지 : 촛불.

강 교사 : 촛불이 예지 케이크에는 두 개, 현지 케이크
　　　　　에는 네 개가 있네요. 촛불은 전부 몇 개예요?

다　　은 : ㉠ 네 개, 다섯 개, 여섯 개, 그러니까 전부
　　　　　여섯 개예요.

강 교사 : (물모래 반죽 위에 기울어져 있는 나뭇가
　　　　　지를 더 길고 두꺼운 나뭇가지로 바꾸어
　　　　　꽂아 주며) 이번에는 예지가 촛불이 전부
　　　　　몇 개인지 말해줄래요?

예　　지 : ㉡ 하나, 둘, 셋, 넷, 다섯, 여섯, 여섯 개.
　　　　　전부 여섯 개.

강 교사 : 여섯 개. 딩동댕.

현　　지 : 자, 이제 다 같이 '후~' 하고 촛불 끄자. 하나, ⸻ [B]
　　　　　둘, 셋!

유 아 들 : (나뭇가지를 불면서) 후~

현　　지 : (접시 위에 물모래 반죽을 담아 주며) 내가
　　　　　케이크를 나누어 줄게. (야외 테이블을 가
　　　　　리키며) 저기 위에 접시 올려 줘.

강 교사 : (야외 테이블 위에 붙어 있는 접시 스티커
　　　　　를 가리키며) 예지도 올려 주세요.

다　　은 : 짠, 케이크 접시 다 올렸다.

현　　지 : 자, 그럼 이제 케이크 먹기 시작! 냠냠 맛
　　　　　있다.

예　　지 : 냠냠 맛있다. (양말을 만지며) 축축해.

다　　은 : 선생님, 그런데 나도 양말 축축해요.

강 교사 : 그러면 바깥놀이 정리하고 교실에 가서 양말을
　　　　　갈아 신을까요?

(나)

박 교사 : 선생님, 오늘 물모래 놀이 하고 나서 양말을 갈아
　　　　　신었잖아요. 예지가 양말 벗기는 잘했는데 양말
　　　　　신기는 어려워했어요. 어떻게 지도하면 좋을까요?

강 교사 : 네, 선생님. 처음에는 예지의 손을 힘주어 잡고
　　　　　양말 신기를 지도해 주세요. 그러다가 예지가 혼
　　　　　자서 양말 신기를 시작하면, 점차적으로 손에 힘을
　　　　　빼면서 손으로 제공하는 물리적 도움을 줄여 주
　　　　　세요. 다음으로는 예지 가까운 곳에서 가벼운 접
　　　　　촉으로 지도해 주다가 마지막에는 예지 몸에서
　　　　　손을 떼고 예지 가까이에서 지켜보면서 예지가
　　　　　도움이 필요하면 언제든지 도움을 제공해 주는
　　　　　방법을 사용해서 예지의 양말 신기를 지도해 주
　　　　　시면 좋을 것 같아요.

1) (가)의 [A]에서 찰스워스(R. Charlesworth)가 제시한
시간 개념 중 개인적 경험 시간이 표현된 내용을 찾아
쓰시오. [1점]

2) 유아의 수 더하기 발달 과정 중에서 ㉠과 ㉡에 해당
하는 단계를 각각 쓰시오. [2점]

　㉠ :

　㉡ :

3) ① (가)의 [B]에서 가외자극 촉구(extrastimulus prompt)
에 해당하는 내용을 찾아 쓰고, ② (나)에서 신체적
촉구의 용암(fading)을 위해 강 교사가 설명한 지도
방법이 무엇인지 쓰시오. [2점]

　① :

　② :

102

정답 및 예시답안

1) 중앙응집능력의 결함
2) ① 제자리에 신발 그림카드를 붙여준다, 제자리에 신발 사진을 붙여준다 등
   ② 초등 교육과정
3) ① 매일 해야 하는 활동이나 수업의 순서를 그림카드로 제시한다, 일일일정표를 제시하여 하루의 활동 순서를 알려 주고, 다음 활동을 예측하도록 한다 등
   ② 시각적 일과표에서 점심시간과 다음 시간 사이에 이동 장소에 대한 내용을 시각적으로 제시한다.

관련이론

◎ **중앙응집능력**

• 중앙응집능력(central coherence)이란 외부환경에서 입력된 정보를 의미 있게 연계하고 총체적인 형태로 처리하는 능력을 의미한다.
• 자폐성장애인들은 지엽적이고 세부적인 정보를 보다 잘 처리하고 전체적이고 상황과 관련된 정보를 처리하는 데 어려움을 보이는 독특한 인지양식을 나타내어 중앙응집능력이 낮은 것으로 알려졌다. 그러나 자폐성장애 학생들의 약한 중앙응집능력을 결함으로 이해하기보다 인지적 성향으로 이해해야 하며, 세부적인 과제를 잘 수행할 수 있는 강점이 될 수도 있다는 점에 보다 많은 관심을 기울여야 한다.

◎ **자극촉구**

자극 내 촉구	• 변별자극을 변화시켜 제공하는 촉구들
자극 외 촉구	• 다른 자극을 추가하거나 변별자극에 대한 단서를 주는 것 • 가외자극촉구

◎ **시각적 일과표**

• 시간의 구조화를 확립하는 대표적인 방법은 시각적 일과표의 활용이다. 시각적 일과표는 학생의 독립성을 향상시키고 교사의 지속적 감독과 지원에 대한 요구를 줄여 줄 수 있다.
• 시각적 일과표는 하루의 대부분, 하루 전체, 일주일, 한 달, 또는 일 년에 관한 정보를 제공하는 일정에 관한 대표적인 시각적 지원이다.
• 시각적 일과표를 통해 학생은 해당 일의 활동을 순서에 맞게 진행할 수 있고 시간구조와 환경적 배열을 이해할 수 있다.
• 시각적 일과표에서 제시되는 상징의 유형은 다양하다. 낮은 수준인 몸짓에서부터 실제 크기 사물, 소형 모형 사물, 사진, 컬러 그림, 흑백 선 그림, 단어, 문장이나 구절, 수화 아이콘의 높은 수준까지 시각적 표상의 수준은 다양하다.
• 시각적 일과표를 활용하여 학생 스스로 일과를 점검하고 조정할 수 있도록 지도하면 이후 독립적 기능수행을 촉진하는 데 도움이 된다.
• 시각적 일과표는 다양한 정보를 매우 효과적으로 전달한다.
• 시각적 일과표는 구조를 제공하며, 프리맥 원리가 적용될 수 있고, 시간에 관한 교수가 가능하며, 예측과 선택을 학습할 수 있으며, 독립심을 증진시킬 수 있고, 일과와 관련한 담화를 강화할 수 있으며, 학생의 시각적 강점을 활용하는 장점을 가지고 있다.
• 자폐성장애 학생을 위한 시각적 일과표를 개발할 때, 학생의 요구와 강점에 근거하여 시각적 제시 수준, 시각적 제시 배열, 학생의 참여 정도를 결정해야 한다.
• 시각적 일과표는 학생이 어떠한 활동을 해야 하는지, 그날에 해야 하는 활동의 순서는 어떻게 되는지를 구체적으로 알 수 있도록 조직된 것이다. 잘 조직된 시각적 일과표는 학생이 독립적으로 수행하고 활동 간 전이/전환을 할 수 있고 보다 더 유연해져서 변화를 수용할 수 있게 한다.

102 2023. 초

(가)는 특수학교의 김 교사가 작성한 자폐성장애 1학년 학생 동호의 행동 관찰 노트이고, (나)는 교사들이 나눈 대화 내용의 일부이다. 물음에 답하시오. [5점]

(가) 행동 관찰 노트

- 관 찰 자: 김○○ 교사
- 관찰 기간: 2022년 3월 7일~3월 11일(5일간)
- 관찰 결과
  - 구어보다 그림 카드를 더 잘 이해함
  - 손 씻기 지도를 통해 비누를 제시했을 때, 비누는 보지 않고 비누통에 붙은 캐릭터에만 집중함
  - 수업 중에 교사가 칠판을 가리키며 "여기를 보 세요."라고 할 때 칠판은 보지 않고 교사의 단 추만 보고 있음 [A]

(나) 대화 내용

김 교사: 학기 초라서 그런지 동호가 학교생활에 적응을 잘 못 하네요.

최 교사: 예를 들면, 어떤 문제가 있나요?

김 교사: 교실도 못 찾고, 자기 책상도 못 찾고, 신발도 제자리에 못 넣습니다.

최 교사: 그러면 동호에게 가외자극 촉구를 적용해서 ㉠ 신발장에 신발을 제자리에 놓을 수 있도록 도와주는 방법을 한번 써 보면 좋을 것 같아요.

김 교사: 감사합니다.

… (중략) …

김 교사: 다음 주 슬기로운 생활 수업 주제는 '학교에서 보내는 하루'예요. 어떤 방식으로 수업을 하면 좋을까요?

최 교사: 제 경험에 비춰 보면, 그 수업에서 ㉡ 학생들이 자신의 주변 장소나 사람, 환경과 같은 주변의 모습에 관심을 가지고 이해하도록 학교에서의 일과를 사진 찍는 활동으로 하니 참 좋아했습니다.

김 교사: 그렇군요. 그리고 ㉢ 동호는 수업이 끝나고 쉬는 시간마다 가방을 메고 집에 가겠다고 해요.

… (중략) …

㉣ 급식실에서 밥을 먹고 나면 어디로 가야 할지 몰라 복도를 서성거려요.

최 교사: 그럼, 동호에게 시각적 일과표를 한번 활용해 보는 건 어떨까요?

김 교사: 좋은 생각이네요. 동호는 시각적인 자료를 사용하면 더 쉽게 이해하니까요.

1) (가)의 [A]에 나타난 자폐성장애의 인지적 특성을 1가지 쓰시오. [1점]

2) ① (나)의 ㉠에 해당하는 가외자극 촉구의 예를 1가지 쓰고, ② ㉡과 관련된 '슬기로운 생활' 교과의 성격을 쓰시오. [2점]

① :

② :

3) 시각적 일과표를 제작할 때 (나)의 ㉢과 ㉣을 해결하기 위한 방안을 각각 1가지씩 쓰시오. [2점]

① :

② :

103

정답 및 예시답안

1) 기본 교육과정
2) 초등 교육과정
3) 자극 내 촉구
4) ① 경수는 주의집중 시간이 짧고 시각적 피로도가 높으며, 범주의 개념이 형성되어 있으므로, 항목이 모두 제시되는 선형 스캐닝에서 항목별로 제시하는 행렬 스캐닝으로 변경한 것이다.
   ② 선형 스캐닝보다 효율성이 높다.

관련이론

스캐닝(scanning)

스캐닝은 방식에 따라 자동 스캐닝, 역 스캐닝, 단계 스캐닝으로 나누고, 선택세트의 항목 형태에 따라 선형 스캐닝, 원형 스캐닝, 행렬 스캐닝, 빈도 스캐닝 등으로 구분한다.

선형 스캐닝	• 항목이 선택될 때까지 첫째 줄의 각 항목, 둘째 줄의 각 항목, 그리고 그다음 줄의 각 항목으로 커서나 지시기가 이동하게 된다. • 항목이 특정 순서로 한 번에 하나씩 제시되기 때문에 항목이 많을 경우에는 비효율적이다.
원형 스캐닝	• 항목이 원을 그리며 배열되어 있는 것으로 시계 초점처럼 원형 안에 있는 개별 항목을 자동으로 한 번에 한 항목씩 스캐닝한다. • 원형 스캐닝은 시간이 많이 소요되지만 배우기 쉽기 때문에 인지능력이 떨어지거나 처음 AAC를 통해 의사소통을 배우는 아동에게 도움이 된다.
행렬 스캐닝	• 집단−항목 스캐닝 또는 가로−세로 스캐닝이라고도 하며, 한 번에 한 항목이 활성화되는 대신 한 번에 전체 열이 활성화된다. • 원하는 항목이 있는 열에 도착했을 때 사용자는 스위치를 눌러 열을 선택하고, 그 열에 있는 항목이 각각 한 번씩 스캐닝되고 원하는 행에 왔을 때 다시 스위치를 눌러 선택하는 방식이다. • 많은 항목을 포함하고 있는 선택세트는 효율성을 높이기 위해 보통 행렬 스캐닝 방식을 사용한다.
빈도 스캐닝	• 스캐닝 속도를 향상시키기 위해 사용하는 또 다른 방법은 항목이나 문자의 나열을 자주 사용하는 순서로 배열하는 것이다. • 가장 많이 사용하는 문자나 항목에 커서가 처음 위치에서 활성화되도록 배열하는 것이다. 이렇게 하면 의사소통이나 문자입력시간을 절약할 수 있다.

고득점 답안 비법 4) : 경수의 특성을 구체적으로 반영하고 연결 지어 논리적으로 서술할 것

103

2019. 초
★ 답안작성

(가)는 중복장애 학생 경수의 특성이고, (나)는 특수교사가 작성한 2015 개정 기본 교육과정 수학과 5~6학년 수와 연산영역 교수·학습 과정안의 일부이다. 물음에 답하시오. [6점]

(가) 경수의 특성

- 경직형 사지 마비로 미세소근육 사용이 매우 어려움
- 의도하는 대로 정확하게 응시하거나 일관된 신체 동작으로 반응하기 어려움
- 발성 수준의 발화만 가능하고, 현재 인공와우를 착용하고 있음
- 받아올림이 없는 두 자리 수 + 한 자리 수의 덧셈을 할 수 있음
- 범주 개념이 형성되어 있음
- 주의 집중 시간이 짧고, 시각적 피로도가 높음

(나) 교수·학습 과정안

단계	교수·학습 활동	자료(재) 및 유의점(유)
도입	• 필요한 의자의 수를 구하는 상황 제시	
새로운 문제 상황 제시	• 교실에 22명의 학생이 있고, 학생 12명이 더 오면 의자는 모두 몇 개가 필요할까요? 　－ 필요한 의자의 개수 어림해 보기 　－ 학생들의 인지적 갈등 유도하기	재 그래픽 조직자
수학적 원리의 필요성 인식	• 22 + 12를 계산하는 방법 생각하기 　－ 모든 의자의 수 세기, 22 다음부터 12를 이어 세기 등 • 좀 더 효율적인 방법의 필요성 인식하기	재 구체물
수학적 원리가 내재된 조작 활동	• 수모형으로 22 + 12 나타내기 　－ 십모형과 일모형으로 나타내기 　　22　+　12　=　34	재 수모형 유 학생들이 ㉠ 숫자를 쓸 때, 자리에 따라 숫자가 나타내는 값이 달라지므로 정확한 자리에 쓰게 한다.
수학적 원리의 형식화	• 22 + 12의 계산 방법을 식으로 제시하기 • 22 + 12를 세로식으로 계산하기 　　22　➡　22　➡　22 　＋12　　＋12　　＋12 　　　　　　4　　　34	유 ㉡ 순서에 따라 더하는 숫자를 진하게 다른 색으로 표시한다.
익히기와 적용하기	• 덧셈 계산 원리를 다양한 문제에 적용하여 풀기 　－ 같은 계산식 유형의 문제 풀기 　－ 문장제 문제 풀기　[A] 　－ 문제 조건을 바꾸어 새로운 문제 만들어 보기 　－ 실생활 문제 상황에 적용해 보기	유 경수의 보완·대체의사소통(AAC) 도구에 수 계열 어휘를 추가한다. 유 ㉢ 경수의 AAC 디스플레이 형태를 선형 스캐닝에서 행렬 스캐닝으로 변경한다.
정리 및 평가	• 학습 내용 정리 및 차시 예고하기	

1) ① (나)에 적용된 수업 모형을 쓰고, ② ㉠이 의미하는 용어를 쓰시오. [2점]

　①:

　②:

2) (나)의 [A]에서 중점이 되는 교과 역량을 2015 개정 수학과 교육과정에 근거하여 쓰시오. [1점]

3) (나)의 ㉡에서 사용한 자극 촉진 유형을 쓰시오. [1점]

4) ① (나)의 ㉢과 같이 변경한 이유를 (가)에서 찾아 쓰고, ② 선형 스캐닝에서 행렬 스캐닝으로 변경했을 때의 장점을 1가지 쓰시오. [2점]

　①:

　②:

104

정답 및 예시답안

③

알찬 지문풀이

• ㄱ. 컵 그림 위에 글자 cup을 쓰고, 모자 그림 위에 글자 cap을 썼다. ➡ **자극 외 촉진**

• ㄴ. cup의 글자를 cap의 글자보다 크고 진하게 썼다. ➡ **자극 내 촉진**

• ㄷ. 단어장을 보여주며 컵이라고 읽는 시범을 보인 후 따라 읽도록 하였다. ➡ **시범 촉진**

• ㄹ. 초기에는 학생이 발음을 하려고만 해도 강화를 제공하였으나, 점진적으로 목표행동에 가까운 발음을 하면 차별적으로 강화하였다. ➡ **행동형성**

• ㅁ. 학생이 cup과 cap을 변별하여 읽기 시작하면 컵 그림과 모자 그림을 점차 없애가며, cup의 글자 크기와 진하기를 점차 cap의 글자 크기와 진하기처럼 작고 연하게 변화시켰다. ➡ **자극용암**

• ㅂ. 학생이 카드 위에 쓰인 cup과 cap을 성공적으로 변별하면 다양한 책에 쓰인 cup을 읽도록 하였다. ➡ **일반화**

105

정답 및 예시답안

⑤

알찬 지문풀이

• (가) 교사는 실험 과제(자연적 단서)를 A에게 제시한 후 반응을 기다리지 않고 바로 교수적 촉진을 제공한다. 다음 시도부터는 자연적 단서 제시 후 A의 반응이 나오기까지 미리 정해둔 계획에 따라 5초 간격을 두고, 5초 안에 정반응이 없으면 교수적 촉진을 제공한다. ➡ **고정시간지연**

• (나) 자연적 단서 제시 후 A가 올바른 수행을 하지 못하면 A의 손을 겹쳐 잡고 수행 방법을 가르쳐 준다. 수행의 진전에 따라 교사의 손은 A의 손목, 팔꿈치, 어깨의 순서로 옮겨가며 과제 수행을 유도한다. 독립수행이 일어나면 손을 사용하는 지원은 없앤다. ➡ **점진적 안내**

• (다) 자연적 단서를 제시한 다음에는 "자, 이젠 무엇을 해야 하지?"라는 방식으로 묻는다. ➡ **간접구어촉진**

104

2009. 초

<보기>는 임 교사가 초등학교 5학년 영어과 읽기 영역의 '쉽고 간단한 낱말을 소리 내어 읽는다.'와 관련하여 학습 장애 학생 철수에게 자극용암, 자극외(가외자극) 촉진(촉구), 자극내 촉진을 사용하여 영어 단어의 변별을 지도한 방법이다. 임 교사가 사용한 지도 방법의 예가 바르게 제시된 것은?

> **보기**
>
> ㄱ. 컵 그림 위에 글자 cup을 쓰고, 모자 그림 위에 글자 cap을 썼다.
> ㄴ. cup의 글자를 cap의 글자보다 크고 진하게 썼다.
> ㄷ. 단어장을 보여주며 컵이라고 읽는 시범을 보인 후 따라 읽도록 하였다.
> ㄹ. 초기에는 학생이 발음을 하려고만 해도 강화를 제공하였으나, 점진적으로 목표행동에 가까운 발음을 하면 차별적으로 강화하였다.
> ㅁ. 학생이 cup과 cap을 변별하여 읽기 시작하면 컵 그림과 모자 그림을 점차 없애가며, cup의 글자 크기와 진하기를 점차 cap의 글자 크기와 진하기처럼 작고 연하게 변화시켰다.
> ㅂ. 학생이 카드 위에 쓰인 cup과 cap을 성공적으로 변별하면 다양한 책에 쓰여진 cup을 읽도록 하였다.

	자극용암	자극외 촉진	자극내 촉진
①	ㄷ	ㄹ	ㄱ
②	ㄷ	ㅂ	ㄱ
③	ㅁ	ㄱ	ㄴ
④	ㅁ	ㅂ	ㄴ
⑤	ㅂ	ㄱ	ㄹ

105

2009. 중

<보기>는 과학 실험 수업 시 장애학생 A에게 적용가능한 지도 전략들을 나열한 것이다. (가)~(다)에 해당하는 전략의 명칭을 순서대로 바르게 제시한 것은?

> **보기**
>
> (가) 교사는 실험 과제(자연적 단서)를 A에게 제시한 후 반응을 기다리지 않고 바로 교수적 촉진을 제공한다. 다음 시도부터는 자연적 단서 제시 후 A의 반응이 나오기까지 미리 정해둔 계획에 따라 5초 간격을 두고, 5초 안에 정반응이 없으면 교수적 촉진을 제공한다.
> (나) 자연적 단서 제시 후 A가 올바른 수행을 하지 못하면 A의 손을 겹쳐 잡고 수행 방법을 가르쳐 준다. 수행의 진전에 따라 교사의 손은 A의 손목, 팔꿈치, 어깨의 순서로 옮겨가며 과제 수행을 유도한다. 독립수행이 일어나면 손을 사용하는 지원은 없앤다.
> (다) 자연적 단서를 제시한 다음에는 "자, 이젠 무엇을 해야 하지?"라는 방식으로 묻는다.

	(가)	(나)	(다)
①	진행시간지연	최소-최대촉진 (least-to-most prompting)	간접구어촉진
②	진행시간지연	점진적 안내 (graduated guidance)	직접구어촉진
③	0초 시간지연	최대-최소촉진 (most-to-least prompting)	확산적 발문
④	고정시간지연	부분적 참여 (partial participation)	확산적 발문
⑤	고정시간지연	점진적 안내 (graduated guidance)	간접구어촉진

106

정답 및 예시답안

④

알찬 지문풀이

- ㄱ. 수 영역 Ⅰ단계의 '변별하기'를 지도하기 위해, 축구공과 야구공 중에서 변별해야 하는 야구공을 학생에게 <u>더 가까운 위치</u>에 놓아준 후, 야구공을 찾게 하였다. ➡ **자극 내 촉진**

- ㄴ. 연산 영역 Ⅰ단계의 '구체물 가르기와 모으기'를 지도하기 위해, 여러 개의 사과와 '<u>두 접시에 나눠진 사과 그림</u>'을 함께 제시한 후, 여러 개의 사과를 그림에서처럼 가르게 하였다. ➡ **자극 외 촉진**

- ㄷ. 측정 영역 Ⅰ단계의 '화폐의 종류 알기'를 지도하기 위해, <u>천 원 크기의 종이와 ○표시 스티커를 붙인</u> 천 원짜리 지폐를 제시한 후, 실제 지폐를 찾게 하였다. ➡ **자극 외 촉진**

- ㄹ. 수 영역 Ⅱ단계의 '한 자릿수의 크기 비교하기'를 지도하기 위해, <u>비교해야 하는 숫자 9와 6 밑에 각각 그 개수만큼의 바둑알을 놓아준 후, 많은 쪽의 숫자에 동그라미 표시</u>를 하게 하였다. ➡ **자극 외 촉진**

- ㅁ. 측정 영역 Ⅲ단계의 '무게 재기'를 지도하기 위해, 저울을 사용하여 감자 무게를 재는 시범을 보여준 후, 직접 감자 무게를 재게 하였다. ➡ **시범 촉진**

107

정답 및 예시답안

⑤

알찬 지문풀이

- ㄱ. 간단한 언어촉진으로 학생이 정반응을 지속적으로 보이면 과제에 대한 ~~독립적 수행~~이 이루어진 것으로 본다. ➡ **촉진 없이 수행해야 독립적 수행**

- ㄷ. ~~최소─최대~~ 촉진체계는 학생들이 기술을 습득하는 초기 단계에서 사용하여 학습과정에서의 오류를 줄이는 데 유용하다. ➡ **최대─최소**

관련이론

🔍 **촉구와 용암**

촉구의 정의	• 바람직한 반응을 보일 수 있도록 도와주는 부가적인 자극 • 정확한 반응을 할 가능성을 증가시키는 데 사용되는 것	
촉구의 유형	반응촉구	• 언어적 촉구 • 시각적 촉구 • 자세(몸짓) 촉구 • 모델링(시범 촉구) • 신체적 촉구 • 혼합된 촉구
	자극촉구	• 자극 내 촉구 • 자극 외 촉구
촉구의 용암	반응촉구용암	• 도움 감소법 • 도움 증가법 • 촉구 지연법(시간지연) • 점진적 안내
	자극촉구용암	• 자극촉구의 점진적 변화는 변별자극을 점차 분명하게 또는 점차 불분명하게 변화시키거나, 변별자극에 추가적 단서를 주는 것

106

임 교사는 2008년 개정 특수학교 기본교육과정 수학과 내용체계의 영역을 정신지체 학생에게 〈보기〉와 같은 다양한 촉진 전략을 사용하여 지도하였다. 임 교사가 사용한 촉진 전략 중 가외자극촉진(자극 외 촉구 : extrastimulus prompt) 전략을 〈보기〉에서 모두 고른 것은?

> **보기**
>
> ㄱ. 수 영역 Ⅰ단계의 '변별하기'를 지도하기 위해, 축구공과 야구공 중에서 변별해야 하는 야구공을 학생에게 더 가까운 위치에 놓아준 후, 야구공을 찾게 하였다.
>
> ㄴ. 연산 영역 Ⅰ단계의 '구체물 가르기와 모으기'를 지도하기 위해, 여러 개의 사과와 '두 접시에 나눠진 사과 그림'을 함께 제시한 후, 여러 개의 사과를 그림에서처럼 가르게 하였다.
>
> ㄷ. 측정 영역 Ⅰ단계의 '화폐의 종류 알기'를 지도하기 위해, 천 원 크기의 종이와 ○표시 스티커를 붙인 천 원짜리 지폐를 제시한 후, 실제 지폐를 찾게 하였다.
>
> ㄹ. 수 영역 Ⅱ단계의 '한 자릿수의 크기 비교하기'를 지도하기 위해, 비교해야 하는 숫자 9와 6 밑에 각각 그 개수만큼의 바둑알을 놓아준 후, 많은 쪽의 숫자에 동그라미 표시를 하게 하였다.
>
> ㅁ. 측정 영역 Ⅲ단계의 '무게 재기'를 지도하기 위해, 저울을 사용하여 감자 무게를 재는 시범을 보여준 후, 직접 감자 무게를 재게 하였다.

① ㅁ
② ㄱ, ㅁ
③ ㄴ, ㄷ
④ ㄴ, ㄷ, ㄹ
⑤ ㄱ, ㄴ, ㄷ, ㄹ

107

정신지체학생의 교수·학습 과정에서 사용하는 촉진(prompting)과 관련된 설명으로 옳은 것을 〈보기〉에서 고른 것은?

> **보기**
>
> ㄱ. 간단한 언어촉진으로 학생이 정반응을 지속적으로 보이면 과제에 대한 독립적 수행이 이루어진 것으로 본다.
>
> ㄴ. 학생들이 촉진에 고착되거나 의존하는 단점을 보완하기 위하여 촉진을 점진적으로 제거하는 것을 용암이라고 한다.
>
> ㄷ. 최소−최대 촉진체계는 학생들이 기술을 습득하는 초기 단계에서 사용하여 학습과정에서의 오류를 줄이는 데 유용하다.
>
> ㄹ. 촉진은 자연적인 자극하에서 정반응이 일어나지 않을 때 여러 가지 부가 자극을 사용하여 정반응의 발생 가능성을 증가시키는 방법이다.
>
> ㅁ. 점진적 안내(graduated guidance)는 신체적 촉진의 수준을 학생의 수행 진전에 따라 점차 줄여나가다 나중에는 그림자 방법을 사용하는 것이다.

① ㄱ, ㄴ, ㄹ
② ㄱ, ㄷ, ㅁ
③ ㄴ, ㄷ, ㄹ
④ ㄴ, ㄷ, ㅁ
⑤ ㄴ, ㄹ, ㅁ

● **핵심테마 체크**
• 촉구와 용암

MY MEMO

108

정답 및 예시답안

○ **(가) 촉진 방법 A:** 점진적 안내
○ **(나) 촉진 방법 B의 장점:** 언어적 촉진을 하는 것에 비해 시간을 단축시킬 수 있고, 교사의 도움 없이 독립적으로 활용할 수 있다.
○ **(다) 측정 방법 C의 자연적 촉진의 예:** 식사시간 전, 미술시간 후 등 일상적인 활동과 관련지을 것

관련이론

◎ 시각적 촉진(촉구)

• 간단한 기계를 조립할 때, 음식을 만들 때, 카메라 사용방법을 가르칠 때, 작업의 순서를 그림으로 그려 제시한다든지, 사각형 도형을 점선으로 그려 놓고 연필로 점선을 따라 그리도록 하는 것 등은 올바른 학습 반응을 유도하기 위하여 사용되는 보조적인 시각적 촉진자극들이다.

— 홍준표, 『응용행동분석』, 학지사, 2009.

• 교수전략은 대개 시각적 촉구의 한 형태를 포함하고 있다. 대부분의 입문서에는 학생이 인쇄된 문자를 인지하도록 돕기 위해 삽화가 삽입된다. 교사는 학생을 촉구하기 위해 산수 문제의 정답 예를 제시할 수도 있다.

• 그림 촉구의 한 가지 장점은 일단 학생이 사용법을 배우면 마치 성인이 스스로의 촉구를 위해 지도나 도표를 보는 것처럼 그것을 독립적으로 사용할 수 있다는 것이다.

• 시각적 촉구는 교사가 시간을 절약하도록 도와준다. 교실의 게시판은 그림 촉구를 제공하는 데에 잘 사용될 수 있다. 과제를 잘 완성한 것에 대한 선 그래프나 사진, 교실을 떠나기 전에 책상을 살피는 그림, 혹은 복도에 게시된 식당에서 줄을 질서 있게 서 있는 학급 사진 등은 모두 정반응을 촉구하는 것으로 사용될 수 있다.

— 이효신, 『응용행동분석』, 학지사, 2016.

다음은 중도·중복장애 학생을 위한 '손 씻기' 지도 계획이다. 촉진 방법 A의 명칭을 쓰고, 촉진 방법 B가 갖는 장점 2가지를 서술하시오. 그리고 촉진 방법 C의 밑줄 친 '자연적 촉진'의 예를 1가지 제시하시오. [4점]

(가) 촉진 방법 A

세면대 앞에서 학생의 손을 잡고 '수도꼭지 열기 → 흐르는 물에 손대기 → 비누 사용하기 → 문지르기 → 헹구기 → 수도꼭지 잠그기 → 수건으로 닦기' 순서로 지도한다. 처음에는 손을 잡고 지도하다가, 자발적 의지가 보이면 교사 손의 힘을 풀면서 손목 언저리를 잡고 도와준다. 손목을 잡고 도움을 주다 점차 어깨 쪽에 손만 살짝 접촉하고 지켜보다가 서서히 그림자(shadowing) 방법으로 가까이에서 언제든 지원할 동작을 취한다.

(나) 촉진 방법 B

교실 내 세면대 앞에 '청결한 손 씻기' 그림을 붙여 놓는다.

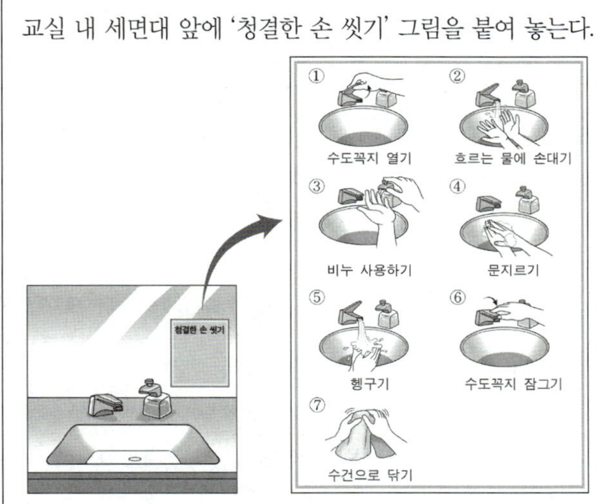

(다) 촉진 방법 C

언제 손을 씻어야 하는지 알도록 <u>자연적 촉진(natural prompts)</u>을 이용하여 지도한다.

● 핵심테마 체크
• 촉구의 유형

— MY MEMO

109

정답 및 예시답안

1) 시범 촉구
2) 유치원 교육과정
3) 유치원 교육과정

관련이론

Q 촉구와 용암

촉구의 정의		• 바람직한 반응을 보일 수 있도록 도와주는 부가적인 자극 • 정확한 반응을 할 가능성을 증가시키는 데 사용되는 것	
촉구의 유형	반응촉구	• 언어적 촉구 • 자세(몸짓) 촉구 • 신체적 촉구	• 시각적 촉구 • 모델링(시범 촉구) • 혼합된 촉구
	자극촉구	• 자극 내 촉구	• 자극 외 촉구
촉구의 용암	반응촉구용암	• 도움 감소법 • 촉구 지연법(시간지연)	• 도움 증가법 • 점진적 안내
	자극촉구용암	• 자극촉구의 점진적 변화는 변별자극을 점차 분명하게 또는 점차 불분명하게 변화시키거나, 변별자극에 추가적 단서를 주는 것	

109

(가)는 4세 발달지체 유아 연지의 통합학급 놀이 장면이고, (나)는 유아 특수교사 최 교사와 유아교사 강 교사의 대화이다. 물음에 답하시오. [5점]

(가)

> 정 민: 연지야, 나 색종이로 뾰족 산 접었어.
>
> 연 지: 뾰족 산, 나도 뾰족 산.
>
> 최 교사: 연지도 색종이로 뾰족 산 만들어 볼래요?
>
> 연 지: (색종이를 만지작거리다가) 나 못해.
>
> 최 교사: 연지야, 선생님 잘 보세요. ㉠(정사각형 색종이를 산 모양으로 접는 것을 보여 준다.) 이제, 선생님처럼 접어 보세요.
>
> 정 민: 와, 연지도 뾰족 산 만들었다!
>
> 하 영: 뾰족 산 위에 뾰족 산을 거꾸로 붙여서 반짝 별 완성!
>
> 연 지: 와, 예쁘다.
>
> 정 민: 선생님, 반짝 별로 보물찾기 놀이 하고 싶어요.
>
> 최 교사: 그럼, 반짝 별을 많이 만들어서 보물찾기 놀이 할까요?
>
> 최 교사: 그리고 친구들이 잘 찾을 수 있게 보물찾기 지도도 함께 만들어 봐요.

> **〈반짝 별 보물찾기 놀이 방법〉**
>
> 1. 전체 유아를 노랑 모둠과 파랑 모둠으로 나눈다.
> 2. 노랑 모둠은 꽃들반 교실에, 파랑 모둠은 새들반 교실에 반짝 별을 숨긴다.
> 3. 교실을 바꾸어 반짝 별을 찾는다.

> 하 영: 노랑 모둠이 보물을 다 찾았는지 궁금해요.

(TV와 연결한 PC의 원격 화상 프로그램을 각 교실에서 사용하여 대화한다.)

> 최 교사: 강 선생님, 노랑 모둠은 보물을 다 찾았나요?
>
> 강 교사: 아니요. 파랑 모둠 친구들이 도와주세요.
>
> 정 민: ㉡ 반짝 별 보물찾기 지도를 잘 보면 찾을 수 있어.
>
> 연 지: (손가락으로 가리키며) 내 앞에 별.
>
> 하 영: ㉢ 피아노 의자 밑에 반짝 별이 숨어 있어. 찾아봐!

(나)

> 최 교사: 연지가 이제는 여러 시각적 자극에서 중요한 정보를 구분하여 찾아내는 것이 가능해진 것 같아요. 어제 연지가 소꿉놀이 교구장과 자동차 도로 매트 위에 있는 반짝 별을 잘 찾더라고요. ┐[A]
>
> 강 교사: 그럼, 연지와 술래놀이, 숨은그림찾기, 부분 그림 완성하기를 더 자주 해 보도록 해요. ┘
>
> 최 교사: 네, 선생님. 그리고 연지가 요즘 도형에 관심이 많이 생겼어요. 연지의 도형 개념 발달을 위해서 어떻게 지도하면 좋을까요?
>
> 강 교사: 입체도형은 어려우니까 쉬운 평면도형부터 지도하도록 해요. 삼각형, 사각형 같은 형식적인 명칭을 강조하기보다는 세모, 네모와 같이 연지가 친근해하는 이름으로 이해시키는 것이 좋아요. ┐[B]
>
> 최 교사: 네. 그리고 도형을 소개할 때 한정된 도형의 시각적 원형에서 벗어날 수 있도록 크기, 방향, 모양이 다른 여러 가지 도형을 함께 제시해 주기로 해요. ┘

1) (가)의 밑줄 친 ㉠에 해당하는 촉구(prompt) 유형을 쓰시오. [1점]

2) (가)의 ① 밑줄 친 ㉡에 해당하는 공간위치관계 발달 수준의 명칭을 쓰고, ② 밑줄 친 ㉢의 공간위치관계 발달 수준에 해당하는 위치관계 이해의 특징 1가지를 쓰시오. ③ 델 그란데(J. Del Grande)의 공간 지각 능력의 7가지 요소 중 (나)의 [A]에 해당하는 요소 1가지를 쓰시오. [3점]

①:

②:

③:

3) (나)의 [B]에서 설명한 도형 개념 발달을 위한 지도 내용 중 <u>잘못된</u> 내용 1가지를 바르게 고쳐 쓰시오. [1점]

110

정답 및 예시답안

○ ㉠은 반응기회 기록법(통제제시 기록법)이며, ㉡은 촉진의 형태가 바뀌는 것이 아니라, 촉진하는 시간을 바꿔가는 것이라는 특성이 있다.
○ ㉢을 할 때 학생 J에게 활동에 대한 선택권을 제공하고, ㉣을 할 때 질문에 대한 모든 응답에 칭찬을 하여 시도에 대해 강화한다.
○ ㉤을 할 때 학생 J가 조리 도구의 용도를 모를 때 스스로 질문하는 것을 지도한다.

관련이론

Q 촉구 지연법

- 도움 감소법이나 도움 증가법은 촉구 자체의 형태가 바뀌는 것인데, 촉구 지연법은 촉구 자체의 형태가 바뀌는 다른 용암 형식과는 달리 촉구하는 시간을 바꿔가는 것이다.
- 자극이 제시된 후에 촉구를 제시하기까지의 시간을 지연시킴으로써 촉구에서 변별자극으로 자극통제를 전이하는 것이다.
- 도움 감소법이나 도움 증가법은 아동의 반응 뒤에 반응촉구가 주어지지만, 촉구 지연법은 아동의 반응 전에 반응촉구가 주어진다. 따라서 처음에는 0초 간격으로 변별자극과 동시에 반응촉구를 제시한다. 이런 동시 촉구를 몇 차례 시행해야 하는지에 대한 기준은 없고, 과제가 얼마나 어려운지, 아동의 능력이 어느 정도인지에 따라 결정할 수 있다. 그다음에는 점진적으로 촉구를 지연하는 시간을 보통 1초 간격으로 늘려간다. 그러므로 아동은 대부분 반응하기 전에 반응촉구를 받게 된다.
- 반응촉구로부터 자연적인 식별자극을 통제하여 용암시키는 다른 방법은 촉구지연이다. 이 과정에서는 처음에 식별자극을 제시하고 몇 초간 기다린다. 그 후 올바른 반응을 보이지 않으면 촉구를 제공한다. 식별자극 제시와 촉구 간의 시간지연은 일정하거나 점진적일 수 있다.
- 촉구 지연은 일정하든 점진적이든 첫 시도에서 식별자극과 촉구 간의 간격은 0초 지연으로부터 시작된다. 그 후 시도들에서 촉구가 주어지기 전에 올바른 반응을 하게 하도록 촉구 지연을 한다. 만일 올바른 반응을 할 수 없으면, 식별자극이 있을 때 반응을 일으키기 위해 촉구를 한다. 결국 몇 번의 시도로 올바른 반응이 촉구되고 강화된 후, 올바른 반응은 촉구가 주어지기 전에 일어날 것이다.
- 시간지연법은 촉구 자체의 형태가 바뀌는 다른 용암 방식과는 달리 촉구의 시간이 바뀐다. 교사는 촉구를 즉각 제시하기보다는 기다려서 학생에게 촉구 전에 반응하게 한다. 지연은 보통 수 초 동안이다.
- 시간지연법은 일정하거나(지연이 동일한 길이임) 진행형(촉구 전 간격이 학생이 보상을 얻은 만큼 길어짐)으로 이루어진다.
- 시간지연법 또한 시각적 촉구를 용암시키는 데에 사용될 수 있다. 그림과 그에 상응하는 어휘가 적힌 카드를 이용하여 가르칠 때 카드의 그림을 가리고 학생이 그림을 보지 않고 단어를 맞힐 수 있도록 수 초 동안 기다리는 것이다. 만일 교사가 설정해 놓은 시간 내에 학생이 반응하지 못하면 그림을 보여준다.

110

2019. 중
★ 답안작성

(가)는 자폐성장애 학생 J를 위한 기본 교육과정 고등학교 과학과 '주방의 전기 기구' 수업 지도 계획의 일부이고, (나)는 '주방의 조리 도구' 수업 지도 계획의 일부이다. <작성방법>에 따라 서술하시오. [5점]

(가) '주방의 전기 기구' 수업 지도 계획

학습 목표	주방에서 사용하는 전열기의 이름을 안다.

〈비연속 시행 훈련(DTT) 적용〉	〈유의 사항〉
• ㉠ 수업 차시마다 주방 전열기 사진 5장을 3번씩 무작위 순서로 제시하여 총 15번의 질문에 학생이 바르게 답하는 빈도를 기록함 　－ ㉡ 점진적 시간 지연법을 이용함	• 학생이 선호하는 강화제 사용 • 학생에게 익숙한 주방 전열기 사진 제시

(나) '주방의 조리 도구' 수업 지도 계획

학습 목표	여러 가지 조리 도구의 용도를 안다.

〈중심축 반응 훈련(PRT) 적용〉	〈유의 사항〉
• ㉢ '조리 도구 그리기', '인터넷을 통해 조리 도구 알아보기', '조리 도구 관찰하기' 활동을 준비하여 지도함 • ㉣ 조리 도구의 용도를 묻는 질문에 답하도록 지도함 • ㉤ 조리 도구의 용도를 모를 때 학생이 할 수 있는 행동을 지도함	• 학생이 할 수 있는 다른 활동과 함께 제시 • 자연스러운 강화제 사용 • 다양한 활동, 자료, 과제량 준비

┌ **작성방법** ┐
- 밑줄 친 ㉠에서 사용한 사건(빈도)기록법의 유형을 쓰고, '촉진의 형태가 바뀌는 용암 체계'에 비해 밑줄 친 ㉡이 갖는 특성 1가지를 서술할 것
- 밑줄 친 ㉢과 ㉣을 할 때 '동기' 반응을 향상시키기 위한 방법을 순서대로 서술할 것(단, <유의 사항>에서 제시된 방법을 제외할 것)
- 밑줄 친 ㉤을 할 때 교사가 가르칠 내용을 '자기주도(self-initiation)' 반응 측면에서 서술할 것

111

정답 및 예시답안

1) ① 전의도적 단계(목표지향적인 의사소통 단계)
    ② 공동관심(함께 주목하기)
2) ⓒ 전략
    ② 상징
3) 도움 늘리기(도움 증가하기, 최소－최대 촉진)

관련이론

◎ AAC 체계의 구성요소

AAC 상징	• 그림상징, 청각적 상징, 제스처사용, 질감 또는 촉감 활용상징 등이 해당 • 도구가 사용되지 않는 형태(수화, 제스처, 얼굴 표정 등)일 수도 있고 도구가 사용되는 형태(실물, 사진, 선화, 철자 등)일 수도 있음
AAC 도구	• 메시지를 주고받기 위해 사용하는 전자적 또는 비전자적 장치 • '장치'라는 용어로도 혼용됨
AAC 기법	• 메시지의 전달방법 • 상징의 선택방법, 훑기(scanning) 등
AAC 전략	• 메시지를 가장 효과적이고 효율적으로 전달할 수 있는 방식 • **목적**: 메시지의 타이밍 향상, 메시지의 문법적 구성 돕기, 의사소통 속도의 강화

핵심테마 체크
• 촉진
• AAC의 구성요소

MY MEMO

111　　　　　　　　　　　　　2019. 유

다음은 4세 발달지체 유아 승우의 어머니와 특수학급 민 교사 간 대화의 일부이다. 물음에 답하시오. [5점]

> 민　　교　사 : 승우 어머니, 요즘 승우는 어떻게 지내나요?
> 승우 어머니 : 승우가 말로 의사 표현을 하지 못하니 집에서 어려움이 많아요. 간단하게라도 승우가 원하는 것을 알고 상호작용을 할 수 있으면 좋겠는데, 어떻게 해야 할지 모르겠어요. 유치원에서는 승우를 어떻게 지도하시는지요?
> 민　　교　사 : 유치원에서도 ㉠ 승우에게는 아직 의도적인 의사소통 행동이 명확하게 잘 나타나지 않아서, 승우의 행동이 뭔가를 의미한다고 생각하고 반응해 주고 있어요. 그리고 ㉡ 승우가 어떤 사물을 관심을 가지고 바라보고 있을 때, 그것을 함께 바라봐 주는 반응을 해 주고 있어요.
> 승우 어머니 : 그렇군요, 저는 항상 저 혼자만 일방적으로 말하고 있는 것 같아서 답답했어요.
> 민　　교　사 : 집에서도 승우와 대화할 때 어머니의 역할이 중요해요. 그럴 때는 ㉢ 어머니께서 승우가 의사를 표현할 수 있을 거라는 기대를 가지고 기회를 제공하여, 의사를 표현하는 동안 충분히 기다려 주는 것이 필요하지요. 승우에게 필요한 표현을 ㉣ 간단한 몸짓이나 표정, 그림 등으로 나타낼 수 있도록 만들어 가면 어떨까요? 예를 들면, ㉤ 간식 시간마다 승우가 먼저 간식을 달라는 의미로 손을 내미는 행동을 정해서 자신의 의도를 표현할 수 있도록 하는 것이지요.
> 민　　교　사 : 아, 그렇군요. 원하는 것을 표현하면 얻을 수 있다는 것도 가르쳐야 하는군요.

1) ① ㉠에 나타난 승우의 언어 전 의사소통 발달단계를 쓰고, ② ㉡에서 민 교사가 의도한 초기 의사소통 기능을 쓰시오. [2점]

　① :

　② :

2) ㉢과 ㉣은 보완대체의사소통(AAC)의 4가지 구성요소 중 무엇에 해당하는지 각각 쓰시오. [2점]

　㉢ :

　㉣ :

3) 다음은 ㉤을 위해 계획한 촉구 전략 절차이다. 어떤 촉구 전략인지 용어를 쓰시오. [1점]

> 1. 승우에게 간식을 보여 주고 3초를 기다린다.
> 2. 정반응이 없으면, 승우에게 "주세요 해 봐"라고 말한다.
> 3. 또 정반응이 없으면, 승우에게 "주세요 해 봐"라고 말하면서 간식을 달라고 손을 내미는 시범을 보인다.
> 4. 또다시 정반응이 없으면, 승우에게 "주세요 해 봐"라고 말하면서 승우의 손을 잡아 내밀게 한다.

112

정답 및 예시답안

1) 유치원 교육과정
2) 유치원 교육과정
3) 다음 중 택 1
   • 교사가 제공하는 강화나 촉진에 의존하는 행동을 보일 수 있다.
   • 교사가 제공하는 강화나 촉진에 의존하여, 강화나 촉진이 제공되지 않으면 목표행동을 보이지 않을 수 있다.
4) 5 / 유아들의 놀이 활동에 최소한으로 개입하여 현수와 또래들이 자연스럽게 놀이 활동을 할 수 있도록 지원한다.

관련이론

의사소통 발달의 3단계

1단계 : 전의도적 단계 (prelocutionary)	학생이 자신의 의도를 정확하게 표현하지 못하므로 대화상대자가 학생이 표현하고자 하는 의도를 주도적으로 해석해야 하는 단계이다. 이 단계에서는 교사는 학생이 흥미 있어 하는 사물을 이용하여 공동관심이나 상호관심을 형성할 수 있도록 유도한다. 교사와 학생이 같은 사물이나 활동에 집중하고 있거나 학생과 교사가 서로를 바라볼 때 교사의 일관성이 있는 피드백은 학생의 의도를 유도할 수 있다.
2단계 : 의도적인 비구어 단계 (illocutionary)	학생이 정확한 발음의 구어는 아니지만 관습적인 몸짓이나 부정확한 발음 혹은 일정한 행동이나 몸짓 등으로 표현하는 단계이다.
3단계 : 의도적인 상징적 의사소통 단계 (locutionary)	구체적인 의도를 가지고 상대방을 향해 단어나 기타 상징체계를 사용하여 지적하거나 표현하는 단계이다.

112

(가)는 5세 발달지체 유아 현수의 사회적 통합과 관련하여 특수학급 최 교사와 통합학급 김 교사가 나눈 대화의 일부이고, (나)는 최 교사와 김 교사가 적용한 우발 교수(incidental teaching)와 사회적 통합 활동(social integration activities)계획안이다. 물음에 답하시오. [5점]

(가)

> 김 교사: 선생님, 현수가 친구를 전혀 사귀지 못하는데 어떻게 해야 할지 난감하네요.
> 최 교사: 놀이 활동을 할 때는 어떤가요?
> 김 교사: ㉠ 사물이나 놀잇감을 가지고 혼자 놀고, 친구들 근처에는 가지도 않고 같이 놀지도 않아요. 같이 놀려는 마음도 없고요.
> 최 교사: 그래요? 선생님, ㉡ 현수가 친구들과 같이 놀면서 사회적 관계를 형성하도록 도와주는 효과적인 방법이 있는데 같이 적용해 보실까요?
> 김 교사: 어떤 방법들이 있나요?
> 최 교사: 현수의 상황에서는 '우발 교수'와 '사회적 통합 활동'을 제공하면 좋겠어요.

(나)

> ■ 현수를 위한 '우발 교수' 계획
> 1. 현수를 놀이 활동 중인 친구들 근처에 있게 한다.
> 2. 현수가 친구들의 놀이나 놀잇감에 관심을 보일 때까지 기다린다.
> 3. (㉢)
> 4. 현수가 친구들과 같이 놀이에 참여할 때, 긍정적 피드백이나 ㉣ 칭찬을 제공한다.
>
> ■ 현수를 위한 '사회적 통합 활동' 계획
> [기본 절차]
> 1. 사회성 및 의사소통 기술이 우수한 두세 명의 친구들을 선정한다.
> 2. 친구들이 현수와 함께 정해진 구역에서 짧은 시간 동안 놀이 활동을 하게 한다.
>
> [고려 사항 및 유의점]
> 1. 현수를 사회성이 우수한 친구들과 함께 놀이 활동에 참여하게 한다.
> 2. 정해진 장소에서 5~15분 정도의 시간 동안 놀이 활동을 하게 한다.
> 3. 현수에게 긍정적인 놀이 경험이나 또래 간 상호작용을 제공할 수 있는 놀이 활동을 선정한다. [A]
> 4. 놀이 주제를 소개하고 ㉤ 촉진을 사용하여 또래와의 상호작용을 체계적으로 유도한다.
> 5. 적극적으로 유아들의 놀이 활동에 같이 참여하여 현수의 놀이 활동을 지원한다.

1) 파튼(M. B. Parten)이 제시한 사회적 참여에 따른 놀이 단계를 고려할 때, ① (가)의 ㉠에 해당하는 현수의 놀이 활동 단계의 명칭을 쓰고, ② ㉡을 통해 교사가 현수에게 기대하는 놀이 활동 단계의 명칭을 쓰시오. [2점]

①:

②:

2) (가)의 대화를 고려할 때, ㉢에 들어갈 교사의 놀이 활동 지원 행동을 쓰시오. [1점]

3) 교사가 ㉣이나 ㉤과 같은 강화나 촉진(prompt)을 용암이나 점진적 감소 전략을 통해 제거하지 않았을 대, 현수에게 나타날 수 있는 행동을 쓰시오. [1점]

4) [A]에 제시된 '사회적 통합 활동' 계획의 [고려 사항 및 유의점] 중 적절하지 <u>않은</u> 내용을 찾아 해당 번호를 쓰고, 이를 적절한 내용으로 고쳐 쓰시오. [1점]

113

정답 및 예시답안

1) 유치원 교육과정
2) 신체적 촉구
3) 유치원 교육과정

관련이론

◎ **반응촉구의 유형**

언어적 촉구	• 언어로 지시, 힌트, 질문 등을 하거나 개념의 정의나 규칙을 알려 주는 것으로 바람직한 행동을 유발하는 것이다. • 언어적 촉구로 어떤 개념에 대한 정의나 규칙을 언급해 주는 방법도 있다.
신체적 촉구	• 신체적 접촉을 통해 학생의 바람직한 행동을 유발하도록 돕는 것이다.
시각적 촉구	• 사진, 그림 등을 사용하여 바람직한 행동을 유발하도록 돕는 것이다. • 장점 : 시각적 촉구는 구어로 하는 언어적 촉구를 해야 하는 시간을 단축시켜주는 장점이 있다.
몸짓 촉구	• 아동을 신체적으로 접촉하지 않고 교사의 동작이나 자세 등의 몸짓으로 정반응을 이끄는 것이다.
모방하기 촉구	• 촉구의 한 유형이지만 독립적으로도 사용할 수 있다.
혼합된 촉구	• 언어, 신체, 몸짓, 시각적 자료 등 다양한 촉구를 혼합하여 사용하여 아동의 바람직한 행동을 유발하는 것이다.

113

**다음은 5세 발달지체 유아 슬비의 통합학급 박 교사와
유아특수교사 최 교사의 대화이다. 물음에 답하시오.**

[5점]

박 교사: 선생님, '과일'이 놀이 주제인데 어떤 활동이 좋
   을까요?
최 교사: 네, '과일 꼬치 만들기'를 하면 어떨까요?
박 교사: 재미있겠네요. 활동 과정을 이야기해 주시겠어요?
최 교사: 우선 사과와 배의 맛을 보며 동기 유발을 해요.
   그러고 나서 깍두기 모양의 조각난 사과와 배를
   가지고 자유롭게 과일 꼬치를 만들게 하면 좋을
   것 같아요.
박 교사: 그런데 저는 수학적 탐구 활동도 경험하게 해
   주고 싶은데요. 이와 관련된 활동은 어떤 것이
   있을까요?
최 교사: 슬비와 유아들이 자유롭게 과일 꼬치를 만들어
   봤으니까 이번에는 규칙성을 경험할 수 있게 패턴
   꼬치를 만들어 보게 하면 되겠지요. 예를 들면,
   ㉠ '사과-배/사과-배/사과-배'와 같은 과일 꼬
   치를 만들어 보는 거예요. 그 다음에 긴 꼬챙이를
   가지고 ㉡ '사과-배/사과-배-배/사과-배-
   배-배/사과…'와 같은 형태의 패턴을 만들게 해
   주세요. 그러면 유아들이 여러 가지 패턴을 경
   험할 거예요.
박 교사: 선생님, 그런데 슬비는 협응과 힘 조절에 어려
   움이 있어서 과일을 꼬챙이에 끼울 때 많이 힘
   들어 할 것 같아요. 어떻게 하면 슬비가 활동에
   보다 더 쉽게 참여할 수 있을까요?
최 교사: 선생님께서 ㉢ <u>반응촉구</u>로 지원하면 좋겠네요.
박 교사: 선생님, '과일 꼬치 만들기'와 관련해서 확장 활동
   으로 추천할 만한 과학적 탐구 활동이 있을까요?
최 교사: 그러면 확장 활동은 사과를 활용해서 ㉣ <u>물리적</u>
   <u>변화</u>와 ㉤ <u>화학적 변화</u>를 경험할 수 있게 하면
   좋겠네요. ㉥ <u>필요한 준비물은 믹서와 강판 그</u>
   <u>리고 과일 깎는 칼과 그릇</u>이에요. 이 활동을 할
   때 슬비가 활동 도우미로 참여하면 좋겠고요.
   활동이 2개이니 저와 함께 진행해요.

1) ㉠과 ㉡의 규칙성 패턴 유형을 쓰시오. [2점]

   ㉠ :

   ㉡ :

2) 슬비의 특성을 고려하여 ㉢의 유형을 쓰시오. [1점]

3) ㉥의 준비물을 고려하여 ㉣과 ㉤의 활동 예를 쓰시오.
   [2점]

   ㉣ :

   ㉤ :

핵심테마 체크
- 촉진(촉구)의 유형
- 자기교수

MY MEMO

114

정답 및 예시답안

1) 유치원 교육과정
2) 공간적 촉진
3) ① 자기교수 용암
    ② 태호는 마음속으로 "나는 조용히 그림책을 볼 거야."라고 내적 언어를 사용하며 그림책을 본다.

관련이론

자기교수

의미	① 자기교수는 자기가 수행할 행동의 순서를 스스로 말해 가면서 실행하도록 하는 것이다. ② 자기교수란 어떤 행동을 수행하기 위해 자기 스스로에게 구어적 촉구를 제공하는 과정이라고 할 수 있다. ③ 자기교수의 두드러진 특징은 자신이 행하고 있는 생각과 행동을 언어화시키는 것이다. 즉, 소리 내어 생각하기를 하는 것이다. ④ 자기교수는 특별히 충동적인 아동들을 위한 좋은 중재이다. 왜냐하면 충동적인 아동은 반응 억제 능력과 인지적 문제해결 능력이 낮아서 어떤 자극이 주어지면 즉각적이고 거의 전 자동적인 행동 반응을 보이는데, 내적 언어화가 요구되는 자기교수는 아동에게 반응하기 전에 생각하는 것을 촉진시키기 때문이다.	
단계	1단계: 인지적 모방	아동은 교사가 소리 내어 혼잣말을 하면서 과제를 수행하는 것을 관찰한다.
	2단계: 외적 모방	아동은 교사가 말하는 자기교수의 내용을 그대로 따라 말하면서 동시에 교사가 수행하는 것과 같은 과제를 수행한다.
	3단계: 외적 자기 안내	아동은 교사의 시범 없이 혼자서 큰 소리를 내어 교사가 한 것과 똑같은 자기교수를 하면서 과제를 수행한다.
	4단계: 외적 자기 안내의 제거	아동은 자기교수를 속으로 중얼거리면서 과제를 수행한다.
	5단계: 내적 자기교수	아동은 내적 언어를 통하여 자기를 지도하면서 과제를 수행한다.

고득점 답안 비법　 공간적 촉진은 유아특수교육개론에서 다루는 촉진의 종류임. 예시에 따라 공간적 촉진의 사례는 일부 자극 내 촉진의 예시가 될 수 있음. 그러나 모든 공간적 촉진의 사례가 자극 내 촉진이 되는 것이 아니므로, 상황에 따라 분석 및 구분할 것

114

다음은 통합학급 김 교사와 유아특수교사 박 교사가 나눈 대화의 일부이다. 물음에 답하시오. [5점]

박 교사 : 선생님, 우리 아이들의 노는 모습이 참 다양하죠?

김 교사 : 오늘 수희와 영미는 병원놀이를 했고, 재우와 인호는 퍼즐놀이를 했어요. 민우는 혼자서 종이블록을 가지고 쌓기놀이를 하고 있었어요. 마침 지수가 그 옆을 지나다가 민우 옆에 앉더니 자기도 민우처럼 종이 블록을 가지고 쌓기놀이를 하더라고요. 그런데 지수와 민우는 서로 상호 작용을 하지는 않았어요. [A]

… (중략) …

김 교사 : 지수가 '같은 그림 찾기' 놀이를 할 때에 좀 어려워하던데, 이런 경우에는 어떻게 가르칠 수 있을까요?

박 교사 : 네, 촉구법을 사용할 수 있어요. ㉠ 지수가 '같은 그림 찾기' 놀이를 할 때, 찾아야 하는 그림카드는 지수가 잘 볼 수 있도록 가까이에 두고 다른 그림카드는 조금 멀리 두는 거예요.

김 교사 : 아, 그렇군요. 전에 태호가 좀 충동적이고 산만했었는데, 최근에는 ㉡ 태호가 속삭이듯 혼잣말로 "나는 조용히 그림책을 볼 거야."라고 말하며 그림책을 꽤 오랫동안 잘 보더라고요.

박 교사 : 네. 사실은 얼마 전부터 태호에게 자기교수법으로 가르치고 있었어요. 자기교수법은 충동적이고 주의산만한 아이에게 효과가 있다고 해요.

김 교사 : 그럼 자기교수법은 어떻게 가르치나요?

박 교사 : 자기교수법에는 5단계가 있어요. 첫 번째 인지적 모델링 단계에서는 교사가 유아 앞에서 "나는 조용히 그림책을 볼 거야."라고 말하며 책을 보는 거예요. 두 번째 외적 모방 단계에서는 교사가 말하는 자기 교수 내용을 유아가 그대로 따라 말하면서 그림책을 보는 것입니다. … (중략) … 마지막으로 다섯 번째는 ㉢ 내적 자기교수 단계가 있어요.

1) [A]는 파튼(M. B. Parten)의 사회적 놀이 유형 중 ① 무엇에 해당하는지 쓰고, ② 그렇게 판단한 이유를 쓰시오. [2점]

① :

② :

2) ㉠에 해당하는 촉구(촉진, prompt) 유형을 쓰시오. [1점]

3) 마이켄바움과 굿맨(D. Meichenbaum & J. Goodman)의 자기교수법에 근거하여, ① ㉡에 해당하는 자기교수법 단계의 명칭을 쓰고, ② ㉢에서 태호가 할 행동의 예를 쓰시오. [2점]

① :

② :

115

정답 및 예시답안

1) ① 지역사회 모의교수
   ② 일반화
2) 초등 교육과정
3) ① 점진적 안내
   ② 교사는 학생을 잡지 않고(접촉하지 않고) 학생의 (팔) 가까이에서 물건을 담도록 도움을 준다.
   ③ 학생은 교사의 도움을 받아 카트에 물건을 담는다.

관련이론

◎ 지역사회 중심교수

의미	• 생태학적 접근으로 지역사회 기능을 증진시키기 위하여 사용되는 교수적 접근으로, 기능적 생활 중심 교육과정을 실현하기 위한 전략이라고 할 수 있다. • 장애학생의 지역사회 통합을 기본 전제로 하고, 장애학생이 지역사회의 다양한 환경에서 일어나는 활동에 참여하는 데 필요한 기술을 직접적으로 교수하는 것을 의미한다. • 교실에서 습득한 기술을 다른 환경에서 적용하는 일반화 기술에 효과적이고, 지역사회 안에서 사람과 자연스럽게 접촉하는 경험을 갖게 되고, 직업적인 측면에서는 다양한 직업 훈련을 실습할 기회를 갖게 함으로써 직업 경쟁력과 적절한 근무 자세를 배우게 할 수 있다.
절차	① 목표설정 → 효과성, 포괄성, 자기결정, 통합, 연령－적합성, 위험과 안전을 고려하여 목표설정 ② 과제분석 ③ 교수적 전략 선정 및 적용 ④ 평가를 위한 자료 수집
유형	• 지역사회 중심/지역사회 참조/지역사회 모의
실제	• 지역사회 중심교수의 실제는 학생들이 학교에서 배운 후 그 기술을 일반화할 것이라고 추측하지 말 것을 요구하는 '영수준의 추측' 전략과 일반화가 저절로 된다는 증거가 없는 한 학생들로 하여금 자연스러운 환경에서 기능적 기술을 배울 수 있도록 하는 것이 학생들에게 덜 위험하다는 '최소 위험가정'을 토대로 하기 때문에 교통수단 활용을 위한 비용이나 위험 등을 감수한다.

◎ 점진적 안내

의미 및 방법	• 점진적 안내(graduated guidance)는 정반응을 위한 신체적 촉진이 필요한 학생에게 적절한 반응을 하도록 하기 위해서 꼭 필요하다고 판단되는 신체적 촉진을 주고, 시간이 지나면서 강도가 약한 촉진을 제공하는 방법이다. • 예를 들어, 글씨를 쓸 때 처음엔 손을 잡고 도와주다가 나중엔 팔꿈치만 지지하여 도와주는 것과 같은 식으로 약화시켜 간다. • 필요한 촉진의 수준을 정하기 위해서는 촉진을 주었을 때 정반응과 촉진을 주지 않았을 때의 정반응 데이터를 모으는 것이 필요하다.		

적용 예시	**목표행동**		점퍼를 입고 벗기 위해 지퍼를 올리고 내리기
	단계		**지도내용**
	1	목표행동 수립	지퍼를 올리고 내리기
	2	신체적 촉진	학생의 손 위에 손을 얹어 신체적 도움을 제공함
	3	신체적 촉진의 강도를 점차 줄임	부분적인 신체적 도움에서 점차 학생의 손을 살짝 접촉하는 것으로 촉진을 줄임
	4	그림자 기법	교사가 학생의 손을 접촉하지 않은 채 가까이 하는 것만으로 학생 스스로 수행하도록 함

115 2021. 초 ★ 답안작성

(가)는 중도중복장애 학생 건우의 현재 담임 김 교사와 전년도 담임 이 교사가 나눈 대화이고, (나)는 김 교사가 작성한 수업 계획안의 일부이다. 물음에 답하시오. [6점]

(가) 김 교사와 이 교사의 대화

> 김 교사 : 건우를 위한 실과 수업은 어떤 방향으로 지도하면 좋을까요?
>
> 이 교사 : 건우에게 어릴 때부터 지역사회 기술을 직접 가르치는 것이 좋습니다. 이번 마트 이용하기 활동부터 계획해 보세요.
>
> 김 교사 : 네, 좋아요. 그런데 요즘 ㉠ 코로나 19 때문에 밖에 나가기 어렵고, 그렇다고 학교에 마트가 있는 것도 아니에요.
>
> 이 교사 : 지난번 구입한 머리 착용 디스플레이(Head Mounted Display : HMD)를 활용하는 것이 좋을 것 같아요.
>
> 김 교사 : 그 방법으로는 부족하지 않을까요?
>
> 이 교사 : 맞아요. ㉡ 최대한 지역사회 기술 수행 환경과 유사하도록 학습 환경을 구성해야 해요. 그리고 다양한 사례를 가르쳐 배우지 않은 환경에서도 수행할 수 있도록 계획해야 해요.
>
> … (중략) …
>
> 김 교사 : 건우가 실습수업에 잘 참여하지 않아서 걱정이에요.
>
> 이 교사 : 초등학교 저학년 때부터 매번 실패를 경험하다 보니 이제는 할 수 있는 것조차 하지 않으려 한답니다.
>
> 김 교사 : 그렇다면 성공 경험을 주는 것이 필요하겠군요.
>
> 이 교사 : 과제를 잘게 쪼갠 후, ㉢ 일의 순서와 절차에 따라 수행하도록 지도하는 것이 도움이 될 겁니다.

(나) 수업 계획안

활동주제	쇼핑 카트에 물건 담기

단계	내용
활동 1	○신체적 도움으로 연습하기 　1. 교사는 힘을 주어 학생의 손을 잡고, 학생은 교사의 도움을 받아 카트에 물건을 담는다. 　↓ 　2. 교사는 힘을 주어 학생의 손목을 잡고, 학생은 교사의 도움을 받아 카트에 물건을 담는다. 　↓ 　3. 교사는 힘을 주어 학생의 팔꿈치를 잡고, 학생은 교사의 도움을 받아 카트에 물건을 담는다. [A] 　↓ 　4. (㉣)
활동 2	○독립적으로 연습하기

---

1) (가)의 ㉠과 같은 상황에서 ① 김 교사가 학교에서 적용할 수 있는 지역사회 중심 교수의 유형을 쓰고, ② 다음의 지역사회 중심 교수 절차에서 ㉡이 의미하는 용어 ⓐ를 쓰시오. [2점]

> 교수 장소와 목표 기술 설정 → 교수할 기술 결정 → 교수계획 작성 → 기술의 (ⓐ) 계획 → 교수 실시

① :

② :

2) 다음은 전자레인지 사용법을 ㉢의 예시로 제시한 것이다. 컴퓨팅 사고력(Computational Thinking : CT)의 구성요소로서 ㉢에 해당하는 용어를 쓰시오. [1점]

> • 전자레인지로 요리하는 순서를 바르게 배워 봅시다.
>
>  1. 전자레인지 문을 열어요.
>
>  2. 음식을 넣어요.
>
>  3. 전자레인지 문을 닫아요.
>
> 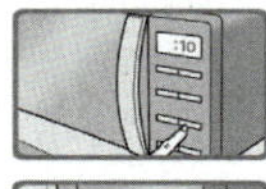 4. 시간을 설정해요.
>
> 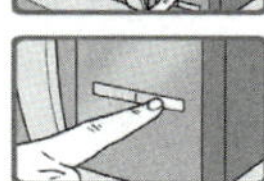 5. 시작 단추를 눌러요.

3) (나)의 [A]에서 적용한 용암법(fading)의 유형을 쓰고, [A]의 마지막 단계인 ㉣에 들어갈 교사와 학생의 행동을 각각 1가지씩 쓰시오. [3점]

① 유형 :

② 교사 행동 :

③ 학생 행동 :

116

정답 및 예시답안

1) 과제에 필요한 자극에는 주의를 기울이고 관련 없는 자극은 무시하는 능력, 주의집중이 필요한 중요한 자극에는 주의를 기울이고 중요하지 않은 자극에는 주의를 기울이지 않는 능력 등
2) ① 행동연쇄법
   ② 사회적 강화제
3) ㉢ 선행사건, 행동, 후속결과 등에 대한 구체적인(상세한) 정보를 얻을 수 있다, 선행사건, 후속결과 등에 대한 풍부한 정보를 얻을 수 있다 등
   ㉤ 수업을 직접적으로 방해하지 않으면서 기록할 수 있다, 비교적 사용하기가 쉽다, 간격마다 빈도를 기록하여 시간의 흐름에 따른 행동발생 분포를 알 수 있다 등

알찬 지문풀이

• '자기 자리에 앉기'라는 목표 행동을 정하고, ➡ 목표행동은 '자기 자리에 앉기'

• '책상 근처로 가기, 책상에 가기, 의자를 꺼내기, 의자에 앉기, 의자에 앉아서 의자를 당기기'로 행동을 세분화합니다. ➡ 목표행동을 세분화하여 과제분석함

• 이때 단계별로 목표 행동을 성취했을 때마다 강화를 주는데, ➡ 세분화한 행동을 단계별로 성취했을 때 강화. 행동연쇄를 의미

관련이론

◎ **행동연쇄**

행동연쇄	• 행동연쇄란 강화를 얻기 위해 행해져야 하는 모든 단위행동의 순서를 의미하며 연쇄상에 있는 모든 단위행동들을 수행했을 때만 강화가 주어진다. • 아동의 행동연쇄가 완전히 만들어지지 않았을 때 행동연쇄법으로 일련의 행동들을 형성시킬 수 있다. • 행동연쇄법이란 복잡한 행동을 형성하기 위해 분리된 단위행동들을 연결시키는 과정을 의미한다.
과제분석	• 과제분석은 행동연쇄를 구성하는 여러 개의 자극과 반응 요소들로 과제를 나누는 것이다. • 복잡한 과제를 분석하여 가르칠 수 있는 작은 단계로 나누는 것을 의미한다.

117

정답 및 예시답안

1) ㉠ 상황(조건)
   ㉡ 기준(수락기준)
   ㉢ 행동
2) 후진형 행동연쇄
3) ① 다양한 상황을 활용함으로써 일상 활동 속에서(자연적인 사건과 기회들 속에서) 은기의 목표를 훈련시킬 수 있다.
   ② 간식시간을 통하여 기능적인 기술을 지도하여 일반화가 용이할 수 있다.
   ③ 은기가 좋아하는 우유를 활용하여 아동의 시작행동을 더 발달시킬 수 있다.

관련이론

◎ **행동목표의 구성요소**

• 학습자	• 표적행동
• 중재조건	• 수용 가능한 수행 준거

116

2019. 유

다음은 5세 주의력결핍과잉행동장애 유아 상희에 대해 통합학급 김 교사와 특수학급 박 교사가 나눈 대화의 일부이다. 물음에 답하시오. [5점]

> 김 교사: 선생님, 다음 달에 공개 수업을 하려고 하는데 좀 걱정이 됩니다. 상희가 교실에서 자기 자리에 앉지 않고 계속 돌아다니고, 또 ㉠ 선택적 주의력도 많이 부족합니다.
>
> 박 교사: 그래서 제 생각에는 먼저 상희에게 수업 시간에 지켜야 할 약속이나 규칙을 이해할 수 있도록 지도하는 것이 필요합니다.
>
> 김 교사: 그게 좋겠습니다. 그런데 상희를 자기 자리에 앉게 만드는 좋은 방법은 없을까요?
>
> 박 교사: 네. 그때는 이런 방법이 있는데요. 일단 ㉡ '자기 자리에 앉기'라는 목표 행동을 정하고, '책상 근처로 가기, 책상에 가기, 의자를 꺼내기, 의자에 앉기, 의자에 앉아서 의자를 당기기'로 행동을 세분화합니다. 이때 단계별로 목표 행동을 성취했을 때마다 강화를 주는데, ㉢ 칭찬, 격려, 인정을 강화제로 사용하는 것도 좋겠습니다.
>
> 김 교사: 아, 그리고 상희가 활동 중에 자료를 던지는 공격적인 행동을 하는데 이에 대해서는 어떻게 할까요?
>
> 박 교사: 우선 상희의 행동을 ㉣ ABC 서술식 사건표집법이나 ㉤ 빈도 사건표집법으로 관찰해 보는 것이 좋겠습니다.

1) ㉠의 의미를 쓰시오. [1점]

2) ① ㉡의 행동 중재 전략을 쓰고, ② ㉢에 해당하는 강화제 유형을 쓰시오. [2점]

　① :

　② :

3) ㉣과 ㉤의 장점을 각각 1가지 쓰시오. [2점]

　㉣ :

　㉤ :

117

2013. 유

유아특수교사인 최 교사는 발달지체 유아 은기에게 '두 손으로 사물을 조작하기'를 가르치기 위해 (가)와 (나)를 구상하였다. 물음에 답하시오. [5점]

(가) 단기 교육 목표 구체화하기

> 은기는 ㉠ 유치원 일과 중에 ㉡ 매일 3회 중 2회 이상 ㉢ 한 손으로 물건을 잡고 나머지 한 손으로는 물건을 조작해야 하는 활동 한 가지를 수행할 것이다.

(나) 활동 계획 중 일부

> - 은기에게 일상생활에서 필요한 행동을 우선적으로 가르치려고 한다.
> - 은기의 교육 목표에 해당하는 활동을 유치원 일과 중 다양한 상황에서 여러 번 수행하도록 기회를 주려고 한다.
> - 간식 시간에 은기에게 우유와 컵을 주려고 한다.
> - 간식 시간에 우유 따르는 행동을 지도 시 ㉣ 목표행동을 작은 단계로 나누고 마지막 단계부터 수행하도록 지도하려고 한다.
> - 은기는 간식 시간 활동을 통해 개별화 교육 목표를 연습할 수 있을 것이고, 자신이 좋아하는 우유를 마시고 갈증을 해소하여 기분도 좋아질 것이다.

1) ㉠, ㉡, ㉢은 단기 목표 작성 시 필요한 3가지 요소 중 어디에 해당하는지 각각 쓰시오. [1점]

　㉠ :

　㉡ :

　㉢ :

2) ㉣에 해당하는 행동 연쇄 방법을 쓰시오. [1점]

3) (나)의 계획을 실시할 경우, 브리커(D. Bricker)가 그 안한 활동 중심 중재의 4가지 요소에 근거하여 최 교사가 기대할 수 있는 교육적 효과를 3가지 쓰시오. [3점]

118

정답 및 예시답안

④

관련이론

◎ 행동연쇄

개념	• 복잡한 행동을 형성하기 위해 분리된 단위행동들을 연결시키는 과정	
과제분석	• 행동연쇄를 구성하는 여러 개의 자극과 반응 요소들로 과제를 나누는 것 • 성취 수준의 평가: 단일기회법/다수기회법	
종류	전진형	• 처음 단계부터 마지막 단계까지 순차적으로 가르치는 것 • 초기단계의 표적행동이 짧아 한 회기에 다수의 훈련 시행이 가능하지만, 새로운 훈련단계가 시작될 때마다 표적행동의 양이 증가되어 욕구 좌절과 학습에 대한 저항을 불러올 수 있음
	후진형	• 마지막 단계부터 처음 단계까지 역순으로 가르치는 것 • 마지막 단계의 행동 이전 행동 단계들은 교사가 모두 완성해 준 상태에서 마지막 단계의 행동을 학생이 하도록 하는 방법 • 학생의 입장에서는 매 회기에 마지막 단계까지 완수하게 되고 강화를 받게 된다는 장점 • 그 과제를 끝까지 여러 차례 반복할 수 있는 기회가 학생에게 주어진다는 것도 장점 • 한 시행에 소요되는 시간이 길어 초기부터 지루할 수 있고, 한 회기에 많은 훈련을 시행할 수 없다는 단점이 있음 • 일반적으로 전진형 연쇄가 보다 자연스러운 교수 계열을 제시하므로 후진형 연쇄보다는 권장
	전체 과제형	• 과제분석을 통한 모든 단계를 시행하도록 하면서 아동이 독립적으로 수행하지 못하는 단계에 대해서는 훈련을 실시하는 방법 • 행동연쇄에 있는 단위행동은 습득했는데 행동을 순서대로 수행하지 못할 때 사용하면 유용 • 학습자가 하위과제 대부분을 이미 습득한 경우 • 하위과제의 수가 많지 않아 비교적 단순하고, 모방 능력이 있으며, 장애의 정도가 심하지 않은 개인을 대상으로 훈련할 때

119

정답 및 예시답안

㉠ 후진형 행동연쇄
㉡ 시각적 촉진

관련이론

◎ 후진형 행동연쇄의 적용

• 비교적 복잡하고 장황한 행동을 새로 가르칠 때
• 장애의 정도가 심한 개인을 대상으로 훈련하는 경우(매 훈련 시행에서 과제의 전 과정이 처음부터 끝까지 반복되기 때문에 과제 완성의 만족감과 연습에 의한 학습전이 효과를 기대할 수 있고, 표적행동의 추가분에 대한 저항감이 적으며, 하위과제들 간의 연결이 용이하기 때문)
• 한 시행에 소요되는 시간이 길어 초기부터 지루할 수 있고, 한 회기에 많은 훈련을 시행할 수 없다는 단점이 있음
• 일반적으로 전진형 연쇄가 보다 자연스러운 교수 계열을 제시하므로 후진형 연쇄보다는 권장됨
• 전진형 연쇄를 통해 동시발생 과제 훈련과 전체 과제 훈련이 보다 효과적으로 사용될 수 있음
• 전진형 연쇄를 할 것인지 또는 후진형 연쇄를 할 것인지를 결정하고, 계열적 훈련, 동시발생 과제 훈련, 또는 전체 과제 훈련을 할 것인지를 결정할 때 교사는 행동연쇄의 복잡성, 즉 과제의 난이도와 학생의 지적 능력을 고려해야 함

118

홍 교사는 중도·중복장애 학생 민수가 스스로 냉장고에 있는 팩에 든 음료수를 꺼내 마실 수 있도록 지도하고자 한다. 이를 위해 다음과 같이 과제분석을 한 후, 행동연쇄 전략을 사용하여 6단계부터 먼저 지도할 계획이다. 홍 교사가 사용할 지도 전략과 그 특징을 바르게 짝지은 것은?

1단계: 냉장고 문을 연다.
2단계: 음료수 팩을 꺼낸다.
3단계: 냉장고 문을 닫는다.
4단계: 음료수 팩 겉면에 붙어 있는 빨대를 뜯는다.
5단계: 빨대를 음료수 팩에 꽂는다.
6단계: 빨대로 음료수를 마신다.

	지도 전략	특징
①	전진 행동연쇄	교사의 지원이 점점 증가한다.
②	후진 행동연쇄	교사의 지원이 점점 증가한다.
③	전진 행동연쇄	자연발생적인 강화가 제공된다.
④	후진 행동연쇄	자연발생적인 강화가 제공된다.
⑤	전체 행동연쇄	자연발생적인 강화가 제공된다.

119

다음은 중도중복장애 학생 A에게 신발 신기 및 신발 정리하기를 지도하기 위해 특수 교사가 작성한 지도 계획의 일부이다. ㉠에 해당하는 지도 전략을 쓰고, 밑줄 친 ㉡의 촉진 유형을 쓰시오. [2점]

❑ 신발 신기
• 과제분석 : 찍찍이가 부착된 신발 신기

1단계	신발장에서 신발 가져오기
2단계	신발의 찍찍이 떼기
3단계	신발에 발 넣기
4단계	신발의 뒷부분을 잡고 발꿈치를 신발 안에 넣기
5단계	신발의 찍찍이 붙이기

• 지도 방법

교사가 1단계에서 4단계까지 미리 해 준 상태에서 학생 A에게 5단계의 과제를 제시하여 지도함

⇩

학생 A가 5단계의 행동을 습득하면, 교사가 3단계까지를 미리 해 준 상태에서 4단계의 과제를 지도하고, 학생 A가 5단계를 수행하도록 함

⇩

학생 A가 4단계의 행동을 습득하면, 교사가 2단계까지를 미리 해 준 상태에서 3단계의 과제를 지도하고, 학생 A가 4단계와 5단계를 수행하도록 함 ㉠

… (중략) …

학생 A가 2단계의 행동을 습득하면, 교사가 1단계의 과제를 지도하고, 학생 A가 2단계부터 5단계까지를 수행하도록 함

⇩

최종적으로 학생 A가 모든 단계를 스스로 할 수 있도록 함

… (중략) …

❑ 신발 정리하기
• 학생 A가 신발장에 자신의 신발을 넣을 수 있도록 신발장 위 벽에 ㉡ 신발을 넣는 순서를 나타내는 그림을 붙여 놓음

● 핵심테마 체크
- 보완대체 의사소통체계 (AAC)
- 손짓기호
- 행동연쇄

MY MEMO

120

정답 및 예시답안

1) 유치원 교육과정
2) ① 손짓기호
   ② (휴대해야 할 외부 장치가 필요 없고) 자신의 신체 기능을 이용하여 나타낼 수 있다는 장점이 있다.
3) ① 후진형 행동연쇄
   ② ㉣에 비해 과제 완성의 만족감과 연습에 의한 학습전이 효과를 기대할 수 있다, ㉣에 비해 표적행동의 추가분에 대한 저항감이 적다 등

관련이론

◎ 손짓기호

손짓 기호체계의 개념		• 도구를 사용하지 않는 AAC 상징의 한 유형 • 구어를 쉽게 배우기 어려운 장애학생들에게 그 나라의 수어 어휘 중 쉬운 표현이나 쉽게 변형한 것, 또는 이해하기 쉬운 제스처를 의사소통 수단으로 사용할 수 있게 하고자 체계화한 것 • 비상징적 의사소통방법에서 사용하는 제스처, 눈짓, 손짓 등은 개인적으로 서로 다른 방법을 사용하지만 손짓기호체계는 정해진 일정한 표현을 사용한다는 점에서 일반적인 비상징적 의사소통 방법과는 차이가 있음
손짓 기호체계의 장단점	장점	• 학생의 장애 유형과 발달 특성에 맞추어 표현 방법을 찾고 적용할 수 있기 때문에 의사소통의 효율성을 높이며, 의사소통 지도를 처음 시작하는 학생들에게 효과적 • 의사소통판이나 의사소통 기기가 없는 상황에서도 간편하고 빠르게 의사소통할 수 있으며 소통이 필요할 때 즉각적으로 표현할 수 있기 때문에 의사소통 과정에서 시간이 지연되거나 대화의 흐름이 단절되는 문제를 예방할 수 있음 • 움직임이 많거나 역동적인 활동 상황에서 다른 사람과 상호작용할 때, 도구 작동에 필요한 시간이 없이 빠르고 쉽게 의사소통할 수 있음 • 손짓기호를 구어와 병행함으로써 구어로 전달하기 어려운 내용을 보완하여 표현할 수 있으며, 중요한 낱말을 강조하여 의사를 더 잘 전달할 수 있음 • 특별히 많은 교육을 받지 않아도 대화상대방들이 그 의미를 쉽게 유추하거나 이해할 수 있음 • 개인적으로 사용하는 몸짓표현에 비해 통일된 표현을 사용하는 손짓기호체계를 사용할 때 가까운 대화상대뿐 아니라 다수의 대화상대와 다양한 환경에서 의사소통하는 데 도움이 될 수 있음
	단점	• 손짓기호로 표현할 수 있는 내용의 범위가 구어나 그림상징에 비해 제한적임 • 관습적이고 직관적인 표현이 많더라도 일반적으로 사용하지 않는 표현들도 있기 때문에 대화상대가 이해하기 어려울 수 있음 • 사용하는 손짓기호의 어휘 수를 지속적으로 확장하는 데 어려움이 있으므로, 학생의 의사소통능력에 따라 손짓기호가 필요한 대상과 시기를 잘 판단하여 교육하고, 학생의 의사소통이 발전되어 가는 것에 맞추어 장기적으로 의사소통이 보다 확장될 수 있는 다양한 방법들을 함께 가르치는 것이 바람직함

120

2026. 유
★ 답안작성

다음은 유아특수교사 최 교사와 유아교사 임 교사의 대화이다. 물음에 답하시오. [5점]

임 교사: 선생님, 오늘 물감 놀이 시간에 시후의 코에 물감이 묻었어요. 거울로 시후의 얼굴을 보여 주니 거울 속에 비친 모습이 자신과는 아무런 관련이 없다는 듯 거울을 만지더라고요.

최 교사: 시후는 아직 거울 속에 비친 모습이 자신이라는 걸 알지 못하는 것 같아요.

임 교사: ㉠ 현태도 코에 물감이 묻어서 거울을 보여 주었더니 코에 묻은 물감을 닦으려고 자신의 코를 닦더라고요.

… (중략) …

[A]

임 교사: 선생님, 현태가 전에 비해 친구들과 상호작용하려고 하는 모습이 많이 보여요. 그런데 친구들에게 자신의 생각을 잘 전달할 수 없어서 속상해하는 것 같아요. 현태의 의사소통을 조금 더 도울 수 있는 방법이 없을까요?

최 교사: 저도 고민해 봤는데, 현태와 같이 전반적인 발달이 매우 늦고, 구어로 표현하거나 수어, ㉡ 그림카드를 사용하기에도 어려움이 있는 유아에게는 (㉢)이/가 효과적인 방법일 수 있어요.

임 교사: 현태가 이제 말을 조금씩 할 수 있는데도 이 방법이 효과적일까요?

최 교사: 네, 구어를 사용할 수 있더라도 구어와 함께 활용한다면, 구어로만 전달하기 어려운 내용을 보완할 수 있습니다. 우선 다음의 자료를 보시면 쉽게 이해할 수 있을 거예요.

… (중략) …

임 교사: 시후가 신발 신는 것을 어려워하는데 어떻게 지도하면 좋을까요?

최 교사: 시후에게는 신발 신는 방법을 세세하게 과제분석을 해서 가르치는 것이 적절하겠지요. 그래서 제가 미리 과제분석을 해 보았답니다.

<신발 신기 과제분석>

1단계	신발을 바닥에 놓는다.
	… (중략) …
6단계	손으로 신발 뒤꿈치를 벌린다.
7단계	발을 완전히 넣는다.

임 교사: 오. 감사합니다. 그러면 ㉣ 1단계부터 7단계까지 순차적으로 가르치는 것이지요?

최 교사: 시후에게는 마지막 단계인 7단계에서부터 지도하면서 점차 1단계로 거슬러 올라가며 지도하는 것이 적절할 것 같아요.

임 교사: 네, 구체적으로는 어떻게 가르치나요?

최 교사: 1단계부터 6단계까지는 선생님이 도와주시고 7단계를 스스로 할 수 있도록 가르치는 것이지요. 이렇게 7단계를 수행할 수 있게 되면, 6, 7단계를 스스로 할 수 있도록 가르치는 것이지요. 최종적으로는 전체 단계를 스스로 수행할 수 있도록 하는 방법이에요.

[B]

1) [A]에 근거하여 밑줄 친 ㉠에 나타난 현태의 사회 인지 발달의 특징을 쓰시오. [1점]

2) ① 괄호 안의 ㉢에 해당하는 의사소통 방법을 쓰고, ② 이 방법의 장점을 밑줄 친 ㉡과 비교하여 1가지 쓰시오. [2점]

① :

② :

3) ① [B]에 해당하는 중재 방법의 유형을 쓰고, ② 이 유형의 장점을 밑줄 친 ㉣과 비교하여 쓰시오. [2점]

① :

② :

121

정답 및 예시답안

1) 기본 교육과정
2) ① 물리적 환경의 배열(구조화, 공간의 구조화)
   ② 손빨래 하는 순서를 그림카드, 사진 등을 사용하여 시각적으로 제시한다.
3) 기본 교육과정
4) ① ⓑ-ⓐ-ⓒ
   ② 주어진 반응기회 15회를 수행할 때마다 자연적 강화를 제공받을 수 있다.

관련이론

◎ **교수환경의 구조화_공간적 지원**

• 환경의 조직에 관한 구체적인 정보를 제공
• 구조화된 물리적 환경은 학생에게 분명한 기대를 제공하고, 상황과 관련된 단서에 주의집중을 이끌며, 학생이 목적에 부합하는 의도된 활동을 할 수 있도록 함
• 학생의 독립성을 증대시키고, 다른 사람을 관찰하는 능력을 기르며, 사회적 상호작용을 증진시키고, 학생이 예측할 수 있고 유연하게 변화를 이룰 수 있음
• 교사는 필요한 경우 시각적 지원을 통해 학생이 변화에 대한 유연성을 가질 수 있도록 함
• 혼자만의 공간
  - 필요한 경우 안정을 되찾거나 유지할 수 있는 혼자만의 공간을 마련해 주어야 함
  - 진정 영역, 이완 영역, 안정 영역 등으로 불림
  - 유념할 사항: 타임아웃, 과제회피 등을 위한 장소가 아님. 이완을 촉진할 수 있는 물건을 둘 수 있음. 공간에서 강화를 받을 수 있고, 과제를 수행할 수 있음
• 학생의 자리는 학생의 감각 특성을 고려하여 가능한 한 감각적 방해를 적게 받는 위치에 배치하고 자주 위치를 바꾸어 주기보다는 정해진 자리를 일정 기간 동안 일관되게 유지하는 것이 좋음

121   2018. 초

(가)는 2011 개정 특수교육 교육과정 중 기본 교육과정 실과 5~6학년 '단정한 의생활' 단원 전개 계획의 일부이고, (나)는 가정 실습형 모형에 따라 자폐성장애 학생을 위해 작성된 '손빨래하기' 수업 활동 개요의 일부이다. 물음에 답하시오. [6점]

(가)

단원	차시	학습 주제
㉠ 단정한 의생활	1	단정한 옷차림하기
	2	계절에 알맞은 옷차림하기
	3	활동에 알맞은 옷차림하기
	4	세탁기 사용하기
	5	손빨래하기
	10	티셔츠, 바지, 손수건, 양말 중 하나를 골라 스스로 정리하기

(나)

차시	5/10	학습 주제	손빨래하기

장소	단계	교수·학습 활동
목표		• 손수건을 빨 수 있다. • 손걸레를 빨 수 있다.
학교	문제 제기	• 손빨래와 관련된 경험 상기 • 손빨래가 필요한 상황에 대하여 이야기하며 학습 목표 제시 및 확인 • 손빨래를 위한 개별화된 과제 제시
	실습 계획 수립	• 손빨래 실습 계획 수립 • 손빨래에 필요한 준비물(빨랫비누, 빨래통, 빨래판 등) 준비 및 기능 설명 • 손빨래 방법 안내
	시범 실습	• 손빨래 순서에 따른 시범 • ㉡ 시각적 단서를 활용하여 순서에 따라 학생이 직접 손빨래하기 • 손빨래 시 유의할 점 안내
	㉢	• 부모와 함께 학생이 손빨래를 해 보도록 활동 요령 지도

※ 유의 사항 : ㉣ 학생에게 그림교환의사소통체계(PECS)를 통해 '문장으로 의사소통하기' 지도

1) (가)의 밑줄 친 ㉠ 단원에서 실험·실습, 실기 등의 평가 시, 과정 평가를 실시하고자 한다. 다음 (   )에 들어갈 유의사항을 2011 개정 특수교육 교육과정 중 기본 교육과정 실과 '평가방법'에 근거하여 쓰시오. [1점]

> • 평가 항목을 세분화·단계화한 평가 기준을 작성, 활용하여 객관적인 평가가 될 수 있도록 한다.
> • (   )

2) 다음은 (나)의 밑줄 친 ㉡에서 적용한 환경 구조화 전략이다. ① ⓐ에 들어갈 전략의 명칭을 쓰고, ② ⓑ에 들어갈 시간의 구조화 전략의 예 1가지를 쓰시오. [2점]

> • (ⓐ) : 손빨래 활동 영역을 칸막이로 표시함
> • 시간의 구조화 : (ⓑ)

① :

② :

3) (나)의 ㉢에 들어갈 가정 실습형 모형의 단계를 쓰시오. [1점]

4) 다음은 (나)의 밑줄 친 ㉣에서 사용한 과제 분석 내용과 후진형 행동 연쇄(backward chaining) 지도 순서의 예이다. ① [A]의 올바른 지도 순서를 기호로 쓰고, ② 후진형 행동 연쇄의 특징을 학생의 강화제 획득 빈도 측면에서 1가지 쓰시오. [2점]

> • 과제 분석 내용
>   - 1단계 : '빨랫비누' 그림 카드를 떼기(스스로 할 수 있음)
>   - 2단계 : '빨랫비누' 그림 카드를 '주세요' 그림 카드 앞에 붙여 문장띠 완성하기
>   - 3단계 : 완성된 문장띠를 교사에게 전하기
> • 후진형 행동 연쇄 지도 순서
>   - ⓐ : 2단계를 지도한다.
>   - ⓑ : 2단계까지는 필요한 도움을 주고, 3단계를 지도한다. [A]
>   - ⓒ : 모든 단계를 학생 혼자 하게 한다.
> ※ 후진형 행동 연쇄를 이용하여 요구하기 반응 기회를 15회 제공함

① :

② :

122

핵심테마 체크
- 행동연쇄
- 장애이해교육

MY MEMO

정답 및 예시답안

1) 유치원 교육과정
2) ① 과제분석
   ② 전진형 행동연쇄, 후진형 행동연쇄
3) 모둠활동을 통해 유아들이 주로 하여금 유사성이나 또래로서의 동질감을 느낄 수 있도록 하여 장애유아를 이해할 수 있도록 의도한 것이다.

관련이론

행동연쇄

개념	• 복잡한 행동을 형성하기 위해 분리된 단위행동들을 연결시키는 과정	
과제분석	• 행동연쇄를 구성하는 여러 개의 자극과 반응 요소들로 과제를 나누는 것 • 성취 수준의 평가: 단일기회법/다수기회법	
종류	전진형	• 처음 단계부터 마지막 단계까지 순차적으로 가르치는 것 • 초기단계의 표적행동이 짧아 한 회기에 다수의 훈련 시행이 가능하지만, 새로운 훈련 단계가 시작될 때마다 표적행동의 양이 증가되어 욕구 좌절과 학습에 대한 저항을 불러올 수 있음
	후진형	• 마지막 단계부터 처음 단계까지 역순으로 가르치는 것 • 마지막 단계의 행동 이전 행동 단계들은 교사가 모두 완성해 준 상태에서 마지막 단계의 행동을 학생이 하도록 하는 방법 • 학생의 입장에서는 매 회기에 마지막 단계까지 완수하게 되고 강화를 받게 된다는 장점 • 그 과제를 끝까지 여러 차례 반복할 수 있는 기회가 학생에게 주어진다는 것도 장점 • 한 시행에 소요되는 시간이 길어 초기부터 지루할 수 있고, 한 회기에 많은 훈련을 시행할 수 없다는 단점이 있음 • 일반적으로 전진형 연쇄가 보다 자연스러운 교수 계열을 제시하므로 후진형 연쇄보다는 권장
	전체 과제형	• 과제분석을 통한 모든 단계를 시행하도록 하면서 아동이 독립적으로 수행하지 못하는 단계에 대해서는 훈련을 실시하는 방법 • 행동연쇄에 있는 단위행동은 습득했는데 행동을 순서대로 수행하지 못할 때 사용하면 유용 • 학습자가 하위과제 대부분을 이미 습득한 경우 • 하위과제의 수가 많지 않아 비교적 단순하고, 모방 능력이 있으며, 장애의 정도가 심하지 않은 개인을 대상으로 훈련할 때

122

다음은 통합유치원 4세반 교사들의 대화이다. 물음에 답하시오. [5점]

> 김 교사: 지난주에는 북소리에 맞추어 ㉠ 걷기, 구부리기, 뻗기, 한 발 뛰기, 두 발 모아뛰기, 뛰어넘기, 회전하기, 흔들기를 했는데 주하가 잘 참여했어요. 주하가 선을 따라 걷는 활동도 잘 하는 것으로 보아 ㉡ 움직이거나 정지한 상태에서 몸의 균형을 유지하는 능력이 발달한 것 같아요. 이렇게 쉬운 활동은 잘 참여하는데 자기가 어려워하는 활동은 안 하려고 해요. 내일은 공 던지기 활동을 할 예정인데 주하가 걱정이네요. 어떻게 하면 잘 가르칠 수 있을까요?
>
> 송 교사: 먼저 공을 던지는데 필요한 단위행동을 생각해 보세요. ㉢ 첫 번째 단계에서는 공을 두 손으로 잡고, 두 번째 단계에서는 공을 가슴까지 들어올리고, 세 번째 단계는 팔을 뻗고, 마지막으로 공을 놓는 단계로 나눌 수 있어요. 이와 같이 나눈 기술들은 행동연쇄로 가르칠 수 있어요.
>
> 김 교사: ㉣ 행동연쇄도 여러 가지 방법이 있지요?
>
> … (중략) …
>
> 김 교사: 공 주고받기할 때 짝을 어떻게 정할지 걱정이에요. 친구들은 주하랑 짝이 되는 것을 꺼려해요. 평소 주하가 활동에 잘 참여하지 않고 돌아다녀서 친구들은 주하가 왜 그러는지 궁금해 해요.
>
> 송 교사: 그러면 이렇게 해 보세요. 예를 들면 ㉤ 아이들이 좋아하는 과일을 모두 물어보고, 같은 과일을 좋아하는 유아들끼리 모둠을 이루어 그 과일에 대해 이야기를 나누도록 해 보세요. 주하도 자연스럽게 그 속에서 어울릴 수 있을 거예요. 활동 이후에 아이들은 주하와 자신들이 같은 것을 좋아한다는 것을 깨닫게 되겠지요.
>
> 김 교사: 알겠습니다. 해 볼게요.
>
> 송 교사: 다음에는 과일 말고도 좋아하는 만화 캐릭터 등을 활용해 다양하게 모둠을 정해보세요.

1) ① ㉠ 중에서 비이동 동작을 모두 찾아 쓰고, ② ㉡은 기초 체력 요소 중 무엇에 해당하는지 쓰시오. [2점]

①:

②:

2) ① ㉢에 해당하는 용어를 쓰고, ② ㉣의 중재를 할 때, 중재 단계의 시작점이나 방향에 따른 중재방법의 유형을 2가지 쓰시오. [2점]

①:

②:

3) ㉤ 활동이 의도하는 바를 장애 이해 교육 측면에서 1가지 쓰시오. [1점]

• 과제분석_하위과제 평가

핵심테마 체크
• 과제분석_하위과제 평가

MY MEMO

123

정답 및 예시답안

③

알찬 지문풀이

• ⓒ 철수가 '현금자동지급기에서 현금 인출하기'의 모든 하위 행동을 수행할 수 있는지 보기 위해 '단일기회
방법'을 사용하여 매 회기마다 평가하셨군요. ➡ 다수기회법(매 회기마다 수행할 수 있는 기회를 제공)

• ⓜ '전체과제 제시법'을 적용하면, 철수가 각각의 하위 행동을 할 때마다, 교사가 자연적 강화를 주기 때문에
비교적 쉽게 이 과제를 수행할 수 있을 것 같아요. ➡ 전체과제 제시법은 과제분석된 단계를 순차적으로 모두
수행하도록 하는 행동연쇄전략

문제 속 자료분석

• 현금을 인출하는 과정은 10단계로 과제분석하고, 하위과제마다 수행할 기회를 주는 다수기회법을 사용하여
과제분석 과제에 대한 평가를 실시하였다.

124

핵심테마 체크
• 촉구용암
• 행동형성

MY MEMO

정답 및 예시답안

○ (자극)용암법 / 목표행동을 이끌어 내기 위한 촉진을 점차 제거해 가는 전략
행동형성법 / 목표행동에 점진적으로 접근하는 행동에 대하여 차별적으로 강화하는 전략
○ **행동형성법이 아닌 이유** : 행동형성법은 목표행동의 차원(특성), 예를 들면 행동의 빈도, 지속시간, 형태, 강도
등이 목표수준에 점진적으로 접근하는 것에 대하여 차별강화를 하는 것이다. <보기>의 사례는 행동의 차원이
점차 목표수준에 도달하도록 하는 절차가 아니고(식사 도구를 올려놓는다는 행동에는 변화가 없음), 목표행동을
위한 촉진의 강도를 단계별로(점진적으로) 줄여나간 것이다. 따라서 행동형성법에 해당하지 않는다.

문제 속 자료분석

• 1~5단계 모두 "식사용 매트 위에 해당 식사 도구를 올려놓는다"라는 동일한 행동을 제시하고 있고 이 행
동에 앞서 제시되는 자극상황에서 점진적인 변화가 있다.
• 〈상 차리기 기술 지도〉
1단계 : 식사 도구 사진이 실물 크기로 인쇄되어 있는 식사용 매트 위에 해당 식사 도구를 올려놓는다.
2단계 : 식사 도구 모양이 실물 크기로 그려진 식사용 매트 위에 해당 식사 도구를 올려놓는다.
3단계 : 식사 도구를 놓을 자리에 식사 도구 명칭이 쓰여 있는 식사용 매트 위에 해당 식사 도구를 올려놓
는다.
4단계 : 식사 도구를 놓을 자리에 동그라미 모양이 그려진 식사용 매트 위에 해당 식사 도구를 올려놓는다.
5단계 : 특별한 표시가 없는 식사용 매트 위에 해당 식사 도구를 올려놓는다.
➡ 상 차리기 기술 지도의 단계에서 목표행동은 '매트 위에 식사 도구를 올려놓는 것'. 목표행동을 할 수 있도록
각 단계마다 목표행동의 정반응을 이끌어 내기 위한 촉진단서를 제공하였고, 단계적으로 촉진을 소거해
가는 용암법을 적용한 것

관련이론

행동형성과 촉구용암

구분	행동형성법	촉구용암법
차이점	• 요구되는 반응이 점진적으로 변함 • 선행자극은 변하지 않음	• 요구되는 반응은 변하지 않음 • 선행자극이 점진적으로 변함
공통점	• 행동의 점진적 변화	

123   2012. 중

다음은 박 교사가 개발한 '현금자동지급기에서 현금 인출하기'의 과제 분석과 그에 대한 철수의 현행 수준을 평가한 결과이다. 이 내용에 대해 두 교사가 나눈 대화 ㉠~㉤ 중에서 옳은 것만을 있는 대로 고른 것은?

과제 분석과 현행 수준 평가 결과					
이름: 김철수 평가자: 박○○					
표적행동: 현금자동지급기에서 현금 인출하기					
언어적 지시: "철수야, 현금자동지급기에서 돈 3만 원 찾아볼래?"					

과제 분석	하 위 행 동	평 가 일 시			
		10/19	10/20	10/21	10/22
1단계	현금카드를 지갑에서 꺼낸다.	+	+	+	+
2단계	현금카드를 카드 투입구에 바르게 넣는다.	+	+	+	+
3단계	현금 인출 버튼을 누른다.	−	−	+	+
4단계	비밀번호 버튼을 누른다.	−	−	−	−
5단계	진행사항에 해당하는 버튼을 누른다.	−	−	−	−
6단계	인출할 금액을 누른다.	−	+	+	+
7단계	현금 지급 명세표 출력 여부 버튼을 누른다.	+	+	+	−
8단계	현금 지급 명세표와 현금카드가 나오면 꺼낸다.	−	−	−	+
9단계	현금을 꺼낸다.	+	+	+	+
10단계	현금, 명세표, 현금카드를 지갑에 넣는다.	+	+	+	+
정반응의 백분율(%)		50%	60%	70%	70%
비 고	기록코드: 정반응(+), 오반응(−)				

김 교사: ㉠ 일련의 복합적인 행동을 가르치기 위해 과제 분석을 할 수 있어요.

박 교사: ㉡ 과제분석을 할 때는 과제를 유능하게 수행하는 사람이나 전문가를 관찰해서, 하위행동을 목록화하는 것이 중요해요.

김 교사: 박 선생님께서는 ㉢ 철수가 '현금자동지급기에서 현금 인출하기'의 모든 하위 행동을 수행할 수 있는지 보기 위해 '단일기회방법'을 사용하여 매 회기마다 평가하셨군요.

박 교사: 네, ㉣ 철수가 많은 하위 행동을 이미 수행할 수 있지만, 순차적으로 수행하는 데는 어려움이 있어 보여요. 그래서 철수에게 이 과제를 지도하기 위해 행동연쇄법 중 '전체과제 제시법'을 적용하는 것이 적절할 것 같아요.

김 교사: ㉤ '전체과제 제시법'을 적용하면, 철수가 각각의 하위 행동을 할 때마다, 교사가 자연적 강화를 주기 때문에 비교적 쉽게 이 과제를 수행할 수 있을 것 같아요.

① ㉠, ㉡
② ㉢, ㉣
③ ㉠, ㉡, ㉣
④ ㉠, ㉢, ㉤
⑤ ㉡, ㉣, ㉤

124   2015. 중 / ★ 답안작성

〈보기〉는 정신지체 학생의 일상생활 기술 중에서 상 차리기 기술을 지도한 사례이다. 〈보기〉에 적용된 행동수정 기법을 쓰고, 이 기법과 행동형성법(shaping)의 개념을 각각 설명하시오. 그리고 〈보기〉에 적용된 기법이 행동형성법이 **아닌** 이유를 〈보기〉의 내용에 근거하여 쓰시오. [5점]

> **보기**
>
> 〈상 차리기 기술 지도〉
>
> 1단계: 식사 도구 사진이 실물 크기로 인쇄되어 있는 식사용 매트 위에 해당 식사 도구를 올려놓는다.
>
> 2단계: 식사 도구 모양이 실물 크기로 그려진 식사용 매트 위에 해당 식사 도구를 올려놓는다.
>
> 3단계: 식사 도구를 놓을 자리에 식사 도구 명칭이 쓰여 있는 식사용 매트 위에 해당 식사 도구를 올려놓는다.
>
> 4단계: 식사 도구를 놓을 자리에 동그라미 모양이 그려진 식사용 매트 위에 해당 식사 도구를 올려놓는다.
>
> 5단계: 특별한 표시가 없는 식사용 매트 위에 해당 식사 도구를 올려놓는다.

125

정답 및 예시답안

1) ① 자발적으로 교환하기
   ② 2개의 카드 중 선호하는 것과 선호하지 않는 것을 변별하기
2) ① 공동관심
   ② 태도장벽
3) 행동형성

관련이론

PECS(그림교환 의사소통체계)의 단계

1단계	다양한 그림으로 기본적인 교환을 수행한다.
2단계	성인이나 또래의 관심을 얻고 거리를 조절하기 위하여 지속적으로 연습한다.
3단계	다양한 그림들을 식별한다.
4단계	그림을 이용하여 문장을 만든다.
5단계	그림을 이용하여 질문에 대답한다.
6단계	이전에 습득한 상호작용을 확장한다.

공동관심의 유형 및 기술

유형	기술
공동관심 시작하기	협동적인 공동주시
	보여 주기
	공유하기 위해 건네주기
	가리키기
공동관심 반응하기	가리키는 곳 따르기
	시선 따르기

참여모델

• 이 모델은 AAC를 통해 의사소통할 개인과 생활연령이 같은 또래의 기능적인 참여에 기초하여 AAC 평가를 수행하고 중재를 계획할 수 있도록 하는 체계적인 과정을 제공한다. 참여모델에서는 AAC 사용을 어렵게 하는 장벽을 기회장벽과 접근장벽으로 구분한다.

행동형성

개념		표적행동에 점진적으로 가까운 행동을 체계적으로 차별강화하여 새로운 행동을 형성시키는 것	
두 가지 핵심요인	차별강화	물리적으로 서로 다른 두 가지 이상의 행동 가운데 한 행동은 강화하고 나머지 행동은 모두 소거시키는 방법	
	점진접근	조금이라도 더 도달점 행동에 접근한 행동을 선택하여 강화하고 다른 모든 행동은 소거시키는 방법	
절차		① 표적행동을 명확히 정의해야 한다. ② 표적행동이 시작행동을 정의해야 한다. ③ 표적행동에 근접한 중간행동들을 결정해야 한다. ④ 사용할 강화제를 결정한다. ⑤ 표적행동으로의 진행속도를 결정하여 차별강화한다. ⑥ 표적행동이 형성되었을 때 강화하는 것이다.	

촉구 용암과 비교	구분	행동형성법	촉구용암법
	차이점	• 요구되는 반응이 점진적으로 변함 • 선행자극은 변하지 않음	• 요구되는 반응은 변하지 않음 • 선행자극이 점진적으로 변함
	공통점	• 행동의 점진적 변화	

125

(가)~(다)는 병설유치원 개별화교육지원팀 협의 내용의 일부이다. 물음에 답하시오. [5점]

(가)

임　교　사 : 유치원에서 '내 친구는 그림으로 말해요'라는 주제로 경수가 사용하는 그림교환의사소통체계(Picture Exchange Communication System : PECS)의 사용 방법을 설명해 준 이후로 친구들도 경수가 그림으로 대화할 수 있다는 것을 알게 되었어요. 1단계에서 기차놀이를 즐기는 경수는 기차 그림카드를 교사에게 제시해야 기차를 받을 수 있다는 교환의 의미를 이해했어요. 2단계에서는 ㉠ 경수가 기차 그림카드를 찾아와 멀리 있는 제게 건네주어 기차와 교환할 수 있게 되었어요. 3단계에서는 ㉡ 좋아하는 2개의 기차 중 경수가 더 원하는 기차의 그림카드를 교사에게 건네주어 그 기차로 바꿀 수 있었어요. 4단계로, 요즘은 원하는 것을 문장으로 요청하도록 지도하고 있습니다. 경수 어머니 : 그림으로 의사소통하는 방법을 체계적으로 교육해 주셔서 이제 경수는 좋아하는 것 중에서도 더 좋아하는 것을 구분할 수 있게 되었어요.

(나)

임　교　사 : 민서는 보완대체의사소통(Augmentative and Alternative Communication : AAC) 기기로 자신의 요구를 표현해요. ㉢ 친구가 민서를 부르며 펭귄 인형을 가리키면 민서도 펭귄 인형을 보고 AAC 기기에서 펭귄을 찾아서 눌러요. 민서 아버지 : 지도해 주셔서 감사합니다. ㉣ AAC 기기를 추천 받았을 때 민서가 AAC 기기를 사용하면 아예 말을 못하고 친구들과 어울리지 못할까 봐 사용을 반대했었지요. 임　교　사 : AAC 기기는 연령이나 장애 정도와 상관없이 어떤 방법으로든 의사소통할 수 있다는 가능성에 초점을 둡니다. 민서가 친구들과 긍정적으로 상호작용을 할 수 있게 되어 기쁩니다. 고　원　장 : 그리고 민서에게 일관성 있는 의사소통 중재가 필요합니다.

(다)

임 교사 : 동호에게 좋아하는 자동차를 보여 주면, 동호는 '주세요'라는 의미로 양손을 내미는 동작을 하였어요. 그리고 "이에"라는 음성을 내는 모습이 자주 관찰되었어요. 　　　　 최근 교사가 들려주는 "주세요" 소리의 입 모양을 동호가 모방하면 강화하고, 양손을 내미는 행동만 할 때는 강화하지 않았더니 점차 "주세요"를 '주'라는 한 음절로 표현 [A] 하기 시작했어요. 차별강화를 통해 동호가 점차 "주세요"를 2음절을 거쳐 한 단어로 표현하게 하려고 해요. 권 교사 : 유치원에서 입 모양을 따라 하도록 보여 주면 동호가 모방하려고 애쓰는 모습이 보여서 대견해요.

1) ① ㉠단계의 지도 목적을 쓰고, ② 3단계 '그림 식별하기'에서 ㉡보다 먼저 지도할 내용을 쓰시오. [2점]

　① :

　② :

2) ① ㉢에 나타난 의사소통 행동이 무엇인지 쓰고, ② ㉣은 보완대체의사소통(AAC) 참여모델의 기회 장벽 중 무엇에 해당하는지 쓰시오. [2점]

　① :

　② :

3) [A]의 행동지원 방법이 무엇인지 쓰시오. [1점]

126

정답 및 예시답안

1) ① 친구와 사이좋게 지내기
   ② 공동체에서 화목하게 지내기
2) 조망수용능력(또는 마음이론)
3) 활동의 단순화 ➡ Sandall의 교육과정 수정전략에 근거함. Sandall의 이론에 근거하라는 단서는 없지만, 문제 상황이 통합 활동에 참여하도록 하는 '발달지체 유아 효주를 위한 활동지원'에 대한 것이므로 이 이론을 적용할 수 있음
4) 대체행동 차별강화

관련이론

🔍 마음이론(마음이해능력)

- 자폐성장애 학생의 모방능력은 이들의 전반적인 인지능력에 비해 낮은 수행을 보인다.
- 다른 사람의 행동을 이해하고 그 사람의 행동을 통해 그 사람이 다음에 어떤 일을 하게 될 것인지를 추론하는 능력을 의미한다.
- 타인이 생각하는 것, 믿고 있는 것, 원하는 것, 의도 등을 인식하고 이해하는 능력이다.
- 사회적 인지, 마음읽기, 관점바꾸기 등의 용어로도 대체하여 쓰인다.
- 마음이해능력은 넓은 의미와 좁은 의미로 이해할 수 있다.

넓은 의미	넓은 의미의 마음이해능력은 다른 사람의 마음에 대한 모든 지식을 모두 포함
좁은 의미	보다 제한된 의미의 마음이해능력은 다른 사람의 믿음과 바람, 의도 등과 같이 다른 사람의 행동을 보면서 직접적으로 관찰할 수 없는 정신적 상태를 추론하고 이러한 추론에 의하여 다른 사람의 정서적 상태나 정보적 상태를 예측하도록 하는 심리적 체계

- 마음읽기능력 결함의 영향
  - 다른 사람의 얼굴표정에 나타나는 사회·정서적 메시지 이해의 어려움
  - 글자 그대로 해석하기
  - 다른 사람을 존중하지 않는 듯한 태도
  - 지나친 솔직함
  - 다른 사람의 실수, 장난과 의도적 행동을 구분하는 데 어려움
  - 갈등관리의 어려움
  - 당황스러운 정서이해의 어려움
  - 다른 사람의 정서적 상태이해의 어려움
  - 심리적 상태 관련 어휘사용의 어려움
  - 다른 사람의 정보적 상태이해의 어려움
  - 목소리 톤이나 운율 이해와 사용의 어려움

🔍 차별강화의 종류별 특성

차별강화의 종류	강화 받는 행동	목적
저비율 행동 차별강화	정해진 기준치 이하의 표적행동	표적행동 발생빈도의 감소
다른 행동 차별강화	표적행동 외의 모든 행동	표적행동이 발생하지 않는 시간의 증가
대체행동 차별강화	표적행동과 동일한 기능의 대체행동	대체행동의 강화를 통한 표적행동의 제거
상반행동 차별강화	표적행동의 상반행동	상반행동을 통한 표적행동의 제거

고득점 답안 비법 ❌ 2) : '어떤 능력이 아직 발달되지 않았기 때문인지'를 쓰라고 한 부분에 근거하여 발달이론에 따른 조망수용능력이라고 볼 수 있음. 피아제의 발달이론에 근거하여 '발달되어야 할' 능력인 '조망수용능력'이 답안이 될 수 있음(유아 특수 문제인 점도 고려할 것). 그러나 내용의 의미에 초점을 두고 본다면 '마음이론'도 해당될 수 있음

핵심테마 체크
- 마음이론
- 대체행동 차별강화

MY MEMO

126 2018. 유

다음은 김 교사가 작성한 활동계획안의 일부이다. 물음에 답하시오. [5점]

활동명	식빵 얼굴	활동 형태	대·소집단 활동	활동 유형	미술
대상 연령	4세	주제	나의 몸과 마음	소주제	감정 알고 표현하기
활동 목표	* 얼굴 표정을 보고 어떤 감정인지 안다. * 친구들과 협동하며, 도움이 필요할 때 도움을 주고받는다. * 미술 재료를 이용하여 다양한 표정의 얼굴을 표현한다.				

누리 과정 관련 요소	* 사회관계: 나와 다른 사람의 감정 알고 조절하기
	  − 나와 다른 사람의 감정 알고 표현하기
	* 사회관계: 다른 사람과 더불어 생활하기
	  − (　　　　　⊙　　　　　)
	(생략)				

활동 자료	얼굴 표정 가면, 다양한 표정의 반 친구 사진, 식빵, 여러 색깔의 초콜릿펜				

활동 방법	발달지체 유아 효주를 위한 활동 지원
* 얼굴 표정 가면을 이용하여 나의 감정에 대해 이야기 나눈다. * 다양한 표정의 반 친구 사진을 보며, 친구의 감정에 대해 이야기 나눈다.	(생략)

* 활동 방법을 소개한다.
  − 식빵과 그리기 재료를 나눈다.
  − 식빵에 초콜릿펜을 이용하여 얼굴 표정을 그린다.
	* 좋아하는 친구와 짝이 되어 협동 활동을 하도록 한다.
	* 초콜릿펜 뚜껑을 열기 어려워할 경우, 도움을 요청하도록 한다.

* 식빵에 다양한 표정의 얼굴을 그린다.
  − 어떤 표정을 그렸니?
  − 누구의 사진을 보고 표정을 그렸니?
* ⓛ <u>'식빵 얼굴'을 들고 앞으로 나와 친구들에게 보여 준다.</u>
	* 상호작용을 촉진하기 위해 각각 다른 색깔의 초콜릿펜을 주고, 친구와 바꿔 쓰게 한다.
	* ⓒ <u>얼굴 표정 전체를 그리기 어려워하는 경우, 얼굴 표정의 일부를 표현하게 한다.</u>

* 활동에 대해 평가한다.
  − 무엇이 재미있었니?
  − 어려운 점은 없었니?
	* 활동 후 성취감을 느끼도록 친구들과 서로 칭찬하는 말이나 몸짓을 주고받을 수 있게 한다.

발달지체 유아 효주를 위한 행동 지원
* ⓔ <u>현재 효주는 자신의 요구를 표현하기 위해 책상 두드리기 행동을 하는데, 이 행동은 다른 유아들이 활동에 집중하는 데 방해가 된다. 그러므로 효주가 바람직한 요청하기 행동을 습득하도록 책상 두드리기 행동에 대해서는 강화하지 않고, 손을 들어 요청할 경우에만 반응하고 강화한다.</u>

1) 김 교사가 작성한 활동계획안의 활동 목표와 활동 방법에 근거하여 2015 개정 유치원 교육과정 '사회관계' 영역의 내용 중 ⊙에 들어갈 2가지를 쓰시오. [2점]

　① :

　② :

2) ⓛ에서 효주는 다음과 같은 행동을 하였다. 효주가 이러한 행동을 하는 이유는 어떤 능력이 아직 발달하지 않았기 때문인지 쓰시오. [1점]

> 효주가 식빵에 얼굴 표정이 그려진 쪽을 자신에게 향하게 하고, 친구들에게는 얼굴 표정이 보이지 않는 쪽을 보여 주자, 친구들이 "얼굴이 안 보여."라고 말했다. 이에 효주는 "난 보이는데…."라고 말했다.

3) ⓒ에서 김 교사가 적용하고자 하는 교수 방법은 무엇인지 쓰시오. [1점]

4) ⓔ에서 김 교사가 적용하고자 하는 강화는 무엇인지 쓰시오. [1점]

127

정답 및 예시답안

1) ① 기본 교육과정 사회과
   ② 대본을 녹음자료로 수정해준다.
2) 기본 교육과정 사회과
3) ① 50
   ② 상반행동 차별강화

관련이론

◎ **간격기록법**

• 시간을 중심으로 행동이 발생했는지를 기록함
• 수량화할 수 있음
• 행동 발생 양의 대략치를 알 수 있음
• 장점 : 수업이나 치료 활동을 방해하지 않고 사용할 수 있음

전체간격	관찰한 시간 간격 동안 행동이 계속 지속된 경우만 그 시간 간격에 행동이 발생한 것으로 인정
부분간격	관찰한 시간 간격 동안에 행동이 최소한 1회 이상 발생하며 그 시간 간격에 행동이 발생한 것으로 기록하는 방법
순간표집	각각의 시간 간격이 끝나는 순간에 학생을 관찰하여 표적행동의 발생 여부를 기록하는 방법

◎ **차별강화**

개념	• 차별강화란 바람직한 행동에는 강화를 제공하고, 바람직하지 못한 행동에는 강화를 제공하지 않음으로써 강화를 받지 못하는 행동을 감소시키는 방법	
DRL	• 정해진 시간 안에 발생한 반응의 비율이 미리 정해진 기준치보다 낮게 발생할 때마다 차별적으로 강화함으로써 반응비율을 점차적으로 감소시키는 방법	
DRO	• 정해진 시간 동안 표적행동이 발생하지 않았을 때 '표적행동의 중단' 자체를 차별적으로 강화함으로써 표적행동의 발생비율을 점차적으로 감소시키는 방법	
DRI	• 제거되어야 할 표적행동과 공존할 수 없는(양립할 수 없는) 행동을 하면 강화	
DRA	• 문제행동과 동일한 기능을 가진 바람직한 행동을 하면 강화 • 상반행동 차별강화와 대체행동 차별강화 **구분 / 상반행동 차별강화 / 대체행동 차별강화** **공통점**: • 방법 : 문제행동은 강화하지 않고, 문제행동을 대신할 수 있는 바람직한 행동은 강화 • 강화하는 행동 : 사회적으로 용인되는 행동들 **차이점**: [상반행동] • 문제행동과 상반행동이 동시에 발생할 수 없음 • 문제행동과 상반행동의 기능이 동일할 필요가 없음 • 문제행동과 상반되는 행동을 찾기가 어려울 수 있음 / [대체행동] • 문제행동과 대체행동이 동시에 나타날 수 있음 • 문제행동과 대체행동의 기능이 동일 • 대체행동 차별강화는 상반행동 차별강화보다 대체행동의 개발 범위가 넓음	

고득점 답안 비법 ✗ 3)의 ② : 표적행동은 '수업 중 책상에 엎드리기'이며 이를 감소시키기 위한 중재라는 점을 파악해야 함. 중재 계획에 제시되어 있는 '5분 이상 바른 자세로 앉아 있기'는 표적행동이 아니라 '기준'으로 구분되어 있음

127

(가)는 특수학교 3학년 학생 은우의 특성이고, (나)는 2022 개정 특수교육 기본 교육과정 사회과 3~4학년군 '관계의 삶' 영역 지도에 대해 특수교사와 예비교사가 나눈 대화의 일부이며, (다)는 은우에 대해 특수교사가 작성한 행동 지원 계획의 일부이다. 물음에 답하시오. [5점]

(가)

- 수업 중 자주 책상에 엎드린다.
- 칭찬 스티커 받는 것을 좋아한다.
- 친구들과 어울리지 못하고 혼자 논다. ⎤
- 친구들과 함께 하는 활동에 소극적으로 참여한다. ⎦ [A]
- 읽기, 쓰기는 어려워하지만 듣기, 말하기는 어려움이 없다. ⎤
- 들은 것을 암기하는 능력이 뛰어난 편이다. ⎦ [B]

(나)

예비교사: 선생님, 다음 주 사회 시간에 '학교에서 친구와 사이좋게 생활하기'에 대해 수업을 하려고 교수·학습 과정안을 작성하고 있는데 한번 봐 주시겠어요?

특수교사: 예, 그런데 어떤 학습 모형을 적용하시나요?

예비교사: ㉠ 역할놀이 학습 모형을 적용해 보려고 합니다. 『친구가 생긴 날』 동화책 내용이 우리 반 학생들이 역할놀이를 하기에 적합하고, 늘 혼자 노는 은우에게 친구들과 어울릴 기회를 줄 것 같아서요.

특수교사: 예, 좋네요. 은우에게 좋은 기회가 되겠어요. 그런데 은우는 읽기를 어려워하니 ㉡ 은우의 대본은 교수 자료 수정을 해서 주면 좋겠어요.

… (중략) …

예비교사: 선생님, 여쭤보고 싶은 게 하나 더 있어요. 환경확대법이 무엇인가요?

특수교사: 예, 환경확대법은 학생이 경험하는 환경의 범위를 '우리 가족의 모습', (㉢), '우리 지역의 모습', '우리나라의 모습'과 같이 점진적으로 확대하여 가르치는 것이지요. 하지만 학생의 교육적 요구에 따라 탄력적으로 가르칠 수 있어요.

예비교사: 예를 들어 설명해 주시니 이해가 잘되었습니다. 감사합니다.

(다)

5월 22일, 이은우

○ 표적 행동 : 수업 중 책상에 엎드리기
○ 기능 평가 결과 : 교사의 관심 끌기
○ 관찰 시간 : 수업 시간 40분, 4분 간격
○ 관찰 방법 : 시간 간격 관찰 기록법
○ 관찰 결과

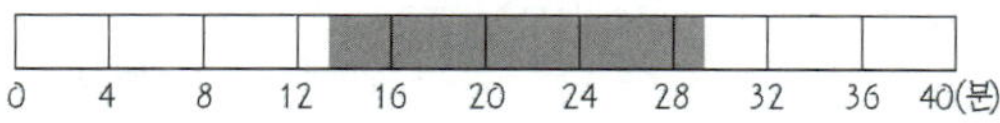

- 전체 간격 관찰 기록 : 표적 행동 30% 발생
- 부분 간격 관찰 기록 : 표적 행동 (㉣)% 발생
- 순간 관찰 기록 : 표적 행동 40% 발생

○ 중재 계획

중재 기법	기준	후속 결과
(㉤)	5분 이상 바른 자세로 앉아 있기	칭찬 스티커 제공

1) ① (가)의 [A]를 고려하여 (나)의 밑줄 친 ㉠의 장점을 1가지 쓰고, ② (가)의 [B]를 고려하여 (나)의 밑줄 친 ㉡에 해당하는 내용을 쓰시오. [2점]

① :

② :

2) (나)의 ㉢에 들어갈 내용을 1가지 쓰시오. [1점]

3) (다)의 ① ㉣에 들어갈 내용을 쓰고, ② ㉤에 들어갈 내용을 쓰시오. [2점]

① :

② :

● **핵심테마 체크**
• 차별강화
• 비유관 강화(비수반적 강화)

MY MEMO

128

정답 및 예시답안

⑤

알찬 지문풀이

	전략	특징	예
①	저비율 행동 차별강화 (DRL)	표적 행동의 강도를 감소시키는 데 초점을 둔다. ➡ 빈도	소리 지르기 및 세탁기 내려치는 ~~강도가 낮아지면~~ 강화한다.
②	상반 행동 차별강화 (DRI)	표적 행동과 형태적으로 양립할 수 없는 행동을 강화하는 데 초점을 준다.	~~소리 지르기 행동 대신 옷을 꺼내 건조대에 널면 그 행동에 대해 강화한다.~~ ➡ DRA
③	대체 행동 차별강화 (DRA)	표적 행동의 발생 빈도를 감소시키는 데 초점을 둔다. ➡ DRL	소리 지르기 및 세탁기 내려치는 행동의 발생 횟수가 설정한 기준보다 적게 발생하면 강화한다. ➡ DRL
④	비유관 강화 (NCR)	표적 행동 대신 바람직한 행동이 발생할 때마다 강화하는 데 초점을 둔다. ➡ DRA	학생이 소리 지르기 및 세탁기 내려치는 행동을 하는 대신 "도와주세요."라는 말을 하면 강화한다. ➡ DRA

129

● **핵심테마 체크**
• 자극 외 촉진
• DRO와 DRA

MY MEMO

정답 및 예시답안

1) ① 자극 외 촉진(가외자극촉구)
   ② 선아는 과제 수행 시 시각적 자료에 관심을 보이기 때문에 변별자극 외의 다른 자극으로 스티커와 사진을 사용하였다.
2) ① 다른 행동 차별강화는 표적행동 외의 모든 행동, 대체행동 차별강화는 표적행동과 동일한 기능의 대체행동이 강화를 받는다.
   ② 다른 행동 차별강화는 표적행동이 발생하지 않는 시간의 증가가 목적이고, 대체행동 차별강화는 대체행동의 강화를 통한 표적행동의 제거가 목적이다.
   ③ 대체행동 차별강화, 교사의 관심을 얻을 수 있는 바람직한 대체행동을 지도하여 문제행동의 발생은 감소시키고, 바람직한 대체행동을 지도할 수 있기 때문이다.

알찬 지문풀이

1) ① (나)에서 교사가 선아에게 적용한 촉진 방법을 쓰고, ➡ (나)를 보고, (나)에서 교사가 적용한 방법을 판단할 것. (가)를 보고 판단하는 것이 아니라, (나)를 보고 판단해야 함

   ② 그것을 적용한 이유를 (가)에 근거하여 쓰시오. ➡ 교사가 적용한 촉진전략과 관련되는 이유를 (가)에서 찾아 연결 지어 쓸 것

2) ③ 두 유형 중 지혜의 문제 행동 기능에 비추어 효과적인 차별 강화 유형과 그 이유를 쓰시오. ➡ 지혜의 문제행동 기능을 답안의 내용과 관련지어 서술해야 함

관련이론

🔍 **차별강화의 유형별 강화 받는 행동과 목적**

차별강화의 종류	강화 받는 행동	목적
저비율 행동 차별강화	정해진 기준치 이하의 표적행동	표적행동 발생빈도의 감소
다른 행동 차별강화	표적행동 외의 모든 행동	표적행동이 발생하지 않는 시간의 증가
대체행동 차별강화	표적행동과 동일한 기능의 대체행동	대체행동의 강화를 통한 표적행동의 제거
상반행동 차별강화	표적행동의 상반행동	상반행동을 통한 표적행동의 제거

128 2012. 중

다음은 직업교과 시간에 발생한 정신지체학생 A의 문제 행동 상황을 정리한 내용이다. 교사가 학생 A의 문제 행동을 중재하기 위하여 적용할 수 있는 강화 중심 전략과 각 전략의 특징 및 그에 따른 예가 바른 것은?

교사가 학생 A에게 세탁기에서 옷을 꺼내 건조대에 널라고 지시한다. 학생은 교사를 쳐다보고 얼굴을 찡그리며 소리를 지르고 세탁기를 심하게 내리친다. 교사가 다시 학생에게 다가가 옷을 꺼내 널라고 지시한다. 학생은 또다시 하기 싫은 표정을 짓고, 소리를 크게 지르며 세탁기를 심하게 내리친다. 이러한 상황이 수업 시간에 여러 차례 지속적으로 발생하였다.

	전략	특징	예
①	저비율 행동 차별강화 (DRL)	표적 행동의 강도를 감소시키는 데 초점을 둔다.	소리 지르기 및 세탁기 내려치는 강도가 낮아지면 강화한다.
②	상반 행동 차별강화 (DRI)	표적 행동과 형태적으로 양립할 수 없는 행동을 강화하는 데 초점을 둔다.	소리 지르기 행동 대신 옷을 꺼내 건조대에 널면 그 행동에 대해 강화한다.
③	대체 행동 차별강화 (DRA)	표적 행동의 발생 빈도를 감소시키는 데 초점을 둔다.	소리 지르기 및 세탁기 내려치는 행동의 발생 횟수가 설정한 기준보다 적게 발생하면 강화한다.
④	비유관 강화 (NCR)	표적 행동 대신 바람직한 행동이 발생할 때마다 강화하는 데 초점을 둔다.	학생이 소리 지르기 및 세탁기 내려치는 행동을 하는 대신 "도와주세요."라는 말을 하면 강화한다.
⑤	다른 행동 차별강화 (DRO)	표적 행동의 미발생에 대해 강화하는 데 초점을 둔다.	정한 시간 간격 내에 소리 지르기 및 세탁기 내려치는 행동이 전혀 발생하지 않으면 강화한다.

129 2018. 유 ★ 답안작성

(가)는 유치원 통합학급 5세반 교사의 수업 관찰 기록 일부이고, (나)는 발달지체 유아를 위한 지원 계획이다. 물음에 답하시오. [5점]

(가)

	관찰 기록(현행 수준)
선아	• 교사 또는 또래 지원을 받을 때만 정리를 함 • 과제 수행 시 시각적 자료에 관심을 보임
지혜	• 평소에 정리하기 활동에 잘 참여하지 않음 • 교사가 언어적 촉진을 하면 정리하기 과제 일부를 수행할 수 있음 • 교사의 관심을 끌기 위해 정리 활동 시간에 교실 전등 스위치를 껐다 켰다 하는 행동을 반복함

(나)

	지원 계획
선아	• 개인 물건(가방, 실내화/신발)이 있어야 할 두 곳에 선아가 좋아하는 분홍색, 연두색 스티커로 표시해 주고 사물 사진을 붙여 주어 정리하게 함
지혜	• 색 테이프로 구역을 정해 주고 그 안에 놀잇감을 정리하도록 함 • 전등 스위치를 껐다 켰다 하는 행동에 대해 차별 강화 방법을 적용하기로 함

1) ① (나)에서 교사가 선아에게 적용한 촉진 방법을 쓰고, ② 그것을 적용한 이유를 (가)에 근거하여 쓰시오. [2점]

①:

②:

2) 차별 강화의 하위 유형인 '다른 행동 차별 강화'와 '대체 행동 차별 강화'의 차이점을 ① 강화받는 행동 차원과 ② 목적 차원에서 쓰고, ③ 두 유형 중 지혜의 문제 행동 기능에 비추어 효과적인 차별 강화 유형과 그 이유를 쓰시오. [3점]

①:

②:

③:

130

정답 및 예시답안

1) ① 행동의 빈도
   ② 오늘도 스무 번은 지른 것 같아요.
2) 상반행동 차별강화
3) 유치원 교육과정
4) (활동중심의) 삽입교수

관련이론

◎ 행동의 6가지 차원

- 빈도, 지속시간, 지연시간, 위치, 형태, 강도

◎ 차별강화

개념	• 차별강화란 바람직한 행동에는 강화를 제공하고, 바람직하지 못한 행동에는 강화를 제공하지 않음으로써 강화를 받지 못하는 행동을 감소시키는 방법
DRL	• 정해진 시간 안에 발생한 반응의 비율이 미리 정해진 기준치보다 낮게 발생할 때마다 차별적으로 강화함으로써 반응비율을 점차적으로 감소시키는 방법 − 전회기 DRL − 기준선 변경설계의 변용 − 동간격 DRL − 반응 간 시간 차별강화
DRO	• 정해진 시간 동안 표적행동이 발생하지 않았을 때 '표적행동의 중단' 자체를 차별적으로 강화함으로써 표적행동의 발생비율을 점차적으로 감소시키는 방법 − 전회기 DRO(고정/전체간격) − 동간격 DRO − 순간적 DRO − DRO 재설정 간격 − DRO 증진간격/용암계획
DRI	• 제거되어야 할 표적행동과 공존할 수 없는(양립할 수 없는) 행동을 하면 강화
DRA	• 문제행동과 동일한 기능을 가진 바람직한 행동을 하면 강화

◎ 상반행동 차별강화와 대체행동 차별강화

구분	상반행동 차별강화	대체행동 차별강화
공통점	• **방법**: 문제행동은 강화하지 않고, 문제행동을 대신할 수 있는 바람직한 행동은 강화 • **강화하는 행동**: 사회적으로 용인되는 행동들	
차이점	• 문제행동과 상반행동이 동시에 발생할 수 없음 • 문제행동과 상반행동의 기능이 동일할 필요가 없음 • 문제행동과 상반되는 행동을 찾기가 어려울 수 있음	• 문제행동과 대체행동이 동시에 나타날 수 있음 • 문제행동과 대체행동의 기능이 동일 • 대체행동 차별강화는 상반행동 차별강화보다 대체행동의 개발 범위가 넓음

◎ 삽입교수의 의미

- 삽입교수(embedding instruction)는 목표기술을 자연스러운 일과활동 내에서 수행할 수 있도록 활동 속에 삽입하는 것을 말하며, 학생의 수행 정도에 따라 연습시수를 정하여 일과 내에 분산하여 시도할 수 있도록 계획된다.
- 예를 들어, '손 씻기' 기술의 경우 삽입교수를 적용하면 10회를 집중적으로 한 자리에서 연습하지 않고, 일과 내에 손을 씻어야 할 자연스러운 상황을 선정하여 학생에게 목표행동을 수행할 기회를 제공하게 된다.

130

다음은 통합학급 4세반 교사들이 협의회에서 나눈 대화이다. 물음에 답하시오. [5점]

김 교사: 요즘 준우가 자유선택활동 시간에 너무 자주 "아" 하고 짧게 소리 질러요. 제가 준우에게 가서 "쉿"이라고 할 때만 멈추고 제가 다른 영역으로 가면 또 소리 질러요. 소리를 [A] 길게 지르지는 않지만, 오늘도 스무 번은 지른 것 같아요. 소리 지르는 횟수가 줄었으면 좋겠어요.

이 교사: 그럼 제가 자유선택활동 시간에 준우가 ㉠ <u>몇 번이나 소리 지르는지 관찰하면서 기록할게요.</u>

… (중략) …

박 교사: 준우가 ㉡ <u>소리 지르지 않고 친구와 이야기하거나 노래 부르면, 제가 관심을 보이며 칭찬해 주는 것</u>이 어떨까요?

김 교사: 네. 알겠습니다.

이 교사: 그런데 준우가 넷까지 수를 알고 세는 거예요? 얼마 전에 준우가 수ㆍ조작 영역에서 자동차를 세 개 들고 있어서 모두 몇 개인지 물어보았더니 대답을 못하더라고요.

김 교사: 준우는 자동차와 수 이름을 하나씩 대응하면서 수 세기를 하고, 항상 동일한 순서로 안정적으로 수를 셀 수 있어요. 그런데 넷까지 세고 난 후 모두 몇 개인지 물어보면 세 개라고 할 때도 있고, 두 개라고 할 때도 있어요. 준우의 개별화교육계획 목표가 "다섯 개의 사물을 보고 다섯까지 수를 정확하게 센다."인데 어떻게 지도하는 것이 좋을지 고민하고 있어요.

이 교사: ㉢ <u>수를 셀 때 준우와 같이 끝까지 세고, 교사가 "모두 몇 개네."라고 말한 후 준우에게 "모두 몇 개지?"라고 물어요. 예를 들어 자동차를 셀 때 준우와 같이 하나, 둘, 셋, 넷, 다섯까지 세고, 교사가 "자동차가 모두 다섯 개네."라고 말한 후 준우에게 "자동차가 모두 몇 개지?"라고 물어요.</u>

김 교사: 수 세기를 다양한 활동에서도 가르치고 싶은데 어떻게 할까요?

이 교사: 준우에게 ㉣ <u>간식시간, 자유선택활동 시간, 미술활동 시간에 사물을 세게 한 후 모두 몇 개인지 묻고 답하게 하여 준우의 개별화교육계획 목표가 달성될 수 있도록</u> 해보세요.

1) [A]에 근거하여 ① ㉠에 해당하는 관찰기록 방법이 측정하고자 하는 행동의 측면을 쓰고, ② 그 행동의 특성을 1가지 찾아 쓰시오. [2점]

① :

② :

2) ㉡에 해당하는 차별강화 전략을 쓰시오. [1점]

3) ㉢에서 가르치려고 하는 겔만(R. Gelman)의 수 세기 원리를 쓰시오. [1점]

4) ㉣에 해당하는 교수방법을 쓰시오. [1점]

● **핵심테마 체크**
• 차별강화
• 강화계획

MY MEMO

131

정답 및 예시답안

㉠ 상반행동 차별강화
㉡ 변동간격계획

관련이론

◎ 차별강화

차별강화의 종류	강화 받는 행동	목적
저비율 행동 차별강화	정해진 기준치 이하의 표적행동	표적행동 발생빈도의 감소
다른 행동 차별강화	표적행동 외의 모든 행동	표적행동이 발생하지 않는 시간의 증가
대체행동 차별강화	표적행동과 동일한 기능의 대체행동	대체행동의 강화를 통한 표적행동의 제거
상반행동 차별강화	표적행동의 상반행동	상반행동을 통한 표적행동의 제거

◎ 강화계획

고정간격계획	강화 후 반응의 중단이 비교적 길게 나타남, 대체로 느리고 완만한 반응률을 산출하며 시간 간격의 길이는 반응의 중단과 반응률에 영향을 미침, 강화 후 반응의 중단현상은 고정간격 강화와 고정비율강화에서 모두 나타나지만 그 형태는 서로 다름
변동간격계획	일정하고 안정된 반응률 산출, 비교적 느리고 완만한 반응률 산출, 평균간격의 길이는 반응률에 영향을 미침
반응시한간격계획	첫 번째 반응이 일어나기까지의 경과시간을 제한할 수 있는 방법

132

● **핵심테마 체크**
• DRL의 유형

MY MEMO

정답 및 예시답안

㉠ 전회기 저비율 행동 차별강화(DRL)
㉡ 반응 간 시간 저비율 행동 차별강화(DRL)

관련이론

◎ DRL의 유형

전회기 DRL 차별강화	한 회기 전체 시간 중에 발생한 표적행동의 비율이 정해진 기준과 같거나 기준보다 낮을 때 강화하는 방법
기준선 변경설계 변용	표적행동의 발생률을 점진적으로 감소시킴
동간격 DRL 차별강화	한 회기의 전체 시간을 작은 단위간격으로 나누고, 각 단위간격 내에서 발생한 행동빈도가 정해진 기준과 같거나 더 낮을 때 강화하는 방법
반응 간 시간 차별강화	반응과 반응 간의 시간을 점차 증가시키는 방법

131

다음은 학생 A의 행동을 위해 특수 교사와 통합학급 교사가 나눈 대화이다. 밑줄 친 ㉠에 해당하는 전략의 명칭을 쓰고, 괄호 안의 ㉡에 공통으로 해당하는 강화계획의 명칭을 순서대로 쓰시오. [2점]

132

다음은 자폐성장애 학생 B에게 저비율행동 차별강화(DRL)를 적용하기 위해 두 교사가 나눈 대화이다. 밑줄 친 ㉠과 ㉡에 해당하는 DRL의 유형을 순서대로 쓰시오. [2점]

백 교사: 선생님, 학생 B가 수업 시간에 질문을 너무 많이 합니다.

천 교사: 수업 시간에 평균 몇 번 정도 질문을 합니까?

백 교사: 약 20번 정도 합니다.

천 교사: 그렇다면 백 선생님은 학생 B가 수업 시간에 몇 번 정도 질문하는 것이 적당하다고 생각하십니까?

백 교사: 저는 전체 수업 시간 동안 약 5회 정도면 적당하다고 생각합니다.

천 교사: 그러면 학생 B에게 ㉠ 전체 수업 시간 45분 동안에 평균 5회 또는 그 이하로 질문을 하면, 수업을 마친 후에 강화를 해 준다고 말하십시오. 학생 B에게 이런 기법이 잘 적용될 것 같습니다.

백 교사: 제 생각에는 전체 수업을 마친 후에 강화를 하는 것보다 ㉡ 학생 B가 한 번 질문을 한 후, 8분이 지나고 질문을 하면 즉시 강화하는 것이 좋겠습니다.

133

정답 및 예시답안

○ ㉢ / 프래더-윌리 증후군이 있을 때 나타나는 대표적인 특징으로서 다운증후군과 관련성이 없다.
○ 학생 K가 (감소시켜야 하는) 물 마시는 빈도를 3일 동안 높은 수준으로 안정적인 반응을 보였으므로 ㉠과 같이 말한 것이고, 기초선 자료는 학생의 현행 수준을 보여주어 중재 시점을 결정하도록 하는 기능이 있다.
○ ㉤은 13이다.

관련이론

지적장애의 생의학적 위험요인

염색체			장애명	원인
염색체 유전자와 관련된 원인	상염색체	우성	1. 결절성 경화증 2. 신경섬유종증	• 한쪽 부모가 해당 장애요인이 있는 대립유전자를 자녀에게 물려줄 때
		열성	1. 갈락토스혈증 2. 후들러 증후군 3. 단풍나무 시럽병 4. 테이삭스병 5. PKU	• 인체에 특정 물질(단백질이나 당)을 분해하는 효소 결핍에 의한 신진대사장애
	성염색체		1. 프래자일엑스 증후군 2. 레쉬-니한 증후군 3. 레트 증후군	• 성염색체의 X염색체와 관련
염색체 수와 관련된 원인	상염색체		1. 다운증후군 2. 에드워드 증후군 3. 파타우 증후군	• 21번 염색체 3 • 18번 염색체 3 • 13번 염색체 3
	성염색체		1. 클라인펠터 증후군 2. 터너증후군 3. 5염색체 X증후군	• 남성 • 여성 • 여성 XXXXX
염색체 구조와 관련된 원인	상염색체		1. 울프-허쉬호른 증후군 2. 묘성 증후군 3. 윌리엄스 증후군 4. 제이콥슨 증후군 5. 프래더윌리 증후군 6. 안젤만 증후군	• 4번 짧은 가지 손상 • 5번 짧은 가지 손상 • 7번 긴 가지 손상 • 11번 긴 가지 손상 • 15번 긴 가지 손상 • 15번 긴 가지 손상

기초선의 논리

• 중재를 실시하기 전의 자료를 보여 줄 수 있는 기초선의 설정은 개별 대상연구에서 중재 효과를 입증할 수 있는 중요한 비교 기준이 된다.
• 중재 기간 동안 행동 변화의 자료를 중재 적용 전인 기초선 기간의 자료와 비교하여 중재의 효과를 평가하는 것이다.
• 기초선 자료가 안정적이지 못할수록 중재 시작 시기에 대한 결정도 어렵고, 중재 효과에 대한 결정도 어려워진다.
• 기초선 자료가 안정적인 경향을 보여 주려면 중재가 시작되기 전에 최소한 3~5회의 연속된 자료가 필요하다.

반응 간 시간 DRL

전체회기 DRL	• 정해진 회기 전체 동안에 정해진 수보다 적게 행동이 발생할 경우 강화 제공
간격 DRL	• 한 회기를 여러 간격으로 나누고 각 간격에서 행동이 발생하지 않을 경우에 강화
반응시간 DRL	• 행동과 행동 사이에 정해진 시간 간격이 지나야 강화 • 반응과 반응 간의 시간을 점차 증가시키는 방법
기준변경설계변용	• 표적행동 발생률을 점진적으로 감소시킴 • 표적행동 발생률이 매우 높아 짧은 시간 동안에 교정하기 어려울 때 효과적으로 사용가능

133

(가)는 예비 교사가 작성한 지적장애 특성에 대한 메모의 일부이고, (나)는 학생 K의 행동에 대한 특수 교사와 예비 교사의 대화이다. 〈작성방법〉에 따라 서술하시오. [4점]

(가) 예비 교사의 메모

○ 윌리엄스 증후군
  - ㉠ 언어 표현 및 대인관계에 상대적 장점을 지님
  - ㉡ 시공간 과제 및 사고의 어려움을 가지고 있음
○ 다운 증후군
  - ㉢ 지나친 식욕과 극단적인 비만이 대표적인 특징임
  - ㉣ 3가지 유형의 원인(21번 삼염색체, 전위, 모자이크형)
○ 프래더-윌리 증후군
  - 충동성과 공격성의 문제점이 나타나기도 함

(나) 특수 교사와 예비 교사의 대화

예비 교사: 학생 K가 어제까지 3일 동안 물 마시는 빈도와 시간을 기록했습니다. 물을 정말 자주 마시네요.

5월○○일 ○요일	5월○○일 ○요일	5월○○일 ○요일
관찰 시간: 09:00−12:10	관찰 시간: 09:00−12:10	관찰 시간: 09:00−12:10
총 빈도: 15회	총 빈도: 16회	총 빈도: 16회
−09:08　−10:50	−09:10　−11:12	−09:05　−11:01
−09:15　−11:14	−09:19　−11:24	−09:10　−11:16
−09:22　−11:26	−09:30　−11:34	−09:14　−11:23
−09:31　−11:36	−09:40　−11:48	−09:30　−11:37

특수 교사: 선생님이 수집한 ㉤ 자료를 보니 중재를 시작해도 되겠네요. 처음에는 학생 K가 어려워하는 과제를 할 때만 물을 마시고 싶다고 말하고 정수기에 다녀오곤 했어요. 최근에는 학습 난이도가 올라가니 그 빈도가 잦아졌어요. 건강 문제를 확인했지만 문제가 없었고, 실제로 갈 때마다 물을 마셨기 때문에 학생의 요구를 들어주지 않을 수 없었어요. 그래서 차별강화의 유형인 '반응시간 DRL(spaced-responding DRL)'을 적용하려고 해요.

예비 교사: 그런데 학생 K가 물을 마신 기록은 어디에 활용하나요?

특수 교사: 그 기록은 '반응시간 DRL' 적용을 위한 초기 기준으로 활용할 거예요. 수업 시간 전에 학생 K에게 '물을 마실 수는 있지만, 물을 마실 수 있는 시간 간격'을 미리 알려 줄 거예요. 학생 K가 스스로 시간을 확인할 수 있도록 책상 위에 있는 시간 표시 타이머를 (　㉥　)분으로 맞춰 주세요. 점심시간 전까지 적용할 거예요.

… (중략) …

예비 교사: 학생 K는 오늘 오전 9시부터 오후 12시 10분까지, 총 190분 동안 안내된 시간 간격을 모두 지켰어요.

특수 교사: 네, 모두 지켰으니 총 14번 물을 마셨네요. 며칠 동안 살펴보고 반응 간 시간을 늘려야겠어요.

작성방법

• (가)의 밑줄 친 ㉠~㉣ 중 틀린 내용을 1가지 찾아 기호를 쓰고, 그 이유를 서술할 것
• (나)의 밑줄 친 ㉤과 같이 말한 이유 1가지와 기초선 자료의 기능 1가지를 각각 서술할 것
• (나)의 괄호 안의 ㉥에 해당하는 숫자를 쓸 것

134

정답 및 예시답안

1) 소거 발작
2) ㉡ 교수방법의 수정
   ㉢ 교수환경의 수정
3) • 특성: 학습된 무기력
   • 동기 유발 전략: 잡기 보조도구 등을 사용하여 색칠하기 과제에 대한 성공 경험을 갖도록 한다.

문제 속 자료분석

승호	• 승호가 미술 활동 중에 물감을 바닥에 뿌리면 교사는 "승호야"라고 이름을 부르며 다가와 흘린 물감을 닦아 주었다. ➡ 물감 뿌리는 행동을 하여 관심을 얻음 • 그러자 승호는 물감을 계속해서 바닥에 뿌렸다. ➡ 물감 뿌리는 행동이 강화됨 • 이러한 행동이 교사의 관심을 받기 위한 것이라고 판단한 교사는 승호가 물감 뿌리는 행동을 해도 흘린 물감을 더 이상 닦아 주지 않았다. ➡ 소거 전략을 적용함

관련이론

🔍 **소거**

소거의 개념	• 소거란 예전부터 강화되어 온 행동이 발생해도 더 이상 강화하지 않음으로써 그 행동의 미래 발생 가능성을 감소시키는 것이다. • 소거는 강화에 의해 유지되고 있는 행동이면 어떤 경우이든 적용이 가능하다. 즉, 어떤 부적절한 행동이 정적강화, 부적강화, 또는 자동적 정적강화에 의해 유지되고 있을 때 소거(예, 감각적 소거)를 적용할 수 있다. • 소거를 사용하기 위해서는 무엇보다도 문제행동의 기능분석을 통해 그 문제행동이 유지되게 하는 후속결과(강화요인)를 찾아내는 것이 중요하다.
소거의 장점	• 소거는 학생의 바람직하지 않은 행동을 감소시키는 데 매우 효과적이다. 더불어 적절한 행동을 강화해 주는 절차들과 연계해서 사용하면 소거만 사용할 때보다 더 효과적이기도 하다. • 소거를 잘 사용하면 그 결과는 꽤 오래 지속된다. 즉, 소거는 부적절한 행동을 감소시키는 데 다른 절차들보다 효과를 보기까지 시간은 오래 걸리지만 그 효과는 더 오래 지속된다. • 소거는 혐오자극을 직접 제시하는 것이 아니라 주어지던 강화를 제거하는 것이기 때문에 벌의 사용으로 인해 나타나는 부정적인 영향을 피할 수 있다.
소거의 제한점 (적용의 어려움)	• 소거는 문제행동을 서서히 감소시킨다. 다른 행동 감소 절차들과 비교할 때 소거는 행동을 감소시키기까지 시간이 더 오래 걸린다. 소거를 적용하여 문제행동을 유지해 온 강화가 제거되었더라도 문제행동은 얼마 동안 계속될 수 있기 때문이다. • 소거가 적용되어도 문제행동이 존속하거나 문제행동의 빈도와 강도, 지속시간 등이 일시적으로 증가하는 소거저항이 나타날 수 있다. 문제행동의 빈도와 강도가 증가하는 것과 아울러 소거가 불러일으키는 분노행동이 있을 수 있기 때문에 주의해야 한다. 이런 현상은 '소거발작(extinction burst)'이라고 한다. • 문제행동이 소거된 후 자발적으로 회복되는 경우가 있다. 문제행동이 소거되었다가 우연히 다시 나타나는 경우인데, 이러한 현상을 자발적 회복이라고 한다. 이런 특징은 일시적이며 자주 발생하지 않지만, 문제행동이 자발적으로 회복되었을 때 강화를 받으면 일종의 간헐강화가 되는 것이므로 소거는 더 어려워진다. • 소거가 적용되고 있는 아동의 문제행동에 대해 아무 조치도 취해지지 않는 것을 보고 다른 아동들이 문제행동을 따라 할 수 있다. • 소거 절차가 효과적이기는 하지만 일반화되기는 쉽지 않다. • 소거가 효과적이었다고 하더라도 또 다른 문제행동이 나타날 수 있다.
소거의 적용	• 소거의 장단점을 종합적으로 고려할 때 소거는 낮은 수준의 다소 덜 심각한 문제행동을 감소시키고자 할 때에 적절한 방법이라고 할 수 있다. • 소거를 사용할 때 주의하고 기억해야 할 점은 소거의 대상이 학생의 행동이지 학생이 아니라는 것이다. • 소거의 대상이 되는 문제행동에 대해서만 소거가 적용되어야 한다. • 소거가 잘 실행되는 경우라면 학생은 자신의 어떤 행동이 강화를 받고 어떤 행동이 강화받을 수 없는지 알고 있을 것이다. 또한 문제행동에 대해 소거 절차를 실행하면서 대체행동이 발생하면 강화를 해야 하고, 대체행동이 발생하지 않는다면 대체행동을 가르쳐야 한다.

134 2013. 유

다음은 특수학교 유치원 과정 5세반 유아의 수업 관찰 내용이다. 물음에 답하시오. [5점]

유아	수업 관찰 내용
승호	승호가 미술 활동 중에 물감을 바닥에 뿌리면 교사는 "승호야"라고 이름을 부르며 다가와 흘린 물감을 닦아 주었다. 그러자 승호는 물감을 계속해서 바닥에 뿌렸다. 이러한 행동이 교사의 관심을 받기 위한 것이라고 판단한 교사는 승호가 물감 뿌리는 행동을 해도 흘린 물감을 더 이상 닦아 주지 않았다. 그러자 ㉠ 승호는 물감을 이전보다 더 많이 바닥에 뿌렸다.
다혜	다혜는 협동 그림을 완성하기 위해 자신이 맡은 부분을 색칠하려고 하였다. 그러나 저시력으로 인해 도화지 위에 연필로 그린 밑그림의 경계선이 잘 보이지 않아서 밑그림과 다르게 색칠하였다. 교사는 다혜의 수업 참여를 증가시키기 위하여 ㉡ 도안의 경계선을 도드라지게 해 주었고, ㉢ 조명이 밝은 곳으로 자리를 옮겨 주었다.
철희	철희는 손 힘이 약해서 그리기 활동에 많은 어려움을 겪었다. 그 결과 자신은 그리기 활동을 잘 할 수 없다고 생각하여 색칠하기를 거부하였다. 교사는 여러 가지 방법으로 지원하면서 "철희야, 너도 잘 할 수 있을 거야."라고 하였다. 그러나 철희는 여전히 "난 잘 할 수 없어요."라고 말하며 그리기를 주저하였다.

1) 승호의 사례에서 ㉠에 해당되는 행동 수정 용어를 쓰시오. [1점]

2) 교사가 ㉡과 ㉢에서 사용한 교수적 수정 방법은 무엇인지 쓰시오. [2점]

   ㉡ :

   ㉢ :

3) 학습 동기 이론에 근거하여 철희와 같이 실패 경험을 반복적으로 한 유아가 나타낼 수 있는 특성 1가지를 쓰고, 이러한 철희를 위해 교사가 해야 할 동기 유발 전략 1가지를 쓰시오. [2점]

   • 특성 :

   • 동기 유발 전략 :

135

핵심테마 체크
• 타임아웃
• 소거
• 반응대가
• 토큰제도

MY MEMO

정답 및 예시답안

③

알찬 지문풀이

• 아동이 수업 중 소리를 지르자 교사는 아동으로 하여금 교실 구석에서 벽을 쳐다보고 1분간 서 있게 하였다.
➡ 타임아웃

• 울 때마다 과제를 회피할 수 있었던 아동이 싫어하는 과제를 회피하기 위하여 울더라도 교사는 아동이 과제를 끝내도록 하였다. ➡ 소거

• 교사는 아동이 5분간 과제에 집중을 하면 스티커 한 장을 주고, 공격행동을 보이면 스티커 한 장을 회수하여
➡ 반응대가

• 나중에 모은 스티커로 강화물과 교환하도록 하였다. ➡ 토큰제도

• 문제행동을 보일 때마다 교사의 관심을 받았던 아동이 교사의 관심을 끌기 위하여 물건을 집어던지는 행동을 하더라도, 교사는 문제행동에 관심을 기울이지 않고 무시하였다. ➡ 소거

관련이론

🔍 소거

개념	• 예전부터 강화되어 온 행동이 발생해도 더 이상 강화하지 않음으로써 그 행동의 미래 발생 가능성을 감소시키는 것	
고려사항	• 소거저항　　　　• 소거폭발　　　　• 자발적 회복현상	

🔍 부적벌

반응대가	• 학생이 문제행동을 하였을 때 그 대가로 이미 지니고 있던 강화제를 잃게 함으로써 문제행동의 발생률을 감소시키는 절차 • 철회비율을 결정하는 것이 중요함 • 보너스 반응대가 적용 가능 • 강화제를 모두 잃게 되는 경우에 대비해야 함	
타임아웃	• 문제행동이 발생했을 때 학생이 정적강화를 받지 못하도록 일정시간 동안 강화제로의 접근을 차단하는 것 • 격리/비격리 타임아웃 • 배제/비배제 타임아웃	

두 전략 비교	구분	반응대가	타임아웃
	공통점	정적자극 제거	
	차이점	강화제의 상실	강화 받을 기회의 제거 (강화제로의 접근 차단)

🔍 토큰제도

구성요소	• 목표행동, 토큰, 교환 강화제	
장점	• 강화의 수량화 가능 • 최대치의 제한 없음 • 다른 학생을 방해하지 않고 제공 가능	• 즉시 쉽게 제공, 언제든지 제공 • 쉽게 표준화 가능 • 만족 지연 연습 가능
현장에서 유용한 이유	• 일반화된 조건 강화제이므로 학생들의 동기부여를 위한 노력이 덜 필요 • 지연된 강화의 효과 가능 • 동일한 토큰으로 학교 밖에서도 사용 가능	
누적방지/ 동기부여	• 언제든지 원하는 강화제의 값어치만큼 토큰을 모았다면 즉시 교환하게 해 주고, 더 큰 값어치의 강화제를 원하는 경우 저축하게 하고 저축해 놓은 것을 인출할 때는 벌금을 내도록 할 수 있음 • 토큰의 색깔이나 특성을 자주 바꾸어주기 • 교환 강화제의 목록을 주기별로 바꾸어주기	

135
2010. 유

다음은 자폐성장애 아동의 문제행동을 중재한 사례들을 제시한 것이다. 다음의 사례들에 사용되지 <u>않은</u> 행동수정 전략은?

- 아동이 수업 중 소리를 지르자 교사는 아동으로 하여금 교실 구석에서 벽을 쳐다보고 1분간 서 있게 하였다.
- 울 때마다 과제를 회피할 수 있었던 아동이 싫어하는 과제를 회피하기 위하여 울더라도 교사는 아동이 과제를 끝내도록 하였다.
- 교사는 아동이 5분간 과제에 집중을 하면 스티커 한 장을 주고, 공격행동을 보이면 스티커 한 장을 회수하여 나중에 모은 스티커로 강화물과 교환하도록 하였다.
- 문제행동을 보일 때마다 교사의 관심을 받았던 아동이 교사의 관심을 끌기 위하여 물건을 집어던지는 행동을 하더라도, 교사는 문제행동에 관심을 기울이지 않고 무시하였다.

---

① 반응대가   ② 소거
③ 과잉(과다)교정   ④ 토큰경제
⑤ 타임아웃(고립)

136

정답 및 예시답안

④

알찬 지문풀이

구분	지도 내용	교수전략	전략의 특징
㉠	최 교사와 민규는 현장학습 중에 정해진 규칙을 5번 이상 어기면 오후에 바깥놀이를 할 수 없음을 약속하였다. ➡ 자극의 제거	부적 강화	강화 인자의 철회 가능성을 고려한다.
㉢	최 교사는 사서에게 보낼 감사 카드 만들기 활동을 위해 지도 절차를 구조화하여 승희를 먼저 지도한 후 승희가 민규를 지도해 카드를 완성하게 하였다.	~~또래시작하기~~ ➡ 또래교수	활동 중에 즉각적인 피드백과 교정이 이루어진다.

관련이론

🔍 부적강화

• 부적강화란 혐오자극을 제거하여 행동 발생 가능성을 증가시키는 것을 말한다.

🔍 집단강화

• 집단강화란 집단 구성원 중 특정인이나 일부 구성원, 또는 전체 구성원의 행동에 수반하여 어떤 공통적 후속자극 (일반적으로 강화자극)을 집단 전체에 제공함으로써 집단 구성원 중 한 사람이나 일부, 또는 전체 구성원의 행동을 변화시키는 방법이다.

137

정답 및 예시답안

②

알찬 지문풀이

• ② 교실에서의 수업은 다양한 예시를 활용하되, 제시되는 자극이나 과제 매체는 ~~단순화~~하는 것이 일반화에 효과적이다. ➡ 다양하게 제시

관련이론

🔍 행동의 일반화와 유지

	자극 일반화/반응 일반화	
일반화	자극 일반화를 위한 전략	• 자연스러운 상황에서 가르치기 • 하루 일과 속에서 가르치기 • 훈련 상황을 일반화가 일어나야 할 상황과 비슷하게 조성하기 • 여러 다양한 상황을 이용하기 • 훈련 시 광범위한 관련 자극을 통합하기
	반응 일반화를 위한 전략	• 충분한 예로 훈련하기 • 다양한 반응 수용하기
유지	행동 변화를 위한 중재나 프로그램이 끝난 뒤에도 필요한 때마다 변화된 행동을 할 수 있는 것	
	간헐강화계획	• 표적행동을 했을 때 가끔씩 강화하는 방법
	과잉학습	• 적정 수준의 기술 수행 습득 후에도 계속 더 연습시키는 방법
	분산연습	• 일정시간 내에서 분산시켜 여러 차례 연습시키는 방법
	학습한 기술을 기초로 새 기술 교수	• 새로 학습한 기술을 또 다른 새 기술 학습 시 계속 삽입하여 연습기회를 늘려 주는 방법
	유지 스케줄 사용	• 주기적으로 연습할 기회를 주는 방법
	자연적 강화의 이용	• 자연적인 환경에서 강화 받을 가능성이 높은 행동을 선정해서 가르치고, 교수 상황에서 자연적 강화를 사용하는 방법

핵심테마 체크
• 부적강화
• 집단강화
• 일반화

MY MEMO

핵심테마 체크
• 일반화

MY MEMO

136　2011. 유

최 교사는 2007년 개정 유치원 교육과정 사회생활 영역의 내용인 '우리 동네에 있는 여러 기관의 역할을 알아본다.'를 지도하기 위해 도서관 현장학습을 실시하였다. 최 교사는 발달지체 유아 민규의 현장학습을 위해 다양한 교수 전략을 활용하여 지도하였다. 지도 내용에 해당하는 교수 전략과 전략의 특징을 바르게 연결한 것을 모두 고른 것은?

구분	지도 내용	교수 전략	전략의 특징
㉠	최 교사와 민규는 현장학습 중에 정해진 규칙을 5번 이상 어기면 오후에 바깥놀이를 할 수 없음을 약속하였다.	부적 강화	강화 인자의 철회 가능성을 고려한다.
㉡	최 교사는 열람실에서 서 있기만 하는 민규에게 다가가 서가에서 책을 꺼내 보는 재호를 관찰하고 따라하도록 하였다.	또래 모방 훈련	교사의 언어적, 신체적 촉진이나 칭찬이 제공된다.
㉢	최 교사는 현장학습에서 민규의 모둠 이탈 행동이 5번 이하로 일어나 미리 약속한 대로 민규 모둠 전체를 놀이실에서 20분간 놀게 해 주었다.	집단 강화	집단 중심의 의존적, 혹은 상호의존적 유관체계를 사용한다.
㉣	최 교사는 사서에게 보낼 감사 카드 만들기 활동을 위해 지도 절차를 구조화하여 승희를 먼저 지도한 후 승희가 민규를 지도해 카드를 완성하게 하였다.	또래 시작하기	활동 중에 즉각적인 피드백과 교정이 이루어진다.
㉤	최 교사의 제안으로 현장학습 후 민규의 어머니는 민규를 다른 도서관으로 데리고 가서 현장학습에서 배운 대로 책을 대출해 보게 하였다.	일반화	장소, 사람, 자료 등에 대해 일반화시킨다.

① ㉠, ㉢
② ㉡, ㉤
③ ㉠, ㉢, ㉣
④ ㉡, ㉢, ㉤
⑤ ㉡, ㉣, ㉤

137　2013. 중

발달장애 학생들은 학습한 내용을 일반화(generalization)하는 데 어려움이 있을 수 있다. 일반화에 대한 내용으로 옳지 <u>않은</u> 것은?

① 자기통제 기술을 지도하면 실생활에서의 독립기능이 촉진될 수 있으므로 일반화에 도움이 된다.

② 교실에서의 수업은 다양한 예시를 활용하되, 제시되는 자극이나 과제 매체는 단순화하는 것이 일반화에 효과적이다.

③ 수업시간에 일과표 작성하기를 배운 후, 집에 와서 가족일과표를 작성할 수 있는 것은 '자극일반화'에 해당한다.

④ 수업시간에 숟가락으로 밥 떠먹기를 배운 후, 숟가락으로 국을 떠 먹을 수 있는 것은 '반응일반화'에 해당한다.

⑤ 수업시간에 흰 강아지 그림카드를 보고 '개'를 배운 후, 개가 흰색일 경우에만 '개'라고 말하는 것은 '과소일반화'에 해당한다.

핵심테마 체크
- 학습단계
- 유지와 일반화를 위한 전략

MY MEMO

138

정답 및 예시답안

1) (가) 숙달
   (나) 일반화
2) ㉠ 간격시도는 목표기술의 시행(시도)과 시행 사이에 간격을 두고 훈련하는 것이며, 습득한 기술을 숙달시키는 데 효과적이다.
   ㉡ 분산시도는 일정시간(또는 기간) 내 자연스러운 상황 내에서 분산시켜 여러 차례 연습을 하는 것으로 기술의 일반화에 효과적이다.
3) 과제분석
4) 또래 점검

관련이론

학습단계

단계	내용
획득 (습득)	새로운 개념, 기술, 행동의 최초 학습을 의미. 즉, 기술이 없는 상태에서 기본적인 습득 수준까지의 이동을 획득이라고 할 수 있음. 학습에서 획득의 목표는 정확성이 전혀 없는 수준에서 85%까지 도달하면 수행한 것으로 봄
숙달	한 기술이 자연스러운 환경에서 유용하도록 정확성과 속도를 결합한 것을 의미
일반화	새로운 방법 또는 낯선 조건에서도 기술을 사용할 수 있는 것을 의미. 이것은 교수가 끝난 후에도 이미 배운 지식이나 기술을 새로운 사람, 장소 또는 일에 적용하는 것, 다른 형태의 행위를 사용하기 위해 그 기술을 수정하거나 변경하는 것을 포함
유지	교수가 끝난 뒤 한참 후에 개인의 지식과 기술을 사용하는 것을 의미

목표기술 연습방법(시도, 시행)의 유형

집중 시도	• 단일 과제를 집중적으로 여러 차례에 걸쳐서 가르치는 것 • 새로운 기술을 습득하거나 유창성을 높이기 위해 1 : 1 집중시도가 효과적
간격 시도	• 교사가 단일 과제를 가르친 후 학생을 쉬게 하고, 학생이 쉬는 동안 다른 학생에게 시켜 보거나 다른 과제를 하게 해서, 해당 학생이 다시 똑같은 것을 배우기 전에 조금 전에 배운 것을 생각해 보거나 친구가 하는 것을 볼 수 있는 기회를 주는 것
분산 시도	• 하루 일과 중에 자연스러운 상황 속에 삽입해서 목표행동을 가르치는 것으로, 연습과 연습 사이에 다른 활동을 할 수도 있고, 다른 행동에 대해 배울 수도 있음

행동의 일반화와 유지

일반화	자극 일반화/반응 일반화	
	자극 일반화를 위한 전략	• 자연스러운 상황에서 가르치기 • 하루 일과 속에서 가르치기 • 훈련 상황을 일반화가 일어나야 할 상황과 비슷하게 조성하기 • 여러 다양한 상황을 이용하기 • 훈련 시 광범위한 관련 자극을 통합하기
	반응 일반화를 위한 전략	• 충분한 예로 훈련하기 • 다양한 반응 수용하기
유지	행동 변화를 위한 중재나 프로그램이 끝난 뒤에도 필요한 때마다 변화된 행동을 할 수 있는 것	
	간헐강화계획	• 표적행동을 했을 때 가끔씩 강화하는 방법
	과잉학습	• 적정 수준의 기술 수행 습득 후에도 계속 더 연습시키는 방법
	분산연습	• 일정시간 내에서 분산시켜 여러 차례 연습시키는 방법
	학습한 기술을 기초로 새 기술 교수	• 새로 학습한 기술을 또 다른 새 기술 학습 시 계속 삽입하여 연습기회를 늘려 주는 방법
	유지 스케줄 사용	• 주기적으로 연습할 기회를 주는 방법
	자연적 강화의 이용	• 자연적인 환경에서 강화 받을 가능성이 높은 행동을 선정해서 가르치고, 교수 상황에서 자연적 강화를 사용하는 방법

고득점 답안 비법 ✗ 2) : ㉠, ㉡에 대해 설명할 때, 학습단계와 연결 지어 작성할 것

138   2016. 중

다음은 A 특수학교(고등학교) 2학년 윤지가 창의적 체험 활동 시간에 인터넷에서 직업을 검색하도록 박 교사가 구상 중인 계획안의 일부이다. 물음에 답하시오. [6점]

학습 단계	교수 활동	지도상의 유의점
습득	윤지에게 인터넷에서 직업 검색 방법을 다음과 같이 지도한다. ① 바탕 화면에 있는 인터넷 아이콘을 클릭하게 한다. ② 즐겨찾기에서 목록에 있는 원하는 검색 엔진을 클릭하게 한다. ③ 검색 창에 직업명을 입력하게 한다. ④ 직업에서 하는 일을 찾아보게 한다. … (이하 생략) …	• 윤지가 관심 있어 하는 5가지 직업들로 직업 목록을 작성한다. • ⓒ 직업 검색 과정을 하위 단계로 나누어 순차적으로 지도한다.
(가)	윤지가 직업 검색하기를 빠르고 정확하게 수행하도록 ㉠ 간격시도 교수를 사용하여 지도한다.	• ㉣ 간격시도 교수 상황에서 윤지와 친구를 짝지은 후, 관찰기록지를 주고 수행결과에 대해 서로 점검하여 피드백을 제공하도록 한다.
유지	윤지가 정기적으로 직업명을 인터넷에서 검색할 수 있도록 한다.	
(나)	학교에서는 ㉡ 분산시도 교수를 사용하여 지도한 후, 윤지에게 복지관에서도 자신이 관심 있어 하는 직업명을 검색하도록 한다.	

1) (가)와 (나)에 해당하는 학습 단계의 명칭을 쓰시오. [2점]

(가) :

(나) :

2) ㉠과 ㉡에 대해 각각 설명하시오. [2점]

㉠ :

㉡ :

3) ㉢의 명칭을 쓰시오. [1점]

4) ㉣에 해당하는 평가 방법을 쓰시오. [1점]

● **핵심테마 체크**

• 학습단계

MY MEMO

139

정답 및 예시답안

1) 유치원 교육과정
2) 유치원 교육과정
3) 일반화

관련이론

🔍 행동의 일반화와 유지

	자극 일반화/반응 일반화	
일반화	자극 일반화를 위한 전략	• 자연스러운 상황에서 가르치기 • 하루 일과 속에서 가르치기 • 훈련 상황을 일반화가 일어나야 할 상황과 비슷하게 조성하기 • 여러 다양한 상황을 이용하기 • 훈련 시 광범위한 관련 자극을 통합하기
	반응 일반화를 위한 전략	• 충분한 예로 훈련하기 • 다양한 반응 수용하기
유지	행동 변화를 위한 중재나 프로그램이 끝난 뒤에도 필요한 때마다 변화된 행동을 할 수 있는 것	
	간헐강화계획	• 표적행동을 했을 때 가끔씩 강화하는 방법
	과잉학습	• 적정 수준의 기술 수행 습득 후에도 계속 더 연습시키는 방법
	분산연습	• 일정시간 내에서 분산시켜 여러 차례 연습시키는 방법
	학습한 기술을 기초로 새 기술 교수	• 새로 학습한 기술을 또 다른 새 기술 학습 시 계속 삽입하여 연습기회를 늘려 주는 방법
	유지 스케줄 사용	• 주기적으로 연습할 기회를 주는 방법
	자연적 강화의 이용	• 자연적인 환경에서 강화 받을 가능성이 높은 행동을 선정해서 가르치고, 교수 상황에서 자연적 강화를 사용하는 방법

(가)는 발달지체 유아 준수의 통합학급 미술활동 일부이고, (나)는 유아들의 대화이다. (다)는 유아특수교사 박 교사와 유아교사 김 교사가 나눈 대화의 일부이다. 물음에 답하시오. [5점]

(가)

윤두서, 〈유하백마도〉

박 교사 : (작품을 제시하며) 이 그림을 보면 어떤 느낌이 드나요?　[A]
유　준 : 멋져요!
박 교사 : ㉠ 그림에서 제일 먼저 보이는 것은 무엇인가요?
준　수 : 하얀 말.
박 교사 : 하얀 말이 먼저 보이는구나. 하얀 말의 털을 만지면 어떨 것 같나요?
서　아 : 부드러워요.
박 교사 : 말이 움직일 것 같다는 생각이 드나요?
주　원 : 아니요.

… (하략) …

(나)

서아 : (준수가 그린 그림을 보며) 준수야, 무엇을 그린 거야?
준수 : 자동차.
서아 : 나도 자동차를 그렸어. 내 자동차 어때?
준수 : 동그라미 바퀴 좋아.
서아 : 바퀴가 좋아? (모형 동전을 가지고 와서 ㉡ 동전 위에 종이를 대고 색연필로 문지르며) 이렇게 하면 동그란 바퀴가 나타나.
준수 : 나도 할래.

| ㉢ 〈준수의 그림〉 | 〈서아의 그림〉 |

(다)

김 교사 : 준수가 동그란 모양의 자동차 바퀴를 그리고 싶어 하던데, 동그라미 그리기는 성공했나요?
박 교사 : 네, 최근 준수가 자유놀이 시간에 동그라미를 많이 그리더니 ㉣ 미술놀이 시간에 동그라미 그리기에 성공했어요. 그리고 놀이터에서도 동그라미를 그렸고, 집에서도 동그라미 그리기에 성공했대요.
김 교사 : 정말 기특하네요. 저도 준수가 동그라미를 그리는 모습을 보면 칭찬해 주어야겠어요.

1) ① 앤더슨(T. Anderson)의 미술 감상 단계에 기초하여 (가)의 [A]에 해당하는 단계의 특징을 쓰고, ② (가)의 밑줄 친 ㉠에 해당하는 미적 원리를 쓰시오. [2점]

① :

② :

2) ① (나)의 밑줄 친 ㉡에 해당하는 미술 표현 기법의 명칭을 쓰고, ② 리드(H. Read)의 평면표현 발달 단계에 근거하여 (나)의 ㉢에 해당하는 단계의 명칭을 쓰시오. [2점]

① :

② :

3) (다)의 밑줄 친 ㉣에 해당하는 학습단계의 명칭을 쓰시오. [1점]

140

정답 및 예시답안

○ 학습내용의 과제분석을 할 때, 학생의 수행에 근거하여 학생은 시침과 분침을 구분하지 못하므로, 시침과 분침을 구분하여 시각을 읽는 것을 먼저 가르쳐야 한다.

○ 시계를 보고 시각읽기를 정확하고 빠르게 할 수 있도록 지도해야 한다. ➡ 학습단계 중 숙달은 '정확성'과 '유창성'을 기르도록 하는 것

○ 2 / 실물 시계를 활용해야 한다(실생활에서 시계읽기를 하도록 지도해야 하므로).

5 / 학생은 시간의 전후 개념을 이미 알고 있으므로(현행 수준) 하루 일과를 순서대로 배열하는 학습은 현재 수행수준에 적합한 학습내용이 아니다.

관련이론

🔍 학습단계

단계	내용
획득 (습득)	새로운 개념, 기술, 행동의 최초 학습을 의미. 즉, 기술이 없는 상태에서 기본적인 습득 수준까지의 이동을 획득이라고 할 수 있음. 학습에서 획득의 목표는 정확성이 전혀 없는 수준에서 85%까지 도달하면 수행한 것으로 봄
숙달	한 기술이 자연스러운 환경에서 유용하도록 정확성과 속도를 결합한 것을 의미
일반화	새로운 방법 또는 낯선 조건에서도 기술을 사용할 수 있는 것을 의미. 이것은 교수가 끝난 후에도 이미 배운 지식이나 기술을 새로운 사람, 장소 또는 일에 적용하는 것, 다른 형태의 행위를 사용하기 위해 그 기술을 수정하거나 변경하는 것을 포함
유지	교수가 끝난 뒤 한참 후에 개인의 지식과 기술을 사용하는 것을 의미

140

다음은 일반 중학교 특수학급을 담당하는 특수교사 A가 작성한 수업 구상 일지이다. 〈작성방법〉에 따라 순서대로 서술하시오. [4점]

2015년 ○○월 ○○일

▣ **영역: 측정**

▣ **제재: 아날로그시계의 시각 읽기**

▣ **학생의 현행 수준**

　○ 시간의 전후 개념을 알고 있다.
　○ 디지털시계의 시각(시, 분)을 읽을 수 있다.
　○ 아날로그시계에 바늘과 눈금이 있음을 알고 있다.
　○ 시계 바늘이 움직이는 방향을 알고 있다.
　○ 시계 바늘이 다른 속도로 움직인다는 것을 알고 있다.
　○ 모형 시계의 돌림 장치를 돌릴 수 있다.

▣ **선수 학습에서 학생의 수행**

9시 20분	6시 10분	12시 30분

▣ **수업 계획을 위해 해야 할 것**

　○ ㉠학습 내용의 과제 분석
　○ 학습 활동의 고안
　　(시각 읽기 방법 가르치기, 다양한 시각 읽기 연습하기, 시계 사전 만들기)
　○ 학습 활동에 따른 교재·교구 준비
　○ 학생이 학습 내용을 습득하고 난 뒤 ㉡숙달할 수 있도록 교수·
　　학습 방법을 보다 구체적으로 생각할 것

▣ **㉢수업 계획과 운영 시 고려할 점**

　1. 학생들이 모형 시계를 조작하며 시각 읽기 활동에 능동적으로
　　참여할 수 있게 한다.
　2. 시각 읽기 연습은 실물 시계보다는 모형 시계와 준비된 학습지를
　　활용한다.
　3. 학생들에게 적절한 차별화교수를 할 수 있도록 자료를 다양화하고
　　교수 속도를 조절한다.
　4. 수학에 대한 흥미를 유발할 수 있도록 학생이 좋아하는 '급식
　　시간의 시각 읽기'와 같이 학생의 경험을 활용한다.
　5. 후속 학습으로 '하루 일과를 시간의 순서대로 배열하기'를 계획
　　한다.

작성방법

- 교사 A가 밑줄 친 ㉠을 할 때 학생의 현행 수준을 고려하여 가장 먼저 가르쳐야 할 내용이 무엇인지 기술할 것
- 밑줄 친 ㉡에서 교사 A가 중점을 두어야 할 사항을 쓸 것
- '학생의 현행 수준'과 '수업계획을 위해 해야 할 것'을 고려할 때, 밑줄 친 ㉢에서 잘못된 내용 2가지를 찾고, 각각 그 이유를 설명할 것

• 학습단계
• 강화계획
• 일반화의 유형

MY MEMO

141

정답 및 예시답안

1) 초등 교육과정
2) ① 유창성
   ② 연습문제 3문항을 (ABAB규칙에 맞게) 해결하면 나영이가 좋아하는 스티커를 제공한다.
3) 자극 일반화

관련이론

학습단계

단계	내용
획득 (습득)	새로운 개념, 기술, 행동의 최초 학습을 의미. 즉, 기술이 없는 상태에서 기본적인 습득 수준까지의 이동을 획득이라고 할 수 있음. 학습에서 획득의 목표는 정확성이 전혀 없는 수준에서 85%까지 도달하면 수행한 것으로 봄
숙달	한 기술이 자연스러운 환경에서 유용하도록 정확성과 속도를 결합한 것을 의미
일반화	새로운 방법 또는 낯선 조건에서도 기술을 사용할 수 있는 것을 의미. 이것은 교수가 끝난 후에도 이미 배운 지식이나 기술을 새로운 사람, 장소 또는 일에 적용하는 것, 다른 형태의 행위를 사용하기 위해 그 기술을 수정하거나 변경하는 것을 포함
유지	교수가 끝난 뒤 한참 후에 개인의 지식과 기술을 사용하는 것을 의미

간헐강화계획

• 모든 반응에 대해 매번 강화하는 것이 아니라 일부 반응만을 선택적으로 강화하는 방법
• 학습 후기에 행동의 발생비율과 소거저항을 높이기 위하여 사용되는 강화계획간헐강화는 계속강화보다 소거저항이 강하고, 포화를 예방할 수 있는 이점도 있지만, 새로운 행동을 형성할 때는 계속강화가 더 효과적
• 간헐강화의 부정적 효과 : 비율긴장, 가리비현상 등

비율	고정비율계획	강화 후 반응의 일시 중단이라는 독특한 반응유형 산출, 고속 반응률을 산출, 비율의 크기는 반응속도에 영향을 미침
	변동비율계획	반응의 중단 없이 일관성 있는 안정된 반응률을 산출, 고속반응의 경향성이 나타남, 변동비율의 크기는 반응률에 영향
간격	고정간격계획	강화 후 반응의 중단이 비교적 길게 나타남, 대체로 느리고 완만한 반응률을 산출하며 시간 간격의 길이는 반응의 중단과 반응률에 영향을 미침, 강화 후 반응의 중단현상은 고정간격강화와 고정비율강화에서 모두 나타나지만 그 형태는 서로 다름
	변동간격계획	일정하고 안정된 반응률 산출, 비교적 느리고 완만한 반응률 산출, 평균간격의 길이는 반응률에 영향을 미침
	반응시한간격계획	첫 번째 반응이 일어나기까지의 경과시간을 제한할 수 있는 방법
지속 시간	고정 지속시간 계획	목표행동이 미리 정해 둔 지속시간에 도달하면 강화 제공
	변동 지속시간 계획	목표행동의 평균 지속시간에 따라 강화 제공

다음은 특수학교에 근무하는 최 교사의 수학 수업에 대한 성찰일지이다. 물음에 답하시오. [5점]

성찰 일지	
성취기준	[4수학04−03] 반복되는 물체 배열을 보고, 다음에 올 것을 추측하여 배열한다.
단원	㉠ 9. 규칙 찾기
학습목표	ABAB 규칙에 따라 물건을 놓을 수 있다.

　오늘은 모양을 ABAB 규칙에 따라 배열하고 규칙성을 찾는 수업을 하였다.

　㉡ 규칙성이라는 추상적 개념 지도를 위해 구조적으로 동형이면서 다양한 구체물을 활용하는 수업이었다.

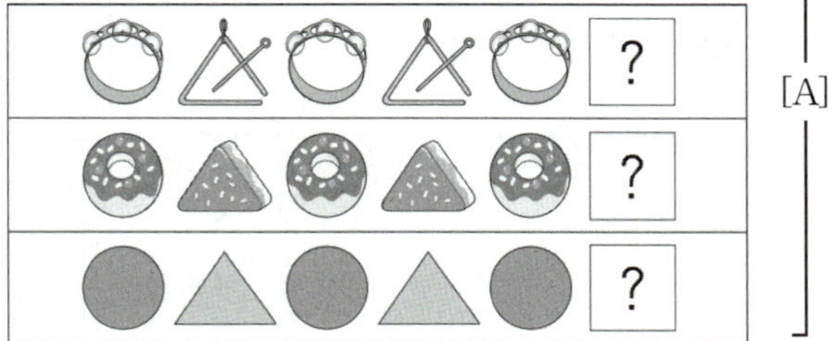

[A]

　구체물을 이용한 수업이라서 그런지 학생들이 흥미 있게 참여하였다.

　오늘 연습 문제에서 대부분의 학생들은 물건을 잘 배열하는 것으로 보아 이제 ABAB 규칙을 익숙하게 다룰 수 있는 것으로 판단된다. 그런데 나영이는 ㉢ ABAB 규칙을 습득하였으나 가끔 순서가 틀리고, 모양을 찾는 데 시간이 오래걸렸다. 나영이도 ABAB 규칙에 익숙해지려면 많은 연습이 필요할 것 같다.

　하지만 나영이는 주의 집중력이 부족하여 오래 연습하기가 어렵다. 그래서 ㉣ 나영이가 좋아하는 스티커를 활용하여 나영이에게 고정비율강화 계획을 적용하면 좀 더 적극적으로 수업에 참여할 수 있을 것 같다.

　내일은 다양한 규칙에 대해 배우게 되는데 학생들의 흥미를 높이고 학생들이 다양한 자극에 반응할 수 있도록 여러 가지 자료를 사용해야겠다. 이렇게 하면 우리 학생들이 ㉤ 수업 시간에 사용한 상황과 자료가 아닌 다른 상황과 자료에서도 규칙대로 배열할 수 있지 않을까 생각해 본다.

1) ① 2015 개정 특수교육 교육과정 중 기본 교육과정 수학과의 '내용 체계'에 근거하여 ㉠ 단원의 핵심개념을 쓰고, ② 디에네스(Z. Dienes)의 수학적 개념학습원리에서 [A]의 ㉡에 해당하는 명칭을 쓰시오. [2점]

　①:

　②:

2) ① ㉢의 학습단계에서 나영이를 위해 교수 목표로 삼아야 할 능력(기술)을 쓰고, ② ㉣을 적용한 예를 쓰시오. [2점]

　①:

　②:

3) ㉤에 해당하는 일반화의 유형을 쓰시오. [1점]

테마별 기출분포도

테마		연도별 기출분포	셀프체크
정의	특수교육공학의 개념	⑪중 ㉕중	☐☐☐☐☐
접근성	웹 접근성 및 웹 접근성 지침	⑩중 ⑫중 ⑯유 ⑰중 ⑳초 ㉑중 ㉓초 ㉖초	☐☐☐☐☐
	보편적 학습설계의 개념 및 원리	⑩유 ⑩중 ⑪중 ⑬중 ⑲중 ⑳유	☐☐☐☐☐
	UDL의 3가지 원리	⑫유 ⑫초 ❸중 ⑭유 ⑮초 ⑰유 ⑰중 ⑱초 ⑳초 ㉑초 ㉓중 ㉔중	☐☐☐☐☐
컴퓨터의 활용	컴퓨터 보조수업(CAI)	⑩유 ⑩초 ⑩중 ⑯유 ⑱초 ⑳초 ㉑중 ㉖중	☐☐☐☐☐
	교육용 프로그램의 고려사항	⑩유 ⑩초 ⑩중 ⑬중	☐☐☐☐☐
보조공학	보조공학의 사정 모델	⑱유 ⑱중 ㉔초	☐☐☐☐☐
	보조공학의 전달체제	⑫중	☐☐☐☐☐
	보조공학기기 및 컴퓨터 기능	⑨중 ⑪유 ⑪초 ⑪중 ⑫중 ⑬초 ❸중 ⑭중 ⑳유 ⑳초 ㉒초 ㉓초 ㉔초 ㉔중	☐☐☐☐☐

특수교육공학

01

정답 및 예시답안

④

알찬 지문풀이

• ㄴ. 교실에서 휠체어를 탄 장애학생이 지나갈 수 있도록 책상 사이의 간격을 넓혀 주는 것은 ~~로우테크놀로지 (low technology)~~의 적용이라고 할 수 있다. ➡ 노테크놀로지

관련이론

🔍 **보조공학의 연속성**

고급 테크놀로지 (high-technology)	컴퓨터, 상호작용 멀티미디어 시스템 등의 정교한 장치
중급 테크놀로지 (medium-technology)	비디오 장치, 휠체어 등의 덜 복잡한 전기장치 혹은 기계장치
저급 테크놀로지 (low-technology)	덜 정교화된 기기 혹은 장치
무 테크놀로지 (no-tech solutions)	장치나 기기를 포함하지 않음. 체계적인 교수절차의 사용 혹은 물리치료사나 작업치료사와 같은 관련 서비스

01 2011. 중

특수교육공학에 관한 설명으로 옳은 것만을 〈보기〉에서 모두 고른 것은?

보기

ㄱ. 장애학생에게 공학을 적용할 때에는 하이테크놀로지(high technology)보다 로우테크놀로지(low technology)를 먼저 고려하는 것이 바람직하다.

ㄴ. 교실에서 휠체어를 탄 장애학생이 지나갈 수 있도록 책상 사이의 간격을 넓혀 주는 것은 로우테크놀로지(low technology)의 적용이라고 할 수 있다.

ㄷ. 사람이 제공하는 서비스 영역을 의미하는 소프트테크놀로지(soft technology)가 없이는 하드테크놀로지(hard technology)를 성공적으로 적용할 수 없다.

ㄹ. 특수교육공학은 사용된 과학 기술 정도에 따라 노테크놀로지(no technology)부터 하이테크놀로지(high technology)에 이르기까지 다양하게 분류될 수 있다.

---

① ㄱ, ㄹ ② ㄴ, ㄷ
③ ㄱ, ㄴ, ㄹ ④ ㄱ, ㄷ, ㄹ
⑤ ㄱ, ㄴ, ㄷ, ㄹ

✔ 핵심테마 체크

• 보조공학의 연속성
• AAC의 구성요소

MY MEMO

02

정답 및 예시답안

㉠ 적용된 기술력
㉡ 전략

관련이론

🔍 보조공학의 연속성

• 분류의 기준은 적용된 기술력의 차이를 근간으로 하고 있다.
• 고도화된 기술력이 적용되었다 함은 우선적으로 많은 비용을 필요로 한다는 점과 훈련의 요구 정도가 강화되었음을 의미한다.
• 저급 테크놀로지에서 고급 테크놀로지로의 이동은 비용, 융통성, 내구성, 훈련의 요구 정도, 세밀성, 이동 가능성, 유지 요구 등과 같은 보조공학장치의 특징도 점차적으로 강화, 증가됨을 의미한다.

고급 테크놀로지 (high-technology)	컴퓨터, 상호작용 멀티미디어 시스템 등의 정교한 장치
중급 테크놀로지 (medium-technology)	비디오 장치, 휠체어 등의 덜 복잡한 전기장치 혹은 기계장치
저급 테크놀로지 (low-technology)	덜 정교화된 기기 혹은 장치
무 테크놀로지 (no-tech solutions)	장치나 기기를 포함하지 않음. 체계적인 교수절차의 사용 혹은 물리치료사나 작업치료사와 같은 관련 서비스

🔍 AAC 체계의 구성요소

AAC 상징	• 그림상징, 청각적 상징, 제스처사용, 질감 또는 촉감 활용상징 등이 해당 • 도구가 사용되지 않는 형태(수화, 제스처, 얼굴 표정 등)일 수도 있고 도구가 사용되는 형태(실물, 사진, 선화, 철자 등)일 수도 있음
AAC 도구	• 메시지를 주고받기 위해 사용하는 전자적 또는 비전자적 장치 • '장치'라는 용어로도 혼용됨
AAC 기법	• 메시지의 전달방법 • 상징의 선택방법, 훑기(scanning) 등
AAC 전략	• 메시지를 가장 효과적이고 효율적으로 전달할 수 있는 방식 • 목적: 메시지의 타이밍 향상, 메시지의 문법적 구성 돕기, 의사소통 속도의 강화

02 2025. 중

다음은 ○○ 중학교 특수 교사와 교육 실습생이 나눈 대화이다. 밑줄 친 ㉠은 어떤 측면에서 보조공학 기기를 구분하고 있는지 [A]를 참고하여 쓰고, 밑줄 친 ㉡은 보완 대체 의사소통(Augmentative and Alternative Communication : AAC)의 구성 요소 중 무엇에 해당하는지 쓰시오. [2점]

교육 실습생 : 선생님께서 오늘 진행하신 수업을 통해 학생의 학습 참여를 증진시키기 위해서는 학생에게 적합한 보조공학 기기를 선택하고 적용하는 것이 정말 중요하다는 것을 깨달았어요.

특 수 교 사 : 그러셨군요. 학생을 위한 보조공학 기기를 선택하여 적용할 때에는 ㉠ 보조공학의 연속적 구성에 대해 살펴보는 것도 도움이 돼요. 하이테크 기기가 로우테크 기기보다 항상 좋은 것은 아니에요. 예를 들어, 음성 인식이 출력되는 의사소통판을 사용하는 것이 필요한 학생도 있지만, 그림으로 구성한 간단한 의사소통판을 사용하는 것이 더 효율적인 학생도 있거든요. [A]

교육 실습생 : 알겠습니다. 그런데 친구들이 의사소통판을 사용하는 학생과 원활하게 대화하며 상호작용할 수 있도록 지도하려면 어떻게 해야 할까요?

특 수 교 사 : 학생들에게 ㉡ 의사소통판을 사용하는 친구의 대화상대자로서 어떻게 반응하고 역할해야 하는지 가르치는 게 필요해요.

… (하략) …

03

정답 및 예시답안

④

알찬 지문풀이

• ㄱ. 웹에서 프레임의 사용은 ~~많아야 한다.~~ ➡ 너무 많은 프레임의 사용은 복잡하게 구성되어 접근성에 방해

• ㅁ. 웹의 정보는 ~~색깔만으로도~~ 구분할 수 있어야 한다. ➡ 색깔이 아니어도 구분할 수 있어야 함

관련이론

🔍 **웹 접근성 지침 2.1**

원칙	지침
인식의 용이성	5.1 대체 텍스트
	5.2 멀티미디어 대체 수단
	5.3 명료성
운용의 용이성	6.1 입력장치 접근성
	6.2 충분한 시간 제공
	6.3 광과민성 발작 예방
	6.4 쉬운 내비게이션
이해의 용이성	7.1 가독성
	7.2 예측 가능성
	7.3 콘텐츠의 논리성
	7.4 입력도움
견고성	8.1 문법준수
	8.2 웹 어플리케이션 접근성

🔍 **웹 접근성 지침 2.2**

원칙	지침
인식의 용이성	대체 텍스트
	멀티미디어 대체수단
	적응성*
	명료성
운용의 용이성	입력장치 접근성
	충분한 시간 제공
	광과민성 발작 예방
	쉬운 내비게이션
	입력 방식*
이해의 용이성	가독성
	예측 가능성
	입력도움
견고성	문법준수
	웹 어플리케이션 접근성

* 표시는 2.1에서 2.2로 개정되면서 신설되거나 분류가 달라진 부분임

03

장애학생을 대상으로 웹기반 수업을 하기 위해 웹접근성 지침에 따른 사이트를 구축하고자 한다. 이때 고려해야 할 웹접근성 지침의 내용으로 옳은 것을 〈보기〉에서 모두 고른 것은?

보기

ㄱ. 웹에서 프레임의 사용은 많아야 한다.
ㄴ. 웹상의 동영상에는 자막이 있어야 한다.
ㄷ. 웹의 운용이 키보드만으로도 가능해야 한다.
ㄹ. 웹에서 변화하는 문자의 사용은 적어야 한다.
ㅁ. 웹의 정보는 색깔만으로도 구분할 수 있어야 한다.

---

① ㄱ, ㅁ 　　② ㄴ, ㄷ
③ ㄱ, ㄴ, ㄹ 　　④ ㄴ, ㄷ, ㄹ
⑤ ㄴ, ㄷ, ㅁ

04

정답 및 예시답안

①

알찬 지문풀이

• ㄴ. 빠른 탐색을 돕기 위해서 동영상, 음성 등의 멀티미디어 콘텐츠에 ~~자막이나 원고 대신~~ 요약 정보를 제공하였다. ➡ 대체수단을 제공

• ㄷ. 주변 상황에 관계없이(➡ 주변맥락을 통하여) 링크의 목적지를 찾아갈 수 있도록 '여기를 클릭하세요'(➡ 애매모호한 표현이라 부적절함. 링크 텍스트만으로 이해할 수 있도록 직관적으로 나타내야 함)와 같은 링크 텍스트를 제공하였다.

• ㅁ. [Tab] 키를 이용하여 웹을 탐색하는 장애학생들을 위해 ~~오른쪽에서 왼쪽~~, 위에서 아래로의 일반적인 순서에 따라 논리적으로 이동할 수 있도록 콘텐츠를 선형화하였다. ➡ 왼쪽에서 오른쪽

관련이론

🔍 **웹 콘텐츠 접근성 지침 2.1**

원칙	지침	검사항목
인식의 용이성	5.1 대체 텍스트	5.1.1 (적절한 대체 텍스트 제공)
	5.2 멀티미디어 대체수단	5.2.1 (자막 제공)
	5.3 명료성	5.3.1 (색에 무관한 콘텐츠 인식)
		5.3.2 (명확한 지시사항 제공)
		5.3.3 (텍스트 콘텐츠의 명도 대비)
		5.3.4 (자동 재생 금지)
		5.3.5 (콘텐츠 간의 구분)
운용의 용이성	6.1 입력장치 접근성	6.1.1 (키보드 사용 보장)
		6.1.2 (초점 이동)
		6.1.3 (조작 가능)
	6.2 충분한 시간 제공	6.2.1 (응답 시간 조절)
		6.2.2 (정지 기능 제공)
	6.3 광과민성 발작 예방	6.3.1 (깜빡임과 번쩍임 사용 제한)
	6.4 쉬운 내비게이션	6.4.1 (반복 영역 건너뛰기)
		6.4.2 (제목 제공)
		6.4.3 (적절한 링크 텍스트)
이해의 용이성	7.1 가독성	7.1.1 (기본 언어 표시)
	7.2 예측 가능성	7.2.1 (사용자 요구에 따른 실행)
	7.3 콘텐츠의 논리성	7.3.1 (콘텐츠의 선형 구조)
		7.3.2 (표의 구성)
	7.4 입력도움	7.4.1 (레이블 제공)
		7.4.2 (오류 정정)
견고성	8.1 문법준수	8.1.1 (마크업 오류 방지)
	8.2 웹 어플리케이션 접근성	8.1.2 (웹 어플리케이션 접근성 준수)

04   2012. 중

H 특수학교에서 장애학생들의 정보 접근을 지원하기 위해 홈페이지를 제작하였다. 웹 접근성 지침에 따른 것만을 〈보기〉에서 있는 대로 고른 것은?

보기

ㄱ. 반복적인 내비게이션 링크를 뛰어넘어 핵심 부분으로 직접 이동할 수 있도록, 건너뛰기 링크를 제공하였다.

ㄴ. 빠른 탐색을 돕기 위해서 동영상, 음성 등의 멀티미디어 콘텐츠에 자막이나 원고 대신 요약 정보를 제공하였다.

ㄷ. 주변 상황에 관계없이 링크의 목적지를 찾아갈 수 있도록 '여기를 클릭하세요'와 같은 링크 텍스트를 제공하였다.

ㄹ. 회원가입 창의 필수항목은 색상을 배제하고도 구분할 수 있도록, '＊' 등의 특수문자와 색상을 동시에 제공하였다.

ㅁ. [Tab] 키를 이용하여 웹을 탐색하는 장애학생들을 위해 오른쪽에서 왼쪽, 위에서 아래로의 일반적인 순서에 따라 논리적으로 이동할 수 있도록 콘텐츠를 선형화하였다.

---

① ㄱ, ㄹ   ② ㄱ, ㅁ

③ ㄱ, ㄹ, ㅁ   ④ ㄴ, ㄷ, ㄹ

⑤ ㄴ, ㄷ, ㅁ

05

정답 및 예시답안

1) ① 대체 텍스트, ② 멀티미디어 대체수단
2) ① 고정 키, ② 느린 키 기능
3) ① 화상키보드(화면키보드), ② 개별화교육계획

관련이론

웹 콘텐츠 접근성 지침 2.2

원칙	지침	검사항목
인식의 용이성	대체 텍스트	• (적절한 대체 텍스트 제공)
	멀티미디어 대체수단	• (자막 제공)
	적응성*	• (표의 구성)
		• (콘텐츠의 선형구조)
		• (명확한 지시사항 제공)
	명료성	• (색에 무관한 콘텐츠 인식)
		• (자동 재생 금지)
		• (텍스트 콘텐츠의 명도 대비)
		• (콘텐츠 간의 구분)
운용의 용이성	입력장치 접근성	• (키보드 사용 보장)
		• (초점 이동과 표시)
		• (조작 가능)
		• (문자 단축키)
	충분한 시간 제공	• (응답시간 조절)
		• (정지 기능 제공)
	광과민성 발작 예방	• (깜빡임과 번쩍임 사용 제한)
	쉬운 내비게이션	• (반복 영역 건너뛰기)
		• (제목 제공)
		• (적절한 링크 텍스트)
		• (고정된 참조 위치 정보)
	입력 방식*	• (단일 포인터 입력 지원)
		• (포인터 입력 취소)
		• (레이블과 네임)
		• (동작기반 작동)
이해의 용이성	가독성	• (기본 언어 표시)
	예측 가능성	• (사용자 요구에 따른 실행)
		• (찾기 쉬운 도움 정보)
	입력도움	• (오류 정정)
		• (레이블 제공)
		• (접근 가능한 인증)
		• (반복 입력 정보)
견고성	문법준수	• (마크업 오류 방지)
	웹 어플리케이션 접근성	• (웹 애플리케이션 접근성 준수)

키보드 기능

고정 키	• 다른 키를 누르는 동안 컨트롤 키를 항상 켜 놓기 • <Ctrl+Alt+Del> 같은 바로 가기 키를 한 번에 하나씩 입력할 수 있도록 해 주는 기능 • 운동 조절능력이 부족한 장애인이 컴퓨터의 명령 키와 같은 특수 키를 이용할 수 있게 해 주는 방식으로, 한 손만 사용할 수 있는 장애인이 멀티 키 기능을 수행할 수 있게 함
필터 키	• 손의 경직으로 인해 하나의 키가 여러 번 눌러졌을 때 오류로 인식하지 않도록 키보드의 반복 속도를 조정하는 기능
토글 키	• <한/영>, <Caps Lock>, <Insert>, <Num Lock>, <Scroll Lock> 등 키보드에서 두 가지 상태만을 가지고 있는 키를 말하며, 키를 한 번 누르면 한 값이 되고 다시 한번 누르면 다른 값으로 변하는 것으로 키를 누를 때 소리를 내어 상태를 알려 주는 기능

05   2023. 초

다음은 원격수업 역량강화 연수 후 ○○교육청 홈페이지에 올라온 질의응답 내용이다. 물음에 답하시오. [6점]

질문 ㉠ 화면읽기 프로그램을 사용하는 시각장애 학생이 [A]를 활용하고, ㉡ 보청기를 착용해도 들을 수 없는 청각장애 학생이 [B]의 내용을 이해하기 위해서는 어떤 지원이 필요한가요?

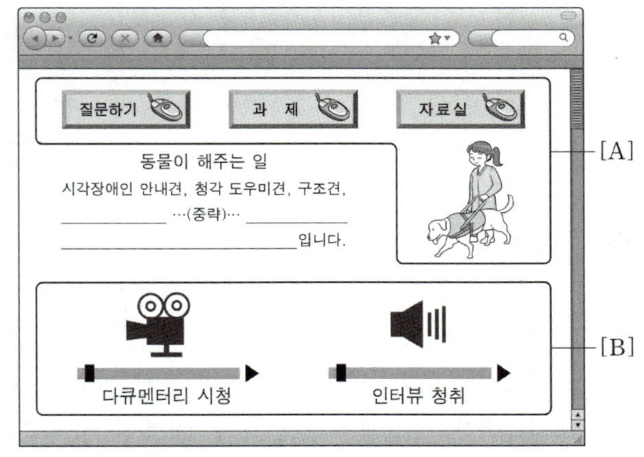

응답 접근성을 갖춘 웹 콘텐츠를 선택하고 제작하여야 합니다.

질문 한 손으로 키보드를 사용하는 학생에게 워드프로세서의 단축키를 활용하여 문서 작성하는 것을 지도하고 싶습니다. 먼저 지도해야 할 사항이 있나요?

응답 운영체제의 키보드 기능 설정 방법을 지도해야 합니다. 예를 들면, ㉢ 동시에 2개의 키를 누르기가 어려울 때 하나의 키를 미리 눌러 놓은 상태로 만들어 놓는 기능을 하는 키가 있습니다.
　　　…(중략)…
그리고 필터 키의 장점은 ㉣ 원하는 자판을 바르게 누를 수 있게 해 준다는 것입니다.

질문 저희 반 학생은 머리제어 마우스를 사용하는데요, 표준 키보드 사용이 어려워서 부모님이 대신 로그인을 해주십니다. 혼자서 할 수 있는 방안이 있나요?

응답 소프트웨어적으로 해결하는 것이 좋을 것 같아 (㉤)을/를 제안합니다. 컴퓨터 운영체제에도 내장되어 있어 구동도 용이하고, 다른 대체 마우스와도 같이 사용할 수 있습니다.

질문 다음 학기에는 조우스와 인체 공학 키보드 활용도 계획하고 있는데요, 이 지원 계획은 어디에 포함해야 하나요?

응답 보조공학기기지원은 특수교육 관련서비스 중의 하나로서, (㉥)을/를 작성할 때 포함해야 합니다.

---

1) '한국형 웹 콘텐츠 접근성 지침 2.1'(개정일 2015. 3. 31.)의 '인식의 용이성'에 근거하여, 웹 콘텐츠 선택 및 제작 시 ㉠과 ㉡을 위해 필요한 준수 사항을 각각 1가지씩 쓰시오. (단, '명료성' 지침은 제외할 것)
[2점]

①:

②:

2) ① ㉢에 해당하는 것을 쓰고, ② ㉣을 가능하게 하는 세부 기능을 1가지 쓰시오. [2점]

①:

②:

3) ① ㉤에 들어갈 말을 쓰고, ② 「장애인 등에 대한 특수교육법 시행규칙」(교육부령 제269호, 2022. 6. 29. 일부개정)에 근거하여 ㉥에 들어갈 말을 쓰시오.
[2점]

①:

②:

06

정답 및 예시답안

1) ① [A] 사용을 위해 장치의 버튼을 눌러야 하는데, 정운이는 소근육 운동이 어려우므로, 스위치를 사용하여 버튼을 활성화시킬 수 있도록 한다.
  ② 데이지
2) ① 확대 키보드
  ② ◎ / 콘텐츠의 모든 기능은 음성인식뿐 아니라 키보드만으로도 사용할 수 있어야 한다.
3) ① 정보접근
  ② 각급학교의 장, 교육감

관련이론

◎ 데이지

• 최근에는 전자도서 형태로 제작이 증가하고 그 파일을 다양한 기기를 통해 읽을 수 있게 되었는데, 대표적인 기기가 데이지 플레이어이다.
• 데이지 플레이어의 음성 속도, 크기, 고저 등도 자신에게 맞게 설정할 수 있으며, 독서 기능 외에 녹음하고 재생할 수 있는 녹음 기능, Wifi를 통해 웹 라디오나 팟 캐스트를 청취할 수 있는 기능도 있다.
• 데이지 플레이어는 기본적으로 데이지도서를 이용하도록 만들어졌으나 다양한 문서 파일(hwp, doc, pdf 등) 형식도 읽을 수 있다.
• 데이지도서(DAISY)란 시각장애인 등 일반 활자 이용에 어려움이 있는 사람들을 위한 표준화된 형식의 디지털도서로, 텍스트, 녹음, 점자 파일 등을 포함하므로 시각장애 정도에 따라 자신에게 적합한 것을 선택할 수 있다.

◎ 확대 키보드

• 일반 키보드보다 크기가 크고 각각의 키 크기도 크며 키의 수도 필요한 수만큼 단순화하여 사용할 수 있다.
• 밝은 색의 큰 자판과 알아보기 쉬운 라벨을 사용하여 자판 위치의 혼돈을 줄여 비교적 쉽게 정보를 입력할 수 있다.
• 키보드의 키를 잘 찾지 못하는 학생에게 매우 유용한 입력장치이며, 방향키 활성을 제어하여 글자 자판만 집중하여 사용할 수 있도록 하는 기능도 있다.
• 키보드의 키가 의도하지 않은 동작에 눌러지지 않도록 투명 아크릴판으로 되어 있는 키가드(key guard)를 장착하여 사용할 수 있다.

고득점 답안 비법 ✗ 1)의 ② : '기기'가 아니라 '형식'을 제시해야 함

✗ 2)의 ① : 웹 접근성 지침의 '운용의 용이성'의 입력장치 접근성을 고려하여 작성해야 함

✗ 2)의 ② : 이 검사항목의 '키보드'에는 터치패드, 음성입력장치 등이 모두 포함됨. ◎은 음성인식만을 사용할 수 있도록 한다는 맥락으로 볼 수 있으므로 부적절함

06 2020. 초

(가)는 특수교육지원센터의 공학기기 선정을 위한 협의회 자료의 일부이고, (나)는 협의회 회의록 내용의 일부이다. 물음에 답하시오. [6점]

(가) 협의회 자료

	성명	정운	민아
학생 정보	특성	• 불수의 운동형 뇌성마비 • 상지의 불수의 운동이 있어 소근육 운동이 어려움 • 독서활동을 좋아함	• 저시력 • 경직형 뇌성마비 • 상지의 소근육 운동이 다소 어려움 • 확대독서기 이용 시 쉽게 피로하여 소리를 통한 독서를 선호함
특수 교육 관련 서비스	상담지원 ⋮	(생략)	
	학습보조 기기지원	• 자동책장넘김장치	• ⓐ 전자도서단말기
	보조공학 기기지원	• (ⓛ)	• (ⓒ)
	(ⓔ) 지원	• 동영상 콘텐츠 활용 지원	• 대체 텍스트 제공 • 동영상 콘텐츠 활용 지원

(나) 협의회 회의록

일시	2019년 3월 13일 15:00	장소	회의실

… (중략) …

[A] 자동책장넘김장치
일정 시간 동안 좌·우 지시등이 번갈아 깜빡일 때 기기 하단의 버튼을 눌러 선택하면 페이지가 자동으로 넘겨짐(예: 좌측 지시등이 깜박이는 5초 동안 버튼을 누르면 자동으로 이전 페이지로 넘어감)

[B] 제공 가능한 공학기기
• 키가드   • 확대 키보드   • 조이스틱
• 트랙볼   • 조우스   • 헤드 포인터
• 눈 응시 시스템

[C] 웹 콘텐츠 제작 시 고려 사항
ⓜ 읽거나 사용하는 데 충분한 시간을 제공함
ⓑ 콘텐츠의 깜빡임 사용을 제한하여 광과민성 발작 유발을 예방함
ⓢ 빠르고 편리한 사용을 위하여 반복되는 메뉴를 건너 뛸 수 있게 함
ⓞ 콘텐츠의 모든 기능에 음성 인식으로 접근하여 사용할 수 있도록 함

---

1) ① 정운이가 (나)의 [A]를 적절하게 사용하도록 하기 위해 스위치가 함께 제공되어야 하는 이유를 [A] 사용 측면에서 1가지 쓰고, ② 민아가 (가)의 ⓐ을 사용할 때 쓸 수 있는 파일(형식)을 쓰시오(단, 아래의 기능을 가지고 있을 것). [2점]

> • 문서 내 이동, 검색, 찾아가기, 북마크 기능 등으로 일반 학생과 유사한 독서환경을 제공함
> • 테이프, CD도서 등의 오디오북과는 달리 텍스트, 이미지, 동영상, 점자 파일, MP3 등이 포함됨
> • 전자도서의 국제표준이며, 전 세계적으로 자료 교환이 가능함

① :

② :

2) 「한국형 웹 콘텐츠 접근성 지침 2.1」(개정일 2015. 3. 31.) 중 '운용의 용이성'에 근거하여, ① (가)의 ⓛ과 ⓒ에 공통으로 들어갈 웹 활용 필수 보조공학기기 1가지를 (나)의 [B]에서 찾아 쓰고, ② (나)의 [C]에서 적절하지 <u>않은</u> 것을 찾아 기호를 쓰고 바르게 고쳐 쓰시오. [2점]

① :

② :

3) 「장애인 등에 대한 특수교육법」(법률 제15367호, 2018. 2. 21. 일부개정), 동법 시행령(대통령령 제29258호, 2018. 10. 30. 일부개정)에 근거하여, ① (가)의 ⓔ에 들어갈 특수교육 관련서비스를 쓰고, ② 장애인용 각종 교구·학습보조기·보조공학기기 등의 설비를 제공하여야 하는 주체와, 이를 제공할 수 있도록 특수교육지원센터에 필요한 기구를 갖추어 두어야 하는 주체를 순서대로 쓰시오. [2점]

① :

② :

◆ 핵심테마 체크
• 웹 접근성 지침
• 컴퓨터 보조수업(CAI)의 유형

MY MEMO

07

정답 및 예시답안

○ 학생 L과 관련하여 인식의 용이성을 고려하고, 학생 M과 관련하여 운용의 용이성을 고려해야 한다.
○ CAI의 유형은 시뮬레이션형이고, 이 유형은 실제 상황과 유사한 모의적 상황을 제시하여 경험을 제공한다는 장점이 있다.

관련이론

◎ **컴퓨터 보조수업(CAI)의 유형별 특징**

유형	교사의 역할	컴퓨터의 역할	학습자의 역할	보기
반복 연습형	• 선수 지식의 순서화 • 연습을 위한 자료 선택 • 진행상황 점검	• 학생 반응을 평가하는 질문 던지기 • 즉각적 피드백 제공 • 학생 진전 기록	• 이미 배운 내용을 연습 • 질문에 응답 • 교정/확인받음 • 내용과 난이도 선택	• 낱말 만들기 • 수학 명제 • 지식 산출
개인 교수형	• 자료 선택 • 교수에 적응 • 모니터	• 정보 제시 • 질문하기 • 모니터/반응 • 교정적 피드백 제공 • 핵심요약 • 기록 보존	• 컴퓨터와 상호작용 • 결과 보고 • 질문에 대답하기 • 질문하기	• 사무원 교육 • 은행원 교육 • 과학 • 의료 절차 • 성경 공부
시뮬레이션형	• 주제 소개 • 배경 제시 • 간략하지 않은 안내	• 역할하기 • 의사결정의 결과 전달 • 모형의 유지와 데이터베이스	• 의사결정을 연습 • 선택하기 • 결정의 결과받기 • 결정 평가	• 고난 극복 • 역사 • 의료진단 • 시뮬레이터 • 사업관리 • 실험실 실험
게임형	• 한계를 정함 • 절차 지시 • 결과 모니터링	• 경쟁자, 심판, 점수 기록자로 행동	• 사실, 전략, 기술을 학습 • 평가 선택 • 컴퓨터와의 경쟁	• 분수 게임 • 계산 게임 • 철자 게임 • 타자 게임
발견 학습형	• 기본적인 문제 제시 • 학생 진전을 모니터	• 정보 원천을 학습자에게 제공 • 데이터 저장 • 검색 절차 허용	• 가설 만들기 • 추측을 검증하기 • 원리나 규칙 개발하기	• 사회과학 • 과학 • 직업 선택
문제 해결형	• 문제를 확인 • 학생들을 돕기 • 결과 검증	• 문제 제시 • 데이터 조작 • 데이터베이스 유지 • 피드백 제공	• 문제를 정의하기 • 해결안을 세우기 • 다양성을 조절	• 사업 • 창의력 • 고난 극복 • 수학 • 컴퓨터 프로그래밍

07

2021. 중
★ 답안작성

(가)는 미술과 수업을 위해 작성한 수업 계획의 일부이고,
(나)는 컴퓨터 보조수업(Computer Assisted Instruction :
CAI)의 사용자 인터페이스이다. 〈작성방법〉에 따라 서술
하시오. [4점]

(가) 수업 계획

학생 특성	L	• 청지각 변별에 어려움이 있어 동영상 자료 활용 시 자막이 있어야 함 • 색 변별에 어려움이 있어 색상 단서만으로 자료 특성을 구별하기 어려움 • 낯선 장소나 상황에 적응하는 것이 어려움
	M	• 반짝이고 동적인 시각 자극에 민감하며 종종 발작 증세가 나타남 • 마우스 사용이 어려우며 모든 기능을 키보드로 조작함 • 학습한 과제의 일반화에 어려움을 보임
지도 내용		• 현장체험활동 사전 교육 − 미술관 웹사이트 검색하기 − CAI를 이용하여 실제 상황과 유사하게 미술관 관람하기 … (하략) …

(나) CAI의 사용자 인터페이스

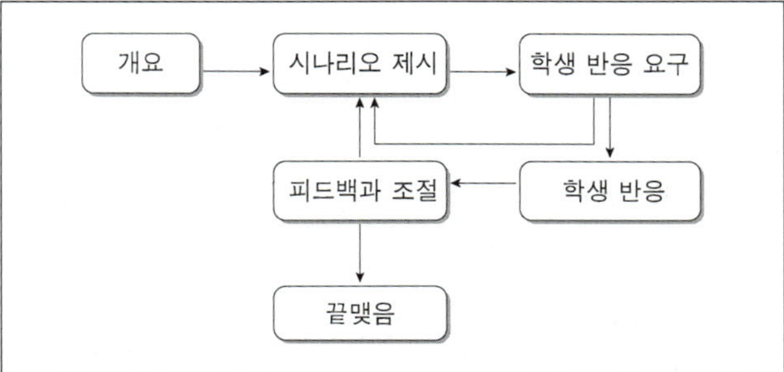

┌─ **작성방법** ─┐

• (가)에서 고려해야 할 웹 접근성 지침상의 원리를 학생
  L, M 특성과 관련지어 각각 1가지 쓸 것(단, '한국형 웹
  콘텐츠 접근성 지침 2.1'에 근거할 것)
• (나)를 참고하여 교사가 적용한 CAI 유형의 명칭을 쓰고,
  이 유형의 장점을 1가지 서술할 것

08

정답 및 예시답안

1) ① 신체적 보조
   ② 이동 시 충격을 흡수한다, 장애물 통과가 용이하다, 구르기 저항이 좋다 등(이 중 택 1)
2) ① ㉤은 영역 전문가들이 아동에 대한 정보를 서로 공유한다는 점에서 ㉣과 차이가 있다.
   ② 비율은 관찰 시간이 다를 때 일정한 척도로 바꾸어주기 때문이다.
3) 입력도움

관련이론

🔍 협력적 팀 모델

다학문적 팀	• 서로 독립적으로 일하는 여러 분야의 전문가들로 구성 • 각 구성원은 독립적으로 아동을 평가하고, 중재를 계획하며, 서비스를 제공하므로 각 분야별로 아동의 한 특성만을 고려하기 쉬움 • 팀 구성원들 간의 의사소통이 결여되는 것이 문제로 지적됨
간학문적 팀	• 팀 구성원들이 공식적인 경로를 통해 의사소통을 한다는 것이 특징 • 각 구성원들은 자신의 분야에 관련된 진단과 평가만 하지만, 서로 만나서 정보를 교환하고 중재를 계획 • 각 구성원은 중재 계획 중 자신의 분야에 관련된 서비스만을 제공할 책임이 있음
초학문적 팀	• 팀 접근법 중 가장 수준이 높고 성취하기 어려움 • 구성원들이 함께 아동을 진단·평가하고, 분야를 초월하여 정보와 전문지식을 나누며 중재 목표와 전략에 관해 공동으로 의사결정을 함

🔍 관찰결과의 요약

비율	• 정해진 시간 안에 발생한 행동의 수를 시간으로 나누어 단위 시간당 나타나는 행동의 빈도율을 의미 • 비율은 전체 회기에 걸쳐 매 회기마다 관찰한 시간이 다를 때 행동의 양을 일정한 척도로 바꾸어 줄 수 있는 장점이 있음 • 비율은 반응의 정확도뿐만 아니라 숙련도에 대한 정보도 제공
백분율	• 전체를 100으로 하여 관찰된 행동이 차지하는 비율을 나타내는 것 • 백분율로 구하는 경우는 매 회기마다 반응기회의 수나 관찰시간이 동일하지 않아도 같은 기준으로 볼 수 있도록 해 주기 때문에 누구나 이해하기 쉽다는 장점이 있음 • 행동의 발생 기회가 적거나 관찰 시간이 짧을 경우에는 한 번의 행동발생이 백분율에 미치는 영향이 커서 행동의 변화를 민감하게 나타내 주지 못하므로 주의해야 함

🔍 웹접근성 중 이해의 용이성

7.1 가독성	7.1.1 (기본 언어 표시) 주로 사용하는 언어를 명시해야 한다.
7.2 예측 가능성	7.2.1 (사용자 요구에 따른 실행) 사용자가 의도하지 않은 기능(새 창, 초점에 의한 맥락 변화)은 실행되지 않아야 한다.
7.3 콘텐츠의 논리성	7.3.1 (콘텐츠의 선형 구조) 콘텐츠는 논리적인 순서로 제공해야 한다. 7.3.2 (표의 구성) 표는 이해하기 쉽게 구성해야 한다.
7.4 입력도움	7.4.1 (레이블 제공) 사용자 입력에는 대응하는 레이블을 제공해야 한다. 7.4.2 (오류 정정) 입력 오류를 정정할 수 있는 방법을 제공해야 한다.

08   2026. 초
★ 답안작성

(가)는 일반 학교에서 통합교육을 받고 있는 학생들의 특성이고, (나)는 특수교사와 통합학급 교사가 교육 계획 수립을 위해 나눈 대화의 일부이다. 물음에 답하시오. [5점]

(가)

학생	특성
정수	• ㉠ 대근육운동기능체계(GMFCS) 3단계에 해당함
민지	• 주의가 산만하고 자리이탈 행동을 자주함 • 학습 활동 시 항목 입력을 빠뜨리고 성급하게 제출함

(나)

특 수 교 사 : 선생님, 정수는 양손을 사용할 수 있지만 다리의 움직임이 제한적이어서 이동에 어려움이 있어요. 안정적인 이동을 위해 지원이 필요해요.

통합학급 교사 : 네, 그래서 실내에서는 대부분 워커를 사용하고 있어요. 그런데 계단으로 이동할 때는 어떻게 해야 할까요?

특 수 교 사 : 그런 경우에는 ㉡ 지원을 해 주면 난간을 잡고 계단을 오르내릴 수 있어요. 그리고 장거리 이동 시에는 워커보다 휠체어를 사용하는 것이 좋아요.

통합학급 교사 : 그렇군요. 다음 주에 공원으로 현장 학습을 갈 때는 휠체어를 사용해야겠네요. 휠체어를 선택할 때 고려해야 할 사항이 있을까요?

특 수 교 사 : ㉢ 앞바퀴의 직경이 작고 폭이 좁은 것보다는 직경이 크고 폭이 넓은 것이 좋아요.

통합학급 교사 : 알겠습니다. 그리고 정수에게 이동뿐 아니라 다양한 분야에서 보다 전문적인 지원을 해 주고 싶은데 저 혼자는 한계가 있더라고요.

특 수 교 사 : 그런 경우에는 의사소통 지원, 행동 지원, 보조 공학 지원 등 분야의 전문가들이 ㉣ 다학문적 팀 모델이나 ㉤ 간학문적 팀 모델 등을 통해 지원할 수 있어요.

… (중략) …

통합학급 교사 : 선생님, 민지는 수업 시간에 너무 자주 돌아 다녀요. 그래서 자리이탈 행동을 줄이기 위해서 먼저, 자리이탈 횟수를 관찰 기록 해 보려고 해요.

특 수 교 사 : 네, 빈도 기록을 하는 경우에는 관찰 결과를 횟수로만 기록하는 것보다는 ㉥ 비율도 함께 제시하는 것이 더 적절할 수 있어요.

통합학급 교사 : 그렇군요. 또, 민지가 온라인 학습용 콘텐츠를 이용할 때 콘텐츠를 완성하지 않고 제출 버튼을 눌러 버리는 실수를 자주 해요. 어떻게 하면 좋을까요?   [A]

특 수 교 사 : 그래서 온라인 학습용 콘텐츠를 선택할 때에도 웹 콘텐츠 접근성 지침이 잘 적용된 것을 선정하는 것이 중요해요.

1) ① (가)의 밑줄 친 ㉠을 고려하여 (나)의 밑줄 친 ㉡에 해당하는 내용을 1가지 쓰고, ② (나)의 밑줄 친 ㉢의 장점을 1가지 쓰시오. [2점]

   ① :

   ② :

2) ① (나)의 밑줄 친 ㉣과 ㉤의 차이점을 중재 계획의 측면에서 1가지 쓰고, ② (나)의 밑줄 친 ㉥의 이유를 관찰 시간과 관련지어 쓰시오. [2점]

   ① :

   ② :

3) (나)의 [A]를 고려하여 웹 콘텐츠 선택 및 제작 시의 준수 사항을 1가지 쓰시오. (단, '한국형 웹 콘텐츠 접근성 지침 2.2'(개정일 2022. 12. 28.)의 '이해의 용이성'에 근거할 것) [1점]

09

정답 및 예시답안

③

알찬 지문풀이

• ㄱ. 실수에 즉각적으로 반응하는 보조공학 기구를 선택하여 제공한다. ➡ 보편적 학습설계의 원리에 따르면 실수에 즉각적으로 반응하는 기구를 선택하는 것이 아니라, 처음부터 실수에 대한 오류를 고려하여 설계된 기구를 사용해야 함

• ㄴ. 교실에서 교사 자리 가까이에 준호와 영주를 위한 장애 유아 지정석을 정하여 제공한다. ➡ 지정석을 제공하는 것은 분리된 환경을 조성할 수 있으므로 통합교육 및 보편적 설계의 원리에 적절하지 않음

• ㄷ. '교통안전 규칙 지키기'를 지도할 때, 그림, 언어, 촉각 표시 등의 다양한 모드가 함께 사용된 도로교통 표지판을 제작하여 활용한다. ➡ 다양한 모드를 제공하는 것은 보편적 학습설계의 원리를 반영한 것에 해당

• ㄹ. '미디어 바르게 활용하기'를 지도할 때, 지적 능력이나 사용하는 언어에 구애받지 않도록 쉬운 로고나 표지판 등이 포함된 학습 자료를 제작하여 활용한다. ➡ 언어 능력과 상관없이 자료를 활용할 수 있도록 제작한 것은 보편적 학습설계의 원리에 해당

관련이론

🔍 보편적 설계의 7가지 원리

① 공평한 사용
② 사용상의 융통성
③ 간단하고 직관적인 사용
④ 쉽게 인지할 수 있는 정보
⑤ 오류에 대한 포용성
⑥ 적은 신체적 노력
⑦ 접근과 사용을 위한 크기와 공간

🔍 UDL(보편적 학습설계)의 원리

제1원리 : 표상(representation)	인지학습을 지원하기 위해, 다양하고 융통성 있는 제시방법 제공
제2원리 : 행동과 표현(action & expression)	전략적 학습을 지원하기 위해, 다양하고 융통성 있는 표현 및 연습 방법 제공
제3원리 : 참여(engagement)	정서적 학습을 지원하기 위해, 다양하고 융통성 있는 참여를 위한 선택권 제공

10

정답 및 예시답안

③

알찬 지문풀이

• ㄷ. 보편적 학습설계는 건축 분야의 보편적 설계에서 유래한 개념으로, 학습에서의 인지적 도전 요소를 채거하고 지원을 최대한으로 제공하는 것이다. ➡ 보편적 학습설계는 보편적 설계와 다르게 인지적 도전 요소가 있으며, 지원은 필요한 만큼 최소한으로 제공해야 함

관련이론

🔍 보편적 설계와 보편적 학습설계

구분	보편적 설계	보편적 학습설계
접근과 참여의 수단	• 생산물과 환경은 추가적인 조정이 필요 없이 모든 사람들에 의하여 사용될 수 있게 함	• 교육과정은 교사에 의한 추가적인 조정이 필요 없이 모든 학습자들에 의해 활용 가능해야 함
활용	• 사용자들이 모든 접근을 통제하며 다른 사람들의 도움이 없거나 거의 필요하지 않음	• 학습자들이 접근 수단을 통제하지만 교사들은 교수와 촉진, 학습자들의 학습에 대한 평가를 계속함
도전	• 만약 제거할 수 없다면 최소화 • 접근에 대한 장애는 가능한 한 많이 없앰 • 가장 좋은 설계는 가장 쉽고 광범위한 접근을 제공	• 몇몇 인지적인 도전들이 여전히 유지되어야 함 • 접근에 대한 장애들은 없어져야 하지만 적합하고 적당한 도전은 유지되어야 함 • 만약 접근이 너무 없다면, 학습은 더 이상 일어나지 않을 것

09

통합 유치원의 김 교사는 휠체어를 사용하는 지체장애 유아 준호와 시각장애 유아 영주를 지도하고 있다. 김 교사는 건강생활 '안전하게 생활하기'의 내용을 지도할 때, '보편적 학습 설계(universal design for learning)' 원리를 적용하여 교육적 지원을 하고자 한다. <보기>에서 김 교사가 바르게 적용한 것을 모두 고른 것은?

> 보기
>
> ㄱ. 실수에 즉각적으로 반응하는 보조공학 기구를 선택하여 제공한다.
> ㄴ. 교실에서 교사 자리 가까이에 준호와 영주를 위한 장애 유아 지정석을 정하여 제공한다.
> ㄷ. '교통안전 규칙 지키기'를 지도할 때, 그림, 언어, 촉각 표시 등의 다양한 모드가 함께 사용된 도로교통 표지판을 제작하여 활용한다.
> ㄹ. '미디어 바르게 활용하기'를 지도할 때, 지적 능력이나 사용하는 언어에 구애받지 않도록 쉬운 로고나 표지판 등이 포함된 학습 자료를 제작하여 활용한다.

① ㄱ, ㄴ   ② ㄴ, ㄷ
③ ㄷ, ㄹ   ④ ㄱ, ㄴ, ㄹ
⑤ ㄱ, ㄷ, ㄹ

10

보편적 학습설계(universal design for learning)에 대한 설명으로 옳은 것을 <보기>에서 모두 고른 것은?

> 보기
>
> ㄱ. 보편적 학습설계는 교육과정이 개발된 후에 적용되는 보조공학과는 다르게 교육과정이 개발되기 전에 이루어지는 것이다.
> ㄴ. 보편적 학습설계는 교육내용이나 교육자료를 개발할 때 대안적인 방법을 포함시킴으로써 별도의 교수적 수정을 하지 않도록 하는 것이다.
> ㄷ. 보편적 학습설계는 건축 분야의 보편적 설계에서 유래한 개념으로, 학습에서의 인지적 도전 요소를 제거하고 지원을 최대한으로 제공하는 것이다.
> ㄹ. 보편적 학습설계는 일반교육과정의 수준을 낮추는 것이 아니라, 융통성 있는 다양한 방법을 제시함으로써 장애학생이 일반교육과정에 접근할 수 있도록 하는 것이다.

① ㄱ, ㄴ   ② ㄷ, ㄹ
③ ㄱ, ㄴ, ㄹ   ④ ㄱ, ㄷ, ㄹ
⑤ ㄱ, ㄴ, ㄷ, ㄹ

11

정답 및 예시답안

②

알찬 지문풀이

• ㄱ. 학생 개개인의 인지 능력을 고려하여 다양한 옵션의 기억 지원 방법을 제공한다. ➡ **표상**

• ㄴ. 학생 개개인의 운동 능력을 고려하여 다양한 옵션의 신체적 반응 양식을 제공한다. ➡ **표현**

• ㄷ. 학생의 동기를 최대화하기 위해 다양한 옵션의 도전과 지원 수준을 마련해 준다. ➡ **참여**

• ㄹ. 학생 개개인의 표현 능력을 향상시키기 위해 다양한 옵션의 글쓰기 도구를 제공한다. ➡ **표현**

• ㅁ. 학생 개개인의 이해를 돕기 위해 배경 지식을 활성화시킬 수 있는 다양한 옵션을 제공한다. ➡ **표상**

관련이론

🔍 UDL(보편적 학습설계)의 원리

제1원리 : 표상(representation)	인지학습을 지원하기 위해, 다양하고 융통성 있는 제시방법 제공
제2원리 : 행동과 표현(action & expression)	전략적 학습을 지원하기 위해, 다양하고 융통성 있는 표현 및 연습방법 제공
제3원리 : 참여(engagement)	정서적 학습을 지원하기 위해, 다양하고 융통성 있는 참여를 위한 선택권 제공

12

정답 및 예시답안

③

알찬 지문풀이

• ㄱ. 나누어 주는 자료 중 중요 부분을 미리 형광펜으로 표시해 놓았다. ➡ **다양한 표상**

• ㄴ. 문학작품을 읽고 난 후 소감을 글, 그림 등으로 제출하도록 하였다. ➡ **다양한 표현**

• ㄷ. 배경 지식을 활성화하기 위해 주제와 관련 있는 동영상을 보여 주었다. ➡ **다양한 표상**

• ㄹ. 독후감 과제 수행 시 자신의 수준과 취향에 맞는 내용을 선택하도록 하였다. ➡ **다양한 참여**

• ㅁ. 학급문고에 국어 수업 내용과 관련 있는 다양한 종류의 오디오북을 구비해 놓았다. ➡ **다양한 표상**

11 2011. 중

다음에 설명한 보편적 학습설계(universal design for learning)의 원리에 해당하는 것만을 〈보기〉에서 모두 고른 것은? [2.5점]

> • 이 원리는 응용특수공학센터(Center for Applied Special Technology)에서 장애학생을 포함한 모든 학생이 교육과정에 접근할 수 있도록 하기 위하여 제안한 세 가지 원리 중의 하나이다.
> • 이 원리는 뇌가 어떻게 학습하는지에 관한 뇌 사고 시스템 연구에서 밝혀 낸 '전략적 시스템'과 연관되어 있다.
> • 이 원리에는 장애학생을 비롯한 모든 학생의 학업 성취도를 측정하고 평가하기 위해서 교육과정 내에 다양한 옵션(options)을 마련하는 것이 포함된다.

보기

> ㄱ. 학생 개개인의 인지 능력을 고려하여 다양한 옵션의 기억 지원 방법을 제공한다.
> ㄴ. 학생 개개인의 운동 능력을 고려하여 다양한 옵션의 신체적 반응 양식을 제공한다.
> ㄷ. 학생의 동기를 최대화하기 위해 다양한 옵션의 도전과 지원 수준을 마련해 준다.
> ㄹ. 학생 개개인의 표현 능력을 향상시키기 위해 다양한 옵션의 글쓰기 도구를 제공한다.
> ㅁ. 학생 개개인의 이해를 돕기 위해 배경 지식을 활성화시킬 수 있는 다양한 옵션을 제공한다.

① ㄱ, ㅁ
② ㄴ, ㄹ
③ ㄱ, ㄷ, ㅁ
④ ㄱ, ㄹ, ㅁ
⑤ ㄴ, ㄷ, ㄹ

12 2012. 유·초

일반학급의 김 교사는 응용특수공학센터(Center for Applied Special Technology : CAST)에서 제안한 보편적 학습설계(Universal Design for Learning : 이하 UDL)의 원리에 근거하여 국어과 수업을 하였다. UDL의 원리 중, 다양한 표상(정보제시) 수단 제공 원리를 적용한 사례를 모두 고른 것은?

> ㄱ. 나누어 주는 자료 중 중요 부분을 미리 형광펜으로 표시해 놓았다.
> ㄴ. 문학작품을 읽고 난 후 소감을 글, 그림 등으로 제출하도록 하였다.
> ㄷ. 배경 지식을 활성화하기 위해 주제와 관련 있는 동영상을 보여 주었다.
> ㄹ. 독후감 과제 수행 시 자신의 수준과 취향에 맞는 내용을 선택하도록 하였다.
> ㅁ. 학급문고에 국어 수업 내용과 관련 있는 다양한 종류의 오디오북을 구비해 놓았다.

① ㄱ, ㄴ
② ㄴ, ㄷ
③ ㄱ, ㄷ, ㅁ
④ ㄴ, ㄹ, ㅁ
⑤ ㄱ, ㄴ, ㄷ, ㄹ

13

정답 및 예시답안

1) 최소위험가정기준
2) 다양한 표현수단의 원리
3) 평가조정은 평가의 원래 목적을 훼손하지 않아야 하므로 받아쓰기 평가를 대필해주는 것은 적절하지 않다.
4) 대안적 교수는 보충학습이 필요한 경우 적용하기 적절한데, 같은 교과 활동에 대한 다른 수준을 학습하도록 하는 중다수준 교육과정을 적용할 경우 수준의 차이에 따라 보충학습이 필요한 학생들을 지원할 수 있기 때문이다.

관련이론

◎ 지적장애 학생의 교육과정 구성 및 운영을 위한 기본 전제_최소위험가정기준

• 결정적인 자료가 제공되지 않아서 교사가 설사 잘못된 결정을 하더라도 학생에게는 최소한의 위험스러운 결과를 가져와야 한다는 가정에 기반하여 결정을 내려야 한다는 개념이다.
• 예를 들면, 한 아동을 교육하기 위해 드는 비용이 향후 보호·관리를 위해 드는 비용보다 더 크지 않으며, 오히려 교육을 통해 독립성이 향상되고 관리할 부분이 줄어들 수 있도록 하는 기술을 배울 수 있다면 실제로 비용 효과적인 면에서 더 이득이 되는 것이다.
• 지적장애 학생이 배우지 못할 것이 있다는 점이 증명된 것이 없기 때문에, 결정적인 증거가 없는 한 아무리 지적장애의 정도가 심해도 최선의 시도를 통해 교육 가능성(educability)의 신념을 실현해야 한다.

◎ 평가조정 전략

의미	일반교육과정의 내용을 장애학생의 독특한 교육적 욕구와 기술의 수행수준에 적합하게 다양한 수준으로 수정하는 것		
유형	**구분**	**영역**	**조정 방법**
	평가환경	평가공간	독립된 방 제공
		평가시간	시간 연장, 회기 연장, 휴식시간 변경
	평가도구	평가자료	시험지의 확대, 점역, 녹음
		보조인력	수화통역사, 대필자, 점역사, 속기사 제공
	평가방법	제시방법	지시 해석해 주기, 소리 내어 읽어주기, 핵심어 강조하기
		응답방법	손으로 답 지적하기, 보기 이용하기, 구술하기, 수화로 답하기, 시험지에 답 쓰기

◎ 대안교수

장점	• 심화학습의 기회를 제공 • 결석한 학생의 보충 기회를 제공 • 개인과 전체 학급의 속도를 맞출 수 있음 • 못하는 부분을 개발해 주는 시간을 만들 수 있음
단점	• 도움이 필요한 잘 못하는 학생들만 계속 선택하기 쉬움 • 분리된 학습환경을 조성 • 조율하기 어려움 • 학생들을 고립시킬 수 있음
효과	• 추가적인 지원이 필요한 학생에게 지원 가능함(심화수업, 보충수업) • 전체 수업을 담당하는 교사가 집중할 수 있도록 도움을 제공함

13　2013추. 중　★ 답안작성

다음은 중학교 통합학급에서 참관실습을 하고 있는 A대학교 특수교육과 2학년 학생의 참관후기와 김 교사의 피드백 일부이다. 물음에 답하시오. [5점]

> 통합학급 국어 시간에 은수의 학습보조를 했다. 은수와 같은 중도 정신지체 학생이 왜 통합학급에서 공부하는지, 그리고 이 시간이 은수에게 무슨 의미가 있는지 의문이 들 때가 많다. 은수가 과연 무엇인가를 배울 수는 있는 것일까?

> 중도 정신지체 학생들을 위해 ㉠확실한 자료나 근거가 없다면 혹시 잘못된 결정을 하더라도 학생의 미래에 가장 덜 위험한 결과를 가져오는 교수적 결정을 해야 해요. 학생의 잠재력을 전제하여 통합상황에서 또래와 함께 공부할 수 있는 기회를 제공하는 것이 중요합니다.

> 다음 주부터 중간고사다. 은수가 통합학급의 친구들과 똑같이 시험을 볼 수 있을지 걱정이다. 초등학생이라면 간단한 작문 시험이나 받아쓰기 시험 시간에 특수교육보조원이 옆에서 대신 써줄 수 있을 것 같은데 은수와 같은 장애학생들에게는 다른 시험 방법을 적용해 주면 좋을 것 같다.

> 또래와 동일한 지필 시험을 보기 어려운 장애학생들을 위해서 시험 보는 방법을 조정해 줄 수 있어요. 예를 들면, ㉡ 구두로 답하거나 컴퓨터를 사용하여 답하기, 대필자를 통해 답을 쓰게 할 수 있어요. 다만 ㉢ 받아쓰기 시험시간에 대필을 해 주는 것은 적절하지 않습니다.

> 통합학급 국어시간의 학습 목표와 내용이 은수에게 너무 어려웠다. 어떻게 하면 통합학급에서 친구들과 함께 공부하도록 하면서 은수에게 필요한 것을 지도할 수 있을지 궁금하다. 내가 특수교사가 되면 이것을 위해 일반교사와 어떻게 협력해야 할지 생각해 봐야겠다.

> 국어시간에 일반교사와 특수교사가 중다수준 교육과정/교수를 적용하여 은수에게 학습 자료를 제공한다면 통합학급에서도 은수의 개별적 요구에 맞는 지도를 할 수 있어요. 이때, 두 교사가 적용할 수 있는 협력교수의 형태로 교수-지원, ㉣ 대안적 교수, 팀티칭 등을 고려할 수 있습니다.

1) ㉠이 의미하는 용어를 쓰시오. [1점]

2) ㉡의 시험 방법 조정의 예는 보편적 학습설계의 3가지 원리 중 어떤 것에 해당되는지 쓰시오. [1점]

3) ㉢이 적절하지 <u>않은</u> 이유를 쓰시오. [1점]

4) 은수에게 적용된 중다수준 교육과정/교수의 특성을 고려하여 ㉣이 적절할 수 있는 이유를 쓰시오. [2점]

14

정답 및 예시답안

○ ㉠ 호혜적 또래교수(상보적)
  ㉡ 지속적인 관찰, 감독 및 피드백
○ ㉢ 다양한 표현수단의 제공
  예: 구두로 답하기

관련이론

🔍 **보편적 학습설계 2.2**

	다양한 참여수단 제공하기	다양한 표상수단 제공하기	다양한 행동과 표현수단 제공하기
	• 정서적 신경망 • 학습의 이유	• 인지적 신경망 • 학습의 내용	• 전략적 신경망 • 학습의 방법
	흥미를 돋우는 선택권 제공하기	지각을 위한 선택권 제공하기	신체적 행동의 선택권 제공하기
접근	• 개인의 선택과 자율성 최적화하기 • 관련성, 가치, 진정성 최적화하기 • 위협과 혼란(주의산만) 최소화하기	• 정보제공을 맞춤화하는 방식 제공하기 • 청각 정보의 대안 제공하기 • 시각 정보의 대안 제공하기	• 응답 및 탐색 방식 다양화하기 • 도구, 보조공학에 대한 접근 최적화하기
	노력과 일관성의 지속을 돕는 선택권 제공하기	언어 및 상징의 선택권 제공하기	표현 및 의사소통의 선택권 제공하기
증강	• 목적과 목표의 중요성 강조하기 • 도전을 최적화하기 위해 요구와 자원을 변경하기 • 협력과 공동체 육성하기 • 숙달 지향적 피드백 증대하기	• 어휘와 상징 명확히 하기 • 구문과 구조 명확히 하기 • 텍스트, 수학표기법, 상징의 해독 지원하기 • 언어에 관계없이 이해 촉진하기 • 멀티미디어로 설명하기	• 의사소통을 위해 멀티미디어 사용하기 • 구조와 구성을 위해 다양한 도구 사용하기 • 연습과 수행에 대한 지원을 점차 줄이면서 유창성 구축하기
	자기조절을 돕는 선택권 제공하기	이해를 돕는 선택권 제공하기	실행기능을 돕는 선택권 제공하기
내면화	• 동기부여를 최적화하는 기대와 신념 장려하기 • 개인적 대처기술과 전략 촉진하기 • 자기평가와 반성 개발하기	• 배경지식을 활성화하거나 보완하기 • 패턴, 중요한 특징, 빅 아이디어, 관계 강조하기 • 정보처리 및 시각화 안내하기 • 전이와 일반화 최대화하기	• 적절한 목적 설정 안내하기 • 계획과 전략 개발 지원하기 • 정보 및 자원관리 촉진하기 • 진보 점검 능력 증강하기
목적	목적이 있고 동기화된 학습자	자원 및 지식이 풍부한 학습자	전략적이고 목적 지향적인 학습자

고득점 답안 비법 ✗ ㉠은 단지 '모둠활동'을 한다는 것임. ㉠의 모둠활동이 '협동학습'을 의미한다는 단서가 없음. 따라서 튜터와 튜티의 역할을 '번갈아 가며' 수행한다는 것에 핵심이 있는 지문

14 2017. 중

(가)는 학생 P의 특성이고, (나)는 중학교 1학년 기술·가정과 '건강한 식생활과 식사 구성'을 지도하기 위하여 통합학급 교사와 특수교사가 협의한 내용이다. ㉠에 해당하는 교수법의 명칭을 쓰고, 모둠별 활동을 하는 동안 통합학급 교사의 역할 1가지를 ㉡에 제시하시오. 그리고 특수교육공학응용센터(Center for Applied Special Technology : CAST)의 보편적 학습설계(UDL)에 근거하여 ㉢에 적용 가능한 원리를 쓰고, 그 예를 1가지 제시하시오. [4점]

(가) 학생 P의 특성

- 상지의 소근육 운동 기능에 어려움이 있는 지체장애 학생으로 경도 지적장애를 동반함
- 특별한 문제행동은 없으며, 학급 친구들과 원만한 관계를 유지하고 있음

(나) 통합학급 교사와 특수교사의 협의 내용

관련 영역	수업 계획	특수교사의 제안 사항
학습 목표	• 탄수화물이 우리 몸에서 하는 일을 설명할 수 있다.	• 본시와 관련된 핵심 단어는 특수학급에서 사전에 학습한다.
교수·학습 방법	• 우리 몸에서 필요한 영양소의 종류 및 기능 − ㉠ <u>모둠 활동을 할 때 튜터와 튜티의 역할을 번갈아 가면서 한다.</u> − (㉡)	• P에게 튜터의 역할과 절차를 특수교사가 사전에 교육한다.
평가 계획	• 퀴즈(지필 평가) 실시	• ㉢ <u>UDL의 원리를 적용하여 P의 지필 평가 참여 방법을 조정한다.</u>

15

정답 및 예시답안

1) 다양한 방식의 학습참여 제공
2) 일과를 통해 자연적인 환경에서 필요한 기술을 수행하게 한다, 학습한 기술을 일반화하는 데 도움이 된다 등
3) ㉢ 언어적 촉진
　　㉣ 자세 촉진 또는 단서 촉진

관련이론

삽입교수

의미	• 목표기술을 자연스러운 일과활동 내에서 수행할 수 있도록 활동 속에 삽입하는 것을 말하며, 학생의 수행 정도에 따라 연습시수를 정하여 일과 내에 분산하여 시도할 수 있도록 계획됨
장점	• 학생이 소속된 학급 운영과 활동 진행에 큰 변화를 요구하지 않음 • 학생을 별도로 분리해서 교육할 필요 없이 일반적인 학급 운영의 틀 내에서 교수할 수 있음 • 학급 내 자연적인 환경에서 교수가 일어나기 때문에 새로 습득한 기술의 즉각적이고 기능적인 사용능력을 증진시킬 수 있음 • 학생의 하루 일과 및 활동 전반에 걸쳐 삽입학습기회가 체계적으로 제공됨으로써 새롭게 학습한 기술의 사용능력이 다양한 상황으로 일반화될 수 있음

실행단계	1단계: 교수목표 점검 및 수정	• 개별화교육계획의 교수목표 검토 • 일과 및 활동의 활동목표 검토
	2단계: 학습기회 구성	• 일과 및 활동 분석을 통한 학습기회 판별 • 삽입교수를 위한 일과 및 활동 선정
	3단계: 삽입교수 계획	• 삽입교수를 위한 교수전략 및 실행계획
	4단계: 삽입교수 실행	• 활동의 진행 중 삽입교수 실행 • 삽입교수의 중재 충실도 점검
	5단계: 삽입교수 평가	• 학생의 진도에 대한 정기적인 점검 • 자료기반의 프로그램 평가

촉진(촉구)과 용암

촉구의 정의		• 바람직한 반응을 보일 수 있도록 도와주는 부가적인 자극 • 정확한 반응을 할 가능성을 증가시키는 데 사용되는 것	
촉구의 유형	반응촉구	• 언어적 촉구 • 자세(몸짓) 촉구 • 신체적 촉구	• 시각적 촉구 • 모델링(시범 촉구) • 혼합된 촉구
	자극촉구	• 자극 내 촉구	• 자극 외 촉구
촉구의 용암	반응촉구용암	• 도움 감소법 • 촉구 지연법(시간지연)	• 도움 증가법 • 점진적 안내
	자극촉구용암	• 자극촉구의 점진적 변화는 변별자극을 점차 분명하게 또는 점차 불분명하게 변화시키거나, 변별자극에 추가적 단서를 주는 것	

고득점 답안 비법　✖　3) : 단서촉진이란 언어나 몸짓으로 주어지는 촉진으로 과제 수행의 특정 측면에 대한 직접적인 관심을 유도하기 위한 방법. 이때 사용되는 단서는 자극이나 과제를 가장 잘 대표할 수 있는 특성이어야 함

15 2021. 유

다음은 유아특수교사 최 교사가 통합학급 김 교사와 나눈 대화의 일부이다. 물음에 답하시오. [5점]

최 교사 : 오늘 활동은 어땠어요?

김 교사 : 발달지체 유아 나은이가 언어발달이 늦어 활동에 잘 참여하지 못했어요.

최 교사 : 동물 이름 말하기 활동은 보편적 학습 설계를 적용하여 계획하면 어떤가요?

김 교사 : 네, 좋아요.

최 교사 : 유아들이 동물 인형을 좋아하니까, 각자 좋아하는 동물 인형으로 놀아요. ㉠ <u>나은이뿐만 아니라 유아들의 관심과 흥미를 유도할 수 있도록 유아들이 좋아하는 동물 인형을 준비하고, 유아들이 직접 골라서 놀이를 하게 하면 좋을 것 같아요.</u>

김 교사 : 다른 유의 사항이 있을까요?

최 교사 : 네, 모든 문제를 해결하기는 어렵겠지만 나은이가 재미있게 놀이 활동을 할 수 있게 하면 될 것 같아요. 그리고 ㉡ <u>나은이의 개별화교육목표는 선생님이 모든 일과 과정 중에 포함시켜 지도할 수 있어요.</u> 자유놀이 시간에 유아들이 동물 인형에 관심을 보이고 놀이 활동에 열중할 때 나은이에게 동물 이름을 말하게 하는 거예요. 예를 들어, "이건 뭐야?"라고 물어보고 "호랑이"라고 대답하면 잘 했다고 칭찬을 해요. 만약, 이름을 말하지 못하면 ㉢ <u>"어흥"이라고 말하고</u> ㉣ <u>호랑이 동작을 보여주면</u>, 호랑이라고 대답할 거예요.

1) 2018년에 '응용특수교육공학센터(CAST)'에서 제시한 보편적 학습 설계의 원리 중 ㉠에 해당하는 원리를 쓰시오. [1점]

2) ㉡ 교수 전략의 장점을 2가지 쓰시오. [2점]

3) ㉢과 ㉣의 촉구 유형을 쓰시오. [2점]

㉢ :

㉣ :

16

정답 및 예시답안

ㅇ ㉠은 학습된 무기력이다.
ㅇ ㉢에 적용된 지침은 인지 방법의 다양한 선택권 제공이다.
ㅇ ㉡은 문제해결이고, ㉣에 들어갈 내용은 '필요하다면 행동계획을 바꾸도록 지원함'이다.

관련이론

◎ **보편적 학습설계 2.2**

	다양한 참여수단 제공하기	다양한 표상수단 제공하기	다양한 행동과 표현수단 제공하기
	• 정서적 신경망 • 학습의 이유	• 인지적 신경망 • 학습의 내용	• 전략적 신경망 • 학습의 방법
접근	흥미를 돋우는 선택권 제공하기	지각을 위한 선택권 제공하기	신체적 행동의 선택권 제공하기
증강	노력과 일관성의 지속을 돕는 선택권 제공하기	언어 및 상징의 선택권 제공하기	표현 및 의사소통의 선택권 제공하기
내면화	자기조절을 돕는 선택권 제공하기	이해를 돕는 선택권 제공하기	실행기능을 돕는 선택권 제공하기
목적	목적이 있고 동기화된 학습자	자원 및 지식이 풍부한 학습자	전략적이고 목적 지향적인 학습자

◎ **자기결정 교수학습 모델(SDLMI)**

• 학생의 학업 영역에서부터 기능 영역에 이르기까지 학생 자신이 목표를 세우고 계획을 세울 수 있도록 고안된 교수 모델이다.
• 자기결정 교수학습모형은 다중전략모형으로 삶의 주체로서, 외적인 영향력과 침해로부터 자유로이 선택과 결정을 하도록 돕는다.
• 학생들이 자신의 삶의 원인 주체가 되어 자신을 관리, 통제하는 힘을 가지며, 자기주도적 학습의 기회를 증가시킴으로써 학생들이 교육 프로그램에 활발히 참여할 수 있도록 교사가 도와주는 교수 모형이다.
• 교사주도적인 기존 모형과 달리 학생 스스로 주도하여 학습목표를 설정하고 이를 달성할 수 있도록 교사는 다양한 의사결정기술을 습득시키고 연습하게 한다.

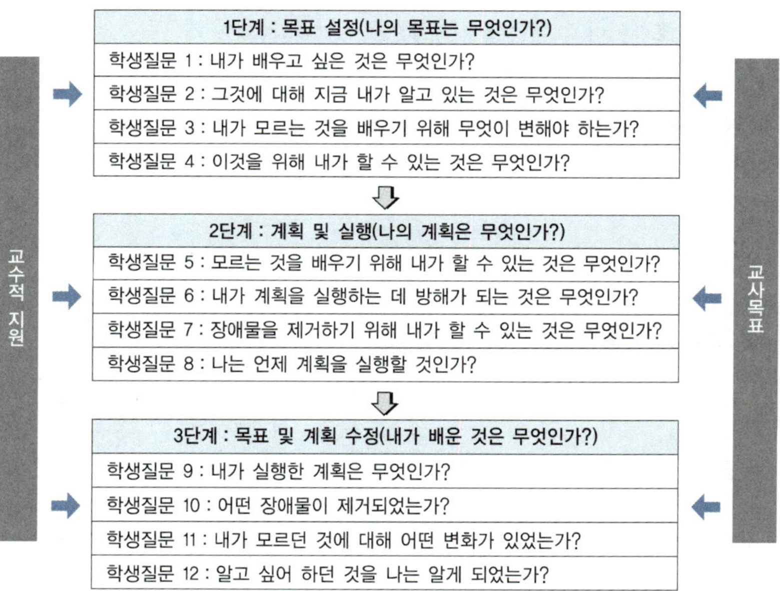

고득점 답안 비법 ✗ UDL 가이드라인 2.0(CAST, 2011)의 '지침'을 써야 함. UDL 가이드라인 2.2는 '지각을 위한 선택권 제공'으로 제시하고 있으며, 이는 의미상 유사하므로 정답이 될 수 있음

16 2023. 중

(가)는 학생의 특성이고, (나)는 수업 지도 계획을 위한 특수 교사의 메모이다. (다)는 자기결정교수학습모델(Self-Determined Learning Model of Instruction : SDLMI) 3단계를 학생 A에게 적용한 교사목표의 일부이다. <작성 방법>에 따라 서술하시오. [4점]

(가) 학생의 특성

학생 A	• 지적장애와 저시력을 중복으로 지님 • 목표를 세워 본 경험이 부족하고, 교사나 부모의 도움을 받아 과제를 수행하려 함
학생 B	• 지적장애 학생임 • 역량이 충분히 있음에도 불구하고 ㉠ <u>반복된 실패의 경험이 누적되어 학습 동기가 낮음</u> • 자신의 상황에 맞지 않는 진로 목표를 설정함

(나) 수업 지도 계획을 위한 특수 교사의 메모

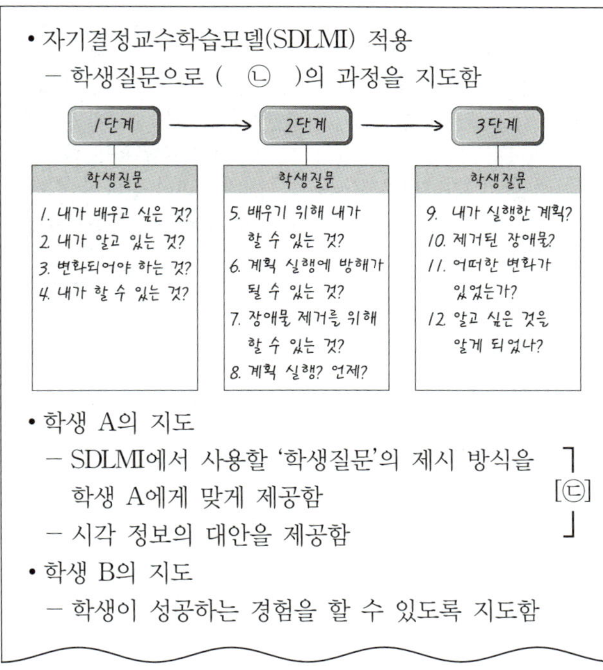

• 자기결정교수학습모델(SDLMI) 적용
  − 학생질문으로 (㉡)의 과정을 지도함

• 학생 A의 지도
  − SDLMI에서 사용할 '학생질문'의 제시 방식을 학생 A에게 맞게 제공함 ⎤
  − 시각 정보의 대안을 제공함 ⎦ [㉢]
• 학생 B의 지도
  − 학생이 성공하는 경험을 할 수 있도록 지도함

(다) SDLMI 3단계를 학생 A에게 적용한 교사목표의 일부

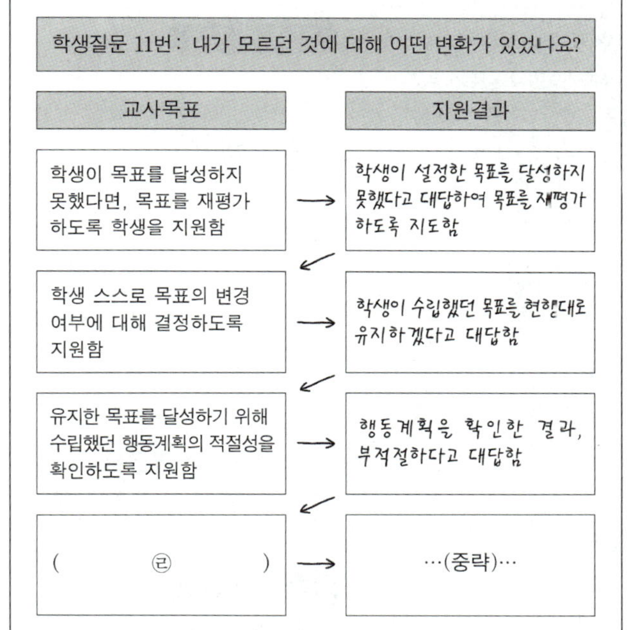

작성방법

• (가)의 밑줄 친 ㉠과 관련된 특성을 쓸 것
• (가)에 제시된 학생 A의 특성을 고려하여 (나)의 ㉢에 적용된 보편적 학습설계의 지침을 쓸 것[단, 응용특수공학센터(CAST, 2011)의 보편적 학습설계 가이드라인에 근거할 것]
• (나)의 괄호 안의 ㉡에 해당하는 내용을 쓰고, (다)의 괄호 안의 ㉣에 해당하는 내용을 1가지 서술할 것

✔ **핵심테마 체크**

• 객관주의와 구성주의

MY MEMO

17

정답 및 예시답안

④

알찬 지문풀이

- ㄱ. 학습 효과를 높이기 위해서 반복적으로 연습을 할 수 있는 훈련·연습형으로 개발한다. ➡ 행동주의

- ㄴ. 학생이 문제를 해결할 수 있도록 실제 문제해결 상황을 비디오 등을 활용하여 제공한다. ➡ 구성주의

- ㄷ. 네트워크 기능 등을 활용하여 교사와 학생들 간의 활발한 상호작용에 초점을 두고 개발한다. ➡ 구성주의

- ㄹ. 애니메이션 등을 활용하여 반응에 따른 즉각적인 자극을 제공함으로써 학생이 올바른 반응을 형성할 수 있도록 한다. ➡ 행동주의

- ㅁ. 학생의 근접발달영역 내에서 필요한 도움을 제공하고, 과제수행이 능숙해짐에 따라 도움을 철회하는 구조를 반영하여 개발한다. ➡ 구성주의

관련이론

◎ **구성주의에서의 지식**

- 지식은 인식 주체에 의해 구성된다. 개인이 지식을 구성한다는 가정에는 인식 주체의 능동성을 포함한다. 즉, 지식은 개인이 수동적으로 구성하는 것이 아니라 스스로의 경험을 바탕으로 능동적으로 구성하는 것이다.
- 지식은 맥락적이다. 지식은 인식 주체에 의해 구성되고 항상 상황 내에서 이루어지며, 그것이 습득된 상황과 관련된다. 따라서 우리가 습득하는 지식은 지식 습득의 맥락과 개인의 선수지식, 경험 등에 따라 다르게 학습되며, 전이도 그 상황에 따라 좌우된다. 이것을 '상황적 인지(situated cognition)'라고 한다.
- 지식은 사회적 협상을 통해 이루어진다. 인식 주체에 의해 주관적으로 구성되고 상황에 따라 상이하게 구성되는 지식은 타인과의 상호작용 속에서 그 타당성이 검토되어 지식으로 형성된다.

17

2010. 중

특수교육대상자를 위한 교육용 소프트웨어를 개발할 때 다양한 교수·학습이론을 반영할 수 있다. <보기>에서 구성주의 교수·학습이론에 기반을 둔 내용을 고른 것은?

> **보기**
>
> ㄱ. 학습 효과를 높이기 위해서 반복적으로 연습을 할 수 있는 훈련·연습형으로 개발한다.
>
> ㄴ. 학생이 문제를 해결할 수 있도록 실제 문제해결 상황을 비디오 등을 활용하여 제공한다.
>
> ㄷ. 네트워크 기능 등을 활용하여 교사와 학생들 간의 활발한 상호작용에 초점을 두고 개발한다.
>
> ㄹ. 애니메이션 등을 활용하여 반응에 따른 즉각적인 자극을 제공함으로써 학생이 올바른 반응을 형성할 수 있도록 한다.
>
> ㅁ. 학생의 근접발달영역 내에서 필요한 도움을 제공하고, 과제수행이 능숙해짐에 따라 도움을 철회하는 구조를 반영하여 개발한다.

① ㄱ, ㄴ, ㅁ   ② ㄱ, ㄷ, ㄹ

③ ㄴ, ㄷ, ㄹ   ④ ㄴ, ㄷ, ㅁ

⑤ ㄷ, ㄹ, ㅁ

■ 핵심테마 체크

• 컴퓨터 보조수업(CAI)

MY MEMO

18

정답 및 예시답안

④

알찬 지문풀이

• ㄹ ➡ 화면은 덜 혼란스러울수록 좋음. 지나치게 많은 자극과 혼란스러운 화면은 학생의 학습을 방해할 수 있음

• ㅂ ➡ 개별 아동의 특성에 따라 주어지는 시간은 조정할 수 있음

관련이론

◎ 컴퓨터 보조교수 프로그램 개발·선택 시 고려사항

목적	• 프로그램을 통하여 성취하고자 하는 목표
대상	• 프로그램을 사용할 사람
피드백	• 훌륭한 교사의 본보기 • 애니메이션, 색깔, 그래픽, 음악, 음성, 비디오, 사진, 문자 등 • 정답 및 오답에 대한 긍정적이고 즉각적인 강화와 바른 교정 및 표시 • 오답에 대한 기회 재부여
동기 유발	• 흥미로운 상호작용(오락에 치우치지 않도록 주의) • 성취도 기록, 과정을 도표로 표시 • 컴퓨터 자체 평가 • 자아 평가, 자아 감독, 자아 강화 • 학습에 대한 책임감 부여 • 다양한 피드백과 강화를 통한 동기유발
그래픽 사용	• 문자보다 더 잘 전달됨 • 추상적인 개념 전달에 도움이 됨 • 너무 많은 그래픽은 혼돈을 줌 • 단순·명확하고 색깔 배합이 좋은 그래픽 사용 • 실례 제공, 동기유발, 교수를 위해 사용
학습자 조종	• 학습을 하는 데서 개인의 취향과 요구에 맞는 사용자의 자발적인 선택 • 나이가 어린 아동보다 나이 많은 아동에게 보다 효과적임 • 프로그램 통제 및 사용자 조정의 균형 • 단계별 진행(가장 중요함)
구조 및 탐색	• 프로그램의 구조를 명백하고 단순하며 일관성 있고 자유롭게 만드는 탐색 전략 • 정보접근의 대체적인 방법 제공(같은 정보를 여러 방법으로 접근 가능하게 함) • 학습의 보편적 디자인 적용 • 사용 또는 탐색에 대한 명확한 설명
스크린 디자인	• 화면 구성 • 그래픽 + 문자 • 너무 많거나 너무 작은 문자, 그래픽 또는 아이콘은 피함 • 문자 및 그래픽의 기능 및 위치는 학습 원리에 의존함 • 첫 카드가 가장 중요함 • 첫 카드에 호기심과 동기 유발을 불러일으킬 수 있는 디자인을 선택
개발 순서	• 제대로 개발된 프로그램을 디자인하기 위해서는 피나는 노력이 필요함 • 반드시 사전 연구와 견고한 이론적 바탕이 필요함 • 반드시 장애인 입장에 서서 단계별 디자인이 필요함 • 실험연구를 통한 효과 입증 • 현장 반응 및 배부

18

정 교사는 학급 내 학습장애 아동의 수업 효과를 높이기 위해 개별 아동의 특성에 맞는 컴퓨터 보조 수업(computer-assisted instruction : CAI) 프로그램을 선정하여 적용하고자 한다. 프로그램 선정 시 고려해야 할 중요한 조건들을 <보기>에서 모두 고른 것은?

보기

ㄱ. 프로그램은 단계적으로 구성되어 있고, 각 단계별 내용 간에는 연계성이 있어야 한다.

ㄴ. 교사가 프로그램의 내용을 쉽게 변화시킬 수 있는 다양한 옵션(option)이 있어야 한다.

ㄷ. 아동의 능력 수준에 따라 프로그램의 진행 속도나 내용 수준을 조절할 수 있어야 한다.

ㄹ. 아동의 집중력을 높이기 위해 화려하고 복잡한 그래픽이나 애니메이션으로 구성되어 있어야 한다.

ㅁ. 아동이 프로그램 내의 지시를 잘 따를 수 있도록 화살표 등 신호체계가 눈에 띄게 표시되어 있어야 한다.

ㅂ. 아동의 특성이 고려되어 개발된 프로그램이기 때문에 제시된 과제에 동일한 반응시간이 주어져 있어야 한다.

---

① ㄱ, ㄷ, ㅁ
② ㄴ, ㄹ, ㅁ
③ ㄹ, ㅁ, ㅂ
④ ㄱ, ㄴ, ㄷ, ㅁ
⑤ ㄴ, ㄷ, ㄹ, ㅂ

19

정답 및 예시답안

1) 반복연습형, 개인교수형, 문제해결형, 발견학습형 등(이 중 택 2)
2) 웹 접근성
3) ① ㉣ / 시각장애 유아는 색상을 구별하기 어려우므로 색상과 상관없이 내용을 구별할 수 있도록 해야 한다
(인식의 용이성 중 명료성).
② ㉤ / 팝업창이 자동으로 뜨는 것은 사용자의 요구에 따른 실행이 아니므로 적절하지 않다(이해의 용이성 중 예측 가능성).

관련이론

🔍 **컴퓨터 보조수업(CAI)의 유형별 특징**

유형	교사의 역할	컴퓨터의 역할	학습자의 역할	보기
반복 연습형	• 선수 지식의 순서화 • 연습을 위한 자료 선택 • 진행상황 점검	• 학생 반응을 평가하는 질문 던지기 • 즉각적 피드백 제공 • 학생 진전 기록	• 이미 배운 내용을 연습 • 질문에 응답 • 교정/확인받음 • 내용과 난이도 선택	• 낱말 만들기 • 수학 명제 • 지식 산출
개인 교수형	• 자료 선택 • 교수에 적응 • 모니터	• 정보 제시 • 질문하기 • 모니터/반응 • 교정적 피드백 제공 • 핵심요약 • 기록 보존	• 컴퓨터와 상호작용 • 결과 보고 • 질문에 대답하기 • 질문하기	• 사무원 교육 • 은행원 교육 • 과학 • 의료 절차 • 성경 공부
시뮬레이션형	• 주제 소개 • 배경 제시 • 간략하지 않은 안내	• 역할하기 • 의사결정의 결과 전달 • 모형의 유지와 데이터베이스	• 의사결정을 연습 • 선택하기 • 결정의 결과받기 • 결정 평가	• 고난 극복 • 역사 • 의료진단 • 시뮬레이터 • 사업관리 • 실험실 실험
게임형	• 한계를 정함 • 절차 지시 • 결과 모니터링	• 경쟁자, 심판, 점수 기록자로 행동	• 사실, 전략, 기술을 학습 • 평가 선택 • 컴퓨터와의 경쟁	• 분수 게임 • 계산 게임 • 철자 게임 • 타자 게임
발견 학습형	• 기본적인 문제 제시 • 학생 진전을 모니터	• 정보 원천을 학습자에게 제공 • 데이터 저장 • 검색 절차 허용	• 가설 만들기 • 추측을 검증하기 • 원리나 규칙 개발하기	• 사회과학 • 과학 • 직업 선택
문제 해결형	• 문제를 확인 • 학생들을 돕기 • 결과 검증	• 문제 제시 • 데이터 조작 • 데이터베이스 유지 • 피드백 제공	• 문제를 정의하기 • 해결안을 세우기 • 다양성을 조절	• 사업 • 창의력 • 고난 극복 • 수학 • 컴퓨터 프로그래밍

19　　　　　　　　　　　　　　2016. 유

다음에 ○○특수학교의 황 교사와 민 교사의 대화이다. 물음에 답하시오. [5점]

> 황 교사: 최근 수업 활동 중에 컴퓨터를 통한 ㉠ <u>교육용 게임</u>을 부분적으로 활용하고 있는데, 유아들이 재미있어 해요. 또한 ㉡ <u>자료를 안내하기 위해</u> 사용해도 좋더군요. 그래서 수업 활동을 위해 컴퓨터, 인터넷을 좀 더 적극적으로 활용하면 좋겠다는 생각이 들어요.
>
> 민 교사: 우리 반의 현주는 소근육 발달 문제로 마우스 사용이 조금 어려웠는데, 얼마 전에 아버님께서 학교에 있는 것과 같은 터치스크린 PC로 바꾸어 주셨대요. 그래서 지금은 집에서도 스스로 유아용 웹사이트에 들어가서 영상을 보거나 간단한 교육용 게임을 하기도 한다는군요.
>
> 황 교사: 그렇군요. 누구든지 장애에 관계없이 웹사이트를 통해 원하는 서비스를 이용할 수 있도록 (㉢) 이/가 보장되어야 한다고 생각해요.
>
> 민 교사: 맞아요. 그리고 보니 이번에 학교 홈페이지를 새롭게 만들고 있는데, 우리 아이들이 좀 더 쉽게 사용할 수 있도록 ㉣ <u>홈페이지의 구성을 내용에 따라 다양한 색으로 처리하여 구별할 수 있도록 하면 좋겠어요.</u> 그리고 ㉤ <u>홈페이지에 접속하면 팝업창이 자동으로 뜨게 하면 좋겠어요.</u>
>
> 황 교사: 아이들이 들어와서 친구들 사진이나 학교 행사 영상 등을 볼 테니까 ㉥ <u>화면 구성은 가능한 한 간단하게 구성하면 좋겠지요.</u> ㉦ <u>페이지의 프레임 사용도 가능한 한 제한하면 좋을 것 같고요.</u>

1) 컴퓨터보조수업(CAI)의 유형 중 ㉠은 '게임형', ㉡은 '자료 안내형'에 해당한다. 이 유형 외에 컴퓨터보조수업(CAI)의 유형 2가지를 쓰시오. [2점]

　① :

　② :

2) ㉢에 들어갈 말을 쓰시오. [1점]

3) ㉣~㉦의 내용 중 시각장애 유아의 특성을 고려할 때 정보인식을 방해하는 내용 2가지를 찾아 그 기호와 이유를 각각 쓰시오. [2점]

　① 기호와 이유 :

　② 기호와 이유 :

20

정답 및 예시답안

1) ① 대안교수
   ② 소집단의 고정화를 방지하기 위해 소집단 구성원을 자주 교체하거나 다양하게 구성한다.
2) ① 다양한 방식의 학습참여 제공
   ② 반복연습형

관련이론

🔍 **대안교수**

장점	• 심화학습의 기회를 제공 • 결석한 학생의 보충 기회를 제공 • 개인과 전체 학급의 속도를 맞출 수 있음 • 못하는 부분을 개발해 주는 시간을 만들 수 있음
단점	• 도움이 필요한 잘 못하는 학생들만 계속 선택하기 쉬움 • 분리된 학습환경을 조성 • 조율하기 어려움 • 학생들을 고립시킬 수 있음
효과	• 추가적인 지원이 필요한 학생에게 지원 가능함(심화수업, 보충수업) • 전체 수업을 담당하는 교사가 집중할 수 있도록 도움을 제공함

🔍 **UDL(보편적 학습설계)의 원리**

제1원리 : 표상(representation)	인지학습을 지원하기 위해, 다양하고 융통성 있는 제시방법 제공
제2원리 : 행동과 표현(action & expression)	전략적 학습을 지원하기 위해, 다양하고 융통성 있는 표현 및 연습방법 제공
제3원리 : 참여(engagement)	정서적 학습을 지원하기 위해, 다양하고 융통성 있는 참여를 위한 선택권 제공

20

(가)는 통합학급 학생의 현재 학습 수준이고, (나)는 (가)를 고려하여 특수교사와 일반교사가 수립한 컴퓨터 보조 수업 (CAI) 기반 협력 교수 계획의 일부이다. (다)는 곱셈 수 업에 사용할 교육용 소프트웨어 제작 시 반영된 고려 사 항과 교육용 소프트웨어 구현 장면의 예이다. 물음에 답 하시오. [4점]

(가)

학생	현재 학습 수준
일반 학생	두 자리 수 × 한 자리 수 문제를 풀 수 있음
지혜, 진우 (학습부진)	한 자리 수 × 한 자리 수 문제를 풀 수 있음
세희 (지적장애)	곱셈구구표를 보고 한 자리 수 곱셈 문제를 풀 수 있음

(나)

협력 교수의 유형 / 교사의 역할	(㉠)
일반교사	• 수업의 시작과 정리 단계에서 학급 전체를 대상으로 진행함 • 전개 단계 중 지혜, 진우, 세희로 구성된 소집단을 제외한 나머지 학생을 지도함 • 교육용 소프트웨어를 활용하여 연습하도록 지도함
특수교사	• 수업의 전개 단계에서 ㉡ <u>지혜, 진우, 세희를 소집단으로 구성하여 지도함</u> • 교육용 소프트웨어를 통하여 현재 학습 수준에 적합하게 연습하도록 지도함

(다)

〈소프트웨어 제작 시 고려 사항〉
• 교수 목적과 학습 목표를 뚜렷하게 부각
• 학습자 수준에 적합한 난이도를 위한 자료의 다양화 [A]
• 성취 지향적 피드백의 증진

〈교사 제작 교육용 소프트웨어 구현 장면〉

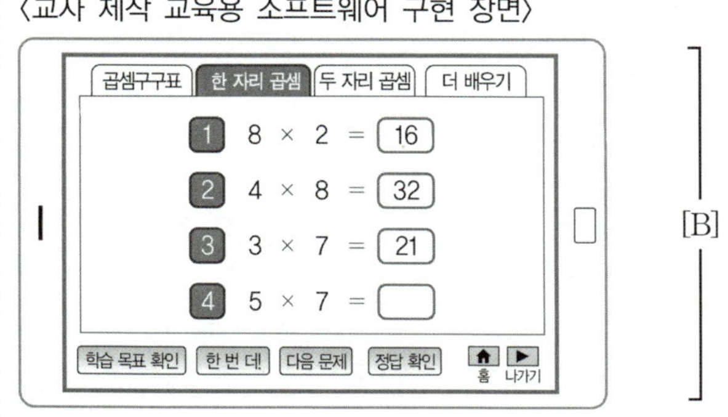

1) ① (나)의 ㉠에 들어갈 협력 교수의 유형을 쓰고, ② (나)의 밑줄 친 ㉡을 반복할 경우 발생할 수 있는 문 제를 예방하기 위한 방법 1가지를 교사 역할 측면에서 쓰시오. [2점]

①:

②:

2) ① 2011년에 응용특수공학센터(Center for Applied Special Technology : CAST)에서 제시한 보편적 학 습 설계 원리 중 (다)의 [A]에 적용된 원리 1가지를 쓰고, ② [B]에 제시된 교육용 소프트웨어의 유형을 쓰시오. [2점]

①:

②:

21

정답 및 예시답안

○ 기본 교육과정으로 편성·운영할 때에는 정보통신, 생활영어, 보건 과목으로 구성된 선택 교과를 운영하도록 되어 있으므로 ㉠은 틀린 것이고, ㉡은 범교과 학습주제이다.
○ ㉢은 개인교수형이다.
○ ㉤은 실제와 유사한 환경에서 ㉣을 할 수 있도록 하므로 실제 상황에서 스마트폰을 이용하기 전에 연습하기에 적절하다.

관련이론

◎ **컴퓨터 보조수업(CAI)의 유형**

반복연습형	새로운 지식이나 기술을 습득한 후, 학습한 내용을 정착시키고 숙련도를 높이기 위해 사용
개인교수형	새로운 지식이나 기술을 가르치고자 할 때 제공되는 형태
시뮬레이션형	비용이나 위험 부담이 높은 학습과제의 경우, 컴퓨터를 이용하여 최대한 유사한 환경을 개발하여 제공하는 형태
게임형	경쟁, 도전, 흥미 요소를 포함하여 학습자가 능동적으로 학습에 참여하도록 함으로써 원하는 학습 목표에 도달하도록 하는 형태
문제해결형	주어진 복잡한 문제를 해결해 나가도록 만든 형태
발견학습형	가설을 세운 다음 데이터베이스에 질문을 던지면서 귀납적으로 접근한 후 시행착오를 통해 가설을 검증하게 됨

21   2026. 중

(가)는 ○○ 특수학교 교육 실습생이 수업 준비를 위해 작성한 노트의 일부이고, (나)는 교육 실습생이 작성한 지도 계획 초안의 일부이다. 〈작성방법〉에 따라 서술하시오. [4점]

(가) 교육 실습생이 작성한 노트

- ○○ 특수학교 교육과정은 '기본 교육과정'으로만 편성·운영
  - 고등학교 교육과정 편성·운영 기준
    - ⊙ 선택 과목을 일반 선택 과목, 진로 선택 과목, 융합 선택 과목으로 구분하여 편성·운영함
    - 선택 교과로 정보통신활용 과목을 편성·운영함
    … (중략) …
- 수업 대상/과목: 고등학교 2학년/정보통신활용
- 담당 선생님께서 제안해 주신 수업의 방향
  - 교과의 성취기준과 연관된 (ⓒ)을/를 다루고 가정과 연계할 수 있도록 수업을 계획하기
  - 다루어야 할 (ⓒ)은/는 '안전·건강 교육', '진로 교육', '경제·금융 교육'으로 제시해 주심
- 나의 수업 설계 계획: 컴퓨터 보조 수업(CAI: Computer Assisted Instruction) 유형을 활용한 수업 설계

(나) 서기 자세 보조기기 사용 모습

차시	학습 활동	지도 계획
4	무인 단말기 이용하기	무인 단말기를 이용해 음식 주문하기	• ⓒ 새로운 기술을 학생 스스로 학습하도록 설계된 CAI 유형 활용 개요 → 정보 제시 ⇄ 질문과 응답 → 피드백과 수정 ⇄ 응답에 대한 판단 → 끝맺음 [A]
6	디지털 금융 서비스 이용하기	ⓡ 스마트폰을 이용한 결제 방법 연습하기	• ⓜ CAI의 시뮬레이션(simulation) 유형 활용

- (가)의 밑줄 친 ⊙이 <u>틀린</u> 이유를 1가지 서술하고, 괄호 안의 ⓒ에 해당하는 내용을 쓸 것[단, 2022 개정 특수교육 교육 과정 총론(국가교육위원회 고시 제2024-4호)에 근거할 것]
- (나)의 [A]를 참고하여 밑줄 친 ⓒ의 유형의 명칭을 쓸 것
- (나)의 밑줄 친 ⓡ을 ⓜ으로 지도하는 것이 적절한 이유를 1가지 서술할 것(단, ⓜ의 특징에 근거하여 서술할 것)

● **핵심테마 체크**

• 교육용 프로그램의 평가

─ MY MEMO

22

정답 및 예시답안

③

알찬 지문풀이

• 가. ㉠을 위해 팀을 구성할 때는 장애 특성에 대한 지식이나 교과 지도 경험이 없는 전문가로 구성하여 프로그램 선정에 개인적인 관점을 배제하고 ~~프로그램의 기술과 공학에 초점을 두는~~ 평가를 한다. ➡ 팀 구성원은 교과 관련 전문지식을 가져야 하며, 프로그램의 기술과 공학에 초점을 둔다기보다, 특수교육 현장의 고유한 특성과 공학 간의 관계를 이해하고 평가해야 함

• 라. ㉣은 ~~교수자 중심의 접근으로~~ 설계되어 학습 방식 및 전개 방식이 ~~교사의 수업과 조화를~~ 이루는 것이 좋다. ➡ 교수자가 아니라 학습자 중심의 접근이 바람직하며, 학생의 학습과 조화를 이루어야 함

관련이론

◎ 교육용 프로그램의 평가

프로그램 선정 시 고려사항	• 학습자, 학습과제, 수업 사태 및 교수·수업 장면의 특성 • 물리적 속성 • 실용적 속성	
프로그램 평가	외부평가	• 교수−학습용 프로그램 평가는 정확한 과정으로 이루어졌는가, 과정은 어떠하였는가? • 교수−학습용 프로그램 평가는 개인이나 팀으로 이루어졌는가? • 평가자는 어떠한 배경을 바탕으로 교수−학습용 프로그램을 평가하였는가? • 평가 중에 고려된 주요 요인 및 항목(장애 유형, 장애 정도, 연령)은 무엇인가?
	내부평가	• **수업 정보**: 수업과 직접적인 연관이 있는 학습자와 교수자의 특성 포함 • 교육 적절성 • 공학 기기의 적절성
	기술적 측면	• 현재 사용 가능한 컴퓨터 환경에서 별도의 하드웨어나 소프트웨어의 설치 없이 프로그램이 제대로 구동되는가? • 기술적인 오류는 없는가? • 사용설명서와 보조 자료는 잘 갖추어져 있는가? • 화면의 색상과 음질, 디자인의 품질이 떨어지지 않는가?
	교육적 측면	• 원하는 학습목표가 달성될 수 있도록 학습내용이 체계적으로 짜여 있는가? • 불필요한 내용이나 혼란을 줄 만한 내용은 없는가? • 어휘 수준이 학습자에게 적합한가? • 학습자와의 상호작용이 적절한가? • 내용의 제시방법이 효과적인가? • 학습자의 관심을 끌 수 있는가?

22 2013. 중

다음은 장애학생의 교수·학습용 소프트웨어 프로그램
선정을 위한 평가에 대해 설명한 것이다. ㉠~㉣에 대한
설명으로 적절한 것만을 <보기>에서 있는 대로 고른 것은?

학급에서 교수·학습용 소프트웨어 프로그램을 선정할 때
에는 거시적 관점의 ㉠ 외부 평가와 미시적 관점의 ㉡ 내부
평가 과정을 거친다. 이러한 평가 과정은 ㉢ 팀 접근을 통해
이루어지는 것이 바람직하며, ㉣ 장애학생의 교육적 요구에
부응하고 학습 장면에서 실제적 효용성을 보일 수 있는
프로그램으로 선정해야 한다.

보기

가. ㉠을 위해 팀을 구성할 때는 장애 특성에 대한 지식이나
　　교과 지도 경험이 없는 전문가로 구성하여 프로그램
　　선정에 개인적인 관점을 배제하고 프로그램의 기술과
　　공학에 초점을 두는 평가를 한다.
나. ㉡은 학급 단위로 학급 구성원 개개인을 위해 실시하며
　　수업과 관련된 일반적인 사항 및 공학 기기의 적합성
　　등을 고려한다.
다. ㉢에서 초학문적 팀 접근을 실시할 때에는 다양한 영
　　역의 전문가들의 협력을 기초로 서로의 정보와 기술,
　　그리고 역할을 공유하고 최종 결정은 팀의 합의를 거
　　친다.
라. ㉣은 교수자 중심의 접근으로 설계되어 학습 방식 및
　　전개 방식이 교사의 수업과 조화를 이루는 것이 좋다.
마. ㉣은 장애학생에게 제공하는 피드백과 강화가 적절해야
　　하는데, 특히 강화는 교사가 장애학생에게 제공하는
　　방식과 유사한 것이 좋다.

① 가, 나, 라　　　　　② 가, 다, 마
③ 나, 다, 마　　　　　④ 가, 나, 라, 마
⑤ 나, 다, 라, 마

23

정답 및 예시답안

④

알찬 지문풀이

• ㄴ. 보조공학 활용의 목적은 사용자의 기능적 활동 수행을 가능하도록 하는 것으로, 손의 움직임 곤란으로 타이핑이 어려운 장애학생에게 소근육 운동을 시켜서 타이핑을 할 수 있도록 하는 것은 적절한 보조공학 활용 사례이다. ➡ 보조공학을 활용하여 손의 움직임을 보완해주거나 대체

관련이론

🔍 인간활동 보조공학 모델(HAAT)

• 인간활동 보조공학 모델은 자신이 참여를 원하는 활동과 활동이 일어나는 환경을 탐색함으로써 개인이 원하는 것을 성취하는 데 초점을 맞춘다. 이를 통해 장애인이 보조공학기기를 사용하여 주어진 환경 안에서 활동하도록 촉진한다.
• HAAT 모델은 인간(human), 활동(activity), 보조공학(assistive technology), 그리고 이 세 가지의 통합된 요소가 존재하는 맥락(context)의 네 가지 요소로 구성되어 있다. 각 구성요소는 전체 체제 내에서 고유한 요소로 역할을 한다.

인간	신체적·인지적·정서적 숙련 정도 관련 요소
활동	자기보호, 노동, 학업, 여가 등과 같은 실천적 측면
보조공학	공학적 인터페이스, 수행 결과, 환경적 인터페이스 등의 외재적 가능성
맥락	물리적·사회적·문화적·제도적 요소

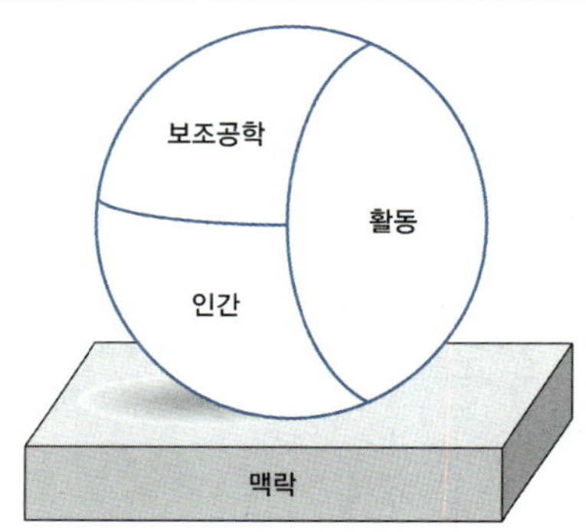

🔍 보조공학 전달체제

• 보조공학 전달체제란 보조공학장치와 서비스를 장애학생에게 전달하는 전반적인 과정을 말한다.
• 보조공학 전달체제의 각 체계 및 과정은 장애학생의 요구와 활용 목적에 맞게 적절한 공학장치와 서비스를 제공하기 위한 세부활동을 포함하고 있다.

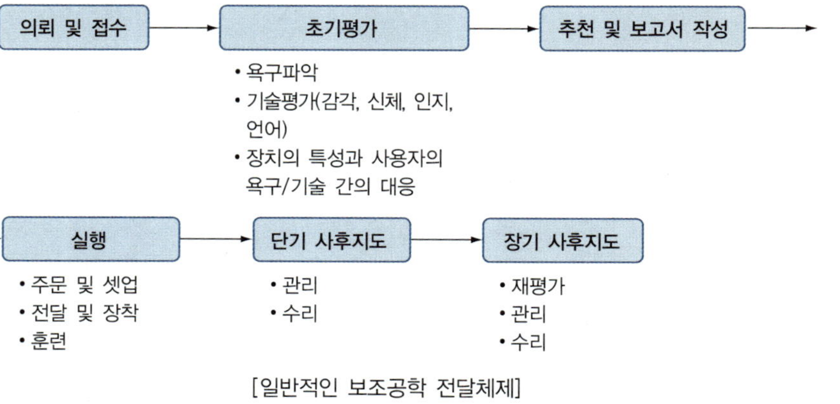

[일반적인 보조공학 전달체제]

23

다음은 보조공학 서비스 전달 과정이다. 이 전달 과정에 대한 설명으로 옳은 것만을 〈보기〉에서 있는 대로 고른 것은? [2.5점]

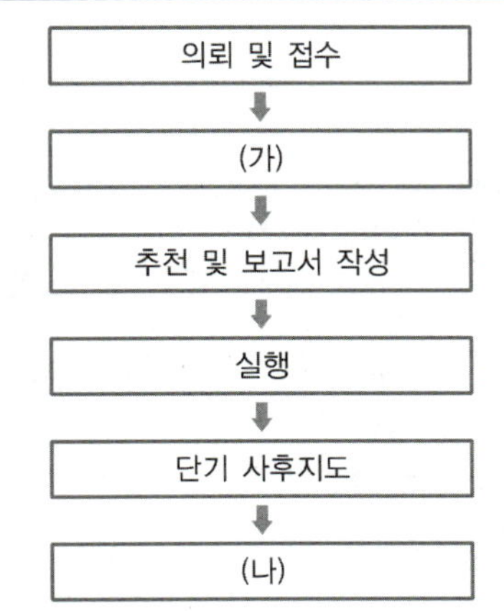

[인간 활동 보조공학(Human Activity Assistive Technology) 모델]

보기

ㄱ. 보조공학 활용의 중도 포기를 방지하기 위해서는 인간, 활동, 보조공학, 주변 상황을 체계적으로 고려하는 생태학적 사정이 이루어져야 한다.

ㄴ. 보조공학 활용의 목적은 사용자의 기능적 활동 수행을 가능하도록 하는 것으로, 손의 움직임 곤란으로 타이핑이 어려운 장애학생에게 소근육 운동을 시켜서 타이핑을 할 수 있도록 하는 것은 적절한 보조공학 활용 사례이다.

ㄷ. (가)는 초기 평가 단계로서, 사용자에게 알맞은 보조공학을 제공하기 위해 장치의 특성과 사용자의 요구 및 기술 간의 대응을 해야 한다.

ㄹ. (가) 단계에서는 사용자의 감각, 신체, 인지, 언어 능력을 평가하는데, 공학 장치를 손으로 제어하기 어려운 학생의 경우에 다리보다는 머리나 입을 이용하여 제어가 가능한지를 먼저 고려해야 한다.

ㅁ. (나) 단계에서는 보조공학이 장애학생에게 적용된 이후에도, 보조공학이 사용자의 요구나 목표의 변화에 부합하는지를 지속적으로 재평가하는 장기적인 사후지도가 이루어져야 한다.

① ㄱ, ㄴ, ㄹ   ② ㄱ, ㄷ, ㅁ
③ ㄱ, ㄴ, ㄷ, ㅁ   ④ ㄱ, ㄷ, ㄹ, ㅁ
⑤ ㄴ, ㄷ, ㄹ, ㅁ

24

정답 및 예시답안

○ ㉠은 보완대체 의사소통, ㉡은 픽토그램이다.
○ HAAT 모형에 따라 교실의 맥락 내에서 인간 요소인 학생 A의 손발을 사용하기 어려운 신체적 특성, 적극적인 정서적 특성, 인지적 어려움이 없는 특성을 반영하여, 헤드마우스를 사용하여 편지 쓰기 활동을 수행하도록 한다.

관련이론

AAC의 정의

• 보완 및 대체 의사소통은 보조공학과 의사소통이 연계된 용어이다. 보완 의사소통은 약간의 의사소통능력을 가진 사람을 위해 의사소통의 과정을 보충하거나 향상, 지원하기 위해 사용하는 기법이고, 대체 의사소통은 의사소통능력이 전혀 없는 사람을 위해 말 대신 다른 의사소통 보조도구를 사용하는 것이다(국립특수교육원, 2002).
• AAC는 구어와 문어적 의사소통을 포함하여 말과 언어의 표현 및 이해에 심각한 장애가 있는 사람들의 일시적 또는 영구적 손상, 활동 한계, 참여 제한 등을 연구하고, 필요한 경우 이를 보완하는 시도를 말한다. 그리고 개인의 의사소통에 사용되는 상징, 도구, 전략, 기법 등을 총체적으로 통합한 것을 말한다(미국 말언어청각협회, ASHA).

AAC의 상징

• 상징: 다른 어떤 것을 나타내거나 뜻하는 것이며, '다른 어떤 것'은 지시 대상을 의미한다.
• 상징체계는 사실성, 도상성, 모호성, 복잡성, 전경과 배경 차이, 지각적 명확성, 수용가능성, 효율성 및 크기를 포함하여 다양한 특성으로 기술되지만 보통 독립적인 의미의 명쾌함 정도라고 할 수 있는 도상성에 따라 분류한다.

인간활동 보조공학 모델(HAAT)

• 인간활동 보조공학 모델은 자신이 참여를 원하는 활동과 활동이 일어나는 환경을 탐색함으로써 개인이 원하는 것을 성취하는 데 초점을 맞춘다. 이를 통해 장애인이 보조공학기기를 사용하여 주어진 환경 안에서 활동하도록 촉진한다.
• HAAT 모델은 인간(human), 활동(activity), 보조공학(assistive technology) 그리고 이 세 가지의 통합된 요소가 존재하는 맥락(context)의 네 가지 요소로 구성되어 있다. 각 구성요소는 전체 체제 내에서 고유한 요소로 역할을 한다.
• 모델을 구성하고 있는 인간, 활동, 보조공학, 맥락의 네 가지 요소는 다음과 같은 하부 요소를 포함하고 있다.

인간	신체적·인지적·정서적 숙련 정도 관련 요소
활동	자기보호, 노동, 학업, 여가 등과 같은 실천적 측면
보조공학	공학적 인터페이스, 수행 결과, 환경적 인터페이스 등의 외재적 가능성
맥락	물리적·사회적·문화적·제도적 요소

　－ 독립적인 체제를 형성하는 인간, 활동, 그리고 보조공학 등과 같은 개별 요소들 간에는 강한 역동적 상호작용이 일어난다. 그리고 물리적·사회적·문화적 및 환경적 맥락은 또 다른 체제를 형성하고 있으며, 체제의 바탕이 되고 있음을 보여 준다. 이는 다양한 맥락 안에서 개별 요소 또는 체제들 간에 역동적인 상호작용이 전개되고 있음을 의미하는 것으로, 보조공학기기의 효과적인 사용을 위해 개인의 능력과 공학적 요구 간의 적절한 대응은 필수적이다.
• HAAT 모델은 개념적으로 임상적 관점이나 손상에 초점을 맞추는 시각을 지양하고 장애인의 참여 가능성에 초점을 둔다. 그리고 수행을 장애나 손상의 관점에서 생각하기보다는 사용자, 보조공학, 환경 간의 부조화로 이해할 것을 강조한다는 측면에서 ICF의 장애 개념과도 일치한다.
• HAAT 모델은 보조공학 전문가들이 이러한 각각의 변수들이 역동적이고 복잡한 상호작용을 하고 있음을 알고 이해함으로써 보조공학적 접근을 수행해야 한다는 것을 강조한다. 특히, 장애인과 노인 등 신체적 불편을 겪고 있는 대상자에게 적용할 경우 당연히 보다 세밀하고 정확하게 보조공학적 변수를 고려해야 한다.
• 이에 보조공학 전문가는 일상생활에서 사용자의 역할, 여가 활동, 자기관리 활동이 포함되어 있는 작업을 평가하게 된다. 또한, 보조공학의 디자인, 선택, 실행, 평가 그리고 보조공학기기의 개발 및 사용에 관한 다양한 특성의 연구를 위해 각 요소들에 대한 고려와 이들의 통합은 필수적이다.

24

2023. 중
★ 답안작성

(가)는 지체장애 학생 A의 특성이고, (나)는 통합교육 활성화를 위한 보조공학기기 연수 자료의 일부이다. (다)는 통합학급 교사와 특수 교사가 나눈 대화의 일부이다. 〈작성 방법〉에 따라 서술하시오. [4점]

(가) 학생 A의 특성

- 뇌병변 장애로 양손과 양발을 사용하지 못함
- 과제 수행에 적극적임
- 구어 사용이 어려움
- 수업 참여 시 인지적 어려움이 없음

(나) 통합교육 활성화를 위한 연수 자료

통합교육 활성화를 위한 보조공학기기 연수

1. 목적 : 통합학급 교사의 보조공학기기 활용
2. 내용
   ○ (㉠) 체계 : 개인의 의사소통에 사용되는 상징, 보조 도구, 전략, 기법 등을 총체적으로 통합한 의사소통체계
   － 상징 : (㉡)
     - 일상생활에서 볼 수 있음
     - 전경과 배경 구분의 어려움을 줄이기 위해 고안된 흑백 상징
     - 상징 사용의 예

   － 보조도구

   … (하략) …

(다) 통합학급 교사와 특수 교사의 대화

통합학급 교사 : 선생님, 보조공학기기 활용에 대한 연수를 듣고, 우리 반의 학생 A에게 보조공학기기가 필요하다는 걸 알게 되었어요. 하지만 어떻게 접근해야 할지 막막합니다.

특 수 교 사 : 보조공학기기를 선택하고 활용하기 이전에 학생의 잔존 능력은 무엇인지, 어떠한 지원이 필요한지 먼저 확인하는 과정이 필요해요.

통합학급 교사 : 그럼 어떻게 해야 할까요?

특 수 교 사 : 인간활동보조공학(HAAT) 모형을 통해 사정해 볼 수 있어요. HAAT 모형은 공학적 지원을 통해 학생의 활동 참여 증진에 주안점을 두고 있습니다.

통합학급 교사 : 그럼, 다음 주에 ㉢ '편지 쓰기'를 하는데, 학생 A에게 HAAT 모형을 적용할 수 있을까요?

… (중략) …

특 수 교 사 : 이러한 과정을 통해서 학생 A의 기능을 평가하여 선택한 보조공학기기는 ㉣ 헤드마우스입니다.

작성방법
- (나)의 괄호 안의 ㉠과 ㉡에 해당하는 용어를 순서대로 쓸 것
- (다)의 밑줄 친 ㉢과 ㉣을 포함하여 학생 A가 달성해야 할 목표를 서술할 것(단, HAAT 모형의 4가지 요소를 모두 제시할 것)

25

정답 및 예시답안

1) ① SETT 구조 모델
   ② 접근성
   ③ 물리적 환경, 교수적 환경, 공학적 환경
2) ① 자동 훑기
   ② 신체활동에 대한 피로도가 높고, 주의집중력이 높으며, 고개를 좌우로 정위할 수 있으나, 자세유지가 어려우므로 운동피로도가 적으면서 주의력을 요하며, 누르는 데 많은 힘(노력 등)이 들지 않는 자동 훑기가 적절하다.

관련이론

SETT 모델

• 학생이 보조공학을 선택할 때 네 가지 주요 영역인 학생, 환경, 과제 그리고 도구를 강조하는 모델이다.
• 보조공학을 사용하는 일련의 과정은 교육자나 관련된 사람들과 가족 그리고 학생 모두의 참여를 통해 이루어지는 과정임을 전제로 한다.
• 참여자들은 보조공학 사용 여부를 결정하기 전에 체계화된 질문을 이용하여 다음과 같은 사항들에 대한 구체적인 정보를 먼저 수집해야 한다.

학생	− 참여자들은 학생이 해야 할 일을 함께 결정한다. 즉, 자립적으로 성취할 수 없는 학생을 위한 목표는 무엇인가에 대한 결정을 한다. − 학생이 해야 할 필요가 있는 것을 먼저 확인한 후, 학생의 능력, 선호도, 특별한 요구(예 학생이 스위치에 접근하려면 머리를 왼쪽으로 기울여야 함)에 대한 정보를 수집한다.
환경	− 참여자들은 물리적 환경에 존재하는 것들을 찾아서 목록을 작성한다. − 교수환경 조정, 필요한 교구, 시설, 지원교사, 접근성에 관한 문제점(예 물리적 환경, 교수적 환경, 공학적 환경에의 접근성)에 대해 파악한다. − 이때, 학생을 지원해 주는 사람들에게 도움이 될 만한 지원 자료들도 수집해야 한다. − 지원 자료에는 해당 학생의 태도나 기대치도 포함된다.
과제	− 학생이 수행해야 할 모든 과제가 조사되어야 한다. − 학생에게 필요한 활동을 과제에 포함시켜서 그 학생이 전반적인 환경에서 더 많은 활동에 참여할 수 있게 하고, IEP 목표를 달성할 수 있게 해야 한다. − 일단 정보가 수집되면, 참여자들은 중요한 요소들을 검토하여 과제의 본질을 변형시키지 않는 범위 내에서 최선의 조정 사항을 결정하도록 한다.
도구	− 도구는 참여자들의 초기 결정 그리고 뒤따르는 사항들에 대한 지속적인 결정에 사용된다. 즉, 참여자들은 학생과 환경, 필요한 과제들에 대해 잘 알고 있기 때문에, 결정에 초점을 둘 수 있다. − 첫 번째 도구는 가능성이 있는 보조공학 해결책(무 테크놀로지, 저급 테크놀로지부터 고급 테크놀로지까지)을 함께 심사숙고하는 것이다. − 다음 단계는 가장 적절하거나 가능성이 있는 해결책을 찾고, 이어 참여자들은 선택된 공학에 필요한 교수전략을 결정하게 된다. − 마지막으로, 사용 기간 동안 효과성에 대해서 어떻게 점검할 것인지에 관한 방법을 결정한다.

훑기 기법

운동요소	기법		
	자동적 훑기	단계적 훑기	역 훑기
대기	고	저	중
작동	고	중	저
누르기	저	저	고
해제	저	중	고
운동피로	저	고	저
감각적 · 인지적 주의력	고	저	고

25

다음은 김 교사가 유치원 통합학급에서 재민이의 놀이 활동 참여를 위해 필요한 보조공학 접근을 평가한 내용이다. 물음에 답하시오. [5점]

- 재민이의 특성
  - 뇌성마비 경직형 사지마비임
  - 신체활동에 대한 피로도가 높은 편임
  - 주의 집중력이 높은 편임
  - 발성 및 조음에 어려움이 있으며 놀이 활동에 참여하고자 하나 활동 개시가 어려움
  - 활동 시간에 교사의 보조를 받아 부분 참여가 가능함.
  - 코너체어 머리 지지대에서 고개를 좌우로 정위할 수 있으나 자세를 유지하기 어려움
- 환경 특성
  - 자유 놀이 시간에 별도의 교육적, 물리적 수정이 이루어지지 않음
  - 교사 지원: 교사가 유아들에게 개별 지원을 제공하나 재민이에게만 일대일로 지속적인 지원을 제공하는 데 어려움이 있음
  - 교실 자원: 다양한 놀잇감이 마련되어 있으나 재민이가 조작할 수 있는 교구는 부족함
  - 태도 및 기대: 재민이가 독립적으로 놀이 활동에 참여할 수 있기를 희망함
  - 시설: 특이사항 없음
- 수행 과제 특성
  - 개별화교육계획과의 연계 목표: 재민이의 사회성, 의사소통 기술 향상
  - 자유 놀이 활동과 연계된 수행 과제: 또래에게 상호작용 시도하기, 놀이 개시하기
- 도구에 대한 의사결정
  - 노 테크(No Tech) 접근: 놀이 규칙과 참여 방법 수정
  - 보조공학 도구: 싱글스위치를 이용한 보완 대체 의사소통 방법 활용
  - 요구 파악 및 활용도 높은 도구 선정: 코너체어 머리 지지대에 싱글스위치를 부착하고, 8칸 칩톡과 연결하여 훑기 방법 지도
  - 적용을 위한 계획 수립과 실행을 위한 지속적인 자료 수집

1) ① 김 교사가 재민이에게 필요한 지원을 계획하기 위해 사용한 보조공학 평가 모델을 쓰시오. 이 평가 모델에 근거하여 ② 현재 재민이의 '환경 특성'에서 평가해야 할 내용 중 빠진 내용을 쓰고, ③ 관련 하위 내용 3가지를 쓰시오. [3점]

① :

② :

③ :

2) 도구에 대한 의사결정 단계에서 ① 재민이에게 적절한 훑기 선택 조절 기법을 쓰고, ② 해당 기법이 적절한 이유를 재민이의 특성에 근거하여 쓰시오. [2점]

① :

② :

핵심테마 체크

• 원형 진단
• 지체장애 책상 조절
• SETT 모델
• 강화계획

MY MEMO

26

정답 및 예시답안

1) 다른 영역 전문가의 기술과 지식을 즉각적으로 접하고 제공받을 수 있을 뿐만 아니라 동일한 행동을 함께 관찰함으로써 팀 구성원 간의 의견을 종합하고 일치시키기 쉽다.
2) ① 책상 높이를 높여준다. 그 이유는 앞으로 굴곡된 상지를 지지할 수 있도록 하기 위해서이다.
   ② 과제
3) ① 고정비율강화계획
   ② ㉤은 반응의 중단 없이 일관성 있는 안정된 반응을 보이는 장점이 있다.

관련이론

원형 진단의 장점

• 원형 진단은 유아와 가족이 진단에 소모되는 실질적인 시간을 절약할 수 있게 해 주며, 특히 가족의 경우 여러 전문가에게 같은 정보를 반복해서 제공하지 않아도 된다는 장점을 지닌다.
• 전문가는 다른 영역 전문가의 기술과 지식을 즉각적으로 접하고 제공받을 수 있을 뿐만 아니라 동일한 행동을 함께 관찰함으로써 팀 구성원 간의 의견을 종합하고 일치시키기 쉽다는 장점을 지닌다.

SETT 사정모델

학생	• 학생이 해야 할 필요가 있는 것을 먼저 확인한 후, 학생의 능력, 선호도, 특별한 요구에 대한 정보를 수집한다.
환경	• 교수환경 조정, 필요한 교구, 시설, 지원교사, 접근성에 관한 문제점(예 물리적 환경, 교수적 환경, 공학적 환경에의 접근성)에 대해 파악한다. • 이때, 학생을 지원해 주는 사람들에게 도움이 될 만한 지원 자료들도 수집해야 한다. • 지원 자료에는 해당 학생의 태도나 기대치도 포함된다.
과제	• 학생이 수행해야 할 모든 과제가 조사되어야 한다. • 학생에게 필요한 활동을 과제에 포함시켜서 그 학생이 전반적인 환경에서 더 많은 활동에 참여할 수 있게 하고, IEP 목표를 달성할 수 있게 해야 한다.
도구	• 도구는 참여자들의 초기 결정 그리고 뒤따르는 사항들에 대한 지속적인 결정에 사용된다. • 첫 번째 도구는 가능성이 있는 보조공학 해결책(무 테크놀로지, 저급 테크놀로지부터 고급 테크놀로지까지)을 함께 심사숙고하는 것이다. • 다음 단계는 가장 적절한 혹은 가장 가능성이 있는 해결책을 찾고, 이어 참여자들은 선택된 공학에 필요한 교수전략을 결정하게 된다. • 마지막으로, 사용 기간 동안 효과성에 대해서 어떻게 점검할 것인지에 관한 방법을 결정한다.

변동비율강화계획의 효과

• 반응의 중단 없이 일관성 있는 안정된 반응률을 산출
• 고속반응의 경향성이 나타남
• 변동비율의 크기는 반응률에 영향을 미침
• 강화 후 휴지 현상 예방

고득점 답안 비법 ✯ 3)의 ② : 서술해야 할 내용은 ㉤의 장점이며, 이 장점의 내용이 ㉣의 제한점을 고려한 것이어야 함

26

(가)는 지체장애 유아 민수의 진단 장면이고, (나)는 보조공학 사정 내용의 일부이다. (다)는 보조공학 도구 사용을 위한 중재 계획이다. 물음에 답하시오. [5점]

(가)

> • 장소 : ○○유치원 ○○반
> • 팀 구성원 : 보호자, 통합학급 교사, 유아특수교사, 물리치료사, 작업치료사
> • 진단 방법
>   − 유아특수교사가 촉진자로 참여하여 보호자와 민수가 미술 활동을 하고 있는 모습을 통합학급 교사, 물리치료사, 작업 치료사가 같은 장소에서 같은 시간에 함께 관찰하여 민수의 현재 발달 수준을 진단함

(나)

〈SETT 보조공학 사정 모델〉	
구성요소	사정 내용
유아	• 상지에 경미한 마비가 있어 작은 물건을 쥐거나 오래 잡고 있는 동작 수행이 어려움 • 색칠하기 활동에 흥미가 있지만 독립적으로 수행하기 어려움 • ㉠ 상지가 앞으로 굴곡됨
환경	• 교사 : 민수를 위한 개별 지원 시간이 부족함 • 교실 : ㉡ 높낮이를 조절하는 책상이 배치되어 있음 • 태도나 기대 : 교사와 또래는 민수의 독립적인 활동 수행을 기대함 • 시설 : 특이 사항 없음
(㉢)	• 개별화교육계획 연계 목표 : 독립적인 활동 수행 능력 향상 • 미술활동과 연계된 수행 목표 : 독립적으로 색칠하기 활동을 수행하기
도구	• 노 테크(No Tech) : 활동 방법과 시간 수정 • 보조공학 도구 : 쓰기 도구를 쥘 수 있게 돕는 보조공학 도구 활용 • 요구 파악 및 활용도 높은 도구 선정 : 색연필이나 연필을 끼울 수 있는 공모양 손잡이 제공 및 사용 방법 지도 • 보조공학 도구 적용을 위한 중재 계획 수립 및 실행 점검

(다)

목표 행동	일과 활동 중 5번의 기회를 주었을 때 스스로 보조공학 도구를 3번 이상 사용하기
중재 방법	강화 계획

• 민수가 공 모양 손잡이를 스스로 사용할 때마다 민수가 좋아하는 자동차 스티커를 제공한다.
• 민수가 공 모양 손잡이를 스스로 사용하는 행동을 습득한 후에는 ㉣ 3번 사용할 때마다 자동차 스티커를 제공한다.
• 이후에는 ㉤ 2회, 3회, 5회, 2회(평균 3회) 스스로 사용할 때마다 자동차 스티커를 제공하는 방법으로 강화 계획에 변화를 준다.

1) (가)에 해당하는 진단 방법의 장점 1가지를 쓰시오. [1점]

2) ① (나)의 밑줄 친 ㉠을 고려하여 밑줄 친 ㉡의 수정 방법을 그 이유와 함께 쓰고, ② (나)의 괄호 안의 ㉢에 해당하는 구성 요소를 쓰시오. [2점]

① :

② :

3) ① (다)의 밑줄 친 ㉣에 해당하는 강화 계획의 명칭을 쓰고, ② 이 강화 계획의 제한점을 고려하여 밑줄 친 ㉤에 해당하는 강화 계획의 장점 1가지를 쓰시오. [2점]

① :

② :

27

정답 및 예시답안

1) ① 입력한 첫 글자로 시작하는 단어 목록이 나타난다.
   ② 체간지지 워커
2) 스캐닝(훑기) 조작을 처음 배우는 것
3) ① 실천적 사정
   ② 과제

관련이론

⊙ GMFCS Ⅳ단계

• 학생은 대부분의 환경에서 타인의 신체적 도움을 받거나 전동 휠체어를 사용하고, 몸통과 골반의 자세 조절을 위해 개조된 의자가 필요함
• 이동 시 대부분 신체적 도움이 필요하고, 가정에서는 바닥에서 구르거나 기어서 이동함
• 신체적 도움을 받아 짧은 거리를 걷거나 전동 휠체어를 사용하고, 자세를 잡아주면 학교나 가정에서 체간지지워커를 사용할 수 있음
• 학교·야외·지역사회에서 타인이 학생의 수동 휠체어를 밀어 주거나 전동 휠체어를 사용하여 이동하고, 이동성의 제한으로 인해 체육 및 스포츠 활동에 참여하기 위해서는 신체적 도움이나 전동 휠체어와 같은 장치가 필요함
• 대부분 바퀴 달린 이동장비를 사용
• 자세 조절을 위해 개조된 의자가 필요하며, 이동 시 한두 명의 신체적 보조가 필요함
• 서서 하는 이동동작을 돕기 위해 자신의 다리로 체중을 지지하기도 함
• 실내에서 짧은 거리는 신체적 보조나 바퀴 달린 이동장비로 이동이 가능하고, 자세를 잡아주면 체간지지워커를 사용하기도 함. 전동 휠체어 조작능력이 있음

⊙ 보조공학 사정과 관련되는 일반적 사정의 3가지 특성

• 생태학적 사정
• 계속적인 사정
• 실천적인 사정

⊙ 보조공학 사정 및 중재의 원칙 5가지

① 보조공학 사정과 중재는 인간, 활동, 보조공학, 주변 상황을 고려해야 한다.
② 보조공학 중재의 목적은 사람을 재활시키거나 손상을 치료하는 데 있는 것이 아니라 기능적 활동을 수행하는 것을 가능하게 만드는 보조공학 시스템을 제공하는 데 있다.
③ 보조공학 사정은 지속적이고 신중해야 한다.
④ 보조공학 사정과 중재는 협력과 소비자 중심적 방법을 필요로 한다.
⑤ 보조공학 사정과 중재는 데이터를 수집하고 해석하는 방법에 대한 이해를 필요로 한다.

고득점 답안 비법　✗ 1) : GMFCS 4단계에 근거하여 보조기기를 제시해야 하는 상황

✗ GMFCS 4수준 내용 중 해당 사항: 실내에서 짧은 거리는 신체적 보조나 바퀴 달린 이동장비로 이동이 가능하고 자세를 잡아주면 체간지지 워커를 사용하기도 함

✗ 2) : 단계적 훑기의 '사용자 특성'을 써야 하며, 단계적 훑기를 적용하는 사용자의 특성은 운동 조절이나 인지능력의 제한이 심한 사람들, 혹은 훑기 조작을 처음 배우는 사람들임

27

다음은 특수교육지원센터의 질의응답 게시판에 올라온 보조공학 기기와 관련된 글의 일부이다. 물음에 답하시오.
[5점]

Q & A   특수교육지원센터 〉 질의응답 게시판

Q : 우리 반 학생은 쓰기 활동에 컴퓨터를 활용하고 있습니다. 그런데 키보드로 자료를 입력할 때 오타가 많아 힘들어 합니다. 도와줄 수 있는 방법이 없을까요?

    A : 이 학생의 경우 키가드나 ㉠단어 예측 프로그램을 사용하면 도움이 될 것 같습니다.

Q : 한 가지 더 질문이 있습니다. 이 학생은 ㉡불수의 운동형 뇌성마비를 가지고 있으며, 대근육 운동 기능 평가(Gross Motor Function Classification System : GMFCS) 결과 4단계라고 합니다. 다음 주에 실내 체험학습을 갈 때 어떤 보조기기를 활용하는 것이 좋을까요?

    A : 체험학습이라면 실내 활동이라도 이동 거리가 상당할 것으로 보입니다. 이런 경우에는 휠체어가 적절할 것 같습니다. 다만 실내 좁은 공간이라면 학생의 운동 기능을 고려할 때 (㉢)을/를 추천합니다.

〜〜〜〜〜〜〜〜〜〜

Q : 안녕하세요? 우리 아이는 인지 기능은 정상이나 호흡이 거칠고 불규칙해서 다른 사람들이 아이의 말을 알아 듣기 어려워 일 년 전부터 보완·대체 의사소통체계 (AAC)를 사용하고 있습니다. 그런데 운동장애가 심해져서 다른 방법이 필요할 것 같습니다. 학교와 집에서 사용하기 위해 담임 선생님께서는 ㉣단계적 훑기(step scanning) 기법을 추천하셨습니다. 어떤 방법인지 궁금합니다. **[A]**

    A : 단계적 훑기는 간접 선택 기법의 일종입니다. 담임 선생님께서는 인지 기능이나 운동 기능보다는 (㉤) 때문에 추천하신 것 같습니다. 그 방법이 쉽습니다. 자세한 내용을 설명하기 전에 학생의 신체적 특성과 운동 기능 등 여러 가지 사항을 고려하여 보조공학 사정을 해 보는 것이 좋을 것 같습니다. 보조공학 사정은 생태학적 사정, (㉥) 와/과 계속적 사정의 특성이 있습니다.

---

1) 다음은 ㉠에 대한 설명이다. ① ⓐ에 들어갈 내용을 쓰고, ② ㉡을 고려하여 ㉢에 들어갈 보조기기를 쓰시오. [2점]

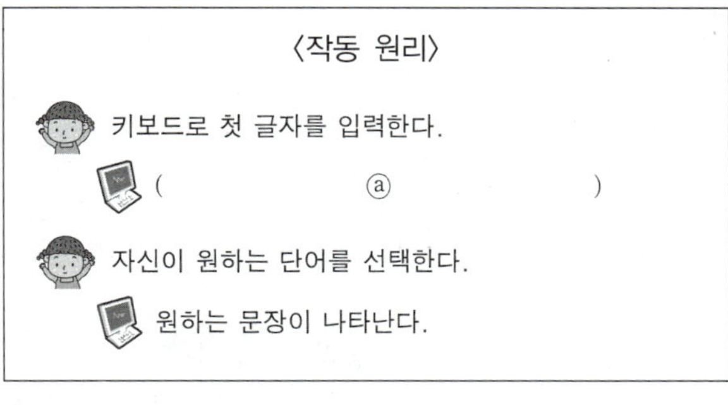

① :

② :

2) ㉤에 들어갈 ㉣의 사용자 특성을 1가지 쓰시오. [1점]

3) ① ㉥에 들어갈 보조공학 사정의 일반적 특성(D. Bryant & B. Bryant, 2003)을 쓰고, ② 자바라(J. Zabala)의 SETT 구조 모델에 근거하여 [A]에 추가로 고려해야 할 구성 요소를 쓰시오. [2점]

① :

② :

• 보조공학 숙고과정 모델
• 수동 휠체어

MY MEMO

28

정답 및 예시답안

o ㉠은 보조공학 숙고과정 모델이다.
o 왼쪽 바퀴에만 핸드림을 부착하여 A핸드림(바퀴 손잡이)은 왼쪽에, B핸드림은 오른쪽에 동력이 전달되도록 제작하였고, 이는 왼쪽 팔로만 핸드림을 사용하도록 한 것이므로 ㉡에 들어갈 학생의 신체적 특성은 오른쪽 편마비라는 것이다.
o ㉢은 생태학적 사정이다.
o ㉤ 보조바퀴(캐스터)가 크면 장애물을 쉽게 통과할 수 있고, 승차감과 충격흡수의 장점이 있다(안정성이 있고 장애물 통과에 용이하다).

관련이론

보조공학 숙고과정(AT Consideration Process) 모델

• 장애학생들의 요구를 충족시켜 줄 수 있는 보조공학을 적절하게 선택하는 직접적 과정에 대해 설명한다.
• 이 모델은 다른 모델들처럼 정교하지는 않지만 다섯 단계를 거쳐 보조공학을 선택할 것을 제시하였다.

1단계 : 검토단계	− 학생의 능력을 검토하는 것이다. − 이때 모든 중요한 측면에서의 학생의 기능적 능력과 학문적 수행을 포함한다. − 뿐만 아니라 관찰이나 표준 자료를 포함하여 모든 사용 가능한 평가자료를 포함한다.
2단계 : 개발단계	− 학생의 능력과 교육적 발전에 필요한 요건(주나 지역의 교육과정 규범)에 맞추어 연간 목표, 목적, 기준을 개발하는 것이다. − 이때 참여자들은 학생의 보조공학의 도움으로 주어진 목표와 목적을 달성할 수 있는가를 토론해 봐야 한다.
3단계 : 조사단계	− 학생이 두 번째 단계에서 제시된 목표와 목적을 수행하는 데 필요한 모든 과제들을 조사하는 단계이다. − 학생이 기술을 발휘하거나 기대를 충족시킬 수 있는 구체적 환경을 알아봐야 한다.
4단계 : 평가단계	− 세 번째 단계에서 확인된 모든 과제의 난이도를 평가한다. − 보조공학은 학생이 과제를 독립적으로 수행할 수 없을 때 사용되어야 한다.
5단계 : 확인단계	− 학생에게 맞는 모든 지원과 서비스를 확인해서 네 번째 단계에서 정해 놓은 목표와 목적을 달성하는 것이다. − 이 단계는 특정한 보조공학 지원 혹은 서비스에 관한 결정을 포함하기도 한다.

수동 휠체어의 구성요소_핸드림

• 이동 시 손으로 잡은 둥근 손잡이 부분으로 직경이 클 경우에는 힘을 이용하여 출발 및 가속이 쉽고, 직경이 작을 경우 속도의 유지가 용이하다.
• 바퀴 손잡이는 뒷바퀴 옆에 달려 있고 휠체어를 나아가게 하려면 바퀴 손잡이를 잡고 밀어야 한다.
• 두께나 형태는 사용자의 쥐는 능력에 따라 달라지고, 바퀴 손잡이를 잡을 수 없는 경우에는 특수 바퀴 손잡이를 설치하여 잡지 않고 밀기만 해서 휠체어를 추진하는 방법도 있다.
• 또한 편마비 장애의 경우 한 손으로만 휠체어를 추진할 수 있도록 바퀴 손잡이가 모두 한쪽에 부착되어 있다.

28

다음은 보조공학 사정 모델의 단계별 주요 내용이다. 〈작성방법〉에 따라 서술하시오. [4점]

사정 모델	(㉠)	
단계	주요 내용	유의점
학생 능력 [검토]	• (㉡) • 활동적인 과제를 수행함 • 다양한 방과 후 활동에 참가하고 있음	• 사례사, 관찰, 면담, 진단서 등 다양한 자료를 포함할 것
목표 [개발]	• 과제 수행과 다양한 방과 후 활동에 적극적으로 참가하기 • 이를 위한 휠체어 선정하기	• 목표 달성의 실현가능성에 대해 토론할 것
과제 [조사]	• 목표 달성에 필요한 다양한 과제조사 • ㉢ <u>과제 수행, 방과 후 활동과 관련한 구체적인 환경 및 맥락 조사</u>	• 학교, 가정 등 다양한 장소에서 조사할 것
과제의 난이도 [평가]	• 각 과제별 난이도 평가	• 모든 과제에 대해 평가를 실시함
목표 달성 [확인]	• 과제 수행과 다양한 방과 후 활동에 적절한 휠체어 선정 • A는 왼쪽 바퀴에, B는 오른쪽 바퀴에 동력이 전달되도록 주행능력 평가	• 팔 받침대 높이를 낮게 하여 책상에 대한 접근성을 높임 • 활동공간에 따라 ㉤ <u>보조바퀴(caster)</u>의 크기를 조정함

┌ **작성방법** ┐

• ㉠에 들어갈 보조공학 사정 모델의 명칭을 쓸 것
• ㉡에 들어갈 학생의 신체적 특성을 ㉣에 근거하여 적을 것
• Bryant 등(2003)의 '보조공학 사정의 3가지 특성' 중에서 밑줄 친 ㉢에 해당하는 것을 쓸 것
• 현장체험 학습을 갈 때 ㉤이 큰 휠체어를 사용하는 경우의 장점을 쓸 것

29

정답 및 예시답안

①

관련이론

🔍 Window 기능

| 설정 |

⚙ 홈

설정 찾기 🔍

접근성

🖵 내레이터
🔍 돋보기
☀ 고대비
🅲🅲 선택 캡션
⌨ 키보드
🖱 마우스
↪ 기타 옵션

화상 키보드

화상 키보드 켜기
◯ 끔

고정 키

한 번에 하나의 키를 눌러 바로 가기 키에 사용
◯ 끔

토글 키

Caps Lock, Num Lock 및 Scroll Lock을 누를 때 소리 내기
◯ 끔

필터 키

짧게 입력한 키나 반복되게 입력한 키를 무시하거나 늦추고 키보드의 반복 속도 조정
◯ 끔

🔍 **시각장애 학생을 위한 컴퓨터의 기능**

구분	특징
음성합성	해당 줄이나 단어에 키보드의 커서를 놓으면 그 문장을 읽어 주거나 해당 메뉴를 읽어 주는 기능
확대문자 제시	대비가 잘 된 확대문자를 프린터하거나 모니터에 나타내는 기능
촉각자료	묵자를 읽을 수 없는 시각장애 학생을 위해서 묵자를 촉각자료로 만들거나 점자로 제시하는 기능
점자 워드프로세싱	워드프로세서를 통해 입력한 내용을 점자 프린터로 출력하는 기능
문자인식	문자인식 프로그램과 음성합성을 이용해 해당하는 문서를 음성이나 확대문자 또는 점자, 또는 촉각자료로 변환시킬 수 있는 기능
음성전환	스캐너 및 관련 공학을 이용해 인쇄물을 음성으로 변환시킬 수 있는 기능
음성인식	음성인식 프로그램을 이용해 관련 명령어를 실행시키는 기능

🔍 **청각장애 학생을 위한 컴퓨터의 기능**

구분	특징
비디오 자막 생성	• 비디오를 보면서 필요한 내용 확인하기, 워드프로세싱 프로그램을 이용해 음성정보를 텍스트로 바꾸기, VCR을 통해 비디오 화면과 자막 합치기, 자막과 화면을 일치시키기
그래픽 제시	• 이야기하는 내용이 거의 동시에 모니터에 제시하는 기능
C-Print	• 화자의 말을 약자 또는 정규 단어를 이용해 컴퓨터로 옮겨 주는 기능 • 통합교육 환경에서 정보를 제공할 수 있는 효과적인 방법
노트필기	• 두 대의 컴퓨터가 서로 연결되어 교사나 학생들이 이야기하는 모든 내용을 입력하면 청각장애 학생의 모니터에 입력한 모든 내용이 그대로 나타나는 기능

29

다음은 장애학생 컴퓨터 접근에 대한 설명이다. (가)와 (나)에 들어갈 내용으로 옳은 것은?

> 컴퓨터 경고음을 듣는 데 어려움이 있는 청각장애학생을 위해서는 시각적인 경고를 활용할 수 있다. 글을 읽는 데 어려움이 있는 학습장애학생의 컴퓨터 접근을 위해서는 　(가)　 을/를 활용할 수 있다. 키보드를 이용할 때 두 개 이상의 키를 동시에 누르는 데 어려움이 있는 지체장애학생을 위해서는 윈도 프로그램의 '내게 필요한 옵션'에 있는 　(나)　 기능을 활용할 수 있다.

	(가)	(나)
①	음성 합성기	고정키(sticky key)
②	음성 합성기	탄력키(filter key)
③	화면 읽기 프로그램	토글키(toggle key)
④	화면 읽기 프로그램	탄력키(filter key)
⑤	단어 예측 프로그램	고정키(sticky key)

30

◆ **핵심테마 체크**

• 학생 특성에 적합한 보조
공학기기

MY MEMO

정답 및 예시답안

①

관련이론

◎ **보조공학기기별 기능과 특징**

헤드 포인터	• 사지마비가 있는 지체장애인을 위한 컴퓨터 입력 도구. 헤드 포인터를 머리에 착용 후 막대 고정 장치를 이용하여 머리 크기에 맞게 조절하여 사용 • 막대 역시 길이와 각도를 조절하여 사용
음성합성 장치	• 문자, 숫자, 구두점 형태의 화면정보를 음성으로 들려주는 기기 • 컴퓨터에 음성지원을 하기 위해서는 하드웨어 및 소프트웨어가 필요
의사 소통판	• 구두적인 표현이 어렵거나 불가능한 사람들을 도와주기 위해 글자, 숫자 및 일반적으로 사용되는 단어들이 나타나 있는 도구
전자 지시 기기	• 초음파기기, 적외선 빔, 눈동자 움직임, 신경 신호, 뇌파 등을 이용하여 화면상의 커서를 움직일 수 있도록 해 줌 • 화면 키보드를 사용할 때에도 전자 지시기는 사용자들이 글의 입력뿐만 아니라 여러 가지 자료에 접근할 수 있도록 해 줌
음성인식 장치	• 일반적인 입력시스템을 활용할 수 없는 사용자가 컴퓨터에 정보를 입력하거나 각종 기능을 제어하기 위해 사용 • 사용자가 워드프로세서를 직접 찾아서 마우스로 클릭하는 대신, 마이크에 "아래아 한글"이라고 말하면 그 프로그램이 가동되는 방식
폐쇄 회로 텔레비전 (CCTV)	• 저시력 학생이 사용할 수 있는 독서확대기의 대표적인 것 • 비디오카메라를 통해 화면의 상을 100배까지 확대 가능 • 컬러, 흑백, 영상 모드를 지원 • 자동 및 수동 초점 조절 장치로 사용하기 쉬움 • 컴퓨터 모니터 및 TV에 연결하여 사용 가능 • 보다 선명한 대비로 많은 과제를 수행해야 하고, 오랫동안 쓰거나 읽어야 할 경우에 사용하는 것이 좋음 • 휴대하기 어렵고 비싸다는 단점 • 밝기를 조절하고 대비를 높일 수 있는 장점
광학 문자 인식기 (OCR)	• OCR은 인쇄되었거나 손으로 쓴 글을 컴퓨터가 인식하는 장치 • OCR은 텍스트를 스캐닝한 후, 한 글자씩 분석하는데 일반적인 데이터를 처리할 수 있도록 글자 이미지를 아스키와 같은 글자코드로 번역하는 등의 작업들이 수반됨 • 스캐너는 컴퓨터에서 편집하고 표현하기 위해 사진, 포스터, 잡지 및 그 외의 자료로부터 이미지를 읽어 들이는 장치

30 2009. 중

척수 손상으로 사지마비가 된 지체장애학생 A는 현재 수의적인 머리 움직임과 눈동자 움직임만 가능하며, 듣기와 인지 능력 및 시력은 정상이나 말은 할 수 없다. A가 사용하기에 적합한 보조공학기기를 <보기>에서 고른 것은?

[1.5점]

보기

ㄱ. 헤드포인터(head pointer)
ㄴ. 음성합성장치(speech synthesizer)
ㄷ. 의사소통판(communication board)
ㄹ. 전자지시기기(electronic pointing devices)
ㅁ. 음성인식장치(speech recognition devices)
ㅂ. 폐쇄 회로 텔레비전(CCTV : closed-circuit television)
ㅅ. 광학 문자 인식기(optical character recognition devices)

---

① ㄱ, ㄴ, ㄷ, ㄹ 　　② ㄱ, ㄴ, ㄹ, ㅁ
③ ㄱ, ㄷ, ㅂ, ㅅ 　　④ ㄴ, ㄹ, ㅁ, ㅅ
⑤ ㄷ, ㄹ, ㅁ, ㅂ

31

정답 및 예시답안

1) ㉢ / 언어의 형태, 사용, 기능을 구분하여 평가한다.
   ㉣ / 의사소통의 의도나 기능으로 대체하여 평가한다.
2) ① 보완대체 의사소통체계
   ② 보조공학기기
3) 헤드 스틱(또는 마우스 스틱)

관련이론

⊙ 키가드

- 표준 키보드의 위에 놓고 사용하는 것으로 운동신경장애가 있는 사용자가 다른 키를 건드리지 않고 원하는 키를 찾아 정확하게 입력할 수 있게 도와주는 장치이다.
- 이와 같은 방식은 마우스 스틱 사용자나 머리에 헤드 스틱을 장착하여 키보드를 입력하는 사용자들도 유용하게 사용할 수 있는 장치이다.

⊙ 손가락을 대신하여 키보드를 누를 수 있는 도구

헤드 포인터, 헤드 스틱	• 손을 사용하여 키보드를 사용하기 어려운 지체장애 학생을 위한 키보드용 보조기기이다. • 스틱으로 키보드를 누르거나 끝부분에 연필을 끼워서 쓰기를 할 수도 있다.
마우스 포인터, 마우스 스틱	• 손을 사용하여 키보드를 사용하기 어려운 지체장애 학생을 위한 키보드용 보조기기이다. • V자형으로 된 부분을 입으로 물고 키보드를 누를 때 사용한다. • 손가락용 스틱은 손의 마비나 경직으로 자유로운 키보드 사용이 어려운 경우 손가락의 힘을 지지하여 손쉬운 타자가 가능하도록 지원하는 보조기기로, 한 손의 손가락을 사용할 수 있는 학생을 위한 입력 보조기기이다.

⊙ 손을 사용하여 마우스의 미세한 조작을 하지 못하는 경우

발 마우스	• 손의 경직이나 마비 등으로 일반 마우스 사용이 어려운 경우 발을 이용하여 사용할 수 있는 마우스이다.
조이스틱	• 손의 경직이나 마비 등으로 일반 마우스 사용이 어려운 경우 사용할 수 있는 보조기기이다. • 컴퓨터의 마우스 포트나 범용 직렬 버스(Universal Serial Bus : USB)에 연결하여 사용하는 입력장치 중 하나이다. • 조이스틱은 게임류 소프트웨어를 작동할 때 많이 활용하는 것이다. • 조이스틱의 보편적인 목적은 마우스와 같이 컴퓨터 화면상의 커서를 이동 및 조작하는 것이다.
트랙볼	• 정밀한 마우스 조작이 힘든 뇌성마비 학생이 마우스 대신 사용할 수 있는 컴퓨터 입력장치 중 하나이다. • 볼 마우스를 뒤집어 소켓 내에 심어 놓은 형태로 되어 있다.

⊙ 기타 신체의 한 부분을 이용하는 방법

전자 지시기	• 초음파기기, 적외선 빔, 눈동자 움직임, 신경 신호, 뇌파 등을 이용하여 화면상의 커서를 움직일 수 있도록 해 준다. • 사지마비로 컴퓨터 조작이 어려울 경우 머리나 목의 움직임, 눈의 움직임 등 원활한 신체 부위를 이용하여 컴퓨터를 조작할 수 있다.
음성인식기	• 컴퓨터에 정보를 입력하거나 각종 기능을 제어하거나 실행시키기 위해 키보드나 마우스 대신 음성으로 입력기능을 수행하는 것을 말한다.

31

(가)는 A특수학교(중학교)에 재학 중인 민수의 특성이고, (나)는 김 교사가 2011 특수교육 교육과정 중 기본 교육과정 국어과 교수·학습 방법과 평가에 근거하여 수립한 지도계획의 일부이다. 물음에 답하시오. [5점]

(가) 민수의 특성

- 뇌성마비(경직형 사지마비)와 정신지체를 가지고 있음
- 구어 사용이 어려움
- 쓰기 활동을 할 때 신체 경직으로 손이나 팔다리를 사용할 수 없음

(나) 교수·학습 방법과 평가계획

- ㉠ 해당 학년군별 교육과정을 적용하기 어렵기 때문에 민수의 언어 능력에 따라 타 학년군의 교육과정 내용을 참고하여 운용함
- ㉡ 문법 지도에서는 초기 읽기지도를 할 때 음운인식훈련을 통하여 학습한 문자가 일반화될 수 있는지에 중점을 두어 지도함
- ㉢ 국어 교과의 평가는 민수의 언어 능력에 따라 언어의 형태와 내용, 사용을 통합적으로 평가함
- ㉣ 민수의 경우 음성으로 의사소통하기 어렵기 때문에 듣기능력으로 대체하여 평가함

1) 2011 특수교육 교육과정 중 기본 교육과정 국어과 교수·학습 방법과 평가에 근거하여 ㉠~㉣ 중 적절하지 <u>않은</u> 2가지를 찾아 그 기호를 쓰고, 바르게 고쳐 쓰시오. [2점]

2) 2011 특수교육 교육과정 중 기본 교육과정 국어과 교수·학습 방법에 근거하여 ①과 ②에 들어갈 말을 쓰시오. [2점]

> 음성으로 의사소통하기 어렵거나 소근육 기능장애로 쓰기에 어려움이 있는 중도·중복장애 학생을 위하여 (①)을(를) 활용하거나 (②)을(를) 활용한 교수·학습을 전개한다.

① :

② :

3) 김 교사는 민수의 운동기능을 평가한 후, 컴퓨터를 이용하여 글쓰기를 지도하려고 한다. 민수에게 키가드 (key guard)가 부착된 일반 키보드를 사용하도록 하기 위해 제공할 수 있는 입력보조도구를 1가지만 쓰시오. [1점]

32

정답 및 예시답안

②

알찬 지문풀이

• ㄴ. 의사표현을 할 수 있도록 리버스 상징보다 이해하기 쉬운 블리스 상징을 적용한 의사소통판을 사용하게 한다. ➡ 블리스 상징은 리버스 상징보다 추상적이며 이해하기 더 어려움

• ㅁ. 뇌성마비 경직형 아동은 독립보행을 할 수 없으므로 원활한 이동을 할 수 있도록 조커에 스스로 전동휠체어를 사용하게 한다. ➡ 전동 휠체어는 인지적 능력에 대한 평가를 충분히 한 후 사용하도록 해야 함

33

정답 및 예시답안

⑤

알찬 지문풀이

• ㄱ. 점자정보단말기는 6개의 핀이 하나의 셀을 구성하고 있는 점자 디스플레이를 갖추고 있어, 시각장애학생이 커서의 움직임에 따라 점자로 정보를 읽을 수 있다. ➡ 8개

관련이론

◎ **점자정보단말기**

• 시각 장애인들이 전자 점자와 음성을 통해 문서의 출력과 인터넷을 자유롭게 이용할 수 있도록 만든 휴대용 정보통신 기기이다.
• 9개의 버튼이 달린 점자 입력 키보드와 32칸의 점자 표시가 가능한 점자 출력 패드, 음성 출력을 위한 스피커 등을 갖추고 있으며, 개인용 컴퓨터(PC)에 연결해서 문서 작성과 데이터 교환, 인터넷 검색 등을 할 수 있다.
• 대표적인 점자 정보 단말기로는 Braille Lite 40(미국), Braille Note(뉴질랜드), 브레일 한소네(한국) 등이 있다. 이 중에서 한글 지원이 가능한 것은 브레일 한소네이며, 인터넷과 이메일 기능을 가진 것은 브레일 한소네와 브레일 노트가 있다. 단말기의 크기나 무게는 Braille Lite 40이 가장 크고 무거우며, 셀의 수도 가장 많다. 브레일 한소네는 촉각과 음성, 시각 장애인 정보 접근 인터페이스에 기반을 두어 시각 장애인이 쉽게 사용할 수 있도록 인체 공학적으로 설계된 점자 음성컴퓨터이다. 이 단말기는 점자 묵자 간 일대일 호환이 가능하며, 시각 장애인의 학습 및 재활, 정보 접근을 돕는 역할을 한다. 워드프로세서, 일정 관리, 이메일, 계산기, 웹브라우저, 파일 관리 등 컴퓨터가 제공하는 모든 기능을 시각 장애인이 쉽고 편리하게 활용할 수 있다.

― 국립특수교육원, 『특수교육학 용어사전』, 하우, 2009.

32

영서는 만 6세이고, 경직형 뇌성마비, 중도 정신지체, 말·언어 장애가 있다. 김 교사가 영서를 위해 수립한 보조공학기기 적용계획으로 적절한 내용을 고른 것은?

---보기---

ㄱ. 학습 활동을 효과적으로 할 수 있도록 그림 이야기 소프트웨어를 음성출력 기능과 함께 사용하게 한다.

ㄴ. 의사표현을 할 수 있도록 리버스 상징보다 이해하기 쉬운 블리스 상징을 적용한 의사소통판을 사용하게 한다.

ㄷ. 고개를 뒤로 많이 젖히지 않고 물을 마실 수 있도록 빨대나 한쪽 면이 반원형으로 잘린 컵을 사용하게 한다.

ㄹ. 움직이는 장난감 자동차를 가지고 놀 수 있도록 장난감 자동차에 스위치를 연결하고 그 스위치를 휠체어 팔걸이에 설치한다.

ㅁ. 뇌성마비 경직형 아동은 독립보행을 할 수 없으므로 원활한 이동을 할 수 있도록 조기에 스스로 전동휠체어를 사용하게 한다.

① ㄱ, ㄴ, ㄷ   ② ㄱ, ㄷ, ㄹ
③ ㄴ, ㄷ, ㄹ   ④ ㄴ, ㄹ, ㅁ
⑤ ㄷ, ㄹ, ㅁ

33

특수교육공학 장치의 구조나 기능에 대한 설명으로 옳은 것만을 <보기>에서 있는 대로 고른 것은?

---보기---

ㄱ. 점자정보단말기는 6개의 핀이 하나의 셀을 구성하고 있는 점자 디스플레이를 갖추고 있어, 시각장애학생이 커서의 움직임에 따라 점자로 정보를 읽을 수 있다.

ㄴ. 트랙볼(trackball)은 볼마우스를 뒤집어 놓은 것과 같은 형태로서, 움직이지 않는 틀 위에 있는 볼을 사용자가 움직일 수 있어 운동능력이 낮은 학생이 제한된 공간에서도 쉽게 사용할 수 있다.

ㄷ. 화면 키보드(on-screen keyboard)는 마우스나 대체 마우스를 이용하여 컴퓨터 화면상의 키보드에 입력할 수 있도록 되어 있으며, 사용자의 요구에 맞게 자판의 크기나 배열을 변형시킬 수 있다.

ㄹ. 음성 인식 시스템(speech recognition system)은 키보드 대신에 사람의 음성으로 컴퓨터 입력이 가능하며, 사용자의 음성 패턴을 인식시키는 시스템 훈련을 통해 인식의 정확성을 높일 수 있다.

① ㄱ, ㄴ   ② ㄱ, ㄹ
③ ㄷ, ㄹ   ④ ㄱ, ㄴ, ㄷ
⑤ ㄴ, ㄷ, ㄹ

• 핵심테마 체크

• 다양한 보조공학기기

MY MEMO

34

정답 및 예시답안

1) ① 일반 학교의 장
   ② 학습 보조기기 지원
2) 지문의 양 조절, 녹음 자료의 제공, 시간의 연장
3) ① ㉡ 스탠드 확대경 / 상지의 조절이 어려우므로 자료와 확대경 사이의 거리를 고정시킬 수 있는 스탠드 확대경을 제공해야 한다.
   ② ㉧ 키가드 / 불수의운동이 나타나 원치 않는 키를 누를 수 있으므로 키가드를 사용하도록 한다.

관련이론

다양한 보조공학기기

보이스아이	• 2차원 바코드심벌로 저장된 디지털 문자정보를 자연인에 가까운 음성으로 변환하여 들려 주는 기기이다. • 장치를 사용하기 위해서는 반드시 사전에 제작된 보이스가 필요하다. • 심벌은 가로와 세로 모두 1.5cm 크기의 정사각형 모양이다. • 하나의 심벌에는 책 두 페이지 분량의 정보가 저장되어 있다. • 녹음도서를 따로 만들 필요 없이, 모든 인쇄 및 출판물, 문서작업 시 보이스아이 심벌을 만들고 이 심벌에 기기의 스캔장치를 대면 음성으로 출력한다.
스탠드 확대경	• 읽기 자료에 대고 사용하므로 초점거리를 맞출 필요가 없다. • 어린 학생이나 수지운동 기능에 문제가 있는 학생에게 유용하다.
옵타콘	• 맹학생이 일반 묵자를 읽을 수 있도록 소형 촉지판에 있는 핀이 문자 모양대로 도출되어 읽을 수 있게 해 주는 장치이다. • 묵자를 점자로 바꿔 주는 것이 아니라 카메라에 비친 글자 모양을 읽도록 해 주는 것이다. • 옵타콘은 작은 렌즈를 통해 인쇄되어 있는 묵자를 받아들이고, 이는 다시 눈의 망막 역할을 하는 이미지 모듈에서 이미지로 전환되어 케이블을 통해 촉지부와 이미지 표시장치로 전달되는 것이다.
음성인식	• 음성인식 프로그램을 이용하여 관련 명령어를 실행시키는 기능이다.
입체복사기	• 시각장애인을 위한 촉지도, 다이어그램, 텍스트 및 그래픽 등의 촉각 이미지를 간단하고 빠르게 제작하는 기기이다. • 특수한 전용 용지에 원하는 이미지를 직접 그리거나 프린터로 출력한 후 입체복사기를 통과시키면 열과 반응된 검정색 잉크 부분만 부풀어 올라 촉각이미지가 생성된다.
조이스틱	• 손의 경직이나 마비 등으로 일반 마우스 사용이 어려운 경우 사용할 수 있는 보조기기이다. • 컴퓨터의 마우스 포트나 범용 직렬 버스(Universal Serial Bus : USB)에 연결하여 사용하는 입력장치 중의 하나이다. • 조이스틱은 게임류 소프트웨어를 작동할 때 많이 활용하는 것이다. • 조이스틱의 보편적인 목적은 마우스와 같이 컴퓨터 화면상의 커서를 이동 및 조작하는 것이다.
키가드	• 표준 키보드의 위에 놓고 사용하는 것으로 운동신경장애가 있는 사용자가 다른 키를 건드리지 않고 원하는 키를 찾아 정확하게 입력할 수 있게 도와주는 장치이다. • 이와 같은 방식은 마우스 스틱 사용자나 머리에 헤드 스틱을 장착하여 키보드를 입력하는 사용자들도 유용하게 사용할 수 있는 장치이다.
트랙볼	• 정밀한 마우스 조작이 힘든 뇌성마비 학생이 마우스 대신 사용할 수 있는 컴퓨터 입력 장치 중 하나이다. • 볼 마우스를 뒤집어 소켓 내에 심어 놓은 형태로 되어 있다.

34

2013추. 초

(가)는 영지의 특성이며, (나)는 영지의 지원에 관한 특수학급 교사와 통합학급 교사 간 협의 결과이다. 물음에 답하시오. [4점]

(가) 영지의 특성

- 진전형 뇌성마비로 인해 상지에 불수의 운동이 나타남
- 교정 시력 : 왼쪽 0.1, 오른쪽 FC/50cm
- 인지 수준은 보통이나 조음 명료도가 낮음
- 학습 매체 평가 결과, 묵자를 주요 학습 수단으로 사용하고 있음
- 동 학년 수준의 학업 수행 능력을 보임

(나) 협의록

- 날짜 : 3월 10일
- 장소 : 통합학급 5학년 4반 교실
- 협의 주체 : ㉠ 보조공학기기 지원 및 평가 방식의 수정
- 협의 결과
  1. 인쇄 자료 읽기를 위해 필요한 보조공학기기를 제공하기로 함
  2. 컴퓨터에 자료를 입력할 때 키보드를 활용하나, 오타가 많아서 보조공학 기기를 제공하기로 함
  3. ㉡ 학생 평가 방식의 수정에 대한 협의는 2주 후 실시하기로 함

1) 다음은 ㉠과 관련한 법령이다. ①과 ②에 들어갈 말을 쓰시오. [1점]

> 〈장애인 등에 대한 특수교육법 제21조 제2항〉
>
> 제17조에 따라 특수교육대상자를 배치받은 (①)은(는) 교육과정의 조정, 보조인력의 지원, (②), 교원 연수 등을 포함한 통합교육계획을 수립·시행하여야 한다.

① :

② :

2) 영지의 읽기 속도를 감안한 지필 평가를 하고자 한다. ㉡과 관련하여 고려해야 할 사항 3가지를 쓰시오. (2011 특수교육과정 중 공통 교육과정 국어과의 평가 운용 내용에 근거하여 작성할 것) [1점]

3) (가)와 (나)를 고려하여 우선적으로 제공해야 할 인쇄 자료 읽기용 보조공학기기와 컴퓨터 활용 보조공학기기를 〈보기〉에서 각각 1가지씩 찾아 기호를 쓰고, 학생과 보조공학기기의 특성에 기초하여 선정한 이유를 쓰시오. [2점]

> **보기**
>
> | | |
> |---|---|
> | ㉠ 보이스 아이 | ㉡ 스탠드 확대경 |
> | ㉢ 옵타콘 | ㉣ 음성인식장치 |
> | ㉤ 입체복사기 | ㉥ 조이스틱 |
> | ㉦ 키가드 | ㉧ 트랙볼 |

① 인쇄 자료 읽기용 보조공학기기 :

② 컴퓨터 활용 보조공학기기 :

테마별 기출분포도

테마		연도별 기출분포	셀프체크
개념	전환교육의 개념	⑪중 ㉓중	☐☐☐☐☐
이론적 모델	전환교육에 대한 이론적 모델	⑫중 ⓭중 ⑮초 ㉑중 ㉓중 ㉖중	☐☐☐☐☐
전환교육의 결과	고용의 유형	⑩중 ⓭중 ⑯중 ⑲중 ㉒중 ㉔중 ㉕중	☐☐☐☐☐
전환교육의 프로그램	전환평가	⑪중 ⑬중 ㉑중 ㉔중 ㉕중 ㉖중	☐☐☐☐☐
	자기결정	⑨중 ⑪중 ⓭중	☐☐☐☐☐
	개인중심계획(PCP)	⑪중 ⑯중	☐☐☐☐☐

전환교육

01

정답 및 예시답안

②

알찬 지문풀이

• ㄴ. 장애학생의 전환교육과 관련하여 「장애인 등에 대한 특수 교육법」에서는 관련 기관과의 협력을 통해 직업재활훈련 및 자립생활훈련을 실시하는 ~~지원고용~~을 강조하고 있다. ➡ 통합을 전제로 한 경쟁고용을 우선시

• ㄷ. 개별화전환계획은 개별화교육계획의 한 과정으로, 성공적인 성인기 전환을 준비하기 위하여 ~~학령 초기에는 학업기술에 집중~~하고 청소년기부터 체계적으로 전환교육을 실시하는 것이 중요하다. ➡ 다양한 기술들을 학습하고 경험하도록

• ㄹ. 장애학생의 전환교육과 관련하여 '2008년 개정 특수학교 기본 교육과정' 직업교과의 직업기능 영역에서는 ~~사회생활과 작업을 통하여 일과 직업에 대한 이해, 감각 및 신체적 기능 향상, 기초 학습 기능 향상 등에 중점을 두고 있다.~~ ➡ 직업기능 영역에 해당하는 내용이 아님

관련이론

◎ 전환교육의 개념

전환	• **전환**: 한 가지 조건이나 장소로부터 다른 조건이나 장소로 변화해 가는 과정 ― **수직적 전환**: 나이에 따라 성숙해 가며 겪는 변화에 대처하기 위한 종적 전환 ― **수평적 전환**: 상황과 환경의 변화에 따라 대처하기 위한 전환교육인 횡적 전환
전환교육 (전환 서비스)	• 중등학교 이후 교육, 직업훈련, 통합고용(지원고용 포함), 계속적인 성인교육, 성인 서비스, 독립생활이나 지역사회 참여를 포함하는 학교에서 <u>학교 이후의 활동으로 이동을 촉진하는 결과중심 과정</u> 내에서 고안된 장애학생을 위한 <u>일련의 통합된 활동</u>

02

정답 및 예시답안

③

알찬 지문풀이

• ㄷ. ~~교사주도적 학습~~을 통한 장애학생의 자기결정 증진은 장애학생의 긍정적인 학업성취에 영향을 미친다. ➡ 학습자 중심

• ㅁ. 자기결정 기능 모델에서는 자율성, ~~사회적 능력~~, 심리적 역량 강화, 자아실현의 네 가지 특성으로 자기결정행동의 기능을 설명한다. ➡ 자기조정

관련이론

◎ 자기결정

• 자기결정은 자신의 노력과 동기화의 결과로서 목표를 성취하고 있다는 믿음을 의미
• 부당한 외부의 영향이나 방해를 받지 않고 자신의 삶의 질에 관한 선택과 결정을 내릴 수 있는 자신의 삶에서 주도적인 역할을 수행하는 것(위마이어)

자율성	• 선택하기기술	• 의사결정기술	• 문제해결기술
자기조정	• 목표설정 및 성취기술	• 자기관리기술	
심리적 역량강화	• 자기옹호와 리더십기술	• 자기효능	• 내적통제소
자아실현	• 자기인식	• 자기지식	

01

2011. 중

장애학생의 전환교육 및 전환계획과 관련된 내용 중 옳은 것만을 〈보기〉에서 모두 고른 것은?

┌ 보기 ┐

ㄱ. 전환계획 수립 시 장애학생이 원하는 진로와 성인기 전환영역을 고려하여 학생과 학생의 현재 및 미래 환경에 대한 포괄적인 전환평가가 선행되어야 한다.

ㄴ. 장애학생의 전환교육과 관련하여 「장애인 등에 대한 특수 교육법」에서는 관련 기관과의 협력을 통해 직업재활훈련 및 자립생활훈련을 실시하는 지원고용을 강조하고 있다.

ㄷ. 개별화전환계획은 개별화교육계획의 한 과정으로, 성공적인 성인기 전환을 준비하기 위하여 학령 초기에는 학업기술에 집중하고 청소년기부터 체계적으로 전환교육을 실시하는 것이 중요하다.

ㄹ. 장애학생의 전환교육과 관련하여 '2008년 개정 특수학교 기본 교육과정' 직업교과의 직업기능 영역에서는 사회생활과 작업을 통하여 일과 직업에 대한 이해, 감각 및 신체적 기능 향상, 기초 학습 기능 향상 등에 중점을 두고 있다.

ㅁ. 중등교육 이후의 전환을 효과적으로 준비하기 위하여 개인 중심계획(person-centered planning)을 통해 장애학생의 적극적인 참여를 유도하고 학생과 가족, 전문가가 서로 협력하여 장애학생의 교육적 요구를 파악하는 것이 중요하다.

① ㄱ, ㄹ   ② ㄱ, ㅁ

③ ㄴ, ㄷ   ④ ㄱ, ㄹ, ㅁ

⑤ ㄴ, ㄷ, ㄹ

02

2011. 중

장애학생의 자기결정과 관련된 설명으로 옳은 것만을 〈보기〉에서 모두 고른 것은? [1.5점]

┌ 보기 ┐

ㄱ. 장애학생의 자기결정 증진은 장애학생의 성공적인 성인기 전환 및 삶의 질과 관련이 있다.

ㄴ. 자기결정행동 구성요소에는 의사결정, 문제해결, 목표 설정 및 달성, 자기인식 등이 포함된다.

ㄷ. 교사주도적 학습을 통한 장애학생의 자기결정 증진은 장애학생의 긍정적인 학업성취에 영향을 미친다.

ㄹ. 장애학생에게 다양한 선택의 기회를 제공하는 것은 장애학생의 자기결정 증진에 긍정적인 영향을 미친다.

ㅁ. 자기결정 기능 모델에서는 자율성, 사회적 능력, 심리적 역량 강화, 자아실현의 네 가지 특성으로 자기결정행동의 기능을 설명한다.

① ㄱ, ㄹ   ② ㄷ, ㅁ

③ ㄱ, ㄴ, ㄹ   ④ ㄱ, ㄹ, ㅁ

⑤ ㄴ, ㄷ, ㅁ

03

정답 및 예시답안

②

04

정답 및 예시답안

③

관련이론

Will의 3단계 전환모델(교량모형)

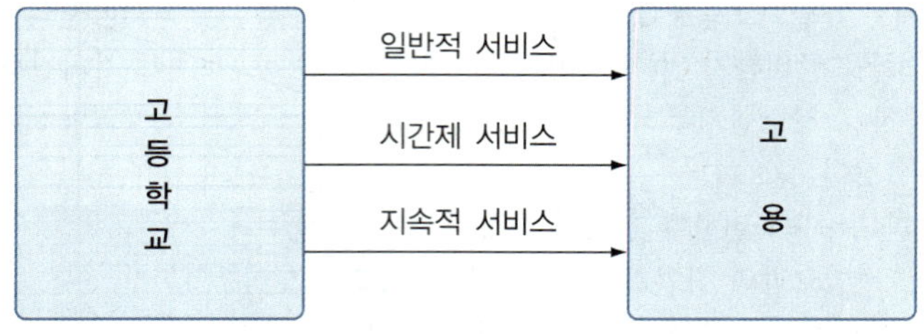

일반제 서비스	지역사회 내에서 비장애인에게 이미 활용되고 있는 서비스로서, 경도 장애인을 위한 것으로 정상인처럼 지역사회 내에서의 똑같은 생활방식을 추구
시간제 서비스	전형적인 지역사회 직업을 수행하기 위해 수정을 요구하는 장애인들에게 활용 특정 기간, 즉 개인이 직업에서 독립적으로 충분히 수행할 수 있게 된다면 서비스를 중지
지속적 서비스	고용을 유지하기 위해 지속적인 지원이 필요한 장애인을 위한 계속적인 서비스 기업과 산업 내에 전문화된 집단 거주, 지원-경쟁고용, 작업 동료 등 지원고용 선택의 창출이 요구

종합적 전환교육 모델(Clark와 Kolstoe의 모형, 포괄적 전환교육 서비스 모델)

가정	• 진로개발과 전환서비스는 모든 사람들에게 필요 • 한 사람의 진로는 한 가족 구성원, 시민 및 근로자로서의 일생을 통한 한 개인의 진보 혹은 전환 • 모든 사람을 위한 생애-진로개발 및 전환계획과 훈련은 유아기에 시작되어 성인기까지 지속되어야 함
의미	• 진로발달과 전환교육 모델이 인생에 있어서 한 번의 전환만 있는 것이 아니라 여러 번의 전환이 있다는 것을 특징으로 다룸

지식과 기술 영역들	지식과 기술 영역들	발달/생애단계	전환 진출 시점(수료점)
	• 의사소통과 학업수행 • 자기결정 • 대인관계 • 건강과 체력 • 독립적·상호의존적 일상생활 • 여가와 레크리에이션 • 고용 • 고등학교 이후 교육과 훈련	영·유아기 및 가정훈련	학령 전 프로그램과 통합된 지역사회 참여로 진출
		학령 전 교육기관 및 가정훈련	초등학교 프로그램과 통합된 지역사회 참여로 진출
		초등학교	중학교 프로그램이나 연령에 적합한 자기결정과 통합된 지역사회로 진출
		중학교	고등학교 프로그램, 초보 고용, 연령에 적합한 자기결정과 통합된 지역사회로 진출
		고등학교	중등 이후 교육이나 초보 고용, 성인·평생교육, 전업주부, 자기결정을 통한 삶의 질과 통합된 지역사회 참여로 진출
		중등 이후 교육	특수 분야, 기술직, 전문직, 혹은 관리직 고용, 대학원이나 전문학교 프로그램, 성인·평생교육, 전업주부, 자기결정을 통한 삶의 질과 통합된 지역사회 참여로 진출

03 2009. 중

성공적인 전환(transition)을 위한 자기결정(self-determination) 행동의 구성 요소를 〈보기〉에서 고른 것은? [1.5점]

> **보기**
> ㄱ. 독립성
> ㄴ. 외적통제소
> ㄷ. 문제해결하기
> ㄹ. 장애에 초점 맞추기
> ㅁ. 갈등과 비판에 대처하기

① ㄱ, ㄴ, ㄷ   ② ㄱ, ㄷ, ㅁ
③ ㄱ, ㄹ, ㅁ   ④ ㄴ, ㄷ, ㄹ
⑤ ㄷ, ㄹ, ㅁ

04 2012. 중

다음은 두 가지 전환 모형의 특성을 설명한 것이다. 각 모형의 특성에 대한 설명으로 옳은 것만을 있는 대로 고른 것은?

전환 모형	특성
Will의 모형	(가) 전환의 초점을 과정보다는 결과인 '그용'에 둔다. (나) 고등학교와 고용 사이의 다리 역할로서의 전환교육을 강조한다. (다) 전환교육의 범위에는 고용뿐만 아니라, 주거 환경, 사회·대인관계 기술이 포함된다.
Clark의 모형	(라) 전환 프로그램의 지식과 기능 영역에는 의사소통, 자기결정, 여가와 레크리에이션이 포함된다. (마) 전환 과정을 투입과 기초, 과정, 취업 결과의 3단계로 구분하고, 중등학교 특수교육의 직업교육 프로그램을 강조한다. (바) 생애의 각 단계마다 수료점과 결과(exit point and outcomes)가 있어, 전환은 생애에 걸쳐서 한 번이 아니라 여러 번 나타난다.

① (가), (다), (마)
② (나), (라), (바)
③ (가), (나), (라), (바)
④ (가), (다), (마), (바)
⑤ (나), (다), (라), (마)

핵심테마 체크
• 전환교육 모델

MY MEMO

05

정답 및 예시답안

㉠ 혼합형 진로교육
㉡ 기관 간 협력

관련이론

◎ Kohler의 혼합형 진로교육 모형

의미 및 핵심	• Köhler는 혼합형 진로교육 모형(infusion-based career education model)을 제시 • 이 모형은 전환교육에서 제공하여야 할 교육내용을 강조하는데, 그 영역은 학생중심 계획, 가족 참여, 프로그램의 구조와 속성, 기관 간 협력 그리고 학생 개발임 • 이 모형의 핵심은 전환도 교육의 한 측면으로 강조되어야 한다는 것
주요 활동	• 첫째, 졸업 이후 목적은 학생의 능력, 흥미, 관심, 그리고 선호도에 따라 정해 계획되어야 한다. • 둘째, 교수활동과 교육 경험은 학생들의 졸업 이후 목적을 달성하기 위해 개발되어야 한다. • 셋째, 학생들을 포함하는 다양한 인사들이 목적을 정하고 목적을 개발하는 데 함께 참여하여야 한다.
5가지 영역	• 이 모형은 결과 중심 계획 과정(outcome-orientedplanning process)과 교과 내용을 개인의 요구에 연관시킨다. 이에 따라 학교의 교육내용도 전환 중심의 교육(transition-focused education)인 다섯 가지 영역으로 구성되었다.

학생 중심 계획 (student-focused planning)	학생의 참여와 학생을 위한 적용 및 계획의 전략이 포함된다.
학생 개발 (student development)	생활기술, 고용기술, 진로 및 직업 교과, 구조화된 작업경험, 평가 그리고 지원 서비스가 포함된다. 이 영역에서는 장차 참여하게 될 지역사회 환경 즉, 일반화를 위해서 학교에서는 다양한 상황, 교과, 그리고 현장 경험을 제공할 필요가 있다는 것이다.
협력적 전달체계뿐만 아니라 협력적 틀 속에서 기관 간 및 학제 간 협력	이러한 협력은 서비스의 누락과 중복을 피할 수 있고, 자원의 효율적인 활용을 도모할 수 있다. 그리고 총체적인 계획과 서비스 전달을 가져올 수 있다.
가족 참여	이 영역에서 가족들은 계획 과정에 참여할 수 있지만 가족들이 참여하는 데 불편함을 느끼지 않도록 할 필요가 있다.
프로그램의 구조와 속성	이 영역에서는 서비스 체제와 더불어 철학, 정책, 계획 절차, 평가방법, 자원할당 그리고 인적자원 개발 등이 포함된다. 이를 효율적으로 수행하기 위해서는 교육 내용이 체계적으로 전환되어 지역사회 참여를 도모하고, 지역사회 중심의 체험학습기회를 제공하며, 학교생활이 학생의 체계적 통합을 유도하여야 하고, 모든 학생을 위하여 기술, 가치, 그리고 성취 결과와 연계된 기대치가 증진되도록 해야 한다. 따라서 Kohler의 모형은 포괄적인 맥락에서의 전환계획을 고려한 교육 그리고 결과 지향 계획 및 개별화를 강조하는 것으로 볼 수 있다.

학생 개발
• 생활기술 교수
• 고용기술 교수
• 진로와 직업교과
• 구조화된 작업 경험
• 수정 및 지원

학생 중심 계획
• IEP 개발
• 학생 참여
• 수정과 계획 전략

가족 참여
• 가족 훈련
• 가족 참여
• 가족·인력 활용 전략

기관 간 협력
• 개별수준 계획
• 조직 간 협력 틀
• 협력적 서비스 전달 체계
• 조직 수준 계획

프로그램의 구조와 속성
• 프로그램 철학
• 프로그램 정책
• 전략적 계획
• 프로그램 평가
• 자원배당
• 인적자원 개발

다음은 장애인 취업과 관련하여 두 교사가 나눈 대화의 일부이다. 괄호 안의 ㉠에 공통으로 해당하는 명칭을 쓰고, ㉡을 참고하여 괄호 안의 ㉢에 해당하는 내용을 쓰시오.
[2점]

> 교사 A : 장애학생의 취업은 매우 중요합니다. 학교에서 실제적 지원을 위한 교육을 실시하기 위해 추천할 만한 모형이 있나요?
>
> 교사 B : 저는 쾰러(P. Köhler)의 (　㉠　) 모형을 추천합니다.
>
> 교사 A : 그 이유는 무엇인가요?
>
> 교사 B : 쾰러의 (　㉠　) 모형은 실제적 지원을 중심으로 유목화가 되어 있기 때문입니다.
>
> 교사 A : 네. 그렇군요. 저도 장애인 취업에 관심이 있어서 어제 ○○ 신문 기사 내용을 스크랩했습니다.
>
> 교사 B : 어떤 내용인가요?
>
> 교사 A : ○○시의 시장은 장애인 취업 확대를 위한 공약을 지키기 위해 ▲▲식품 회사의 회장과 '장애인 고용 비전 선포식'을 가졌다는 내용입니다.
>
> 교사 B : 그 행사에 어떤 분들이 참석하였나요?
>
> 교사 A : ○○지역 장애인협의회 단체장과 장애인부모회 대표 및 교육지원청 특수교육 담당 장학사가 참석하였습니다.　┐
>   　　　　　　　　　　　　　　　　　　　[㉡]
> 교사 B : ○○지역 장애인 고용 비전 선포식에 관련된 인사들이 참석하였군요.　┘
>
> … (중략) …

[쾰러의 (　㉠　) 모형]

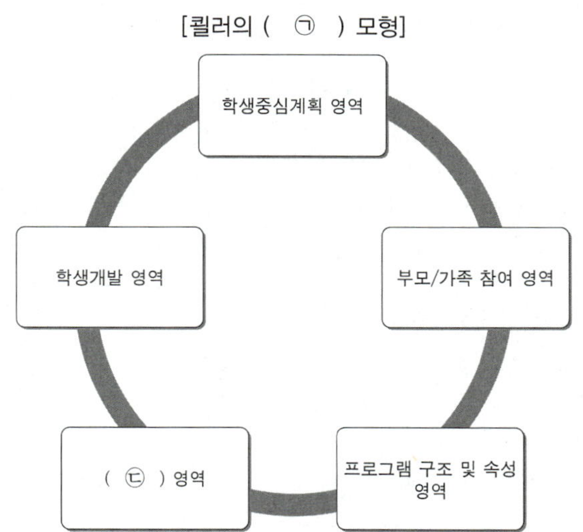

06

정답 및 예시답안

1) 지역사회 중심 직업훈련 모델(Wehman)
2) 개별배치 모형, 개별적인 지원을 제공받으며 직업 환경에 적응하고 직업기술을 향상시킬 수 있다.
3) ① 진로발달, ② 실습중심
4) ㉣ 목표설정, ㉤ 목표 및 계획 수정

관련이론

◎ **Wehman의 지역사회 중심 직업훈련 모델**

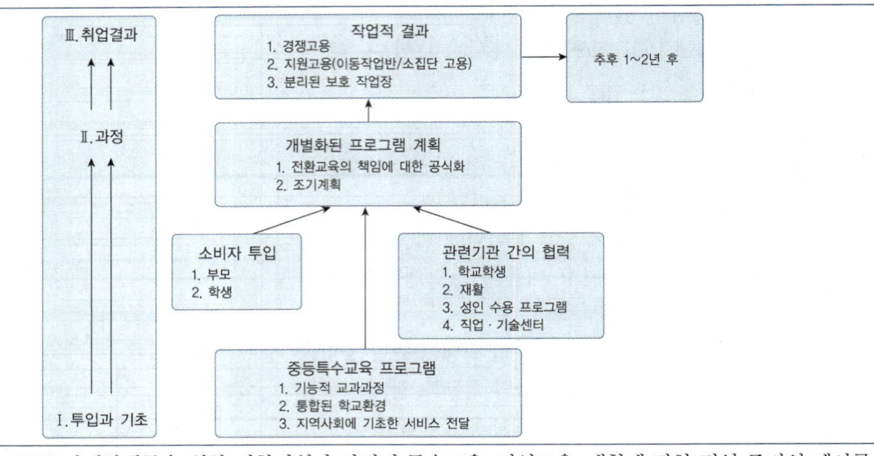

의미	• 중등 장애학생들을 위한 전환지원과 관련된 특수교육, 직업교육, 재활에 관한 직업 준비의 예시를 보여 주는 모델
기본원리	• 훈련과 서비스 전달체제 내에 있는 구성원들은 반드시 참여해야 함 • 부모는 필수적으로 구성원에 포함되어야 함 • 직업 전환계획은 반드시 21세 이전에 수립되어야 함 • 과정은 반드시 계획적이고 체계적으로 이루어져야 함 • 양질의 직업교육 서비스가 제공되어야 함

◎ **자기결정 교수학습 모델(SDLMI)**

• 학생의 학업 영역에서부터 기능 영역에 이르기까지 학생 자신이 목표를 세우고 계획을 세울 수 있도록 고안된 교수 모델
• 자기결정 교수학습모형은 다중전략모형으로 삶의 주체로서, 외적인 영향력과 침해로부터 자유로이 선택과 결정을 하도록 도움
• 학생들이 자신의 삶의 원인 주체가 되어 자신을 관리, 통제하는 힘을 가지며, 자기주도적 학습의 기회를 증가시킴으로써 학생들이 교육 프로그램에 활발히 참여할 수 있도록 교사가 도와주는 교수모형
• 교사주도적인 기존 모형과 달리 학생 스스로 주도하여 학습목표를 설정하고 이를 달성할 수 있도록 교사는 다양한 의사결정기술을 습득시키고 연습하게 함

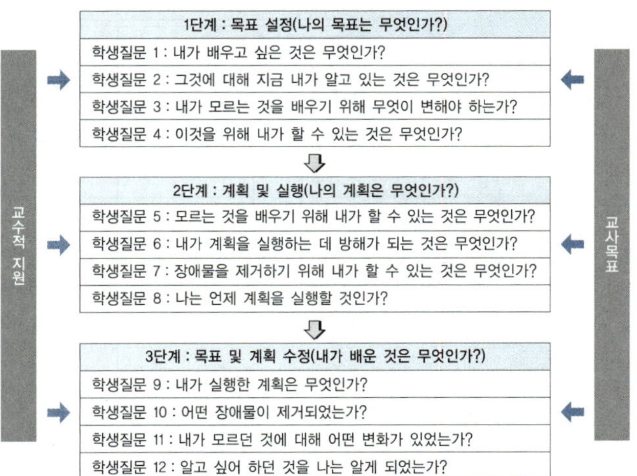

06 2013추. 중

(가)는 김 교사가 A 특수학교 중학생 경아에 대해 진로 상담을 한 내용이고, (나)는 경아를 지도하기 위해 작성한 차시별 지도 계획안의 일부이다. 물음에 답하시오. [7점]

(가) 경아의 진로 상담 내용

- 김 교사는 경아 부모님과의 진로 상담을 통해, 경아가 ㉠ 고등학교를 졸업하고 취업하기를 원하는 것을 알게 됨
- 김 교사는 경아 부모님께 고등학교 졸업 후 성공적으로 취업한 영수의 사례를 소개함

> 〈영수의 사례〉
> ㉡ 영수의 직업담당 교사는 인근 복지관의 직원과 협력하여 영수가 개별적으로 지역사회 사업체에 배치되도록 지도하였음. 배치 후에도 계속적인 훈련과 지원을 하여 현재까지 고용 상태를 유지하고 있음

- 김 교사는 향후 경아의 진로 지도 계획을 수립하기 위하여, 올해의 진로와 직업교과의 성과를 ㉢ 2011 특수교육 교육과정 중 기본 교육과정에 근거하여 평가할 계획임

(나) 차시별 지도 계획안

- 단원: 나의 진로
- 단원목표: 진로 과정을 이해하고 미래에 자신이 하고 싶은 일을 탐색한다.
- 제재: 희망하는 직업 살펴보기

차시 (단계)	활동 내용	자료	교수 지원
1차시 (㉣)	• "내가 희망하는 직업은 무엇인가?"를 지도하기 — 학생 질문 1: 내가 배우고 싶은 것은 무엇인가? … (중략) … — 학생 질문 4: 이것을 위해 내가 할 수 있는 것은 무엇인가?	• 동영상 • 직업 카드	• 선택하기 교수
2차시 (계획 및 실행)	• "내가 희망하는 직업을 가지기 위한 계획은 무엇인가"를 지도하기 — 학생 질문 5: 모르는 것을 배우기 위해 내가 할 수 있는 것은 무엇인가? … (중략) … — 학생 질문 8: 나는 언제 계획을 실행할 것인가?	• 동영상 • 유인물	• 자기일정 계획 • 자기점검 전략
3차시 (㉤)	• "내가 희망하는 직업을 가지기 위해 배운 것은 무엇인가?"를 지도하기 — 학생 질문 9: 내가 실행한 계획은 무엇인가? … (중략) … — 학생 질문 12: 내가 알고 싶었던 것을 알게 되었는가?	• 동영상	• 자기평가 전략

1) ㉠을 위해 전환 과정을 '투입과 기초', '과정', '취업의 결과' 3단계로 구분하여 중등학교 직업교육 프로그램을 강조한 전환모형 1가지를 쓰시오. [1점]

2) ㉡에 해당하는 지원고용의 유형을 쓰고, 그 유형의 장점을 1가지만 쓰시오. [2점]

3) ㉢에 근거하여, 아래의 ①과 ②에 들어갈 말을 쓰시오. [2점]

> 〈진로와 직업교과의 평가〉
> '진로와 직업' 교과가 여러 분야의 지식과 기술을 통합하고 (①) 단계를 고려한 (②)의 교과 특성을 반영하여 적절한 방법으로 평가가 실시되어야 한다.

① :

② :

4) (나)는 자기결정 학습을 위한 교수모델(Self-Determined Learning Model of Instruction : SDLMI) 3단계에 기초하여 작성된 차시별 지도 계획안의 일부이다. ㉣과 ㉤에 들어갈 단계명을 쓰시오. [2점]

㉣ :

㉤ :

● **핵심테마 체크**
• 전환교육 모델
• 전환평가

MY MEMO

07

정답 및 예시답안

○ ㉠은 건강과 체력(➡ 건강과 건강관리 등 용어 다양)에 해당한다.
○ ㉡은 작업표본 평가이고, ㉢은 군 특성 표본이다.
○ ㉡은 직무를 평가실에서 평가를 실시하나, ㉣은 실제 직무현장에서 평가를 실시하는 차이점이 있다.

관련이론

종합적 전환교육 모델(Clark)

가정	• 진로개발과 전환서비스는 모든 사람들에게 필요 • 한 사람의 진로는 한 가족 구성원, 시민 및 근로자로서의 일생을 통한 한 개인의 진보 혹은 전환 • 모든 사람을 위한 생애−진로개발 및 전환계획과 훈련은 유아기에 시작되어 성인기까지 지속되어야 함
의미	• 진로발달과 전환교육 모델이 인생에 있어서 한 번의 전환만 있는 것이 아니라 여러 번의 전환이 있다는 것을 특징으로 다룸

작업표본평가

• 작업표본평가(work samples assessment)는 실제 직무나 모의된 직무를 평가실에서 실시하여 직업평가의 목적을 달성하고자 하는 것이다. 즉, 검사를 하기 위한 목적으로 실제 작업 활동을 생산 활동으로부터 분리해서 실시하는 것이라고 볼 수 있다. 실제 작업에 쓰이고 있는 재료, 도구, 기계, 공정을 사용한 작업과제를 표본으로 추출하고, 그 과제 수행을 평가의 도구로 하여 작업 결과를 양적 및 질적으로 파악한다.
• 직업평가 및 직업적응 협회는 작업표본을 '실제 직업이나 직업군에서 사용하는 것과 유사하거나 동일한 과제, 재료, 도구를 통한 한계가 분명한 작업 활동'으로 정의하였다.
• 또한 작업표본평가는 개인의 직업 적성, 근로자의 특성 및 직업 흥미를 평가한다.
• 작업표본평가의 가치는 실제 상황에 최대한 맞추려고 하고, 구체적인 작업 활동을 포함하려고 한다는 점이다. 그리고 작업 행동을 가능한 한 표준화된 형태로 표집하려고 한다는 것이다.
• 작업표본은 크게 네 가지 유목으로 나눌 수 있다(김승국, 1993).

실제 직무표본	산업체에 있는 특정 직무를 그대로 사용한다. 그리고 이 표본에는 산업현장에서 발견되는 장비, 과제, 원료, 비품, 절차, 엄격한 규범이 포함된다.
모의 작업표본	지역사회에 있는 하나 또는 그 이상의 직무를 모의하는 핵심이 되는 작업 요인 및 과제, 자료, 장비, 비품 등이 사용된다.
단일 특성 표본	고립 특성 작업표본이라고도 하며, 단일 근로자 특성을 평가한다. 특정 직무 등 많은 직무와 관련된다.
군특성 표본	근로자의 특성군을 평가할 수 있게 설계되어 있다. 하나의 직무나 다양한 직무에 고유한 수많은 특성을 지니고 있으며, 다양한 직무를 수행할 수 있는 잠재력을 평가한다.

 − 실제 직무표본과 모의 작업표본의 차이는 지역사회에서 발견되는 특정 직무와의 관련성에 있고, 실제로 반드시 완벽하게 구별되기 어려운 경우가 있다.
• 작업표본은 피평가자가 수행하고, 평가자가 그 수행을 관찰 및 측정할 수 있게 하는 모의 상황이다. 따라서 피평가자의 근로 특성과 작업요인은 표준화된 지시사항이 주어지고, 지침자료가 측정에서 활용될 때보다 편리하게 이루어질 수 있다.
• 작업표본평가의 장단점

장점	− 학생들로 하여금 통제된 상황에서 여러 가지 직업을 탐색하고 시도해 볼 수 있는 기회를 제공한다. − 직업의 일부분을 학교나 교실로 옮겨 올 수 있게 한다. − 흥미나 태도 검사보다 더 실제적인 작업을 경험하게 함으로써 동기를 더 갖게 해준다. − 흥미, 태도, 작업 습관을 포함한 다양한 작업 특성을 평가할 수 있게 한다.
단점	− 인성적인 측면보다는 생산품의 질과 양을 강조한다. − 직무 수행과 관련된 조건(환경)이 작업표본에 의해 충분히 나타낼 수 없기 때문에 흥미와 태도의 심층적인 면을 제시하는 데 한계를 가진다. − 작업표본을 활용하는 데 비용과 시간 소비가 많다. − 심리측정적인 면에서 특정한 직업 수행을 정확하게 예측하는 데 있어 확신이 부족하다.

07
2021. 중
★ 답안작성

(가)는 ○○특수학교 고등학교과정 학생을 위한 진로와 직업 교과 교수 · 학습 과정안의 일부이고, (나)는 지적장애 학생의 전환 평가를 위한 대화 내용이다. 〈작성방법〉에 따라 서술하시오. [4점]

(가) 교수 · 학습 과정안

단원명	5. 효율적인 작업	제재	지속적인 작업
학습 목표	지속적인 작업을 위한 신체를 준비할 수 있다.		
단계	교수 · 학습 활동		지도중점사항
	… (중략) …		
전개	〈활동 1〉 튼튼한 몸 만들기 • 올바른 식습관 알아보기 • 나의 몸무게 알고 관리하기 〈활동 2〉 간단한 운동 따라 하기 ㉠ • 작업을 오래 지속하기 위해 필요한 내용 알기 • 교사의 시범을 보면서 운동 동작 따라하기		• 음식과 비만, 신체적 영향의 관계성 알기 • 운동을 통해 건강한 신체 단련하기

(나) 대화

김 교사: 학생들의 세탁 보조에 대한 직무평가를 어떤 방법으로 해야 할지 고민입니다.

박 교사: 우리 학교의 직업교육실을 실제 세탁 직무를 수행하는 장소와 유사하게 꾸며서 평가하면 좋을 것 같습니다. 작업 과제나 재료, 도구도 실제 세탁 직무에서 사용하는 것과 유사한 것을 활용한다면, 학생들이 더욱 실제적인 작업을 경험하게 되니 작업 동기도 향상될 수 있습니다. ㉡

김 교사: 학교에서 활용할 수 있는 전환평가 방법일 것 같군요. 그렇다면 전환평가 방법 중 ㉢ <u>학생이 근무할 곳의 근로자 특성을 파악하도록 설계되어 다양한 직무 수행 잠재력을 평가하는 방법</u>도 있겠군요.

박 교사: 이외에 ㉣ <u>직무현장평가(On the Job Evaluation)</u> 방법을 학생들에게 적용하는 방안도 고려해 봅시다.

• (가)의 ㉠에 해당하는 '지식과 기술 영역'의 명칭을 쓸 것 [단, 클라크(G. Clark)의 종합적 전환교육 모델에 근거할 것]

• (나)의 ㉡이 의미하는 전환평가의 명칭을 쓰고, ㉡의 한 형태인 ㉢의 명칭을 쓸 것

• (나)의 ㉡과 밑줄 친 ㉣과의 차이점 1가지를 장소 측면에서 비교하여 서술할 것

08

정답 및 예시답안

㉠ 주거환경
[A] 계속교육

관련이론

독립생활과 지역사회 적응모형(Halpern)

- Will이 고용에만 중점을 두었던 것을 변화시켜, 성과중심의 교육효과를 극대화하기 위하여 지역사회 적응을 통한 성인생활 자립을 강조하였다.
- 이 모델은 전환교육의 일차적인 목표인 취업을 위하여 직업교육과 훈련에 중점을 두었다.
- 주거환경과 사회·대인관계 기술 연결망을 포함하여 Will의 고용 모형을 더 확대하였다.
- Will의 교량모형이 연결 자체에만 중점을 두었다면 Halpern의 모형은 진로교육 접근에 좀 더 비중을 두고 있다.

계속교육

- 과거에는 학령기 정규교육만을 강조하였다면, 사회의 변화와 함께 인간의 교육은 가정, 학교, 사회에서 전 생애에 걸쳐 이루어져야 한다는 교육관에 근거하여 계속교육이 등장하게 되었다.
- 계속교육은 사회가 변화해 감에 따라 그에 적응하기 위해 인간은 끊임없이 교육을 받아야 한다는 것을 일컫기도 하고, 고등학교를 졸업한 후에 받게 되는 교육 프로그램을 뜻하기도 한다.
- 또한 계속교육은 교과, 직업, 전문 또는 준전문 기술의 교육이나 훈련에 초점을 둔 프로그램으로 정의되기도 한다.
- 계속교육은 정규 교육과정 이후에도 사회에서 자립할 수 있도록 생애주기에 따른 교육을 제공하여 교육 기회 제공 및 형평성 보장 차원에서 보장되어야 하는 보편적인 교육이다. 이는 곧 장애인의 사회 참여 확대를 통한 삶의 질 향상이라는 궁극적 목표와도 직결된다.

08

다음은 전환교육과 관련하여 특수 교사와 학부모가 나눈 대화 내용이다. 밑줄 친 ㉠에 해당하는 전환의 영역 1가지를 쓰고, [A]가 의미하는 용어를 쓰시오. [2점]

학 부 모 : 그동안 저는 전환이라고 하면 고용에만 관심을 가졌던 것 같아요. 전환교육과 관련하여 어떠한 접근이 필요할까요?

특수교사 : 실제로 전환의 범위가 확대되고 있습니다. 할펀 (S. Halpern)은 학교에서 성인기로 전환을 할 때 지역사회 적응을 강조하였습니다. 또한 성공적인 지역사회 적응을 위해서 의미 있는 고용 이외에도 두 개의 영역이 중요하다고 했습니다. 그중 하나는 사회·대인 관계입니다. 지역사회 내에서 사회적 대인관계를 형성하고 네트워크를 갖추는 것은 고용과 마찬가지로 중요하기 때문에 적절한 사회·대인관계 기술을 형성하는 것이 필요합니다. ㉠ 다른 하나는 다음과 같습니다.

… (중략) …

학 부 모 : 그렇군요. 그 외에 고려해야 할 것이 있을까요?

특수교사 : 전환은 생애주기별 발달 단계에 따라 다양한 영역에서 이루어질 수 있습니다.

교육과 관련해서는 학교 교육 기간을 포함하여 생애주기에 걸친 배움에 관심이 증대되고 있습니다. 예를 들어, 어떤 학생은 졸업 후 지역사회의 다양한 시설과 기관을 이용하여 자신이 관심을 갖는 분야에 대해 배우고자 할 수도 있고, 상급학교로 진학하는 것을 고려해 볼 수도 있습니다. [A]

09

정답 및 예시답안

③

알찬 지문풀이

- ㄴ. 상황평가는 학습 및 직업 상황과 유사한 ~~과제와~~ 자료 등을 활용하여 실제 생활환경의 통제된 조건하에 실시한다. ➡ 실제 상황에서의 과제

- ㄷ. 직무분석은 장애학생의 능력과 수준에 맞추어 직무과제를 여러 요소로 나누고, 그 요소들을 추가, 면제, 재결합하여 ~~직무배차 후~~ 실시한다. ➡ 직무배치 전 실시

- ㅂ. 장애학생의 능력과 흥미에 부합하는 직업을 찾아주는 역할이 중요하므로, 모든 성인 생활 영역에 대한 포괄적 평가보다는 ~~교육 및 고용 영역에 국한하는 집중성과 특수성에 초점을 맞추어 평가한다.~~ ➡ 포괄적으로 평가하여 장애학생의 능력, 요구, 강점에 부합하는 직업을 찾을 수 있도록 함

관련이론

전환평가

전환평가의 의미	적절한 개별화교육을 계획하기 위하여 학생의 능력, 태도, 적성, 관심, 직업적 행, 자기-결정 수준, 자기-주장 기술, 대인관계 기술, 학업 기술 수준, 독립 생활 기술을 결정하는 과정		
전환평가의 특성	• 학생중심적이라는 것은 전환평가에서 학생이 요구하는 것이 무엇인가를 파악하고 지원하는 것 • 전환평가는 지속적이어야 함 • 전환평가는 많은 장면에서 이루어져야 함 • 전환평가는 관련된 다른 사람들의 참여가 있어야 함 • 전환평가자료는 유용하고 이해될 수 있는 것이어야 함 • 전환평가는 다양한 상황과 사람들에게 합리적이어야 함		
전환평가의 단계	1단계 : 정보 수집	• 직업계획과 관련하여 학생의 현재 능력 점검과 기능적 기술을 결정하기 위한 선별 과정 • 주로 면접, 자료 검토, 선별 흥미 척도와 같은 방법을 통해 수집 • 이 단계에서는 학생에 관한 비형식적인 평가가 주로 이루어짐 • 이 단계에서는 학생의 직업적 흥미, 대인관계 기술, 적응행동 등이 고려되어야 함 • 학생을 잘 알고 있는 누구라도 평가가 가능하고, 수집된 정보는 교수 계획 IEP나 ITP의 목적을 설정하는 데 활용	
	2단계 : 진로탐색 활동	• 2단계에서는 학생에 대한 좀 더 자세한 능력 검사와 요구사항이 검토됨. 1단계에서 수집된 자료의 분석이 우선 이루어짐 • 이 단계에서는 학생들의 직업 기술, 태도, 흥미 등의 수준을 결정하기 위해 개별화교육 지원팀이나 직업상담 혹은 교육심리평가 담당자들이 참여할 수 있음 • 학생들에 따라 더 자세한 직업계획이나 자료를 검토하기도 함 • 흔히 이 단계를 표준화된 검사도구를 통해 이루어지는 임상적 혹은 탐색 단계라고 하기도 하고 또는 진로탐색 활동으로 부름	
	3단계 : 직업평가	• 3단계는 포괄적인 평가로서, 실제적이거나 가상 작업 경험을 중시. 이 단계를 직업평가(vocational evaluation)라고도 함 • Paterson 등(1985)은 이 단계를 다음과 같이 정의 : "이 단계에서는 개인의 전체 진로발달을 고려하는 포괄적 접근이 이루어진다. 이를 위해 객관적인 진로 정보를 모아 부모, 교육자, 학생, 기타 인사들에게 제공한다. 이는 학생의 고용 가능성을 높이기 위한 적절한 교육 경험을 계획하는데 활용하기 위함이다." • 이 직업평가의 목적은 개인의 흥미, 강점, 교육과 훈련, 요구사항을 밝혀 포괄적인 개별화 전환교육계획을 설정하는 데 활용하는 것 • 1, 2단계와 다르게 3단계에서는 형식적인 평가와 평가 전문가가 주로 개입됨 • 직업평가(vocational evaluation)와 상황평가(situational assessments) 그리고 노작평가(work-study assessment)가 이루어짐	
		직업평가	직무 수행 시 나타내는 태도와 흥미를 평가한다. 이는 특정한 분야에서 직업적 성공을 예측하기 위함이다. 작업표본(work samples)들에 대한 타당도와 신뢰도가 확보되어야 한다.
		상황평가	실제 작업장에서 수행되며, 현장 직업평가를 통해 무엇을 어떻게 가르칠 것인가를 고려하여야 한다.
		노작평가	감독이나 멘토가 대상자의 직무수행에 대한 정보를 제공하는 보고 과정이다. 표준화된 관찰 체크리스트가 활용된다.

핵심테마 체크
• 전환평가

MY MEMO

09   2013. 중

다음은 장애학생의 전환계획을 수립하기 위해 실시한 전환평가(transition assessment)에 대한 설명이다. 옳은 것만을 〈보기〉에서 있는 대로 고른 것은? [2.5점]

보기

ㄱ. 학생의 자기결정 및 자기옹호기술, 학습 스타일, 생활기술 관련 교육적 요구, 직업의 흥미, 적성 및 능력에 등에 대한 평가가 포함된다.

ㄴ. 상황평가는 학습 및 직업 상황과 유사한 과제와 자료 등을 활용하여 실제 생활환경의 통제된 조건하에 실시한다.

ㄷ. 직무분석은 장애학생의 능력과 수준에 맞추어 직무과제를 여러 요소로 나누고, 그 요소들을 추가, 면제, 재결합하여 직무배치 후 실시한다.

ㄹ. 장애학생 개인에 대한 평가와 더불어, 미래의 생활·학습·직업 환경에서 어떤 지원이 제공되는지 확인한다.

ㅁ. 관심목록(interest inventory)은 직무기술의 잠재적 유창성을 측정하기보다는 직업의 여러 가지 유형에 대한 학생의 느낌 및 선호도를 평가하는 데 활용될 수 있다.

ㅂ. 장애학생의 능력과 흥미에 부합하는 직업을 찾아주는 역할이 중요하므로, 모든 성인 생활 영역에 대한 포괄적 평가보다는 교육 및 고용 영역에 국한하는 집중성과 특수성에 초점을 맞추어 평가한다.

---

① ㄱ, ㅂ   ② ㄷ, ㅁ

③ ㄱ, ㄹ, ㅁ   ④ ㄴ, ㄹ, ㅂ

⑤ ㄱ, ㄴ, ㄷ, ㅂ

10

정답 및 예시답안

○ ㉠에 해당하는 것은 대인관계 지능이다.
○ ㉡은 영수준의 추측이다.
○ ㉣ / 프로그램을 중심으로 하는 것이 아니라, 학생 중심적이고 소비자 주도적으로 평가한다.
㉤ / 학업 기술과 행동 기술 수준 모두 평가해야 한다.

관련이론

◎ **지적장애 학생의 교육과정 구성 및 운영을 위한 기본 전제**

연령에 적절한 교육과정	• 지적장애 학생의 교육과정은 생활연령에 적합한 내용으로 구성되고 적용되어야 한다. • 연령과의 적절성을 보장하기 위해 고려할 3요소 : ① 정상화, ② 개별화, ③ 환경적 요소
궁극적 기능성의 기준	• 중도 장애학생을 위한 교육목표로서, 그들이 성인이 되어 '최소제한환경'에서 일반인들과 함께 자신의 잠재력을 최대한 발휘하여 기능할 수 있도록 하는 것이다.
최소위험 가정기준	• 결정적인 자료가 있지 않는 한 교사는 학생에게 최소한의 위험스러운 결과를 가져오는 가정에 기반하여 교육적 결정을 내려야 한다는 개념이다. • 결정적인 증거가 없는 한 아무리 지적장애의 정도가 심해도 최선의 시도를 통해 교육 가능성(educability)의 신념을 실현해야 한다.
영수준의 추측	• 학급에서 배운 기술들을 실제 사회생활에서 일반화하지 못할 수도 있다는 전제에 기반을 두고, 배운 기술들을 여러 환경에서 일반화할 수 있는지를 시험해 봐야 한다는 개념이다.
자기결정 증진	• 자기결정은 개인이 어떤 방식으로 행동하게 하는 원인이 바로 자기 자신(자아)이라는 것을 의미하는데, 지적장애 학생에게 자기결정된 모델을 이행하는 것은 어려운 일일 수 있다.

◎ **Miller의 전환교육 모형**

• 각 평가 영역은 미래 계획 요구와 목적의 평가, 자기–결정과 자기–옹호 기술의 평가, 전 관련 영역에서의 교과와 행동 평가, 삶의 기술 평가, 그리고 직업평가
• 화살표 모양의 나누어진 양 하위 영역의 기술이 상위 영역에 영향을 미치고 최종적으로 직업평가를 통해 효과적인 전환계획을 설정할 수 있게 구성

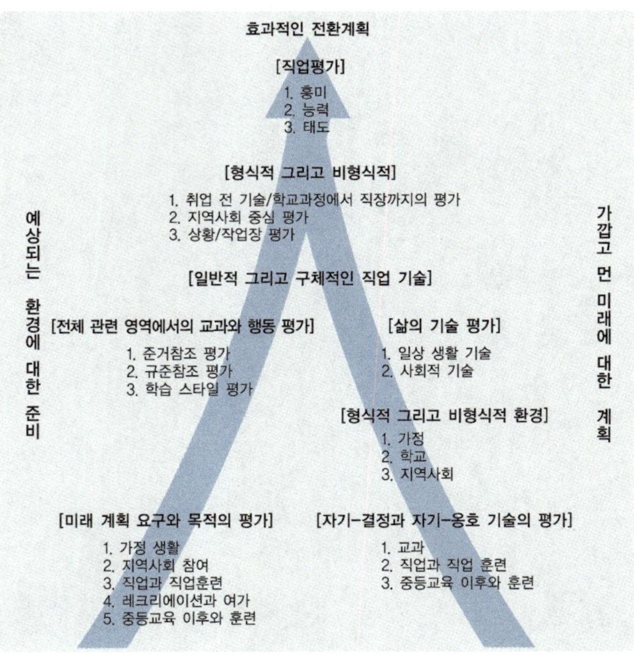

[전환평가 모델]

— Miller, R. J. Lombard, R. C, Corbey, S. A.(2007). Transition assessment; Planning Transition and IEP Development for Youth with Mild to Moderate Disabilities(p. 5–7). Needham Heights, MA: Allyn & Bacon.

10

(가)는 지적장애 학생 A의 특성이고, (나)는 초임 교사와 수석 교사의 대화 중 일부이다. 〈작성방법〉에 따라 서술하시오. [4점]

(가) 학생 A의 특성

- 잘 웃고 인사성이 좋음
- 혼자 있는 것보다 사람에게 먼저 다가가 말하는 것을 좋아함
- 다른 사람의 감정과 태도를 잘 알아차리며, 상호작용을 잘하는 편임

(나) 초임 교사와 수석 교사의 대화

초임 교사: 선생님, 전공과 바리스타 수업 시간에 실습을 하는데, 학생 A에게는 여러 역할 중에서 에스프레소를 추출하는 연습을 시켰어요. 그런데 반복적으로 추출하는 일을 지루해합니다. 학생 A에게 더 적합한 역할이 뭘까요?

수석 교사: ㉠ <u>학생 A의 강점</u>을 고려하여 전환 계획을 수립하는 것이 중요해요. 학생 A에게 주문을 받고 계산하는 역할을 맡겨 보면 어떨까요?

초임 교사: 네, 좋은 생각입니다. 학생 A는 친화력이 좋아서 잘할 거예요. 그런데 전환평가는 어떻게 하면 좋을까요?

수석 교사: 전환 계획을 세울 때는 다양한 측면에서 평가를 해야 합니다.

초임 교사: 바리스타 수업 시간에 카페 관련 직무를 연습하고 나면, 어느 카페에 취업을 하더라도 잘 해낼 수 있겠네요!

수석 교사: 꼭 그렇게만 볼 수는 없습니다. 일반화가 쉽게 이루어지는 것은 아니니까요. 지적장애 학생의 교육과정을 구성하고 운영할 때에는 (㉡) 을/를 전제로 가르쳐야 합니다.

(다) 초임 교사의 메모

✓전환 계획을 위한 전환평가 요소 : 밀러 외(R. J. Miller et al., 2007)

㉢ 학생의 미래 계획을 위한 요구와 목표를 평가하는 데 가정생활, 지역사회 참여, 레크리에이션 및 여가를 포함함

㉣ 학생의 자기결정과 자기옹호 기술에 대한 평가는 프로그램을 중심으로 함

㉤ 모든 관련 영역에서 학업 기술이 아닌 행동 기술 수준을 평가해야 함

㉥ 생활 기술 평가에서 일상생활 기술과 사회성 기술을 평가해야 함

- (나)의 밑줄 친 ㉠에 해당하는 지능의 유형을 쓸 것[단, (가)의 학생 특성과 가드너(H. Gardner)의 다중지능이론에 근거하여 쓸 것]
- (나)의 ㉡에 해당하는 용어를 쓸 것
- (다)의 ㉢~㉥ 중 틀린 내용을 2가지 찾아 기호를 쓰고, 틀린 부분을 바르게 고쳐 서술할 것

11

정답 및 예시답안

③

알찬 지문풀이

• ㄴ. ~~직업 현장에 배치되기 전에 그 직업에 대한 기술 훈련을 집중적으로 실시한다.~~ ➡ 직업 생활 적응에 필요한 훈련을 우선적으로 실시하고 집중적인 기술 훈련은 배치가 결정된 후 실시

• ㄷ. 직업적응을 위해 직업 현장에서의 조정(accommodations)은 ~~최소로~~ 이루어지게 한다. ➡ 지원고용은 현장에서 고용의 상태를 유지하기 위한 적극적인 지원을 제공하는 것

관련이론

◎ 지원고용

• 장애 때문에 작업장에서 일을 수행하는 데 집중적인 계속 지원을 요하는 발달지체인을 대상으로 한다.
• 비장애인이 취업하고 있는 다양한 작업장에서 이루어진다.
• 장애인이 계속적으로 유급직업에 종사하기 위하여 필요한 지원(감독, 훈련, 교통수단 제공 등)을 제공하는 것을 말한다.

개별배치 모델	• 경쟁 지원고용 선택권과 유사하지만, 개별배치 모델은 사전배치 훈련을 포함하지 않는다. • 개인은 바로 직장에 배치되고 모든 훈련은 그 직장에서 일어난다. • 그럼에도 불구하고 지원경쟁고용과 개별배치 지원고용이라는 말은 때때로 같은 모델을 나타내는 데 사용된다. • 지원작업 모델, 작업코치모델, 작업 코치라는 말들도 종종 이 모델을 설명하기 위해 사용된다.
이동 작업반	• 감독 1명이 3~8명의 근로자를 담당하는 집단 지원고용형태이다. • 특별히 계약된 작업을 수행하기 위해 지역 내에 있는 여러 장소를 옮겨 다닌다. • 보관서비스와 운동장 및 공원 관리 업무를 주로 담당한다. • 중증장애인에게 자주 사용된다.
하청업 모델	• 장애를 가지지 않은 사람과 8명 미만의 장애를 가진 사람을 고용하여 하청업체 형식으로 운영하는 형태이다. • 지원고용 하청업은 그 특성상 한 가지 유형의 상품과 서비스를 제공하게 된다. • 장애가 가장 중증인 집단에 적용하기에 적당한 것으로, 노동자의 숫자가 8명 이내로서 규모가 매우 작고 생산성이 낮아서 보호작업장에 들어갈 수 없는 사람들을 대상으로 하며, 장기적인 소규모 계약이 초과비용을 줄일 수 있다는 특징이 있다.
현장 고용	• 작업장을 옮겨 다니는 이동작업반과 대조적으로 6~8명의 장애인 그룹으로, 사업 또는 산업장 내에서 비장애인에 의해서 고용되고 관리되는 형태이다.

11　　　　　　　　　　　　　2010. 중

장애학생의 졸업 후 취업 방안으로 '지원고용'을 고려할 때, 이를 실시하는 방법에 대한 설명으로 옳은 것을 〈보기〉에서 모두 고른 것은?

---보기---
ㄱ. 직업평가와 직무분석 결과를 비교하여 지원고용의 적합성 정도를 분석한다.
ㄴ. 직업 현장에 배치되기 전에 그 직업에 대한 기술 훈련을 집중적으로 실시한다.
ㄷ. 직업적응을 위해 직업 현장에서의 조정(accommodations)은 최소로 이루어지게 한다.
ㄹ. 직무수행 능력을 높이기 위하여 인위적 지원의 제공과 함께 자연적 지원을 활용한다.

① ㄱ
② ㄱ, ㄴ
③ ㄱ, ㄹ
④ ㄷ, ㄹ
⑤ ㄴ, ㄷ, ㄹ

12

정답 및 예시답안

○ ㉠ 개인중심계획의 특징 : 다음 중 택 2
  • 가족, 전문가, 친구, 그리고 지역사회 주민들을 협력하게 한다.
  • 개인과 가족의 관점에서 우선시되는 삶을 기대하게 한다.
  • 이상적인 것을 일상의 지원과 서비스로 전환시킬 수 있도록 협력하게 한다.
○ ㉡ 지원고용과 ㉢ 경쟁고용의 공통점 및 차이점
  • 공통점
    ① 지원고용과 경쟁고용 모두 비장애인과 함께 통합된 환경에서 고용된 형태이다.
    ② 지원고용과 경쟁고용 모두 임금을 받는다.
  • 차이점 : 경쟁고용은 비장애인과 동일한 환경과 조건에서, 별도의 지원 없이 경쟁하고 취업하는 형태인 반면,
    지원고용은 고용의 상태를 유지하기 위하여 지속적이고 집중적인 지원을 제공해야 하는 점에서 차이가 있다.
○ ㉣ 생태학적 목록의 절차 : 영역 → 환경 → 하위환경 → 활동 → 기술

관련이론

◎ 개인중심계획의 특징

• 가족, 전문가, 친구, 그리고 지역사회 주민들을 협력하게 함
• 개인과 가족의 관점에서 우선시되는 삶을 기대하게 함
• 이상적인 것을 일상의 지원과 서비스로 전환시킬 수 있도록 협력하게 함

◎ 개인중심적 접근

• 개인중심계획은 발달장애를 가진 사람들의 경험을 더 잘 이해하고 더 효과적이며, 사람을 존중하는 지원을
  통해 그들이 자신들의 경험을 확대하여 바람직한 삶의 질을 누릴 수 있게 했음
• 5가지 필수적인 목표, 성과, 결과들
  - 지역사회의 삶에 참여하기
  - 만족스런 관계를 형성하고 유지하기
  - 일상생활에서 선호도를 표현하기
  - 존경받는 역할을 하며 인간으로서의 위엄을 가지고 살 기회를 가지기
  - 개별적 능력계발을 지속하기
• 개인적 프로파일에 포함할 정보
  - 역사
  - 성과
  - 선호도와 욕구

◎ 경쟁고용

• 장애인이 비장애인 근로자와 동일한 조건으로 경쟁하여 취업을 하는 형태
• 다른 취업 유형에 비하여 장애인이 사회에 가장 잘 통합될 수 있으며 보수도 가장 높은 편
• 보다 안정적인 직업에 종사할 수 있고 작업 여건이 좋은 직종에 취업할 가능성도 높은 편
• 특정한 기능이나 기술을 보유하고 경쟁할 수 있는 능력을 갖추어야 함

◎ 지원고용

• 지원고용은 중증장애인을 대상으로 통합된 작업장에서 일반고용이 가능하도록 지원고용 전문가들을 활용
  하여 대상자 선정 및 평가, 실시사업체 및 직무분석, 직무배치, 훈련 및 계속적 지원을 제공하는 고용 서비스
• 주요 개념 : 통합, 차별없는 임금과 혜택 보장, 선배치-후훈련, 차별금지, 융통성 있는 지원, 지속적이고 생
  애에 걸친 지원, (장애인 스스로의) 선택

◎ 생태학적 목록

• 아동의 현재의 환경에 대한 자료 조사를 통하여, 아동의 미래 환경에서의 적응을 위한 교육의 목표를 선정
  하는 데 사용되는 평가. 조사, 면담, 또는 관찰 평가의 방법을 사용하며 보호자나 부모에게 전화를 하거나
  또는 가정을 방문하여 정보를 얻을 수 있음
• 영역 → 환경 → 하위환경 → 활동 → 기술의 하향식 접근

12
2016. 중
★ 답안작성

다음은 일반 고등학교에 다니는 정신지체 학생인 준하의 개별화교육계획(IEP) 관련 상담 내용이다. 밑줄 친 ㉠의 특징 2가지를 쓰고, 밑줄 친 ㉡과 ㉢이 갖는 공통점 2가지와 차이점 1가지를 설명하시오. 그리고 밑줄 친 ㉣의 절차를 순서대로 쓰시오. [5점]

특수교사 : 오늘은 준하의 IEP에 대해 의견을 듣고자 합니다.

어 머 니 : 저는 우리 아이가 졸업 후에 비장애인들과 함께 일할 수 있도록 교육을 받았으면 해요.

특수교사 : 네, 그렇군요. 장애 학생의 진로를 결정하는 데 효과적인 방법의 하나로 ㉠ <u>개인중심계획(PCP, person-centered planning)</u>을 적용하여 전환 계획을 수립하는 것이 강조되고 있어요. 이제 준하의 진로를 위해서 우리도 전환 계획을 구체화할 필요가 있겠네요.

담임교사 : 네, 준하는 친구들과 지내는 데 별 문제가 없으니까 친구들과 함께 일할 수 있겠네요.

특수교사 : 준하야, 너는 졸업하면 어떤 곳에서 일하고 싶니?

준   하 : 저는 우리 반 친구들이랑 같이 일하고 싶어요.

특수교사 : 그렇구나. 여러분의 의견을 들어 보니 준하는 졸업 후 ㉡ <u>지원고용</u>이나 ㉢ <u>경쟁고용</u>을 고려해 보는 것이 더 좋겠네요. 이제 준하의 진로 준비를 위해서 직무능력 평가와 ㉣ <u>생태학적 목록(ecological inventory)</u>을 조사해 봐야 할 것 같아요.

◆ 핵심테마 체크
• 지원고용

MY MEMO

정답 및 예시답안

○ ⓛ은 정보통신활용이다.
○ ⓔ은 사무지원이다.
○ ⓜ은 개별배치 모델이며, 다른 모델에 비해 훈련 비용이 더 많이 드는 단점이 있다.

관련이론

⊕ 지원고용의 유형

개별배치 모델	특징	• 작업자를 위한 작업코치가 장애인과 일대일로 배치되어 전반적인 훈련을 실시한다. • 작업코치는 배치와 훈련 및 추수 지도 등 작업 전반에 대해 관리하고 지원을 하면서 점차 지원의 강도와 횟수 등을 줄여간다.
	전통적인 방법과 크게 다른 점	• 첫째, 직장에 배치하기 전에 직업 준비 과정을 요하지 않고 직업 현장에 배치된 다음에 작업 방법, 사회성 기능, 지역사회 내에서의 이동 기능 등에 대해 포괄적으로 훈련시킨다. 따라서 직업 현장에 배치하기 전에 집중적인 직업훈련을 시키지 않는다. • 둘째, 단기적이거나 한시적인 훈련 절차가 아니다. • 셋째, 작업코치 한 사람이 직업 개발, 직업 배치, 직업 훈련, 추수 지도 등을 모두 담당한다.
	장점	• 한 명의 작업코치가 한 명의 작업자에게 집중적인 개별 서비스를 제공할 수 있다는 것이 장점이다. 그리고 작업코치가 모든 일을 전담하기 때문에 고용주 입장에서 한 사람과 일을 해결하면 된다.
	단점	• 전적으로 작업코치 한 사람의 역량에 의존하고 있어 프로그램의 효율성이 한 사람에 의해 좌우될 수 있다는 것이 단점이다.. 그리고 한 명의 작업코치가 한 명의 작업자를 담당하기 때문에 시간과 경비의 비경제적인 측면이 있다.
소집단 모델		• 이 모델은 지역에 있는 기업 내에서 일하는 특별한 작업 집단으로, 보통 셋 내지 여덟 명으로 구성된 그룹이라고 정의한다. • 이 모델은 회사의 작업라인에서 바로 작업하기에 어려움이 있어 지원을 더 필요로 하는 중증장애인을 대상으로 실시한다. • 소집단 내의 작업자들은 회사의 다른 작업자들과 동일한 임금, 근로 시간, 휴가, 상여금 등을 받게 된다. • 중증장애인을 대상으로 하기 때문에 행동주의적 훈련 방법이 효과적이며, 회사가 소집단을 위해 생산체계를 수정하면 보다 더 효율적으로 운영될 수 있다. • 소집단 모델을 적용하기에 유리한 조건은 소규모보다는 규모가 큰 회사이다. 이는 통합하기 쉽고, 훈련을 실시하는 생산 라인에 주의를 덜 기울일 수 있으며, 초보자의 훈련 기회를 조절할 수 있기 때문이다. • 소집단 모델을 운영하면서 작업자들을 위한 통합기회, 임금, 승진 등 주요 복지를 위해 감독자는 수시로 회사와 관계를 이어가야 한다. • 개별배치 모델보다 더 지속적이고 집중적인 지원을 할 수 있는 장점을 가지고 있다. 그리고 일반 직장에서 잘 적응하지 못하는 대상에게도 고용의 기회를 제공할 수 있다. 또한 한 명의 감독자가 여러 명에게 동시에 고용의 기회를 제공할 수 있다.
이동 작업대 모델		• 이동 작업대는 한두 명의 감독이 3~8명의 작업자들을 담당하도록 하는 집단적인 지원고용 운영 형태이다. • 이동 작업대는 지역 내에서 특정한 하청 서비스를 수행한다. 주로 경비, 눈 치우기, 건물관리 및 청소, 정원 관리, 농장 용역, 식물 관리, 칠 작업 등 용역 작업이 주류를 이룬다. • 이 모델은 작업내용 계약 조건에 따라 활동하며 장소를 옮겨 다닌다는 점에서 소집단 모델과 다르다. • 감독자는 중증장애인을 훈련할 수 있는 능력을 갖추어야 하고 지역의 하청을 수주하고 이동작업을 위한 전반적인 작업 및 일정 관리를 할 수 있어야 한다. • **장점**: 기업체가 적은 중소도시 및 농어촌에 적합한 형태로서 지역사회의 요청에 따라 융통성을 가질 수 있다는 것이 장점이다. 또한 지역의 여러 곳을 이동해 다니기 때문에 자연스럽게 통합의 기회가 주어진다. 아울러 일반 지역민들에게 장애인들의 직업적인 잠재능력을 보여줄 수 있는 기회를 준다. 또한 초기 장비 구입 등 사업 착수 비용이 들고 나면 이후 비용이 적게 들고 수입이 발생할 경우 활동비용으로 충당할 수 있다.
소기업 모델		• 이 모델은 장애인과 비장애인이 함께 고용되어 영리를 목적으로 운영되는 기업이다. • 사업을 통해 수입을 창출하고 직원들에게 임금을 지급하는 일반기업과 같이 운영된다. • 이 모델은 심한 장애를 가진 중증장애인이라고 하더라도 생산적인 활동을 할 수 있고 사회에 기여할 수 있다는 것을 지역사회에 보여줌으로써 지역인들의 장애에 대한 편견을 완화하는 데 기여할 수 있다.

13

(가)는 지적장애학교 특수 교사가 학부모와 상담한 내용의 일부이고, (나)는 교육과정을 편성하기 위한 교사 협의회 회의록의 일부이다. 〈작성방법〉에 따라 서술하시오.

[4점]

(가) 상담 내용

특수 교사: 내년도 고등학교 교육과정을 편성하기 위해 선택과목 요구 조사를 실시하고 있습니다. 어머니께서는 어떤 과목이 학생에게 필요하다고 생각하시나요?

학 부 모: 우리 아이가 휴대 전화로 인터넷 영상도 즐겨 찾아보고, 좋아하는 연예인 기사에 댓글 다는 것도 좋아해요. 그래서 ㉠ 인터넷에서 정보를 검색하고, 문제해결을 위한 정보 수집과 분석을 할 수 있으며, 개인정보를 보호하는 것 등을 익힐 수 있는 과목이면 좋겠어요.

특수 교사: 기본 교육과정의 고등학교 선택 교과 중 (㉡) 교과가 개설되면 좋겠군요.

(나) 교사 협의회 회의록

일 시: 2021년 ○○월 ○○일 15:00~17:00

… (중략) …

홍 교사: 학생들의 진로·직업 교육을 위한 의견을 묻고자 합니다. 진로·직업 교육을 위한 전문 교과Ⅲ 과목을 추천해 주시기 바랍니다.

최 교사: 현재 운영 중인 '농생명' 과목 대신 지역의 특성과 생들의 요구를 고려하여 2022학년도 신입생부터 다른 과목으로 변경할 것을 제안합니다.

이 교사: ㉢ 사무 장비 사용, 우편물 관리, 문서 관리, 도서 관리, 사무실 관리, 고객 응대 업무를 배울 수 있는 (㉣) 과목 선호도가 높으니 검토해 볼 필요가 있다고 생각합니다.

홍 교사: 학부모의 호응도 큰 것 같아요.

최 교사: 맞아요. 마침 인근 도서관에서 내년에 졸업할 우리 학교 학생 중 1명을 고용하고, ㉤ 직무지도원 1명이 그 학생을 전담하여 전반적인 훈련과 직업 적응을 지원하기로 했습니다.

- (가)의 밑줄 친 ㉠을 읽고 괄호 안의 ㉡에 해당하는 교과명을 기호와 함께 쓸 것[단, 2015 개정 특수교육 교육과정(교육부 고시 제2020−249호)에 근거할 것]
- (나)의 밑줄 친 ㉢을 읽고 괄호 안의 ㉣에 해당하는 과목명을 기호와 함께 쓸 것[단, 2015 개정 특수교육 교육과정(교육부 고시 제2020-249호)에 근거할 것]
- (나)의 밑줄 친 ㉤의 지원고용 유형을 쓰고, 이 유형의 단점을 1가지 서술할 것

• 직업평가
• 지원고용의 하위모델

14

정답 및 예시답안

[A] 상황평가
[B] 소집단 모델

관련이론

◎ 직업평가

직업평가	직무 수행 시 나타내는 태도와 흥미를 평가한다. 이는 특정한 분야에서 직업적 성공을 예측하기 위함이다. 작업 표본(work samples)들에 대한 타당도와 신뢰도가 확보되어야 한다.
상황평가	실제 작업장에서 수행되며, 현장 직업평가를 통해 무엇을 어떻게 가르칠 것인가를 고려하여야 한다.
노작평가	감독이나 멘토가 대상자의 직무수행에 대한 정보를 제공하는 보고 과정이다. 표준화된 관찰 체크리스트가 활용된다.

◎ 지원고용의 유형

개별배치 모델	특징	• 작업자를 위한 작업코치가 장애인과 일대일로 배치되어 전반적인 훈련을 실시한다. • 작업코치는 배치와 훈련 및 추수 지도 등 작업 전반에 대해 관리하고 지원을 하면서 점차 지원의 강도와 횟수 등을 줄여간다.
	전통적인 방법과 크게 다른 점	• 첫째, 직장에 배치하기 전에 직업 준비 과정을 요하지 않고 직업 현장에 배치된 다음에 작업 방법, 사회성 기능, 지역사회 내에서의 이동 기능 등에 대해 포괄적으로 훈련시킨다. 따라서 직업 현장에 배치하기 전에 집중적인 직업훈련을 시키지 않는다. • 둘째, 단기적이거나 한시적인 훈련 절차가 아니다. • 셋째, 작업코치 한 사람이 직업 개발, 직업 배치, 직업 훈련, 추수 지도 등을 모두 담당한다.
	장점	• 한 명의 작업코치가 한 명의 작업자에게 집중적인 개별 서비스를 제공할 수 있다는 것이 장점이다. 그리고 작업코치가 모든 일을 전담하기 때문에 고용주 입장에서 한 사람과 일을 해결하면 된다.
	단점	• 전적으로 작업코치 한 사람의 역량에 의존하고 있어 프로그램의 효율성이 한 사람에 의해 좌우될 수 있다는 것이 단점이다.. 그리고 한 명의 작업코치가 한 명의 작업자를 담당하기 때문에 시간과 경비의 비경제적인 측면이 있다.
소집단 모델		• 이 모델은 지역에 있는 기업 내에서 일하는 특별한 작업 집단으로, 보통 셋 내지 여덟 명으로 구성된 그룹이라고 정의한다. • 이 모델은 회사의 작업라인에서 바로 작업하기에 어려움이 있어 지원을 더 필요로 하는 중증장애인을 대상으로 실시한다. • 소집단 내의 작업자들은 회사의 다른 작업자들과 동일한 임금, 근로 시간, 휴가, 상여금 등을 받게 된다. • 개별배치 모델보다 더 지속적이고 집중적인 지원을 할 수 있는 장점을 가지고 있다. 그리고 일반 직장에서 잘 적응하지 못하는 대상에게도 고용의 기회를 제공할 수 있다. 또한 한 명의 감독자가 여러 명에게 동시에 고용의 기회를 제공할 수 있다.
이동 작업대 모델		• 이동 작업대는 한두 명의 감독이 3~8명의 작업자들을 담당하도록 하는 집단적인 지원고용 운영 형태이다. • 이동 작업대는 지역 내에서 특정한 하청 서비스를 수행한다. 주로 경비, 눈 치우기, 건물관리 및 청소, 정원 관리, 농장 용역, 식물 관리, 칠 작업 등 용역 작업이 주류를 이룬다. • 이 모델은 작업내용 계약 조건에 따라 활동하며 장소를 옮겨 다닌다는 점에서 소집단 모델과 다르다.
소기업 모델		• 이 모델은 장애인과 비장애인이 함께 고용되어 영리를 목적으로 운영되는 기업이다. • 사업을 통해 수입을 창출하고 직원들에게 임금을 지급하는 일반기업과 같이 운영된다. • 이 모델은 심한 장애를 가진 중증장애인이라고 하더라도 생산적인 활동을 할 수 있고 사회에 기여할 수 있다는 것을 지역사회에 보여줌으로써 지역인들의 장애에 대한 편견을 완화하는 데 기여할 수 있다.

14   2025. 중

다음은 ○○고등학교 학생 K의 취업을 위해 특수 교사 A와 특수 교사 B가 나눈 대화이다. [A]가 의미하는 직업 평가의 유형과 [B]를 통해 알 수 있는 학생 K에게 적용된 지원 고용 모델의 유형을 순서대로 쓰시오. [2점]

특수 교사 A : 다음 주에 학생 K를 위해 직업 평가를 실시한다고 들었는데, 구체적으로 어떻게 하나요?

특수 교사 B : 실제 작업장에서 학생 K가 직무를 수행하는 동안 고용자 혹은 감독자가 평가를 진행한다고 해요. 이렇게 하면, 학생 K는 작업장을 직접 경험할 수 있고, 작업장에서 발생할 수 있는 문제점도 찾아서 미리 개선할 수 있을 거예요. ── [A]

… 2주 후 …

특수 교사 A : 선생님, 지난 주에 실시한 학생 K의 직업 평가 결과가 어떻게 나왔나요?

특수 교사 B : 반가운 소식이 있어요. 학생 K가 지원 고용 대상자로 적합하다는 판정을 받았어요. 그래서 지역사회 내에 있는 ○○ 회사에서 일을 시작하게 되었어요. 그런데 학생 K가 ○○회사의 생산 라인에서 일하고 있는 비장애 직장동료와 함께 바로 작업을 시작하는 것은 다소 어려움이 있다고 해요. 그래서 학생 K와 장애 정도가 비슷한 수준의 취업준비생 3~8명과 함께 조금 쉬운 작업 라인에서 일을 시작하는 것이 좋을 것 같다는 이야기를 들었어요. 그리고 학생 K가 필요한 경우에는 특별한 훈련이나 지원 서비스를 받으면서 일할 수 있다고 해요. ── [B]

● **핵심테마 체크**

• 고용의 유형

MY MEMO

15

정답 및 예시답안

㉠ 보호고용(보호작업장)
㉡ 자연적 지원

관련이론

장애인 고용 유형과 유형별 조건

고용 유형	특징	수입	훈련	통합
비고용	• 지원요구가 높거나 제한된 기술로 고용이 어려움 • 일은 할 수 있지만 일에 대한 개인의 동기가 없음 • 일에 대한 동기는 있으나 개인이 일을 찾을 수 없음	없음	없음	없음
무보수	• 재정적 보상 없이 작업(작업 자체에 의미 부여, 자원 봉사, 통합 기회 활용)	없음	다양함	가능
보호 작업장	• 성인 주간보호시설 프로그램(일상생활 훈련, 사회적 기술, 여가 기술, 취업 전 기술 습득)과 작업 활동 연계 • 작업 훈련(포장, 조립 등 하청 과제수행) • 중증장애인을 위한 작업장	낮음 (작업수행 기준)	지속적 훈련	없음
지원고용	• 개인배치 모델(작업코치가 장애인과 일대일 배치) • 소집단 모델(기업 내에서 일하는 3~8명의 소집단) • 이동작업대 모델(1~2명의 감독이 3~8명의 작업자를 담당하여 지역 내 하청서비스) • 소기업 모델(장애인과 비장애인을 동반 고용)	최소/ 낮음	지속/ 소거	가능
소비자 중심 고용	• 경쟁고용 시장에서 근무하여 구직자의 능력과 흥미에 따라 고용 협상 • 취업자와 고용주 모두의 요구에 맞춘 맞춤형 고용	합리적 임금	개별적 다양	가능
경쟁고용	• 자율 노동시장에서 일반인처럼 경쟁을 통한 전일제 혹은 시간제 근무 • 취업 이후 서비스 중지	최소/ 높음	다양	가능

자연적 지원

• 자연적 지원이란 주어진 환경 내에서 자연스럽게 제공될 수 있는 인적·물적 자원을 통해 지원되는 것을 말한다.
• 예를 들어, 가족이나 직장 동료, 친구, 이웃들로부터 자연스러운 일과 내에서 지원이 제공되는 경우이다.

15   2019. 중

다음은 ○○고등학교 현장실습위원회가 협의한 내용의 일부이다. 밑줄 친 ㉠에 해당하는 고용 모형의 명칭을 쓰고, 밑줄 친 ㉡이 의미하는 지원 방법의 명칭을 쓰시오.

[2점]

장 교사 : 학생들의 현장실습을 위해 교내·외 실습 장소에서 도움을 줄 수 있는 방법에 대해 논의해 봅시다.

홍 교사 : 통합된 환경에서 실습이 어려운 중도 장애학생들을 위해 교내에서는 특수학급에서 워크 액티비티를 실시하고, 외부 실습은 ㉠ <u>장애인 직업재활시설 작업장에서 인근 사업체 하청 작업(볼펜 조립)을 반복적으로 수행하여 작업 기능을</u> 높일 수 있도록 합시다.

민 교사 : 분리된 환경에서의 실습은 사회 통합의 기회를 제한할 수 있습니다. 교내실습은 보조 인력을 제공하고, 외부에서 실시하는 바리스타 실습은 직무지도원을 배치하여 도울 수 있습니다.

최 교사 : 유급 인력의 공식적인 지원에만 의존하는 것도 사회통합을 방해할 수 있을 것입니다. ㉡ <u>교내에서는 비장애 또래를 통해 도움을 제공하고, 외부에서는 직장 동료의 도움을 활용하는 방법</u>으로 지역사회 통합과 개인의 삶의 질 향상을 도모할 수 있도록 합시다.

✔ 핵심테마 체크
- 학교중심의 작업 경험 지원
- 고용의 유형

MY MEMO

16

정답 및 예시답안

㉠ 교내 기업
㉡ 보호작업장

관련이론

◎ 학교중심의 작업 경험 유형

현장학습	• 가장 단기간에 이루어지며 작업 경험 정도가 약한 것으로 현장 견학이나 산업체를 관찰 방문하는 작업 경험 유형이다.
프로젝트 과정	• 작업장에서 학생으로 하여금 작업 경험을 하게 하는 유형이다. • 특정 과목과 관련하여 직업 현장과 연계하여 직접 참여하게 한다. • 프로젝트 과정은 지역사회의 필요, 그리고 봉사와 훌륭한 시민정신을 가르친다는 의미에서 서비스 학습(service learning)이란 용어로도 사용된다.
참여실습	• 작업 과제, 작업 과정, 특정 직장인의 작업장 등을 학습하기 위해 업체를 방문하는 과정이다. • 참여 실습은 성인 모델과 특정 작업 유형을 학습하는 데 도움이 된다. • 주된 목적은 고용인 가까이에서 작업 과제를 수행하고 도와주면서 작업 과정을 관찰하는 것이다.
교내 기업	• 학교 내에 제품 생산이나 판매를 위한 서비스 시설을 갖추고 학생 및 교직원들이 이용하는 활동이다. • 교내 기업을 통해 학생들로 하여금 일, 소비자와의 상호작용 경험을 갖게 한다. • 또한 교내 기업을 통해 교과 수업과 별도로 혹은 연계하여 직업 교육과 직업 준비를 강조할 수 있다. • 운영 유형은 지역 업체 연계 사업, 서비스 분야, 공장 제품 등에 따라 다양하게 운영되지만, 교내 식당, 교내 매점, 우체국, 은행, 방송국, 출판 편집사, 건강 센터 등이 운영된다.
진로캠프 프로그램	• 단기간의 집단 프로젝트로 구성된다. • 방학을 활용하여 진로 캠프, 문제해결 경험 캠프 등 장애 특성이나 연령에 맞게 수정된 프로그램이 적용된다.
도제 제도와 인턴십	• 특정 직업에 관심 가진 학생을 한 학기 방과 후 지정된 지역 업체에 등록하여 일할 기회를 제공한다. • 도제 제도는 기본적으로 학교에서 배우는 수업과 직업과의 연계를 중시하고 자격증을 받을 수 있도록 하는 반면, 인턴십 과정은 특정 고용주와 연계를 강조한다. • 도제 제도는 5년 이상 장기간의 배치와 급여를 받는 반면, 인턴십 제도는 제한된 기간인 한두 학기에 이루어지고 있으며 무보수로 근무하게 된다. 그러나 두 제도의 기간은 명확하게 구분하기 어렵다는 의견도 있다.
협력 교육	• 교육과정 범위 내에서 교과 수업 중에 그리고 작업경험을 대안적으로 제공한다는 점에서 인턴십 제도와 비슷하다. • 그러나 협력교수는 일정한 연구 기간을 거쳐 전 학기 동안, 전일제로 완전 고용 형태로 운영된다는 점에서 구별된다.
노작 혹은 시간제 직업 배치	• 이 단계에서는 방과 후, 주말, 하계 취업, 졸업 후 완전 취업 등의 계획이 이루어진다. • 학교에서 전문 직무 개발을 위한 직무 배치 직원이 이 역할을 담당하고, 상담 관련 인사가 학생의 학교와 직업 현장 간의 교육 일정을 조정한다. • 학교 일정 중에 작업 시간을 배정할 수 있고, 필요하다면 일부 과목들은 교외 직업 현장에서 학점을 받을 수 있게 할 수 있다.
기술−준비	• 기술−준비 학습은 교과와 직업 기술을 개발하고, 학교와 졸업 이후 훈련과의 연계를 원활하게 하기 위해 마련되었다. 중등학교 졸업을 2년 정도 남겨두고 구체적인 직업 분야에 자격증 과정을 이수할 수 있도록 수학, 과학, 의사소통, 기술 교과를 도제(apprenticeship) 프로그램 중심으로 구성하여 운영한다. • 기술−준비 학습은 학생들로 하여금 재학 중에 직업 훈련 기회를 갖게 하고, 교과와 직업에 대한 일련의 과정을 자연스럽게 연계할 수 있다.
진로 교과	• 진로 교과는 특정 직업 현장과 연계되고 졸업자격이나 졸업 후 진학교육과 연계된 직업과 교과 수업에 대한 포괄적인 교육과정을 의미한다. • 교육과정에 일련의 작업 경험과 참여 관찰, 하계 취업, 연중 시간제 인턴십 등도 포함된다. • 교과 내용은 학생의 졸업 후 진학이나 진로 준비로 구성된다. 즉 전체 프로그램이 특정한 진로를 강조하는 내용으로 구성되기 때문에 교과 내용이 학생의 작업 경험과 매우 밀접하다.

16

다음은 직업 현장 실습에 대해 ○○고등학교 특수학급 3학년 학생 A와 B의 보호자와 특수 교사의 전화 대화이다. 괄호 안의 ㉠과 ㉡에 해당하는 명칭을 순서대로 쓰시오. [2점]

● 핵심테마 체크

• 적응기술 유형
• 지원고용
• 현장훈련
• 자연적 지원
• 관찰학습
• 탈금지

MY MEMO

17

정답 및 예시답안

○ ㉠은 개념적 적응기술이다.
○ ㉡은 물리적 지원이다.
○ ㉢은 파지이고, ㉣의 예는 지시를 따르지 않는 행동에 보상이 주어지거나 벌이 뒤따르지 않는 것을 보고 지시 따르기를 하지 않게 되는 것이다.

관련이론

◎ 지원고용을 위한 현장훈련

① 현장훈련은 지원고용대상자가 실제 작업 환경에 배치되어 직무를 수행하는 동안 지원고용 전문가나 직무지도원, 작업 동료 등이 제공하는 훈련이다.
② 지원고용대상자는 주의집중, 대인관계, 행동 등에서 문제가 발생할 수 있고, 그 결과 작업속도나 질적 수준 유지에 어려움이 있으며, 대인관계가 원만하지 못한 경우가 있어 지원고용전문가의 현장훈련이나 지원이 집중적으로 제공된다.
③ 현장훈련 시 지원고용전문가는 수행해야 할 작업에 대한 과제분석을 실시하고, 활용할 수 있는 교수전략을 적용하여 지원고용대상자가 직무수행을 적절히 할 수 있도록 지도하게 된다.
⑤ 현장훈련에 사용되는 교수전략에는 언어적 교수전략, 그림단넛, 제스처, 역할 모델링, 신체적 다넛, 반복적 교수, 정적강화, 오류수정 절차, 연쇄법, 행동형성, 자기관리, 기술의 일반화, 자연적 지원 등이 있다.
④ 자연적 지원
• 자연적 지원은 지원고용대상자의 작업동료나 직무환경 내의 자연스러운 맥락 속에서 자발적이고 지속적으로 제공되는 특성이 있다.
• 자연적 지원은 함께 일하는 비장애 작업동료나 직장상사 등이 직무환경에서 함께 일하면서 지원고용대상자가 점차 독립적인 직무수행이 가능하도록 지원하는 것이다.
• 동료근로자가 제공할 수 있는 자연적 지원의 내용은 다음과 같다.

지원	내용
조직적 지원	− 필요한 재료들을 찾기 쉬운 장소에서 제공하기 − 직무순서 조정하기 − 이동을 고려하여 직무배치하기 − 필요할 때 적절한 업무 찾아주기 − 필요한 장비 제공하기 − 위험요인에 대해 미리 설명하기 − 훈련일정에 대해 안내하기
물리적 지원	− 사용하는 도구 수정하기 − 일이 없을 때 쉴 수 있는 공간 제공하기 − 보조공학도구 사용하기
사회적 지원	− 쉬는 시간에 이유기 나누기 − 간식 함께 먹기 − 실수했을 때 위로해주기 − 작업장에서 지켜야 할 규칙 설명하기 − 같이 일하는 직원 소개해주기 − 의사소통 시작행동 먼저 하기
훈련적 지원	− 수행방법에 대한 모델 제공하기 − 이해하지 못하는 것에 대하여 설명하기

◎ 탈금지(탈제지, 탈억제)

• 외부자극에 따라 일시적으로 억제력을 잃는 것을 말한다. 예를 들어, 아무렇지도 않게 규칙을 어기는 것을 관찰한 학생은 다음에 규칙 위반을 하지 않았던 행동을 바꿀 수도 있다.

17   2025. 중

(가)는 고등학교에 재학 중인 지적장애 학생 K의 교육 및 지원 요구이고, (나)는 학생 K의 교육 지원을 위한 특수 교사의 교육 계획 노트이다. <작성방법>에 따라 서술하시오. [4점]

(가) 학생 K의 교육 및 지원 요구

- 성인기 자립 생활을 위한 적응행동 기술을 배울 필요가 있음
- 직장 생활 적응을 위해 다양한 자연적 지원이 필요함
- 직장 생활을 위해 지시 따르기 기술을 배울 필요가 있음

(나) 학생 K의 교육 지원을 위한 특수 교사의 교육 계획 노트

1. 학생 K의 향후 직장 생활에 필요한 적응행동 목록 확인
   - 상급자의 지시 따르기, 대중교통을 이용한 출퇴근 하기, 직장 규칙 지키기, ㉠<u>단순화된 작업 지시서 읽기, 업무 순서에 대해 자기 지시하기</u>

2. 학생 K의 직장 생활 적응을 위한 다양한 자연적 지원 탐색하기

지원 유형	지원 내용
조직적 지원	직무 순서 조정하기, 작업 일정 안내하기 등
(㉡)	사용하는 도구 수정하기, 쉴 수 있는 공간 제공하기, 보조기기 지원, 보조공학 도구 지원 등
사회적 지원	같이 일하는 직원 소개하기 등
훈련적 지원	수행 방법에 대한 모델 제공하기 등

3. 학생 K에게 필요한 지시 따르기 기술을 지도하기 위해 반두라(A. Bandura)의 관찰 학습 방법 적용
   - 관찰 학습의 과정인 주의집중-(㉢)-재생- 동기화에 영향을 주는 요인 파악
   - ㉣<u>지시 따르기 기술을 배우기 위한 관찰 학습 중 탈금지(탈제지)가 나타나지 않도록 주의</u>

┌ 작성방법 ┐
- (나)의 밑줄 친 ㉠에 제시된 적응행동의 하위 영역 명칭을 쓸 것[단, 적응행동 하위 영역의 명칭은 AAIDD의 12차 정의(2021)에 제시된 용어로 쓸 것]
- (나)의 괄호 안의 ㉡에 해당하는 자연적 지원의 하위 유형을 쓸 것
- (나)의 괄호 안의 ㉢에 해당하는 관찰 학습 과정의 명칭을 쓰고, 밑줄 친 ㉣의 예를 서술할 것

임지원 특수교육 **기출맥서 1**

초판인쇄 | 2026. 4. 1. **초판발행** | 2026. 4. 7. **편저자** | 임지원

발행인 | 박 용 **발행처** | (주)박문각출판 **등록** | 2015년 4월 29일 제2019-000137호

주소 | 06654 서울시 서초구 효령로 283 서경 B/D **팩스** | (02)584-2927

전화 | 교재 문의 (02)6466-7202, 동영상 문의 (02)6466-7201

저자와의
협의하에
인지생략

정가 32,000원

ISBN 979-11-7519-941-5
ISBN 979-11-7519-940-8(세트)